愛德華・吉朋像

羅馬帝國衰亡史

第二卷

THE HISTORY OF THE DECLINE AND FALL OF THE ROMAN EMPIRE
VOLUME II   IN SIX VOLUMES

吉朋〈Edward Gibbon〉◎著

席代岳◎譯

第二卷目次

第二卷插圖目次

說明：編號1.吉朋像為賀爾平(Patrick Halpin)的版畫作品，編號8.羅馬帝國行政區圖為譯者提供，其餘皆為皮拉內西(Gioyanni Battista Piranesi)作於十八世紀之蝕刻版畫作品。

第十七章

君士坦丁堡奠基 君士坦丁的政治體系及其成就 軍事紀律和訓練 宮廷 財政(300-500A.D.)

　　須知君士坦丁(Constantine)大帝最後一位敵手是氣運乖戾的黎西紐斯(Licinius)，戰敗的君王成為俘虜，只能裝飾勝利的光輝。中興之主度過安寧和昌盛的統治時期，把羅馬帝國留給繼承的皇子，再加上新的都城、政策和宗教。而且，他所推行的改革受到後代統治者的奉行和推崇。君士坦丁和他的諸子在位期間，發生多起重大事件，歷史學家一定要全力以赴，才能將只有時間聯繫的各種場面，一一整理出大致的頭緒，否則便會因量多事繁而無以為繼。在敘述加速帝國衰落的戰爭和變革之前，應該先詳細說明有助於帝國強大和穩定的政治制度，採取古代對世俗和教會方面尚未知曉的分類原則，就教誨和批判的立場，對於基督教的勝利及其內部的紛爭，提供足夠而確實的史籍資料。

一、君士坦丁堡建城的源起及其形勢(324A.D.)

　　黎西紐斯戰敗黯然引退，獲勝的君王建造一座城市，命中注定要在爭勝之地統治未來的東方，使君士坦丁的帝國和宗教能夠萬古長新，永垂不朽。戴克里先當初遷都的動機，不知是出於傲慢無知還是策略需要，要從古代政治中心脫身出來。後繼者拿他當榜樣一直沿用四十年，顯示這個動機的力量確實強大無比。羅馬的地位已沒落，原來附屬的王國，慢慢否認這個城市在政治上據有最高權力。一位黷武好戰的君王出生在多瑙河地區，在亞細亞的宮廷和部隊裡接受教育，為不列顛軍團擁立稱帝，當然會

對凱撒的國土冷漠以待，視若無物。意大利歷來把君士坦丁尊爲救星，他有時會移樽就教，他向元老院和羅馬人民發布的詔書，非常恭敬的接受，但是自皇帝登基後，人民很少有機會一睹天顏。君士坦丁在精力充沛的壯年，統治著廣闊的國土，根據和平與戰爭的情勢，一直親身在邊界上活動，無論是和緩而莊嚴的行進還是不辭辛勞的戒備，時刻都準備與外來或國內的敵人一戰。但是，隨著他逐漸抵達顛峰時期，年齡日益衰老，開始預想定都在永久的位置，保持王權的實力和威嚴。君士坦丁認爲最佳地點位於歐亞邊界，可以部署強大的兵力，一方面用來壓制居住在多瑙河和塔內斯（Tanais）河之間的蠻族，另一方面對波斯保持警覺，該國國王受到屈辱條約強加在身的束縛，始終感到怒氣填膺。戴克里先當年基於這些考慮條件，大張旗鼓建設尼柯米地亞（Nicomedia）的行宮。但是，教會保護者始終憎恨死去的戴克里先，何況他有雄心大志，想建立名聲能永垂不朽的城市。君士坦丁與黎西紐斯交戰的後期階段，有機會從軍人和政要的立場，反覆考量拜占庭舉世無匹的絕佳位置，不但自然條件可以拒止外來敵人的進攻，同時交通極爲方便利於通商貿易。早在君士坦丁很多代之前，便有一位高瞻遠矚的歷史學家[1]，曾指出這個地點的位置有莫大的優勢，就是因爲這個原因，身爲希臘實力弱小的殖民地才能掌握海上霸權，有幸成爲獨立而繁榮的城邦國家[2]。

我們用君士坦丁堡（Constantinople）響亮的名氣來衡量拜占庭的範圍，這座皇都的形狀近似不等邊三角形。鈍角的尖端指向東方和亞洲海岸，直逼色雷斯・博斯普魯斯（Thracian Bosphorus）海峽的波濤；城市北部以海港

1　波利比阿斯（Polybius，200-118B.C.，希臘歷史學家，著有《羅馬共和國時代的史籍》）提到拜占庭的和平經常受到破壞，由於野蠻的色雷斯人（Thracians）入侵，原來的區域日益縮小。

2　被稱爲海神之子的航海家拜查斯（Byzas），在公元前656年爲城市奠基，追隨的人員來自亞哥斯（Argos）和麥加拉（Megara），拜占庭後來爲斯巴達將領保薩尼阿斯（Pausanias）重建，且率軍在此據守。有關拜占庭對抗俾西尼亞（Bithynia）國王高盧人菲利浦的戰爭，我們不相信眞有其事，但古代的作家，出生在這個壯麗的城市獲得偉大的聲名之前，就運用奉承和虛構的手法，寫出這段歷史。

爲界，南面瀕臨普洛潘提斯(Propontis)海或稱爲馬爾馬拉(Marmara)海；三角形的底部對著西方，鄰接歐洲大陸。周圍的陸地和水域的形勢和分布情況，令人嘆爲觀止，如果不加以詳盡說明，很難了解清楚。

黑海的水流經過曲折海峽，日夜不停迅速奔向地中海，博斯普魯斯海峽不僅歷史留名，在古代神話更是眾所周知。綠樹成蔭的陡峭海岸布滿了廟宇和神聖的祭壇，充分顯示希臘航海家的無能、畏懼和虔誠，一心想要踏著阿爾戈號英雄人物(Argonauts)*3的足跡，重新探訪險惡的黑海。這一帶海岸長期流傳著的故事，像是淫蕩的鳥身女怪4占領菲尼烏斯(Phineus)神殿，及森林之王阿密庫斯(Amycus)在錫斯都斯(Cestus)向利妲(Leda)的兒子挑戰5。博斯普魯斯海峽的盡頭是賽阿尼安(Cyanean)礁岩，據詩人描述，全曾浮在海面上，天神爲防止俗人因好奇而窺探6，特意用來守護黑海入口處的屏障。從賽阿尼安礁岩到位於拜占庭頂端的港口，蜿蜒曲折的博斯普魯斯海峽長十六哩7，寬度一般在一哩半左右。在歐亞兩大陸上修築的新城堡，建立在塞拉皮斯(Serapis)和朱庇特‧烏流斯(Jupiter Urius)這兩座著名的神廟上*8；希臘皇帝修建的一些老城堡，占據海峽最狹窄部分的地區，相距對岸突出的海灘不過五百步而已。這裡的要塞在穆罕默德

---

*3　[譯註]阿爾戈英雄是指傑生率領英雄好漢搭乘阿爾戈號帆船前往柯爾契斯尋找金羊毛的傳奇，後來產生許多悲歡離合的情節。

4　勒‧克拉克(Le Clerc, Jean, 1657-1736A.D.，亞美尼亞學者和東方學家)很高興加以推測，他認爲那些所謂的怪物不過是蝗蟲而已，敘利亞人和腓尼基人都用這個名字來稱呼那種昆蟲。大群蝗蟲飛行時候產生噪音，毀損農作物而且死後會有惡臭，等到颶起北風將它們吹到海裡，所描寫的狀況都與事實很類似。

5　阿密庫斯的居所在亞細亞，位於新、舊城堡之間，地名爲勞魯斯‧因撒那(Laurus Insana)。菲尼烏斯住在歐洲，位在黑海，靠近名叫茅洛摩(Mauromole)的村落。

6　海面有幾處尖銳的岩石，在海浪中起伏顯現，船隻經常會不注意撞上去。目前有兩個小島，分別靠近歐亞兩洲的海岸，在歐洲這邊因龐培之柱(The Column of Pompey)而聞名於世。

7　在古代測量的距離是一百二十個斯塔迪亞(stadia)，合十五羅馬里(一羅馬里等於0‧九三哩)，是從新城堡的位置算起，但是現在把海峽一直延伸到卡爾西頓。

*8　[譯註]塞拉皮斯是埃及的地下之神或冥神，在羅馬帝國受到很普遍的崇拜，建立很多的廟宇。

二世(Mahomet II)*9企圖包圍君士坦丁堡時,曾全部重新整修,增加守備
強度[10]。土耳其的征服者可能不太清楚,在他統治時期近兩千年以前,大
流士(Darius)就曾選定此地,修建一座把兩個大陸連接起來的浮橋[11]。距
離老城堡不遠處,有個被稱為克里索波里斯(Chrysopolis),或稱斯庫塔里
(Scutari)的小鎮,這是君士坦丁堡的亞洲郊區。博斯普魯斯海峽在逐漸展
開與普洛潘提斯海會合時,正好穿過拜占庭和卡爾西頓(Chalcedon)之間
的一片海域。卡爾西頓還要比拜占庭早幾年由希臘人修建完成,缺乏眼光
的建造者竟然沒有從地理位置的形勢來加以考量,海峽西岸顯然比東邊更
為優越,這種糊塗作法一直受到後人訕笑。

君士坦丁堡的港口可說是博斯普魯斯峽的一條臂膀,有金角(Golden
Horn)的美稱,是指彎曲的部分像公鹿犄角,或者該說更像一頭公牛的彎
角[12],「金」字更是生動的形容,因為各種財富從最遙遠的國家被四時不
斷的季風,吹進君士坦丁堡安全而寬廣的海港。萊庫斯(Lycus)河由兩條
溪流匯合,不停向海港注入淡水,不但可清除水底污物,還為定期返回河
口的魚群提供適合的棲息地。這塊水域幾乎感覺不到潮汐漲落,港口水深
恆常不變,船上貨物不需小船接駁,可直接運上碼頭。這裡經常停靠許多
龐大船隻,船頭靠在碼頭的棧房邊,船尾還在水面漂浮。從海港裡的萊庫
斯河口,到博斯普魯斯海峽的臂膀長度有七哩,但入口處卻僅寬約五百
碼,必要時橫拉起一根粗大鐵鏈,可保護港口和城市不受敵艦襲擊[13]。

博斯普魯斯海峽和海倫斯坡(Hellspont)海峽之間,歐洲和亞洲的海岸

---

*9　[譯註]穆罕默德二世(1430-1481A.D.)外號「征服者」,鄂圖曼土耳其帝國的蘇
　　丹,穆拉德(Murad II)二世的兒子,1451年接位,精明幹練,殘忍嚴苛,1453年5
　　月率領大軍攻取君士坦丁堡,是回教聲勢最盛的時代。

10　希臘帝國時代,這些城堡用來作為國家監獄,得到利昔(Lethe)這個恐怖的稱呼,
　　意為「遺忘之塔」(Towers of Oblivion)。

11　大流士把屬國的名字和陸海軍的驚人兵力數量,用希臘文和敘利亞文銘刻在兩根
　　大理石柱上,後來拜占庭人把石柱運進城內,用來作為城市保護神的祭壇。

12　這個尖角已經逐漸消失,也可以這麼說,海港的深處大部分都已經淤塞。

13　鐵鍊在衛城(Acropolis)這端,也就是現在的克奧斯克(Kiosk),一直橫過海港,連
　　接到蓋拉塔所建高塔上,同時在適當的距離用堆積的大木塊加以支撐。

同時從兩邊後延展，環抱著馬爾馬拉海，古代卻稱之爲普洛潘提斯海。從博斯普魯斯海峽的進口，一直到海倫斯坡海峽的出口航程約爲一百二十哩。要是有人經過普洛潘提斯海的中部向西航行，躍入眼簾的景色是色雷斯和俾西尼亞（Bithynia）在遠方的高地，更遠處高聳著的還有奧林帕斯（Olympus）山*14終年積雪的山峰。左側愈離愈遠是一個深入陸地的海灣，戴克里先的皇都尼柯米地亞位於海灣的底部。再就是經過西茲庫斯（Cyzicus）和樸羅科尼蘇斯（Proconnesus）等幾個小島，然後才能在加利波里（Gallipoli）拋錨停泊，到了這裡，分隔歐亞兩大洲的這片海域又收縮起來，再度成爲一條狹長的海峽。

地理學家利用最精確的測算方法，探勘海倫斯坡海峽的形勢和範圍，算出這條出名海峽的曲曲折折水道有六十哩長，一般寬度爲三哩15。但現在海峽最狹窄之處，是土耳其古老的城堡北面，塞斯都斯與阿拜杜斯（Abydus）之間的一段海面。黎安德爾（Leander）*16爲獲得愛人芳心，而在此冒著生命危險，多次游過驚濤駭浪的急湍海流；澤爾西斯（Xerxes）爲將一百七十萬蠻族17運往歐洲，在兩岸距離不超過五百步的地方，用船隻搭起了一座碩大無比的浮橋，也是在此處。在收縮得如此狹窄的海面，看來構不上「寬廣」兩字的稱呼，荷馬和奧菲斯（Orpheus）*18倒是經常用來形容海倫斯坡海峽。但是，人們對大小的概念原是相對的比較。沿著海倫斯坡海峽前進的旅客，尤其是那位詩人，在蜿蜒曲折的海流中隨波盪漾，極目

---

*14　[譯註] 奧林帕斯山有兩處，一在小亞細亞，即今土耳其的烏盧·達格（Ulu Dag）山，標高二千五百四十三公尺；另一處在希臘北部，是全世界知名的聖山，高二千九百一十七公尺。本書所提的奧林帕斯山是指前一處。

15　希羅多德（Herodotus, 484-430B.C.，古希臘歷史家，被稱爲「歷史學之父」，著有《歷史》是西方第一部歷史鉅著）在敍述黑海和博斯普魯斯時，都用斯塔迪亞來表示距離，事實上並不正確。

*16　[譯註] 黎安德爾是傳說中的希臘青年，每夜泅渡海倫斯坡海峽與情人相會，後遭淹死，女友是女祭司赫洛（Hero），亦投海自盡。

17　參閱希羅多德的《歷史》第七卷，憑著這部作品，他爲自己和國家的名聲建立起不朽的紀念物。書中所敍述的內容一般都很正確，但是，無論是波斯人還是希臘人，基於虛榮心作祟，過分炫耀自己的兵力，也誇大勝利的成果。我認爲無論如何，入侵的波斯人兵員再多，也不可能超過要攻擊國家的總人口數。

*18　[譯註] 奧菲斯是希臘神話中的詩人和歌手，善彈七弦琴，能使猛獸俯首。

遠望像是抵達天地的盡頭，四周的田園風光，使他在不知不覺中忘卻大海的存在。想像力很容易讓他把這條海峽，看成是寬廣奔騰的河流，急湍的溪水在森林和陸地之中流過。最後，通過一個寬闊的出口流入愛琴海，或稱多島之海(Archipelago)[19]。遠古的特洛伊(Troy)就座落在伊達山(Mount Ida)山腳一個小高地上，居高臨下俯視著海倫斯坡海峽的開口處，西摩斯(Simois)河和斯卡曼德(Scamander)河是注入海峽的兩條小河，永不乾涸的水流要算增加的水量，真是微乎其微。當時希臘人的軍營沿著海岸延伸大約十二哩，從西吉安(Sigean)到洛提安(Rhoetean)海岬，大軍的兩翼高舉阿格曼儂(Agamemnon)[*20]大纛，選出最勇敢的精銳部隊擔任守衛。這些海岬中第一個先被阿奇里斯(Achilles)率領所向無敵的邁米登人(Myrmidons)占領[*21]，英勇無畏的阿傑克斯(Ajax)[*22]便在另一個海岬安營。過分傲慢的阿傑克斯，終於被忘恩負義的希臘人當成犧牲品，墳墓就建在他曾經極力加以保護的水師，免得遭受憤怒的喬夫(Jove)和赫克托(Hector)[*23]所摧毀的那個地方。後來在這裡興起的洛提姆(Rhoeteum)小鎮，居民將阿傑克斯奉為神明[24]。君士坦丁在最後選定拜占庭之前，曾想到把帝國的中心建立在這著名的位置，據傳說羅馬人最早在此生息繁衍。

---

19 昔普塞斯(Scepsis)的德米特紐斯(Demetrius)就荷馬(Homer，約西元前九至八世紀，古希臘吟遊詩人，著有史詩《伊利亞德》和《奧德賽》)的三十行編目，寫出六十冊書；斯特拉波(Strabo, 64B.C.-23A.D.，古希臘歷史學家和地理學家)所寫第十三冊，可以滿足我們在這方面的知識。

*20 [譯註]阿格曼儂是邁昔尼(Mycenae)國王，也是斯巴達國王米尼勞斯(Menelaus)之兄，希臘最美的女人海倫是其弟媳，被特洛伊王子巴黎斯(Paris)拐走，引起長達十年的特洛伊戰爭。希臘聯軍由阿格曼儂出任統帥，戰後返國為妻子及情人所謀害。

*21 [譯註]阿奇里斯是佩勒烏斯(Peleus)和特蒂斯(Thetis)之子，出生後被母親抓住腳踝浸入冥河，以致全身除腳踝外刀槍不入，是希臘最著名的勇士，在特洛伊戰爭中被特洛伊王子巴黎斯射中腳跟，戰死在城外；邁米登人就是帖撒利(Thessaly)人，當地的騎兵訓練最佳，忠心耿耿追隨主阿奇里斯，萬死不辭。

*22 [譯註]阿傑克斯是僅次於阿奇里斯的勇士，阿奇里斯戰死後，他的胄甲給了尤利西斯，阿傑克斯憤而自殺。

*23 [譯註]喬夫是朱庇特降臨世間的稱呼；赫克托是特洛伊國王普里阿姆的長子，他殺了希臘大將帕崔克勞斯(Patroclus)，阿奇里斯為友報仇將他殺死。

24 對船隻的處理是將他們拖上岸來，至於阿傑克斯和阿奇里斯設置的崗哨，荷馬敘述得非常清楚。

他首先想選來作為新都城的地址，便是位於古特洛伊城下方，面對洛提安海岬和阿傑克斯墳墓的廣闊平原。儘管這計畫很快就被放棄，但在這裡留下未完工的雄偉牆壁和城堡，至今每位航行經過海倫斯坡海峽的旅客，仍舊受到吸引會特別注意。

不管從那方面來說，君士坦丁堡的確據有優越地位，彷彿是大自然專為君主國家設計的政治中心和首都。這位於北緯四十一度線上的皇都，正好從所座落的七個小山，俯瞰著歐、亞兩大洲海岸；氣候溫和宜人、土地肥沃富饒、海港寬闊安全，位於大陸邊陲一個面積狹小的範圍之內，防守容易。博斯普魯斯海峽和海倫斯坡海峽，等於君士坦丁堡的兩道大門。當敵軍從海上來犯時，可閉關自保，又能隨時為前來貿易的船隊敞開大門。東部各行省所以能生存發展，應歸功君士坦丁的政策。黑海地區的蠻族在上一代大動刀兵，曾進入地中海腹地，現知道無法超越堅固的屏障，被迫終止海盜行徑。即使這兩道海峽的大門全關閉，都城依靠所圈入的寬廣土地，仍能生產各種物品，滿足居民的生活所需和奢華要求。在土耳其高壓之下呻吟不絕的色雷斯和俾西尼亞海岸，靠著葡萄園、果園和農業收成，而呈現富饒景象。普洛潘提斯海以魚類資源豐富著稱，有些魚類到了汛期，不需任何技術，也不必花費多少勞力，便可大量捕獲[25]。等到兩個通道為對外貿易完全敞開時，可按照季節變化，輪番接納來自南面和北面，黑海和地中海的天然物產和人工財富。從日耳曼和錫西厄的森林直到遙遠的塔內斯河和波里昔尼斯（Borysthenes）河的河源，所有能收集到未曾加工的產物；歐洲或亞洲的工匠，所能製造的任何手工藝品；加上埃及的穀物，印度運來的寶石和香料，始終隨著季節的風向，行駛進入君士坦丁堡港口，連續許多世代，此處一直是古代世界的商業中心。

君士坦丁堡同時具備了美觀、安全和富足，可以證明君士坦丁的選擇

25　在得多不同種類的魚獲當中，以金槍魚最為出名，我們從波利比阿斯、斯特拉波和塔西佗（Tacitus, Publius Cornelius, 55-120A.D.，羅馬元老院議員，執政官和行省總督，著有《歷史》和《編年史》，記述羅馬帝國的初期史實）的作品中，得知拜占庭的稅收主要來自漁業。

極爲正確，不應引起非議。但不論在任何時代，一個偉大城市的誕生，總得和神話傳說或聖賢英雄聯繫在一起，才能顯示出偉大和威嚴。因此，皇帝也不願居功過多，把全部責任包攬在己身，而歸之於神意的安排，更可以萬無一失，根基永固。他在一份法規裡告誡後代子孫，完全聽從神的旨意，爲君士坦丁堡奠定千秋萬世的基礎。這方面，儘管沒有說明上天如何啓發他的心靈，但謙虛的沉默所留下的遺憾，卻被後世的作家憑著聰明才智獲得補充。他們詳細描繪君士坦丁夜宿拜占庭城內時，神明在他的睡夢中顯靈的情景。拜占庭的守護神，像一位年邁體衰的老太婆，忽然在他面前變成如花似玉的少女，於是他親手用帝國一切偉大象徵，作爲祂的裝飾[26]。君王醒來後對吉利的夢境，仔細揣摩預兆，接著就遵從天命毫不遲疑盡快辦理。凡一座城市或殖民地奠基命名之日，羅馬人總按照傳統規定，古老的習慣多半帶有迷信觀念[27]，不惜一切花費也要舉行隆重慶典。儘管君士坦丁想要減少異教味道過於濃厚的儀式，但他卻把這件事看得非常重要，處心積慮要讓在場的臣民，留下威嚴而充滿希望的深刻印象。皇帝手執長矛，步行在莊嚴隊伍前，領導眾人劃出未來城市的界線，圈入的範圍愈來愈大，一直到隨從在驚愕之餘，不得不壯著膽子告訴他，劃入市區的地面超過巨大城市的最大面積。這時他說：「我還得繼續前進，直到引導我的神靈叫停爲止。」對這位超凡入聖的領導者，我們不想繼續揣度他的性格或意圖，還是實地描述一下君士坦丁堡的邊界和範圍。

26　希臘人、狄奧菲尼斯(Theophanes, 752-818A.D.，神父，教士，神學家和教會編年史家)、昔瑞努斯(Cedrenus，十一世紀拜占庭歷史學家)以及亞歷山卓編年史的作者，局限於含混籠統而且全憑想像的表達方式。爲獲得更特別而且深入的看法，我們不得不求助於拉丁文作家，像是瑪姆斯貝立(Malmsbury)的威廉(William，死於1143年的英國歷史學家)。

27　這些遷移者在典禮中挖一個洞，每人把從出生地帶來的一把泥土放進去，象徵他們在此成立新的家園。

二、君士坦丁堡的範圍和主要的建築物(324A.D.)

　　這座城市的實際情況，後宮的宮殿和林園據有東面的海岬，也就是那七座山丘的第一座，占地大約一百五十英畝。土耳其人戒備森嚴和專制統治的建築物，正好就建在希臘共和國原來的基礎上。不過也可以這麼假定，當時的拜占庭人看到海港有很方便的條件，急於想超過現在後宮的界線，向港口擴大他們的居住區。君士坦丁新建的城牆，橫跨三角形的寬闊的腰部，在古老的工事相距十五個斯塔迪亞(stadia)[*28]的地方，從港口直接興建到普洛潘提斯海。城牆將拜占庭包括在內，把七座小山的前五座都納進去。這七個山頭，在走近君士坦丁堡的人看來，一層高過一層，景色極為壯觀。城市的奠基者死去約一個世紀之後，新的建築物一面向上方的港灣發展，另一面沿著普洛潘提斯海延伸，已經覆蓋第六個山丘狹窄的山脊，以及第七座山丘寬廣的山頂。年輕的狄奧多西(Theodosius)為保護城郊地區，不受蠻族長年的騷擾，興工建造長度足夠的永久性城牆[29]，把整座城市圍得固若金湯。從東面海岬到金門，君士坦丁堡最長的直徑約為三羅馬里[30]，周長在十到十一羅馬里之間，按英制計算，大約有兩千英畝。現代旅客有時延伸君士坦丁堡的邊界，把歐洲這邊相鄰的村莊，甚至亞洲的海岸全都包括進去[31]，這種虛張聲勢過分誇大的作法，並無任何根據。不過

---

*28　[譯註]斯塔迪亞是古希臘的長度單位，約為607-738呎。

29　狄奧多西在431年修築一道新城牆，到447年被地震摧毀，經過統領居魯士(Cyrus)三個月的努力全部重建，到赫拉克留斯(Heraclius)在位時，首次把城郊的布拉契尼(Blachernae)併入城區之內。

30　在《職官志》裡記載的長度是一萬四千零七十五尺，單位很可能是希臘尺，丹維爾(M. d'Anville)曾經換算出與英尺的比例。很多作者提到聖索非亞(St. Sophia)教堂的高度是七十八哈希麥特腕尺(Hashemite cubits)，相當於一百八十英尺，也就是說每腕尺等於法國的二十七寸。

31　做事認真的提夫諾(Thevenot, Jean de, 1633-1667A.D.，法國旅行家)，用步行測量三角形的兩個邊，就是從克奧克斯的後宮走到七座塔，花費時間是一個小時又四十五分鐘。丹維爾很仔細的查證，認為按照這樣的計算，整個城市的周長大約是十到十二哩。圖尼福(Tournefort, Joseph Pittonde, 1656-1708A.D.，法國旅行家和古物學家)的估算太誇大，沒有將斯庫塔里(Scutari)包括在內，就有三十到三十四哩，這種說法沒有根據，有違他平素做學問的原則，倒是令人覺得奇怪。

佩拉(Pera)和蓋拉塔(Galata)這兩個郊區,雖然在海港另一邊,卻可以視為城市的一部分[32]。要是加上這兩地的面積,有一位拜占庭歷史學家將他的出生地,也就是這座城市的周長估算為十六希臘里(大約十四羅馬里),也不能說完全沒有道理[33]。面積如此寬廣的城市,作為一個帝國的首都是綽綽有餘,但是君士坦丁堡在這方面,仍舊屈居於巴比倫、底比斯(Thebes)[34]、古老的羅馬、倫敦甚至巴黎[35]之下。

羅馬世界的主子要把新都建設成為光輝的統治以利於流芳萬世,為完成這項偉大的工程,竭盡了數百萬臣民的財富、勞力和智慧。有人計算出皇室的花費實在驚人,僅就城牆、柱廊和供水渠道,支用大約兩百五十萬英鎊[36]。覆蓋黑海海岸的森林,樸羅科尼蘇斯小島上著名白色大理石採石場,可提供取用不盡的建築材料,只需經過一小段水路就能源源不斷運往拜占庭港口。成千上萬的勞工和匠人胼手胝足,希望工程早日完工。但心急的君士坦丁很快發現,技術水準日益下降,建築師無論技術還是數量,與龐大設計的要求完全不符。於是,即便距帝國最遙遠的各行省,總督也要立即興辦學校,指派教師,利用可獲得獎金或特權的誘惑,把大批曾受過較好教育的天才年輕人集中起來,學習從事建築行業的相關技術[37]。他運用統治權力,找到最優秀人才進行新城的土木工程,但裝飾城市的藝術

32　查士丁尼(Justinian)為美化市容,種植很多樹木,用成列的無花果樹將城市劃分為十三個區。佩拉和蓋拉塔位於北面郊區,最初的命名,佩拉的意義是「袋子」,這跟它的地勢有關,一看就清楚,至於蓋拉塔的取名就不知道含意何在了。

33　整個長度是一百一十一個斯塔迪亞,每一希臘里是七個斯塔迪亞,合六百六十法國腕尺(每一法國腕尺等於一‧九五公尺或六‧四英尺),但有時算為六百腕尺。

34　古籍裡提到巴比倫和底比斯的大小都很清楚,並沒有誇大而且計算準確,這兩座歷史上的偉大城市,巴比倫的周長是二十五哩,底比斯有三十哩。

35　若將君士坦丁堡和巴黎作比較,用五十個法國腕尺平方作為一面積單位(一腕尺等於一‧九五公尺,所以五十個腕尺平方,約是一百公尺平方,相當於一公頃的面積),君士坦丁有八百五十個面積單位,而巴黎有一千一百六十個面積單位。

36　相當於六萬磅重量的黃金,是從柯笛努斯(Codinus)那裡得知費用的總額,但是作者的名聲不佳,除非資料來源沒有問題,否則憑他對古代的計算方式不熟悉,很難令人相信這個數據會很正確。

37　這個法規是在334年頒布,傳送給意大利統領一體遵行,轄區包括阿非利加在內。戈德弗洛伊(Godefroy, Jacques, 1587-1652A.D.,法國歷史學家和法學家,曾編纂《狄奧多西法典》)對這方面作過研究,他的評述可以用來參考。

作品，全都出自伯里克利（Pericles）和亞歷山大時代*38最著名的大師之手。要想再使菲迪亞斯（Phidias）和利西波斯（Lysippus）*39的天才復活，那確實超出羅馬皇帝的能力。然而，大師留給後代不朽的作品卻無處躲藏，全部暴露在好事虛榮的專制帝王面前，任憑他肆意掠奪。在他的命令之下，希臘和亞細亞許多城市最有價值的裝飾品全都被洗劫一空，像著名戰役的戰利品，具有宗教意義的聖器，古代的神明、英雄、智者和詩人的知名雕像，全都用來增強君士坦丁堡威名蓋世的風光。歷史學家昔瑞努斯（Cedrenus）40非常感慨的評論，體現偉大人物的紀念品全部都在這，除了沒有靈魂以外，其餘可說是應有盡有。但在君士坦丁的城市和帝國衰落時期，只要人類的思想受到政治和宗教雙重奴役，就絕不可能找到荷馬或笛摩昔尼斯（Demosthenes）*41的靈魂。

　　征服者圍攻拜占庭時，把營帳安置在第二座山丘居高臨下的山頂上，為永久紀念這次偉大的勝利，選定這極有利的位置建造市政廣場，外形看來像是圓形或是橢圓形。兩個遙遙相對的廣場入口做成凱旋門形狀，四周杜廊中布滿了各種雕像。中央矗立一根高大的石柱，受到戰火的毀損而稱之為「燒焦石柱」，立在二十呎高的白色大理石基座上，係由十塊高十呎，周長約三十三呎的斑岩拼成。在石柱的頂端，大約距地面一百二十呎的高處，安置阿波羅的巨大青銅雕像，據猜測可能是從雅典，或是弗里基亞（Phrygia）一個市鎮運來，一般認為出自菲迪亞斯之手。這位藝術大師

---

*38　[譯註]伯里克利和亞歷山大的時代相當於公元前五世紀和四世紀，希臘的文治和武功均已達巔峰，馬克思說：「希臘內部極盛的時期是伯里克利時代，外部極盛時期是亞歷山大時代。」

*39　[譯註]菲迪亞斯（490-430B.C.）是希臘的雅典雕刻家，在古代極富盛名，平生代表作以衛城的三座雅典娜神像，以及奧林匹克神廟的宙斯像最為出色，現無作品傳世。利西波斯為公元前四世紀的希臘雕刻家，作品以大理石為主，人物的體態修長，富於視覺效果，除仿製品外無原件留存。

40　他曾經描述過這些雕像，對荷馬的半身像更是抱著欣賞的態度，可以看出，昔瑞努斯在模仿前代的風格，要創造出更幸福的時代。

*41　[譯註]笛摩昔尼斯（38-322B.C.）是雅典雄辯家和民主派政治家，反對馬其頓入侵希臘，發表《斥腓力》等演說，終因當時要組成希臘聯軍擊滅波斯，使得他對抗專制極權的努力失敗，自殺身亡。

雕刻的日神，若按照後人附會之言，就是君士坦丁皇帝本人，右手拿權
杖，左手抓地球，頭戴金光閃亮王冠。賽車場或稱橢圓大競技場，是座堂
皇的建築物，長四百步寬約一百步，兩個大門之間的場地布滿各種雕像和
方形石碑。這裡可看到氣勢雄偉的殘留古物，三條蛇纏在一根銅柱上，三
個蛇頭過去支撐著金色三角祭壇，是希臘人擊敗澤爾西斯後，得勝的勇士
鑄造此戰利品，奉獻給德爾斐(Delphi)神廟[42]。土耳其征服者用粗暴雙
手，損毀橢圓形競技場美麗的外觀，仍舊沿用著阿特美頓(Atmeidan)的舊
名，實際上他們拿來當作馬術教練場。

　　皇帝從觀賞賽車節目的寶座前，可經過一道螺旋形階梯直達王宮[43]。
這裡有一群宏偉的建築，幾乎不亞於羅馬城的王宮，加上附屬的庭院、花
園、柱廊等，從橢圓形競技場到聖索非亞大教堂[44]，占據了普洛潘提斯海
沿岸很大一片地方。還可以對大浴場讚揚一番，君士坦丁施展大手筆，用
高大的石柱、各種大理石雕刻，以及六十多座青銅像加以裝飾，卻仍沿用
宙克西帕斯(Zeuxippus)這個舊名[45]。不過，在這裡如果刻意詳細描繪城市
各地點的不同建築物，就會偏離這段歷史的主題。總言之，凡能顯示偉大

42　這些神聖遺跡的管理人，若知道下列證據很可疑，一定會感到高興。(1)、最早
　　獻祭用的三足青銅鼎和圓柱，陳設在德爾斐神廟，這點從希臘多德到保薩尼阿斯
　　(Pausanias, 143-76B.C.，希臘旅行家及地理學家)，都曾證實過。(2)、異教徒諾
　　昔繆斯(Zosimus)和優西庇烏斯(Eusebius，四世紀，凱撒里亞主教，歷史學家，
　　辯論家)、蘇格拉底(Socrates, 380-450A.D.，拜占庭教會歷史家)、索諾曼
　　(Sozomen, 400-450A.D.，希臘律師及教會歷史學家)這三位教會歷史學家一致同
　　意，是君士坦丁下令將德爾斐神廟的神聖裝飾搬到君士坦丁堡，並提到放在橢圓
　　形競技場(Hippodrome)的盤蛇石柱。(3)、所有歐洲遊客到君士坦丁堡遊歷，從
　　包德蒙特(Buondelmonte)到波卡克(Pocock, Edward, 1604-1691A.D.，英國東方學
　　者)，他們參觀的地方和描述方式都大同小異，不同之處是因為土耳其人造成的
　　破壞。穆罕默德二世(Mahomet II)用戰斧，把盤蛇石柱上一條蛇的下顎砍掉。
43　拉丁文Cochlea意為「螺旋」，希臘人指稱「螺旋樓梯」，拜占庭歷史裡常提到。
44　這裡有地形上的三個要點，可指出皇宮位置：(1)、從橢圓形競技場，或稱為
　　阿特美頓，有一條樓梯與皇宮相連。(2)、在普洛潘提斯海邊建築一個人工
　　港，經過一段大理石階梯，可走上皇宮花園。(3)、奧古斯提姆(Augusteum)是
　　面積閎廣的外廷，有一邊據有整個皇宮的正面，另一邊鄰接聖索非亞教堂。
45　宙克西帕斯是朱庇特的稱號，此浴場位於老舊拜占庭市區，杜坎吉(Ducange,
　　Charles du Fresne, seigneur, 1610-1688A.D.，法國東方學者和語言學家)認為指出真
　　正位置並不難，從歷史上的事件來看，與聖索非亞教堂和皇宮都有關連。但班都
　　里(Banduri)有不同看法，若按照最早的計畫，位於城市另一邊，靠近港口。

都城的宏偉和壯麗，提供眾多居民便利和娛樂，在君士坦丁堡的高牆內，可說是包羅萬象，應有盡有。新都城建設百年後所記錄的文獻，開列的項目是：一所學校或學府、一座賽車場、兩所劇院、八個公共浴場、一百五十三個私人浴室、五十二座柱廊、五座穀倉、八條水渠或水庫、四個用於元老院會議或法庭審判的寬廣大廳，十四座教堂、十四座宮殿、還有四千三百八十八間房屋，在高大和華麗方面，絕非一般平民住宅所能比擬[46]。

三、君士坦丁堡的人口結構和所享有的特權(324A.D.)

奠基者其次所關切的重大問題，就是鍾愛的城市人口過多。羅馬帝國東遷之後緊接著黑暗時期，這一重大問題所造成的危害，無論產生遠期和近期的影響，都被虛榮的希臘人和輕信的拉丁人完全忽視[47]，這方面實在令人感到奇怪。人們一直提到，羅馬所有的貴族家庭、元老院成員、騎士階級以及不計其數的隨從人員，都跟隨皇帝遷到普洛潘提斯海岸。大家也都相信，荒涼的古都完全留給外來戶和當地平民混雜的人群。那些早已改為果園的大片意大利土地，馬上就無人居住和耕種。現在要在這部歷史中，對誇大失實的說法，都還原本來的面目。但是，君士坦丁堡的發展不能歸於人口自然增多，也不能說是生產的需要，必須承認這塊人為的殖民地，要犧牲帝國原有許多舊城，才能興建起來。羅馬及東部幾個行省許多富有的議員，受到君士坦丁的邀請，皇帝為自己的住所選擇一個運氣很好的地點，讓他們也來此定居。主子的邀請往往與命令很難區別，皇帝表現

46　羅馬的大型建築經統計有一千七百八十座，使用的拉丁文是domus，一般是指富麗堂皇的大廈；君士坦丁堡也沒有將寓所和住宅算在裡面。舊都城有四百二十四條街道，新都城有三百二十四條。

47　現代希臘人非常奇怪，對古老的君士坦丁堡抱著不屑一顧的態度。我們對土耳其和阿拉伯作家的錯誤可以原諒，希臘作家讓人感到不可思議，他們的語言裡就保存著很多可靠的史料，但是他們寧願道聽途說，受傳統的擺布，不肯面對真正的史實。柯笛努斯的作品中，就在一頁裡，可以找出十二個不可原諒的謬誤，像是塞維魯斯(Severus)和奈傑(Niger)的和解、他們子女之間的婚姻、馬其頓人圍攻拜占庭，以及高盧人入侵，將塞維魯斯召回羅馬等等，而且從塞維魯斯去世到君士坦丁堡奠基，其間有六十年的歷史沒有交待。

慷慨好施的態度,立即贏得心甘情願和興高采烈的服從。他把新都城多處
修建的宮殿分贈親信,還發給土地所有權和固定津貼,以維持高貴而體面
的生活,並且還把本都(Pontus)和亞細亞的領地,劃給都城的永久住戶作
爲世襲產業[48]。但是這類鼓勵措施的優惠條件,很快難以爲繼並遭廢止。
無論政權中心位於何處,國家歲入相當大的部分總會被皇帝本人、政府大
臣、法庭官員以及宮內人員揮霍一空。最富有的省民被利益、權勢、歡樂
和新奇的強大動機所吸引。於是,居民中人數眾多的第三階層,在不知不
覺中由僕役、工匠和商人形成,他們靠出賣勞力,滿足上層人士的需要或
奢侈的生活謀生。不到一百年,君士坦丁堡的財富和人口已可與羅馬一爭
高下。整排新蓋的建築物,根本不考慮衛生條件或生活方便,非常稠密的
緊塞在一起,留下極其狹窄的街道,使得擁擠不堪的人群、馬匹和車輛幾
乎都無法通行。原來圈定的城區範圍已漸漸容不下日益增長的人口,新的
建築從兩邊向大海方向延伸,增加部分可成爲一座面積廣大的城市。

　　羅馬的貧民靠著政府經常不斷分發酒、油、糧食、麵包和銅錢或實
物,幾乎不用勞動謀生。君士坦丁堡的奠基者效法頭一位凱撒的手法[49],
有的地方盡量慷慨豪爽,卻遭到後代的指責。一個國家的立法者和征服
者,認爲自己付出生命的代價,獲得阿非利加以後,自然擁有無可爭辯的
主權*[50]。奧古斯都(Augustus)卻費盡心機,力圖使羅馬人民建立這種概
念,現在既然已能過富裕生活,便應澈底忘懷過去的自由權利。然而,君
士坦丁的揮霍毫無道理可言,不論從公共或私人利益考量都無法原諒。他
爲建造新的都城,每年從埃及強徵來的稅收,實際上全用來養活一群妄自
尊大的懶漢。皇帝制訂其他法規倒是無可厚非,就實質而論確也無關緊

48　柯笛努斯說,君士坦丁比照自己在羅馬的宮殿,爲元老院議員構建住屋,他們在
　　驚喜之餘眞是感恩不盡。事實上這些都是虛構的故事,而且內容前後矛盾。

49　這是蘇格拉底一廂情願的說法,每天定量配發糧食的人數高達八萬人。根據華勒
　　休斯(Valesius)的翻譯,所說的糧食可能是穀物,要是說成麵包也沒有錯。

*50　[譯註]阿非利加努斯‧西庇阿是巴布留斯‧西庇阿(Publius Cornelius Scipio)的兒
　　子,公元前202年在查瑪(Zama)會戰擊敗漢尼拔(Hannibal),摧毀迦太基,使得
　　阿非利加成爲羅馬帝國的行省,與西西里同是供應羅馬人民的穀庫,由於糧食不
　　致匱乏,才能爭雄天下。

要。他把君士坦丁堡分爲十四個地區或區域[51]，公民會議尊爲元老院[52]，使這裡的公民享受意大利式的特權，將這座新興的城市稱作殖民地，成爲古羅馬第一位最受寵愛的女兒，德高望重的母親仍然享有法律上最高領導地位，能與她的年歲、威嚴以及過去偉大成就完全吻合[53]。

　　君士坦丁珍愛這城市，全力督導加速施工（330-334A.D.），全部城牆、柱廊及主要建築物經過幾年時間全部完工；根據另一記載，只要幾個月的工夫就行了。這種異乎尋常的趕工速度，實在令人不敢恭維，許多工程都是在倉卒中草率完成，以後幾代皇帝的統治期間，爲維護建築物不致崩塌，眞是克服不少的困難。但等到顯現出新奇和宏偉氣勢，城市的奠基者已在爲慶祝落成進行籌備[54]。在這樣　個人規模和值得紀念的節日裡，表演節目之多和花費之大，不難想見。還有一個具有永久意義的奇特情況，在此要提出說明。每當城市的生日來臨，照君士坦丁的命令，要在一輛凱旋式使用的戰車上，放置一尊君士坦丁的雕像，用木頭製作外面包金，右手拿著城市守護神的小型塑像。儀仗隊的士兵手持白色細蠟燭，身著盛裝，隨著莊嚴行進的隊伍一起穿過大競技場。當隊伍行經在位皇帝的寶座時，他從座位上站起，非常虔誠的向前代皇帝表示感激和尊敬[55]。城

51　君士坦丁堡的行政區域，在《查士丁尼法典》提過，狄奧多西二世的《職官志》也有詳盡說明。但十四個區中最後四個，並沒有包括在君士坦丁所建的城牆之內，所以城市的劃分，是否歸功於奠基者的高瞻遠矚，這點令人感到懷疑。

52　在朱理安（Julian）的第十一封書信中，提到元老院議員的職務，不是榮譽而是一種負擔。布勒特里（Bléterie, Jean Philippe Réne, de la, 1696-1772A.D.，詹森教派神父）認爲他在信件中所說的狀況，不是指君士坦丁堡。

53　朱理安爲君士坦丁堡感到慶幸，因爲它的地位不如羅馬，所以沒有在帝國的城市中位居榜首，免除樹大招風之危，當代人認爲他的話確是執平之論。等到狄奧多西的兩子將帝國分治以後，東帝國日益繁盛，諾昔繆斯、蘇格拉底和索諾曼，誇耀新都和舊都已成平分秋色的局面。

54　昔瑞努斯和諾納拉斯（Zonaras，十一世紀拜占庭歷史學家）推崇當時流行的迷信方式，我們因此知道，君士坦丁堡奉獻給無垢聖母瑪麗亞（Virgin Mother of God）。

55　在《亞歷山卓編年史》中，對於這種很特殊的典禮儀式，很早就有詳盡的記載。蒂爾蒙特（Tillmont, Louis Sebastien le Naia de, 1637-1698A.D.，法國教會歷史學家）對異教風氣的蔓延感到不滿，認爲在基督教君王的統治下，不應有這種狀況發生。君士坦丁的友人覺得此風不可長，但是他們沒有權利不予記錄。

市的落成典禮上，還通過一道雕刻於大理石柱的詔書，賦予這城市第二羅
馬或新羅馬之名[56]。然而君士坦丁堡這個名字始終勝過那高貴稱呼，而
且，在經過十四個世紀的變革後，仍保留締造者永垂不朽之名[57]。

四、君士坦丁的位階制度和主要等級 (330-334A.D.)

建立新都城以後，必然伴隨民政和軍政制度的革新。最早由戴克里先
提出，經過君士坦丁加以改進，接著由後面幾位繼位者完成，這樣一套複
雜的政治體系，不僅通過一個龐大帝國的奇特形象，能夠發人深思，同時
還揭露出帝國迅速衰退的祕密，讓人知內在的原因。追溯過去任何一種獨
特的制度，難免要與或早或晚的羅馬的歷史發生關係，研究較適當的時間
界線，該包括從君士坦丁繼位到頒布《狄奧多西法典》[58]，約有一百三十
多年的時間。從此段歷史中，以及從西部和東部的《職官志》(Notitia)[*59]
中，可看到有關帝國情況最豐富和最權威性資料[60]。當然，要說明這些雜
亂的內容，便不得不在短時間內中斷正常敘述。只有不了解法律和社會習
俗重要性的讀者，才會對此感到不滿，因為他們所具有的好奇心，只是一
味追逐過眼雲煙的宮廷變故，重視某個戰役中偶然發生的逸聞軼事。

56　現存君士坦丁頒發的獎章上，可以看到君士坦丁堡的名字。

57　豐特內爾(Fontenelle)用鮮明的筆調，經常嘲笑人類好大喜功的虛榮心，君士坦丁
　　的失利似乎讓他感到高興，原來使用「君士坦丁堡」這個名字，好建立萬世不朽
　　的基業，現在改為平民化的稱呼伊斯坦堡(Istambol)，這是土耳其人對希臘語誤
　　解所致，但是在很多方面仍舊沿用來的稱謂：(1)、歐洲各國；(2)、現代希臘
　　人；(3)、阿拉伯人的著作，隨著在非洲和亞洲所征服的地區，散布到很廣的範
　　圍；(4)、一般有知識的土耳其人，就是皇帝在公布的敕令中還是照舊使用。

58　《狄奧多西法典》在438年頒布。

*59　[譯註]《職官志》登錄羅馬帝國所有民政和軍事的職務和任職者的姓名資料，現
　　在留下的原始文件有一千五百五十一份，涵蓋的時間是四世紀中葉和五世紀，是
　　研究當時政府組織和現況的最好史料。

60　潘昔洛盧斯(Pancirolus)在立論精闢的著述中，指出《職官志》與《狄奧多西法
　　典》好像在同個時期頒行，也就是438年，但是證據很薄弱，只能算是臆測之
　　辭。就我個人的看法，這部辭書完成的時間，是在帝國最後分治的395年，以及
　　蠻族入侵高盧的407年之間。

　　羅馬人天生男子漢的傲氣，只有掌握實權才能獲得滿足，把誇張的形式和虛假的場面留給崇尚虛榮的東方。但是，當他們從古代自由權利所獲得的高尚品德，漸漸連虛名也難以維持時，羅馬人樸實的社會風尚，在不知不覺中被亞洲宮廷講究場面那種裝模作樣的習氣所敗壞。個人出眾的功勳和所發揮的影響力，在共和國能引起眾人的注目，在君主國家無足輕重也不能發揮作用，會被專制政體的皇帝全力加以撲滅，取而代之是下級服從上級的嚴格等級制度。從坐在皇座階梯上的擁有頭銜的高階奴隸，一直到濫施權力最下賤的專制工具，大量存在著非常可鄙的依賴關係，有利於維護現有政權的存在，因人們擔心變革會斷送前程，抹除服務可能得到的報酬。在這種神聖的位階制度（hierarchy）（這正是大家常用的一種稱呼）中，每一個位階都有的極其嚴格的標記和規定，地位的高低靠各種毫無意義的嚴肅禮節表現出來，學習這些禮節是一門大學問，發生任何差錯便是褻瀆的行為[61]。在雙方傲慢與諛媚的交往中，採用大量西塞羅幾乎聽不懂，奧古斯都可能憤怒予以禁止的詞彙，拉丁語文的純樸完全受到破壞。見到帝國的高級官員，甚至包括君主本人，總要加上一些令人莫名的稱謂，如真誠的閣下、莊嚴的閣下、高貴的閣下、卓越的閣下、崇高和絕妙的偉大閣下、輝煌和雄偉的大人閣下（your Sincerity, your Gravity, your Excellency, your Eminence, your sublime and wonderful Magnitude, your illustrious and magnificent Highness）等等不勝枚舉。委任職務的命令或證書上，總裝飾著最能表明其工作性質和高貴地位的圖案：像是在位皇帝的肖像或畫像；一輛參加凱旋式的戰車；用四支蠟燭照亮的法典，放在覆蓋著華貴絨毯的桌子上，代表管轄行省的象徵性圖形；統率軍隊的名稱和旗幟。這些表示他們官階的象徵物品，有時真的就陳列在大客廳裡；有的則當他們公開露面時候，出現在浩浩蕩蕩儀仗隊的最前面。他們的行為舉止、服裝飾物以及隨從人員，莫不曾經過精心安排，要求對於皇帝陛下欽

61　格里先（Gratian）皇帝把華倫提尼安（Valentinian）視為神聖的父皇，非常肯定他發布《官階尊榮法》的功績，保證要貫徹執行。

點的官員表示最大崇敬。羅馬帝國的政府運用這套制度，就一位見解高明
的觀察家看來，確實是在演出連台好戲，劇中充滿各種不同性格和職位的
演員，根據原始的樣板人物，重複背誦同樣的語言，模仿同樣的動作。

帝國中央政府任職的要員稱爲「顯貴」，可以分爲三個等級：其一爲建
有功勳者(Illustrious)，可以稱之「特勳階」；其二爲德高望重者(Spectabiles)
或眾望所歸者(Respectable)，可稱之爲「卿相階」；其三爲世家出身者
(Clarissimi)或獲得官位者(Honourable)，可稱之爲「士尉階」。在最早的
羅馬時期，後面提到的這個用詞克拉西繆斯(Clarissimus)，只不過是一般用
來表示尊敬的稱呼，後來變成專用以指元老院成員的特殊稱呼[62]，最後又變
爲用以稱呼那些由元老院選出，擔任各行省總督的官員。後來，那些認爲自
己官職和地位顯然高於一般議員，因而必須有所區別的人，爲虛榮心所驅
使，全都熱中於「卿相階」這個新稱呼。不過，「特勳階」一直專用於稱呼
那些出類拔萃的人物，受到位階較低的兩類人所尊敬和服從，只限於：一，
執政官和大公；二，禁衛軍統領，包括羅馬和君士坦丁堡的郡守；三，騎
兵和步兵的主將；以及四，皇宮中侍奉皇帝負有神聖職責的七位大臣[63]。
在一般認爲應該處於平等地位的傑出行政官員，資深者也只能和同僚享受
相等的榮譽[64]。皇帝樂於不斷對臣下施恩，時而會毫不費力的頒發榮譽證
書，用來滿足朝臣迫切的虛榮心，但如果他們還有野心那也不會輕饒。

五、執政官和大公的權勢及地位(330-334A.D.)

羅馬的執政官還是共和國最早行政官員時，其權力便來之於人民的抉
擇；帝國時代早期的羅馬皇帝對奴役臣民的作爲，還想加以掩飾，等到戴

62　在安東尼皇朝統治期間所編纂的《法典全書》，元老院議員合法的稱呼是「克拉
　　西繆斯」，它的含意是世家子弟。
63　我沒有提到兩種地位較低的階級，就是Perfectissimus 和Egregius，可以賜給還未
　　獲得議員身分的任何人士。
64　品秩官階的有關規定，無論巨細都要獲得皇帝的首肯，包括詳盡的例證和冗長的
　　說明，由權責部門按規定辦理。

克里先即位，執政官改由元老院選出，人民僅有一點自由權利的痕跡也被
徹底消滅。那些一年一度獲勝後被授與執政官榮譽的候選人，裝出一副哀
傷的神色，嘆息他們的前輩受到可恥的遭遇。幾代的西庇阿（Scipio）和加
圖（Cato）家族，通過一項無意義又勞民傷財的公眾選舉的形式，不得不冒
受到拒絕帶來屈辱的風險，懇求民眾將票投給自己；現在完全不一樣，只
要有高尚的品德，必能得到一位賢明皇帝的肯定，賜給正當報償的時代和
政府，真是他們難得的幸福[65]。皇帝在寫給兩位當選的執政官的信中聲
明，他們獲得這項崇高的職位，全是由他親自決定。當年執政官的名字及
肖像雕刻在鑲金的象牙板上，當作向各行省、各市鎮、各級官員、元老院
及人民贈送的禮品，在帝國境內到處散發。執政官莊嚴的就職儀式，一般
都在宮殿進行，長達一百二十年的時間裡，羅馬實際上已不存在這種階級
的古老行政官員[66]。每年元旦的早晨，執政官全都佩戴上高貴的標記，穿
著紫色的服裝，用絲絨和金絲繡成的袍子，有的還綴有珍貴寶石。在這莊
嚴場合，政府和軍隊的高級官員著議員的服裝前來陪伴。走在前面的扈從
校尉[*67]過去手裡擎著明亮的斧頭，現在卻是毫無實際用處的束棒。遊行隊
伍從皇宮走向大競技場或城市中心的市政廣場，執政官登上高壇，坐在專
為他們製做的仿古座椅上，立即開始行使一項司法權力，宣布解放一個帶
到面前來的奴隸。這一儀式的真正用意，是將創立自由權利和執政官的布
魯特斯（Brutus）[*68]，再現他聞名於世的措施，就是正式接受告發塔昆人

65　奧松紐斯（Ausonius, Decimus Magnus, 310-395A.D.，羅馬詩人）對此毫無價值的題
　　材，進行了詳盡敘述，可說一無是處。但這個題材倒是馬默久斯（Mamertius,
　　Claudius，四世紀，羅馬官員，《朱理安頌辭集》編者）費了一番心血才提出
　　來。

66　從卡魯斯（Carus）即位到霍諾流斯（Honorius）的第六任執政官就職，經過一百二十
　　年，這期間，每年的元月一日，皇帝幾乎都不會在羅馬主持執政官的任職大典。

*67　[譯註]扈從校尉擔任執政官和有軍事指揮權將領的護衛，攜帶權標和斧頭，象徵
　　有打殺的權利。扈從的人有十二員，因為早期的伊特拉斯坎（Estruscan）有十二個
　　城市，每城派遣一位執法官為執政官服務。

*68　[譯註]布魯特斯（Marcus Junius Brutus, 85-42B.C.）羅馬政治家，刺殺凱撒的主謀，
　　逃往希臘，集結軍隊對抗屋大維和安東尼，腓力比會戰（42B.C.）敗後自殺。

(Tarquins)的陰謀,把忠實的溫德克斯(Vindex)當成自己的同胞。

接連幾天,公開的慶祝活動一直在所有主要城市進行。羅馬是出於傳統習慣;君士坦丁堡則是有樣學樣;迦太基、安提阿(Antioch)和亞歷山卓,是因爲喜歡熱鬧和富足的生活。在帝國的兩個都城裡,每年在劇院、賽車和競技活動[69]等方面的花費足有四千磅黃金(約合十六萬英鎊)。巨大的開銷若超出行政官員的財力和意願,虧空部分將由帝國的國庫予以補助。執政官在完成這些傳統活動後,便可隨意退到幕後去過自己的生活,在這一年的剩餘時間裡,沉思回味自己偉大的一生。他們不能主持國家的政務會議,也無法參與和平或戰爭的決定,這些人即使無才能(除非眞正擔任有實權的職務)也無關緊要,他們的名字只不過作爲記錄之用,註明在一年的某一天曾經坐過馬留(Marius)和西塞羅(Cicero)的寶座。然而,在羅馬帝國奴性意識超越一切的末期,人們仍感虛名不亞於擁有實權,甚至比掌握實權更爲有利。執政官頭銜還是野心分子一心追求的輝煌目標,是對高尚品德和忠誠服務的最高獎勵。至於那些連共和制影子都厭惡的皇帝也知道,每年接受一次執政官的地位和榮譽,可以增加尊嚴和威風[70]。

綜觀歷史,貴族和民眾的劃分最爲嚴格澈底的,莫過於羅馬共和國的初期,便已確立「貴族」和「平民」階級。財富、榮譽、國家機關職位和各宗教儀式,幾乎全歸於貴族,運用令人難堪的手段保護純潔的血統[71]把他們的部從*[72]完全置於奴僕之列。這種區分和追求自由權利的民族在精神

69　克勞狄安(Claudian)對於新任執政官所舉辦的表演,像賽車場、劇院和競技場的各種節目,不僅生動且極盡幻想能事加以描述,角鬥士殘酷的搏命死鬥受到禁止。

70　後來會有提升執政官職權的想法,主要來自朱理安在康士坦久斯充滿奴性的宮廷裡,對大家所發表的演說。

71　《十二銅表法》禁止貴族和平民的近親結婚,但是法律敵不過習俗,基於親情就是有嚴格的規定還是沒用。譯者註:羅馬人所謂的近親包括親兄妹、堂兄妹和姑表兄妹,然而凱撒就是與姑母之女結婚。

*72　[譯註]羅馬共和國時代,在意大利投效的部族和建立殖民地的過程中,領袖和屬下之間,產生庇主和部從的關係,相互之間有正式的權利和義務,這是穩定社會的主要力量,等到帝國時代逐漸瓦解。

上完全無法相容，其間經過許多保民官*73的不懈努力和長期鬥爭，終於消滅貴族和平民的界線。平民中最活躍和最有出息的人士，積累大量財富，追求名聲榮譽，獲得戰爭勝利，結交有利聯盟，這樣經過幾代之後，他們也以古代貴族的後裔自居74。另一方面，那些真正的貴族家庭，經歷自然的淘汰，頻繁的對外和國內戰爭的消耗，等到無能而又無錢的時候，不知不覺中已混入平民群眾當中，他們的數目直到共和國末期都有減無增75。現在還能肯定自己純正的出身，追溯到羅馬或共和國始建初期的貴族家庭，為數已是屈指可數。想當年，凱撒、奧古斯都、克勞狄斯（Claudius）和維斯巴西安（Vespasian）等人，為使高貴和神聖的家族能永遠延續下去，從元老院中選拔出一些能人，使他們成為新貴族76。這些人為的補充（其中總永遠包括一些最主要的家族）卻很快又被暴君的憤怒、頻繁的變革、習慣的改變或民族的混合所消除殆盡77。

因此，到君士坦丁登上王位時，他們已所剩無幾，只不過讓人模模糊

---

*73　[譯註]羅馬自古以來區分為貴族和平民兩個階級，所有的軍國大權為貴族掌有，引起平民的不滿，在歷史上發生三次大規模的平民脫離事件。第一次是公元前494年，事後設置護民官，保障平民權益，經由平民大會（Comita Trubuta）產生，任期一年，共有十員，有否決權可以推翻各級官吏的命令和法案。

74　薩祿斯特（Sallust, Giaus Sallustius Crispus, 86-35B.C.，羅馬史學家）生動敘述朱古達（Jugurthine）戰爭中，貴族驕縱的氣焰，就是很有修養的米帖拉斯（Metellus），認為他的部將馬留並沒有立下蓋世功勳，對於元老院竟擢以執政官的高位，感到無法忍受。然而兩百年以前，米帖里（Metelli）家族混雜在羅馬平民之中，從家姓昔西留斯（Caecillius）的語意可以得知，高傲貴族的先世不過是軍中的小販。

75　在羅馬開城八百年時（大約是47年），古老貴族世家留存不多，連凱撒和奧古斯都分封的新貴，也開始走向沒落。斯科魯斯（Scaurus）的家族（是伊米利［Aemilli］家族的一個分支）已衰敗到窮途末路，他的父親是木炭商，只有十個奴隸，財產不到三百鎊，靠著兒子斯科魯斯建立軍功，才使得整個家族又興旺起來。

76　阿格里寇拉（Agricola）功勳蓋世而又志行高潔，被維斯巴西安皇帝封為貴族，獲得列身羅馬古老世家的殊榮，然而他的先世至多不過是騎士階級。

77　卡索朋（Casaubon, Issac, 1559-1614A.D.，古典文學家和神學家）迫得奧理留斯·維克托（Aurelius Victor, Sextus, 320-389A.D.，歷史學家）承認這件事，說是維斯巴西安曾經新封一千個貴族。像這樣誇張的數字很難讓人相信，因為整個元老院階層的人數也沒有這麼多，除非把羅馬的騎士也包括在內，他們與元老院議員的區別，在於所穿的長袍有紅邊。

糊的記起，在老舊的傳統中，曾經有一個貴族階層在羅馬人中間居於首位而已。組織一個貴族階級的集團，可以保證王權得以行使的同時，也具有限制王權的作用，這可是與君士坦丁的性格和政策完全違背。但是，如果他真正想要這麼做，不是隨便發一個文告，就能核定需要時間和輿論的認可才能建立的體制，這已經超出他的能力和權限之外。他的確重新恢復羅馬「大公」的頭銜，只是當成加之於個人的榮譽，並不是世襲的稱號。這些新貴族爲了表示禮貌，僅僅屈從一年一度具有臨時權限的執政官。他們卻享受高於國家所有重要官員之上的地位，可以極隨便的接近皇帝本人。這特殊身分的授予是及身而止，而且，由於這些人大多數是在皇宮中生活到老的寵倖和大臣，這個名詞的根本含意，由於無知或逢迎已被曲解。君士坦丁時代的大公被尊爲皇帝和國家的「元老」。

六、禁衛軍統領和都城郡守的職責和權柄（330-334A.D.）

禁衛軍統領的地位與執政官和大公的命運不能相提並論。執政官和大公過去的顯赫地位已成明日黃花，僅剩下一個空洞的頭銜；禁衛軍統領則逐漸從低下的地位步步高升，真正掌握羅馬世界的行政和軍事大權。從塞維魯斯（Severus）到戴克里先的統治時期，護衛和皇宮、法律和財政、軍隊和行省全部都置於他們的監督之下。他們就像東方帝國的「首相」（Vizirs），一手握著皇帝的玉璽，一手舉起帝國的旗幟。統領永遠抱有強大的野心，有時對侍奉的主人構成致命的威脅，一般都受到禁衛軍官兵的支持。但是，性質傲慢的軍隊在實力被戴克里先削弱，最後終於被君士坦丁制服以後，仍能保住官職的統領，毫不費力當作皇帝的侍臣，安置在發揮作用而又恭順臣服的地位。禁衛軍統領不再對皇帝的人身安全負責，失去對整個宮廷各個部門一直擁有和行使的司法權力。他們不再直接指揮羅馬軍隊中精銳的選鋒，在作戰時負責衝鋒陷陣以後，君士坦丁立即剝奪統領的軍隊指揮權。況且，最後通過一項奇妙的變革，皇帝衛隊的隊長全部轉任各行省的行政長官。按照戴克里先建立的政府改革計畫，四位君王每

人都有自己的禁衛軍統領，等到在君士坦丁手中再次統一帝國以後，他仍舊設置四個統領，仍舊管轄所屬的各個行省。其一，東部統領的司法權伸展地球上三個主要部分，原來是在羅馬直接管轄之下，那就是南從尼羅河大瀑布到北邊的費西斯(Phasis)河岸，西從色雷斯的山區到東邊的波斯邊界。其二，潘農尼亞、達西亞、馬其頓和希臘所屬主要行省，接受伊里利孔(Illyricum)統領的管轄。其三，意大利統領的權力不僅限於頭銜所表明的地區，他實際上還統治遠至多瑙河畔的雷蒂提亞，地中海處於附屬地位的島嶼，以及阿非利加大陸從塞林(Cyrene)到廷吉塔尼亞(Tingitania)之間大片地區。其四，高盧統領所統轄的地區，在複合名稱下包括相關的不列顛和西班牙。事實上從安東尼(Antoninus)邊牆直到阿特拉斯山(Mount Atlas)山腳，整個區域莫不接受他的命令，服從他的權威。

　　禁衛軍統領被剝奪軍事指揮權後，奉命對臣服的民族行使民政管理權，這樣使得有能力的大臣可一展長才，滿足個人野心。憑著他們的才智，被委以司法和財政的最高權力，在國家的和平時期，幾乎包括國家和人民各自應承擔的全部責任和義務。前者的職責主要是保護遵守法律的公民，後者則是盡己義務，拿出部分財產以滿足國家開支的需要。錢幣、公路、郵政、糧食儲備、製造及一切對帝國繁榮有關的生產活動，都受到禁衛軍統領的控制。他們是皇帝陛下的直接代言人，有權在宣布一項詔書時，按自己的意圖進行解釋，督導貫徹實施，有時甚至進行修改。他們監督各行省總督的施政作為，免除玩忽職守者的官位，對犯有罪行者予以懲處。下級司法機關的任何重要案件，無論是民事還是刑事案，如須上訴，都要送到統領的法庭進行審判。他的裁示是最後的判決，絕不容更改。皇帝不容有人對他的判決有相反意見，也不許任何人對如此蒙受信賴而賦予無限權力的官員，表示任何不滿。他的任命完全符合個人的地位[78]，如果他存心貪婪，隨時都有機會撈到大筆酬金、禮品及各種回扣。儘管皇帝再

78　查士丁尼在帝國的財政極為拮据時，還在阿非利加設置一位禁衛軍統領，他的薪給高達每年一百磅黃金。

也用不著擔心統領的野心,卻也十分留意小心處理,通過任期較短或年限不定的辦法,減弱重要職位所能掌握的權力[79]。

羅馬和君士坦丁堡這兩個城市,由於特殊的地位和無比的重要,不受禁衛軍統領的管轄。羅馬的遼闊地域以及根據過去的經驗,法律的運作非常緩慢而且成效極差,使得奧古斯都有一個冠冕堂皇的藉口,在這裡專設一位新的行政長官,施展鐵腕以運用專制權力,控制地位卑賤喜愛鬧事的民眾。華勒流斯·美撒拉(Valerius Messalla)曾被任命為羅馬第一任郡守,只有他的名聲可以當此重任而不致引起非議。但是僅僅上任幾天之後,這位才能出眾的公民[80]便辭去職務,用不愧為布魯特斯之友的口吻宣布,他無法行使與公民自由權利完全相違的專制力量。後來隨著人們的自由意識逐漸淡薄,便愈來愈體會到良好社會秩序的重要性,看來最初設置郡守,僅僅專門運用鐵腕鎮壓奴隸和流浪漢,現在可以把民事和刑事案件的司法權,擴展到騎士階層[*81]和羅馬貴族的身上。自古以來,每年選出法務官擔任行使法律和主持公道的法官。但是任期無限、能力很強的行政官員,通常會成為皇帝的心腹,法務官不可能長時間與這些行政官員,爭奪司法審判的控制權。因此法務官的法庭常無人問津,人數也從十二位到十八位之間,逐漸減到二、三位,重要的職能僅限於如何花費巨資,為人民的娛樂籌辦各種賽會。羅馬執政官的職位變為虛有其表的裝飾,而且在首都連充場面的作用都談不到以後,郡守占據在元老院中空出來的位置,很

79　我們要想了解羅馬帝國的高階職位狀況,可以參閱潘昔洛盧斯和戈德弗洛伊的有關著作,他們蒐集很多史料和法規,融會貫通以後,歸納出極為精闢的論點。

80　美撒拉的名聲為舉世所譽,還不足以盡言所建功勳。他在青年時代經過西塞羅的介紹,與布魯特斯建立深厚的友情,獻身共和國的大業。直到腓力比之役戰敗,受到戰勝者的寬恕,不計前嫌加以提攜和任用,在奧古斯都宮廷裡發揮長才,擢升高位。美撒拉的武功是平服阿奎丹,獲得凱旋式的殊榮,而在辯才方面更要與西塞羅一爭高下。他精通各種文學和藝術,願意支助富於才華的人士,在晚年經常與賀拉斯(Horace)探討哲學問題,也在餐桌上與迪莉婭(Delia)和提巴拉斯(Tibullus)月旦人物,鼓勵年輕的詩人奧維德(Ovid)寫出第一流的作品。

*81　[譯註]羅馬的騎士階級為處於平民和貴族之間的社會階級,完全以財產為準,由監察官核定,在百人隊大會(Comita Centuriata)中擁有十八個百人隊。

快就出任重要議會的主席。郡守接受來自一百哩範圍之內的起訴案件，經過立法同意管轄權的下授原則，市府的權力全由他授與所屬的下級單位。羅馬的郡守要負起繁重任務，有十五個官員作他的助手，其中有些職務就稱呼來說在原來與他的地位相等，甚至過去還是他的上級。各個主要部門都和一個人數眾多的監察單位發生聯繫，這個監察單位相當於城市的警備隊，專門負責防火、防盜、和防範各種夜間的不法活動；同時還掌管公眾所需的糧食及其他食物的儲存和分配；負責管理港口、水渠、公用水溝以及台伯河（Tyber）上的航運和河道；並負責監督市場、劇院的工作和一些私人及公共的工程。這個單位有很高的警覺，等於現在一般警察負責的三個主要工作：就是公共安全、民眾生活和清潔衛生。此外市府非常留意首都的市容美化和各種裝飾紀念物，專門委任了一位保管雕像的檢查官，負責保護這批無生命的羅馬人。根據一位老作家非常誇張的計算，雕像數量之多不在活人之下。君士坦丁堡建立約三十年之後，這座發展中的城市，為了相同的目的設置權力和地位相類似的行政官員。總之，這兩座城市的郡守以及四個禁衛軍統領之間，彼此的地位完全平等[82]。

七、行政區域的劃分和行省總督的行政權力 (330-334A.D.)

帝國的位階制度中被尊為「卿相階」的一批人，在「特勳階」的統領和行省「士尉階」的行政官員之間，形成一個中間階層。這個階層中，以代行執政官的名義出任亞細亞、亞該亞（Achaia）和阿非利加的總督[*83]，自認是高人一等，事實上過去都是德高望重之士，倒也獲得大家的認同；然而他們審判的案件，可以上訴到統領那裡去作出終審，成為不能獨斷專行

---

82 費力克斯·康提洛流斯（Felix Cantelorius）就這一方面寫出見解獨到的論文，讓我們獲益不淺；此外，《狄奧多西法典》第十四卷，對於羅馬和君士坦丁堡的政治，詳盡敘述很多細節的部分。

*83 [譯註]奧古斯都時代，行省區分為直屬皇帝和元老院代管兩種，其中亞細亞、希臘（亞該亞）和阿非利加，由元老院派出代行執政官頭銜的總督，比起皇帝以將領代行統治的行省，享有更大的殊榮和更高的地位。

的唯一限制*84。但帝國的民事政府被分爲十三個大行政區（Dioceses）85，每一個行政區的面積都相當於一個強大的王國。其中第一個行政區在東方伯爵的管轄之下，只要看一看他的辦公室，竟有可以稱之爲秘書、文書或信使的六百名工作人員，在他的手下擔任各種工作，便可以從而得知他的職務是何等重要而且雜亂86。埃及的特派行政長官（Augustal Praefect），已不再由羅馬騎士擔任*87，但是這個名稱仍然保留，而由於地理位置的特殊和居民的脾氣，過去曾賦予極大的權力，現在則握在東方伯爵的手中。餘下的十一個大行政區像是亞細亞納（Asiana）、潘提卡（Pontica）、和色雷斯，馬其頓、達西亞、潘農尼亞或西伊里利孔，意大利、阿非利加，高盧、西班牙和不列顛，則由十一個副統領或統領代表（Vicars or Vice-praefects）88負責治理，這種稱呼本身便足以表明他們的身分和地位。這裡順便提到羅馬軍隊的將領，以及有公爵和伯爵頭銜的軍官，都容許使用「卿相階」的頭銜和稱呼。

　　皇帝的御前會議瀰漫著彼此妒嫉和相互排擠的氣氛，大家爲了爭權奪利無所不用其極。羅馬征服者最早的政權形式非常簡單，等到併吞大片國土以後，無形中劃分爲無數區域，分別歸入一百一十六個行省（三個是前執政官出任總督的行省，三十七個是一般總督的行省，五個是軍階出任總

---

*84　[譯註]本書提到十三個大行政區，實際上埃及應包括在東方行政區以內，所以是十二個大行政區。要是按照314年的行政區劃分，四個禁衛軍統領的管轄地區應該是：高盧統領轄有不列顛、高盧、維尼昔斯和西班牙四個大行政區；意大利統領轄有意大利、阿非利加和潘農尼亞三個大行政區；伊里利孔統領轄有瑪西亞和色雷西亞兩個大行政區；東方統領轄有亞細亞納、潘提卡和東方三個大行政區。

85　優內庇斯（Eunapius, 345-420A.D.，希臘修辭學家和宮廷史官）很肯定的表示，亞細亞總督（代行執政官頭銜）地位非常特殊，不受統領的管轄。要是我們了解這點，那麼說到副統領的統治權，更無法讓他接受。

86　阿非利加總督（代行執政官頭銜）的屬下有四百名各級執法人員，全部都有很高的薪給，由國庫或行省支付。

*87　[譯註]從帝國時期起，埃及的治理便異於其他行省，奧古斯都直接派遣騎士階級人士擔任行政長官，因皇帝把埃及視爲私產，所以不設總督，位階較低更好控制，一則埃及最爲富裕，直接掌握取用方便，再則爲屋大維直接得自女皇克麗奧佩特拉。

88　意大利有位副統領駐守羅馬，他的統治地區是城市一百哩之內，還是延伸到意大利南部的十個行省，這個問題倒是引起一些爭論。

督的行省，七十一個是設省長的行省），維持一個鉅額支出的龐大政治機構。其中有三個行省由前執政官治理，這些行政官員的頭銜不同，位階也依次升高，用以代表身分的標記多得不可勝數，他們的待遇因為情況的變化，各人的生活享受和獲利多少並不完全一樣。不過，他們全都（除了前執政官）屬於「卿相階」這一階層，而且都是蒙受皇帝的恩典，在四大統領或其副手的管轄下，被委任以掌管本地區司法和財政大權的重任。卷帙繁多的法典（Codes）和法令全書（Pandects）[89]，可以為研究各行省的行政體系，提供豐富而詳盡的資料，而且研究的時間前後涵蓋六個世紀，是充滿智慧的羅馬政治家和法律家的心血成果。

　　作為一個歷史學家，只需摘錄兩個制止濫用權力獨特而合理的規定，就可以說明問題所在。其一，為了維護和平和秩序，授與各行省總督執法的尚方寶劍，可以進行人身的懲處和刑求，對重大罪行更掌有生殺大權。但是他們無權讓被判死刑的罪犯，自行選擇處決的方式，也不能對罪犯判處溫和而又能保持顏面的流刑。郡守所專有的特權，可以向犯人處罰高達五十磅黃金的罰金，而他們的副手僅能處罰幾盎司黃金的罰款而已[90]。放縱較大的處分權，嚴格管制較小的權力，這種做法實際出於十分合理的考慮，那就是較小的處分權容易被濫用。各行省的行政官員要是產生憤怒的情緒，常常對臣民採取迫害的行動，使得自由權利和家財產業受到影響。然而，這些官員基於審慎或人道的考量，還是害怕自己犯下殘害無辜的罪行。要是作進一步研究，有關流放、巨額罰款或選擇較不痛苦的死法這些問題，特別與富豪和貴族有關。那些容易被行省行政官員，當作滿足貪慾或發洩憤怒的對象，便可以躲開暗中的迫害，去接受禁衛軍統領更為嚴格公正的裁判。其二，讓每個人感到擔心的事，莫過於正直的法官會因涉及

89　備受讚譽的烏爾平（Ulpian）寫出很多法學著作，現有的十卷作品中，有一本提到代行執政官頭銜出任總督（這些行省通常劃分給元老院管轄，總督由元老院派出，與皇帝直轄的行省有所區別，主要地區是阿非利加、亞該亞和亞細亞）這個職位就所授與的權責在主要的法律條款方面，與其他行省的總督並沒有差別。

90　其他官員的罰鍰額度：各行省的省長或行政長官只有兩個盎司；副統領是三個盎司；代行執政官頭銜的總督、東部地區的伯爵、埃及的行政長官是六個盎司。

本身的利益或有感情的聯繫，在審判時發生偏袒的行為，因而制定嚴格規
定，除非獲得皇帝的特准，任何人不得在出生地的行省出任行政職務*91，
禁止總督的兒子與當地居民聯姻，也不得在自己權限所及範圍內購買奴
隸、土地或房屋。儘管已有如此嚴格的預防措施，君士坦丁皇帝經過二十
五年統治之後，仍然對司法部門的貪污受賄和欺詐行為十分痛心。有些法
官自己或經由法庭裡的官員，安排與當事人面談的機會，對案件的及時安
排，有利拖延，以及最終如何判決，都可以公開出價講情，皇帝了解這些
情況，表現出極大的憤怒。這些違法活動的始終存在，或許很少受到懲
罰，從一再重申的重要法令和收效甚微的厲聲申斥，可以得到證明92。

　　行政官員都來自法律事務這個行業。著名的查士丁尼學院（Institutes
of Justinian）教授羅馬的法律，便是查士丁尼皇帝為國內的青年所興辦。
這位君王為了鼓勵他們勤奮學習，不惜屈尊降貴提出保證，有一天他們憑
著能力和才智會從帝國政府得到豐厚的報酬。學習這門學科可以獲得遠大
的前途，在西方和東方的一些較大的城市裡，都有學校專門教授基礎課
程，其中以位於腓尼基海濱的貝萊都斯（Berytus）學校93名氣最大，自亞歷
山大‧塞維盧斯（Alexander Severus）時代以來的三百年中，教育辦得非常
成功，學院的創辦人為自己的家鄉帶來很多的好處。經過五年正規課程的
訓練以後，學生分散到各行省去尋找待遇優厚和職位體面的工作。在這個
早已被複雜零亂的法律、詐術和罪惡所敗壞的龐大帝國中，他們有無窮盡
的就業機會，僅是東部的禁衛軍統領法庭，便可以為一百五十個法律工作
者提供職業，其中六十四名享有特權，每年從中間選出的兩名，年薪六十
磅黃金，主要是為國家的利益充當辯護士。考驗他們法律才能的第一步，
是不定期指派他們充當行政官員的陪審法官，逐漸提升為出庭辯護的法庭

---

*91　[譯註]我國古代自漢唐以來，規定地方官不得在本鄉本土任職，尤其是明清兩朝
　　要求更為嚴格，可見為加強監察和懲治不法，無論中外做法大致相通。
92　季諾（Zero）曾立法規定，總督卸任後要留在行省五十天，用來答覆各項指控。
93　貝萊都斯的學校，辦理得斐然有成，使東部地區能保存羅馬的語文和法律，從三
　　世紀延長到六世紀中葉。

擔任主審法官。他們可以得到行省的管轄權出任高級行政官員，依靠自己的才能、名聲、或強有力的後台，能夠高升到「特勳階」的地位[94]。在法庭的實際工作中，這些人總把「講理」當成辯論的工具，完全根據自身的利益來解釋法律，因而在公開處理國家司法事務時，這種有害的風氣，可能成為他們的性格的一部分。從古到今許多法律工作者，他們的表現無愧於崇高而明智的職業，懷著純真的忠誠之情，竭盡自己的心力智慧，擔任這個無比重要的職位。但是，到了羅馬帝國司法制度開始衰敗，法律人員的普通升遷都充滿種種徇私苟且的現象。這項高尚的技藝在過去被視為貴族的神聖遺產，現在卻落入剛剛拋掉奴隸身分的自由人和平民之手，他們不是憑著專門技能，而是靠詐術在經營一項下流的罪惡業務。有些惡訟師設法探求別人的隱私，目的是要挑起不和，引起訴訟，使自己或同夥有機會大撈一筆。還有一些人關在房中，擺出法律專家的架勢，對富有的當事人把無關緊要的細節說得眼花撩亂，就連簡單的事情也弄得真相不明，或者故意添油加醋，把絕無道理的訟案說得頭頭是道。這些律師組成外表體面而為眾所周知的特殊階層，放言高論的腔調充滿整個法庭。他們對公正的名聲不感興趣，其中大多數就法律的指導而言，被人稱為無知的土匪。他們把當事人帶進一個浪費、拖沓和失望的迷宮，然後，經過幾年無聊的折磨，當事人的耐心和財產即將消耗殆盡，最後便被一腳踢開。

94　我在前面曾經探討佩提納克斯(Pertinax)的經歷和升遷過程，現在將馬留斯‧戴奧多魯斯(Mallius Theodorus)的各項文官職位提出說明：(1)、他的辯才出眾，在禁衛軍統領的法庭獲得律師和辯護士的職務；(2)、負責治理阿非利加一個行省，擔任省長或是行政長官，因為治理有方，得到建立銅像的殊榮；(3)、指派為治理馬其頓的副統領；(4)、出任財務官；(5)、出任神聖賜賞伯爵；(6)、派任高盧禁衛軍統領，這時他的表現像年輕人那樣積極進取；(7)、受到罷黜以後，曾經息隱很多年(受到詩人曼尼留斯(Manilius)的批評和指責，帶來很大的困擾)，全心用來研究希臘哲學，到397年任命為意大利的禁衛軍統領；(8)、仍舊擔任最高階職位，399年封為帝國西部的執政官，宦官優特洛庇斯(Eutropius)是他的同僚，因為醜聞去職，所以紀年和簽署只有他一個人的名字；(9)、408年第二度擔任意大利的禁衛軍統領。雖然他也要花錢請克勞狄安寫頌辭，但是憑著非常罕見的筆法，說他與敘馬克斯(Symmachus)和聖奧古斯丁(St. Augustin)，都能保持親密友誼，從此就可看出馬留斯‧戴奧多魯斯的不同凡響，確是當代偉大人物。

八、軍事組織的調整和改革及對後世的影響(330-334A.D.)

　　奧古斯都所運用的政府組織策略，授與總督全部的統治權力，尤其在皇帝直轄的行省更是如是。方面大員們無論平時或戰時，按照個人的作為獲得獎勵或接受懲處，穿著文官的袍服在法庭治民，也要能全副鎧甲率領軍團出兵征戰[95]。在稅賦的徵收、法律的執行和軍事的指揮，享有至高無上的大權，所以只要個人的忠誠產生問題，所統治的行省也會涉入謀叛的活動，雖然如此，這種組織和用人的策略還是很少改變。從康莫達斯臨朝到君士坦丁統治，將近有一百名總督運用各種方式，打出反叛的旗幟，縱使有人獲得成功，但是在君王猜忌和殘酷的作為下，很多無辜者受到枉曲，涉嫌者受到阻止[96]。君士坦丁為了確保王權的穩固和帝國的平靜，不受掌握方面大權臣屬的威脅，決定把領軍和治民的權責分開，一勞永逸解決帝國的隱憂，以往雖然也曾實施，但都是一時的權宜作法。禁衛軍統領在過去掌控帝國的軍隊，現在把軍事指揮權轉移到主將的手裡。君士坦丁設置步兵和騎兵兩位主將，位階都是「特勳階」的候爵，平時負責部隊的訓練和紀律，戰時無論軍隊是由步兵或騎兵編成，由這兩位主將共同指揮。等到帝國劃分為東西兩部，主將的人數也就倍增，後來又將負責萊茵河、上多瑙河、下多瑙河和幼發拉底河四個邊區的將領，按照同樣的位階和頭銜區分指揮權責，防衛帝國的任務交付給八位步兵和騎兵主將。在主將下面又設三十五位軍事指揮官，配置在各行省，其中三位在不列顛、六位在高盧、一位在西班牙、一位在意大利、五位在上多瑙河、四位在下多瑙河、八位在亞細亞、三位在埃及以及四位在阿非利加。他們的位階通常

95　西塞羅以代行執政官頭銜出任西里西亞總督，他以元老院和人民的名義，對不列顛的部將授與同等的權力。

96　都博斯神父(Abbe Dubos)很用心的研究過奧古斯都和君士坦丁的各項制度，特別提到，要是奧索(Otho)在執行密謀前被處死，那麼我們現在看他就會像柯布羅(Corbulo)一樣，受到不白之冤。

是伯爵或公爵[97]，其中是有一些區別，跟現代語言所表示的意義並不一樣，在使用時會讓人感到奇怪。但是要知道這是運用拉丁文所產生的訛誤所造成，一般他們對軍事首長都用第二種稱呼，也就是各行省的軍事指揮官全都是「公爵」。其中不到十位享有更尊貴的地位，他們的位階是「伯爵」，不僅是榮譽也深受器重，是君士坦丁的宮廷所授與，伯爵的服飾可以著金帶以示區別，而且俸給非常優厚，可以用來維持一百九十名下屬和服務人員，及一百五十八匹馬。各級將領奉有嚴格的規定，禁止干涉民政，尤其是司法和稅務，但是在軍事指揮和部隊有關事項，也獨立於文官系統之外。君士坦丁在這個時候，對教會階層給予合法的制裁力，使得羅馬帝國在民事和軍政方面獲得良好的平衡。由於這兩個部門的利益發生衝突，而且雙方的行事原則大相逕庭，經常會引起爭執造成不和，有的地方對帝國是產生好處，但是也會帶來有害的影響。當然行省的將領要與總督聯合謀叛引起動亂，確實是很困難，可也別期望能齊心合力服務帝國。等到有事時，軍方遲遲未能發兵救援，而且行政部門也不願向軍方低頭。部隊沒有接奉命令，也沒有糧草的支援，經常是留在原地待命，把國家的安全置之不理，讓毫無防衛能力的民眾，任由憤怒的蠻族去蹂躪。君士坦丁的分權，使國家喪失進取的活力，但也確保君王的統治。

提到君士坦丁還有一件革新之舉應加以譴責，其結果是斲喪軍隊的紀律，造成帝國陷入淪亡的局面。在他與黎西紐斯爭奪天下，贏得最後勝利之前，有十九年的時間不顧帝國的安危和人民的福祉，全副力量投入內戰。敵對的雙方為了逐鹿羅馬世界，把防守邊疆的兵力大部分抽調一空，各方控制地盤內的大城市，像帝國的邊界一樣，駐紮數量龐大的軍隊，把自己的同胞視為絕不饒恕的敵人。等到用國內守備部隊平定內亂以後，戰勝的君王缺乏智慧和毅力，用來恢復戴克里先嚴格要求的軍紀，制裁帶來致命影響的放縱行為，這種習性的養成，在於過分溺愛部將和軍事制度不

彰所致。君士坦丁統治期間,宮廷掌握的部隊稱爲內衛軍[98],還有負責守衛邊疆的部隊稱爲邊防軍,這兩種軍制差別很大,爲此訂出相關法規。內衛軍的待遇較高而且能享受特權,除非是應付緊急的戰爭狀況,平時駐紮在寧靜無事的行省,尤其是在人口稠密的城市興建軍營,運用高壓手段實施軍事統治。士兵日久頑生,逐漸忘懷軍職應該具備的素養,過著酒醉金迷的平民生活,不是自甘墮落去從事小本行業,好賺取蠅頭薄利,再不然就是無所事事,整天在浴場和劇院打混度日,完全失去積極進取的活力。部隊變得不重視軍事操練,專一講究飲宴和穿著,他們平素的作爲讓帝國的臣民感到畏懼,等到蠻族大軍壓境,表現出戰慄畏戰的怯懦姿態[99]。戴克里先和他的同僚,沿著大河興建堅強的防線,現在不是疏於工事的保修和維護,就是缺乏守備的決心和勇氣。邊防軍表面上還保持原有的數量,可以負起守備的任務,但是他們的戰鬥精神已經惡化到屈辱不堪的地步,只要有一場曠日持久的大戰,這些困難和危險就會全部暴露出來,尤其是他們的薪給和恩賜只有內衛軍的三分之二,更是讓人憤憤不平。甚至就是特種部隊和軍團,雖然待遇已接近內衛軍的水平,但是在榮譽的稱號方面,不及內廷部隊受到君主的寵愛,難免心存梗蒂。君士坦丁一再對邊防軍發出嚴厲的威脅之辭,說他們要是膽敢變節叛亂,或者縱容蠻族入侵,分享掠奪的戰利品,就要派大軍鎮壓,嚴懲不貸,但是這些都無成效可言。所以會不斷發生災禍,主要是當政者的作爲欠當,用不公正的嚴厲手段無法解決問題。雖然建立功勳的君王費盡心血,恢復邊疆守備部隊的實力和數量,帝國一直到最後發生分裂爲止,君士坦丁輕率而軟弱的施政作風,所造成致命的傷口,使得民不聊生,國力凋敝。

　　在位者畏懼有實權的將領和部隊,同樣採用怯懦的策略,打散戰力集

98　羅馬軍隊區分爲兩種不同的編組型態,無論是歷史學家、羅馬法規或者是《職官志》,都顯得諱莫如深。不過,戈德弗洛伊從《狄奧多西法典》的有關資料中,撰寫出冗長的專書以及簡縮的摘要,可以供我們參考。

99　阿米努斯(Ammianus Marcellius, 330-395A.D.,軍人和歷史學家)特別提到國內部隊愛好睡柔軟的床鋪,在大理石的房屋裡休息,他們的酒杯比刀劍還要來得重。

中的單位，貶黜有軍事才幹的官員，認為愈是軟弱無能的部屬愈會聽命服從，以致於有幾位君主心存這種想法，採用各種制度來推展，尤其君士坦丁更是如此。軍團因百戰功高產生狂妄的驕氣，自認有實力可取而代之，戰勝的營地經常成為反叛的溫床。自古以來，軍團從建立開始保持六千人的兵力，一直到戴克里先當政，每一個軍團在羅馬帝國的歷史上，都是戰爭勝利的寵兒，光耀奪目占有一席地位。不過數年之後，這些巨大的戰鬥體減縮到人數極為薄弱的地步，舉例來說，七個軍團加上一些協防軍，部署在阿米達城抵抗波斯人的圍攻，整個守備部隊加上不分男女的居民，還有逃離鄉村的農夫，總數一共不到兩萬人[100]。基於事實和一些證據，相信軍團部隊的編制和有關的戰鬥精神和紀律，全部出於君士坦丁的決定。雖然保有原來的番號和榮譽，但是軍團的步兵只有一千人或五百人，過去很多單獨服行任務的分遣部隊，經常發生謀叛事件，現在感到實力微弱不敢輕舉妄動，就是一旦生事也容易加以制止。君士坦丁後續各帝，沉溺於誇大的炫耀心理，發布的作戰序列有一百三十二個軍團，銘刻在官兵總名冊上，以顯示帝國實力舉世無雙。這些部隊在減編以後剩下的人員，再分配到幾百個步兵支隊和騎兵分隊。數量極為龐大的兵員、番號和旗幟，確實令人生畏，也可以看出各個不同的民族齊心效忠帝國。羅馬民權伸張的共和國時代，軍隊之所以戰無不勝，全在於力求簡約務實，雖然留下的痕跡很少，但是在雙方交戰之際，羅馬軍隊的嚴陣以待和亞洲國家的烏合之眾，成為強烈的對比。一位愛好古物的考據家，只要勤於爬梳，就可從《職官志》中找到很多臚列的項目；但是歷史學家要想讓自己滿意，一定要進行深入的探討。根據查證各種相關資料，知道君士坦丁後續各帝在位時，帝國的邊疆有大軍防守，經常性的駐地和派遣守備部隊的位置，一共有五百八十三處，總兵力有六十四萬五千人，數量之龐大不僅遠超過古代的需要，就是以後的朝代也無法達到當時的規模。

---

100 阿米努斯在敘述這場戰事時，指出兩個高盧軍團奮不顧身的對敵衝鋒，等於是以卵擊石，無濟於事。（譯按：要知道共和國時期，羅馬軍隊出征，每位執政官所統率的部隊只有兩個軍團而已）。

九、尚武精神的斲喪及蠻族進入帝國軍隊(330-334A.D.)

　　基於社會的狀況各異，軍隊的徵集來自不同的動機。蠻族勇武無知為天性好戰所驅使，共和國的市民受強烈的責任心所感召，國君的臣民受到榮譽感的鼓勵尤以貴族為然，但是一個陵夷式微的帝國，那群生性怯懦而習於享受的居民，不是為了圖謀利益才會在軍隊服役，就是受到嚴刑峻法的逼迫。羅馬帝國的政府，因為軍費支出的增加，對軍隊不斷的賞賜，以及為了收攬人心和浪費放縱所設立各種新名目，使得財源日漸枯竭，但是對行省的青年而言，為了縱身危險而困苦的軍事生涯，這些增加的待遇是必要的補償。然而，徵兵的身高標準已經放寬[101]，就是身為奴隸，在心照不宣的縱容下進入各個軍事階層，絲毫不受歧視和排斥，還是無法克服當前的困難，獲得正常而足夠的志願服役兵員，逼得皇帝採用更為有效而高壓強制的措施。為了獎勵士兵勇敢殺敵，對退役榮民授與土地，從現在起附加條件，包括最早給予領地所有權的人員在內，就是他們的兒子要想獲得繼承權，必須在軍中服役一定年限，成年開始就要履行責任，凡是膽怯逃避者給予嚴懲，不僅喪失榮譽和財產，有時甚至連性命都不保[102]。但是退役榮民之子每年獲得人數有限，不能滿足服役兵員的需要，經常需要從行省辦理徵集，要求每位地主不是自行從軍，就得找到替代人員，再不然支付巨額罰款獲得免役。這種金額在降低以後，還要四十二塊金幣，對志願從軍人員而言真是高得離譜，政府當局對不願服役的及齡役男，同意他

---

101 華倫提尼安把徵兵的身高標準訂在五尺七寸(約一百六十三公分)，按照英制是五英尺四英寸半；過去的標準是五尺十寸，最好的部隊要求是六羅馬尺(還不到一百七十公分)。

102 在《狄奧多西法典》第七卷，可以見到「老兵」(De Veteranis)和「老兵之子」(De Filiis Veteranorum)兩個稱呼，軍隊服役的年齡規定各有不同，通常從十六歲到二十五歲。要是老兵之子服役時還帶著一匹馬，就有權進入騎兵部隊，帶來兩匹馬可以獲得某些有利的特權。

們有選擇的餘地[103]。士兵這個行業確實令人生畏，耽於安逸的羅馬人在心理上已無法適應，意大利甚至行省有很多年輕人，爲了逃避兵役的壓力，將右手的手指切除。這種奇特的自殘行爲變得非常普遍，在法律上遭到嚴格的取締[104]，在拉丁文的辭彙中有特定的用語[105]。

選用蠻族進入羅馬軍隊，變得日益普遍而且需求殷切，也帶來致命的危機。慓悍大膽的錫西厄人、哥德人和日耳曼人，樂於戰陣之事，發現對行省的保護比搶劫帶來更大的利益，投身行伍不僅加入族人的協防軍，而且是自行編組軍團，還有進入威名遠播的內衛軍部隊。等到蠻族自由混雜在帝國臣民之中，逐漸明瞭狀況，對當地的習俗和生活方式產生輕視，也模仿文明社會的權術手段。羅馬人的知識使他們保持有利態勢，能夠支持帝國的偉業，雖然日趨沒落尚能相安無事，而羅馬的驕傲取決於蠻族的無知，等到蠻族獲得知識達到對等的條件，也就對羅馬失去原有尊敬之心。蠻族士兵只要展示出軍事才能，毫無例外升任更高階的指揮職務，可以擔任軍事護民官、伯爵、公爵，甚至獨當一面的將領，即使祖先是外國人，也毋須自慚身世加以掩飾。這些將領就是遂行戰爭對付自己族人，也會受到信任，他們寧受效忠誓言的束縛而非同種同源的血統，然而他們難免犯下通敵罪行，或是受到猜疑，爲的是邀集敵人進犯掠奪，而在退離時坐地分贓。大軍的營地，以及君士坦丁子孫的宮殿，都受到他那大權在握的黨

103　按照歷史學家蘇格拉底的說法，同樣是華倫斯皇帝在位時期，要想免除兵役，有時要付八十塊金幣。

104　奧古斯都曾經下令，羅馬騎士階層的人員，要是使兩個兒子傷殘而無法服行兵役，財產全部充公，本人拍賣爲奴。要是一位講究溫和治國的篡奪者，竟使出這樣的嚴刑峻法，也可看出當時逃避兵役的風氣。阿米努斯認爲意大利人的柔弱和高盧人的剛強，是兩者最大的差別。然而，過了十五年以後，華倫提尼安對高盧的統領頒布法令，凡畏戰逃亡者施以活活燒死的懲處。在伊里利孔的逃兵數量相當多，流風所及，使省的徵兵受到影響。

105　這些規避兵役的人被稱爲老鼠(Murci)，在普勞都斯(Plautus)和非斯都斯(Festus)的作品中提到murcidus這個稱呼，是指那些懶惰而怯懦的人。按照阿諾比烏斯(Arnobius)和奧古斯丁的說法，這些人會受到莫西亞(Murcia)女神的庇護。從怯懦所表示的含意來說，murcare這個字等於是「自殘」(mutilare)的同義語，爲習於中世紀拉丁文的作者所慣用。

羽法蘭克人的統治。法蘭克人非常合作也熱愛自己的國家,要是個人受到
冒犯等於是國家受到侮辱。暴君喀利古拉想將執政官的紫袍授與他所鍾意
的人選時,就瀆褻神聖的傳統而言,他授與心愛的一匹馬,比起所選擇的
對象是日耳曼和不列顛最高貴的酋長,也不會帶來更多非難,引起更大驚
異。三個世紀的變革,使人民不再抱殘守缺,固執成見。君士坦丁公開核
定要把執政官的榮譽授與蠻族,等於是給他的繼承人開了先例,因為這些
將領的功勳和服務,夠資格升到羅馬人的最高階級[106]。但是身經百戰的老
兵,沒有受過多少教育,對於法律不僅無知而且輕視,無法負起文官的職
務,使得他的權位與軍職的才能積不相容,就會造成大權旁落的現象。希
臘和羅馬共和國有成就的市民,他們經由學習的過程,能寫能讀,發揮個
人的才能和進取的精神,所具備的特質是適合於法庭、元老院、軍營和學
校各種不同的職位。

十、主要宮廷大臣的職務及其權責(330-334A.D.)

總督和將領總是遠離朝廷,在各行省和軍隊中行使代表皇帝的權力。
除此之外,皇帝把更為親近的七位侍臣加封為「特勳階」,完全依據對個
人的忠誠,分別委任他們負責有關皇帝個人安全、劃策獻計和財產管理的
事務。皇宮中皇帝的寢宮由一名受寵的宦官掌管,按當時的稱呼叫做侍寢
大臣(Praepositus or Praefect of the Sacred Bedchamber),他的職責是侍候皇
帝處理國事或娛樂,留在皇帝身邊就可以狐假虎威,顯得有幾分光彩。皇
帝要是有資格統治天下,他的寢宮總管(原應如此稱呼)一般都是能幹而且
身分低下的僕從,但是機靈的僕人善於處理偶爾不應聽到的機密,在無形
之中就是沒有多大天分,也可以爬升到很高的地位。很多官員有高明的智

---

106 優西庇烏斯和奧理留斯‧維克托肯定會贊同此一說法。然而在君士坦丁統治時
　　期,用在年號上具名的執政官一共有三十二人,其中沒有一位是蠻族。就我的解
　　釋是君主很慷慨,不會小氣到捨不得給有功將領以執政官的職位,而是這種職位
　　毫無實權,只能聊備一格,絲毫引不起部將的興趣。

慧和高尚的品德，也不一定能有這種機運。狄奧多西的幾個孫兒墮落而又荒唐，從來不接見臣民，受到敵人的藐視。他們竟把侍寢大臣的地位提高，超過宮廷中其他一切主事的大臣，甚至這位宦官的副手也服侍在皇帝身邊，成爲大批體面奴隸中的頭號人物，在皇帝看來應當比埃及或亞細亞「卿相階」的總督更要高一等。侍寢大臣的司法權是得到內廷伯爵或稱監督官的認可，他的兩大職權範圍是管理皇帝豪華的服飾和奢侈的飲食[107]。

重大公共事務完全交付給御前大臣(Master of the Offices)[108]，憑著過人的勤勞和才能去處理。他是宮廷職位最高的行政官員，負責檢查「民政和軍事學習院」(Civil and Military Schools)的紀律，接受來自帝國各地的上訴，其中有些案件與大批特權人物有關。這些人在宮廷裡服務，認爲自己和他們的家屬可以拒絕接受一般法庭的裁決。皇帝和臣民之間的通信聯繫由國務大臣(Minister of State)負責，他的手下有四個辦公室，其中第一個負責皇帝的起居注和記錄，第二個負責書信，第三個負責請願書，第四個負責文獻和各種法令、法規。每個辦公室都由一名屬於「卿相階」地位較低的長官管轄，四個辦公室的工作共由一百四十八名秘書分擔。這些部門要處理各種各樣內容複雜的報告或文獻資料，大部分是從法律工作人員中挑選出來，還破例任命了一位希臘語的秘書，過去認爲是有失羅馬帝國尊嚴的做法。爲了接待來自蠻族的使臣，還任命幾位通事。現代國家極爲重視的外交事務部門，當時卻很少引起御前大臣的注意。在他的觀念裡，帝國的驛站和軍械庫才是特別關心的重點。帝國生產軍械的城市有三十四座，十五座在東部，十九座在西部，在這些城市設有工廠長期雇用工人，生產各式各樣防禦性的鎧甲、攻擊性的武器以及軍用投射機具和器械。這

---

107 這可能是一種隱喻而已。帝國首位皇帝自以爲長於用兵，所以把他的宮廷總管取名爲營地統領，授與伯爵的位階。卡西多流斯(Cassiodorius)很嚴肅的向皇帝表示，這樣一來，外國使臣能夠接受非常豐盛的皇家宴席招待，皇帝和帝國的名聲都會得到好評。

108 古契流斯(Gutherius)很詳盡的解說御前大臣的功能，以及在他屬下各級官員的職掌。雖然他認爲這個官位可以追溯到安東尼時代，甚至到尼祿在位時，但是在君士坦丁統治以前的史書上，從來沒有發現過，所以他的努力毫無成效可言。

些裝備一般都先儲存在軍械庫，有的也直接送往部隊分發運用。

　　在長達九個世紀的過程中，財務官（Quaestor）的職位經歷重大的變革。早期的羅馬每年都由人民選舉兩名較低階的行政官員，減少因執政官親自管理國庫引起的非議[109]，同時對執掌軍隊指揮權的執政官或行省管理權的代行執政官，配屬類似名義的助手。隨著帝國領土的逐步擴大，原來兩名財務官逐漸增加到四名、八名、二十名，在某一短期內甚至有四十名之多[110]。許多高貴的公民最大野心是取得這個職位，就能在元老院出任議員，得到這個晉身之階，以後才能獲得共和國的榮譽，所以擔任財務官是每個人最正常的期望。奧古斯都一方面極力表示支持自由選舉，同時又表達出自己的意願，每年可以在元老院推舉部分候選人的特權。他常常從表現出色的青年中挑選一位，在元老院會議上宣讀他的演說或書信。奧古斯都這種做法被繼任的皇帝模仿，臨時性的委託竟然演變成為固定的職位。受到青睞的財務官具有嶄新而引人注目的性質，終能獨自擺脫按年資晉升的壓制[111]，認為他代替皇帝草擬的演說[112]具有絕對法令的力量，後來更具有法令的形式，於是他便被認為是立法權力的代表、議會的發言人和民

109　塔西佗提到最早的財務官是由人民選出，那是共和國成立後六十四年的事；但是也有人認為，很早以前就有這個職位，每年由執政官指派，甚至更早是國王自行任免，這種年代久遠而又含混不清的論點，曾經引起學者的爭議。

110　塔西佗認為有二十個或更多數量的財務官。笛翁（Dion, Cassius Dio Cocceianus, 150-235A.D.，羅馬行政官員和歷史學家）很委婉的提到，要是凱撒在任笛克推多時，一次指派四十名財務官，那是為了便於付出大宗借款好收買人心，然而他所增加的法務官人數，在後續朝代一直保持下去。

111　年輕而沒有經驗的財務官，一般是在二十五歲時出任這個重要的職位。政務繁忙的奧古斯都，不讓他們管理錢財出納和國庫業務，派到其他的部門。等到克勞狄斯在位，財務官恢復原來的職掌，後來在尼祿統治時期，終於將財務官這個職位全部革除。上面所說是在帝國任職的財務官，至於在直屬皇帝的行省，財務官受到行省財務長官的支持，更能發揮作用，所以他們也被稱為主計官。在元老院管轄的行省，一直到馬可斯・安東尼在位，還可以發現一大堆財務官。我們從烏爾平的著作中，知道塞維魯斯家族當政時，行省的行政組織全部撤消，加上後來產生的困難，每年或三年一度選舉財務官的傳統，無法實施自然終止。

112　帝國的繼承人有時會讓官員保住原有的職位，像是圖拉真將他的財務官和表親，託付給哈德良如同他在位時那樣加以照顧。

法條例的原始出處。他有時被邀請去與禁衛軍統領和御前大臣，一起參加帝國的最高司法會議；還經常接受下級法官解決疑難問題的請求；但是他並沒有負責管理雜亂的事務，有足夠的時間和才智去培養雄辯的口才，儘管這種品味和語言的運用已日趨衰落，卻仍能使羅馬法律保持莊嚴的氣概。在有些方面，帝國財務官與現代司法官的職務很相似。雖然不識字的蠻族似乎使用大印，但皇帝頒布法案時卻沒有引進這種做法。

　　帝國的財政大臣被加上非常奇特的稱號「神聖賞賜伯爵」（Count of the Sacred Largesses），用意是讓人感覺到每一項支出，都是靠著君王的慷慨解囊。一個腦力再好的人，對於龐大帝國的行政和軍事部門每年和每天無數的開銷，也弄不清楚其中的詳細情況。事實上為了管理帳目，雇用分屬十一個不同辦公室的好幾百人，按照專業分工檢查和監督各自負責的工作，而且在人數方面，總會有日益增多的趨勢。所以很多次想要實施大規模的裁員，把無用的多餘人員打發回家，特別是有些人原有很好的工作，偏偏要想盡辦法鑽進息豐厚的財務部門。帝國共有二十九個行省稅務官，其中十八個人都和國庫司庫大臣一樣被加以伯爵頭銜。司庫大臣還把自己的司法權力，擴展到各個開採和提煉貴重金屬的礦場、把金屬鑄造成通用貨幣的鑄幣廠，以及最重要城市中為國家急需儲備各種財寶的金庫。司庫大臣監管帝國的外貿活動，控制所有毛、麻織品的生產工廠以及生產的工序，包括紡紗、織布和染整，這裡主要的工作由大群奴隸身分的婦女負責，生產的產品供應軍隊和宮廷使用。這樣的工廠在引進紡織技術較晚的西部，可以列舉的數量有二十六座，因而在工業發達的東部各行省，這樣的工廠會更多[113]。

　　專制君王可隨心所欲徵收和支用國家的歲入，此外，皇帝本人就是極為富有的公民，擁有面積廣泛的產業，需任命一位伯爵或內務大臣（Treasurer of the Private Estate）負責管理。這些財產中一部分是早先的國

---

113 此部門有兩位主管財務的伯爵，《職官志》裡提到東部正好出了差錯。可清楚得知，當時的金庫設在倫敦，而在文契斯特（Winchester）有一座女工宿舍和廠房，但不列顛還不夠資格設置鑄幣廠和軍火庫，高盧卻有三個鑄幣廠和八個軍火庫。

王或共和國的地產，也有若干得之於世代穿著紫袍的家族，但絕大部分的
來源很污穢，靠沒收和侵占他人財產。皇室的產業遍布全帝國，從茅利塔
尼亞(Mauritania)到不列顛的各行省。但是卡帕多西亞(Cappadocia)土地
肥沃，使得君士坦丁要把全地區盡量圈爲己有，因而這位君王和繼承人抓
住機會，利用宗教熱忱來掩飾貪婪行爲。他們取締科馬納(Comana)最富
裕的神廟，儘管戰爭女神的祭司長曾維護過在位親王的榮譽，但皇帝還是
把大片獻給神明的土地全歸爲私有，毫不考慮上面住著信仰戰神[114]的六千
居民和奴隸。這塊土地上，居民本身沒有價值。從阿吉烏斯山(Mount
Argaeus)到薩魯斯(Sarus)河廣闊的平原上，大量繁殖聞名於古代世界的好
馬，有著神駿體態和飛馳速度。這神聖的動物必然供應宮廷，或用於帝國
的賽車活動，故特別訂出法律加以保護，民間的主人都不得有違犯規定的
行爲[115]。卡帕多西亞的產業非常重要，特派一位伯爵監管[116]，帝國其他
地方則由低階官員負責。到處都有司庫大臣的副手管理私產以及公共財
產，各自獨立行使他們的權力，有時甚至可以控制行省的官員。

　　保護皇帝人身安全，經過精心挑選的騎兵隊和步兵隊由兩名內廷伯爵
(Count of the Domestics)指揮。官兵的總數是三千五百人，分爲七個教練
隊或分隊，每隊五百人，光榮的任務在東方幾乎全部由亞美尼亞人擔任。
每當舉行公共紀念活動，部隊便會排列在皇宮的庭院和柱廊，高大雄偉的
身軀，嚴肅寂靜的紀律，持用金銀鑲嵌的兵刃，盛大的軍容表現出羅馬帝
國的威嚴。從這七個分隊中再挑選出兩隊騎兵和步兵擔任貼身衛士，只有
最優秀的士兵才有希望獲得這種特殊的榮譽。他們騎馬在內廷值勤，有時

---

114 赫赫有名的貝提斯(Beltis)神龕，位於卡帕多西亞的科馬納，本都有個城鎮也叫科馬
　　納，同樣設立供奉貝提斯的廟宇，等於是前者的分身。笛·布洛斯(Des Brosses)當
　　時出任省長，他認爲兩個科馬納城鎮膜拜的神祇都是貝提斯，祂是東方的維納斯，
　　也是生殖女神，實在說，祂並不是戰爭女神。

115 卡帕多西亞養育的馬匹舉世聞名，戈德弗洛伊對此很感興趣，蒐集古代相關資
　　料。他提到最佳品種之一名叫帕瑪提安(Palmatian)，原主謀叛後，此品種馬匹被
　　充公，養馬場位置離台納(Tyana)有十六哩，靠近從君士坦丁堡至安提阿的大道。

116 查士丁尼就是爲了這個緣故，才要直接統治卡帕多西亞行省，全權委託給所嬖倖
　　的內侍，這位宦官原來負責管理寢宮。

還會被派到行省，迅速有效執行主子的命令[117]。內廷伯爵有的後來升爲禁衛軍統領，與統領一樣，他們都希望經由服務皇宮進而能夠指揮軍隊。

十一、告發成風及濫施酷刑的狀況(330-334A.D.)

羅馬帝國修築道路及建立驛站，使朝廷與各行省之間來往方便。但這些設施有時卻被濫用，造成難以忍受的弊端。總共雇用了兩三百名信差，在御前大臣底下工作，負責通報每年當選的執政官名冊，及皇帝的詔書或戰爭得勝的消息。這些人後來向君王報告他們所知的行政官員或普通公民的所作所爲，因而成爲君王耳目，給人民帶來莫大禍害。軟弱無力的統治必然產生有害的影響，他們的人數增加到一萬人之多，並且完全不顧再三告誡他們的法令。他們把有利可圖的驛站業務，變成掠奪性的壓榨工具。這些經常與皇宮有聯繫的信差，任能得到好處和獎勵的鼓舞下，急切希望能發現在進行中的陰謀，到處打探暗藏的不滿以及打算公開叛亂的準備活動。他們裝出神聖不可侵犯的態度，戴著熱愛國家的面具，掩蓋對眞理正義的踐踏和對罪惡犯行的歪曲。他們可以把誣陷的毒箭，隨意對準眞正有罪者或清白無辜者的胸膛，只要這些人惹他們生氣，或是不肯花錢消災。不論是出生在敘利亞或不列顛的忠誠臣民，都有被戴上腳鐐手銬，拉到米蘭或君士坦丁堡法庭的危險，面對告密者罪惡的誣陷，爲自己的身家性命進行辯護。要是按照當時採取的法律程序，只有絕對的必要才能容許辯解，如果定罪的證據不足，可以隨意使用酷刑，使被告再也難逃法網。

審判委員會(Quaestion)是罪惡的淵藪，這種實驗性質的做法，會造成誤導帶來很大的危險，古羅馬的司法界雖允許它的存在，但並未得到公開承認。羅馬人只將這種血腥的審判過程用在奴隸身上，不論從正義或人道的角度來看，在那些傲慢的共和國人士眼中，對奴隸的痛苦根本視若無

---

117 阿米努斯‧馬塞利努斯(Ammianus Marcellinus)在軍中多年，也不過獲得「衛國勇士」(Protector)的位階。得此榮譽的軍人若列在前十名，可擔任元老院議員。

睹;如果沒有確鑿的犯罪證據,他們絕不會同意對公民的肉體任意折磨,因為這是神聖的權利不可侵犯[118]。要是研究一下提比流斯(Tiberius)到圖密善(Domitian)這些暴君的歷史,裡面詳細記載許多濫殺無辜的情況,但是,只要國民的自由權利和榮譽思想還能發揮影響力,一個羅馬人即使面臨死亡的威脅,非常不可能受到屈辱性的酷刑[119]。當然,對各行省的行政官員而言,他們的行為不為羅馬的準則所約束,也不必遵守羅馬人民嚴格的信條;他們不僅使用酷刑對付東部暴君統治下的奴隸,還施加在馬其頓人身上,這些人民過去只服從受憲法制約的君主。就是靠自由經商而興盛起來的羅得島人,以及維護並提高人性尊嚴的雅典人,也都逃不掉酷刑的威脅。由於省民無力反抗只有默許,使得各行省的總督,不僅獲得隨意使用殘酷刑具的權利,一開始是要強迫流浪漢或平民罪犯承認所犯的罪行,逐漸發展到完全混淆階級的區別,踐踏羅馬公民的基本權利。臣民基於恐懼心理只有請求頒布性質特殊的豁免令,君王出於自身利益的考慮,非常願意實施這些保護辦法,實質上是變相容許使用酷刑,等於合法授權不必有任何忌憚。豁免令的範圍在於保護所有屬於「特勳階」和「卿相階」的人士;主教和屬下的長老;講授人文科學的教授;軍人和他們的家屬;市府官員和他們三代以內的子女,並保護所有未成年的兒童。但是,帝國新設立的司法制度卻又加進一條致命原則,只要涉及叛國罪,其中包括經過律師的羅織,證明被告對皇帝或帝國懷有敵意[120],一切特權便全都無效,所處的地位一律變得同樣可悲。皇帝的安全比公理正義和人道考慮更為重要得多,這是不容懷疑的事,即使是老人的尊嚴和青年的無知,都同樣受到最殘酷的懲罰。受到告密者惡意的檢舉,被指控為犯罪活動的同謀和見

---

118 知名之士對於「刑求」這個問題的看法,在《法典大全》中表露無遺,很嚴格的限定只能施用於奴隸身上。

119 在反對尼祿的畢索(Piso)謀叛案中,只有伊壁查理斯(Epicharis)一個人受到嚴刑拷問,其他人員未受任何傷害。當然,像這種例子提出來並沒有必要,但是要找出有力的案例,說是「刑求」非常普遍,倒也相當困難。

120 才智過人的烏爾平對這個法學觀點所下的定義,看來被卡拉卡拉(Caracalla)的宮廷所採用,而不是被亞歷山大·塞維魯斯的宮廷採用。

證，所提出的犯行完全是憑空捏造，這樣的恐懼像利劍一樣，永遠懸掛在羅馬世界主要公民的頭頂[121]。

十二、財產估值詔書的運用和繳納貢金的原則 (330-334 A.D.)

上述弊端不論多嚴重，都只限於少數羅馬臣民，他們無論因先天繼承或個人機運而獲得財富，勢必引起君王忌妒，所處情況雖危險，但因能獲得生活上的享受，所以也算得到若干補償。數百萬升斗小民，對君王的畏懼並非暴虐而是貪婪，他們無法過與世無爭的生活，因為稅賦太重；有錢的財主還能忍受，但貧窮階級根本無力負擔。一位有見識的哲學家，他認為人民所能享有自由或受到奴役的程度，取決於政府徵稅的原則和手段，同時他大不諱斷言，按照自然界的不變法則，凡是享有自由愈多的人所負擔的稅賦就會增加，反之處於被奴役地位就會成比例地減少。但這種論調，像是無視於專制政體，會給人民帶來不幸和災難，至少可用羅馬帝國的歷史加以駁斥，可指控在位的君王剝奪元老院的權勢、搜括行省財富。商品的各種關稅和消費稅都沒有廢止，在難以覺察的狀況下，全轉嫁到買主身上。君士坦丁和後續各帝的稅收政策，採用簡單而直接的方式，更能符合專制政府的精神。

財產估值詔書 (Indiction)[122]的源起是為了要能正常地徵收羅馬人的貢金[123]，後來用於中古世紀編年史的主要參考資料。皇帝用紫色墨水親自簽署這份極為重要的詔書，在九月一日前兩個月，頒發給每個行政區的主要

---

121 阿卡狄斯‧查里休斯 (Arcadius Charisius) 是資格非常老的律師，《法典大全》引用他的觀念，認為凡是涉及謀叛案，嚴刑拷問是為法所容的正當行為。阿米努斯基於強烈的恐懼感，也認可這種暴君可以恃仗為惡的原則。君士坦丁的後續各帝，增訂幾種法律使得「刑求」更為有效。

122 每十五年頒布的財產估值詔書，能夠用來探索康士坦久斯在位時的狀況，更可追溯到君士坦丁時代。後來的教廷繼續沿用，但是把年度的開始時間，很合理的從 9月1日改為1月1日。

123 《狄奧多西法典》第七卷所列最前面的二十八個頭銜，都有詳盡規定，主要是與各行省的貢金有關。但除非有權力可強制徵收，否則也不過是紙上談兵。

城市。「財產估值」這個字，要是用很簡單的概念來表示，就是依據預先推算出來的貢金數額，每年應在指定的期限內繳納。一般估算的供應量，繳交的比例要視實際需要和預判需求的狀況而定，但是經常是支出超過稅收，或者是稅收在經過計算以後發現有短缺的現象，就在超量財產估值(Super-indiction)的名義下增稅，強加在人民的身上，把行使統治權最重要的功能，傳達給禁衛軍統領來執行，在某些狀況下，同意供應公共服務的緊急需要，或是預作準備。這些法規(有很詳盡而且錯綜複雜的細節部分，要加以追述實是過分的冗長)的執行，主要區分為兩個過程：對徵收對象的構成部分決定應收的額度，也就是羅馬世界的各行省、各城市和個人，所估定的稅賦；接受個人、城市和行省分別呈繳的額度，累積起來解交皇家金庫。由於君王和臣民的帳目全部要公開，能夠永久查閱，而且重新修正的需求，預判可以圓滿完成原訂的繳稅義務，因此龐大的財務機構在官員的推動下，按照每年的周期不停的運轉。稅收對行政部門而言，極關緊要也特別重視，需要行政長官和行省的代表發揮最大智慧。然而一群下級官員要爭權奪利，有的後台是帝國的財務大臣，也有行省總督派出的人員，由於管轄權很複雜，難免引起派系之間的衝突，為了奪取魚肉人民的肥缺，雙方經常發生爭執。工作勤奮的官員只會引起嫉妒和責怪，他們把費用和危險全部強加在「里長」(Decurions)的身上。這些人構成城市的地方團體的主幹，皇家法規有嚴厲的條文，責成他們要民間社區承受應有的負擔[124]。帝國全部的地產(不包括國君的世襲產業)都是徵稅的項目，每位新購買土地的人都要承受原地主的納稅義務。一次精確的人口普查，或者可以說是土地測量，是唯一最公平的方式，求出適當的比值，確定每位公民對公共服務所應盡的責任。經由財產估值眾所周知的期限，大家認同像這樣一個困難而又費錢的作業，保持十五年的周期重複一次。行省派出測量官來丈量土地，有關土地的性質，像是耕種農地還是放牧草地，是

---

124 整本《狄奧多西法典》對什長(Decurions)(在民間是里長)這個頭銜，有關的條文規定得特別詳盡，很多市民列入這個最常見的階級，所以有一百九十二種法規涉及什長的職責和權限。

葡萄園還是樹林，都要很仔細的加以記錄，要按照五年的平均產值來估算
它的價格。在報告裡把奴隸和牛隻的數目當成最主要的部分，地主據以宣
誓，保證一切都真實無虛。經過嚴格的檢查，如果發現有偽造作假或規避
執法人員的意圖，要當成重刑犯予以處罰，而且是叛逆和瀆褻兩種罪行。

　　貢金大多用貨幣支付，帝國流通的幣值中依法只接受黃金，其餘稅款
由每年的財產估值詔書，決定其支付比率，要求供應的方式非常直接，也
更難忍受。按不同土地的性質和產品，各種項目像葡萄酒或油、穀物或大
麥、木材或生鐵，省民用勞力或費用支付，運送到皇家倉庫，根據宮廷、
軍隊、羅馬和君士坦丁堡兩大都城的使用狀況，再加以分配。財稅委員經
常要辦理大宗採購，嚴格禁止賠償行為，不得接受與徵收實物同價格的金
錢。初期小社區的環境很單純，可用這種方式徵集人民自動奉獻的物品，
但一旦處於自由操控和極度嚴苛的狀況下，就有可迴旋的餘地。在一個貪
污腐化和絕對專制的君主政體中，高壓權力和欺騙技巧永遠在鬥法[125]。羅
馬行省的農業已逐漸凋敝，在君主專制的過程中，國家的宗旨趨向於背離
「以農立國」的原則，使臣民失去支付現款的能力，皇帝只能靠著清除債
務和減免貢金來贏取民心。康帕尼亞是肥沃而富裕的省分，羅馬在此贏得
最早的勝利，也是權貴退休後養老之處。按意大利新的行政劃分，在大海
和亞平寧山脈之間，從台伯河延伸到昔拉魯斯（Silarus）河的區域。在君士
坦丁死後六十年內，實際測量出有三十三萬英畝土地，因荒廢和棄耕而獲
免稅，幾乎占行省總面積的八分之一。此時尚無蠻族蹤跡，但這種令人驚
異的荒蕪程度，在法律上已登記有案，這要歸因於皇帝的施政作為[126]。

125　政府採取許多預防措施來制止官員的違法濫權，即使是徵收或購買穀物，都有規
　　定。但是只要有人讀過西塞羅控告維里斯（Verres）的起訴書，對於穀物的過磅、
　　付款、驗貨和運輸，都可以從中間學到貪污舞弊的手法。有些總督不識字，對於
　　法規和案例根本沒有概念，貪贓枉法更是毫無顧忌。

126　霍諾流斯（Honorius）皇帝在父皇死後兩個月，也就是在395年3月24日，刊行《狄
　　奧多西法典》（法典成為正式的法規頒布運用，要等到438年，華倫提尼安三世即
　　位以後）。裡面提到荒廢的田地有五十二萬八千餘羅馬畝，我將它換算為英制，
　　一羅馬畝約合二萬八千八百個平方羅馬尺。

十三、丁稅的實施和對通商貿易造成的影響(330-334A.D.)

　　無論是基於策略或出於偶然，徵稅方式像是要將田賦歸併在丁稅[127]
內，政府把解交金額分配給各行省，用繳納貢金人口數和應繳稅款總數來
表示。後面的金額用前面的人數來除，可得到估定稅額，也可說一個行省
包含眾多丁口。丁口就是負擔貢金的人頭數，每個人頭按比率得到定值稅
額，此定額不僅要普遍接受，也是法定的算定值。一個負擔貢金的人頭，
因意外事件影響和整體環境變化，所代表的身價經常會變動。有很多奇特
狀況被當作知識而得以保存，最重要的一件案例，有關於羅馬帝國最富裕
的行省，現在是歐洲最光輝耀目的王國。康士坦久斯貪婪的大臣刮光高盧
財富，每個人頭每年的貢金是二十五個金幣，接位的皇帝推行仁政將丁稅
減到七個。在極端剝削和暫時施惠之間的合理比率，應定在十六個金幣，
大約等於九英鎊，這才是高盧徵稅的正常標準[128]。但這種計算對有心人聯
想到的兩個困難，也不會忽略不管，事實上可推論出後續狀況，就是大家
對丁稅的力求平等和懲罰嚴屬性感到震驚萬分。其中最令人感興趣的項
目，要是稍加解釋，對於帝國式微的財政狀況，倒可以洩露一點真相。

　　其一，財產的維持出現不公平的狀況就會引起不滿，這是人性不變的
法則，由於稅制的要求徵收應完全平等，這確實也會使君王喪失微不足道

127　戈德弗洛伊對於「丁稅」(capitation)有深入研究，他的論點受到重視，但是他解
　　釋「丁口」(coput)這個字，認為是據以分配財產的份量，或是不動產的丈量，完
　　全否認個人稅額財產估算值的觀念。
128　要計算君士坦丁和後續各帝的貨幣值，可以參考格里夫(Greaves, John, 1602–
　　1652A.D.，數學家和自然哲學家)研究羅馬銀幣「笛納」(Denarius)以後，所寫內
　　容極為精闢的論文，得到以下各項原則：(1)、無論是古代或現代羅馬磅，它的
　　金衡重量單位是五二五六格令(grains)，比起英國磅的五七六〇格令，大約輕了十
　　二分之一；(2)、一磅黃金合四十八個奧瑞(aurei)金幣，但是那個時代鑄成七十
　　二同樣面額的小塊金幣；(3)、五個奧瑞可兌換一磅白銀的法定貨幣，因而一磅
　　黃金，按照羅馬的算法是兌換十四磅八盎司的白銀，照英國的算法是十三磅白
　　銀；(4)、英國一磅白銀鑄成六十二個先令。根據這些數字，可以知道羅馬的一
　　磅黃金等於英國貨幣是四十英鎊，而且羅馬人在計算大宗金額時，通常用黃金作
　　單位，因此我們可以把奧瑞金幣當成法定的通貨，固定的兌換比率是十一先令。

的收益；但實際上的做法卻是剝削社會中絕大多數人的生計，此即羅馬丁稅的原則。在執行時，卻感覺不出不公平，主因是貢金乃根據實況來繳納，不是以個人爲單位來徵收。幾位貧窮的市民可合組成一個人頭，共同分擔稅款，而富有的省民依據財產，可負擔好幾個名額的丁口。對統治高盧最有成就的皇帝，賽東紐斯‧阿波利納里斯(Sidonius Apollinaris)曾提出最富詩意的要求，他把自己負擔的貢金，比擬爲希臘神話裡的怪物吉里昂(Geryon)*129，懇請海克力斯大發慈悲，砍掉惡龍的三個頭好拯救性命。賽東紐斯是財產極爲富有的詩人，他都不斷提到這個問題，等於畫出許多高盧貴族像死去的海德拉(Hydra)*130一樣，長著一百個頭，軀幹伸展到整個國土，吞食著數以百計的家庭。

　　其二，就高盧丁稅平均值而言，允許每年的額度是九英鎊，可拿來與國家的當前狀況做比較。現在法國被專制君王統治，有一群勤勉、富裕和熱情的人民，要想達成目標還有相當困難。法蘭西的稅收並沒有因恐懼和奉承而加以誇大，不致於超過年度總額一千八百萬英鎊，由二千四百萬居民來分擔131。其中只有七百萬人是有能力的父親、兄弟或丈夫，此外都是婦女和小孩免於納稅的責任。每個負擔貢金的臣民有相等的比率，每人不會超過五十先令(二十先令爲一英鎊)，他們的祖先高盧人正常繳納的稅

---

*129　[譯註]海克力斯是宙斯和美女雅克梅妮(Alcmene)的兒子，爲天后赫拉所妒恨，被迫完成很多危險的工作，成爲膾炙人口的「十二項功業」，其中第十項是殺死的晚霞島的三頭三身怪物吉里昂，把劫去的牛群送回來。

*130　[譯註]海克力斯的第二件工作，是除去雷侖(Lernaean)平原上的九頭蛇海德拉，雖然頭被砍斷又會重生，最後還是死在海克力斯的神力之下。

131　得到這樣的人口數據並不容易，是政府將出生、死亡和婚姻的登記資料加以整理後才有的，資料現存放在巴黎「統計總局」(Controle Général)。整個王國的年度平均出生人口，採取五年的數據(從1770年到1774年，前後兩年都包含在內)，是男孩479,649人，女孩449,269人，合計928,918人。黑諾特是法國的一個省，每年出生人口是9,906人，從1773年到1776年，平均人口總數是259,097人，分析後可知，年度出生人口與總人口數的比率，大約是一比二十六，這樣可算出法國的總人口數，一共是24,151,868人。如果採用較保守的比率一比二十五，那麼整個王國的人口是23,222,950人。從法國政府孜孜不倦的研究中(個人認爲值得效法)，我們對這個重要的題材可以獲得更正確的資料。

金，反而要高出四倍之多。所以有這麼大差異的理由，不全在於金銀的缺乏或富足，而是古老高盧和現代法國的社會狀況有很大差別。國家的每位臣民若都有基本的自由權利，龐大的稅額就會由全體人民來分擔，不論是徵自財產或消費。但古老高盧的大多數土地，跟羅馬的其他行省一樣，都是由奴隸耕種，要是農民的話，受束縛的狀況與嚴苛的奴役制度沒什麼差別。主人享受勞力的成果，大多數人陷在貧窮狀況，任何市民只要擁有相當財產，或過著溫飽的生活，就會列名在貢金名單上。這部分的人雖少，但很合理地要負擔更大比例的丁稅。這種主張的眞相可用以下例證說明：伊杜伊人（Aedui）是高盧最有勢力和最進步的部落或城邦，據有廣大的區域，現在包含大約五十萬居民，隸屬奧頓（Autun）和內未爾（Nevers）兩個主教轄區[132]，等到增加夏隆（Chalons）和馬松（Maçon）以後[133]，人口總數到達八十萬人。在君士坦丁時代，伊杜伊地區提供兩萬五千個人頭數的丁稅，由於無法忍受貢金的重擔，君主將人頭數再減少七千個。剛好出現相類似的情形，像是贊同明智的歷史學家所提出的見解，也就是有自由權利和繳納貢金的市民沒有超過五十萬人。政府行政在正常狀況下，每年支出計算大約是四百五十萬英鎊，雖然看起每人分擔比正常的稅額超過四倍，但皇帝直屬行省高盧的徵稅，只是法國現在稅收的四分之一。康士坦久斯的橫徵暴歛算出來是七百萬英鎊，朱理安仁慈或明智的統治減到兩百萬英鎊。

　　地主深受其害的丁稅，自由市民中富有而數量龐大的階層卻可以逃

---

132 勃艮地的奧頓是伊杜伊人的首府，古代的統治地區包括鄰近的內未爾。奧頓和內未爾現在都是主教轄區，前者有六百一十個教區，後者有一百六十個教區。就行政區域劃分，勃艮地現在是法國的一個省，它的教區經統計有四百七十六個。根據十一年的出生人口登記加以分析，用一比二十五的比率，可算出總人口數，再除以教區數可以得到每個教區有六百五十六人，而奧頓和內未爾共有七百七十個教區。這樣就可算出伊杜伊人據有這個地區，它的人口總數是505,120人。

133 夏隆和馬松都是主教轄區，前者有兩百個教區，後者有兩百六十個教區，可以得知人口總數是300,750人。這個增加的地區可以找出原因來加以證明：(1)、夏隆和馬松在早期都是伊杜伊人的統治地區，這點毫無疑問；(2)、在高盧的《職官志》中，它們並未列入城市，只能算是軍事營地；(3)、在第五和第六世紀之前，這兩個地點未設置主教府邸。然而優米紐斯（Eumenius）在所寫的《頌辭》中有段文章，成爲有力的反證，使我不敢把伊杜伊人在君士坦丁統治時期的地盤，沿著可通航的索恩（Saone）河向前延伸。

避。財富無論來自技藝和勞動，或存在於金錢和商品，為分享這些財富，
皇帝把分開計算且是個人的貢金，強加在臣民有關貿易和經商這方面。雖
也有免稅措施，但對時間和地點都有嚴格限制。像是允許地主出售自己土
地的產品，對於自由業經過批准給予某些特權，但與商業有關的各方面，
都因嚴格的法律規定而受到很大影響。亞歷山卓有地位的富商，從印度進
口寶石和香料供西方世界使用；放高利貸的人從金錢的利息，謀得不勞而
獲的可恥收益；手藝精巧的製造商、工作勤勉的匠人、甚至僻遠鄉村毫無
名望的零售商，都要讓稅務人員進入他們獲利的場所。羅馬帝國的統治者
對不光彩的俸給也甘之如飴，能夠容忍公娼這門行業。這種施用於各行各
業的普通稅，在第四個年度徵收而稱之為「五年攤捐」。歷史學家諾昔繆
斯提到，每到接近這要命的期限，市民無不涕淚齊下，惶恐萬分。稅務人
員為達成繳納的金額，運用令人憎惡及不自然的方法，窮人經常受到鞭
笞，才能被評定合於免繳稅款的要求。諾昔繆斯帶有熱情和偏見的控訴中
提出的證辭，根本無法證明是否屬實，但是從這種貢金的性質，可以獲得
合理的結論，那就是非常武斷的決定配額，極端嚴苛的徵收方法。商業行
為產生不為人知的財富，技藝和勞力的利潤並不很穩定，只能靠著自由心
證來裁定財產估值，倒是很少損害到國庫的收入，不像徵收土地稅的狀
況，可以用沒收財產的方式獲得欠稅。在對商人的徵稅，除了對身體施以
懲罰以外，找不到讓他們吐實的更好辦法，就像商人的貿易，不能沒有可
見而永久的抵押品一樣。過去用很殘酷的方式對待無能力支付國家稅款的
債務人，因為君士坦丁合乎人道的詔書，不僅證實也獲得減輕，例如不允
許濫用枷架和鞭刑，準備寬大和空氣流通的牢房作為監禁之用。

　　君主有絕對的權力徵收普通稅，但偶爾呈獻「冠金」，仍舊保留原來
的名義和民眾同意的形式，這是一種古老習慣。共和國的盟友把他們的安
全和能夠獲得解救，歸功於羅馬武力的成就。甚至意大利的城市，為了頌
揚勝利將領的功績，裝飾凱旋式華麗的排場，就自動呈獻金冠作為禮物，
等到典禮完畢供奉在朱庇特神廟，為未來的光榮作為永久的紀念。隨著熱
情和諂媚的風氣開始盛行，受到歡迎的捐獻不僅數量增多，尺寸和重量也

加大。凱撒的凱旋式禮品豐富,以致巨大的王冠有兩千八百二十二個,總
重量是黃金兩萬零四百四十磅。深謀遠慮的笛克推多*[134]立即將這筆財富
融化,花在士兵身上比用於神明更能發揮功效。以後的皇帝取法前賢並加
以改進,將華麗的飾品換爲帝國通行的金幣,當成更容易接受的禮物[135]。
自發的奉獻最後成爲欠恩應盡的責任,也不再限於凱旋式的場合,認爲是
君主國的城市和行省得到許可,經常是皇帝紆尊降貴的宣布即位、出任執
政官、皇子出生、晉封凱撒、戰勝蠻族,或者任何能使皇帝在位的編年
史,踵事增華的實際或假想事件。羅馬元老院的特別賞賜是黃金一千六百
磅,大約六萬四千英鎊,抑鬱的臣民用巧妙措辭加以頌揚,君王把這些無
益但蓄意而爲的證詞,當成是忠誠和感恩的表示,心滿意足加以接受[136]。

　　一個民族若過分傲慢或自憐,都不可能對自己的實際處境作出正確的
估計。君士坦丁的臣民覺察不到才智和品德已經日趨墮落,使他們失去祖
先所具有的尊嚴;但是他們面臨暴政的瘋狂、紀律的廢弛以及賦稅的日
增,不僅身受其害而且深感痛恨。歷史學家不懷偏見,一方面承認民眾的
確有理由感到不滿,同時也看到可以減輕苦難的有利條件。蠻族風暴轉瞬
間會使羅馬帝國的偉大喪失基礎,至今仍被拒止或阻擋在邊境地區。整個
地球有相當多的居民,在培育藝術和文學的園地,仍然享受著高雅的社交
生活。民政體系的形式、權力和經費能夠抑制囂張跋扈的軍人集團。儘管
法律受到特權的破壞和巧辯的歪曲,羅馬司法制度運用明智的原則,能夠
保存秩序和公正,這是東方專制政體難以想像的事。宗教和哲學對人類產
生保護作用。自由權利這個名詞,雖然已經不會使奧古斯都的繼承人感到
驚愕,但能夠提醒在位的皇帝,他所統治的國家並不是奴隸或蠻族[137]。

*134 [譯註]羅馬共和政體的笛克推多,是一個負責處理危機的職位,基於緊急狀況或
　　特定需要,由元老院推派,有權召集「百人連」大會,選舉下任執政官,即使護
　　民官也不得對笛克推多行使否決權,任期通常爲六個月。

135 西班牙的塔拉格尼斯(Tarragonese)行省向克勞狄斯皇帝呈獻七頂金冠,高盧另外
　　還送了七百磅黃金,這是我依據黎普休斯(Lipsius, Justu, 1547-1606A.D.,學者和
　　政治理論家)修正後的合理資料。

136 元老院議員可以免於出錢爲勝利者製做金冠,因爲他們並非戰敗者,但從另一方面
　　來說,向皇帝奉獻黃金還是有這個必要。

137 狄奧多西大帝訓勉其子,有些話很值得深思,他指出羅馬的皇帝有別於安息的國
　　王,不是靠皇家血統而是憑著才德服人。

大競技場和君士坦丁凱旋門

北國的進香客用敬畏而欽佩的眼光注視弗拉維亞大競技場，
滿腔熱情不禁迸發出極其優美的諺語，
八世紀時的記錄留在衰老的比德所寫殘簡之中：
「羅馬會跟大競技場一樣天長地久，屹立不移⋯⋯。」

第十八章

君士坦丁的性格作風 高盧戰爭 君士坦丁崩殂 帝國分由三個兒子統治 波斯戰爭 內戰 康士坦久斯獲得勝利(323-353A.D.)

一、君士坦丁的性格特質及其行事作風(323-337A.D.)

君士坦丁遷移帝國的統治中心,對國家的行政和宗教制度進行重大的改革,他到底具有何種性格,一直是人們注意的重點,引起極大的分歧。基督教徒出於強烈的感激之情,不惜使用推崇英雄甚至聖徒的辭句,來裝飾這位基督教會的救星;而那些遭到壓制的人群無比憤怒,認為君士坦丁既懦弱又邪惡,把他說成是歷史上最可憎的暴君,他的登基有辱帝國的尊嚴。這些不同的看法經過很多世代還能保留下來,雖然程度有所差異,但他的為人處世至今天仍有褒貶。只有站在公正的立場,把他那最熱忱崇拜者所不能否認的缺點,和他那不共戴天的仇敵也不得不承認的優點,不懷任何成見綜合起來,才有希望對這位極為重要的歷史人物,勾畫出一個正確的形象來,也才能毫無愧色的為史實所接受。但若不能從恰當而明晰的角度,把君士坦丁的統治時期,仔細的劃分為幾個階段來加以研究的話,馬上就會發現,要想把不協調的色彩混合在一起,將不相容的性格特點調和起來,結果其所產生的形象,很可能像是一個怪物。

君士坦丁有得天獨厚的外表和心靈,身材雄偉、相貌英俊、舉止得體、在男性的陽剛活動中表現出矯健的身手和靈活的技巧。他從少年時期直到進入老年之後,始終保持著強壯的體魄,在家庭生活中始終堅持清心

寡慾的原則。他非常喜歡參加社交活動,可以隨意的交談。儘管有時會不
顧自己高貴的身分,在無法控制之下對人大發脾氣,一般而言,他那待客
以禮的態度,凡是接近過的人都會傾心不已。有人懷疑他交友是否眞誠,
但是從很多情況看來,證明他並非刻薄寡恩,不能同生共死之徒。他沒有
受過多少教育,這方面的缺失並未妨礙他明瞭知識的重要,在他大力支持
之下,藝術和科學還獲得相當的發展。他勤奮處理公務不知疲倦,活躍的
頭腦毫不間斷用於閱讀、寫作、思考、接見外國的使節、研究臣民的疾苦
和不滿。即使那些指責他措施不當的人,不得不承認他具有博大的胸懷和
堅持的耐心,才能規劃出無比艱鉅的計畫,不被學識的偏見和群眾的叫聲
所阻撓,最後終於能夠貫徹完成。他在戰場上能夠把自己的大無畏精神,
很成功的灌輸給手下的士兵,指揮大軍的才能已臻完美的境界。他與國外
和國內的敵人作戰,獲得輝煌的勝利,應歸功於他的將道,並非運氣而
已。他熱愛榮譽,看作是辛勞工作的獎賞,也是激發積極作為的原動力。
自從他在約克登基那天起,非常正確的認定,當前危險的處境、敵手的性
格特質、自覺有高尚的品格、預見自己的成功可以爲混亂的帝國帶來和平
與秩序,這些因素形成無可遏止的野心,主導著他的生命,所以能夠達成
最後的目的。早在他與馬克森久斯(Maxentius)和黎西紐斯進行內戰時,
他這一邊已經贏得人民的好感,因爲他們將暴君毫無忌憚的行徑,和君士
坦丁明智公正的施政進行比較[1]。

　　設若君士坦丁在台伯河畔戰死,甚至在哈德良堡(Hadrianople)的平原
上陣亡,這些除了極少數例外,後人所知君士坦丁的爲人可能不外乎如
此。但是,他最後一段統治期間(根據同時代的一位作家,非常溫和而關
懷的敘述),使他喪失身爲羅馬皇帝卻無愧於後代子孫的榮譽。在奧古斯
都的一生中,開始看到一位毀滅共和國的暴君,後來逐漸變成國家以及全
人類的父親。而在君士坦丁的一生中,看到一個長期受到臣民愛戴和使得

1　　君士坦丁德政最主要的資料是來自優特洛庇斯和小維克托,兩位都是非常公正的
　　　異教徒,在他整個家族絕滅以後才記錄當時的史實。甚至就是諾昔繆斯和朱理安
　　　皇帝,也都承認君士坦丁的作戰英勇和軍事功勳。

敵人喪膽的英雄，卻為自己的運氣所荼毒，建立威震天下的戰功，卻再也毋須掩飾自己的行為，最後墮落成殘暴而放蕩的君主。他統治的最後十四年（323-337A.D.），所維持的安寧局面，只能說是粉飾的太平，並非真正的繁榮。進入老年的君士坦丁更被兩種彼此對立、但也可以調和的惡行所玷污，就是縱情任性的掠奪和揮金如土的慷慨。馬克森久斯和黎西紐斯多年累積的財富，全被他揮霍一空。這位征服者進行的各種革新措施，都得大量增加開支，同時各項建設、宮廷用度及慶祝活動的開銷，都要立即大量供應現金；對人民的壓榨，是能維持君王無限制浪費的唯一資金來源。他那些品德敗壞的親信，靠著主子的慷慨大方全都十分富有，還要肆無忌憚地掠奪侵占和貪污受賄。普遍存在的腐敗現象雖受到掩蓋，在政府行政機構各部門中，卻已是公開的祕密。大家都能覺察到，皇帝本人儘管仍能獲得臣民順從，卻已漸漸失去他們的敬愛。愈進入晚年，他愈刻意追求穿戴和舉止，使他更為人們所鄙視。傲慢的戴克里先採用亞洲華麗的排場，在君士坦丁身上顯得軟弱和陰柔。他戴著各種顏色的假髮，是當時的巧匠精心製作，一頂式樣新穎無比昂貴的皇冠，渾身珠光寶氣，還戴著項圈和手鐲，再加上一件像水波拖在後面的絲質長袍，上面繡著金碧輝煌的花朵。這樣的裝束即使穿在年輕又愚昧的伊拉伽巴拉斯（Elagabalus）身上，也會讓人感到俗不可耐。現在要想從年事已高的君王和羅馬年邁的老兵身上，找到失去的智慧和簡樸，那更是難上加難[2]。繁榮和放縱所敗壞的心靈，不可能昇華為寬宏的氣度，能夠藐視猜忌，大膽發揚恕道。馬克西米安和黎西紐斯致死之道，按照他們從身為暴君所習得的原則來看，可以說是命該如此。但是一篇文章提到君士坦丁有損晚年名聲的處決，也可以說是謀殺的客觀敘述，所能引起非常坦誠的聯想，只能說這樣一位皇帝受到情緒或利益的支配，就會毫不猶豫的犧牲法律的公道和僅存的人性。

2　朱理安在當凱撒時就想嘲笑他的伯父，他那值得懷疑的言詞，得到學者如斯龐海姆（Spamheim, Ezechiel, 1629-1710A.D.，古典學者和作家）的證實，主要是從獎章上可得知。優西庇烏斯認為君士坦丁這樣的穿著和打扮，是為了公眾而不是因自己喜愛。但我們必須承認，愛慕虛榮的紈袴子弟，並不需要找任何藉口。

二、君士坦丁處死長子克里斯帕斯之本末(323-337A.D.)

　　君士坦丁終其一生好運相隨，飄揚著勝利的旌旗，同時也使他的家庭生活充滿希望和歡樂。那些統治時間漫長，使國家最繁榮的前輩，像是奧古斯都、圖拉眞和戴克里先，生前都因沒有後代而深感不安。但是在那個經常發生動亂和變革的時代，不容任何皇室有足夠的時間，讓後裔在紫袍的庇蔭之下成長茁壯。但是，等到哥德人克勞狄斯(Claudius)獲得皇位，他的弗拉維亞(Flavian)皇族卻延續了好幾代。君士坦丁本人也把從他父皇那裡繼承來的寶座，傳給了他的子息。皇帝曾結婚兩次，出身寒門的美尼維娜(Minervina)是他年輕時合法的伴侶[3]，她僅給他生了一個兒子克里斯帕斯(Crispus)；後來娶馬克西米安(Maximian)的女兒福絲姐(Fausta)爲妻，她生了三個女兒和三個名字相近的兒子：小君士坦丁(Constantine)、康士坦久斯(Constantius)和康士坦斯(Constans)。君士坦丁大帝的三個胸無大志的兄弟朱理烏斯‧康士坦久斯(Julius Constantius)、達瑪久斯(Dalmatius)和漢尼拔連努斯(Hannibalianus)[4]，雖然沒有實權，都享受到最高榮譽和鉅富財產。三兄弟中最年輕的一位，活著時鮮爲人知，死時也未留下後代。兩個兄長都娶元老院有錢議員的女兒，爲皇族增添了新的支派。封爲大公(Patrician)的朱理烏斯‧康士坦久斯，他的兒子以蓋盧斯(Gallus)和朱理安(Julian)兩位的名聲最大。後來封爲監察官(Censor)[*5]的達瑪久斯，他的兩個兒子也分別叫做達瑪久斯和漢尼拔連努斯。君士坦丁

　3　諾昔繆斯和諾納拉斯讓人以爲美尼維娜是君士坦丁的侍妾，但是杜坎吉(Ducange, Charles du Fresne, seigneur, 1610-1688A.D.，法國東方學家和語言學家)發揮俠義的精神，從一份頌辭中找到證據，能夠肯定她的身分。

　4　杜坎吉續諾納拉斯以後，認爲漢尼拔連努斯的名字原來叫君士坦丁，只是不知後來爲何被長兄所占用。

*5　[譯註]監察官是羅馬共和政體最尊貴的職位，共有兩位，由「百人連」大會選出，任期五年，未曾擔任過執政官者不能出任，主要職責是審查元老院議員資格，核定各種階級和財產。

大帝妹妹安娜斯塔西婭（Anastasia）和優特洛庇婭（Eutropia），分別嫁給出
身貴族，並具有執政官身分的老院議員歐普塔都斯（Optatus）和尼波泰努
斯（Nepotianus）。他的三妹康士坦霞（Constantia）的生平事蹟和所受苦難，
在歷史上享有盛名，她在丈夫黎西紐斯敗亡後一直寡居；經過她苦苦哀
求，結婚所生下的兒子當時才沒有受到牽連，生存一段時間並且保留凱撒
的頭銜，看來還有渺茫的繼位希望。在這個弗拉維亞家族中，除去這些婦
女和她們的親眷之外，還有十到十二位男性。按照現代法律術語，應被稱
作皇族血統的親王，似乎全應按出生順序，繼承或者輔佐君士坦丁的王
位。但是，在不到三十年的時間裡，這個人數眾多的興旺家族，很快就只
剩下康士坦久斯和朱理安兩個人，像在悲劇詩人感嘆庇羅普斯（Pelops）和
卡第穆斯（Cadmus）的詩篇*6，能從所描述的罪惡和災難中倖存。

　　克里斯帕斯是君士坦丁的大兒子，也是帝國的推定繼承人，公正的歷
史學家都把他說成是一位對人友善而且卓然有成的青年。關於他的教育和
學習的問題，全交託給在基督徒中最有口才的拉克坦久斯（Lactantius）負
責。在培養這位傑出學生的興趣、喚醒他的良知方面，拉克坦久斯是最稱
職的導師7。克里斯帕斯在十七歲那年，就被授與凱撒的稱號，賦予管轄
高盧各行省的權力，正好發生日耳曼人的進犯，可以讓他盡早施展軍事才
能。在其後不久爆發的內戰中，父親和兒子分掌兵權。從這段歷史的記載
得知，在強攻黎西紐斯以優勢艦隊全力固守海倫斯坡海峽的行動中，充分
顯示克里斯帕斯的英勇和才幹。海倫斯坡海戰的勝利對結束戰爭發生很大
作用，東部臣民向他們歡呼時，君士坦丁和克里斯帕斯這兩個名字已合而
為一，高聲宣告整個世界已被征服，現在全都處在仁德的皇帝和其子的統
治之下。一個皇帝到了老年，很難獲得公眾的喜愛。但是年輕的克里斯帕

*6　［譯註］庇羅普斯被其父塔塔拉斯（Tartalus）宰殺以饗眾神，受到眾神的憐憫而復
　　活；卡第繆斯是腓尼基的王子，曾殺死巨龍而埋其齒，牙齒變成一群武士從地中
　　躍出，相互殘殺剩下五名，追隨他建立底比斯城，引進文字。
7　拉克坦久斯後來之所以貧苦無依，一方面可以用來讚揚他是公正無私的哲人，也
　　可以拿來羞辱那位毫無人性的東家。

斯的身上，布滿朝氣的光輝，從各方面來說，都能受到朝臣、軍隊和人民的尊敬，確實贏得他們的愛戴。對於一個治國多年經驗豐富的君王，臣民在承認他的功績時總是感到很勉強，常常抱著不公正的態度，夾雜著表示不滿的抱怨，但只要看到他的繼承人表現出一點良好的品德，認為可以獲得個人和公共幸福，便一廂情願對他抱有無限的希望。

克里斯帕斯受到人民愛戴所產生的危機，很快引起君士坦丁的注意。不論作為父親還是國王，都無法容忍有人與自己處於平等地位還能共存。但是他並沒有用信賴以獲得感恩，確保兒子對自己的忠誠，卻要堅決阻止尚未實現的野心可能引起的越軌行為。克里斯帕斯很快看到未成年的弟弟被授與凱撒頭銜 (324年10月10日)，掌握高盧各行省原屬他管轄的特殊部門。他自己是長大成人的王子，近年內有過重大功績，非但沒有得到奧古斯都的高位，反而像囚犯一樣關在父親的王宮裡，聽任陰險的敵人對他進行惡意的中傷，毫無自衛能力，自然深感不滿。處在這樣一種痛苦的環境裡，年輕的王子恐怕很難做到處處注意自己的舉止，盡量壓制自己的情緒。而且還可以斷言在他身旁，一定聚集著許多行事冒失或懷有二心的隨從，用盡心機故意挑逗他發洩不滿，也許他們還接到密令，要隨時對他告發。就在這一段時期，君士坦丁發布一道詔書 (325年10月1日)，不論真假如何，明確表示正在懷疑有人陰謀策劃推翻他本人和政府，不惜以榮譽或重金為誘餌，呼喚各種層次的告密者，即使是執政官和大臣也可以大膽檢舉，甚至連朋友或最貼身的親信，都無一例外。同時他還莊嚴的宣布，將要親自聆聽這些指控，對有害於他的人進行報復。最後，他還用一段禱告結束他的敕令，這段祈禱詞倒是真的表露出他對危險的擔憂，懇求最高的神明仍如既往保佑皇帝和國家的安全。

告密者接受優厚的條件奉命行事，自然全都通曉宮廷的鬥爭藝術，選定克里斯帕斯的朋友和親信作為有罪的告發對象。再說，皇帝既已答應要進行充分的報復和懲罰，顯然他的誠意無庸置疑。然而，君士坦丁雖然把自己的兒子視為勢不兩立的敵人，在表面上卻保持著關心和信任的態度，授與他各種勛章，和往常一樣祝福年輕凱撒的統治能夠長久而又太平。人

民並不知道宮廷的祕密，仍舊愛戴他的德行和尊敬他的地位。一位請求將他從流放地召回的詩人[8]，用同樣的熱情歌頌父親和兒子的偉大。現在到了莊嚴慶祝君士坦丁統治二十周年紀念大會時，皇帝決定為此目的要把朝廷從尼柯米地亞（Nicomedia）遷到羅馬，準備在那裡舉行極其盛大的歡迎儀式。這時每個人眼睛所見和嘴巴所說，都要極力裝出幸福和快樂的樣子，就這樣，用慶祝儀式和偽裝掩飾的帷幕，暫時蓋住最陰險的報復和謀殺計畫。可憐的克里斯帕斯在節日期間被皇帝下令逮捕，君士坦丁放下父親的親情，卻沒有保持法官的正義，審訊極為草率且祕密進行，看來他也感到讓羅馬人看到年輕王子的悲慘命運，有失皇家的顏面。克里斯帕斯被押解到伊斯特里亞（Istria）的波拉（Pola），不久便被劊子手殺害，要不就用較仁慈的方式給毒死（326年7月）。態度和藹可親的黎西紐斯（Licinius）是位年輕的凱撒，也因克里斯帕斯的事件受到株連。君士坦丁最喜愛的妹妹痛哭流涕，哀求他饒恕她的兒子，說她的兒子除了出身別無罪過，就這樣也完全沒能打動他那頑固的猜忌心。康士坦霞在兒子被殺後很快也就逝世。有關這些不幸王子的故事，他們犯罪的事實真相，接受審判的方式，以及如何被處死的細節，都已淹沒在不可知的神祕氣氛中。那位顯貴的大主教雖在一部洋洋灑灑的作品中，盛讚這位英雄人物的美德和虔誠，但有關這悲劇的細節，卻小心的避開不著一詞[9]。這種不顧遭人責難的做法，也不能不使我們想起，現今一位最偉大的君王採用完全不同的態度。擁有全部專制權力的沙皇彼得大帝，把有罪或已十分墮落的兒子判處死刑的理由，完全交給俄國人、歐洲人以及他的子孫後代去評論[*10]。

8　這位詩人的名字是波菲流斯・奧帕塔旭安努斯（Porphyrius Optatianus）。

9　優西庇烏斯之所以保持沉默，是因為面對事實，爭辯毫無意義，這是伊發格流斯（Evagrius Ponticus, 346-399A.D.，基督教神祕主義學者）在兩百五十年以後推論出來的看法。

*10　[譯註] 彼得大帝（1672-1725A.D.）長子阿傑克斯是廢后優朵西婭所出，從小與父皇積不相容，後被取消繼承權。阿傑克斯在神聖羅馬帝國皇帝查理五世處獲得庇護，1702年受到誘騙歸國，以謀逆罪起訴，尚未宣判已遭處決。

三、君士坦丁諸子姪之教育和繼承狀況(323-337A.D.)

　　克里斯帕斯的冤曲早已得到大家的承認，以致於現代希臘人，雖然對都城奠基人無比崇敬，但是他犯下殺死親生兒子的罪行，因礙於人類的感情，無法爲之辯護，只能勉強加以掩飾而已。他們只能說，當傷心的父親一發現指控不實，由於自己輕信讒言，發生錯誤置自己的兒子於死地時，立即向世人公開表白悔恨和痛苦；爲喪生的親生子哀悼四十天，這期間他停止沐浴，斷絕所有的生活享受；還說，爲了讓子孫後代引以爲戒，他給克里斯帕斯立了一尊金像，上面鐫刻銘文：「獻給受枉定罪的兒子」[11]。如此煞有其事的故事，理所當然可以得到學者的支持。但是，如果查閱一下更早和可信的記述，知道君士坦丁用血腥屠殺和報復來表達他的懺悔，爲了彌補誤殺無辜兒子的過失，卻處決也許眞有罪孽的妻子。他們把克里斯帕斯的不幸，歸之於繼母福絲妲的陰謀，無法消除的仇恨或無法滿足的情慾，使她在君士坦丁的宮廷裡，重演了希波利都斯(Hippolitus)和菲德拉(Phaedra)的悲劇[12]。和邁諾斯(Minos)的女兒*[13]一樣，馬克西米安的女兒誣告她的非親生兒子，對她這個貞潔的王后有亂倫企圖，由於皇帝嫉妒心重，很容易頒發處死這位年輕王子的敕令，除掉妨礙她親生兒子更上層樓的可怕對手。但君士坦丁的母親海倫娜(Helena)，對孫兒克里斯帕斯的早死非常傷心，要爲他進行報復。沒多久就有人發現，當然也可能是造

11　柯笛努斯爲了證明雕像是君士坦丁樹立，後來由於阿萊亞斯的怨恨心理，才將這座像藏匿起來，在他憑想像所寫的史書中，特別假造希波利都斯和小希羅多德兩位證人。其實他的記載完全是空中樓閣，根本毫無價值。

12　諾昔繆斯認爲這是我們這時代的作品，其實憑著現代人的智慧，只要獲得古代若干線索和暗示，就能將情節並不明顯、敘述並不完整的故事，加油添醋說得天花亂墜。

*13　[譯註]邁諾斯是克里特島的國王，宙斯和歐羅芭(Europa)的兒子，死後成爲冥府三判官之一。他的女兒菲德拉是阿提卡國王提修斯(Theusus)的妻子，與前妻之子希波利都斯調情，遭到拒絕憤而自殺，遺書說遭繼子調戲，提修斯大怒，請海神處死希波利都斯。

謠，說福絲妲正和一個在御馬廏服役的奴隸有罪惡的勾搭[14]。對她的判決
和治罪是在提出指控後立即進行，特意將奸婦放在蒸氣浴池中，用燒得更
熱的高溫給悶死[15]。有人也許會想到，二十年夫妻生活的感情，考慮到兒
子是預定王位繼承人的榮譽，應該會軟化君士坦丁的鐵石心腸，不管她犯
下多大的罪行也只有容忍，在獨自關押的牢房裡消磨罪惡的餘生。但是，
現在看來這些說法都是無的放矢，對這一段存有許多疑點和混亂的奇特歷
史，沒有辦法弄清楚真實情況。不論是攻擊君士坦丁或為他進行辯護的
人，全都忽略接位的皇帝統治期間，發布的兩篇重要文告中非常重要的段
落。文章在開始就盛讚福絲妲皇后身為女兒、妻子、姊妹和多位王子的母
親，所擁有的懿德、美貌和幸運[16]。另外一篇有段話說得非常明白，小君
士坦丁在他父親死後三年被害，他的母親為自己的兒子遭到不幸而傷心哭
泣。儘管有許多異教和基督教的作家都提出肯定的證據，仍然讓人相信或
至少不免產生疑問，福絲妲會逃過丈夫盲目多疑的殘暴行徑。一個兒子和
一個姪子的枉死，再加上大批有地位而無辜的朋友遭到處決，無論如何，
可以讓羅馬人感到這件事極其荒唐，才會在宮門口張貼諷刺詩，把君士坦
丁輝煌而又充滿血腥氣味的統治，說成和尼祿不相上下。

　　克里斯帕斯被處死，帝國王位繼承權落到福絲妲的三個兒子，小君士
坦丁、康士坦久斯和康士坦斯身上。這三位年輕王子先後都被授與凱撒的
稱號，晉升的時間分別是父皇在位的第十年、第十二年和第十三年。羅馬
帝國出現眾多的主子，認為是出於親情的偏愛加以原諒，但是皇帝究竟出
於何種動機，不惜置自己的家庭乃至全體人民的安危於不顧，毫無必要把

14　諾昔繆斯把這件事歸之於君士坦丁死去兩個妻子，一個是清白的福絲妲，另外那
　　個淫婦是三位繼承人的母親。根據傑羅姆的說法，克里斯帕斯和福斯妲的死亡，
　　中間隔了三、四年之久。老維克托很審慎的不著一辭。

15　要是福絲妲被處死，按照情理一定在宮殿內私下執行。但是演說家克里斯托異想
　　天開，竟說是把這位皇后赤身裸體丟在荒山曠野，讓猛獸給吃掉。

16　朱理安好像把她稱為克里斯帕斯的母親，她可能採用那個頭銜，至少，她並不是
　　迫害過他的仇敵。朱理安把福絲妲的命運與波斯皇后佩里莎提絲(Parysatis)相
　　比，羅馬人很自然的想到這是另一位阿格里萍娜(Agrippina)。

兩位姪子達瑪久斯和漢尼拔連努斯提升高位,確實令人難以理解。前一位
被授與凱撒頭銜,與他的堂兄弟地位平等;為了討好後一個,君士坦丁特
意創造一個新奇的稱號「至尊者」(Nobilissimus)[17],隨著這種稱號更賞給
他金紫色的袍子。但是在羅馬帝國各朝所有的王子當中,只有漢尼拔連努
斯破格被加以國王的稱號。即使是在君士坦丁治下,這種做法不僅離奇也
無法解釋。帝國的獎章和當代作家的文章,可以成為確鑿的證據。

　　君士坦丁公開認可五位年輕的繼承人,整個帝國對他們的教育問題感
到十分關心。他們要進行各種體能的鍛練,為將來應付疲勞的戰爭生活和
繁忙的高階職務預作準備。有人偶而提到康士坦久斯的教育情況和各種才
能,認為他在跳遠和賽跑等體育運動方面表現出色,還說他是射箭的高手
和熟練的騎士,不論是騎兵還是步兵使用的武器全都能運用自如。為了增
加君士坦丁幾個兒子和姪子的學識,對教育的要求也很嚴格,但是成效要
差一點[18]。皇帝不惜重金,請來講授基督教教義、希臘哲學以及羅馬法理
方面的知名學者,至於教導皇家青年如何治理政府和知人善任,則由他親
自現身說法。但是君士坦丁的才幹是從逆境奮鬥中,經歷長期的磨練所獲
得。他從私人生活的自由交往中,在蓋勒流斯充滿危險的宮廷裡,學會控
制自己的感情,力求在同僚中出人頭地,依靠個人行為所表現的謹慎和堅
強,求得當前的安全發展和未來的偉大成就。他的子姪是命中注定的繼承
人,在皇宮裡生活和接受教育,身邊圍繞阿諛奉承之徒,從小過著奢侈的
享樂生活,一心想著自己將要繼承王位。他們處於高貴的尊榮地位,不容
許紆尊降貴去了解事情的真相,因為他們站在高位向下看,各種人物都顯
得平凡,所有事物看來都簡單。

　　君士坦丁縱容子姪,讓他們在不知世事艱難的年輕時候,就負起統治
帝國的責任,只有拿管轄下的人民當作實驗品,來熟練統治的藝術。小君
士坦丁被指派到高盧地區掌握軍國大權,他的弟弟康士坦久斯將父皇的世

17　君士坦丁以前的皇帝,都把「至尊者」當讚頌語,但這並非合法且確定的頭銜。

18　康士坦久斯的學習精神非常勤勉值得欽佩,但是他的想像力很遲鈍,在詩文和修
　　辭方面的成就有限。

襲領地，換取富庶而又戰事較少的東部各行省。意大利、西伊里利孔和阿
非利加尊崇君士坦丁的第三個兒子康士坦斯，把他看作是君士坦丁大帝的
代表。君士坦丁還把達瑪久斯派到鄰接哥德人的邊區，後來把色雷斯、馬
其頓和希臘交給他統治。凱撒里亞(Caesaarea)被選作漢尼拔連努斯的住
處，他的新王國計畫由本都、卡帕多西亞(Cappadocia)和小亞美尼亞
(Lesser Armenia)所屬各行省組成。所有王子都分別建立適當的行政機
構，每人都分派一定數量的衛隊、軍團士兵和一些輔助人員，用來維持高
貴的地位和維護個人安全。君士坦丁把自己所相信的人，安排在他們身邊
擔任大臣和軍事指揮官，協助年輕王子行使賦予的權限，甚至進行相當控
制以免發生差錯。等到他的子姪年齡較長、經驗更加豐富之後，對他們運
用權力的限制才逐漸放鬆。但是，皇帝始終把奧古斯都的頭銜留給自己專
用。儘管他經常委派凱撒前往軍隊和行省，但始終讓帝國全都聽命君士坦
丁本人，只有他才是最高首領[19]。塞浦路斯雖然有個趕駱駝的人發起帶來
麻煩的叛亂[20]，但君士坦丁的政策還是積極進行對付哥德人和薩瑪提亞人
(Sarmatians)的戰爭，這些都沒有干擾到最後十四年的平靜統治。

四、薩瑪提亞人的習性、征戰和內遷(331-335A.D.)

人類種族有不同的分支，薩瑪提亞人非常特別，將歐洲古老居民的形
體和膚色，與亞洲蠻族的生活和習俗融合在一起。根據戰爭與和平的各種
偶發事件，才會產生聯盟或征服的行為。薩瑪提亞人的國界原本在塔內斯
(Tanais)河兩岸地區，有時為了擴展領地，會推進到維斯杜拉(Vistula)河
與窩瓦(Volga)河之間的廣大平原。他們捉摸不定，四處移動，為了照料

19　優西庇烏斯有計畫的提升君士坦丁的權勢和尊榮，對於他把羅馬帝國當作私人產
　　業來分給兒子，全都加以肯定。至於如何劃分行省的資料，可能是來自優特洛庇
　　斯和兩位維克托的著作，還有就是華倫西安的文集。
20　出身卑微的卡洛昔魯斯(Calocerus)是叛變的首領，也可能只能算是一場暴動，由
　　於達瑪久斯的處置非常機警，亂平被捕以後在塔蘇斯的市場被活活燒死。

為數眾多的牲口和牛群，追捕各種獵物，從事戰爭以遂行燒殺劫掠。妻兒子女住在活動的營地，有點類似小型的城鎮，只有牛隻拖曳的大車和各種覆蓋的帳篷。國家的軍事力量在於騎兵部隊，戰士的習慣是經常保持一兩匹備用馬，前進和撤退非常的迅捷，可以對遠距離的敵人實施奇襲，要是無法力敵也能逃脫追擊。他們缺乏鋼鐵材料，用很原始的方法製造出甲冑，就是將馬蹄的硬趾，切成薄片後磨光打亮，仔細像魚鱗一樣排列起來，很堅固的縫在亞麻布做的內衣上面，就可以用來抵擋刀劍和標槍[21]。薩瑪提亞人的攻擊武器是短劍、長矛、強弓和箭囊，他們克服需要的壓力，就將魚骨做成武器鋒利的尖頭，習慣上浸泡在有毒的溶液裡，使傷口遭到毒害[22]，這是最不人道的作戰方式。如此，這個民族就人性方面而言，因習性殘酷而受到痛恨；這個國家就戰爭方法而言，因資源的缺乏而受到輕視。蠻族只要從荒野出現，到處搜尋可以獵取的對象，一臉濃密的鬍鬚和未梳理的長髮，皮毛外衣從頭包到腳，猙獰的面貌和強健的體魄，表現出內心的暴虐無情，羅馬行省文明程度較高的民眾看到以後印象深刻，感到極為驚慌和恐懼。

感情豐富的詩人奧維德（Ovid），年輕時在羅馬過著奢靡豪華的生活，後來因故受到懲罰，流放冰天雪地的多瑙河岸，在那裡面對荒野裡憤怒的怪物，絲毫沒抵抗能力，使得他對這個民族的鐵石心腸感到極為畏懼，但是後來用溫和的語氣幫他們說話，倒是令人感到驚奇。奧維德表達出憐憫之情，有時也混合著缺乏男子氣概的悲傷[23]，他栩栩如生的描寫蠻族的衣著和舉止，傑提人（Getae）和薩瑪提亞人的武力和入侵，聯合起來就是為

21　保薩尼阿斯提到，雅典的埃斯科拉庇斯神廟，保存著一副薩瑪提亞人的胸甲，好奇心很重的旅客會仔細加以檢視。

22　曾有篇論文提到有毒的標槍，通常毒液是從植物中提煉出來，錫西厄人用毒蛇加上人血。這種狀況在人和神這兩個世界都常發生（希臘神話裡，天神使用毒物當武器非常普遍），要是有紀律的敵人使用有毒武器，並不能說他是野蠻民族。

23　奧維德（43B.C.-17A.D.，羅馬詩人，代表作為長詩《變形記》，以及《歲時記》和《哀歌詩簡》）在七年悲慘的放逐生涯中，寫出九卷《哀歌詩簡》，除了文辭典雅結構完整，在那種困苦的環境裡心靈到達更高的深度，而且羅馬的詩人之中除了他，再也沒人有機會見識到黑海的旅程和異鄉的景色。

了要破壞和毀滅。而且從歷史記載可以得知，賈柴吉人（Jazygae）是薩瑪提亞人的一支，也是這個民族最英勇善戰和人數最多的部族。他們受到物質生活的誘惑，要在帝國的邊區找到永久的居留地。奧古斯都當政後沒有多久，達西亞人（Dacians）原來居住在特斯（Teyss）河兩岸靠捕魚為生，被迫退到多山的國度，把上匈牙利肥沃的平原放棄給獲勝的薩瑪提亞人。他們所占領的地區以多瑙河為界，另一邊是半圓形的喀爾巴阡山脈成為北面的屏障[24]。薩瑪提亞人據有這個有利的位置後，只要受到屈辱的刺激，就會看準機會發起攻擊，或是在禮物的安撫下暫停入侵行動。他們對於各種威力較強的武器，也逐漸獲得使用的技術。雖然薩瑪提亞人沒有建立功勳獲得聲名，但是編成的騎兵非常強大，經常協助鄰近的友人，像是東方的哥德人和西方的日耳曼人。他們生活在酋長的統治之下，建立一種無常規可循的貴族制度。等到汪達爾人受哥德人的壓力而逃亡以後，他們遷入遺留的廣大地區，把原來居住在北方大洋的濱海民族，就是著名的阿斯廷吉人（Astingi），從裡面選出人來當國王[25]。

　　黷武好戰的獨立國家帶有敵意的行動，就會使國境的臣民引起爭執，一定會引起嚴重的後果。汪達爾人的諸侯受到畏懼和復仇的刺激，哥德人的國王想要將領土從黑海延伸到日耳曼邊區，瑪洛斯（Maros）河是注入特斯河的支流，河水染著蠻族奮戰的鮮血。薩瑪提亞人見識到對手的實力強大而且人數眾多，就懇求羅馬的君王給予保護，雖然羅馬人樂得隔山觀虎鬥，可以坐收漁翁之利，但是對哥德人武力的發展也起了警惕之心，君士坦丁立即聲稱要幫助較弱的一方。狂妄的哥德人國王阿勒里克（Araric），不願坐待羅馬軍團的攻擊，無所畏懼的渡過多瑙河，對整個瑪西亞行省帶

24　薩瑪提亞人的賈柴吉部族定居在提比斯庫斯河的兩岸，普里尼（Pliny, 27-79A.D.，羅馬博物學家）在79年出版的《自然史》裡曾經提到過。在斯特拉斯和奧維德的時代，也就是六十或七十年前，他們居住的地區已經越過傑提河，到達黑海的沿岸。
25　有關汪達爾國王統治薩瑪提亞人的假說，需要跟哥德人喬南德斯（Jornandes，六世紀時哥德人歷史家，著有《哥德史》）與君士坦丁的希臘和拉丁歷史學家的看法一致才行。也可以說，伊西多爾（Isidore, 560-636A.D.，聖徒，塞爾維亞主教，神學家）所居住的西班牙是在哥德人統治之下，所以把薩瑪提亞當做他們的敵人，而不是汪達爾人。

來恐怖和破壞。為了對抗極具毀滅性敵人的入侵,年邁的皇帝御駕親征
(331A.D.),但是在這次的作戰中,無論是他的指揮還是機運,幾乎使他
從事國內外戰爭的百世英名,毀於一旦。他很羞辱的看到自己的部隊,遇
到數量微不足道的蠻族支隊就逃走,被追趕直到設防營地的邊緣,逼得他
為了顧慮安全,很可恥的倉皇後撤。第二次發生的對抗事件以及成功的軍
事行動,能夠恢復羅馬人的名譽。在一場頑抗到底的鬥爭中,兵法和紀律
的威力總要勝過烏合之眾和匹夫之勇,哥德人被擊潰的軍隊脫離戰場,放
棄殘破的行省和進入多瑙河的退路。雖然在這次作戰中,是君士坦丁的長
子接替指揮,但這場威名遠播的勝利(332年4月20日),還是歸功於皇帝的
運籌帷幄和洪福齊天。

　　後來,君士坦丁盡力促成與克森尼蘇斯(Chersonesus)人的協議[26],終
於對哥德人能夠獲得優勢的局面。克森尼蘇斯人是自由不羈而且英勇好戰
的民族,首都位於陶里卡(Tauric)半島,也就是現在的克里米亞,仍舊保
存著希臘殖民地的遺跡。他們由一位終身職的行政長官管轄,也有一個元
老院在旁協助,為了強調議員的重要性,特別尊稱為「元老」。克森尼蘇
斯人激起反對哥德人的情緒,想到上個世紀的戰事,能夠以極為弱勢的兵
力對抗哥德人的侵略。他們用商業和貿易的共同利益,與羅馬人聯合在一
起,因為他們拿僅有的產物,像是鹽、蜂蠟和皮毛,交換亞細亞各行省的
糧食和各種製品。他們服從君士坦丁的徵調,在行政長官戴奧吉尼斯
(Diogenes)的指揮下,整備一支兵員相當龐大的軍隊,主要的戰力是來自
十字弓和戰車。克森尼蘇斯人的行軍非常迅速,發起奮不顧身的攻擊,在
協助皇家的將領作戰時,使哥德人轉變作戰的重點,結果在各方面都打了
敗仗,被驅趕進入山區,在這場非常慘烈的戰役中,僅是嚴寒和饑饉就消
滅十萬敵人。最後哥德人卑屈求饒,君士坦丁同意對方的和平要求,接受
阿勒里克的長子作為最具保證的人質,同時他很慷慨的賜給哥德人酋長很

26　我感到很抱歉,在敘述克森尼蘇斯人的戰爭和協議時,毫不猶豫的採用《生為帝
　　王者君士坦丁》(Constantine Porphyrogenitus)這本書的資料,我現在發現作者是
　　十世紀的希臘人,他對古代歷史的記載不僅混亂,而且很多是杜撰的故事。

多頭銜和報酬，盡力要讓他們相信羅馬人的友誼，雙方不要再兵戎相見。皇帝對忠誠的克森尼蘇斯人表示感激之意，更是用心良苦，他把皇家的飾品贈給行政長官和他的繼承人，用華麗的光彩來滿足國家的尊榮，特別規定他們的船隻在黑海各港口的貿易，永久豁免關稅，答應支助固定的補助金，不論平時和戰時，都供應鐵器、穀物、食油和其他的物品。但是在處理薩瑪提亞人時，皇帝認為把他們從即將絕滅的狀況下解救出來，已經是仁至義盡，同時也過於精打細算，從前通常有一筆賞金，用來付給這些民不聊生的民族，現在為支付戰費也都扣除不放。

　　蠻族為了得不到賞金而激怒開始輕舉妄動，薩瑪提亞人忘記自己剛剛接受的恩惠，也不管本身的安全受到威脅處於危險的地位，開始對帝國境內發起襲擊(334A.D.)。君士坦丁極為氣憤，決定不管這些蠻族的死活，也不願再對抗吉布里克(Geberic)。這位很有聲望的武士剛坐上哥德人的王座，起了併吞薩瑪提亞人的野心。汪達爾人國王威蘇瑪(Wisumar)用大無畏的勇氣保衛國土，因為沒有外援必須獨力支撐，在一場決定性的會戰中被擊敗，且慘遭屠殺，薩瑪提亞人的年輕精英也都伏屍沙場。這個民族剩餘的人員為了保衛國家，採用權宜之計將奴隸武裝起來。這些奴隸都是從強健的部族中擄獲，曾當過獵人和牧人，在大聲叫囂的支援下報了戰敗之仇，把侵略者逐出國界。但是薩瑪提亞人立即發現，把國外的世仇大敵變成國內的心腹大患，不僅更為危險，而且無法解決。這些奴隸因過去遭受奴役而氣憤填膺，為目前的光榮而得意忘形，於是在黎米根特人(Limigantes)的領導下，宣稱他們拯救這個國家，所以要奪取統治權力。面對憤怒且失去掌握的群眾，他們的主人毫無抵抗能力，但是情願過困苦的流放生活，也不要在奴僕手下苟延殘喘。這時有些逃亡的薩瑪提亞人不顧羞恥，投靠到哥德人帶有敵意的旗幟下，還有更多人團結起來撤過喀爾巴阡山脈，投奔他們的日耳曼同盟夸地人(Quadi)。夸地人在未耕種的國土裡，劃出一大片多餘的荒野分給他們。但這苦難民族的絕大部分人員，把希望寄託於富裕的羅馬行省，於是向皇帝懇求保護和寬恕，只要接受他們，准許他們在內地定居，就會絕對效忠帝國，鄭重保證平時要盡臣民的

責任，戰時願意從軍當兵，對帝國忠誠不變盡到最神聖的義務。依據蒲羅
布斯及後續各帝所採用的政策，非常願意接受蠻族建立的殖民區，就從潘
農尼亞、色雷斯、馬其頓和意大利劃出大片土地，供給三十萬薩瑪提亞人
作爲居住和維持生計的地方。

五、君士坦丁崩殂及屠殺血親之殘酷事件（335-337A.D.）

　　君士坦丁重挫哥德人的威風，接受降服民族的效忠宣誓，再度宏揚羅
馬帝國的權勢。各國的使節來自衣索匹亞、波斯以及最遙遠的印度，祝賀
國家的和平與繁榮[27]（335年7月25日）。如果他把長子、姪子和妻子的死當
作莫大的運道，那麼他的三十年統治，無論從公私兩方面來看，可以說毫
不間斷過著美滿幸福的生活。從奧古斯都以後所有皇帝，在位都沒有這樣
長的時間，也享受不到他這樣大的福分。三十周年的隆重慶典之後，君士
坦丁大約又活了十個月。他在六十四歲的高齡，經過短期的病痛，便在尼
柯米地亞郊外的阿昆里昂（Aquyrion）宮，結束令人難忘的一生（337年5月
22日）。他到這裡原是爲了清新的空氣和神奇的溫泉，希望重新恢復日見
不支的體力。哀悼活動和葬禮儀式過度舖張，超過以往任何一位皇帝喪事
的規模，完全不顧古老羅馬城元老院和人民的要求，已故的皇帝遺體仍按
照生前最後願望，運到以建造者爲名對他表示永久紀念的城市。君士坦丁
的遺體用各種象徵偉大的服飾裝扮起來，身著紫袍，頭戴王冠，躺在一張
金床上，安置在王宮專爲出殯布置得金碧輝煌和燈火通明的殿堂。觀見的
儀式仍然嚴格按照過去的程序進行，在每天規定的時間裡，政府、軍隊和
皇族的重要官員仍舊跪在地上，非常嚴肅的圍繞在君主身邊，彷彿他仍活
著一樣，表示出忠心耿耿的態度。出於政治上的需要，這種像表演的儀式

27　優西庇烏斯在提起印度人時注意到三種狀況：（1）、他們來自東邊海洋的對岸，
　　所敘述的可能是中國的海岸，或者是印度東南部的科羅曼德爾（Coromandel）海
　　岸。（2）、他們帶來光輝的寶石和不知名的動物。（3）、國王樹立君士坦丁的雕
　　像，臣民提出抗議，因爲這樣等於承認君士坦丁具有最高的權力。

持續相當時間。一些阿諛的臣民盡量掌握機會，恭維君士坦丁受到上天的特殊恩寵，只有他在死後仍能繼續統治帝國[28]。

　　不過這種統治只是空洞的形式，等所有臣民不再想得到他的恩賜，也不畏懼他的震怒，大家發現這位絕對專制君王的願望，已很少有人放在心上。那些在過世君王的遺體前敬禮有加，表示無比崇敬的大臣和將領，已在暗中策劃，奪掉達瑪久斯和漢尼拔連努斯的統治權，原來是君士坦丁指定由他的兩個姪兒繼承。由於對宮廷的具體情況了解太少，很難斷言那些密謀的發起者，要這樣做是出於何種動機，至多只能假想是因對禁衛軍統領的忌恨和報復。阿貝拉維斯（Ablavius）受先帝的寵愛，對人表現十分狂傲，有很長一段時間左右著皇帝意志，後來有負皇帝的信賴和厚愛。大臣和將領為獲得軍隊和臣民諒解，表面上編出冠冕堂皇的道理。他們振振有辭倒也並非虛妄的辯說，只有君士坦丁的親生兒子才能享有最高權力，指出爭權君王日益增多就會產生危險，彼此敵對的王子毫無手足之情，也不知相親相愛，已在威脅著國家安全。這項計謀是在祕密策劃下積極進行，直到有一天各個部門忽然異口同聲宣布，除了先帝的親生兒子外，他們無法接受外人統治羅馬帝國。較為年輕的達瑪久斯靠著友情和利害關係，加上繼承了君士坦丁大帝的部分才能，理所當然成為拉攏的對象。但即使在這種情況下，他好像沒有採取任何手段，用武力來保護自己和兄弟，從慷慨的伯父那裡所獲得的合法權益。他們處於瘋狂怒濤的威懾和壓力之下，局勢掌握在無法和解的仇敵手中，他們既沒有辦法逃跑也無力反抗。他們的命運拖延到康士坦久斯前來處理，他是君士坦丁最寵愛的次子。

　　皇帝臨終前的遺言，是要讓康士坦久斯主持葬禮，這位王子仗著接近東部的關係，輕易阻止遠在意大利和高盧的弟兄採取行動。他占據君士坦丁堡皇宮後，第一要消除皇室親屬的恐懼心理，莊嚴宣誓要保證他們的安全。第二則是急著尋找合理藉口，使自己能從冒失的承諾中脫身，不致受

28　君士坦丁在聖使徒大教堂為自己準備神聖莊嚴的墳墓，只有優西庇烏斯對君士坦丁的生病、死亡和葬禮有完整的記錄，把君士坦丁一生最好事蹟寫在第四卷。

到良心譴責。這時欺騙的伎倆用來爲殘忍的陰謀服務，一紙顯而易見的僞
造文件，卻得到神聖人物的背書。康士坦久斯從尼柯米地亞主教手中，得
到一份確認爲他父親的遺囑。這份文件極爲重要，皇帝表示懷疑自己被兄
弟毒死，要求兒子懲罰兇手，不僅要爲死去的父親報仇，更要保障他們自
己的安全。可憐的王孫，無論他們提出多麼充分的理由，反駁那誰也不相
信的指控，爲自己的性命和名譽辯護，立即被憤怒士兵的呼聲壓制下去。
這些士兵公然宣稱，軍隊同時是這些罪犯的復仇者、審判官和劊子手。訴
訟程序的基本神精和形式，都被一場混亂不堪的屠殺破壞，康士坦久斯的
兩個叔叔和七個堂兄弟倒在血泊中，其中以達瑪久斯和漢尼拔連努斯最爲
知名。其餘人員包括與先帝妹妹結婚的羅馬大公歐普塔都斯，還有以權勢
和財富論，可能覬覦皇位的禁衛軍統領阿貝拉維斯。如果對這血腥的謀殺
描繪得不夠仔細，還可補充說明，康士坦久斯娶叔叔朱理烏斯的女兒爲
妻，還把自己的妹妹嫁給堂兄漢尼拔連努斯。君士坦丁出於策略考量，不
顧世俗禮法反對，在近支皇族之間結成婚姻關係[29]，僅足以向世人表明，
這些王子王孫對極近的血緣關係既毫不在意，視天眞幼小親屬的苦苦哀求
無動於衷，自然對以婚姻爲基礎的親密關係也同樣冷漠無情。大家族中，
僅只有朱理烏斯·康士坦久斯兩個最小的兒子蓋盧斯和朱理安，從劊子手
的屠刀下脫身，也是那些瘋狂的士兵殺得心滿意足後，才饒了這兩個幼
兒。康士坦久斯趁他弟兄不在，犯下令人髮指的滔天大罪，後來有一段時
期，不免對他在年輕無知時，受到圖利自己的大臣在旁慫恿，加上軍隊的
喧囂形成無法抗拒的威脅，做出殘害至親的暴行，內心感到略爲悔恨[30]。

29　古代的法律已實施了五百年，廢止後仍無法根除羅馬人的成見。他們仍舊認爲堂
　　表兄妹之間的婚姻，是一種帶有血親通姦性質的亂倫。朱理安的內心基於迷信和
　　憤恨，指責堂表兄妹之間的聯姻關係。這種禁止事項在君士坦丁死後恢復，並加
　　強要求，但依據法理學的原則，並沒有引用到歐洲的民法和不成文法之中。

30　朱理安指控他的堂兄康士坦久斯犯下屠殺親人的罪行，只有他間不容髮地逃脫毒
　　手。阿泰納休斯(Athanasius, 293-373A.D.)聖徒、神學家、教會政治家、捍衛正統教
　　會對抗阿茱亞斯派)肯定這種說法，雖有不同理由，他還算得上是康士坦久斯的仇
　　敵。諾昔繆斯也提出同樣的指控。但優特洛庇斯和兩位維克托只是簡單幾句帶過。

　　弗拉維亞家族大屠殺發生之後，三兄弟經過磋商重新劃分帝國各行省的疆域（337年9月11日）。小君士坦丁是年紀最長的凱撒，除了居有最高的位階以外，還獲得了以先帝之名，也就是用他的名字命名的都城。色雷斯以及東部地區劃歸康士坦久斯，以作為他可以世襲的領地；康士坦斯則被承認是意大利、阿非利加以及西伊里利孔的合法君主。軍隊都服從他們繼承的統治權，經過一段時間的拖延之後，同意接受羅馬元老院授與的奧古斯都頭銜，這三位王子登基時，年齡最大的不過二十一歲，其次為二十歲，最小的一位才十七歲。

六、薩坡爾稱帝後波斯贏得東方戰爭的勝利（310-350A.D.）

　　歐洲黷武好戰的民族都已投效在兩兄弟的旗幟之下，於是，率領亞洲戰力虛弱部隊的康士坦久斯，只得獨自承受波斯戰爭的重擔。君士坦丁去世時，薩坡爾（Sapor）登上東方的寶座，他是霍爾木茲（Hormouz）或霍爾米斯達斯（Hormisdas）的兒子，納爾西斯（Narses）的孫子。納爾西斯被蓋勒流斯擊敗以後，只有退避三舍承認羅馬的威權。儘管薩坡爾的統治時期非常綿長，現在已進入第三十個年頭，他本人卻還正當盛年，因為命運的特殊安排，他登基的日期早在出生之前。霍爾木茲的妻子在丈夫去世時正懷著身孕，腹中孩子的性別難以確定，能否順利生產無法預料，不免在薩珊（Sassan）皇室的親王當中挑起非份之想。祭司肯定霍爾木茲的遺孀必將順利產下男孩，得以消除發生內戰的威脅，波斯人屈從於迷信的預言，毫不遲疑準備為他舉行加冕典禮（310A.D.）。在皇宮正廳的中央放著皇帝的御床，王后莊嚴的躺在上面，在可能掩蓋阿塔澤克西茲（Artaxerxes）繼承人頭部的地方，放上一頂王冠。波斯總督和大臣俯伏在地上，對著看不見而又無知覺的君主，用虔誠的禮節表示崇敬[31]。如果從民族的習性和他的統

31　六世紀的阿果西阿斯（Agothias, 536-582A.D.，拜占庭詩人和歷史學家）是這些故
　　事的作者，他在宮廷的大使館裡，經由翻譯家色吉烏斯（Sergius）的協助，從波斯
　　的編年史學家所摘錄的文件裡獲得很多資料。

治時間異常長久來看,這個奇特故事確有幾分可信的話,那不僅要羨慕薩坡爾的幸運,更應欽佩他的天賦。他在波斯後宮的柔和環境裡受著與外界隔絕的教育,居然了解鍛練意志和身體的重要,在對專制權力的絕對責任和誘惑毫無體會時,便早已登基稱帝,憑著他的功勳,真可說是當之無愧。他在幼小的年紀,因為國內的混亂不可避免飽嘗各種災難。強大的葉門或阿拉伯國王泰爾(Thair),不斷騷擾和掠奪他的都城。由於先帝的妹妹身為公主被擄走,損害到王室的尊嚴。然而,自薩坡爾成年以後,驕縱的泰爾國王,連帶他的民族和國家,全部降服在鋒芒初試的年輕武士腳下。他非常明智採取恩威並濟的辦法,運用這次勝利發揮最大的效果,竟然使得既恐懼又感激的阿拉伯人,對他贈封「杜拉克納夫」(Dhoulacnaf)的頭銜,也就是「民族捍衛者」的稱號。

薩坡爾的敵人認為他兼具軍人和政治家的美德,要為他的祖先雪恥復仇的願望激起旺盛的企圖心。羅馬人掌握底格里斯河對岸五個行省,他要從這種不利的困境中脫身。君士坦丁在軍事方面的聲望、羅馬政府實際或表面所具有的力量,都使薩坡爾暫時停止發起攻勢。薩坡爾採取敵對行動激怒對方,先運用談判的技巧探試帝國宮廷的耐心。君士坦丁的逝世就是戰爭的信號[32],敘利亞和亞美尼亞邊界的實際狀況像是在鼓勵波斯人,征服不僅容易,而且可以獲得豐富的戰利品。宮廷的瘋狂屠殺等於發出警告,把違法亂紀和暴動叛亂的風氣,擴散到東部地區的軍隊之中。軍隊不再受到紀律的自我約束,無法像過去那樣,仍舊對資深的指揮官保持服從的習性。行事謹慎的康士坦久斯在潘農尼亞和兄弟會談以後,匆忙趕到幼發拉底河岸,軍團逐漸恢復原有的士氣和紀律。薩坡爾還是趁著混亂的狀況圍攻尼昔比斯(Nisibis),在美索不達米亞占領幾處重要的城堡[33]。亞美

---

32 色克斯都斯·魯佛斯(Sextus Rufus)肯定地說,波斯人想求和但徒勞無功,因君士坦丁正準備進軍。他在這種情況下所提出的權威性說法,沒有嘩眾取寵之處。但優西庇烏斯的證詞更為重要,他提到條約即使還沒批准,準備工作也已做好。

33 康士坦久斯在這年的作戰中,可能贏得相當斬獲,所以尊封阿底賓尼庫斯·麥克西繆斯(Adiabenicus Maximus)的頭銜。

尼亞名聲顯赫的提里德特斯(Tiridates)，憑著本身智勇雙全加上對羅馬的忠誠，長期以來享受著和平與光榮，與君士坦丁保持著堅固的聯盟關係，在世俗和靈性方面產生同樣的利益。由於提里德特斯改變信仰，像這樣一位英雄的身上顯現出聖徒的氣質，建立基督教的信仰，並從幼發拉底河傳播到裏海之濱，亞美尼亞用政策和宗教的雙重束縛，緊緊的依附著羅馬帝國。但是很多亞美尼亞貴族不願放棄眾多的神明和妻妾，不滿的派別擾亂公共的寧靜，辱罵年邁體衰的君王，像是等不及他死期的來臨。提里德特斯終於在統治五十六年以後逝世，亞美尼亞王國的氣數隨著他一同絕滅。合法的嗣子被放逐，基督教的教士被謀殺或被趕出教堂，阿爾巴尼亞的蠻族從山區被邀請下山。兩位最有權勢的省長篡奪皇家的紋章和權力，懇求薩坡爾給予援助，打開城門讓波斯的守備部隊進駐。基督教團體在阿塔克薩塔(Artaxata)大主教的指導下，向虔誠的康士坦久斯求助，這位大主教是啟示者聖格列哥里(St. Gregory)的後任。經過三年的動亂後，亞美尼亞王室有位名叫安泰阿克斯(Antiochus)的官員，成功獲得皇帝的委任和支持，擁護提里德特斯的兒子科司洛伊斯(Chosroes)接位。對於阿薩息斯(Arsaces)家族忠心耿耿的家臣，就用職位和報酬收買，同時宣布大赦，大部分變節的總督都不究過往。但是羅馬從這次事變中只獲得表面的虛名，並非實際的利益。科司洛伊斯是位虛有其表的君王，天生懦弱無能，無法勝任戰爭的煩劇工作，討厭人際間的交往。他在伊琉瑟魯斯(Eleutherus)河畔的樹叢中建造一所宮殿，就從首都退居到那裡，從事打獵和弄鷹打發閒暇時光。他為了能讓自己過安逸的生活，即使受到再大的羞辱也不以為意，屈從薩坡爾所提出的和平條件，每年支付貢金，並歸還富裕的阿特洛帕提尼(Atropatene)行省。這是提里德特斯窮畢生精力，加上蓋勒流斯戰勝的軍隊，才從波斯手中割讓給亞美尼亞[34]。

34　當時的演說家提到這件事只是含糊籠統的暗示一下，亞美尼亞的歷史學家敘述非常的詳盡，但是兩者之間的說法倒是很吻合，當然一般學者重視後者所提供的資料，把前者的頌辭看成可有可無。要是相信摩西的說法，安泰阿克斯這個名字在前幾年出現過，但當時只是一個位階並不很高的政府官員。

康士坦久斯在位的期間很長,波斯戰爭(337-360A.D.)帶來的災難使東部的行省吃盡苦頭。輕裝部隊不定期的入侵,越過底格里斯河和幼發拉底河,從帖西奉(Ctesiphon)的城門直到安提阿,不斷散布著恐怖和破壞。沙漠裡的阿拉伯人也趁火打劫,但是因團體的利益和個人的嗜好有所不同,有的隨著自主性很強的酋長,參加薩坡爾的部隊,還有些部落以無庸置疑的忠誠,爲羅馬皇帝效命[35]。在戰爭的重大行動中,雙方的表現都極爲英勇,羅馬和波斯的部隊一共發生九次浴血大戰,康士坦久斯親自指揮兩次。一般而言,當時的狀況對羅馬不利,但是在辛格拉(Singara)會戰(348A.D.)中,羅馬軍隊奮不顧身的英勇行動,幾乎獲得決定性的勝利。薩坡爾的大軍用三座橋樑渡過底格里斯河前進,辛格拉的守備部隊全部撤收下來。波斯人占領靠近希里哈(Hilleh)村附近一處有利的營地,大量兵工辛勞工作,在一天之內環繞營地挖出深壕,堆起高聳的防壁。他那數量極爲龐大的軍隊,當排列成會戰隊形時,布滿整個河岸和鄰近的高地。有一塊十二哩長的平原,橫亙在兩軍之間。雙方像是等不及開始接戰,但是蠻族輕微抵抗就無秩序的向後逃走,好像是無力阻擋重型軍團的實力,也可能要誘使對方疲憊。羅馬軍顧不得炎熱和口渴,穿著厚重鐵甲追趕敵軍越過平原,列隊在營地前掩護撤退的騎兵,也被他們切成數段。康士坦斯也匆忙的跟著追擊,想要約束部隊的冒險急進,提醒大家快要接近夜晚會很危險,看來已經無法在白天完成任務。部隊打仗靠著自己的英勇,並不完全聽從指揮官的經驗和能力。大家默不作聲,就像是喧鬧抗議長官的怯懦一樣,只是憤怒的衝向前去攻擊,把壕溝填上,打破防壁,分散開來進入帳篷裡,找水喝來恢復體力,同時也因賣力而有豐碩的收穫感到高興。但是智慧過人的薩坡爾期盼勝利的時刻即將到來,他的部隊大部分都配置在高地,對於前面的退兵只是在旁觀望,置之不理。現在趁著暗夜的掩護

35　阿米努斯很生動的描繪撒拉森人遊牧和掠奪的生活,從敘利亞的邊界延展到埃及的瀑布。也可以從馬爾克斯(Malchus)的冒險事蹟中知道,傑羅姆(Jerom, Eusebius Hieronymus,聖徒、西方教會的教父、聖經學者和翻譯家)很有趣的提到當時的情況,說是從貝里亞(Beraea)到埃笛莎的大道上,盜賊多如牛毛。

銜枚急進，同時波斯的弓箭手在營地亮光的引導下，對於沒有著上甲冑和
四處亂跑的人馬，箭矢如雨一般落下。根據可信的史實記載，被擊敗的羅
馬人死傷慘重，軍團逃走的剩餘人員也吃盡苦頭才能生還。甚至在措辭最
溫和的頌詞中，都承認皇帝的榮譽被不服從命令的士兵所玷辱，對於悲傷
的撤退狀況就避而不談。然而後來有個受到收買的演說家，為了破壞康士
坦久斯的名譽，用非常冷靜的態度提到不敢置信的殘酷行為，說是對皇室
的榮譽是極大的污點，要大家深植在腦海中留給後世子孫來批判。這件慘
劇就是薩坡爾的兒子在波斯人的營地被俘，這位不幸的青年是王座的繼承
人，就是最野蠻的敵人也會產生同情心，結果毫無人性的羅馬人先施以鞭
笞，再用酷刑折磨，最後當眾處死。

　　薩坡爾大軍掌握戰場的有利態勢，連續獲得九次勝利，使他的名聲因
英勇善戰和指揮若定，傳遍世界各國。但在美索不達米亞的設防城市中，
只要最堅強且最古老的尼昔比斯，仍舊為羅馬人據有，薩坡爾就不可能完
成他的計畫。尼昔比斯從盧克拉斯（Lucullus）時代*36起，就有東部雄關的
美名，在這十二年內，為對抗薩坡爾的大軍，受到三次壯烈的圍攻（338
年、346年、350年）。這位君王鞭策大軍進行六十天、八十天和一百天的
不斷攻擊，三次都受到重大損失，在羞辱狀況下被羅馬軍隊擊退。尼昔比
斯是範圍廣大且人口眾多的城市37，離底格里斯河有兩天行程，位於瑪修
斯（Massius）山麓優美而肥沃的平原中，四周圍繞三重磚牆，外有很深的
護城壕。盧西連努斯伯爵（Count Lucilianus）率領守備部隊實施英勇抵抗，
受到民眾義無反顧的支持。尼昔比斯市民在主教訓誨下眾志成城38，面臨

---

*36　[譯註]盧克拉斯（Lucullus, Lucius Licinius, 110-56B.C.）是羅馬將領，曾任財務官、行
　　政長官，擊退本都國王米塞瑞達笛斯（Mithradates）的入侵，以生活奢華著稱於世。
37　尼昔比斯現代已減少到只有一百五十戶人家，沼澤地區生產稻米，肥沃的草原從
　　摩蘇爾（Mosul）一直延伸到底格里斯河，覆蓋著城鎮和鄉村的遺址。
38　狄奧多爾（Theodore，七世紀出生於耶路撒冷的教皇，642-649A.D.）把這樣的奇蹟
　　歸於埃笛莎的主教聖詹姆斯，主要原因是為了保衛自己的國家，他帶著羅馬皇帝
　　的圖像來到城牆上，派遣一支蚊蚋大軍去叮咬戰象的鼻子，使一大群新來的賽納
　　契里布人（Senacherib）感到非常難受。

即將到來的危險使他們向軍隊效力。他們認為薩坡爾的目標是要在這裡扶
植波斯殖民地，把他們驅趕到遙遠的蠻荒之地，去做野蠻人的奴隸。他們
因前兩次的圍攻獲勝，得意洋洋充滿信心。偉大的國王自尊心受到打擊，
率領著波斯人和印度人的聯合部隊，第三次向尼昔比斯進軍。一般用於戰
場的投射機具，或者是拿來破壞城牆的攻城序列，因為羅馬人對這種技術
極為精通，所以無法發揮作用，圍攻很多天毫無進展。薩坡爾想到一個解
決的辦法，真無愧是東部的君王，那就是要運用自然界的力量。當時正是
亞美尼亞高山積雪溶化的季節，從平原和尼昔比斯城之間流過的邁多紐斯
（Mygdonius）河[39]，就像尼羅河一樣氾濫成災，淹沒臨近的地區。波斯人
使用大量勞工，把城市下方的河道堵住，然後築起土堤把河水限制在裡
面，這樣就成為一個人工的湖泊，再準備一隊戰船，裡面裝滿士兵。同時
有一種機具可以拋射五百磅重的石頭，全部排成隊形前進，可以與防壁上
守備的部隊處於同等的高度來接戰。高漲的水勢帶來無可抗拒的力量，對
戰鬥的雙方部隊都產生致命的作用，後來終於有一段城牆抵不住累積的壓
力，突然之間崩潰，出現長達一百五十呎廣闊的缺口。波斯人立即發起全
面的攻擊，尼昔比斯的存亡到了最後關頭。在排出大縱深的攻擊隊伍時，
重裝騎兵在前面擔任先鋒，在泥濘中的行動受到妨礙，還有大部分在衝鋒
時沒有注意，淹死在積水的窪地裡。戰象受傷後引起狂野的暴怒，使得攻
城列隊更加混亂，同時四處奔逃，踐踏數以千計的波斯弓箭手。偉大的國
王坐在很高的御座上，看到部隊不幸的混亂場面，只有壓住心中的怒氣下
令收兵，經過幾個鐘頭的整頓後再繼續攻擊。但勇敢的市民抓住機會，連
夜施工改進防務。等到第二天波斯人發現，整段缺口部分已經築成一道六
呎高的新城牆。薩坡爾對於沒有掌握戰機而感到失望，而且還損失兩萬人
馬，但仍舊發揮不屈不撓的意志，繼續對實力減弱的尼昔比斯層層包圍。
後來之所以沒有成功，是他要去防衛波斯的東部各省，對抗馬撒杰提人

---

39 尼布爾（Niebuhr, Carsten, 1733-1815A.D.，德國探險家和科學家）雖承認邁多紐斯河
會漲水，他在那裡看到一座十二孔的橋樑，但很難相信怎麼把一條小溪當成寬闊
河流。當時有很多情況仍不清楚，所描述的巨大擋水工程，就讓人無法相信。

(Massagetae)難以抗拒的入侵。等他獲得東部吃緊的信息以後，立即放棄圍攻，迅速離開底格里斯河岸向阿姆河前進。他要從事的錫西厄人(Scythian)戰爭極為危險而困難，使他馬上要跟羅馬皇帝簽訂停戰協定，這件事對兩位君王都同樣重要。後來才知道，康士坦久斯的兩位兄弟，因為在西部發生的事變中死亡，自己面臨內戰的威脅，他的實力不容分散，要發揮最大努力和勇氣應付當前的變局。

七、兄弟鬩牆的後果及馬格南久斯的篡奪(340-350A.D.)

帝國在分治以後，三年時間很快過去。君士坦丁的兒輩似乎迫不及待讓世人知道，對於他們沒有能力治理的國土，他們對分配的狀況感到不滿。最年長的君王立即抱怨，把被謀殺的親戚那份領地拿來分贓時，受到了欺騙。雖然他對康上坦久斯下毒手所立的功勞，不敢爭辯只有屈服，但是堅決要求康士坦斯放棄阿非利加各行省，因為他的弟弟從死去的達瑪久斯手裡，得到富裕的馬其頓和希臘，只有這樣才算公平。小君士坦丁非常在意這件事，在經過冗長而沒有結果的談判之後，激發他兇狠的天性，也聽從親信的意見，認為不論是基於地位或利益，必須對爭執採取行動。於是他率領一群喧鬧的烏合之眾，不像出征倒是適於打劫，穿過朱理安·阿爾卑斯(Julian Alps)山，突然侵入康士坦斯的疆域，在阿奎利亞(Aquileia)四周的鄉土，首先遭受他氣憤填膺所帶來的暴虐行為。康士坦斯當時駐紮在達西亞，所採取的措施非常審慎而且更能發揮作用，等聽到他的長兄入侵的信息，從伊里利孔部隊中，派遣一部選鋒先行出發，自己再率大軍隨後跟進。但是在部將優越的指揮之下，很快終結這個有違天理的爭執。小君士坦丁與選鋒遭遇後，對方佯作不支敗逃，他在追趕時中伏。這位性急的年輕人和少數隨員，被隱藏在樹林中的敵軍襲擊，受到包圍以後被殺害（340年3月），他的屍體在阿爾薩(Alsa)河找到，獲得君王葬禮的尊榮。他的行省全部向勝利者輸誠，但是作為兄長的康士坦久斯並沒有分到一杯

羹，康士坦斯理所當然占有帝國三分之二的疆域[40]。

康士坦斯的氣數不過多延長十年，還是一位國內的叛徒，用更可恥的手爲他的長兄報殺身之仇。君士坦丁建立的制度帶有致命缺失，他的兒輩在統治上展現懦弱和無能的一面，特別由於他們本人的惡行和疲軟，立刻失去臣民的尊敬和愛戴。康士坦斯從軍隊毫無功績可言的成就中，變得極爲狂妄高傲，但是他缺乏能力又不專心國事，更被人輕視。他喜愛一些日耳曼俘虜，原因是他們年輕迷人，民眾當成醜聞的話題到處傳播[41]。有蠻族血統的馬格南久斯（Magnentius）是極具野心的軍人[42]，公眾對康士坦斯未能維護羅馬的榮譽感到不滿，使他受到很大的鼓勵。因爲皇帝的衛隊賈維烏（Jovians）軍團和海克留（Herculians）軍團，都把他看成首領，所以他從中選一幫人成爲心腹，在皇家營區保持最有利和最重要的地位。他和馬塞利努斯（Marcellinus）建立友誼，獲得大量錢財的支持，才能用很慷慨的手段來發起叛變。士兵被這些似是而非的理由所說服，也就是要順應公眾的呼籲，掙脫加在他們身上的束縛，不要成爲世襲制度下的奴隸，要選擇一位更積極而勇敢的君王，並對他的德行給予報酬，就像對待墮落的康士坦斯的先人那樣，讓他從平民擢升到世界的寶座。等到陰謀成熟可以執行時，馬塞利努斯藉口慶祝兒子的生日，擺出很隆重的場面，款待居住奧頓（Autun）城裡，在高盧宮廷中擔任高職的知名人士，身分都是有戰功的侯爵和男爵。山珍海錯的飲宴被很技巧的拖到夜深，賓客毫無顧忌的自由交談，故意說些非常危險甚至叛逆的話，也沒有引起一點懷疑。突然之間家

---

40 這次內戰的起因和結局，敘述得雜亂無章而且矛盾百出，我對這段歷史的看法，主要還是參考諾納拉斯和小維克托的觀點。小君士坦丁逝世曾經正式宣布追悼文，可能找出一點蛛絲馬跡，但是演說家爲了審愼起見，何況他們的對題材的運用品味不高，所以只是一些含糊其辭的口號。

41 康士坦斯有這種邪惡的嗜好，要不是經過公開的承認，在他兄長之下擔任高官的老維克托，也不可能用肯定的語氣加以證實。

42 這方面倒是可以相信，馬格南久斯所出生的蠻族殖民區，是康士坦久斯・克洛魯斯（君士坦丁的父親）在高盧建立。馬格南久斯的行事風格，使人想起愛國者列斯特伯爵（Patriot Earl of Leicester），也就是名聲顯赫的蒙福特（Montford），說服老實的英國人追隨他。雖然他是法國人，卻大起兵刀要把英國人從外國寵倖手裡解救出來。

門大開，馬格南久斯在離開一會以後，穿著登極的冠冕和紫袍進入宴會大廳，謀逆分子馬上用奧古斯都和皇帝的稱號向他三呼萬歲。這些人不論是基於驚訝、恐懼、酒醉還是野心的驅使，還有些人根本不知事態的嚴重，都異口同聲的參與歡呼。衛士很快將效忠的誓詞拿走，市鎮的城門緊閉，在日出之前，奧頓城市和宮廷裡所駐守的部隊和金庫，都奉馬格南久斯爲主人。就謀叛者而言，他們祕密行動用盡心機，認爲會對康士坦斯造成奇襲的作用。誰知康士坦斯正在鄰近的森林裡從事喜愛的狩獵，或許是私下進行帶有犯罪性質的娛樂活動，雖然被他的部隊和臣民所遺棄，已經沒有反抗的力量，聽到叛亂迅速展開的消息，還是有時間趕快逃走。他打算搭船離開，到達西班牙一處海港之前，就在庇里牛斯山山麓靠近海倫娜(Helena)[43]的地方，被一隊輕騎兵趕上，也不管這裡是神聖的廟宇所在地，君士坦丁的兒子被奉行任務的隊長下令殺害(350年2月)。

　　隨著康士坦斯的過世，讓人知道重要的革命行動竟會如此輕易達成，西方各行省均開始仿效奧頓宮廷的先例。意大利和高盧兩個主要行政區，全部都承認馬格南久斯的主權。篡位的僭主運用各種高壓手段，搜括國庫的金銀財富，根據他應盡的義務，給擁立的部隊付出很大一筆賞金，同時要供應內戰所需的費用。伊里利孔爲四戰之地，從多瑙河延伸到希臘半島的頂端，長期以來服從一位老將的指揮。維崔尼奧(Vetranio)獻身軍旅生涯[44]，以優異的服務和豐富的經驗博得名聲，特別是他生性單純深獲部下的愛戴。他對君士坦丁家族的順從已成了習慣、責任和義務，對於主子僅存的兒子，立即給予強烈的保證，無論是他個人或部隊的忠誠之心絕不動搖，對於高盧的叛徒要施展報復的手段。但是維崔尼奧的軍團受到叛亂帶

43　此古老城市一度很富裕，昔日名稱爲伊利貝里斯(Illiberis)，慷慨的君士坦丁提高它的地位，用自己母親的名字來增添城市光彩。海倫娜(當地人還是叫它伊爾尼(Elne))成爲一位主教的駐地，很久以後府邸才搬到佩皮南(Perpignan)，是現代盧西隆(Rousillon)地區的首府。

44　優特洛庇斯在敘述維崔尼奧時，比起兩位維克托更爲心平氣和，而且也更爲詳實可信。維崔尼奧出生於瑪西亞最野蠻落後的地區，父母是家世卑微的平民，沒有受過教育，等到晉升高位才開始學習識字。

來的利益所引誘，並沒有敵愾同仇的心理，於是他們的領袖也立即喪失堅毅和忠貞之心，何況康斯坦提娜（Constantina）的名銜，為他的野心帶來一種似是而非的藉口。康斯坦提娜是一個為達目的不擇手段的女人，她的父親君士坦丁大帝封給她奧古斯塔（Augusta）的名號，於是她親手把王冠戴在伊里利孔老將的頭上（350年3月1日），期望他的勝利能達成她夢寐以求的虛榮，原以為她的丈夫漢尼拔連努斯死後，一切都成了泡影。這位新登基的皇帝或許沒有獲得康士坦提娜的同意，雖然行為可恥還是要與西部的篡賊結盟，即使馬格南久斯的紫袍上，還沾染著她兄弟的鮮血。

八、康士坦久斯運用合縱連橫之優勢作為（350A.D.）

像這樣重大的事件發生以後，影響到皇室的榮譽和安全至深至鉅，康士坦久斯正好趁機終結勞民傷財的波斯戰爭，盡快回師以保住天下。他把東方的政事託付給部將照料，後來交給堂弟蓋盧斯統治，等於是把他從囚禁的監牢提升到君王的寶座。他在向歐洲進軍時，回思前塵不禁心潮洶湧，希望與畏懼、憂傷和憤慨在胸中起伏不已。等他到達色雷斯的赫拉克利（Heraclea），皇帝接見馬格南久斯和維崔尼奧派來的使臣。叛逆陰謀的發起人馬塞利努斯，採取各種手段將新主子推上帝位，很大膽的接受危險的任務，與從政府和軍隊中選出有名望的三員顯貴，組成使節團，奉有指示要來撫慰康士坦久斯憤怒的情緒，同時要曉以利害關係使他心生畏懼。他們經授權提議他與西部君王的友誼和聯盟，用雙重婚姻來鞏固雙方的關係，那就是康士坦久斯娶馬格南久斯的女兒，而馬格南久斯與野心勃勃的康士坦提娜結婚。同時在協定中承認，東方的皇帝具有優越的地位。萬一個人的驕傲和手足之情，逼得他拒絕這樣公平合理的條件，使臣奉令要詳加說明，要是他敢激怒西部統治者所具有的優勢力量，輕率的舉動將遭到無可避免的毀滅。君士坦丁家族過去贏得很多勝利，虧欠屬下的能力和軍團的犧牲實在太多，所以大家才會英勇的站起來反對。康士坦久斯認為這些意見和理由值得仔細的研究，要延到第二天才能答覆。就他而言，最重

要的事是要使大家對內戰抱持一致的看法，於是他在會議中講話，與會人員不論是真的忠誠或裝出忠誠的樣子，都默不作聲的靜聽。他說道：

> 昨天晚上在我回宮休息時，君士坦丁大帝的幽靈抱著我被謀殺兄弟的屍體，在我的眼前升起。他那熟悉的聲音堅定我復仇的決心，要求我不能讓公眾失望，向我保證會獲得最後的勝利和不朽的光榮，我的軍隊能夠戴上正義的冠冕。

君王親口宣示出光明的遠景，化解一切疑慮，也結束所有的談判，用藐視的態度拒絕可恥的和平條款。僭主派來的使臣只放回一位，帶著康士坦久斯傲慢的答覆，其餘幾位腳鐐手銬下獄，他們犯了謀叛大罪，沒有資格獲得赦免的特權。敵對雙方加強準備，戰爭已經無法避免（350A.D.）。

康士坦久斯身為康士坦斯的兄長，採取上述措施來對付高盧謀叛的篡賊，也是他應盡的責任。基於維崔尼奧的狀況和性格，要運用比較溫和的辦法。東部皇帝的政策是要分化敵人，力求伊里利孔的部隊與叛亂團體劃清界線。要讓爽直而單純的維崔尼奧上當受騙是很容易的任務，何況這些日子裡他一直在榮譽和利益兩個對立的觀點上搖擺不定，等於向世人展示出浮誇的習氣，在不知不覺中入了圈套，願意參與一場很狡詐的談判。康士坦久斯承認他是帝國合法而且地位相等的共治者，條件是要公開宣布拒絕與馬格南久斯建立可恥的聯盟關係，在雙方行省的邊界上指定一個地點見面會商，為了鞏固友誼要立下忠誠的誓約，對於內戰期間的行動律定共同遵守的原則。在達成協議以後，維崔尼奧率領兩萬騎兵以及數量更多的步兵，向著撒迪卡（Sardica）前進[45]，他的實力遠勝過康士坦久斯。表面上看來伊里利孔的皇帝，能夠控制對方的生命和氣數，但是康士坦久斯靠著私下協商成功，開始引誘維崔尼奧的部隊，並在暗中耍詐要讓他的帝位不

45　撒迪卡位在現代城市索非亞（Sophia）附近，比起奈蘇斯和色米姆這兩個城市，就當時狀況來說，更適合作為會談地點，傑洛姆、蘇格拉底和索諾曼都認為沒錯。

保。維崔尼奧手下的將領，並沒有說是一定要倒向康士坦久斯這邊，他們
準備抱著觀望的態度，看整個部隊在情緒的激動下，會表現出什麼樣的狀
況。雙方的軍隊聯合起來，在靠近城市的大平原上參加集會。按照古代的
傳統規定，要在中央設置軍事法庭，也就是一個高起的將壇，皇帝根據慣
例在莊嚴和重大的場合對部隊訓話。羅馬人和蠻族的隊伍井然有序，人人
執著出鞘的短劍，舉起如林的長矛，騎兵分隊和步兵支隊按番號排列，可
以從他們的兵器和旗幟加以區分，繞著將壇形成巨大的圓形陣式，集中注
意力保持安靜，不時發出響徹雲霄的喧囂和歡呼，才會打破肅殺的氣氛。
兩位皇帝出席這次隆重的集會（350年12月25日），應該向官兵說明國家事
務有關的狀況。康士坦久斯有皇家的血統所以位階列在前面，雖然他的修
辭學並不十分高明，提到自己在當前的困難情況下，所有的作為極盡堅
毅、機巧和雄辯之能事。他的演說在前面部分，重點僅是針對高盧的僭
主，接著，用充滿悲情的語氣，哀悼被殘酷謀殺的康士坦斯，暗示除了他
的兄弟以外，沒有任何人自稱有權繼承他的地位。他用欣慰的語氣顯示出
皇室家族的榮譽，喚醒部隊要記憶光輝的往事、英勇的勳蹟、盛大的凱旋
以及君士坦丁大帝慷慨的賞賜，就應該用軍人的誓約來效忠他的兒子。然
而深受他栽培之德的部下，卻忘恩負義引誘大家違紀犯法。圍繞在將壇四
周的軍官，奉到指示在這個關鍵的時刻要扮演好自己的角色，為了贊同他
的話不僅有理，而且具有無法反駁的權力，就高聲歡呼康士坦久斯皇帝是
他們合法的統治者。忠誠之心和悲憤之情在士兵的隊列中傳播開來，撒迪
卡平原激盪著巨大的喝采聲：「趕走傲慢自大的篡賊！君士坦丁之子勝利
成功萬歲！我們打著他的旗幟就會百戰百勝！」幾千人在喊叫、擺出威脅
的姿態、武器可怕的撞擊聲，使維崔奧尼膽戰心驚，氣焰全無，站在變節
的部下中間，焦急的不發一言。他已經無法退避，只有屈服於命運的安
排，取下頭戴的冠冕，在兩支軍隊的注視下，全身拜倒在征服者的腳前。
康士坦久斯掌握致勝的局面極其謹慎，刻意表現出溫和的形象，請年邁的
求饒者從地上起來，刻意用討好的名字尊稱他為「老爹」，並親手扶他步
下寶座。普魯薩（Prusa）城被指定為退位君王的休隱之地，當然也可以說

他被放逐到那裡，享受六年平靜而富裕的生活才過世。他經常對康士坦久斯的仁慈寬厚表示感激之情，並且用他那友善的單純心地，勸他的恩主放棄爭霸世界的雄心壯志，在平凡中尋求自我的滿足（就像他那樣能夠順其自然），達成無為而治的理想[46]。

九、康士坦久斯擊敗馬格南久斯贏得墨薩會戰（351A.D.）

康士坦久斯在這次值得紀念的事件中，最令人稱道的地方，就是他的行為能夠盡量做到公平正直。他的廷臣把他用心良苦的講話，比擬伯里克利和笛摩昔尼斯（Demosthenes）在雅典對民眾的演說，勝利的雄辯說服武裝的士兵，棄暗投明做出最好的選擇。他與馬格南久斯即將到來的鬥爭，不僅關係重大，而且血流成河更為慘烈。僭主快速進兵好來迎戰康士坦久斯，馬格南久斯親率大軍，全部由高盧人、西班牙人、法蘭克人和薩克遜人所組成，在省民的支援下成為軍團的主力，而這些蠻族是帝國的世仇大敵，更是令人望而生畏。下潘農尼亞（Lower Pannonia）有一塊肥沃的平原[47]，位於德拉弗（Drave）河、薩維（Save）河與多瑙河之間，形成面積遼闊的舞台。雙方的戰鬥人員都富於作戰技巧，而且不願放膽進攻，內戰的軍事行動拖延整個夏天。康士坦久斯宣稱他的注意力全部放在西貝利昔河（Cibalis），只有這個地點才能決定勝負，因為提到西貝利昔河，他的部隊就受到激勵，會記起他的父親在這個幸運的地點，領軍作戰獲得勝利。然而，皇帝用無法攻破的堡壘工事圍繞著他的營地，看來並沒有主動出擊，反倒是拒絕接受敵軍的挑戰。馬格南久斯的目標是誘使敵人應戰，再不然

46　小維克托指出維崔尼奧的放逐，特別用稱號「享福的退休者」（Voluptarium Otium）來加以強調。蘇格拉底負責與皇帝聯絡，實在說維崔尼奧就是一個「腦袋單純的笨蛋」（prope ad stultitiam simplicissimus）。

47　布斯比奎斯（Busbequius, Augerius Gisleniu, 1522-1592A.D.，法蘭德斯的外交家，對土耳其人的生活和歷史提供很多有價值的資料）橫越下匈牙利和斯拉夫尼亞時發現，土耳其人和基督徒的相互敵對行動，使得整個地區成為一片焦土。然而他提到那裡土地特別肥沃，草的高度長到可以把大車遮蔽住，使人無法看見。

就迫使對手放棄有利的陣地。為了達成要求，他運用各種運動和部署的手段，配合欺敵的計謀，從他通曉兵法看來，可見得是一位有經驗的軍官。他帶領軍隊突擊重要的城鎮昔西亞（Siscia），對首府色米姆（Sirmium）發起攻擊，這些要點都位於御營的後方，期望能打開一條通路越過薩維河，進入伊里利孔東部各行省。要是他能將對方兵力強大的分遣部隊，誘進阿達尼（Adarne）的狹窄通道，就可加以分割後再各個殲滅。高盧的僭主在整個夏天看來是主宰著戰場，康士坦久斯的部隊倍感困苦而且士氣低落。他的名聲在世人眼裡日趨下降，甚至自貶身價要求簽訂和平協定，把阿爾卑斯山以外各行省的主權，全部讓給謀殺康士坦斯的兇手。能言善辯的菲利浦是皇家的使臣，他極力主張這個提議，馬格南久斯的會議和軍隊都有意願接受。但是這位狂妄自大的篡位者，很不謹慎的聽從友人的諫言，下令將菲利浦當成俘虜囚禁，再不然就當作人質。同時他派遣一位官員前去譴責康士坦久斯，說他不夠資格統治帝國，用答應赦免他的罪行來侮辱他，條件是要卸下紫袍馬上退位。皇帝基於榮譽只能這樣回答，他相信自己的理由合乎正義的要求，復仇之神必然給予保護。但是他非常了解到自己所處的狀況極其困難，也不敢表達心中的氣憤提出抗議。無論如何，菲利浦的談判沒有發生效用，然而他使法蘭克人錫凡努斯（Sylvanus）這位有名聲和功勳的將領下定決心，拋棄馬格南久斯，在墨薩（Mursa）會戰前幾天，帶著大量騎兵投向康士坦久斯的陣營。

墨薩這個城市又稱埃昔克（Essek），靠著德拉弗河鄰近有一個沼澤，是匈牙利的戰略要地，現代有一座船隻做的浮橋，至少有五哩長，所以地位顯得更為重要[48]。馬格南久斯揮軍指向墨薩，發起突擊放火焚燒城門，正要架起雲梯攀登城牆，英勇的守備隊撲滅火焰。康士坦久斯的部隊即將來到，使他沒有時間繼續進行圍攻作戰。皇帝立即排除妨害運動的唯一障礙，督促軍隊的主力在附近的山頭占領陣地。墨薩四周的戰場是一片毫無

48　這座有名的大橋是索利曼蘇丹（Sultan Soliman）在1566年構建，兩側是高塔，用大木塊堆起來做支撐，方便他的部隊向匈牙利進軍。

掩蔽的平原，康士坦久斯的會戰隊形是右翼用德拉弗河做依托，在左翼方
面，不僅占有地形之利，而且配置優勢的騎兵，延伸出去超越馬格南久斯
右翼的側背。雙方從早晨開始列陣，大部分時間都在焦急的等待，並沒有
發起攻擊。君士坦丁大帝的兒子巡視隊伍，用雄辯的言詞鼓勵官兵英勇作
戰，退到離戰場不遠處一所教堂，在這決定勝負的日子裡，向他的部將下
達命令投入戰鬥[49]。他們竭盡所能發揮奮不顧身的精神和訓練有素的技
巧，確實值得君王的器重，非常明智的從左翼發起行動，整翼騎兵採斜行
隊列向前運動，以雷霆萬鈞之勢掃過敵軍的右側，對方在措手不及下無法
抵擋猛烈的衝鋒。但是西方的羅馬部隊訓練良好，能夠很快重新整頓，日
耳曼的蠻族部隊習性英勇，也要保持令名於不墜。雙方的局面穩定下來變
成正常的接戰行動，這時要靠著掌握特定的關鍵因素，才能捕捉戰機造成
態勢的逆轉，整個會戰一直打到深夜才分出勝負（351年9月28日）。康士坦
久斯依賴騎兵發揮戰力才能獲得最後勝利，他的重裝騎兵就像一群鋼鐵鑄
成的巨人，身上的鎖子甲發出耀眼的光芒，用沉重的長矛衝開高盧軍團堅
強的陣式。等到軍團開始敗退，第二線輕騎兵分隊的運動更為靈活，手執
長劍殺進敵軍退守所形成的空隙，使得對方大亂無法掌握部隊。這時巨大
的日耳曼主力幾乎毫無掩護，完全暴露在東方弓箭手矢無虛發的火力之
下，整個蠻族部隊被痛苦和失望所驅策，為了逃命縱身到德拉弗河寬闊的
急流。總共有五萬四千人被殺，勝利者的戰死人數超過戰敗者[50]，可以證
明作戰的情況是何等的堅忍和激烈。有位古代作者特別提到，帝國的兵力
在墨薩會戰中消耗極為慘重，尤其是有戰鬥經驗的老兵損失更多，如果不
是這樣白白犧牲，非但可以用來防衛帝國的邊疆，更能贏得對外戰爭的勝

49　康士坦久斯這天與墨薩的阿萊亞斯派主教華倫斯（Valens）一起祈禱，主教宣稱會
　　戰一定得勝，使皇帝獲得信心。蒂爾蒙特注意到，朱理安對康士坦久斯在墨薩會
　　戰表現的英勇事蹟，竟不置一辭，這種沉默的態度，有時就成為最可靠的證據。
50　按照諾納拉斯的記載，康士坦久斯出戰兵力八萬人損失三萬，馬格南久斯的兵力
　　是三萬六千人損失二萬四千，有關其他的情節看來也可靠，但是僭主的兵員數量
　　不對，可能是作者或者是抄寫者出錯。馬格南久斯集結西部帝國全部兵力，包括
　　羅馬人和蠻族的部隊，不僅強大而且讓人畏懼，所以估算至少有十萬人。

利，增加羅馬光榮的名聲。雖然有個被收買的演說家大力抨擊，指責僭主在接戰開始就拋棄自己的旗幟逃離戰場，但這種空穴來風的話根本不值得相信。馬格南久斯展現出將領和軍人的風範，一直到局面無法挽回而且營地被敵軍占領，爲了考慮到安全才丟掉皇室的標飾，克服很多困難擺脫輕騎兵的追擊，對方始終跟隨快速的逃亡行動，從德拉弗河岸糾纏到朱理安·阿爾卑斯山麓。

十、康士坦久斯蕩平內亂之綏靖工作(352-353A.D.)

冬天快要到來，生性怠惰的康士坦久斯提出很勉強的理由，把戰爭行動延遲到第二年春天(352A.D.)。馬格南久斯的行營設在阿奎利亞城，下定決心要固守山區和沼地的通路，用來防衛威尼斯行省的邊界。他在阿爾卑山的一座碉堡，被對方用祕密行軍一舉攻占，只要人民還偏向於支持僭主的作爲，他絕不會放棄對意大利的掌握。但是等到尼波提安(Nepotian)的起兵舉事不成功以後，僭主的大臣實施殘酷的報復行動，在羅馬人的心中留下恐怖和憤恨的深刻印象。尼波提安是優特洛庇婭公主的兒子，也是君士坦丁的姪兒。這位生性衝動的青年，對於西部帝國的權杖竟被叛逆的蠻族所篡奪，心中感到氣憤塡膺，就將奴隸和角鬥士武裝起來，組成一支鋌而走險的隊伍，擊敗羅馬實力衰弱只能維護社會安寧的警衛隊，接受元老院所提供的人質，然後僭用奧古斯都的頭銜，很快垮台的統治只有那動亂的二十八天。隨著正規部隊的進軍，充滿野心的希望頓時破滅，尼波提安被殺，他的母親優特洛庇婭和追隨者全部被害。叛亂行動受到鎭壓，發布「公敵宣告名單」，凡是與君士坦丁的名號和家族有親屬關係，或是涉及舉事反抗的人員，都逃不脫制裁的毒手。但是在墨薩會戰以後，康士坦久斯立即成爲達瑪提亞海岸的主人，一群被放逐的貴族冒險在亞德里亞海的港口裝備一支艦隊，從勝利者的營地裡獲得保護，開始進行報復的行動。他們的同袍傳來祕密的消息，羅馬和意大利的城市已經被說服，要在他們的城牆上展出康士坦久斯的旗幟。心懷感激的老兵因他的父親而過著

富裕的生活，現在向他的兒子表達忠誠感恩之心。意大利的騎兵、軍團和
協防軍重新向康士坦久斯宣誓效忠，篡奪者警惕到棄職逃亡的人員增加，
被迫帶著仍舊對他忠心耿耿的部隊，撤退越過阿爾卑斯山回到高盧各個行
省。不過，有一支分遣隊奉命對馬格南久斯的部隊施加壓力，截斷他們逃
離的路線，成功使他們過於目中無人，對手在帕維亞平原找到機會，轉過
身來襲擊在後追趕的部隊，屠殺殆盡的結果雖然對勝利毫無助益，但是總
算一洩心頭之恨。

　　氣數將盡的馬格南久斯雄風頓失，知道毫無希望還是主動求和。他先
派遣能力信得過的元老院議員，接著是幾位主教，認為憑著他們的聖職會
蒙優容接見，說明他願意卸下紫袍退位，奉獻餘生為皇帝效犬馬之勞。康
士坦久斯公開宣布不能變更的決心，就是要懲治兇手的罪行，勝利的軍隊
將擊敗所有的抵抗，但是其他人只要拋棄反叛的旗號，答應盡量給予寬恕
和赦免。一支皇家的艦隊很容易把阿非利加和西班牙掌握在手裡，摩爾人
各族不再觀望表示肯定的姿態，相當戰力的部隊登陸以後通過庇里牛斯
山，向著馬格南久斯最後的根據地里昂(Lyons)前進。僭主的脾氣因遭遇
的災難而兇性大發，何況他也不是善良之輩，可能採取各種極端行動，逼
得高盧的城市隨著他一齊玉石俱焚[51]。因此他們不能坐以待斃，特列夫
(Treves)是禁衛軍治理下的首府，發出叛變的信號，關上城門反對笛森久
斯(Decentius)，他被他的兄長擢升到凱撒和奧古斯都的高位[52]。笛森久斯
不得不從特列夫撤退到森斯(Sens)，立刻就被日耳曼的軍隊所包圍。康士
坦久斯竟將這種帶來不良後果的伎倆，引用到羅馬的內戰衝突之中。就在
這個時候，皇家的部隊打開科提安阿爾卑斯(Cottian Alps)山的通道，在塞
琉卡斯(Seleucus)山的血戰中，馬格南久斯的黨派從此烙上叛逆者的惡

51　朱理安強烈抨擊僭主不惜孤注一擲，採取很多殘酷的手段，為了戰爭的需要也可能
　　是貪婪的斂財，頒布詔書強制執行，用高壓的方式要臣民購買皇室的封地。這種財
　　產不僅產權可疑而且非常危險，在當時動亂的狀況下，可以拿來當成叛逆的證據。
52　馬格南久斯的獎章用來慶祝兩位奧古斯都和凱撒的勝利，凱撒是他另一個弟弟，
　　名叫狄西德流斯(Desiderius)。

名。他沒有能力再組成一支大軍進入戰場,忠貞的衛隊被暗中收買,當他在公眾中出現要用言辭來激勵士氣時,受到的歡迎是異口同聲的呼叫:「康士坦久斯皇帝萬歲!」僭主現在發覺,他們準備犧牲最受厭惡的罪犯,來換得寬恕和賞賜。他為了阻止他們的計謀,就用佩劍結束自己的生命(353年8月10日),這比被敵人處死更為方便也更有榮譽。而且他們為了復仇,就會用正義和親情做藉口來大事渲染。笛森久斯在得知兄長去世的消息,也步其後塵上吊自殺身亡。謀逆活動主使人馬塞利努斯在墨薩會戰後消失蹤跡[53],這個叛亂失敗被判有罪的黨派,倖存的領導人物被處決後,社會秩序逐漸恢復安寧。嚴酷的審訊行動延伸到每個涉及叛逆案的人員,不論是自願參加還是被迫入夥,全不放過。綽號叫「株連者」(Catena)的保羅,辦案有高明的技巧而且行事極為殘刻,被派到不列顛遙遠的行省,追查漏網後潛伏的謀逆分子。馬丁是這個島國的副行政長官,對這種做法表示非常的氣憤,就被羅織為犯罪的證據,逼得總督怒極用劍刺傷皇室的大臣,最後只有了結自己的性命。帝國西部最無辜的臣民也受到牽連,不是放逐邊陲就是籍沒家產,有的被處死甚至受到酷刑迫害。怯懦的人通常表現暴虐的天性,康士坦久斯毫無惻隱之心。

53　朱理安對這個人的下落不知怎麼表示才好,或許是自知犯了大罪只有一死了之,
　　要不然就淹死在德拉弗河,或者被復仇惡魔把他從戰場抓到地獄受永恆的懲罰。

第十九章

康斯坦久斯獨自稱帝　蓋盧斯之死　朱理安身處險境
朱理安在高盧的勝利 (351-360A.D.)

一、嬖閹亂政及對康士坦久斯的影響 (351-353A.D.)

　　康士坦久斯獲得內戰勝利之後，將整個羅馬帝國被分割的行省又重新統一起來。這位軟弱的君王無論是在和平時期還是戰爭時期，都缺乏天生的領導才能，他不但懼怕自己的軍事將領，又不相信手下的大臣，使得他在軍事上的勝利，只不過是在羅馬世界建立起宦官階層的統治。那些可憐的畸人是古老東方世界專制制度下的產物，使用他們的目的是爲了管理皇帝後宮的嬪妃和壓制不服從專制統治的人民。羅馬皇帝因爲要模仿亞洲的奢華生活，宦官遂也被引入希臘和羅馬，後來他們的人數迅速增加。在奧古斯都時代，招人厭惡的侍閹原本被看成服侍埃及王后的怪物，後來卻逐漸進入貴婦人和元老院議員的家庭中，甚而進入皇帝的宮廷中。圖密善和聶爾瓦 (Nerva) 用嚴厲的詔書加以限制，高傲的戴克里先卻是非常喜愛與重視，謹慎的君士坦丁將這些人貶到最低賤的地位[1]。但是等到墮落的兒子即位以後，侍閹在宮廷的人數卻是日益增多，並且逐漸了解與掌握康士坦久斯的機密會議。一般人都厭惡和蔑視這些殘缺不全的傢伙，認爲他們不再具備人類的正常機能，根本不可能懷有任何高尚的感情，進行任何有

---

[1] 在《羅馬皇帝傳》中有一段話，朗普里狄斯 (Lampridius) 稱讚亞歷山大‧塞維魯斯和君士坦丁抑制宦官的勢力，嚴辭指責其他朝代，縱使嬖閹作惡亂政。

意義的活動[2]。但豎閹都擅長諂媚奉承和陰謀詭計，交互利用康士坦久斯的畏懼、怠惰和虛榮，控制他的思想和行動[3]。康士坦久斯根本是從哈哈鏡裡看到帝國的繁榮，竟然毫無顧忌縱容他們的不法行為：攔截受害行省向皇帝提出的請願書；貪贓枉法和出賣官職以獲得大量財富；讓別有用心的人士從他們手中買得特殊權力以提高地位，使一些最重要的人物受到屈辱[4]；聽任豎閹對於具有獨立精神、不屑請求奴隸保護的正人君子，發洩心中的仇恨。這些奴隸當中以寢宮總管優西庇烏斯(Eusebius)最為著名，君主和整個宮廷全都受到他的控制，以致一位公正的歷史學家諷刺的說，康士坦久斯倒能得到這位狂傲的寵臣幾分信賴。在他使用詭計的慫恿下，皇帝對倒楣的蓋盧斯簽署處決令，從而在沾污君士坦丁家族榮譽的濫殺名單上增添新的罪行。

君士坦丁兩個姪兒蓋盧斯和朱理安，僥倖逃過士兵憤怒的屠刀，這時哥哥才不過十二歲，弟弟剛六歲。由於哥哥體弱多病，留在康士坦久斯身邊，依靠虛偽的憐憫過著朝不保夕寄人籬下的生活。康士坦久斯知道，如果殺死兩個幼小的孤兒，等於赤裸裸向世人暴露他的殘暴[5]。他們被分別

2　色諾芬(Xenophon，431-350B.C.，古希臘將領，歷史學家，也是蘇格拉底的學生，著有《遠征記》、《希臘史》)提到居魯士(Cyrus)信任宦官，將自身的安全交給他們護衛，倒是有很特別的理由。居魯士看見被閹割的動物，不易控制的暴烈天性消失，變得馴服聽話，而且體能和精力並未減弱，所以他認為這些人受過手術後，就會自外於人類社會，更加依附他們的恩主。人類在這方面有長久的經驗，並不認同居魯士的判斷，當然也有若干很特別的例子，有些宦官確實非常忠誠，英勇過人而且才華出眾。但是我們檢視波斯、印度和中國的歷史，就會發現宦官勢力的興起是王朝覆滅的主要因素。

3　阿米努斯寫出這段歷史的目的，是在使馬默久斯、利班紐斯(Libanius, 314-393A.D.，安提阿修辭學家和詭辯家)和朱理安自己的嚴厲抨擊，顯得公正有理，康士坦久斯宮廷確實惡貫滿盈，人神共憤。

4　奧理留斯·維克托指責康士坦久斯疏於政事，行省的總督和軍隊的將領用人不當，從他即位以來諸般舉措，可以獲得結論，那就是國勢陵夷以致難撐危局，朝中大臣較他本人更難辭其咎。

5　格列哥里·納齊成(Gregory Nazianzen)指責背教者忘恩負義，阿里蘇薩(Arethusa)主教馬可救過他的性命，竟然恩將仇報。我們聽說朱理安曾經藏匿在教堂的聖所，然而這種傳聞並不可靠。

安置在愛奧尼亞(Ionia)和俾西尼亞的城市裡，作為流放和接受教育的地
方。然而，在他們逐漸長大，勾起皇帝猜忌之心時，他感到為萬全之計，
最好將兩個不幸的青年關在凱撒里亞附近的馬西隆(Macellum)城堡。他們
在六年的囚禁生活中，所受到的待遇，一半倒是如同所願，有細心監護人
的照顧，一半則充滿對多疑暴君的恐懼[6]。他們的監獄是幾代卡帕多西亞
國王所住的王宮，環境優美，建築壯觀，室內十分寬敞。他們在最優秀的
老師指導下，進行知識的學習和體格的鍛鍊。有一個人口眾多的家庭，被
指派前來侍奉或更應該說是看管君士坦丁的兩個姪子，倒也無愧於他們高
貴的身分。但是，這兩個小孩非常清楚，他們已經失去財產、自由和安全
的保障，完全與社會隔絕，再也見不到他們所信任或尊敬的人士，每天只
能和嚴格按照暴君命令行事的奴隸相伴，度過淒涼的時光，而且那位暴君
對他們造成的傷害，是完全斷絕和解的希望的。然而，最後由於政治形勢
的緊迫，皇帝也或許是他的宦官，不得不給二十一歲的蓋盧斯加上凱撒的
頭銜(351年3月5日)，而且，為增加雙方牢固的政治關係，還把康士坦提
娜(Constantina)公主嫁給他。在一次正式會晤中，兩位君王互相保證從此
絕不讓對方受到傷害，然後毫不延遲回到各自的領地。康士坦久斯繼續向
西進發，蓋盧斯則在安提阿定居下來，管轄東部統領的五個大行政區[7]。
在這次幸運的升遷中，新加封的凱撒當然不會忽略他的弟弟朱理安，讓他
同樣得到適合身分的稱號、表面上的自由和一份世襲的財產[8]。

6　有關朱理安接受教育和歷盡艱辛的最可信紀錄，是他寫給「雅典元老院和人民」
　　的書信，這也是他公開的宣告。利班紐斯站在異教徒這邊，蘇格拉底要幫基督徒
　　說話，他們都保存一些很有趣的情節。
7　有關擢升蓋盧斯出任凱撒，可以參閱埃達久斯(Idatius)、諾昔謬斯和兩位維克托
　　的著作。根據菲羅斯托杰斯(Philostorgius, 368-433A.D.，拜占庭歷史學家)的說
　　法，有位阿萊亞斯派主教狄奧菲盧斯(Theophilus)，曾經以保證人的身分參加盛
　　大的婚禮，對蓋盧斯的支持不遺餘力。但是蒂爾蒙特認為這件事不可能發生，一
　　位異端分子沒有資格獲得皇室的殊榮。
8　最初同意朱理安在君士坦丁堡研究學問，但因聲譽日隆而引起康士坦久斯的猜
　　忌。年輕皇子接受勸告，為了息事寧人，而退隱到俾西尼亞和愛奧尼亞，僻遠之
　　地不會引人注目。

二、蓋盧斯的性格作風和殘酷惡行(351-354A.D.)

史家提到蓋盧斯表示出口誅筆伐的態度,認為這位凱撒根本沒有治理國家的能力,甚至就是朱理安也想遮蓋自己兄長的敗德惡行。蓋盧斯既沒有天份和才氣,更缺乏不恥下問的精神來彌補學識和經驗的不足,就這樣從監獄擢升到帝王的寶座。他自小身遭慘禍生長在孤獨的環境裡,沒有人給予指導和糾正,養成陰鬱而粗暴的乖戾性格。忍受回憶的痛苦使他失去同情和寬厚,抱著睚眥必報的心理,對於接近的人員或權力壓制下的臣屬,會突然發作無法控制的狂怒,甚至給這些人帶來送命的危險[9]。康士坦娜是他的妻子,前面曾經提到過,她不算一位女人而是一個地獄的潑婦,用嗜血的無饜胃口,給她的丈夫帶來難以忍受的苦惱[10]。她從來沒有發揮正面作用的影響力,提出仁慈和寬厚的意見,反而要激起他那兇狠惡毒的情緒。她愛慕虛榮,把女性的溫柔置之度外,為了一串珍珠項鍊就痛下毒手,一位清白無辜而操守良好的貴族被奪去生命[11]。蓋盧斯的殘酷暴行,有時會公開的展示在對民眾和軍方的行刑中,有時因為違反法律和審判程序,就加以掩飾偽裝。安提阿的私人住宅和公共場所,到處充滿著密探和告發者,就是凱撒自己也會穿上平民服裝隱藏身分,帶著可憎的性格去刺探消息。宮殿的每處地方陳列著殺人的凶器和刑具,敘利亞的首都瀰漫著憤恨不平的冤氣。東部的君王就是因為自己感到害怕的何其多,值得統治的又何其少,所以選擇臣民作為洩憤的對象,用無中生有的叛逆來指控省民,就是連自己的廷臣也不信任,猜想他們藉著機密的通信,激怒怯懦的康士坦久斯產生疑懼之心。豈不知這樣一來,等於是剝奪自己唯一的

9　我必須引用優特洛庇斯的評敘,他在蓋盧斯去世後十五年寫出這部簡史,事過境遷,沒有利害關係,對書中人物不必故意奉承,也毋須嘩眾取寵加以誹謗。

10　阿米努斯個性誠摯,不會誤用史實以月旦人物,但是講求辭藻華麗,主觀意識甚重,難免被人視為不合情理。

11　這個人是亞歷山卓的克里瑪久斯(Clematius),唯一的差錯是不肯與岳母發生苟且之事,她因愛生恨,非要取他性命不可。

支持，就是人民的擁戴，同時也供應親者痛而仇者快的把柄，使皇帝有堂皇的藉口使他喪失帝位和性命。

只要內戰尚未決定羅馬帝國的命運，康士坦久斯對選來統治東部的君王，裝著不知道他懦弱和殘酷的施政作為，而且發現高盧的僭主派出刺客到安提阿，就拿來讓公眾知道，皇帝和凱撒基於利益聯合起來，這時迫得他要面對同一位敵人，必須容忍蓋盧斯[12]。但是等到康士坦久斯的勝利已成定局，那位完全依賴於他的共治者，對他既沒有幫助也無法形成威脅。皇帝的作為對所有的事務不僅要求嚴格，而且用多疑的眼光予以詳細的調查，於是私下決定，要剝奪蓋盧斯的紫袍，或者至少要他離開亞細亞安逸享受的環境，參加困苦而危險的日耳曼戰爭。狄奧菲盧斯（Theophilus）是敘利亞行省的執政官，逢到荒歉以致供應不足，遭到安提阿民眾的殺害，也被認為是心生怨恨的蓋盧斯在後面的縱容和指使，不僅是惡性重大的暴虐行為，對康士坦久斯統治的無上權威，也構成危險的輕侮舉動。在這種狀況下，兩位「特勳階」的大臣，東部禁衛軍統領圖密善（Domitian）和宮廷財務官蒙久斯（Montius），負有特別任務要督導和改善東方的局勢。他們奉到指示在晉見蓋盧斯時，舉止要溫和有禮，用最高明的手腕說服他，接受兄長和共治者的邀請（354A.D.）。鹵莽的禁衛軍統領沒有採用審慎的措施，使得自己喪失性命，也牽連到蓋盧斯難逃滅亡的命運。圖密善抵達安提阿以後，在經過宮廷的門前就表示出不屑一顧的態度，用旅途勞累身體微恙做藉口，接連幾天杜門不出，暗中準備一份煽風點火的報告，傳送給皇帝的宮廷。最後經不起蓋盧斯的再三邀請，禁衛軍統領屈就對方參加會議。但是他在起頭就口述簡單而傲慢的訓令，意思是凱撒要立即趕回意大利，根本不留給他料理家事的時間，而且加以威脅，要是延誤或是遲疑就會受到懲罰。身為君士坦丁的姪兒和女兒，無法忍受一位臣下的無禮，這對夫妻為表示自己的憤怒，立即交代衛兵看管圖密善。雖然發生爭執，

12　刺客花錢買通一群軍團的士兵，謀叛活動被租房屋給他們的老婦人發覺，受到告發因而事機洩露。

但仍有調解的空間。然而蒙久斯這個政治人物,雖然具備手腕與經驗,卻由於輕舉妄動使得事態的發展不堪收拾[13]。財務官用傲慢的語氣指責蓋盧斯,未經授權怎麼可以免除官員的職位,怎麼敢囚監禁衛軍統領。蓋盧斯召開軍政官員的聯席會議,要求兩位代表就統治權限的問題,對個人和權責提出辯護。等到他那鹵莽的性格被激怒以後,聽從下面人最危險而且不顧一切的意見,這種草率的行為就等於宣戰。他命令警衛全副武裝,把安提阿的民眾集合起來,激起大家狂熱的情緒,呼籲大家重視凱撒的安全,對他受到侮辱採取報復行動。民眾服從他的命令帶來致命的後果,他們喪失理性把禁衛軍統領和財務官抓出來,用繩索綁住雙腿拖過城市的街道。不幸的受害者在咒罵聲中被折磨得遍體鱗傷,血肉模糊的屍體被投入奧龍特斯(Orontes)河中[14]。

三、蓋盧斯亂政被黜及遭到處決(354A.D.)

不管怎麼說,發生這種行動完全出於蓋盧斯的唆使,以後要想認定自己的清白無辜,唯一的希望是訴諸戰爭的勝利。但是這位君王的內心首尾兩端,交織著暴亂和軟弱,既不敢僭用奧古斯都的頭銜稱帝,也不敢動用東方的部隊和財力來保護自己。康士坦久斯故意裝出平靜無事的樣子,讓他上當受騙。皇帝在不知不覺中將亞細亞的老兵軍團調走,使蓋盧斯的宮廷毫無實力,空虛得不堪一擊。但是康士坦久斯認為在蓋盧斯的首都將他逮捕,仍舊會帶來危險,要是用緩慢而更安全的手法來加以掩飾,豈不是更容易手到擒來。康士坦久斯像平常那樣寫來一封信,裡面滿是信任和友情的表白,帶來莫大的壓力,信裡規勸凱撒要善盡居高位者的職責,在軍

---

13 引用阿米努斯的原文有錯,所以前後文矛盾,可藉一份古老手稿,修正其中的繆誤,若把lenitatem(溫和寬厚)改為levitatem(輕舉妄動),則整個意義就很明白。

14 阿米努斯寫出氣勢博大的一部史書,僅僅參考第十四卷的第七和第九章,就已足敷使用,毋須從各種不同來源,蒐集分散而且不完整的資料。菲羅斯托杰斯雖然偏袒蓋盧斯,但他的著作頗有價值,不可忽略。

國大事上能夠分勞分憂，要他用親身蒞臨、提供意見和支援軍隊的方式，來協助西部帝國。在新仇舊恨的相互傷害之下，蓋盧斯知道無法善了，感到畏懼萬分，但是他完全放棄逃走或抵抗的機會。當時有位護民官名叫斯庫底洛（Scudilo），貌似忠實的軍人，用花言巧語騙他放心不會有事。他想靠著妻子康士坦提娜幫他說話，誰知她竟然因水土不服而逝世，結果她所犯下的貪婪惡行，全部算在他的頭上，讓他更難逃滅亡的命運[15]。

　　拖延很長一段時間以後，滿心勉強的凱撒啟程前往皇帝的宮廷，從安提阿到哈德良堡，帶著富麗堂皇的長列車隊，橫越自己所管轄的廣闊疆域。他用賽車場的比賽節目，款待君士坦丁堡的民眾，為了自我安慰真是煞費苦心，也想隱瞞焦慮的情緒不讓世人得知。無論如何，旅程的狀況使他警覺到迫近的危險。在所有主要的城市，遇到的大臣早已有打算，奉命要逮捕他的官員窺探他的動靜，防備他在絕望中做垂死的反撲。在他離開安提阿以後，派員接收他所留下的行省。他在路途上遇到很冷淡的致意，有的根本置之不理。公路兩旁駐紮的軍隊，在他的車隊接近時，聽從預先的計畫撤離，以免滋生事端，引起不必要的內戰[16]。蓋盧斯得到允許在哈德良堡休息幾天以後，接到一道內容傲慢而又毫不通融的旨意，聲勢浩大的隨從隊伍要留在當地，他自己只能帶著十輛驛車，盡速趕到皇帝在米蘭的行宮。在迅速行進的途中，過去因為他是康士坦久斯的兄弟和共治者而倍受尊敬，但是官員慢慢變得毫無禮貌，對他的言行完全不拘形式。蓋盧斯從這些隨員的面容上看出來，他們雖然是護衛，但馬上可以成為處決他的劊子手。他開始歸咎於行事的荒唐鹵莽，在恐懼和悔恨中回想他的作為，才惹來悲慘的命運。迄今為止對他的掩飾行為，等到了潘農尼亞的佩托維奧（Petovio）全部掀開。他受到指示前往郊區一座宮殿，將領巴貝提奧

15　康士坦提娜比她的丈夫先出發，途中得到熱病，過世在俾西尼亞一個名叫科隆姆·蓋利康隆姆（Coenum Gallicanum）的小鎮。

16　駐紮在哈德良堡的底比斯軍團，派代表來見蓋盧斯，毛遂自薦願效犬馬之勞。《職官志》記載，共有三個底比斯軍團，熱情澎湃的伏爾泰（Voltaire, Francois Marie Arouet de，法國啟蒙思想家、作家、哲學家和歷史學家）為剷除可惡的傳聞，不使流毒遺害人間，藉著微小的理由，聲稱羅馬軍隊根本沒有底比斯軍團這個番號。

(Barbatio)帶著一隊精選的士兵,在等待地位崇高的犧牲者到來,一點憐憫之意都沒有,也無法用金錢收買。等快到黃昏時,他很可恥被剝奪凱撒的頭銜後受到逮捕,立即送到伊斯特里亞(Istria)位於波拉幽僻的監獄,近年來很多皇室人員在此喪命。他感到大禍臨頭,等到他那不共戴天的仇敵優西庇烏斯出現,知道已無法倖免。這位閹宦是以皇帝的代表和法官的身分,來審訊他在東方的作為和行動。蓋盧斯為羞慚和罪行所壓倒,毫無反抗的能力,承認受到指控的所有刑事罪名和謀叛行為,但是全部歸咎於妻子的指使。康士坦久斯原來對這件事就帶著先入為主的成見,等到核閱審訊記錄,更是氣憤萬分。皇帝相信與他勢不兩立的堂弟只要活在世上,就對他的安全構成威脅,於是簽署死刑判決書,傳送出去後立即執行。君士坦丁的姪兒雙手被綁在背後,像十惡不赦的罪犯在監獄被斬首[17](354年12月)。當時有人要為蓋盧斯開脫,好減輕皇帝的殘酷行為,說動他起了憐憫之心,盡力想要追回血腥的處決令,派出第二位信差傳令暫時緩刑。但是被閹宦阻止未能成行,因為他畏懼蓋盧斯記仇的性格,同時也想把東方富庶的行省,重新掌握在自己手中。

四、朱理安身處險境仍能力學不懈(355A.D.)

　　康士坦久斯・克洛魯斯(Constantius Chlorus)為數眾多的後裔,目前除了在位的皇帝,只有朱理安倖存於世。不幸生於帝王家使他涉及蓋盧斯的罷黜事件,原來放逐到愛奧尼亞美麗的鄉間,過著離群索居的生活,立即在重重警衛的監護下押解到米蘭的宮廷,在那裡過了七個月心驚膽戰的生活,時刻憂慮會遭到可恥的處決。他的家人歷盡迫害,連朋友和僕從都受到牽連,每天都有人為此喪命,有些慘劇就在他的眼前發生。他的面容表情、舉止態度,甚至就是沉默不語,都有人帶著不懷好意的眼光,在一

17　朱理安公開申訴他的兄長未經審判即行處死,這樣一來,他對敵人的殘酷報復就是正當的行為,至少也有藉口可以防止別人的指責。但是也會讓人認為他這樣做,是因為康士坦久斯剝奪他繼承帝座的權利。

旁詳細的觀察。他不斷受到敵人的攻訐和圍剿，雖然並沒有觸怒這些人，要想用心機玩手段他還是門外漢[18]。但是處於不幸的逆境，朱理安在無形中涵泳堅忍和審慎的修養，像保護生命那樣維護自己的榮譽，不因宦官的狡猾詭譎而被羅織入罪。他們處心積慮想套出他的肺腑之言。他保持警覺，抑制自己的悲傷和憤慨，但用高貴的態度不屑於奉承暴君的作為，不肯假裝認同兄長的被謀殺是罪有應得。朱理安把自己能夠大難不死，抱著虔誠的心理歸之於神明的保佑，罪孽深重的君士坦丁家族接受正義的審判，遭到絕滅的懲處，唯獨他因清白無辜獲得赦免[19]。上天所施予他的援手，正就是優西庇婭(Eusebia)皇后[20] 對他的關照之情，他內心充滿感激。皇后是位美麗而賢德的婦女，她能左右丈夫的心意而據有極為優勢的地位，運用很多措施來平衡宦宮弄權的不法活動。朱理安在保護人的說項之下，得到允許到宮廷覲見皇帝。他獲得相當的自由來為自己的狀況提出辯護，也蒙恩聽取他的傾訴。雖然他的敵人一直力言，蓋盧斯之死會產生仇恨，即使對朱理安加以赦免，還是會對皇帝帶來危險。不過，優西庇婭溫和的處理方式在會議裡占了上風。但是宦官畏懼第二次會面可能產生的效果，皇帝聽從勸告，將朱理安暫時送到米蘭附近，後來才想到雅典這個城市，是最合於尊貴身分的放逐地點(355年5月)。

　　朱理安自己從幼年時期，就將希臘的語言文字、生活習慣、學術知識和宗教信仰，不僅作為嗜好而且要奉獻出全副熱情。他以愉快的心情遵奉命令，平生素志終能如願以償。遠離喧囂的軍隊以及陰險的宮廷，他花了六個月的時間在學院的樹叢之下，與當代的哲學家自由交談討論。他們孜

18　朱理安在寫給雅典人民的書信中，對自己身處險境和內心感受，描述極為生動。他用一種模稜兩可的說法想要誇大自己的痛苦，同時暗示整個期間延續一年以上，但是就時間上看來與《編年史》的記事不盡吻合。

19　朱理安要把君士坦丁家族的罪行和不幸，故意塑造成充滿隱喻的傳說，同時很樂意的敘述和傳播。他的第七篇〈演說辭〉，結語部分就是用這種方式表達，立場公正的布勒特里將它翻譯成拉丁文。

20　優西庇婭皇后是馬其頓人，生長在提薩洛尼卡的貴族家庭，父親和兄長都曾出任執政官，在352年與皇帝結婚。在帝國分裂的時代，不論是那一派的歷史學家，都對她讚譽有加。

孜不倦教導皇家學生，陶冶天賦的稟性，鼓舞自負的才情，激勵獻身的精
神。這種辛勞並非沒有收獲，朱理安以神聖不可侵犯的態度，對雅典保持
關懷之情，一直在慷慨的心胸裡盤旋不已，這裡是他的權力成長之地，對
於往日充滿難以忘懷的回憶。溫煦文雅以及和藹可親的態度，從他的氣質
再聯想到他的地位，那怕是初次交談的陌生人，也和一般市民那樣爲他傾
心不已。有一些同學或許會用帶著偏見和憎惡的眼光，檢驗他的行爲，但
是朱理安在雅典的學院裡，建立起沛然自若的風格，大家都肯定他的德操
和才華，而且很快傳播到羅馬世界[21]。

　　朱理安在雅典不問世事，把時間全部用來專心學習時，皇后要爲他的
前途打算，一點都沒有疏忽不管，決定要按照計畫去推行。自從不久之前
凱撒棄世，留下康士坦久斯單獨料理國事，龐大帝國所累積的重壓使他倍
感辛勞。就在內戰的傷口快要癒合之際，高盧的行省因蠻族的肆虐而兵刀
四起，薩瑪提亞人不再視多瑙河爲插翅難越的天塹，逍遙法外的艾索里亞
人打家劫舍的惡行更爲猖獗。這批強盜從崎嶇的山地衝下來，蹂躪鄰近地
區，甚至膽敢圍攻塞琉西亞的主要城市，所幸有三個羅馬軍團嚴密守備，
才未能得逞。最關緊要之事，波斯國王因戰勝而得意忘形，再度威脅亞細
亞的和平，於是西方和東方都亟需皇帝的御駕親征。康士坦久斯首次誠心
默認，以他一己之力無法事無鉅細照應廣大的疆域。那些奉承的阿諛之
辭，說他憑著全能的才華和天賜的洪福，可以戰無不勝攻無不克，現在已
經於事無補，於是他能夠心平氣和聽取優西庇婭的建議，滿足厭倦怠惰的
情緒，又不會觸犯猜忌的傲慢心理。她意識到蓋盧斯的陰影始終盤據皇帝
的心頭，於是提及兩兄弟完全相異的性格，從幼年就已經看出，可以比之
於圖密善和提圖斯(Titus)[*22]，用這種方式很技巧的轉移康士坦久斯的注意

21　利班紐斯和格列哥里·納齊成極盡雄辯之能事，前者把朱理安捧爲英雄人物，後
　　者貶之爲罪惡暴君。格列哥里是朱理安在雅典的同學，很戲劇化的敘述背教者在
　　早年就有邪惡的徵候，不僅是身體有缺陷，就是言語和行爲也極爲怪僻。然而，
　　他倒是否認自己有預測的能力，知道朱理安會給教會和國家帶來災禍。
*22　[譯註]提圖斯和圖密善都是維斯巴西安皇帝的兒子，兩人的性格作風有天壤之別。提
　　圖斯在位一年死亡，全羅馬感到哀傷，其弟接位後成爲暴君，被家人所殺。

力。她不斷灌輸皇帝有這種看法，朱理安是一位稟性溫和毫無野心的少年，只要授與紫袍就會忠心耿耿感恩圖報。同時他有資格升任一人之下的高位，為皇室增添榮譽，不會爭權奪利，搶走君王和恩主的光彩。受寵的宦官雖然反對，但在私下經過一番頑固的奮鬥以後，還是降服在皇后的權勢之下。皇帝決定在朱理安與自己的妹妹海倫娜（Helena）舉行婚禮以後，授與他凱撒的頭銜，讓他統治阿爾卑斯山以外的國土。

雖然有召他返回宮廷的命令，但也暗示即將來臨的高位，當朱理安不得不離開喜愛的隱退地，帶著含淚面容告別雅典人民，表達出真摯的悲傷之情。他為自己的生命、氣運甚至未來的事功而擔憂不已，唯一的信心來自堅定的意志，相信密涅瓦（Minerva）女神*23會賜給他力量，採取適當的行動，同時從日神和月神那裡，獲得天使在冥冥之中所給予的保護。他滿懷憂懼趕赴米蘭的皇宮，發現那些謀害家人的兇手，帶著虛偽的面孔和充滿奴性的態度向他招呼時，坦誠的青年不會掩飾自己憤憤不平的情緒。優西庇婭為完成仁慈的策劃而無比喜悅，像一位姊妹那樣溫柔的接待他，用安撫的擁抱盡力驅除他心中的恐懼，安排光輝的前途使他鬱抑的恨意得以調解。當他第一次把希臘哲學家的長袍，換成羅馬帝王的軍服時，剃去鬍鬚的面容和侷促不安的態勢，好幾天內都在宮廷引人發噱24。

五、康士坦久斯擢升朱理安為凱撒（355A.D.）

君士坦丁時代的皇帝在選擇一位共治者時，不必再移樽就教元老院，但是為使提名的批准獲得軍方的同意，認可的過程還是讓人感到焦慮。在這樣嚴肅的場合，全副戎裝的警衛和駐地在米蘭附近的軍隊全部參加。康士坦久斯登上高台，手牽著堂弟朱理安，這天正是他二十五歲的生日（355年11月6日）。皇帝精心準備講辭，構思完美而且富麗堂皇，明確表示各種

---

*23　[譯註] 密涅瓦是羅馬神祇中司智慧、藝術、發明和武藝的女神，等於希臘的雅典娜。

24　朱理安用幽默的語氣，提到他蛻變的過程、沮喪的心理以及突然進入一個新世界，那種困惑的感覺。新世界的一切事物對他而言，都是那樣的陌生而且具有敵意。

危險威脅到國家的繁榮，需要提名一位凱撒負責西部的政局。他個人的意
見要是得到認同，只有君士坦丁的姪兒才能獲得紫袍的尊榮，這時下面響
起一片滿意的喃喃聲，因而證實可以得到士兵的認可。他們注視朱理安坦
率的面容，很高興的看見他的眼中閃爍著熱情的火花，帶著溫煦的羞澀而
緩和下來，這是他第一次在公眾面前表現出男子漢的氣概。接著進行他的
任職典禮，康士坦久斯用充滿威嚴的口吻向他講話，就他的年齡和地位居
長必然採用這種方式，告誡新任凱撒建立英雄的事業，不要辜負神聖而不
朽的名號。皇帝對共治者提出強烈的保證，他們的友情絕不會受到時間的
磨損，也不會因遠距離的分離而告中斷。等到演說完畢，士兵用盾牌撞擊
膝蓋，發出巨大的讚許聲音。軍官圍繞將壇，用相當保留的態度，向康士
坦久斯表示要用建立功勳來報答拔擢之恩。

　　兩位君王乘坐一輛戰車回到宮廷，在緩慢的遊行途中，朱理安內心背
誦所喜愛的荷馬詩句，可以用來表達對前途的恐懼[25]。在敘任式以後凱撒
在米蘭停留二十四天，統治高盧的第一個月，等於過著華麗而嚴苛的囚禁
生活，獲得的尊榮不足以補償所喪失的自由[26]。他的行動受到監視，通信
受到攔截，基於審慎起見，不得不婉拒最親密友人的來訪。過去跟隨他的
家臣，只允許四個人留在身邊，兩名侍從、一名醫生和一名圖書管理員，
最後一位雇來照料花費高價蒐集的書籍，這是皇后送給他的禮物。她很用
心的研究各種學識，在這方面與她的朋友一樣培養出濃厚的興趣。除了幾
位忠誠的僕人以外，基於凱撒的地位崇高，需要有一班家務人員在旁照
料。這些人都是一群奴才，對於新主人根本沒有任何忠誠的感情可言，大
部分人員一無所知而且滿懷疑慮。他缺乏經驗需要一群明智之士在旁協
助，但是有詳細的指令，用來規定他在用餐時的服務以及時間如何分配，
這種做法只適用於導師嚴格管理下的年輕人，而不是獨當一面指揮重要戰

25　荷馬把「紫色」這個字當作「死亡」的形容詞，意義含混倒是很常見。朱理安同
　　意這種說法，用來表示個人焦慮的性質和目標。
26　朱理安用極為悲慘的辭句，表達他身居高位所感受的痛苦。皇家御宴有精美而奢
　　華的飲食，年輕的哲學家對此不屑一顧。

爭的君王。要是他熱切期望獲得臣民的擁戴，這時君王因畏懼而感到不滿
就會加以阻撓，甚至就是婚姻生活的結晶，因爲優西庇婭心懷嫉妒的詭計
而引起流產。她在這一方面，似乎完全缺乏女性的溫柔，也失去寬宏大量
的氣度。朱理安回憶父親和兄弟的遭遇，不時提醒他處於險境之中。由於
錫凡努斯(Sylvanus)不幸的命運，更增加他的憂慮。錫凡努斯在擢升前那
個夏天，被選來擔任重大的任務，要從蠻族僭主的手中解救高盧。但是這
位將領發現在宮廷中留下最危險的敵人，在幾位主要大臣的鼓動之下，道
行高深的告密者弄到他寫的幾件推薦信，就把書信的內容抹掉只留下簽
名，空白的羊皮紙表示有不可告人的祕密，但是由於他的朋友鍥而不捨的
努力，終於識破這件陷人入罪的陰謀。在皇帝主持的重要會議中，政府和
軍方將領參加，無辜的錫凡努斯得到平反。但是陰謀破獲太遲，誹謗的報
告和倉卒籍沒他的家產，使他感受不白之冤，激起氣憤的首長起而叛變。
他在大本營科隆登基稱帝，採取積極的行動，威脅要入侵意大利和圍攻米
蘭。在這場危機發生以後，一位與他同階的將領烏西辛努斯(Ursicinus)再
度受到重用，過去他在東部服務的績效出眾，受到一場叛亂的牽連而去
職。他爲同樣性質的冤屈所激怒，就發布煞有其事的聲明，急著率領一些
追隨者投效錫凡努斯的陣營。烏西辛努斯的行動完全是皇帝的安排，接著
他就背叛過於輕信的朋友，於是錫凡努斯的統治只有二十八天就慘遭殺害
(355年9月)。士兵並沒有犯罪的意圖，只是盲目追隨領導者，這時立刻恢
復他們對帝國的忠誠。那些奉承康士坦久斯的人，盛讚君王的智慧和運
道，說他不費吹灰之力消弭內戰於無形[27]。

六、康士坦久斯巡視羅馬及多瑙河的征戰(357-359A.D.)

　　康士坦久斯與朱理安分別以後，爲了保護雷蒂提亞邊區和迫害正統基

27　阿米努斯原原本本知道錫凡努斯的作爲和下場，他自己就是少數追隨烏西辛努斯
　　假裝前往投靠者之一，歷盡艱辛把錫凡努斯篡奪的政權弄垮。

督教會，在意大利停留十八個月，皇帝在回到東方之前，巡視古老的都城
（357年4月28日），出盡風頭也滿足好奇心。大隊人馬浩浩蕩蕩從米蘭沿著
艾米利亞（Aemilian）大道和弗拉米尼亞（Flaminian）大道前往羅馬，等他快
要接近城市不到四十哩，這位在行軍途中的君王，過去從未征服國外的敵
人，竟然要擺出凱旋式的行列。所有的大臣穿著華麗的服飾，組成金碧輝
煌的扈從隊伍，在承平時期被無數侍衛和御騎前呼後擁。這些禁衛軍分隊
全副戎裝，衣甲鮮明，絲質旗幟用金線作成浮雕，繡成各種龍形，在皇帝
四周迎風飄揚。康士坦久斯獨據一輛華麗的御車，龐大的車身用黃金和名
貴的寶石做成裝飾，除了在通過城門時低頭致敬外，他裝出一副凜然不可
冒犯的神色，帝王的莊嚴看來像是有點無動於衷的模樣。宦官把訓練波斯
青年的嚴格紀律帶進宮廷，他們諄諄教誨要養成忍耐的習性，因此在緩慢
而酷熱的行進當中，皇帝安然穩坐，全身絲毫不動，也不會左顧右盼，四
處張望。羅馬的官員和元老院議員全部出來接駕，皇帝很留心的打量共和
國的市民尊容，以及貴族家庭的執政官形象。無數民眾排列在街道兩旁，
在睽別三十二年以後，再能夠見到神聖的君王，群眾一再歡呼表示欣慰之
情。康士坦久斯很幽默的表示，好像全人類突然集合在這個地方，真是使
他大吃一驚。君士坦丁之子臨時居留在奧古斯都的宮殿，主持元老院的會
議，在西塞羅經常登臨的講壇上，對著議員發表高論，在賽車場的比賽中
受到非常殷勤的接待，接受金冠和頌辭，是代表他統治都城郡守，特別準
備用於這次大典。他在短暫的三十天訪問期間，花費很多時間視導藝術和
權勢的紀念物，散布在羅馬七山和其間的谷地。他讚譽卡庇多神殿的威嚴
氣勢，卡拉卡拉以及戴克里先浴場的龐大高聳，萬神殿的對稱簡樸，提圖
斯大競技場的氣象萬千，龐培劇場以及和平女神廟的典雅結構，然而超凡
入聖的建築物當屬圖拉真廣場和紀念圓柱。康士坦久斯承認要不是這些建
築物既創新而又雄偉，能夠獲得舉世稱譽的聲名，否則就配不上世界的首
府。今天的旅客注視古代羅馬的遺跡，從無瑕美景的光輝中抬起頭來，心
中常會頓生不勝唏噓之感。

　　康士坦久斯對這次的視導行程感到很滿意，也激起他的好勝之心，要

對羅馬呈獻紀念物以表達感謝之意和慷慨之誠。最初的想法是比照圖拉真廣場，樹立巨大的大理石雕像和騎馬銅像，但是在深思熟慮以後，考量到執行的困難[28]，還是選擇裝飾都城的方式，把埃及的方形尖石碑當禮物送給羅馬。年代久遠文明燦爛的時期，好像在創造拼音文字之前，古老埃及統治下的城市像是底比斯和希利歐波里斯（Heliopolis），樹立相當數量的方形尖碑，造形的簡單和材質的堅實使人感受深刻的印象，歷盡時光的侵蝕和人事的滄桑，毫無損傷巍然屹立[29]。有幾根很特別的石柱被奧古斯都和後續各帝，當作權勢和勝利的象徵，運到羅馬成為地久天長的紀念物。但是還留下一根方形尖碑，因為體積巨大而且帶有傳統的神聖性質，長時期以來逃脫征服者基於虛榮心的掠奪。君士坦丁計畫用來裝飾新都城，下令將它從赫利波里斯的太陽神廟前的基座上移開，然後順著尼羅河運往亞歷山卓。這時君士坦丁逝世，整個計畫就暫時停頓下來，而這座方形尖碑命中注定，要由他的兒子獻給帝國古老的首都。特別建造承載力和容量驚人的船隻，用來運送極為沉重的花崗岩石柱，從尼羅河的河岸直達台伯河。康士坦久斯的方形尖碑在離城三哩的地方上岸，動用大量人力和技術，樹立在羅馬大賽車場之中。

康士坦久斯接到伊利里孔行省傳來警報，即將陷於水深火熱的危險之中，就倉卒啟程離開羅馬。狂亂的內戰造成不利的影響，羅馬軍團在墨薩會戰遭受難以補救的損失，使得整個地區毫無防衛的能力，暴露在蠻族輕騎兵的威脅之下。特別是夸地人的入侵，這個兇狠勇猛而且實力強大的民族，將日耳曼人有關作戰和用兵的方式，與盟友薩瑪提亞人交換經驗，更

28　霍爾米斯達斯（Hormisdas）是波斯流亡在外的皇子，他對皇帝做這件事有所評論，像是「要想養匹馬，先要有馬廄」（所謂馬廄是指圖拉真廣場），真正的含意是建紀念物要有功勳。霍爾米斯達斯也有其他的名言流傳，如「發現死在羅馬與他處無殊，此為亡者唯一不快之處」，要是我們在阿米努斯的作品中讀到，不過再度證明羅馬人的虛榮心而已，這也是憤世嫉俗者所具有的矛盾心理。

29　日耳曼尼庫斯（Germanicus）遊覽底比斯古老的遺跡，最年長的僧人向他解釋象形文所代表的意義。很可能在拼音字母發明之前，這些模仿自然而且變化多端的圖形，就是埃及人的常用文字。

能發揮雙方的優點。邊區的守備部隊沒有能力阻止他們的前進，怠惰的君王最後被迫要從帝國遙遠的邊疆，將最精練的內衛軍集結起來，親自率領趕赴戰場，指揮整個戰役的進行，準備在秋季和來年的春天，全力執行這場態勢險惡的戰爭（357A.D.、358A.D.、359A.D.）。皇帝在船隻搭成的橋樑上通過多瑙河，將進兵途中遭遇的敵人打得潰不成軍，直接殺進夸地人的心臟地帶，嚴厲報復羅馬行省所遭受的災難和痛苦。喪失鬥志的蠻族立即屈服乞求和平，願意歸還俘虜的臣民，爲了補償他們過去的惡行，提供地位高貴的人質，作爲未來遵守規定的保證。第一位前來向康士坦久斯求饒的酋長，故示大方的廷臣拿來做榜樣，鼓勵那些膽怯或固執的酋長起而效法。皇帝的御營擠滿來自遙遠部落的王侯和使者，他們的國土位於下波蘭（Lesser Poland）的平原，可能認爲自己安住在高峻的喀爾巴阡山脈後面。康士坦久斯與多瑙河對岸的蠻族約法三章，特別對遭到放逐的薩瑪提亞人，表示言不由衷的同情，這批人在奴隸的叛亂中被趕離自己的家園。他主持一場非常重要的登基典禮，把權力歸還給夸地人。皇帝運用表現慷慨而講求權謀的政策，把薩瑪提亞人從受制於人的屈辱狀況中解救出來，用單獨的條約恢復民族的尊榮，聯合在一位國王的統治之下，成爲羅馬帝國的朋友和同盟。

康士坦久斯宣布自己的決定，認爲有關各方的問題能夠公正的解決，只要把黎米根特人絕滅或驅離以後，行省就可以保證得到和平。因爲這個民族起於奴隸的本性，他們的風俗習慣一直在傳播邪惡的暴行。要遂行這個計畫雖然帶來榮譽卻困難萬分，黎米根特人的領地在羅馬人這方面，受到多瑙河的保護，與敵對的蠻族隔著特斯河。兩條大河之間全都是沼澤地區，經常發生氾濫形成錯綜複雜的荒原，只有居民熟悉不爲人知的小路和難以穿越的叢林，才能夠在當地通行無阻。等到康士坦久斯的大軍快要接近，黎米根特人用盡陣前求情、詐術欺騙或是武力對抗等各種辦法，但是康士坦久斯嚴厲拒絕他們的哀求，識破蠻族粗糙的欺騙伎倆，運用作戰技巧和堅定士氣，擊退黎米根特人暴虎馮河的勇氣。其中有一個最好戰的部落，定居在面對特斯河與多瑙河會合口的小島，答應過河參加友善的會

議，好趁機對皇帝的營地發起奇襲。就在他們要想動手時，結果自己成為背棄信義的犧牲者，四周受到嚴密的包圍，被騎兵踐踏毫無還手之力，受到軍團的大肆屠殺。他們不願向敵人求饒，帶著大無畏的表情歷經痛苦的死亡，手裡仍然緊握著武器。這次的勝利使得相當多的羅馬人，陳屍在多瑙河的對岸。泰法利人（Taifalae）是一個哥德人的部落，受僱在帝國的軍隊服務，在特斯河這邊進擊黎米根特人。自由的薩瑪提亞人是他們過去的主人，受到希望和復仇的激勵，穿過多山的國土，進入從前屬於他們所有的中心地區。蠻族的木屋建在荒野的深處，引發火災使他們的位置無所遁形。士兵充滿信心在沼澤地區作戰，只有在通過時會帶來危險。黎米根特人最勇敢的武士處於窮途末路的困境，決心拿著武器死戰到底，根本不作屈服的打算。但是在老年人運用權勢，力主從長計議終於占了上風，懇求的群眾跟著他們的妻兒子女，全部來到皇帝的御營，聽取征服者對他們命運的宣判。康士坦久斯自認有仁慈之心，願意原諒他們一再犯下惡行，赦免這個有罪民族的餘眾，指定很遙遠的國土作為流放地，讓他們在那裡安養生息過和平的日子。

　　黎米根特人只有心不甘情不願的聽從命令，但是等他們抵達指定居留地，終於可以安頓下來時，又回到多瑙河河岸，盡力誇張困苦的情況，熱情表達報恩的忠誠，懇求皇帝在羅馬行省的界線內，賜給他們一塊不受干擾的居留地。康士坦久斯對於蠻族的反覆無常和不守信義，雖然過去有多次的經驗，但是不以為意，情願聽取奉承者的意見。這些人表示要是接受一個供應士兵的殖民區，會為帝國增添尊榮和利益，到那個時候，要獲得臣民繳納的不當罰金，比要臣民從軍服役更容易。黎米根特人得到批准可以渡過多瑙河，皇帝在靠近現代城市布達（Buda）附近的大平原上，給予群眾觀見的殊榮。他們圍繞著將壇，好像表現出尊敬的態度，傾聽充滿溫語慰勉和莊嚴神聖的講話。這時有個蠻族把他的鞋子拋到空中，大聲的喊叫著：瑪哈（Marha）！瑪哈！這句話表示輕蔑的挑戰，等於向群眾發出信號。他們憤怒的一湧而上要抓住皇帝本人，他的寶座和黃金的臥榻都被無禮的搶走，但是侍衛拼死抵抗，使他獲得機會騎上一匹快馬，從混亂的現

場逃脫。蠻族安排奸詐的偷襲是極不榮譽的行為，立即為數量和紀律都占優勢的羅馬人所平服，只有黎米根特人的名字和種族全部被絕滅，戰鬥才宣告停止。自由的薩瑪提亞人獲得古老的家園以後開始重建，雖然康士坦久斯並不相信他們善變的性格，心中仍舊希望他們能夠感恩圖報，對未來的行動會產生影響。他對地位高貴的酋長齊沙斯(Zizais)印象深刻，這位酋長有雄偉強壯的體魄和逢迎奉承的態度，就賜予國王的名號。齊沙斯證明他的統治產生很大的作用，很誠摯而持久的照顧恩主的利益。康士坦久斯由於獲得光輝的成就，勝利的軍隊用「薩瑪提庫斯」(Sarmaticus)的名號向他歡呼。

七、薩坡爾入侵帝國東部的作戰行動(357-360A.D.)

羅馬帝國和波斯王國分別在遙遠的邊疆多瑙河和阿姆河*30，抵抗蠻族的入侵，這兩個地點相距有三千哩，至於兩國之間的國界，在停滯的戰爭和不穩的和約之中，經歷世事的興衰和滄桑。康士坦久斯派駐東部的兩位大臣，禁衛軍統領穆索尼安(Musonian)，才德不足以服人，而且缺乏誠信；美索不達米亞的卡西安(Cassian)伯爵，出身行伍，是個身強力壯的老兵。他們與波斯省長坦薩坡爾(Tamsapor)展開祕密談判(358A.D.)，使用亞細亞充滿奴性和帶著奉承意味的語言，對和平的提案加以解釋以後，再傳到波斯大王的營地。他決定派出使臣，表示對羅馬人苦苦哀求所提出的條款，會予以批准。納爾西斯(Narses)奉命出使，一路很風光的通過安提阿和君士坦丁堡，長途跋涉以後抵達色米姆(Sirmium)。在第一次覲見時，雖然來使非常恭敬，但是國王傲慢的信函卻將真相表露無遺：

　　萬王之王薩坡爾，日神和月神的兄弟(像這樣崇高的頭銜完全是

---

*30　[譯註]阿姆河(Amu Darya)位於中亞，又稱阿姆河，全長一四〇〇哩，從帕米爾高原流向鹹海。

東方人的虛榮心作祟），對於他的兄弟康士坦久斯凱撒，因天災
人禍的教訓更能明理守分，感到非常欣慰。身為大流士‧希斯塔
斯皮斯（Darius Hystaspes）的法定繼承人[*31]，薩坡爾要鄭重聲明，
馬其頓的斯特里蒙（Strymon）河[*32]才真正是帝國古老的邊界，不
過，這樣宣布只是證明行事穩健，不做非分之想。要讓他得到滿
足，在於亞美尼亞和美索不達米亞所屬各行省，何況這些地區都
是運用欺詐的伎倆，從他祖先的手中奪去。薩坡爾再次重申，要
是不能歸還這些有爭議的國土，就不可能在穩固而長遠的基礎
上，建立任何和平條約。同時他敢很自豪的提出威脅，要是使臣
得不到承諾空手而歸，他準備在春季出動大軍，用武力來維護正
義的要求。

　　納爾西斯天生具有文雅和友善的態度，在不違背所負職責的狀況下，
盡力軟化所傳信息的刺耳音調。在御前會議裡，對於信息的方式和內容都
經過審慎的衡量，就用下述的答覆打發使臣歸國：

　　康士坦久斯有權拒絕接受派來大臣的非正式聲明，該員所扮演的
　　角色得不到在上位者任何明確的命令。不過，皇帝並不反對一個
　　和平而光榮的條約，但是，像這樣的和平條件，說要等到戰力集
　　中在東部狹窄的邊界才提出，現在竟然提到羅馬世界至尊無上的
　　皇帝面前，不僅沒有禮貌而且極為荒謬，只有表示憤慨對使臣加
　　以拒絕。戰陣之事誰也沒有把握，薩坡爾應該記得，羅馬人有時
　　會在戰場吃敗仗，但是他們最後總是贏得戰爭的勝利。

　　納爾西斯離開以後過不了幾天，羅馬帝國派出三個使臣前往薩坡爾的

---

*31　[譯註]大流士‧希斯塔斯皮斯即大流士大帝(550-486B.C.)，繼承祖父居魯士建立
　　的波斯帝國，已達顛峰時期，公元前491年率大軍入侵希臘，失敗而歸。
*32　[譯註]斯特里蒙河流經希臘北部的安菲波里斯(Amphipolis)入愛琴海。

宮廷。現在波斯國王從錫西厄人的遠征中班師，回到位於帖西奉
（Ctesiphon）的行宮。這次選出一位伯爵、一位律師和一位雄辯家，負起出
使的重要任務，康士坦久斯私下對締結和約感到焦慮，但是對三位人選
中，憑著第一位身居高職的地位，第二位精通法律的技巧，第三位口若懸
河的辯才[33]，心存希望可以說服波斯國王，放棄固執而又無理的要求。但
是雙方談判的進展，被安東尼努斯（Antoninus）充滿敵意的手段所反對和
破壞[34]，安東尼努斯是敘利亞的羅馬臣民，受到壓迫後投效敵營，薩坡爾
允許他參加御前會議，甚至與國王同桌共餐。按照波斯人的習慣，經常會
在進食時討論重要的軍國大事[35]。這位頭腦靈活的亡命之徒，想盡辦法使
國王覺得有利可圖以外，還可以滿足報仇的心理。他不斷激起新主子的野
心，能夠掌握最好的時機，這時最勇敢的內衛軍追隨皇帝，在多瑙河參與
遙遠的戰爭，他催促薩坡爾率領波斯大軍，加上兇狠蠻族的聯盟實力更為
強大，立即侵入精疲力竭又無防衛能力的東部各行省（359A.D.）。羅馬的
使臣無功而返，第二位大使同樣有很高的地位，在嚴格的限制下被拒於千
里之外，並且要脅加以處死或放逐。

　　阿米努斯這位服務軍旅的歷史學家，正在波斯人準備用船在底格里斯
河上構築橋樑時，被派遣前去觀察對方軍隊的動靜。他們在亞述平原一座
小山頂上，看到遠至地平線的盡頭，全部布滿人員、馬匹和武器裝備。薩
坡爾位於隊伍的前面，穿著華麗的紫袍特別引人注目，開俄奈特
（Chionites）國王格隆貝特斯（Grumbates）在他的左邊，這是東方人最尊貴

33　卡帕多西亞的優斯塔修斯（Eustathius）是詭辯家，也可稱為哲學家（這兩種稱呼在
　　那時代幾近同義），他是詹布利克斯（Jamblichus）的門徒，聖巴西爾（St.Basil, 329-
　　379A.D.，聖徒、凱撒里亞主教、對抗阿萊亞斯派的主要人物）的朋友。優內庇斯
　　很高興把蠻族國王受到蠱惑的光榮事蹟，歸功於這位有哲學家風範的大使，説他
　　憑著三寸不爛之舌就能完成任務。

34　安東尼努斯合乎禮儀用尊敬的態度，接待羅馬的將領，使對方感到賓至如歸。阿
　　米努斯在提到這位叛徒時，抱著同情和欽佩的心情。

35　阿米努斯注意到這些細節，證明希羅多德的記述真實不虛。波斯人的確保有恆久
　　不變的生活方式，不論在那個時代，他們都高歌痛飲沉溺於醉鄉之中，昔拉茲
　　（Shiraz）的美酒遠勝穆罕默德的律法。

的位置，有一副嚴厲的面孔，是老邁年高而威名顯赫的武士。君主把右邊留給阿爾巴尼亞國王，他率領來自裏海海岸的獨立部落，省長和將領按照不同的階級散布在兩旁。除了東方奢華的後宮行列以外，整個軍隊包括十萬名作戰人員，慣於吃苦耐勞和行軍作戰，從亞洲國家最勇敢的戰士中挑選出來。羅馬的叛徒運用各種手段，要在御前會議中引導薩坡爾的行動。他提出非常明智的意見，大軍不應浪費整個夏天，進行冗長而困難的圍城作戰，要直接對著幼發拉底河行軍，接著要毫不耽擱向前挺進，迅速占領敘利亞實力薄弱而富裕繁盛的首府。

　　但是波斯人剛一進入美索不達米亞平原，就發現敵人已經早做安排，運用諸般手段以遲滯大軍的前進，破壞原訂的計畫。居民帶著牛群安頓在防禦能力很強的地點，整片國土的糧秣和草料全部放火燒掉，河流的徒涉地點打進削尖的木椿成為強固的工事，各種投射機具和弩砲布置在對岸。幼發拉底河正是季節性的漲水期，妨礙到蠻族襲擊泰普薩庫斯（Thapsacus）河的橋樑，只有奪取此地才能打開最常用的通路。他們那位極為高明的嚮導馬上變更作戰計畫，然後指導軍隊繞一個大圈，雖然路途較長，但是通過富裕的地區，對著幼發拉底河的源頭前進，幼年期的巨川變成水淺可以越過的溪流。薩坡爾以明智的不屑態度，對尼昔比斯（Nisibis）的實力置之不理，但當他在阿米達（Amida）的城牆下通過時，決定要試一下自己的威望。要是國王的御駕親征根本不畏懼守備部隊，那對方見到這種氣勢立刻就會歸順。但城上投出一枝標槍，無意中成為褻瀆神聖的奇恥大辱。薩坡爾看到被釘在地上的皇家頭巾，知道自己完全弄錯狀況。氣憤填膺的君王根本沒耐性聽取大臣的勸告，他們懇求不要為滿足一時憤怒之情，而犧牲成功的大好機會。次日格隆貝特斯帶著一群選鋒前往城門，要求城市立即投降，這是對君王草率和無禮行為後，唯一可接受的贖罪方式，回答他的提議是矢石交加，箭如雨下。他的獨子是個英俊勇敢的少年，被從弩砲中發射出來的標槍貫穿整個胸膛。開俄奈特王子的葬禮完全採用本國的儀式，薩坡爾用非常莊嚴的保證撫慰年老父王喪子之痛，會把罪惡的城市阿米達當成一個火葬堆，來給他兒子抵命，使他的英名能

流傳千古。

　　阿米德或稱阿米達是個古老的城市，有時採用省民的稱呼叫做狄爾貝克(Diarbekir)[36]，位於肥沃的平原，形勢非常有利。底格里斯河的天然水道和人工溝渠縱橫，可以用來灌溉，有一條水勢不大的溪流彎成半圓形，繞著城市的東邊流過。康士坦久斯皇帝在不久以前，將自己的名字賜給阿米達以示最高榮譽，增加城牆的強度和修建高聳的塔樓，提升整體的防禦力量，設置一個軍械庫供應各種投射機具。當此處被薩坡爾的大軍包圍時，正常的守備部隊增援到七個軍團的兵力。波斯國王在開始就抱著樂觀的希望，認為勝利靠著按部就班的正規攻擊。在他那聲勢浩大的陣營裡，參與的幾個國家都各別指定展開的位置：威爾提(Vertae)人在南邊，阿爾巴尼亞人在北邊，瀰漫著悲痛和憤慨情緒的開俄奈特人在東邊，西吉斯坦人(Segestans)在西邊，是最勇敢的戰士，一列無堅不摧的印度戰象掩護著正面[37]。每一邊都配置波斯部隊，用來支援攻擊的效果，激勵高昂的士氣。國君自己毫不考慮高貴的地位和本身的安全，全副戎裝親自督導圍攻作戰，激起年輕士兵視死如歸的勇氣。經過頑強的戰鬥蠻族被擊退，他們還是不斷的衝鋒，結果犧牲慘重被趕離接戰的位置。有兩個過去參加叛軍的高盧軍團，亂平後被發配到東部，在一次夜間突擊中殺進波斯的營地，憑著不講紀律的蠻勇贏得莫大的令名。在不斷的攻城行動中有一次最為驚險，有個背叛的逃兵出賣阿米達，向蠻族指出一道祕密而被忽略的階梯，從懸崖上面鑿出來成為打水的小徑。這座懸崖轟立在底格里斯河的溪流旁邊，七十名從皇家衛隊選出的弓箭手，保持靜肅爬上控制懸崖有三層樓高

36　狄爾貝克又稱阿米德，或是喀拉─阿米德(Kara-Amid)，土耳其官方資料上記載，這個城市有一萬六千戶，統治的帕夏(Pasha)有三座馬尾旌府邸。「喀拉」的含意是指「黑色的磚石」，用來築成固若金湯的古老城牆。

37　這裡提到的四個民族：阿爾巴尼亞大家都耳熟能詳；西吉斯坦擁有廣大而平坦的國土，位於柯拉珊(Khorasan)的南邊和印度斯坦(Hindostan)的東邊，現在還保持原來的名稱。雖然巴蘭姆(Bahram)出兵西吉斯坦，誇耀獲得巨大的勝利，但八十年後西吉斯坦終於獨立，成為波斯的盟國。我們對威爾提和開俄奈特的狀況一無所知，個人以為這兩個國家位於印度和錫西厄的邊界。

的木塔，在高處升起波斯人的旗幟。這個信號使攻擊部隊信心大增，同時也使被圍人員士氣沮喪。要是這群敢死隊在這位置多支持幾分鐘，他們的犧牲可以贏得光榮的代價。薩坡爾運用強攻或詭計都無法奏效後，只有進行曠日持久、步步為營的圍攻作戰，並向羅馬逃兵請教各種圍攻技巧，在適當的距離開挖對進的戰壕。擔任這項任務的部隊在向前推進時，用堅固的盾屋做成可移動的覆蓋，以抵禦投射的矢石，在深溝的上面也要架起防盾，保障士兵著手損毀城牆基礎的工作。同時開始構建許多木塔，下面裝上輪架可向前推動，供應士兵各種投射武器，一直到能夠處於同樣的高度，與守衛在壁壘上的部隊接戰。每一種抵抗方式，無論是可以想到的技巧，或是可以發揮的勇氣，全部用在阿米達的防禦作戰上。薩坡爾的工程和裝備，被羅馬人的火攻所摧毀也不止一次。但是被圍城市的資源會耗用竭盡，波斯人修復受損的裝具，繼續向前逼近，攻城槌把城牆打出一條很大的裂口。守備部隊的實力因作戰傷亡和瘟疫流行，損耗到不堪再戰的程度，只有屈服於瘋狂進擊和強打猛攻。士兵和市民及他們的妻兒子女，全無法從後面城門逃走，在征服者不分青紅皂白的濫殺下，無一倖免。

　　但是阿米達的毀滅使羅馬行省獲得安全。勝利的興奮情緒很快消失無蹤，薩坡爾有時間仔細考量，為了懲罰拒不從命的城市，損失大軍最精練的部隊，耗費征戰最有利的季節[38]。身經百戰的老兵有三萬人葬身在阿米達城牆之下，交戰不斷的圍攻持續七十三天，失望的君王裝出一副凱旋的模樣回到都城，內心感到懊惱不已。還不僅如此，蠻族盟友善變無常，在遭遇未曾預料的困難以後，就想打退堂鼓放棄戰爭。年邁的開俄奈特國王因報復而得到滿足，喪子情景的恐懼使他打道歸國，這已剝奪家族和國家的接位希望。薩坡爾在次年春天率領進入戰場的大軍（360A.D.），無論從

38　阿米努斯注意到該年的編年史有三個很特別的情況，相互之間無法自圓其說，也與史書的記載不盡吻合。(1)、薩坡爾進犯美索不達米亞正值穀物成熟，整個地區與阿勒坡（Aleppo）處於同一緯度，這個時候應該是4月或5月；(2)、薩坡爾的進軍受阻於幼發拉底河的氾濫，通常發生在7月和8月；(3)、薩坡爾圍攻七十三天才奪取阿米達，已經是深秋季節。要讓這些看起來矛盾的事項說得通，那麼我們只能設想波斯國王有些遲緩，歷史學家有些差錯，天候季節有些混亂。

實力和士氣方面來說，不再能支持他那漫無邊際的野心。他放棄征服東部
的構想，只要能夠收復美索不達米亞兩個設防城市，那就是辛格拉
(Singara)和比查布德(Bezabde)，他就感到滿足。這兩個城市，其中一個
位於黃塵滾滾的沙漠之中，另外一個城市坐落在很小的半島上，爲底格里
斯河深邃而急湍的激流所環繞。五個羅馬軍團成爲俘虜，人員被送到遙遠
的地方囚禁，位於波斯國境的邊陲地區。軍團的編制已經縮小，是君士坦
丁時代的傑作。在拆除辛格拉的城牆以後，征服者放棄這個孤獨而偏遠的
位置，但是他很細心的恢復比查布德的堡壘工事，在這個重要的前哨派駐
守備隊，並且當成老兵的殖民區，充分供應各種防禦器具，激起他們高度
榮譽和忠誠的情操。等到戰役將近結束，用來征服威爾撒(Virtha)，或稱
之爲梯克里特(Tecrit)*39未能獲得意料中的成效，使薩坡爾的軍隊蒙受羞
辱。但是一直到泰摩蘭(Tamerlane)時代*40，此地被還認爲是阿拉伯人堅
強無比難以攻陷的城堡。

　　防衛東部對抗薩坡爾的大軍，需要最優秀的將領且要能施展才能。非
常幸運，勇將烏西辛努斯就在行省服務，只有他能給士兵和人民信心。在
此危急關頭，卻因宦官陷害，皇帝將烏西辛努斯調離現職，而將東部軍事
指揮權交付給薩賓尼安(Sabinian)。這位狡猾而富有的行伍軍人，雖然已
經到達衰老的知命之年，但是卻談不上有任何經驗。生性猜忌而又反覆無
常的監軍宦官，接著又發布第二道命令，烏西辛努斯再度被派到美索不達
米亞邊疆，要他將功抵罪，勤勞國事，如果獲得榮譽，歸於毫無奉獻而又
在暗中害人的仇敵。薩賓尼安留在埃笛莎的城牆之內，鎮日無所事事，只
會舉行無聊的閱兵來打發時間，並且要求用皮瑞克(Pyrrhic)戰舞*41的步

---

　*39　[譯註]梯克里特現在是前伊拉克總統海珊的故鄉，他建立的復興黨以此地爲大本
　　　　營。美國的第二次波灣戰爭，對整個區域大力掃蕩。
　*40　[譯註]泰摩蘭又稱帖木兒(1336-1405A.D.)，出身於韃靼人的蒙古貴族，興起於撒
　　　　馬爾罕(Samarkand)，征服西亞、波斯、阿富汗、印度，直至小亞細亞，創立帖
　　　　木兒帝國。1405年出兵攻打中國，對象是明成祖永樂皇帝，暴卒於軍中。
　*41　[譯註]皮瑞克戰舞是希臘的傳統舞蹈，青年男子或兒童隨著鼓笛的節奏前進，可
　　　　用於軍事操練。

伐，按著笛號的節奏前進，把有關公眾的防衛工作置之不顧，全部推到勇敢而勤奮的東部前任將領身上。但是不論烏西辛努斯提出任何主動積極的作戰計畫，像是建議編組一支輕便而又靈巧的軍隊，由他親自率領，從大山的山腳下面掃過，攔截敵人的運輸車隊，騷擾波斯人綿長的陣線，甚至去解救陷於絕境的阿米達，但怯懦而嫉忌的指揮官宣稱，他奉有嚴格的命令不能危及部隊的安全。阿米達終於失守，英勇的守軍要是逃過蠻族的刀劍，也會死在羅馬軍營行刑隊的手裡。烏西辛努斯後來經過不公正的調查，認為他犯有過失，被毫無擔當的薩賓尼安懲處，喪失軍階和職位。

　　但是康士坦久斯在接到報告有了先入為主的成見，立即經驗到這種陷害忠良之事無法避免，使得受到枉曲的部將義憤填膺，然而長久以來政府的原則就是寧冤勿縱。後來皇帝自己發覺，要從外敵的入侵中防守東部的疆域，絕不是容易的任務。康士坦久斯征討多瑙河的蠻族，在完成安撫和綏靖的工作以後，開始緩慢向著東部進軍。等他的大軍掃過燒得片瓦不覆的阿米達以後，率領優勢兵力圍攻比查布德。在巨大的攻城槌不斷衝擊之下，城牆震動得幾乎要倒塌下來，城鎮已經到達羅掘俱窮的地步，但是守備部隊靠著百般忍耐和大無畏的精神，還是堅守不懈。等到雨季將近，皇帝只有解圍而去，很不光彩的退回設於安提阿的冬營。倨傲自負的康士坦久斯和才情自許的廷臣，在波斯戰爭中沒有發現任何光榮事蹟，可以提供材料寫出流芳後世的頌辭。然而他的堂弟朱理安，經委付高盧行省的軍事指揮權以後，建立功勳的簡略事蹟已傳遍整個世界。

八、高盧的危局及朱理安的困境(356-360A.D.)

　　內戰的憤怒使人盲目，康士坦久斯所以把高盧人的國土，放棄給日耳曼蠻族，乃因高盧人對與他爭天下的馬格南久斯，始終抱有好感，承認僭主的權威和指揮。一大群法蘭克人和阿里曼尼人（Alemanni），受引誘渡過萊茵河，是因獲得禮物和承諾，再不然是產生搶奪戰利品的希望，還有就是對征服的區域盼能永久據為己有。皇帝基於暫時的需要，可以獲得一臂

之力，結果這草率的權宜之計，激起蠻族貪婪的念頭。康士坦久斯立刻發
現要想打發可畏的盟友，是很困難的工作，心裡感到無限懊惱。等嚐到甜
頭，知道羅馬世界是如此富裕，也就顧不得忠誠和叛逆之間細微的區別。
這些毫無紀律的強盜，把帝國所有的臣民當成世仇大敵來看，凡是想要的
財物全部都得弄到。四十五個富裕的城市，像通格里(Tongres)、科隆、
特列夫、窩爾斯(Worms)、斯拜爾斯(Spires)、斯特拉斯堡(Strasburgh)
等，以及大多數鄉鎮和村莊，全都遭到搶劫，化為灰燼。日耳曼蠻族仍信
守祖先遺留的教條，痛恨城牆對行動的限制，用厭惡的口吻稱之為監獄和
墳塚，把他們獨立的居所建立在河流岸邊，像萊茵河、莫瑟爾(Moselle)
河及馬士(Meuse)河，將大樹砍倒橫放在道路，當成粗製濫造的工事，以
防範遭到突擊的危險。阿里曼尼人所留居的地區就是現在的阿爾薩斯
(Alsace)和洛林(Lorraine)，法蘭克人占據巴塔維亞人(Batavians)的島
嶼，算在一起就是廣寬的布拉奔(Brabant)*42，然而以獲得托克森山卓
(Toxandria)[43]這個稱呼而知名於世，可說是高盧王國的發源地[44]。從萊茵
河的源頭一直到出海口，日耳曼人征服的區域是在河流西岸，大約向前延
伸四十哩，整個地區聚集很多用自己姓氏和宗族命名的殖民地，而他們所
毀滅的地區比起征服的區域起碼大三倍。在較遠距離以外無防守能力的鄉
鎮，高盧人全逃離一空。設防城市的居民對於自己的實力和預警沒信心，
他們所賴以維生的穀物，只能種植在城牆附近。軍團的編制日益縮小，缺
乏薪餉和糧食，沒有武器和紀律，傳聞蠻族將要奔殺而來就膽戰心驚，甚

---

*42　[譯註]布拉奔是古老的大公國，領有後來的低地國家，分為荷蘭和比利時兩國。

43　這個名稱來自普里尼，他的家鄉是意大利的托克森德里(Toxandri)。到後來，托
　　克森山卓經常在中古時代的史籍上出現，是滿布森林和沼澤的地區，從通格里附
　　近一直延伸到瓦哈爾(Vahal)河流入萊茵河的會合口。

44　丹尼爾有一個自相矛盾的論點，那就是法蘭克人在克洛維斯(Clovis)時代之前，
　　從未在萊茵河的這一邊獲得永久居留地。學識淵博而且待人親切的畢耶(Biet)，
　　也不認同這種武斷的說法，他提出很多證據，證明法蘭克人在克洛維斯登基前一
　　百三十年，就一直據有托克森山卓整個地區。畢耶的論文在1736年得到蘇瓦松
　　(Soissons)學會的襃獎，在這個學術領域，古物家勒波夫神父(Abbe le Baeuf)是知
　　名學者，雖然同行相妒，拜讀他的著述也讚不絕口。

至光聽到名字就嚇得面無人色。

　　面臨如此悲慘的處境，一個毫無經驗的青年，指派前來拯救和治理高盧的行省，按照他自己的說法，毋寧是展現皇室虛有其表的偉大形象。朱理安以不求聞達的心情，接受學究式的教育。他對書本較之武藝更爲熟嫻，對死亡較之生存的印象更爲深刻，因而使他自外於戰爭和政府的實際運作，就這方面而言，完全是一竅不通。他不斷笨手笨腳重複溫習各種軍事操作，這些知識對他而言極爲重要，難免嘆息的叫道：「啊！柏拉圖，柏拉圖！哲學家怎麼會有這種工作！」然而就是思辨哲學把最高貴的教條和光輝的例證，充實在朱理安的內心。但是對有些負重責大任的人來說，他們太不把這些哲學放在眼裡，朱理安就是受到陶冶才會喜愛德業、追求聲譽、藐視死亡。他在學院養成自我克制的習慣，這也是軍營中嚴肅紀律的基本要求。簡單的自然需要用來律定食物和睡眠的方式，不屑於佳餚美味布滿餐桌，他的慾望滿足於粗糙和普通的飲食，跟最低階的士兵完全一樣。在高盧寒冷的冬天，他的寢室沒有生火保暖，通常在短促而受到打擾的睡眠以後，中夜從舖在地板的毛毯裡起來，處理緊急的事務，巡視營地的狀況，或者偷得片刻空閒，進行最喜愛的研究工作[45]。他在過去經常運用辯論的原則，對所中意的題材發表公開的演說，現在可以用來鼓勵或安撫殺氣騰騰的武裝群眾，更能發揮所望的效果。雖然朱理安早年的談話和寫作都已習慣使用希臘語文，非常熟練而且能夠掌握辭章之美，但是他的拉丁腔調已到達如假包換的程度[46]。朱理安開始並沒有規劃要成爲立法者，或是擔任法官的工作，所以他的重點不可能放在羅馬的民法體系方面。但是他從哲學的研究養成堅持公理正義的信念，靠著仁慈的性格來化解乖戾之氣，了解公平處理和講求證據的基本原則，對於最複雜冗長的問題都有耐性進行調查，充分掌握關鍵所在以進行討論，使事件能夠真相大

45　阿米努斯欽佩朱理安在高盧過著嚴以律己的生活，就因爲這樣，朱理安才能嘲笑
　　君士坦丁家族的種種不法行爲，使得當時的朝野人士感到大爲驚異。
46　朱理安在希臘的學院接受教育，認爲羅馬語是外國話，也是一種通俗的方言，只
　　有在必要的場合才使用。

白。施政作爲和戰爭遂行，必須考慮環境和狀況的不意變化，所以沒有實務經驗的學生，常爲最完美的原理在執行時，達不到預期效果而困惑不已。但是在獲得最重要的學識以後，朱理安從自己才智的活力所能得到的協助，如同薩祿斯特(Sallust)從智慧和經驗給他的支持，可以說是不相上下。薩祿斯特是位高階軍官，立刻向他誠摯的表示忠心不貳。他的友誼對君主極具價值，雖然他是正直不阿的廉潔之士，但是深知「忠言逆耳」的道理，能夠很委婉的說明事情的眞相，而又不會傷害到君王的顏面[47]。

九、朱理安在高盧受到掣肘及應變措施(356-360A.D.)

朱理安在米蘭穿上紫袍後，立即被派往高盧，隨身帶著實力微弱的衛隊，兵力只有三百六十人。他在維恩納(Vienna)[*48]度過痛苦而焦慮的冬天，一舉一動全部都掌握在直接聽命於康士坦久斯的大臣手中，只把奧頓被圍和獲救的信息通知凱撒。那座古老大城僅有的保護是塌毀的城牆和怯懦的守備部隊，靠著一些老兵要保衛自己的家園，重新拿起武器，下定必死的決心才拯救整個城市。他在行軍離開奧頓途中，通過高盧行省的心臟地區。朱理安盡早抓住機會展現出過人的英勇，率領一小隊弓箭手和重裝騎兵，選擇較短而危險性較高的道路。這時蠻族主宰戰場，他只有且戰且退的應付敵人的攻擊，最後終能光榮而安全的抵達理姆斯附近的營地，羅馬軍隊奉命在此集結。年輕君王的風範恢復官兵低落的士氣，他們從理姆斯出發搜尋敵軍，雖然信心十足卻差點命喪沙場。阿里曼尼人熟悉地區的狀況，暗地裡將分散的兵力集中起來，在一個下雨天的黑夜裡，抓住機會全力攻擊羅馬人的後衛。部隊的秩序一時大亂，好不容易整頓妥當，已經

---

47 薩祿斯特是表現優異的大臣，我們並不了解他的實際職務，後來朱理安任命爲高盧都統，受到皇帝的猜忌很快被召回。我們現在還可讀到一篇充滿情感而又引經據典的文章，朱理安爲失去益友深感悔恨，對自己的令名受損而自責不已。

*48 [譯註]維恩納在法國境內，現在名叫維恩(Vienne)；而奧地利首都維也納當時叫做溫多巴納(Vindobana)。

損失兩個軍團。朱理安經過這次的教訓，體認到謹慎和警戒是戰爭藝術最重要的課目。在第二次作戰行動以及接著完成的各項成就，朱理安不僅洗雪前恥，進而建立在軍事方面的聲譽。但是蠻族的機敏使他們在不利狀況下能夠全身而退，他雖然獲得勝利但卻無法盡殲敵軍，未能達成決定性的效果。不過，他向著萊茵河河岸進軍，視察殘破不堪的科隆，讓自己了解到戰爭的困難，在多天快到時撤軍回師，引起宮廷和軍隊的不滿，自己也覺得沒有達成任務[49]。敵軍的戰力並未被擊破，就在凱撒離開部隊，剛把大本營開設在位於高盧中心的森斯(Sens)，立即遭到大群日耳曼人的包圍，接著展開圍城作戰。雖然他感覺當時的形勢已到山窮水盡的地步，仍舊展示出深謀遠慮的大無畏精神，完全可以彌補在作戰位置和守備部隊方面的劣勢。蠻族圍攻三十天未能得逞，難掩失望的怒氣只有黯然退兵。

朱理安雖然感到驕傲，但只能感謝他自己的兵力，如果再深入考量就給自己帶來痛苦，因為那些因榮譽和忠誠應該盡力協助他的人，卻要拋棄、背離他，將他推進萬劫不復的深淵。馬塞拉斯(Marcellus)是高盧的騎兵主將，嚴格遵從宮廷猜忌的命令，對於朱理安所處的困境，完全視若無睹漠不關心，並制止他所指揮的部隊開拔前往解救森斯。要是凱撒在如此危險的狀況下仍保持沉默，那也可以說是對他的一種侮辱，使他本人和權勢都受到世人的輕視。要是對這種形同犯罪的行動都不加處置，可以肯定是出於皇帝的授意，就像過去對弗拉維亞家族的皇子皇孫痛下毒手，一樣難逃十目所視十手所指的責難。馬塞拉斯被召回，只是不痛不癢的解除原來的職務[50]。塞維魯斯(Severus)補升遺留的空缺指派為騎兵將領，這位經驗豐富的老兵不僅勇敢而且忠誠，能夠很尊敬的提出意見，執行時滿腔熱血全力以赴，而且毫不猶豫的服從最高指揮權力，因此朱理安在保護人優

49　在談到第一次參加作戰的狀況，阿米努斯因獲勝而感到自豪。但是朱理安自承毫無貢獻，遇見敵軍就盡快後撤。

50　利班紐斯公開表示，召回馬塞拉斯是因為他有優異的軍事才能，生怕他幫助朱理安建立功勳。而且朱理安很委婉的提到，除非他找到很好的理由，讓受到觸怒的宮廷感到滿意，否則他很容易被迫退位。

西庇婭的照顧下,最後終於掌握高盧的軍隊。朱理安在接踵而至的戰役
(357A.D.)中,採用極明智的作戰計畫。他親率剩餘的一群老兵,還有相
當數量經他同意徵召的新兵,很勇敢的殺進日耳曼軍隊的駐防地,用非常
審慎的態度重建沙溫(Saverne)的防禦工事。在這個地形有利的要點,不
僅可以阻止蠻族的進犯,更可以截斷敵軍的退路。就在此時,步兵主將巴
貝提奧(Barbatio)帶著三萬人馬的大軍,從米蘭開拔通過山區,準備在巴
西爾(Basil)附近搭橋渡過萊茵河。可料想得到,阿里曼尼人在羅馬大軍夾
擊之下,很快就會被迫撤離高盧行省,盡速趕回去保衛自己的國土。但由
於巴貝提奧的無能、嫉妒或是領受密旨,遂行戰役的希望完全破滅。從巴
貝提奧的行動來看,他不僅是凱撒的敵人,還是蠻族的盟友,竟能允許一
支掠奪者的隊伍,幾乎就在營地的門口自由通過和返回,絲毫不加以理
會。這樣的疏忽或可歸咎於缺乏能力,但他採取叛逆行動,燒掉一些船隻
和大批儲存的糧食,毀棄高盧軍隊賴以生存的重要資源,成為通敵行為和
犯罪意圖的確鑿證據。日耳曼人對缺乏實力或意圖不敢冒犯他們的敵人,
通常表示輕視。巴貝提奧可恥的退兵,剝奪朱理安所期望的支持,單獨留
下他要從極危險的情勢下全身而退,得不到安全保障,也喪失軍隊榮譽。

十、朱理安贏得斯特拉斯堡大捷及後續行動(357-358A.D.)

　　阿里曼尼人免於入侵恐懼後,馬上準備教訓羅馬年輕的君王,因他竟
妄想爭奪此區的所有權。阿里曼尼人認為,無論基於征服或條約,他們擁
有此區,乃無庸置疑的事實。他們花了三天三夜的時間,將兵力運過萊茵
河。兇狠的開諾多瑪(Chnodomar)揮舞著沉重的標槍,就像從前對抗馬格
南久斯的兄弟並贏得勝利一樣。他擔任蠻族的先鋒,靠著從前的功績,心
中激起好戰的衝動,但因長期的征戰經驗而使他知所節制。在他後面跟進
的人員,是六位與他一樣有王室血統的國王和十位諸侯,加上一長列鬥志
高昂的貴族,以及來自日耳曼各部落的三萬五千名勇敢戰士,光是看到如
此龐大的陣容,阿里曼尼人就有必勝的信心。而從逃兵所獲得的情報,更

讓他們士氣大振。他們得知凱撒只有一萬三千人的薄弱軍隊，軍隊駐紮的位置離阿里曼尼人在斯特拉斯堡的營地，約有二十一哩的距離。朱理安帶著劣勢的軍隊，決定主動迎戰蠻族的烏合之眾，戰機的獲得要趁阿里曼尼人處於分離狀況，集結不易之時予以區分擊滅。羅馬人編成兩路縱隊以密集隊形進軍，騎兵在右而步兵在左，等發現敵軍時白日將盡。朱理安想延到次日早晨開始會戰，使部隊獲得所需的睡眠和食物，消除身體的勞累。不過，他帶著幾分勉強，最後還是屈服士兵要求出戰的呼聲，以及作戰會議立即接戰的意見。他訓示大家要奮戰到底，證明急於殲敵的熱情並沒有誤事。雖然如此，要是戰敗，難免受到輕率冒進和傲慢無知的指責。出戰的號角響起，下達口令的喊叫在原野上迴盪，兩軍對進發起狂暴的衝鋒，凱撒親自指揮右翼，主要仗恃弓箭手的技巧和裝甲騎兵的衝力。但在敵人輕騎兵和輕步兵混合部隊的凌厲攻勢下，他的陣式不斷被擊破。最懊惱難安的是，看到六百名以勇敢著稱的裝甲騎兵逃走[51]，朱理安靠著親自處理和個人聲威，才阻止逃亡和重新整頓部隊。他完全不顧本身的安危，趕到他們的前面以大義相責，領著部隊轉回去對抗勝利在握的敵軍。步兵兩條陣線之間的戰鬥極為激烈，雙方誓死不退殺得血流成河。日耳曼人具有身強力壯和人高馬大的優勢，羅馬人著重於紀律嚴明和堅忍不拔，就像蠻族在帝國的旗幟之下服務時，把雙方的優點都能結合起來，但他們的蠻力所發揮的效果，還是要靠優秀領導者的指揮，因此這也決定那天會戰的結果（357年8月）。在這次值得紀念的斯特拉斯堡會戰中，羅馬人損失四位護民官和兩百四十三名士兵，凱撒獲得無上的榮譽[52]，高盧的行省得以脫離苦海。六千個阿里曼尼人在戰場被殺，還不包括淹死在萊茵河，及企圖游過

51　等到會戰打完以後，朱理安為了整飭嚴格的軍紀，對臨陣脫逃的人員，並沒有判處極刑，而是命令他們在營地裡著上女裝，受盡嘲笑。等到下次戰役，這些人英勇作戰，恢復自己的名譽。

52　朱理安在斯特拉斯堡大獲全勝，但是表現得非常謙盧，諾昔繆斯甚至將它比喻為亞歷山大戰勝大流士。然而我們並不了解朱理安有何軍事素養和才華，居然可以讓後世一直注意這一天的行為與成功。

河而被標槍刺死的人[53]。開諾多瑪被敵人包圍成為俘虜,連帶三位同伴,他們願意與酋長同生共死。朱理安在會議中用隆重軍禮接待,對於開諾多瑪的戰敗,用寬宏大量的氣度表示憐憫。成為俘虜雖應感到羞辱,但他隱藏蔑視之心不表露出來,並未將降服的阿里曼尼國王當成展示的道具,讓高盧城市歡迎這種奇觀。朱理安倒是把國王當做勝利的紀念品,讓他很恭敬的拜倒在皇帝的腳前求饒。開諾多瑪獲得人道的待遇,但是沒有耐性的蠻族國王受到戰敗、囚禁和放逐的播弄,必然不久於人世。

朱理安將阿里曼尼人從上萊茵(Upper Rhine)地區各行省驅除殆盡以後,轉而對付法蘭克人。這個民族定居在高盧和日耳曼邊界,位置更靠近海洋,不僅人多勢眾,且具有兇悍鬥志,是蠻族中最可畏的敵手。雖然他們在搶劫的誘惑下,激起強烈的慾望,但還是公開宣稱對戰爭有全心奉獻的喜愛,認為可以表現人性最光榮和幸福的一面。他們的心志和身體因不斷參加作戰行動,鍛鍊得無比堅強。可借用一位演說家鮮明的語句來表示:「他們喜愛冬天的冰雪猶如喜愛春天的花朵」。在斯特拉斯堡會戰後的12月份,朱理安攻擊一群法蘭克人,大約有六百人退到馬士河邊的兩座堡壘裡[54],在嚴寒季節發揮不屈不撓的精神,忍受圍攻有五十四天之久,一直到最後,因饑餓而精疲力竭。這時敵人在河上加強警戒,將要打破雙方對峙的僵局,這樣一來他們就沒有逃脫的希望。法蘭克人答應放棄古老的規定,這還是第一次,那就是他們過去服膺的真理:「不是征服就是死亡。」凱撒立即將俘虜送到康士坦久斯的宮廷,皇帝當成最有價值的禮物接受,很高興增加很多人高馬大的戰士到特選的部隊,可以擔任皇帝的私人警衛。這一小群法蘭克人的頑強抵抗,讓朱理安深入考量遠征的困難,

---

53 利班紐斯把被殺蠻族多算兩千人,比起諾昔繆斯為了增加英雄的光彩,說是殺死敵軍六萬人,那真是瞠乎其後了。要不是懷有私心的歷史學家,把一支由三萬六千阿里曼尼人所組成的軍隊,加以灌水說成是無計其數的龐大蠻族,那麼我們也可以把過分誇大的被殺人數,歸咎於抄寫員的筆誤。

54 希臘的演說家對朱理安的一段話發生誤解,提到法蘭克人的軍隊說是不過一千人。他們滿腦袋都是伯羅奔尼撒(Peloponnesian)戰爭,把法蘭克人比為拉斯地蒙人(Lacedaemonians),被圍在斯法提里亞(Sphacteria)島,城破後全部被害。

他準備在來年的春天實施，要對付整個日耳曼民族。他勤勉的完成各項工作，用迅捷的行動奇襲積極的蠻族，使他們不勝驚懼。他命令士兵攜帶二十天的乾糧，立即將營地設置在通格里附近。這時敵人仍舊以爲他還留在巴黎的冬營，等待運輸車隊將補給品從阿奎丹緩慢的運上來。他不讓法蘭克人有聯合行動或深思熟慮的機會，用高明的戰術行動將軍團從科隆到海洋成一線展開，軍隊獲得勝利，拿出殺一懲百的手段，立刻使各部落陷於絕望的深淵，只有苦苦哀求征服者大發慈悲，表示出唯命是從的態度。順服的克梅維安人（Chamavians）退過萊茵河，回到原來的居留地，但允許薩利人（Salians）領有新墾殖的托克森山卓，成爲羅馬帝國的臣民，提供必要的協防部隊。雙方以莊嚴的誓詞締結條約（358A.D.），帝國指派長期工作的檢查員與法蘭克人住在一起，有權強制各部落嚴格遵守各項規定。

　　在此可以敘述一段插曲，像是精心編製、情節動人的悲劇，不僅事件本身很有趣，也無損朱理安的英名。當克梅維安人求和時，朱理安要求國王把兒子作爲人質，這樣他才有恃無恐，不怕對方反悔。一時之間籠罩著悽慘的沉默，夾雜著眼淚和呻吟的聲音，等於在宣告蠻族因悲慟而不知所措。年老的酋長用哀傷的語氣說道，他現在因喪子而痛苦萬分，誰知還爲族人帶來災難。這時克梅維安人趴俯在寶座前面，突然之間，認爲已經被殺的青年成爲俘虜，出現在大家的眼前，喜悅的嘈雜聲很快的靜肅下來，大家很注意的傾聽凱撒在會議中發表的談話：

> 看這位年輕人，國王的兒子，剛才還在爲他的遇難而流淚。你們是因爲犯了過錯才會失去他，神明和羅馬人把他歸還給你們。我會一直照顧和教育這位年輕人，不僅當作個人功業的紀念物，也是你們誠摯友誼的保證。你們必須守信遵奉規定，不得違背立下的誓言。共和國的軍隊會報復不忠不義的行爲，罪行重大萬無生理，清白無辜必得赦免。

蠻族覲見後退出，感受到友情的溫暖，懷抱感激和欽佩的心情。

十一、朱理安三渡萊茵河戰勝蠻族(357-359A.D.)

　　從日耳曼蠻族手中解救高盧行省，對朱理安而言不過是牛刀小試，他渴望與帝國首位皇帝，以及其他威名顯赫的君主一比高下，從一個事例就可以證明，他曾寫下他的在高盧的作戰記錄[55]。朱理烏斯‧凱撒不無自負的提到，曾經兩度越過萊茵河，朱理安誇口說他在接受奧古斯都頭銜之前，已經帶著羅馬的鷹幟安渡巨川進行三次遠征(357A.D.、358A.D.、359A.D.)。斯特拉斯堡會戰後，日耳曼人驚愕之情表露無遺，鼓勵他安排第一次的試探。部隊雖然表明毫無興趣，但是折服在領導者雄辯的口才之下。他要與將士同甘共苦，保證贏得光榮的勝利。梅恩(Meyn)河兩岸的村莊儲滿穀物和牛群，受到入侵軍隊蹂躪。模仿羅馬文雅開化所構建的重要房舍，全部為大火吞噬。凱撒很勇敢向前推進十哩，直到大軍的行動為黑暗而無法穿越的森林所阻，隱藏的通路有祕密陷阱和埋伏，可以說是步步凶險，到處充滿危機。地面已覆蓋白雪，朱理安把圖拉真所建古老的堡壘修復以後，對於歸順的蠻族同意簽訂十個月的休戰協定。為了違犯條約要求報復行動，朱理安著手第二次的遠征，渡過萊茵河去教訓傲慢的蘇瑪爾(Surmar)和賀特爾(Hortaire)，這兩位阿里曼尼人的國王曾參加斯特拉斯堡之戰。他們答應歸還仍舊活著的羅馬俘虜，於是凱撒要求高盧的城市和鄉村，對於所損失的居民人數提出確實的報告，他能很快而又正確的指出，蠻族在那些地方想要做手腳欺騙他，這樣一來，大家深信他具有超自然的學識和能力。他的第三次遠征較前兩次獲得更大成就，且影響更為深遠。日耳曼人集結戰力，沿著對面河岸運動，想毀壞橋樑，阻礙羅馬人進軍的通道，但蠻族周到的防禦計畫，竟被巧妙的牽制行動打得措手不及。三百名全副輕裝的精兵搭乘四十條小船，保持靜肅順流而下，在敵人哨所

55　利班紐斯是朱理安的友人，明確暗示這位英雄人物曾經撰寫關於高盧的作戰記
　　錄，但是諾昔繆斯僅從朱理安的演說集和書信中獲得資料。在寫給雅典人民的文
　　章中提到日耳曼戰爭，雖然寥寥數語，不失為準確的記載。

不遠處登岸，勇敢敏捷的執行命令。蠻族的酋長參加夜間宴會，放心大膽喝得醉醺醺回去，結果遭到奇襲。毋須重複千篇一律令人厭惡，全是殺戮和破壞的故事，可以很明顯知道，阿里曼尼人當中六個最傲慢的國王，完全聽從朱理安所提出的和平條件，其中有二位獲准到羅馬軍的營地，去見識嚴格訓練和雄壯軍容。有兩萬名俘虜被朱理安從蠻族的桎梏中解救出來，在結束戰爭後越過萊茵河班師。他的成就重振古代的光榮，可與布匿克(Punic)戰爭和辛布里(Cimbric)之戰*56的勝利相提並論。

　　朱理安憑著英勇無敵的氣勢和指揮若定的修為，確保了國家的和平，這時他所推行的工作，更合於人道的關懷和哲學家的風範。高盧的城市在蠻族入侵中遭到破壞，他竭盡全力加以修復，從門次(Mentz)到萊茵河口之間特別提到七個重要前哨，在朱理安的命令下全部整修，並加強各種工事和裝備57。降服的日耳曼人接受公正而屈辱的條件，負責準備和運送所需的材料和物質。朱理安本著熱心公益的精神，竭盡心力督導計畫的執行，這種風氣普及到整個部隊，就連協防軍對勞苦的勤務，也放棄可以要求豁免的權利，要與羅馬士兵一樣擔負起吃力的工作。凱撒無可旁貸的職責是要為全體居民和守備部隊，提供安全和維持生存的糧食，前者之所以棄逃和後者之所以叛變，完全是因為饑饉所造成的致命和必然的後果。高盧行省的耕種土地受到戰爭災難帶來的干擾，但是只要給予父愛的關切之情，大陸的缺糧可以用鄰近島嶼豐收的食糧來加以供應。從阿登(Ardennes)森林伐木建造六百艘大型三桅船，經過幾趟到不列顛海岸的航行，回程都是滿載穀物，然後順著萊茵河上行，把貨物分配給沿河的城鎮

---

*56　[譯註]公元前113年辛布里人和條頓人聯合進犯意大利北部，屢次擊敗共和國大軍，威脅羅馬的安全。元老院將戰事託付馬留負責，公元前102年，馬留在艾力克斯(Alix)會戰澈底擊滅敵軍，經過後續的作戰，終於除去心腹大患。

57　有關這七個哨所的位置，其中四個現在是知名城鎮，像賓恩(Bingen)、安德納克(Andernach)、波昂和諾伊斯(Nuyss)，另外三個是崔昔森米(Tricesimae)、夸德里布吉姆(Quadriburgium)、及卡斯特拉·赫庫利昔河(Castra Herculis)或稱赫拉克利(Heraclea)，都已湮滅無蹤，但還能讓人相信，在夸德里布吉姆的地面上，荷蘭人構建須克堡(Schenk)，這名字使做學問一絲不苟的布瓦洛(Boileau)感到不快。

和據點[58]。朱理安的軍隊恢復自由而安全的通航,而在此之前康士坦久斯犧牲尊嚴,卻要花錢購買,用兩千磅白銀當作納貢禮物。吝嗇的皇帝不願把這樣大額的金錢發給士兵,卻同意供獻給蠻族。朱理安的機智和堅定使他能接受嚴酷的考驗,這些部隊雖然不滿,卻仍舊隨他趕赴戰場,其中經歷兩次戰役,他們都沒有得到正常的薪餉和額外的賞賜[59]。

十二、朱理安在高盧的施政作爲和對後世的影響 (356-360A.D.)

深切關懷臣民的安寧與幸福是朱理安用人行政的指導原則。他把自己住在冬營的空閒時間都用來處理行政事務,常常願意用行政長官的身分出現,並不喜歡擺出主將的威嚴。在他準備出征前,先將呈上來讓他審定的大部分公私案件,交給各行省總督去處理,但等他回來後,總會重新仔細檢查處理的狀況,對過於嚴苛的法律略加緩和以資彌補,詳閱法官的判決提出複審意見。他不願被人視爲心地善良的濫好人,也不會爲了實現法律的公正,縱情於草率而鹵莽的行動。在控訴納邦省長犯有敲詐勒索罪的案件中,能夠用心平氣和,以理服人的態度,壓下法官過於偏激的情緒。激動的德斐狄斯(Delphidius)大聲叫著說:「如果只憑被告否認就能翻案,那還能定誰的罪?」朱理安則回答說:「如果只憑別人認定有罪就能判決,那還有誰能清白無辜?」在處理有關和平與戰爭這些重大問題,君主的要求與人民的利益完全一致。但康士坦久斯根本不考慮這是一個民窮財盡的國家,還是一味的欺榨壓迫無所不用其極,要是被朱理安的德行所阻止,不能盡興掠奪所要的貢品,便認爲自己受到傷害。朱理安擁有皇家的權柄,有時會出面糾正下級官員公然的貪污行爲,揭露他們進行掠奪的各

---

58 我們相信朱理安對這件事的處理,留下很特別的記載,諾昔繆斯把船隻的數目增加兩百艘。要是我們根據朱理安所說的六百艘運糧船,每艘可載七十噸,輸出的總數是十二萬夸特(每的夸特等於八個蒲式耳)。像不列顛這樣的地區能夠擔負如此龐大的出口量,在農業方面的發展要有極大的進步才行。

59 朱理安的部隊發生叛亂的事件,時間一定是第二次在萊茵河上航行之前。

種手法，提出力求公允簡單的新稅制。但是康士坦久斯爲了能夠掌握財政起見，將有關權責交付給高盧統領佛羅倫久斯（Florentius），這個酷吏個性陰毒，根本不知憐憫和同情爲何物。即使有人提出非常客氣和溫和的反對意見，傲慢的大臣都抱怨不已，有時使得朱理安感覺自己的行爲未免過於軟弱。凱撒以厭惡的心情批駁一項徵收特別稅的法令，特別提到民眾苦難狀況，所以對統領送給他簽署的超量財產估值，表示拒絕的態度。這樣一來，終於激怒了康士坦久斯的朝廷。

朱理安在寫給最親近友人的一封書信中，毫無顧忌表達出非常激動的情緒。他敘述自己在高盧的作爲以後，接著說道：

> 柏拉圖和亞里斯多德的門徒會採取與我不同的做法嗎？我能將管轄下不幸的臣民棄之不顧嗎？難道我不應責無旁貸的保護著他們，免得讓毫無人性的強盜，對他們施加無休無止的傷害嗎？一個放棄職守的保民官會被處死刑，剝奪舉行葬禮的榮譽。如果我自己在遇到危險時，忽略更爲神聖和更加重要的職責，那又有什麼資格定別人的罪呢？神既然把我放置這個高位上，祂的恩惠就會引導我、支持我。如果我終必遭受苦難，將會因爲自己擁有一顆純潔、正直的心而感到欣慰。真希望上天能讓我現在有像薩祿斯特那樣的顧問！如果他們認爲應該派個人來接替我，我將毫無怨言的拱手讓賢。我寧願盡量用短暫的機會做些好事，也不願意長時間或永遠作惡多端，認爲不會受到懲罰。

朱理安依附於人非常不穩固的處境，能發揮道德勇氣，充分顯示出他的節操，同時也掩蓋他的缺點。這位在高盧地區維護康士坦久斯統治的年輕英雄，沒有被授與澈底清除政府弊端的權力，卻有勇氣減輕人民的災難痛苦。除非他有能力使羅馬人恢復尙武精神，或能夠與帝國爲敵的蠻族，學會過勤勞和文雅的生活，那麼無論是與日耳曼人媾和，還是征服日耳曼人，照理都不可能指望保證人民獲得安寧。然而，朱理安在高盧的勝利，

在相當長的一段時間內，制止蠻族的入侵，從而延緩西羅馬帝國的滅亡。

　　高盧的城市長期受到內戰紛擾、蠻族入侵和國內暴政蹂躪，因朱理安發揮有利的影響力，現在重新恢復生機。獲得美好生活的希望日增，逐漸產生勤勞的精神。農業、製造業和商業受到法律保護而再度興旺；工匠組織的同業工會中，擠滿有能力及受到尊敬的成員；年輕人不再反對結婚，成家的人也願意生孩子；公眾和私人的慶祝活動按照傳統習俗辦理；各行省的交通狀況很安全，顯示出國家繁榮景象。像朱理安這樣有理想的人，一定會感受到他給民眾帶來歡樂情緒，必然會對巴黎格外感到滿意和親切，因為這是他冬天的居所和特別偏愛的地方。這座占據塞納河西岸大片土地的輝煌都城，最初不過是局限河中的一個小島，居民靠河流供給純淨和甜美飲水。激流沖刷四周城牆，只有兩座木橋可通入城中。塞納河北邊覆蓋著一片森林，在河的南邊，現在稱作大學區的地方原是一大片房屋，其中點綴著一座王宮和競技場、幾處浴場、一道水渠和一個供羅馬軍隊操練的戰神廣場。嚴酷的氣候由於靠近海洋得到調和，通過實驗獲得經驗，精心種植和照顧的葡萄和無花果獲得成功。但在嚴寒的冬季，塞納河水常結出極厚冰層，順流而下的巨大冰塊，可能會使亞細亞人聯想到從弗里基亞採石場採到的白色大理石。安提阿的違法亂紀和腐敗現象，使朱理安留戀心愛的盧提夏（Lutetia）[60]，在這裡可以過嚴肅而簡單的生活，何況居民不懂得或不屑於搞娛樂性的戲劇活動。朱理安要是將毫無男子漢氣概的敘利亞人與勇敢誠實的高盧人相比，便會感到生氣，因而對於塞爾特人性格中過於縱酒誤事這唯一的缺點，他也可以原諒。如果朱理安今天能重遊法國首都，可能會去和知識卓越的學者交談，這些人都有能力理解和教誨希臘人的門徒。對這個不因沉溺奢華生活並而喪失武德的民族，他也會原諒他們做出生動而美好的蠢事。而且他必定會對那些無價的藝術品百般讚賞，表現出完美的風格，使人類社會的交往更加柔美、精純和高尚。

60　盧昔夏（Leucetia）或稱盧提夏，是這個城市古老的名稱，按照四世紀流行的方式，使用領地稱呼巴黎斯（Parisii）。

克勞狄斯神廟的下層結構

廟宇和拱門為新的磚石結構提供寬廣而堅實的基礎，

我們可以用來命名的現代高塔，

都是從凱撒、提圖斯和安東尼的戰勝紀念物中興建起來。

桂冠詩人說道：

「請看那些羅馬的遺跡，

只不過是偉大的幻影而已！

時間和蠻族都不敢誇下海口，

說是能夠完成這樣艱鉅的破壞工作，

這得靠自己的市民去動手。」

第二十章

君士坦丁改變信仰的動機、經過及影響　合法建立基督教教會(306-438A.D.)

　　公開建立基督教是帝國內部最重大的變革，引起人們極大關切，也提供最有價值的教誨。君士坦丁的勝利和政策已不再影響歐洲當前局勢，但身爲君王卻改變信仰的印象，至今仍保留在很大一部分人的心田，像牢不可破的鏈條，把在位時的教會體系和現今的觀念、情感和利益緊密聯繫在一起。

一、君士坦丁改變信仰的時間和動機(306-337A.D.)

　　想要公正面對這個問題，而且絕不能漠然視之，出現意料不到的困難，那便是難以判定君士坦丁眞正改變信仰的準確時間。口若懸河的拉克坦久斯(Lactantius)在宮廷任職(306A.D.)，迫不及待向世界宣告[1]，高盧的君王堪稱光輝典範，在稱帝之初承認眞正和唯一的上帝，崇拜祂無上的權威[2]。博學的優西庇烏斯(Eusebius)把君士坦丁的虔誠信仰，歸於他正在準

1　拉克坦久斯(Lactantius, 240-320A.D.，基督教護教辯護家)的《神聖制度》出版
　　日期，在開始討論時就發生困難，需要解決，看來這兩個最早的版本，一個是在
　　戴克里先宗教迫害期間刊行，另一個較晚是黎西紐斯在位時。我的看法是拉克坦
　　久斯費盡心機，要讓他的構想能爲高盧的君主，就是康士坦久斯所接受，正當蓋
　　勒流斯、馬克西明甚至黎西紐斯迫害基督徒的時期，約在306至311年。

2　這是首次出現也是最重要的一段，在二十八個抄本中已刪除，但還保存在另外十
　　九個抄本裡。若比較這些抄本的價值，其中一本已有九百年之久，是法蘭西皇家
　　圖書館的藏書，最受到學者重視。但在波隆納(Bologna)經過校正的抄本已將這段
　　刪除，蒙佛康(Montfaucon, Bernard de, 1655-1741A.D.，法國學者)認爲發生在六
　　世紀或七世紀。大部分編者頗有鑑賞眼光，還能保持拉克坦久斯原有風格。

備遠征意大利時,天空忽然出現神奇景象(312A.D.)。歷史學家諾昔繆斯
(Zosimus)則惡意的斷言,皇帝是在雙手沾滿他大兒子的鮮血之後,才公
開拋棄掉祖先和羅馬所信奉的神明(326A.D.)。各執己見的權威說法之所
以混亂不堪,完全是君士坦丁本人的行為所造成。按照嚴格的教會規定,
把他尊為「首位基督教皇帝」的說法,在他臨死以前不配使用這個頭銜,
因為他只是在最後一次患病,才初步接受教義舉行按手禮[3],然後依照正
式施洗儀式成為教徒[4](337A.D.)。君士坦丁對基督教的實際態度,有的地
方很含糊也可以說是有所保留。必須用細心和精確的研究態度,才能弄清
楚皇帝先自稱教會的保護者,後來成為基督教的改信者,這樣一個緩慢讓
人難以覺察的過程。澈底消除原來的教育使他養成的習慣和成見,轉而承
認基督的神聖權柄,認清祂的啟示和原來崇拜的多神教完全無法相容,對
他而言是非常艱鉅的任務。他在心靈上或許經驗過相當的困擾,教導他在
進行帝國宗教改革的重大問題,必須採取謹慎的態度。他總要能在安全而
有效的推行時,才逐漸表露新的觀念。在他臨朝統治整個時期,基督教像
一條緩慢流動但逐漸加快的河流,但是前進方向卻因當時變化不定的局
勢、小心謹慎的態度,以及反覆無常的個性,有時會受到阻撓,有時會發
生改變。他允許大臣為了說明主子的意圖,可以用不同的語言表達各人的
原則。他在同一年裡發布兩件詔書(321A.D.),運用手段使臣民在希望和
恐懼之間獲得平衡。第一件是莊嚴奉行安息日[5]給全民所帶來的喜悅,另
一件是命令定期實施腸卜儀式[6]。這場重大變革還處於前途未卜的狀態,

3　此儀式施用對象是開始信仰基督教的人士,君士坦丁第一次接受,是在受洗和死
　　亡前夕。基於這兩種事實的關聯性,蒂爾蒙特勉強同意華勒休斯提出的論點。

4　在八世紀時,基於君士坦丁對基督教的貢獻,羅馬所流行的傳說,認為他在死前
　　的十三年就已受洗。對於這樣逐漸傳開的故事,紅衣主教巴隆紐斯(Cardinal
　　Baronius, 1538-1607A.D.,教會歷史學家)說自己在早年也深信不疑,但是到現在
　　即使梵蒂岡也很難加以支持。

5　君士坦丁把奉獻給上帝的日子稱為「太陽日」(Dies Solis),這樣一來聽在異教徒
　　臣民的耳裡,也不會激怒他們。

6　戈德弗洛伊自認要善盡評論家的宗教責任,須全力為君士坦丁開脫,但巴隆紐斯
　　的宗教信仰更虔誠,用很嚴苛且就事論事的態度,譴責君士坦丁的褻瀆行為。

基督教徒和異教徒都同樣以非常急切的心情，注視著君王的行動，但兩者的感受完全相反。前者激起高漲的熱情和虛榮，盡量誇張君王對基督教的偏愛和信仰的忠誠；後者在焦慮尚未轉變爲失望和仇恨之前，一直對世人甚至對自己採取掩飾態度，那就是羅馬的神明不可能仍然視皇帝爲信徒。基於這種熱情和觀點，使得當時懷有成見的作家，根據自己所主張的信仰，公開宣布這是基督教和君士坦丁最光輝或最污穢的統治時期。

即使君士坦丁的談話和行動，曾經透露對基督教的虔誠，但是他在接近四十歲時，仍堅持奉行舊教的各種儀式[7]。他在尼柯米地亞的宮廷就是這樣施爲，也許是出於恐懼，當然也可視爲高盧統治者的思想傾向或政策需要。他的性格極其慷慨，多神教的廟宇得到重建並且變得更爲富足。帝國鑄幣廠出產的獎章上，都鐫刻朱庇特、阿波羅、馬爾斯和海克力斯的圖像和象徵。他對父親康士坦久斯的一番孝心，使奧林帕斯山的神明中，增加父皇神化以後的莊嚴形象[8]。但君士坦丁最崇拜希臘和羅馬神話中的太陽神阿波羅，還特別喜歡人們把他比作光明和詩歌之神。那位神明百發百中的神箭、明亮照人的眼光、月桂編成的冠冕、千秋萬載的英姿，以及文雅風趣的才藝，全都表明祂正是一位年輕英雄的保護人。阿波羅的神壇上總是堆滿君士坦丁熱心奉獻的供品。他盡量讓輕信的平民相信，皇帝得到神明的特許，可以用肉眼直接看到保護神的威儀。而且無論他在清醒時，還是接受神明啓示的時刻，都會出現種種吉兆證明他是永久和常勝的統治者。太陽神當成君士坦丁所向無敵的指導者和保護神，因而受到舉世的頌讚。異教徒普遍相信，這位獲得神明恩寵的信徒要是忘恩負義，就會受到毫不留情的報復[9]。

7　狄奧多里特(Theodoret)像是要讓人相信，海倫娜對其子施以基督徒的教育。但是我們接受優西庇烏斯極爲權威的說法，她自己接觸基督教還得感激君士坦丁。

8　可以參閱杜坎吉和班都里提到君士坦丁的獎章，只有少數城市享有鑄造錢幣的特權，鑄幣廠製作獎章要經過皇室當局的批准。

9　優米紐斯(Eumenius)的頌辭是在意大利戰爭前幾個月發表，裡面充滿君士坦丁異教信仰的證據，根本無法加以否認，尤其是對阿波羅和太陽神的崇拜，更是無比的虔誠，後來就是朱理安也曾提及此事。

君士坦丁對高盧行省實行職權有限的統治時期（306-312A.D.），信奉基督教的臣民一直受到君王的權威和制定法律的保護，至於維護神明的榮耀，很明智的留給教徒自己去料理。如果真能相信君士坦丁自己所講的話，說他親眼見到羅馬士兵對一些僅僅由於宗教信仰不同的罪犯，採取非常野蠻的殘暴行為[10]，使他感到非常憤怒。他在西部和東部看到嚴苛和寬容產生的不同後果。他那不共戴天的仇人蓋勒流斯，就是實施嚴苛政策的例證，使他更加覺得難以忍受；他在垂危父親的要求和勸告下，效法父親所實施的寬容政策。就是這些原因，使康士坦久斯的兒子毅然終止或廢除帶有迫害性的詔書，給予所有公開宣稱自己是教會成員的信徒，有從事個人宗教活動的自由。這位早已暗自對基督的名字和基督教的上帝表示由衷尊敬的君王，教徒對他的關懷和公正產生依孺之情。

二、頒布〈米蘭詔書〉的始末和主要內涵（313A.D.）

征服意大利約五個月以後，羅馬皇帝頒布著名的〈米蘭詔書〉（313年3月），莊嚴而明確宣示他的旨意，恢復正統基督教會的和平。兩位西部君王在一次面對面會談中，君士坦丁的聰明才智和權勢地位都略勝一籌，提出雙方聯合的要求，他的共治者黎西紐斯欣然同意。這兩位君王和政權所產生的力量，使震怒的馬克西米安不敢輕舉妄動。等到東部的暴君過世後，〈米蘭詔書〉就成了羅馬世界的基本法。基督徒被不公正剝奪的公民權利及信仰權利，在兩位英明的皇帝手裡全部得到恢復。法條明文規定，凡被沒收的禮拜場所和集會地點，都必須無條件無代價歸還給教會，更不得拖延時日。在發布這道嚴格命令的同時還非常慷慨的承諾，要是願意用公平合理的價格購買回來，皇家的國庫將予以補償。這些有利於社會的規定，目的在使宗教信仰能夠維護未來的平靜，運用廣泛平等的寬容原則作

---

10 這件事很容易轉嫁到希臘譯者的身上，說是他們竄改拉丁文原本的意義。老邁的皇帝可能用異常憎恨的心情，回憶戴克里先宗教迫害的事例，這時的感覺比年輕時和異教信仰時期還要深刻。

爲基礎，然而這種平等會被後來的教派，解釋爲對他們有利和另眼相看的
殊榮。兩位皇帝向世界宣告，他們把絕對的自由權利給與基督徒和所有其
他人員，用來追隨自己希望加入或已經篤信的宗教，或認爲對自己最有用
的信仰。他們詳細解釋易於含混的詞語，排除各種例外情況，命令各行省
總督對這份保護宗教自由的詔書，一定要按照規定要點，眞實不虛的加以
執行。他們不惜諄諄教誨，向臣民闡述頒布寬容基督教詔書的兩大原因：
其一是出於萬民的善良意願，要維護全民和平幸福；其二是經由這種作
爲，表達虔誠願望，能夠榮獲天上神明的恩寵。他們從自己的身上已經應
驗神的恩惠和至德，相信天恩永遠保佑君王和萬民的繁榮昌盛。從這些模
糊而粗糙的虔誠表現，可以推斷出三種彼此相異但並非不發生關聯的假
設。首先，君士坦丁的信仰可能一直在異教和基督教之間徘徊。其次，根
據多神教理由不充分但非常謹慎的說法，他可能把基督教的上帝，視爲上
人龐人統治集團眾多神明中的一員。再者，他可能抱定富有哲理的觀點，
這種想法也許更能引人入勝，那就是儘管有眾多的神明、儀式和觀點存
在，崇拜一個共同造物主和宇宙之父，使所有教派和民族獲得統一。

　　但是君王對問題的商議受世俗利益的影響，總是多於對抽象理論的考
慮。君士坦丁逐漸增加的愛好和傾向，基於他對基督教品格的敬仰，特別
讓他建立信心，就是傳播福音可以指導個人及公眾的德性。身爲專制君
主，他的作爲可以毫無忌憚，他的情緒也可以唯我獨尊，但是有一點必然
是與他利害相關，所有臣民必須遵守作爲公民的社會責任。然而，最明智
的法律運用時也不夠周詳和穩定，很難發揮鼓勵善行的功能，有時也不能
制止罪行的產生。單憑法律的力量對所譴責的行爲並不能完全加以阻止，
對所禁止的行爲也不一定能夠懲處，因而古代立法者把擴大教育和輿論的
影響作爲輔助手段，但是曾一度爲羅馬和斯巴達帶來活力和純潔的各種原
則，長久以來都隨著帝國的專制和衰敗而消失殆盡。儘管哲學所能發揮支
配人類思想的力量非常有限，異教的迷信鼓勵人們行善的影響力極其微
弱，處於這種令人失望的情況下，睿智的官員會高興見到一種宗教的成長
茁壯，在人民中間傳播純良、仁愛和遍及世界的道德體系，適合各種行業

和不同生活水平的人群，接受人們尊爲上帝的教誨和意志，被永恆的善惡均有報應更加強說服的力量。希臘和羅馬的歷史經驗都不能告訴世人，聽從神啓的觀念，在推動並改革國家體制方面，到底能起多大的作用。君士坦丁聽到拉克坦久斯恭維而又極富哲理的言論，也許會產生信服的心理。這位雄辯的護教家不僅堅定相信並敢於大膽斷定：崇信基督教將重現羅馬原創時期的純眞與美好；眞誠信仰上帝對起源於共同祖先的人們，可以消除他們之間的戰亂和糾紛；福音的眞理會遏制人們所有的邪念、敵意和私心；一個民族廣泛受到眞理和虔誠、平等和溫順、和諧和博愛的激勵，統治者就不必用武力來維持正義。

在君王的極權統治甚至壓迫之下，依然主張服從和無條件依順的福音精神，必然會被享有絕對權威的君王，視爲值得利用和提倡的美德。原創基督徒建立政權管理制度的基本思想，並非基於人民的意願，而是出自上天的意旨。掌握統治大權的皇帝，儘管採取叛逆和謀殺的手段篡奪寶座，後來卻急著打出天授神權的旗號。這樣，他濫用權力的行爲就只對上帝負責，臣民卻被效忠的誓言所束縛，對這樣踐踏自然及社會法則的暴君，也甘心情願接受他的統治。謙卑的基督徒來到這個世界，就像送入狼群中的羔羊，即使爲了保衛宗教，也無權使用武力，因而在短暫人生中，爲虛名私利所引起的爭端殺戮同類，更是視爲莫大的罪惡。基督徒在公元開始的頭三個世紀中，表現耶穌門徒逆來順受的忠誠，那是早在尼祿時代就宣揚的教義，不涉及陰謀叛逆和公開暴動的罪惡，保持純潔和清白的生活。即使受到殘酷的迫害，他們也未曾想要與暴君在戰場決一勝負，或憤然遷移到世界遙遠的角落。後來那些敢於爭取公民和宗教自由的法蘭西、日耳曼和不列顛的新教徒，被稱爲改革派並與原創基督徒混爲一談，自認受到侮辱。其實，我們應該推崇而不是指責祖先的進步思想和精神，他們相信，宗教不能消除人類與生俱來的權利。也許我們應把原創教會的堅忍既看作一個弱點，也視爲一種美德。有一派毫無戰鬥力的平民，沒有首領、武器和防禦工事，在羅馬軍團的統帥面前進行沒有效果的反抗，應該會自取滅亡。然而這些基督徒祈求戴克里先息怒，或懇請君士坦丁開恩，大可有理

由據以提出他們信守順從和馴服的原則，在過去的三個世紀裡，他們的作為也都符合這個要求。他們甚至會進一步表示，若皇帝周圍的臣民信奉基督教義，全都學會忍辱和順從，帝王的寶座就會建立牢固而恆久的基礎。

三、君士坦丁確立君權神授思想的背景(324A.D.)

按神意安排，皇帝和暴君都是上天派來治理或懲罰地球上各民族的使者。但神聖的歷史多次提出人所周知的案例，表明上帝對特選子民的治理問題直接進行干預，祂把權杖和寶座交到摩西、約書亞(Joshua)、基甸(Gideon)、大衛、馬克貝(Maccabee)*11這些英雄人物的手裡。他們具有崇高的品德，產生的動機和帶來的結局全部是神的恩賜，他們進行武裝鬥爭的目的是為了解救教會，使教會保證會贏得勝利。若說以色列的士師(Judges of Israel)*12只是偶然任職和臨時需要的行政官員，猶太的國王卻從偉人祖先臨終時的御體塗油儀式中，獲得世襲傳承和長期有效的權利，不會因自己的惡行而喪失，也不會因子民的一時不滿而被剝奪。同樣，具有特殊神力的天主，現已不為猶太人所專有，可能選中君士坦丁與其家族作為基督世界的保護人。虔信上帝的拉克坦久斯，以先知的口吻宣稱，君士坦丁必將長期維持光輝燦爛和遍及世界的統治[13]。蓋勒流斯和馬克西明、馬克森久斯和黎西紐斯，都是和神的寵兒分享帝國各行省統治權，後

---

*11　[譯註]以色列人的支派瑪拿西人受到米甸人壓迫，基甸奉神之旨意率領三百人作戰，成為擊敗敵人的民族英雄，參閱《聖經舊約全書》〈士師記〉；大衛(1140-962B.C.)，公元前1010年在掃羅死後接位為以色列國王，建立大衛王朝，參閱《聖經舊約全書》〈撒母耳記上下〉；西蒙・馬克貝(Simon Maccabee)在公元前143年，利用羅馬人和安息人的戰爭，從塞琉西亞獲得獨立，重建猶太國，定都耶路撒冷，由他的亞斯摩尼(Asmonaean)家族統治，再度實施神權政治。

*12　[譯註]士師是指以色列領袖從約書亞當代的長老開始到王國建立為止，他們的職責是拯救猶太人，脫離搶奪的敵人之手。主要士師有俄佗聶(Othniel)、基甸、耶弗他(Jephthan)、參孫(Samson)、撒母耳(Samuel)等人，參閱《聖經舊約全書》〈士師記〉。

13　優西庇烏斯無論在哪本著述中，都頻向帝國灌輸，君士坦丁的君權來自神授。

來都成爲他的敵手。接著，蓋勒流斯和馬克西明慘死，很快便結束基督徒
對他們的仇恨，滿足他們討還血債的願望。君士坦丁對抗馬克森久斯和黎
西紐斯最後取得勝利，清除仍然反對「大衛第二」*14的可怕競爭對手，看
來他的大業完全是上天特別照顧所造成的結果。馬克森久斯這個羅馬暴君
的個性，不僅有負皇帝的尊嚴，同時也玷污人類的天性。儘管基督徒可享
受一時的恩惠，他們卻同時和其他的臣民一樣，隨時可能受到毫無節制的
暴政之苦。黎西紐斯的所作所爲很快就暴露出，他當時對〈米蘭詔書〉的
人道規定明智表示贊同，全出之於勉強。在他的領地內禁止召開全行省的
宗教大會；有基督徒身分的官員全被極不光釆的解職；如果說他避免進行
全面迫害的罪行或危險，但他公然撕毀自己的莊嚴承諾，執行部分迫害行
動，反而使人更爲深惡痛絕。據優西庇烏斯的生動描寫，當時的東部正處
在地獄的黑暗深淵，來自天堂的吉祥光芒溫暖並照亮西部各行省。大家認
爲，君士坦丁的虔誠是武力正當性的完美證明。他在軍事的勝利和對成果
的運用，進一步肯定基督徒普遍的想法：這位英雄的一切活動全都受到萬
王之王耶和華的感召和引導。意大利的征服產生範圍廣闊的寬容詔書，等
到黎西紐斯失敗，君士坦丁獲得整個羅馬世界的統治權(324A.D.)，立即
多次發出指示，要求所有臣民立即效法君主皈依神聖的基督教。

　　認爲君士坦丁榮升高位直接與天意有關的觀點，在基督徒的思想中引
起兩種看法，用完全不同的方式有助於證實拉克坦久斯的預言。一是基督
徒的熱切和積極的忠誠，願意爲君士坦丁盡一切努力；二是基督徒充滿信
心期待，勤奮的努力定會得到上天神奇的幫助。君士坦丁的敵人把他在不
知不覺中與基督教會的結盟，歸結爲出於利害相關的動機，顯然在實現他
的野心方面起了重要作用。在公元四世紀初期，帝國人口裡基督徒還只占
很小的比例。然而，在日趨墮落的群眾中，他們看待主子的更換，就如同
奴隸一樣漠不關心，但是這種宗教團體的精神和團結，可能是從良心的原

---

*14　[譯註]基督教把君士坦丁譽爲「大衛第二」，重點在於君權神授，維持神治政權
　　的性質，建立合於上帝旨意的國度。

則出發，必要時可以不惜犧牲身家性命，這種做法會對人民的領袖有些幫
助[15]。君士坦丁的父親做出榜樣，並且教導兒子要重視並獎勵有才能的基
督徒，在分配公共職務時，可以從這些人中選派能夠完全信賴的大臣和將
領，他們對君士坦丁的忠誠可以說毫無保留，相對而言就可以加強政府的
力量。在這些有聲望的傳教士的影響下，宮廷和軍隊中，接受新教信仰的
人數必然會迅速增加。充斥在羅馬軍團各個階層的日耳曼蠻族，對這方面
毫不在意，在宗教問題上全都會接受主帥的信仰。因而可以斷言，他們越
過阿爾卑斯山後，大多數士兵都發誓用手中的武器，效忠耶穌基督和君士
坦丁的事業[16]。人類的自然習慣和宗教利益，逐漸消除長期流行於基督徒
之中戰爭和流血的慘劇。在君士坦丁善意保護下所召開的宗教會議，主教
權威及時用來核定宣誓的軍人對宗教應盡的義務，或者在教會平安無事
時，用來對不願服行兵役的士兵進行革出教會的懲罰。君士坦丁在他自己
的統治領域，不斷增加忠實追隨者的人數和忠誠的熱情，在那些仍然爲對
手所占有或篡權的行省，依然可獲得一個強有力派別的支持。不滿情緒在
馬克森久斯和黎西紐斯治下的基督徒臣民中暗暗滋長；後者不加掩飾的仇
恨情緒，只不過使基督徒更熱心爲其對手的利益奮鬥。不同行省的主教彼
此相距甚遠，定期書信往來使他們可以自由表達各自的願望和計畫。毫無
危險的傳遞情報，有助於推動君士坦丁的統一大業，爲宗教信仰做出最重
要的貢獻，因君士坦丁已經公開宣稱，他要拿起武器拯救基督教會[17]。

15　在上個世紀開始時，英格蘭的天主教徒占人口的百分之三十，而法蘭西的新教徒
　　僅有百分之十五。對這兩個國家而言，教徒的精神力量和權勢地位，是當局極爲
　　關切的目標。

16　日耳曼人具有豪邁不羈的天性，即使各部族在宗教改信的歷史過程中，這種民族
　　的特質始終保持不變。君士坦丁徵召日耳曼人組成軍團，而且從他父親開始，宮
　　廷裡充滿基督徒。

17　優西庇烏斯一直認爲君士坦丁與黎西紐斯的第二次內戰，帶有宗教十字軍的性
　　質。有些基督教軍官受到暴君(黎西紐斯)的引誘，說是要恢復他們的地位和權
　　勢，就回到軍中服役。後來，尼斯宗教會議訂出的第十二次教規，對這些人的行
　　爲加以譴責。要是這種很特別的請求被皇帝所接受，就不像希臘譯者、巴爾薩蒙
　　(Balsamon)、諾納拉斯和阿列克西斯·阿里斯提努斯(Alexis Aristenus)所留下的
　　記載，能夠輕描淡寫了事。

四、宗教象徵和發生奇蹟的有關事項(324-338A.D.)

　　宗教熱情鼓舞著軍隊和皇帝,激勵士氣、增加戰力,充滿信心奔赴戰場。上帝曾為以色列人在紅海開道,在約書亞的號角中讓耶利哥(Jericho)城牆倒塌[*18],也會為君士坦丁的勝利顯現出祂的威力。教會歷史證明他們抱著期望的確很有道理,因為大家一致認為,使第一個基督教皇帝改變信仰,就是靠著那明顯的奇蹟,現在也已獲得證實。如此重要的歷史事件,何者才是真實的原因,是否出於想像,確實值得後人加以研究。我將盡力把所涉及的標幟、夢境及神啟符號逐一考量,將這段奇妙的歷史故事,區別出合乎事實的部分和有關神奇的部分(在一篇似是而非的論文中,所有部分已被巧妙揉成一團,文藻優美,言辭華美,但史實內容完全禁不起考證),使大家對君士坦丁見到上帝顯靈的著名故事,有正確認識。

　　施用於奴隸和異族的刑具,讓羅馬市民產生恐懼的感覺,因而十字架的概念與罪惡、痛苦和醜行緊密聯繫在一起[19]。這種連人類的救世主都免不了親自忍受的刑罰,君士坦丁在統治的區域很快廢止,並非出於仁慈而是信仰的虔誠[20]。但他在羅馬城中豎起自己的雕像之前,早就很清楚的表示,對自己的教育和人民所帶來的偏見感到厭惡,因此他讓雕像的右臂擎著一個十字架,並附上一篇記述戰績的銘文,把對羅馬的拯救全歸於這一

---

*18　[譯註]耶利哥是位於死海北邊的古城,據《聖經舊約全書》〈約書亞記〉記載,約書亞要攻城,祭司吹響號角,城牆即神奇的倒塌。

19　基督教的作家,像是賈士丁(Justin, 100-165A.D.,聖徒、神學家)、米努修斯·菲利克斯(Minucius Faelix)、特塔里安(Quintus Seotimius Florens Tertullianus, 155-220A.D.,早期基督教神學家,辯論家)、傑羅姆以及杜林的麥克西繆斯(Maximus of Turin),對於十字架的造形和外表相似的物體,無論屬於天然生成或人工製造,都曾深入研究,獲得相當的成效。這些頗具代表性的象徵,例如子午線和赤道的相交、人類的面孔、飛行中的鳥類、人在水中游泳、船上的桅桿、耕地的犁、軍隊的標旗等等。

20　參閱奧理留斯·維克托的著作,他認為制定這些法律,就是君士坦丁的宗教信仰極為虔誠的明顯例證,對基督教如此推崇的詔書,值得放在《狄奧多西法典》裡,而不是用第六卷所列第五位和第十八位頭銜,間接的表示敬意。

吉祥形象，力量和勇氣的真正象徵[21]。這同一形象使得君士坦丁的士兵所攜帶的武器全都神聖化：十字架在他們的頭盔上閃閃發光，雕刻在他們的盾牌上面，編織在他們的旗幟中間。就連那些裝飾君士坦丁本人的神聖象徵，只不過比一般人所用的材料更考究，做工更細緻而已。表現十字架取得戰績的旗幟則被稱爲拉貝隆（Labarum）旗[22]，此一含意不明卻聞名遐邇的稱呼，據說是用世界所有的語言爲基礎定名。它的基本構造是一根長桿中間橫架著一根短棒。懸掛於短棒之下的絲質綢幡上，非常奇妙的編織在位君王和其子的圖象。長桿頂端是一頂金質王冠，四周環繞著神秘圖案，表現出十字架形態及基督教的縮寫名字[23]。拉貝隆旗交由五十名侍衛保管維護，他們全經過考驗，不僅忠誠可靠而且驍勇善戰，所享受的榮譽和待遇更顯得與眾不同。經過幾次幸運的偶然事件，很快引起一種傳說：保衛拉貝隆旗的侍衛在執行任務時，全身刀槍不入，對敵人的攻擊毫無所懼。

　　第二次內戰期間，黎西紐斯感受到神聖旗幟的可怕威力。君士坦丁的士兵即使陷入困境，一看到拉貝隆旗立即產生戰無不勝的士氣和信心，與它對陣的軍團，無不驚慌失措，恐懼萬分[24]。此後，基督教皇帝多以君士坦丁爲榜樣，出征的隊伍無不高舉十字架旗幟。但等到狄奧多西自甘墮落的繼承人，不再身先士卒帶兵打仗後，拉貝隆旗被當作一件意義崇高而無

21　君士坦丁的雕像，還有就是十字架和銘文，可能是他第二次巡視羅馬時設立，也有人認爲是第三次。但是，擊敗馬克森久斯之後，就元老院和人民的感受而言，是設置公共紀念物的最佳時機。

22　雖然格列哥里・納齊成、安布羅斯（Ambrose, 339-397A.D., 聖徒，米蘭主教）、普魯登久斯（Prudentius, Clemens Aurdius, 348-405A.D., 基督教拉丁詩人）等人，都用過「拉貝隆」或稱「拉波隆」（Laborum）這個詞，但是它的來源和含意始終不得而知。學者費盡力氣，要從拉丁語、希臘語、西班牙語、塞爾特語、條頓語、伊里利孔語和亞美尼亞語中探討它的語源，都無成效可言。

23　庫帕（Cuper）和巴隆紐斯查看古老紀念物的銘文，把每字的頭一個字母記下來，再拼湊成新字，對寫的含意加以解釋和附會，這種方式在基督教世界極為流行。

24　君士坦丁使用拉貝隆的標誌是在遠征意大利之前，但是從有關的記載裡，並沒有提到要陳列在軍隊的前面，這樣做是十年以後的事，他公開宣布自己與黎西紐斯有不共戴天之仇，要成爲教會的解救者。

實際用途的聖物，陳列在君士坦丁堡的王宮[25]。這面旗幟所表現的榮譽，還保留在弗拉維亞家族紋章上，這個家族出於感激的宗教熱忱，一直把基督名字的縮寫圖案安放在羅馬國旗正中央。還有就是用在宗教和軍事的紀念碑上，加上維護國家的安全、爭取軍隊的榮譽、恢復人民的幸福生活，這些莊嚴華麗的詞句。保存到今天的一枚康士坦久斯皇帝的獎章上，鐫刻在拉貝隆旗旁邊是一行令人難忘的銘文：「追隨此旗，百戰百勝」。

原創基督徒在遇到危險和災難時，都會用手劃出十字架記號，保護精神和肉體安全。這種手勢被用於一切宗教活動，同時也用於日常生活，絕對可靠的動作使自己免於神靈和世俗邪惡力量侵害[26]。君士坦丁非常謹慎，採用漸進的步驟到最後才接受基督教眞理，同時也採用基督教的十字架象徵記號，但他這種宗教奉獻的精神是否合於教義，只有教會當局才有足夠權威來確定。有位與君士坦丁同時代的作家，曾在一篇正式文章中對宗教的成因作過全面研究，他提出的證據，對這位皇帝的虔誠信仰，賦予更爲驚人和崇高的特質。這位作家非常肯定的提到，君士坦丁在與馬克森久斯決戰的前夜，睡夢中得到神的指示，要他將代表上帝的神聖符號，基督的名字的縮寫圖案，刻在士兵盾牌上。皇帝遵從上天命令，獲得米爾維亞橋之戰決定性的勝利，作爲上帝對他的勇敢和順從所賜予的酬報。基於某些問題，使一些持懷疑態度的人，對這位善於辭令的作家作出的判斷，不信其眞實性，因他出於宗教熱情或利害關係，一直全力支持當權派[27]。

25　狄奧菲尼斯是八世紀末葉知名學者，距君士坦丁有五百年之久。現代希臘人頗不喜在戰場展示帝國或基督教的旗幟，雖然在防禦時靠著迷信的舉動來建立信心，但是不管想像力多豐富，也無法保證贏取勝利。

26　學識淵博的耶穌會教士佩塔維烏斯（Petavius），蒐集很多有關十字架展顯法力的文章和資料，在上個世紀使喜愛爭論的新教徒產生很多困擾。

27　這位歷史學家能夠泰然自若發表他的演說，這時東方的統治者黎西紐斯，仍與君士坦丁和基督教保持友好關係，這點可以確定。有鑑賞力的讀者可發覺到，這篇文稿的風格與拉克坦久斯大不相同，很多地方的文字運用都很低劣，勒‧克拉克和拉德納（Lardner, Nathaniel, 1684-1768A.D.，新教神學家，聖經學者）都抱這種看法。爲拉克坦久斯辯護的學者，對於所取書名以及作者是道納都斯或昔西留斯，提出三點理由，每條單獨的理由還是有缺失，但合起來非常有份量。我原來還是猶豫不決，後來根據科爾伯特（Colbert）的手稿，認定作者就是昔西留斯。

他在羅馬勝利約三年之後，發表的作品與尼柯米地亞迫害者的死亡有關。
但是地點相距一千哩，再加上一千天的時間間隔，這就完全足夠製作出一
批宣傳資料，目的是要讓人看到就會相信。這當然能獲得皇帝的默許，因
為皇帝在聽到一個既能提高自己聲望、又有利推動計謀的絕妙故事時，絕
不會表示反感。黎西紐斯當時還掩飾對基督徒的仇恨，同樣是這位作家站
在支持的立場，寫出禱告方式的顯靈景象，說黎西紐斯與暴君馬克西明的
軍團作戰之前，一位天使在他的軍隊面前再度現身。

　　這種神蹟一再出現，不僅沒有產生抑制作用，反而使人類的思考能更
為理智[28]。但是，如果把君士坦丁的夢境，單獨拿來仔細加以分析，就會
從皇帝所要推行的政策，或者他對宗教的熱情來加以解釋。在決定帝國命
運的那一天裡，他時刻不安的等待，一陣短暫而又時斷時續的睡眠，可以
消除煩躁的情緒。這時，令人景仰的基督形象以及人所共知的宗教象徵，
很可能自動出現在皇帝活躍的想像之中，何況他崇拜基督的名字，暗中乞
求基督徒的上帝顯示神威。正如傑出的政治家會毫不猶豫盡量運用軍事謀
略，他也像菲利浦和塞脫流斯(Sertorius)那樣利用宗教方面的騙局，非常
巧妙的獲得成功[29]。古老的民族都認為夢源於超自然的力量，高盧軍隊有
相當多人員，很早就相信基督教非常靈驗的象徵。君士坦丁見到上帝顯靈
一事的真偽，只有事實本身能予以證明。無畏的英雄已越過阿爾卑斯山和
亞平寧(Apennine)山，必然會在羅馬城下一戰而勝，對於獲得的結局看為

28　伏爾泰的看法可能有點道理，他把君士坦丁的獲勝，歸功於拉貝隆的名聲蓋過黎
　　西紐斯的「天使」，即使帕吉(Pagi, Antoine, 1624-1695A.D.，編年史家)、蒂爾蒙
　　特和弗祿里(Fleury, Claude, 1640-1723A.D.，教士、教會歷史學家)全都心儀「天
　　使」的形象，那也是樂於更多的神蹟出現而已。

29　除這些眾所周知的例子外，托留斯(Tollius)發現安提果努斯(Antigonus)有不可思
　　議的想像力。他為了讓部隊安心，就說他看見一個五角形(這是人馬平安的記號)
　　的光芒，還有「所向無敵」幾個字。但是托留斯根本不提這段歷史的出處，就是
　　指責他也沒有意義。戴奧多魯斯(Diodorus, Siculus，公元前一世紀，希臘歷史學
　　家)、蒲魯塔克(Plutarch, 46-119A.D.，傳記家、哲學家，著有《希臘羅馬英雄對
　　比傳》)和賈士丁並沒有保持沉默，他們提到波利阿努斯在他的作品裡單獨有一
　　章，列舉安提果努斯十九個戰爭謀略的案例，但是完全沒有記載這段神奇事蹟。

意料中事。但元老院的成員和人民，忽然從暴君統治下被解救出來，自然感到欣喜萬分，把君士坦丁的勝利看成非人力所及的奇蹟，但是又不敢明說靠著神祇的保佑獲得大捷。這次事件三年以後建立凱旋門，用模糊的文字頌揚君士坦丁，靠著他偉大的心靈和諸神的護祐，拯救共和國於水深火熱之中，並為羅馬雪恥復仇。一位異教徒演說家最早抓住機會向征服者歌功頌德，認為君士坦丁有幸能與最高天神保持祕密的直接交往，但是最高天神把凡人的事務交託給屬下神明管轄。這樣他便提出一個可以說得通的理由，君士坦丁的臣民不應該追隨君王，也去信奉新興的宗教。

　　哲學家以冷靜的懷疑態度，研究世俗和宗教歷史的夢境、徵兆、神蹟和怪誕事件後，可能會得出這樣的結論：如果目擊者的眼睛受到假象的欺騙，那麼讀者所理解的狀況，多半都會受到編造故事的愚弄。任何一件違背正常情理的事物、形象或意外事件，總會有人隨意指稱背後必有神明直接參與。驚愕的群眾產生巨大的想像力，有時會給迅速在天空滑過的流星，加上匪夷所思的形狀和顏色，用語言和動作來表示。納齊流斯（Nazarius）和優西庇烏斯是兩位著名的演說家，用精心製作的頌辭，不遺餘力渲染君士坦丁的豐功偉業。在羅馬取得大捷過了九年（321A.D.）後，納齊流斯撰文描寫自天而降的神將[30]，細心描述天兵天將的優美姿態、精神面貌和巨人一般的形體，神聖的鎧甲所散發的耀眼光芒，以及毫不在意任憑凡人對他們隨意觀望，聽他們交談，同時還自稱受到派遣，即將飛往君士坦丁皇帝那裡，為他效力助戰。為表明這段奇觀的真實性，這位異教徒演說家更求助於聽他講演的全體高盧民族。他還希望通過現在公開發生的事件，為古代神明顯靈的事蹟[31] 找到可信的證據。優西庇烏斯的基督教神話最初可能是起源於夢境，經過二十六年的時間（338A.D.），已納入一個更為正確和高雅的模式。其中寫到君士坦丁在一次行軍中，親眼見到在

30　某些現代人毫無警覺而胃口又貪婪，連納齊流斯這個異教徒所丟出的餌都要吞食。此處沒有必要指出這些人的名字。

31　天空出現卡斯特（Castor）和波拉克斯（Pollux）雙子星的奇觀，特別用來預告馬其頓戰爭的勝利，這段事蹟從歷史學家和公共紀念物都可以證實。

正午太陽的上方，矗立著一個閃閃發光的十字架飾物，上面鐫刻著「以此克敵」幾個字。天上的景象使皇帝和全軍為之震驚，當時在選擇宗教信仰問題上，他還沒有拿定主意，但是在震驚之餘，再加上當天晚上所見到的景象，卻決定他的宗教信仰。當晚耶穌基督親自在他眼前出現，向他展示與天空所見相同的十字架形象，要君士坦丁製作出同樣的旗幟，抱著必勝的信心，舉著旗幟向馬克西久斯和他的敵人前進[32]。

　　這位飽學的凱撒里亞主教似乎也有所感覺，最近新發現的神奇傳聞，可能會使虔誠的讀者感到吃驚或難以相信。但是優西庇烏斯既沒有對事情發生的時間和地點嚴格加以查證，這樣常常直接有助於分辨事件真偽[33]；也沒有收集並記錄活人的證詞，想必會有眾多人員曾目睹驚異的神蹟[34]。優西庇烏斯僅談到，已死的君士坦丁曾提供非常奇特的證據，卻令他感到極為滿足。他說君士坦丁是在事情發生許多年後，在一次無拘束的談話中，對他講述親身經歷的離奇意外事件，同時還鄭重發誓，保證所講的情況絕無虛假。飽學的教長具有審慎的態度和感激的情分，不容許他懷疑勝利的主子講話的真實性。他曾明確表示，像這樣的事，如果從比他地位稍低的人口中說出，他絕不會相信。何況據以產生這種信念的基礎，不可能在弗拉維亞家族失勢後繼續存在。天空出現圖像的故事後來被不信教的人百般嘲笑，就是緊隨在君士坦丁改變信仰以後，那段時期的基督徒也根本不予理睬[35]。但是無論西方還是東方的教會，卻都接納有助於促使一般民

32　君士坦丁所說的神蹟並非顛撲不破的真理，優西庇烏斯對此深有所感，雖然自己非常支持，但是在所著《教會史》上即略而不記。

33　君士坦丁記述，他征討馬克森久斯，越過阿爾卑斯山時，看見天空出現十字架。特列夫、貝桑松（Besançon）等地省民因虛榮心，而認為確有其事並深信不疑。

34　阿特繆斯（Artemius）是個老兵也是殉教者，對於君士坦丁所見到的景象，以目擊證人的身分留下正式記錄。但即使是信仰虔誠的蒂爾蒙特也拒絕接受。

35　四世紀和五世紀的神父支持此事不遺餘力，寫出汗牛充棟的講道辭，不斷推崇教會和君士坦丁的勝利，但是他們並未提出讓人信服的證言。這些年高德劭的神職人員，從未對此一神蹟表示任何嫌棄之意，足證他們不熟悉優西庇烏斯筆下的君士坦丁生平事蹟（事實上傑羅姆對此一無所知）。像這樣一份宗教論文的出現，是因為有人致力於《教會史》的翻譯和繼續撰寫，也有人對所以產生十字架的異象，認為是別有用心。

眾崇拜十字架的神奇故事。一些勇敢而明智的批評家對他的說法表示懷疑,同時據以說明,在降低第一位基督徒皇帝的勝利成果之前,君士坦丁見到上帝顯靈的故事,在迷信的傳統中一直據有非常神聖的地位[36]。

五、君士坦丁對基督教的指導和最後的受洗(337A.D.)

信奉新教勤於思考的讀者,認為君士坦丁敘述自己改變信仰的過程時,以慎重其事的態度有意作出偽證,將假說真。讀者還可能不加思索斷言,他在選擇宗教信仰時,完全基於自身利益(據一位不信上帝的詩人描述),利用教堂的祭壇作為階梯以登上帝國寶座。然而像這樣苛刻而絕對的結論,從對人性的理解來看很難成立。在宗教狂熱流行的時代,可看到最會耍手腕的政治家,有時也會為自己所挑起的狂熱所感動;即使是最正直的聖徒,也免不了利用危險的特權,拿欺騙說謊和虛偽作假的手段來保衛真理大業。自身利益往往是世人決定信仰的標準,同時也指引所採取的行動;同樣出於世俗利益的動機,君士坦丁經深入的考量,認為這會影響在公眾面前的行為和聲望,就在不知不覺中選擇名利雙收的教派。公眾認為他被上天派來統治人世之說,可滿足個人虛榮。他在事業上的成就證實,君權神授的說法完全以基督啟示的真理為基礎。無意中誇大的頌揚有時能激發真正的美德,君士坦丁一開始所表現的虔誠或許是故作姿態,經由讚揚、習慣和典範影響,逐漸變成嚴肅信仰和熱誠皈依。新興教派的主教和學者,若從衣著和舉止來看都不配進入宮廷,卻被邀請與皇帝一同用餐,陪伴出外遠征。他們之中有一位埃及人或西班牙人[37],智慧超群,君主

---

36 基督教信仰極為虔誠的紅衣主教巴隆紐斯,確信曾出現神蹟。1643年,戈德弗洛伊首先表示其事可疑,馬德堡研究世紀論的作家也抱持同樣觀點。這時開始,很多新教徒的城市都傾向於懷疑和不信,秀菲派(Chauffepie, Jacques Georges de, 1702-1786A.D.,新教教士)全力提出異議。1774年,索邦(Sorbonne)的杜瓦辛(Abbé du Voisin)神父兼醫師寫出〈辯護書〉,內容豐富且中肯,值得讚許。

37 這受到禮遇的人可能是哥多華的主教奧休斯,他寧可像神職人員一樣照顧教堂,也不願統治包括幾個行省在內的特別行政區,阿泰納休斯也簡略提到他高尚的人品。但他在宮廷中未受迫害全身而退,產生很多不公的流言,造成很大打擊。

心儀不已，異教徒說是使用魔法的結果。拉克坦久斯發揮西塞羅的辯才潤飾〈福音書〉箴言[38]，優西庇烏斯奉獻希臘人學識和哲理來服務宗教[39]，兩人被君王視爲摯友，交往非常親密。辯論大師耐心觀察說服的緩慢過程，了解皇帝的性格特質和理解能力，很技巧的提出各論點，使他易於接受。

即使身爲皇帝的教徒會帶來利益，他與數以千計信奉基督教義的臣民最大差別，是身著紫袍的榮譽地位，並非異於常人的智慧和美德。在文明進步的時代，使格羅秀斯（Grotius），帕斯卡（Pascal）和洛克（Locke）[*40]加以讚賞或深爲信服的道理，能讓知識有限、頭腦簡單的軍人完全接受，這不應看成是令人難以置信的事。談起這位軍旅出身的君王，白天的工作極爲繁重，只能利用晚上的時間，勤奮學習聖經教義，撰寫神學論文，然後拿到人數眾多的集會去宣讀，獲得聽眾的如雷掌聲。在一次至今尚可見到原文的長篇大論演說中，皇家的傳教士詳細論述許多有關宗教的道理，但他滿懷喜悅之情，暢談西比林（Sybilline）的《神諭集》[41]和魏吉爾（Virgil）的第四首〈牧歌〉[42]。在耶穌誕生前四十年，曼都亞（Mantua）的吟遊詩人似乎受到以賽亞（Isaiah）的神聖啓示[*43]，用充滿東方宏偉象徵意義的壯麗詞

38　拉克坦久斯信仰基督教，是基於個人的道德良知，而非莫測高深的天命。

39　法比里修斯（Fabricius, Johann Albert, 1668-1736A.D.，學者和語文學家）用一貫的治學精神，從優西庇烏斯所著《福音書研習入門》一書中，找到所引用文句的來源，把三到四百位作者的名字全部臚列出來。

*40　[譯註]格羅秀斯（Grotius, Hugo, 1583-1645A.D.）荷蘭法學家、詩人、人道主義者和政治家，由他奠定國際法的基礎。帕斯卡（Pascal, Blaise, 1623-1662A.D.）是法國數學家、物理學家和哲學家，爲概然率理論建立者之一，律定流體力學的帕斯卡定理，有多種思想史之著作。洛克（Locke, John, 1632-1677A.D.）英國唯物論哲學家，反對「天賦神權」的理論。

41　其中最主要的部分還是要靠一個非常神秘的組合字句，在大洪水後第六個世紀，出現在優里斯蘭·西比林（Erythraean sybil）神諭中，由西塞羅譯爲拉丁文。三十四句希臘詩文的起首字母，拼成預言式的字句：耶穌基督，神的兒子，全世界的救世主。

42　皇帝透過他對魏吉爾（Virgil, Publius Virgilius Maro, 70-19B.C.，羅馬時代最偉大詩人，代表作有《伊涅亞德》）的釋義，有助於對拉丁文原詩的了解和體認。

*43　[譯註]以賽亞這個名字的意思是「耶和華拯救」，他在公元前740年擔任「先知」的職分，將神的話語傳給眾人，任職長達五十年，傳說在瑪拿西（Manasseh）王統治時被鋸死，可以參閱《聖經舊約全書》〈以賽亞書〉。

句,歌頌聖母重臨人世、蛇的誘惑失敗和即將出生的上帝之子。這位天神
朱庇特的後代,將洗掉人類的罪孽,用天上的父所具有的美德統治和平的
宇宙,蒙受天恩的種族即將成長茁壯,原始簡樸的國家即將普及世界,純
眞幸福的時代即將重新出現。詩人可能不了解偉大預言的祕密語義和目
標,最後被加在一位執政官的幼兒頭上,這位執政官也可能是執政三人團
之一44,結果變得毫無價值可言!如果對第四首〈牧歌〉作出更崇高的解
釋,雖然看起來會有點似是而非,那就是說這首詩眞的使一位基督教皇帝
變更宗教信仰,那麼魏吉爾可算是傳播福音最傑出的教士。

　　基督徒的宗教活動和禮拜儀式都非常神祕,竭力避開外人的耳目,甚
至連新加入尚未受洗的教友,都不得與聞,可以增加神祕感和好奇心。但
是主教出於小心謹愼,制訂種種十分嚴厲的教規,卻對帝王新教友完全放
任不管,這也是出於審愼的作法,因爲不惜採取遷就的手段,把他拉入教
會的陣容,此事極關重要。因而在君王承擔基督徒的義務之前,便已獲得
允許或者至少是默認,他可以享受最大限度的特權。在執事宣布異教會眾
退出大會會場時,皇帝不必離開,可以與信徒共同祈禱,聆聽主教的討
論,宣講最深奧複雜的神學問題,參加盛大的復活節和各種神聖的守夜儀
式。他甚至當眾宣布,自己不僅僅是一個參與者,更可以說是親身體驗基
督教各種神祕活動的教士和導師。高傲的君士坦丁免不了要擺出與眾不同
的架勢,事實上根據他的貢獻也有這種資格。在時機尚未成熟的狀況下,
宗教過分嚴格的措施,很可能會斷送掉改變宗教信仰的成果。要是教會遵
守嚴厲的規定,把這位君王拒之於千里,他又已經拋棄供奉多神的祭壇,
那麼帝國的主人便沒有任何形式的宗教可以信奉。他最後一次前往羅馬
時,騎士階級組成歡迎的隊伍,他拒絕在前面領導遊行,也拒絕當眾向卡
庇多山的朱庇特神廟許願,等於放棄並侮辱祖先的迷信傳統。早在君士坦
丁接受洗禮和去世之前很多年,他便已向世人宣告,無論是他本人或他的
圖像,將永遠不會出現在偶像崇拜的神廟之中,同時他卻向各行省散發很

44　不論是波利歐(Pollio)、茱麗亞、德魯薩斯(Drusus)或馬塞拉斯(Marcellus)的長子
　　或幼子,資格都不符合編年史和史書上的記載,何況魏吉爾判斷力良好,更不會
　　提出這種說法。

多種獎章和圖片，顯現皇帝參加基督教儀式虔誠而恭敬的形象。

　　驕傲的君士坦丁拒絕接受新入教者的恩典，讓人難以解釋或原諒，但是他的洗禮一再延遲，倒是可以用基督教會古老習慣的準則和做法加以說明。洗禮儀式[45]由主教親自主持，加上幾個教士的協助，時間是莊嚴的復活節和聖靈降臨節之間的五十天[*46]，在教區大教堂裡行。這段神聖的日子裡，有一批兒童和成年人被教會接納。審慎的父母常常把自己兒女的洗禮，推遲到他們能明白自己所許諾的責任時。古代嚴厲的主教一定會要新入教的教徒經歷兩年或三年的見習期，而那些新加入的教徒出於各種世俗或宗教方面的原因，很少表現出急於要擁有基督徒身分的迫不及待心情。洗禮儀式可以全面和澈底消除一切罪孽，受洗後的靈魂將立即恢復原來的純真，從此可以永遠得救。在那些改信基督教的人士中，有許多人認為是很不明智的事，那就是把令人肅然起敬而無法重複舉行的儀式，匆忙的履行完畢，或者是把失去無法再得而又極為貴重的恩典，輕易的加以拋棄。推遲洗禮卻可以放縱自己的情欲，享受現實世界中的一切樂趣，同時又能把確保得以贖罪的簡便辦法，掌握在自己手中[47]。福音書具有極為崇高的理想，在君士坦丁感情上所留下的印象，與在他思想上所產生的影響，相比起來可以說是微不足道。他為了實現自己的野心所指引的偉大目標，走過一條黑暗而又血腥的戰爭和謀略之路，在獲得全盤勝利之後，更毫無保留讓自己完全聽任命運的播弄。

45　可以觀察到一種情況，現代教堂實質上背離古老的慣例，那就是在施洗儀式（即使為幼兒施洗）以後，接著舉行堅信禮和領受聖餐。

*46　[譯註]天主教的聖靈降臨節在復活節後第七個星期日，就是復活節後五十天；猶太教稱為五旬節，在逾越節（Passover）後五十天。

47　教會的神父指責心術不正的推遲，但並不拒絕這場勝利的功效，就是舉行臨終洗禮又未嘗不可。克里索斯托列舉三點理由，反對這些小心自保的基督徒。（1）、我們的目的是喜愛和追求德行，並不是求得升天國的報酬；（2）、我們受到死亡襲擊，沒機會舉行洗禮；（3）、我們雖然進入天國，但只能像一顆小星在閃爍，與正義的太陽無法相比，這些太陽在勤勉、勝利和榮耀的軌上奔馳。我相信洗禮的推遲雖然帶來很壞的影響，但是沒有受到任何宗教會議的指責，教會也沒有作出任何表示。主教只要有一點機會為皇帝效勞，就會燃起熊熊的熱情之火。

君士坦丁不去強調超越圖拉眞和安東尼,因爲他們具備不完美的英雄主義和不信上帝的哲學思想。然而,處於顚峰期的君士坦丁,卻把年輕時代獲得的聲譽完全斷送。隨著逐漸深入認識眞理,相應的行爲卻愈來愈背離仁德規範,就在他召開尼斯宗教會議那年,處決自己的長子,也可說是謀殺,使得宗教史上最高貴的盛典受到玷污。從此事發生的日期,可駁斥無知和惡毒的諾昔繆斯那毫無道理的說法[48],那就是在克里斯帕斯死後,身爲父親的君士坦丁非常悔恨,但他能從基督教教士那裡獲得贖罪,反倒是異教徒祭司不願給予。克里斯帕斯的死亡,使君士坦丁在選擇宗教的問題上不能再猶豫不決。他不可能到現在還不了解,教會確實有一種無比靈驗的處方,只不過他不願服用而一再向後延,直到死亡臨頭不能再反悔時,因反悔就會帶來危險。到他最後一次病中,在尼柯米地亞的皇宮召見幾位主教,主教看到他熱切請求,於是爲他進行洗禮。他們聽到皇帝鄭重宣稱,他在餘生一定要做到不愧爲基督的門徒,以及他受過洗禮穿上新入教者的白袍以後,很謙恭的拒絕再換上皇帝紫袍的做法,無不使在場的主教受到很大的啓發。君士坦丁的榜樣所發揮的作用,以及他的威望支持推遲洗禮的做法[49],後來的暴君也都相信,在長期統治中可能雙手沾滿無辜者的鮮血,全都會在帶來新生的聖水中沖洗得一乾二淨。這種濫用宗教教義的錯誤解釋,對於高尙品德的基礎造成非常危險的威脅。

六、基督教教會合法地位的建立和傳播(312-438A.D.)

慷慨的庇主將基督教置於羅馬世界的寶座,教會用感恩之心高度讚揚他的美德,原諒他的過錯。希臘人不會忘慶祝皇室聖徒的節日,在提到君

---

48 所有教會的作者都認爲這是可惡的謊言,對待諾昔繆斯極爲苛刻,只有紅衣主教巴隆紐斯要利用這位「非基督徒」(Infidel)作爲工具,來對付阿萊亞斯信徒優西庇鳥斯,所以對諾昔繆斯比較客氣。

49 凱撒里亞主教認爲君士坦丁完全是基於信心才能得救。

士坦丁的名字時，特別會冠以行同使徒尊稱的名號[50]。當然，這也不過是一種比喻，如果指的是神聖使徒的品德，就會變成非常誇張而又俗氣的奉承話。但是，如果這種對比只限於基督福音獲得勝利的程度和次數，那麼君士坦丁的功勞並不亞於上帝的使徒。他頒布寬容基督教的詔書，將阻礙基督教前進的世俗不利因素全部排除，基督教眾多活躍的教士都得到承諾和慷慨的鼓勵，讓他們自由的運用打動人心的說法，用理智和宗教的熱忱宣揚神啓的眞諦。兩種宗教勢力眞正處於均勢狀態的時間很短暫，野心和貪婪的銳利眼光很快就會看出，加入基督教不論對眼前的利益還是將來的生活，都有很大的好處[51]。人人都希求得到財富和榮譽，皇帝是最好的榜樣。在他的勸說之下，再加上不可抗拒的笑容，在皇宮裡充斥著唯利是圖和奴顏卑膝的人群中，一定會爲基督教拉到不少信徒。有些城市自願拆除原來的神廟，以顯示日益增加的宗教熱情，結果都被授與某些特權，能夠獲得人民群眾的捐贈。東部的新都城君士坦丁堡，從未遭受過偶像崇拜的玷污，更因這種獨特的優越條件而受到眾人景仰[52]。社會下層民眾的行爲準則以模仿爲主，在出身、權勢或財富方面處於優越地位的人士一旦改變信仰，那些附屬於他們的群眾立即紛紛效法[53]。據說在一年中，除相應數目的婦女和兒童外，就有一萬兩千位男士在羅馬接受洗禮，又說，皇帝許諾贈給每個改變信仰的人一件白袍，外帶二十個金幣。如果這些說法屬實，要讓一般民眾得救也未免太過容易。

50　在黑暗時代的希臘人、俄羅斯人，甚至拉丁人，都想將君士坦丁放在聖徒之列。

51　君士坦丁常說，在講道時提到基督，無論是眞心或假意，都使他感到愉悅。

52　蒂爾蒙特費了很大精神和力氣來爲君士坦丁堡辯護，說這個城市童貞純潔，駁斥異教徒諾昔繆斯的邪惡說法。

53　雷納爾（Raynal, Guillaume Thomas, 1713-1796A.D.，歷史學家和哲學家）神父是《政治哲學史》的作者，指責君士坦丁訂出法律，將自由僅僅給予信仰基督教的奴隸。皇帝確實頒布過一項法律，限制猶太人對基督徒奴隸行割禮，或許是不得保有基督徒奴隸。但是這項並不完整的規定僅限於猶太人，對大部分奴隸而言，都是基督徒或異教徒主人的財產，改信宗教以後，原來在世俗的處境並沒有改善。雷納爾神父受到矇騙，我不知道是受誰的影響，他寫的史書眞是妙趣橫生，但是完全不提資料引用的來源，可說是不可原諒的缺失。

　　君士坦丁強勢的影響力，並不僅限於他短短的一生，或所統治的疆域
之內。他讓自己的兒子和侄兒所受的教育，確保帝國有一批信仰更爲堅定
和虔誠的王子，因爲他們從很小時開始，便已經被灌輸基督教精神或有關
基督教的學說。戰爭行爲和商業活動已把福音教的知識傳播到羅馬帝國以
外的地區，蠻族原來對出身卑賤而又奉令信仰的教派，產生反感而深爲厭
惡，很快仿效世上最偉大的君王和最先進的民族，對他們信仰的宗教表示
無限崇敬。聚集在羅馬軍隊旌旗下的哥德人和日耳曼人，對高舉在軍團前
面閃閃發光的十字架，願當作勝利的象徵而奉獻犧牲，他們凶狠的同胞同
時獲得宗教信仰和人性仁慈的教育。伊比利亞和亞美尼亞的國王仍舊崇拜
原來的保護神，始終保存基督徒名稱的臣民，很快就與羅馬教友建立起神
聖而永恆的聯繫。在戰爭期間的波斯基督徒，有人懷疑他們寧可不要國
家，也不會放棄信仰的宗教。但是只要在這兩大帝國之間出現一絲和平，
祆教祭司的迫害行動在君士坦丁的干預下就會受到有效的制約。福音教的
光芒照亮印度的海岸，原來深入阿拉伯半島和衣索比亞的猶太人殖民地，
全都反對基督教的擴張，但是當地人士對摩西的啓示早已有所了解，傳教
士的努力因而在某些方面更易於收效。君士坦丁時代的弗魯門久斯
(Frumentius)，終身致力傳教工作，要使封閉地區的人民改變宗教仰，至
今仍受到阿比西尼亞人的尊敬。在他的兒子康士坦久斯統治時期，狄奧菲
魯斯(Theophilus)[54]的出生地是印度，曾被同時授與大使和主教職務，帶著
皇帝送給薩比安人(Sabaeans)或荷美萊特人(Homerites)的兩百匹純種卡帕
多西亞馬，乘坐在紅海航行的船隻。狄奧菲魯斯還帶許多其他有用的新奇
禮物，可能引起蠻族的欽羨和贏得他們的友情。他花費好幾年的時光，走
遍這片灼熱的土地，在各處成功進行宗教事務方面的訪問。

54　狄奧菲盧斯在幼童時，就被迪瓦(Diva)島的同胞當作人質送到羅馬，在那裡接受
　　教育，不僅博學多才而且信仰虔誠。迪瓦或稱瑪勒(Male)，是馬爾地夫的首府，
　　這個印度洋上的島國由兩千個小島所組成。

七、基督教精神權力和世俗權力的區分(312-438A.D.)

羅馬皇帝擁有無法抗拒的實力，在改變民族宗教信仰這個重大而危險的問題上也都完全表現出來。軍事力量的威懾行動，鎮壓異教徒只會產生微弱怨言，可以相信基督教教士以及一般人民的欣然皈依，完全是出於良心的驅使和感恩的情緒。羅馬體制早已確定一條基本原則，就是任何社會階層的公民在法律面前一律平等，對宗教的關心既是行政官員的權利也是應盡的義務。君士坦丁和他的繼承人不相信這樣輕易的改變宗教，便會喪失任何方面的皇家特權，也不認為在改變信仰以後，就不能為所保護和篤信的宗教制訂法律。羅馬皇帝對於整個教會仍然擁有最高司法權。《狄奧多西法典》第十六卷，在幾個不同的標題下，明文規定皇帝在基督教會行政機構中所享有的權力。

但是，這種精神權力和世俗權力相互區分的觀念，過去對希臘和羅馬的自由精神從未產生影響，卻被合法建立的基督教會所接受並肯定。從努馬(Numa)*55到奧古斯都時期，最高祭司的職務總是由國家最傑出的元老擔任，最後更和帝國的高級官員混為一談。國家最高行政官員出於迷信或政策需要，一般總要親自行使神聖的職能。無論羅馬還是行省沒有任何階層的祭司，自稱較別人更為聖潔，更能和神明直接溝通。但基督教會在聖壇前的獻祭永遠由專職教士負責，君王的精神地位卻比最低等的執事還要低，所以只能坐在教堂內殿的圍柱以外，與普通的教徒混在一起56。皇帝可以作為人民的父親受到朝拜，但他對教堂的神父卻必須表示出子女的恭順和尊敬，而君士坦丁對聖徒和懺悔牧師所表示的尊敬，很快就讓驕傲的

---

*55　[譯註]努馬(Numa, Pompilius, 700B.C.)是羅馬七王執政時代的第二代國王，創立宗教曆法和制定各種法規。

56　有些與成例相違的事項，逐漸在君士坦丁堡的教堂裡盛行起來，但是個性剛直的安布羅斯，要求狄奧多西坐在講壇圍欄的下面，讓他知道，就算是一位君主，在教會的地位與教士還是有所差別。

主教階層也獲得這種榮譽[57]。行政和教會在暗中爭奪審判權，使得帝國政府處處感到爲難。用不潔的手碰到神聖的約櫃[*58]，會帶來罪惡和危險，這難免讓一位虔誠的皇帝感到吃驚。把人分爲僧侶和俗民兩大類，在古代許多民族中都早已盛行：印度、波斯、亞述、猶太、衣索比亞、埃及以及高盧的祭師，都是通過神明的淵源獲得世俗的權力和財產。這些受人尊重的制度逐漸融入各國的社會習俗和政治體制之中[59]，當時的行政機構抱持反對或蔑視的態度，更而強化原創基督教會的紀律。基督徒早已選舉自己的執事人員來徵集和分配特殊的稅收，在得到人民同意以後，經過三百年實踐所成形的法典，規定教區的內部政策。當君士坦丁皈依基督教時，他似乎是和一個特殊的獨立社會簽訂永久性的盟約。皇帝和繼承人所授與或認可的特權，不會看成是宮廷的恩寵，而認爲是教會的合法和永恆權利。

八、基督教神職制度的內容和原則(312-438A.D.)

正統基督教會共有一千八百名握有宗教及合法審判權的主教[60]，其中一千人在帝國的希臘省區，八百人在各拉丁省區。教區管轄的範圍和邊界的設立，是基於最早傳教士的熱情和成就、群眾的意願和福音書的傳播程度，在不同的狀況下偶然形成。主教教堂一個接一個排列在尼羅河兩岸、

---

57 土爾(Tours)主教馬丁參加麥克西繆斯皇帝的宴席，在向皇帝敬酒之前，先接過一名隨從送上酒杯，賜與陪同出席的長老；而且皇后先坐在餐桌旁，等待馬丁到來。讓人懷疑的是，對一位主教或是聖徒，是否要用如此特殊的禮遇。

*58 [譯註]〈出埃及記〉裡提到比撒列(Bezalel)製作約櫃，內裝刻著十誡的兩塊法板，放在猶太神殿的聖所內。

59 蒲魯塔克寫出有關艾希斯(Isis)和奧塞里斯(Osiris)的著述，讓我們知道，埃及的國王登基以後不算是祭司，必須經過一種儀式引進神聖的階層。

60 沒有一位古代的作者或是原始的記載，能夠很準確的算出主教的數量。東方的教會有部分名單，都是比較近代的資料。像查理·保洛(Charles Paolo)、路得·賀斯提紐斯(Luke Holstenius)和賓漢(Bingham, Joseph, 1668-1723A.D., 教士、牛津大學學者、歷史學家)等學者，經過鍥而不捨的努力，研究天主教所有的主教轄區，發現與羅馬帝國的疆域完全吻合。在《基督教的古物》一書中，談到教會的地理狀況，有很詳盡的地圖。

阿非利加海岸以及前執政官管轄下的亞細亞地區，直至南部意大利各省。高盧、西班牙、色雷斯和本都的主教都管轄著極大一片土地，還委派一些農村副主教在下級教區行使職權。一個基督教教區大到涵蓋一個行省，也可能小到僅限於一個村莊，但所有的主教都有平等尊嚴的地位，全都得到使徒、人民以及法律賦予相同職責和權力。當君士坦丁推行軍政分離政策時，教會和國家出現一種新成立的神職制度，能夠長留久治，不僅受到尊敬，有時會產生危險。關於神職制度的內涵和特性，可以擇要按下面幾方面簡單說明 ：一、公開的選舉；二、教士的任職；三、財產；四、民事審判權；五、教會的譴責；六、公開演說的訓練；七、宗教會議。

　　其一，公開的選舉：基督教會合法地位建立後，選舉的自由權利還依然存在。羅馬臣民只有在教會中，才能享受失去的權利，原來在共和國時，他們可選出必須服從的行政官員。只要有主教逝世，大主教教區立即發布命令，委任某位副主教代行主教職權，並限期進行選舉。下級教士有選舉權，最有資格評定候選人的優劣；城市的議員和貴族，地位很高或財富出眾者也有選舉權；選舉大權最後還掌握在全體教徒手裡，他們在選舉日，成群結隊地從教區最遙遠的角落前來，有時候會發出喧鬧的呼喊，完全壓倒理智和法紀的聲音。他們的歡呼聲有時正好落在最合格的候選人頭上，選出年長的長老或聖潔的僧侶，或者以虔誠和狂熱著稱的世俗教徒。然而，大家全力求取主教職位，特別是在那些富裕的大城市，主要是把它當作一種世俗的高官，並不在乎宗教界的地位。講究利害關係，激起私恨怨恨，運用欺騙伎倆，賄選腐化墮落，以及流血暴力活動，過去曾敗壞希臘和羅馬共和國的選舉自由，現在使聖徒繼承人的遴選受到影響。有位候選人大談自己家族的榮譽，另外一位用豐盛的佳肴攏絡選民，還有第三個比起其他的競爭對手更是不擇手段，公然提出賄選的作法，凡是幫助他實現下流無恥願望的人員，將可以分攤一份從教會貪污的財產[61]。

61　賽東紐斯‧阿波利納里斯(Sidonius Apollinaris)在書信中，提到高盧教會所發生的一些醜聞。要知道高盧比起東方，沒有那樣高的文化水準，也不會那樣的墮落腐化。要是高盧教會尚且如此，那麼東方教會更為嚴重。

　　民政和教會法令把普通群眾排斥在莊嚴的重要事項外，古代宗教法規明定擔任主教資格的年齡、地位等有關限制，使候選人不致過分浮濫。行省所有主教在空出職位的教堂舉行會議，任命人民選出的候選人，所具有的權威多少可控制住選民的情緒，糾正選民的錯誤。這些主教有權拒絕任命不合格的人選，不同派別激烈爭鬥時，有時由於他們的公正調解而得到解決。教士和教區人民不論是順從還是反抗，在許多情況下都會形成各種不同的先例，最後逐漸成為正式的法令和各行省的習俗[62]。但有一個普遍接受的宗教原則，那就是沒有得到教民的同意，不得派遣主教到一個正統教派教堂。皇帝身為羅馬或君士坦丁的第一公民，也是公眾和平的捍衛者，可有效的公開宣告自己希望的大主教人選，但這些專制君王都尊重教會的選舉自由，因為在重新分配國家和軍隊的職位時，他只有容許一千八百個終身任職的宗教官員，通過人民的自由選舉接受他們的服務。這些不能被免職的宗教官員，自己也絕不會擅自拋棄光榮的職位，自然吻合一般法律的原則。明智的宗教會議想使每個主教都有固定的處所，不得隨意調動，但是收到的成效不大。西部的紀律不像東部那樣鬆弛，但是信仰熱情使得規定成為需要，也就同樣收效甚微。憤怒的主教彼此嚴厲指責的對立情緒，只不過暴露出共同的罪孽，知道他們的行為全都讓人詬病。

　　其二，教士的任職：主教具有精神世界承先啟後的功能，這種極為重要的特權就某種程度而言，是一種美德，一種義務，一種必須肩負的責任，對於痛苦的獨身生活[63]更是一種補償。古代宗教專設非常獨特的祭司階層，奉獻一個神聖的種族，一個部落或一個家族，用來永遠侍候神明，這種制度的建立只是為了擁有而不是為了征服。這些祭司的子女非常驕傲而且獲得保證，可以接受神聖的遺傳。但是家庭生活的煩惱、歡樂和關懷，又會逐漸消除熾烈的信仰熱情。每一位雄心勃勃的候選人，渴望進入

62　有時會運用法律規定或者是在雙方同意下進行調停，經由其他派別的提名，不論是主教還是教徒，就從三位候選人中選出一位。

63　教士的守貞在五世紀和六世紀時，開始當成遵守紀律的規定，非常嚴格的要求，而且要不斷的查問，當然會引起極大的爭論。

未來的天堂，或是得到現世的職位，基督教聖殿的大門都為他們敞開。教士的職務與軍人和行政官員沒有不同，具有天生的性格能力熱心於宗教職務，被有眼光的主教看中，認為他的品行和盡心作事的態度，可以維護教會的榮譽和利益。主教[64]（法律制止濫用權力之前）根據職權可以強制心懷不軌的野心分子，保護受苦受難的平民大眾，奉行按手禮授予世俗社會裡最珍貴的特權。整個正統教會教士的人數比羅馬軍團的士兵更多，皇帝卻豁免他們應盡的公私勞役、市政職務，個人賦稅和奉獻樂捐，這對一般公民來說那可是難以忍受的沉重負擔；教士擔任的聖職就算抵銷對帝國應盡的全部義務[65]。每位主教對委派牧師擁有絕對不可干頂的支配權，也獲得受委派教士永遠的服從，因而每個主座教堂的教士連同下屬的教區，各自形成永久性的正常社會。君士坦丁堡[66]和迦太基的大教堂維持一個擁有五百名聖職人員的特殊機構。那個時代迷信的風氣盛行，把猶太教會堂和異教廟宇的各種盛大儀式都引入了基督教會，使得各種職位[67]和人數都在毫無自覺中迅速增加。成群列隊的各級教士，像是執事、副執事、輔祭、被魔師、讀經師、唱詩班以及門房，都在各自的職位上為盛大的禮拜儀式增添氣派的場面。教士的稱呼和特權還被廣泛授予許多熱心支持教會統治權的虔誠教友。曾經有六百名遊方教士在亞歷山卓的病榻邊為病人祈禱，一千一百名堀墓人在君士坦丁堡埋葬死者。成群結隊來自尼羅河畔的僧侶，像一層烏雲遮住整個基督教世界。

64　托馬森（Thomassin）和賓漢花很多心血討論教士的神召、任命和服從等問題。當聖傑羅姆的兄弟在塞浦路斯聖職任命時，執事用力堵住他的嘴巴，免得他提出正式的抗議，使神聖的儀式成為無效。

65　教士從基督教皇帝獲得豁免狀，有關規定列入《狄奧多西法典》第十六卷。博學的戈德弗洛伊還算坦誠的舉例說明，由於他兼具市民和新教徒相對立的成見，因此能獲得平衡。

66　君士坦丁堡教堂的人員，有六十名長老或神父，一百名執事，四十名女執事，九十名輔祭，一百一十名讀經師，二十五名唱詩班，以及一百名守門人，總共是五百二十五名，這個適當的數目是由皇帝決定，用來解除教堂的困境。要是編制更大，就會產生債務和高利貸的問題。

67　拉丁教堂的位階有七級，主教並不包括在內，其中四個最低位階，現在都沒有運用，只保留名銜。

　　其三,財產:教會在〈米蘭詔書〉頒布(313A.D.)後的收入和安寧都
獲得保障[68],基督徒不僅重新收回被戴克里先迫害政策所奪去的土地和房
屋,對過去在行政官員默許下占有的財產,從此才眞正具有主權。等基督
教成爲皇帝和帝國的宗教後,全國教士馬上有權公開要求得到相當數量的
生活費用。對一般人民而言,每年徵收一定數量的稅款,比起擺脫迷信活
動所要求的奉獻,必須忍受更加沉重的負擔。但隨著基督教的日趨茁壯,
要求和開支也逐漸增大,教會階層必須靠信徒供奉,才能維持並且富裕起
來。在〈米蘭詔書〉頒布八年之後(321A.D.),君士坦丁公開容許臣民可
自由將財產遺留給基督教會。教徒在生前要過奢侈的生活,或是因貪心而
難免對奉獻有所保留,等到臨死時,對宗教的慷慨行爲如潮水一樣奔騰出
來。有錢的基督徒跟著學習君王的榜樣。專制君王毋須得到世襲遺產,一
樣能富可敵國,而且不論如何行善也獲得不了善果。君士坦丁未免過於聽
信閒言,以爲犧牲全民勤勞所得利益,來養活不事生產的教士,把全國的
財富全分給教會,就可邀得上天恩寵。帶著馬克森久斯的頭顱,前往阿非
利加示眾的使臣,受皇帝之囑帶給迦太基主教昔西利安(Caecilian)一封
信。皇帝在信中通知他,已命令該省的金庫把一筆三千袋或一萬八千磅白
銀的巨款支付給他本人,還將進一步指示他設法解決阿非利加、努米底亞
和茅利塔利亞各地教會的困難。君士坦丁的慷慨大方隨著宗教熱情和罪惡
行爲一同迅速增長。他命令各城市分出相當數量的糧食充實教會慈善事業
的基金,不論男女只要甘願過著僧侶生活,都將受到君王的特殊寵愛。

　　位於安提阿、亞歷山卓、耶路撒冷、君士坦丁堡以及其他地方的基督
教大教堂,可以清楚看出年已衰老的皇帝,要想與完美的古代建築一比高
下,顯露出來的心態,只是誇耀的宗教熱忱[69]。這些宗教建築的形式多爲

68　〈米蘭詔書〉承認教會有關土地權的問題,也有詳盡的規定,經過國家最高行政
　　長官正式宣布以後,各級法庭如同民法條款加以接受。

69　凱撒里亞的主教爲了迎合主子的心意,在公開的場合詳盡述說耶路撒冷教堂的精
　　美壯麗,雖然教堂已不存在,但是他在君士坦丁的傳記裡,還有一段說明教堂的
　　建築和裝飾。他同樣也提及君士坦丁堡的聖使徒大教堂。

簡潔的長方形，有的向兩邊擴張形成圓頂，還有伸出兩臂成為十字架形的
建築。所用木材大部分是利班努斯（Libanus）的雪松，屋頂上舖著鍍金的
銅瓦，牆壁、柱子、地面等都用色彩斑斕的大理石鑲面。裝飾聖壇用的是
大量珍貴的金銀、珠寶、綢緞，這些格局宏偉的聖殿可以靠著地產收入，
當作最穩的財務基礎。從君士坦丁在位到查士丁尼統治的兩個世紀裡，帝
國一千八百座教堂不斷得到君王和人民不容他人染指的財產，日益變得更
為富有。合理分配給主教的年收入可能是六百英鎊，這樣可以使他們與富
人、窮人之間都保持相等的距離[70]。但隨著所管轄城市的升級和繁榮，他
們的財產無形中提高很多。一份雖然不完整但真實可信的租稅清單[71]，詳
細列舉了分屬於意大利、阿非利加和東部行省三座羅馬大教堂—聖彼得、
聖保羅和聖約翰·拉特朗（St. John Lateram）大教堂—的房產、作坊、果園
和農莊的收益。這幾座教堂除了留作專用的油、亞麻、紙張、香料等租稅
外，每年還生產兩萬兩千金幣或一萬兩千英鎊的稅金。在君士坦丁和查士
丁尼時代，主教早已無法獲得教士和人民的真正信任。各教區教會的收入
總分為四部分，一分主教自己支配，其餘三分分配下級教士、救濟窮人、
用於公眾禮拜費用。為避免這項神聖的委託發生舞弊，經常進行嚴格的查
核[72]。教會的財產仍然要按規定向國家納各種稅款。羅馬、亞歷山卓、提
薩洛尼卡（Thessalonica）等城市的教士可以要求並獲得減免部分捐稅；但
是里米尼（Rimini）宗教大會提出全部豁免的要求，由於時機尚未成熟，遭
到君士坦丁兒輩的堅拒。

　　其四，民事審判權：拉丁地區的教士感激君士坦丁賜給他們的禮物，

70　早期教長和最富有主教的歲入並不需強制徵收，主教的每年入息最高可達三十磅
　　黃金，最低有兩磅，中等標準約十六磅，但年入息一般都比實際收入要低很多。

71　從梵蒂岡得到的記錄都讓人感到懷疑，這些租金總額雖然古老倒是很可靠，至少
　　可以用來當作證據，如果出自偽造，那也要出於教皇把農莊，而不是把王國當成
　　斂財目標的時代，也就是說時間要早很多。

72　教會收入的合法分配，在安布羅斯和克里索斯托那個時代還未建立。辛普利修斯
　　（Simplicius）和傑雷休斯（Gelasius）是五世紀末葉的羅馬主教，在致教友的信函裡
　　提到，收入的分配具備普通法的效力，這種方式為意大利習慣法所認可。

接受獨立的司法權利,在民法及公共法規的廢墟上,建立起自己的宗教法庭[73],實際上卻是時機恰好以及教士的勤奮所產生的結果。不過有些基督教皇帝慷慨賜與教士一些司法特權,使他們不僅保住並且進一步提高聖職人員的地位[74]。(1)在專制政府的統治下,只有主教享有珍貴無比的特權,那就是只能由同樣身爲主教的同僚對他進行審判。即使犯下最重大的罪行,也只有同教弟兄組成的宗教會議判定他是否有罪。這樣的法庭除非因爲個人仇恨關係,或是宗教思想不能相容而激起的憤怒,一般對犯罪的教士總是盡量寬容,甚至公然偏袒。然而,君士坦丁卻對此十分滿意,他認爲公開的醜聞比暗中讓當事人逍遙法外更爲有害。他在尼斯的宗教會議中公開宣稱,如果他碰上某位主教正在和人通奸,他將脫下御袍,好遮蓋那位宗教的罪犯,這番話使大家受到很大的啓發。(2)主教的教內審判權對教會階層來說是一種特權,也是一種限制,因爲他們的民事糾紛已不在世俗法規的審理範圍之內。教士的輕微過失,不會因公開審判或處分使教會喪失顏面。年幼的孩子從他們的父母或教師那裡得到溫和的指責,在這裡也只不過受到主教較爲嚴厲的訓斥。但是,如果教士所犯的罪行比較嚴重,僅是撤消神聖而且待遇優厚的職務,已不足以抵償所犯的罪行,那麼羅馬的行政官員可以揮出正義之劍,不再考慮宗教豁免權的問題。(3)主教的仲裁權獲得正式合法批准,法官據以運用的宗教法規,因各方僉表同意而被視爲有效,裁定以後不容上訴,也不得推延執行。行政官員以及整個帝國臣民紛紛加入基督教的情景,逐漸消除基督徒原有的恐懼和疑慮。

73　我們從優西庇烏斯和索諾曼那裡確知,擴大和肯定主教的審判權來自君士坦丁,但是這件著名的詔書出自僞造,所以沒有列入《狄奧多西法典》。戈德弗洛伊用令人滿意的方式加以證實,說它並非贋品。孟德斯鳩不僅是律師也是哲學家,認同君士坦丁這件詔書,並沒有表示絲毫懷疑之處,眞是令人感到奇怪。

74　教會審判權這個題目陷入宗教熱忱、迷信偏見和利害關係的濃霧之中,我手裡有兩本立論公正的專書,就是弗祿里所著《教會法規的原則》和嘉諾內(Giannone)所著《那不勒斯民權史》,他們基於職業和性格理應提出持平之論。弗祿里是法國傳教士,對於國會的權威抱著尊敬的態度,嘉諾內是意大利的律師,畏懼教會的權勢。我在看到這麼多非常特別而又不完整的事實以後,只能提出以下的意見,那就是現代作者刻意處理這類題材,等於要牽著讀者的鼻子走,還有就是註釋過多,已到不成比例而使人厭惡的地步。

但他們遇事仍求助於主教法庭，因他們信賴主教法庭的能力和正直，聖奧斯丁(St.Austin)語帶滿意的抱怨說著，宗教永遠為招人怨恨的俗事干擾，不斷裁定誰該得到多少金銀、土地和牛羊。(4)古老流傳對罪犯的庇護權也轉移到基督教，慷慨而虔誠的狄奧多西二世將庇護權擴大到聖地的鄰近地區[75]。逃亡者甚至是罪犯，都可前來懇求上帝和祂的使者主持正義或給予寬恕。這樣一來，專制主義的粗暴行為由於教會的干預獲得緩和，最有地位的臣民在主教的斡旋和求情之下，生命或財產可能得以保全。

　　其五，教會的譴責：主教永遠是考核教民品德的監察官，有關贖罪的戒律也全都納入整套宗教法規體系之中[76]，精確規定私下或公開懺悔的責任、取證、定罪以及量刑的原則。教皇如果在懲罰凡人隱匿而未彰顯的罪行時，卻對行政官員明顯的惡行和深具破壞性的罪過彷彿視而不見，那他就無法真正行使精神的監察權。如果想對官員的行為依法審理，卻又非有政權機構的管轄權不可。主教需要考量宗教、忠誠或恐懼等相關問題，能夠保護皇帝的聖職人員，使他們不致受到信仰狂熱或私仇憤恨的傷害。主教卻大膽譴責沒有穿上紫袍的暴虐官員，把這些等級較低的僭主逐出教會。聖阿泰納休斯(St.Athanasius)就曾將埃及的一位大臣處以破門罪，他所宣布有關火和水的禁令，也被莊嚴送交卡帕多西亞教會[77]。狄奧多西二世在位時期，海克力斯的後代子孫[78]，口才出眾、彬彬有禮的辛尼休斯

75　在保洛修道士的著作中，有一段精彩的論點，提到庇護所的起源、權利、濫用和限制，他特別提到古代的希臘有十五或二十個阿濟拉(azyla)，也就是庇護所，目前在意大利只在一個城市裡還可發現幾處。

76　宗教會議決定的信條，使懺悔行為的法學概念能不斷改進，但從很多案例看來，仍交給主教自行裁定。像過去羅馬的法務官般，偶爾會把一些要求遵守的規定，公開印發出來。第四世紀有所謂教規信函，這要感激偉大的巴西爾首先採用。

77　巴西爾公開宣稱，他之所以蓄意提到這件事，就是要說服總督，即使位高權重，也無法免於被逐出教門的判決。就他的論點來說，甚至就是頂著皇冠也擋不住梵蒂岡雷霆一擊。樞機主教就這方面來說，比起法國天主教會的律師和神學家，更能表現出一致堅持的態度。

78　他的祖先當中有斯巴達第一任多立克(Doric)國王優瑞昔尼斯(Eurysthenes)，是海克力斯第五代的直系後裔，銘刻在拉斯地蒙人(Lacedaemonian)殖民地塞林的公共名冊上。像這樣血統純正聲望卓著的譜系已有一千七百年之久，就算沒有加上海克力斯的皇室祖先，在人類歷史中也已經無可匹敵。

（Synesius），在塞林古城遺址附近接替托勒美斯（Ptolemais）的職位。這頗有哲學修養的主教，儘管並不願意擔當這一角色，卻仍處處表現出應有的威儀[79]。他懲治人稱利比亞惡魔的安德洛尼庫斯（Andronicus）省長，此人占據可以圖利自己的職位，毫無忌憚濫用權力，採取一套搜刮民財和施展酷刑的新辦法，更因為褻瀆神明而加重壓榨百姓的罪行。辛尼休斯開始用溫和的宗教方式，等到勸誡無法挽救行政官員傲慢墮落的靈魂，只有用宗教法庭的權威進行最後裁判[80]，結果使安德洛尼庫斯、他的同夥以及家族，全都遭到人類和上天的唾棄。

那些比法拉里斯（Phalaris）或賽納克里布（Sennacherib）*[81]更為殘酷，比戰爭、瘟疫或蝗災破壞性更大而又不肯悔改的罪人，將被剝奪作基督徒和參加宗教活動的權利，也就失去進入天堂的希望。主教告誡數量眾多的教士、行政官員和人民，要與耶穌的敵人斷絕交往的關係，不容這些人進入自己的家門，不和這些罪人共餐，也不能在一起共同生活，更不讓他們參加莊重的葬禮。托勒美斯教會的名聲並不響亮，所做所為引起反感，卻向全世界的姊妹教會發出了這份聲明。那些拒絕遵守這項教令的俗人，將被視為與安德洛尼庫斯及其邪惡的追隨者同罪，要受到同樣的懲罰。這一可怕的宗教法規用非常技巧的方式，強加於拜占庭法庭，使得惶恐萬分的庭長只得向教會乞求寬恕，也使得這位海克力斯的後代子孫，可以命令一位俯伏在地的暴君平身，這種樂事倒是不容易獲得。諸如此類教規和事例，一直都在毫無知覺的狀況下，為長期騎在帝王頭上的羅馬教皇，舖平勝利的道路。

其六，公開演說的訓練：每一個獲得民心的政府，都經歷過群眾粗俗不

79　辛尼休斯先前曾經表示自己不合資格，他喜愛世俗的學識和運動，沒有辦法過獨身守貞的生活，不相信復活也不願拿無稽之談來教訓民眾，除非讓他在家中從事哲學的思維和探索，還可以考慮。埃及大主教狄奧菲盧斯知道他的名氣和為人，接受他非常特別的要求。

80　逐出教門的判決用措辭嚴謹的文體，方式是包括整個家庭在內，這種做法不甚公正，後來就改為「國內停權」（national interdict）。

*81　[譯註]法拉里斯是公元前549年西西里的暴君，用銅製的牛燒紅將人活活烤死，很像我國殷紂的酷刑炮烙；賽納克里布是公元前七世紀的亞述國王，兩次入侵猶太王國，擊敗巴比倫重建尼尼微，是手段殘酷的暴君。

堪和無的放矢的叫囂和吶喊,並產生很大的效用。這種肆意的攻訐隨著衝動的情緒,很容易傳播開來。冷漠的性格受到激發,堅定的理由也被推翻,凡聽到的人在內心引起共鳴的同時,也受到周圍廣大群眾的影響。公民自由權利受到澈底破壞,使得雅典的政治煽動家和羅馬的護民官全都沉默下來。布道的風氣是基督徒獻身宗教相當重要的表現,但在古代的廟宇裡卻付之闕如。直到帝國各地的講壇擠滿神聖的宣講人,他們能享有異教前輩想也不曾想到的特權,從這時起帝王再也不會聽到群眾演說家的刺耳聲[82]。護民官所提出的理論和雄辯,馬上就會出現許多熟練而堅定的反對者,同樣在後面跟著很多搖旗吶喊的人,爭著出頭加以反駁。在這種情況下,真理和良知的目標往往從敵對情緒的鬥爭中獲得意外的支持。不論是主教還是受到主教慎重委以布道特權的長老,知道順從的聽眾被各種煩雜的宗教儀式擺布得非常聽話,布道者對自己的講辭,絲毫不用擔心會有被打斷或受到質疑的危險。

　　基督教教會對上級的指示會嚴格服從,只要羅馬或亞歷山卓大主教用居於高位的手定好音調[83],從意大利或埃及數百個講壇,立即會響起完全相同的和聲。這種制度的設計值得讚許,但是效果並不理想。布道人敦促大家履行社會職責,他們稱頌完美的修道士所具有的品德,對個人而言會帶來極端的痛苦,對人類根本沒有一點益處。他們對慈善事業的規勸,暗中透露希望為了賑濟窮人,最好讓教士來管理信徒的財產。代表上帝最崇高的屬性和法則,為形而上學的詭辯、俗氣的儀式和虛構的神蹟這一大堆亂七八糟的東西所污玷,他們用最大的熱情所鼓吹的主題,不外是憎恨教會的反對者,發揚宗教美德服從教堂的神職人員。當公眾的和平因異端邪說和分裂活動而受到干擾時,神聖的布道者便吹響了引起不和的號角,甚至煽動叛亂也都在所不惜。這時會眾的頭腦會被神秘的論調所擾亂,挑逗性的言詞更激起狂熱情緒,於是他們從安提阿或亞歷山卓的基督教堂裡衝殺出來,準備自己去做殉

82　講道是主教最重要的職責,但有時會託付給長老,像是克里索斯托和奧古斯丁。

83　伊麗莎白女王在政府實行特別措施時,常常運用這種言辭和手段,來博取民眾的好感。她的繼承人感受到這種「鼓聲」的敵意,再下一代更是如此,那就是她所說的:「要向人民講道理,擊鼓把牧師召來。」

教者，或者讓別人去爲教會犧牲。這種在風格和語言方面發生謬誤的狀況，在拉丁地區主教的激烈演說中隨處可見。但是格列哥里（Gregory）和克里索斯托（Chrysostom）的文章，卻常常拿來和雅典最輝煌的典範相比，不管怎麼說至少比亞洲的狀況要好得多[84]。

其七，宗教會議：基督教共和國的代表每年定期在春季和秋季聚會，宗教會議向羅馬世界一百二十個行省，傳送基督教的教會教規和立法精神[85]。依據法律規定，授權大主教或首席主教，召集他所管轄行省的副主教舉行會議，用以改進與會人員的行爲，重申神職人員的權利、表達在座人員的忠誠。如果教士和人民選出填補紅衣主教團空缺的候選人，就對他們的績效進行審查。羅馬、亞歷山卓、安提阿、迦太基以及後來的君士坦丁堡主教享有更大的審判權，可以召集所屬的主教舉行多種會議。但是最關緊要的宗教大會卻只有皇帝本人有權決定。每當教會中出現緊急情況需要採取此類重大步驟時，他會立即向各行省的主教或其代理人發出強制性召喚令，同時附有可以使用驛馬並支付足夠旅費津貼的證書。在君士坦丁統治的早期（314A.D.），那時他還是基督教的保護人而非教徒，把有關阿非利加問題的爭論，交給亞耳（Arles）會議去處理。來自約克、特列夫（Treves）、米蘭以及迦太基的主教，操著本鄉本土的語言，在會議上像朋友和兄弟一樣，討論拉丁地區或西部教會與大家利害相關的問題[86]。十一年之後（325A.D.），在俾西尼亞的尼斯召開陣容盛大而且千古留名的宗教大會，能夠通過與會人員最後的裁定，澈底解決在埃及出現有關三位一體的問題，事實上這種爭論非常微妙。三百八十名主教聽從寬容君王的召喚全部到場，與會人員包括各個階層、教派和稱號的教士總共是兩千零四十八人。希臘的教士都親自前來，拉丁地區的教士在獲得同意後，由羅馬教皇

84　這些謙恭有禮的演說家知道，他們拿不出奇蹟當禮物，只有努力靠口才混飯吃。

85　尼斯宗教會議頒布第四次、第五次、第六次和第七次教規，對於教會會議、都主教、大主教的有關事項，訂出基本規則。尼西亞教規涉及教士的利益，受到曲解、濫用、竄改和僞造，羅馬的郊區教會轉移給羅馬主教管轄，引起激烈爭議。

86　我們只看到三十三或四十七個主教的簽署，但是阿多（Ado）指出有六百名主教參加亞耳會議，這位作者可能沒有算清楚。

派出的代表團擔任。皇帝經常御駕親臨為期兩個月的大會，讓侍衛等在門
外，自己（在得到會議的同意之後）坐在大廳中央的矮凳上。君士坦丁耐心
聽別人發言，講話非常謙虛。如果他的話對辯論產生了影響，總是很謙恭
的聲明，他是使徒繼承人的行政首長，絕不是審判官，何況各位都奉神的
指派成為地上的僧侶。一位專制君王對無拳無勇的臣民集會，竟然表示如
此隆重的尊敬態度，唯一先例就只有採用奧古斯都政策的羅馬帝王，一度
對元老院所表示的崇高敬意。

　　就在短短五十年中，一位精於哲理的旁觀者，看到世間風雲變幻，不
免想到羅馬元老院的塔西佗，和在尼斯會議上的君士坦丁。朱庇特神殿之
父和基督教教會之父都同樣日趨墮落，在品德方面全都無法和原來的創始
人相比。但是，由於基督教的主教深深扎根在公眾輿論之中，比較能夠用
合理的傲氣維持自己的尊嚴，有時甚至還能用英武的氣概反對君王的意
願。隨著時間的推移和迷信思想的發展，曾使宗教會議喪失威信的軟弱無
能、意氣用事和愚昧無知，都已被世人逐漸淡忘。整個基督教世界全無例
外，完全聽命全國大會永遠正確的教條。

第二十一章

異教受到迫害　道納都斯教派的分裂　阿萊亞斯的宗教
爭論　君士坦丁及其子統治下教會和帝國的狂亂狀況
異教的寬容(312-362A.D.)

一、基督教的異端教派受到迫害及產生分裂(312-362A.D.)

　　極為感激的教士用讚美的聲音，推崇君士坦丁一生的作為，使他們可
以發揮宗教熱情，增進實質利益，獲得安全、財富、榮譽和尊敬。君士坦
丁支持正統教會的信仰，認為是政府官員最神聖的義務和最重要的責任。
〈米蘭詔書〉是信仰自由的大憲章，賦予羅馬世界每位臣民有權利選擇和
主張自己的宗教，但是這個極為寶貴的權利立刻受到侵犯，皇帝自認了解
真理，所以吸取迫害的典則。對正統教會持異議的教派來說，基督教的勝
利給他們帶來苦難和壓迫。君士坦丁很容易相信，異端教派敢於爭論他的
理念，反對他的統治，是執迷不悟的犯罪行為，要及時採用嚴苛的手段，
運用時加以節制，從永恆懲罰的危險中，將這些可憐的人們拯救出來。皇
帝非常慷慨對正統教會的教士賜予酬勞和豁免，分離的教會不得享受這些
特權，要求大臣和教諭採取行動，不得浪費時間。但是有些異端的徒眾因
帝國尚未統一而能苟延殘喘，等到征服東部，隨著立即奉行詔書，等於宣
告他們完全受到絕滅的命運。在充滿宗教狂熱和嚴辭指責的序幕以後，君
士坦丁絕對禁止異端教派的集會，籍沒他們的公共財產，作為國家的收入
或是供正統教會運用。有些教派抗拒皇室的嚴屬作風，像是薩摩薩塔
（Samosata）的保羅，領導追隨的徒眾進行直接的反抗；弗里基亞的孟他

努派(Montanists)還是狂熱的繼承先知的預言；諾瓦提亞派(Novatians)嚴
正否認塵世的悔改所能產生的效果；在馬西昂派(Marcionites)和華倫提
尼安派(Valentinians)的領導之下，亞細亞和埃及形形色色的諾斯替派
(Gnostics)信徒，又開始重整旗鼓，蠢蠢欲動；或許就是摩尼派
(Manichaeans)最近才從波斯，傳入東方和基督教神學[1]中最欺世盜名的著
作。企圖將可憎的異端完全根除，或者至少要能限制他們的發展，已經
雷厲風行的推動而且頗有成效，從戴克里先的詔書中引用一些刑事規
定，這些「改宗皈依」的方式受到有些主教的讚許，他們過去嚐過高壓
手段的滋味，現在有權訴諸這方面的要求。

有兩個微不足道的情況，可以證明君士坦丁的內心，沒有完全被宗
教的狂熱和偏見所腐化。在他譴責摩尼教和同宗的派別之前，決定對相
關教義就本質方面進行精確的探索和調查，但是不相信他的宗教顧問會
公正無私，於是把這件很精細而微妙的工作，交付給一位學問淵博而且
行事穩健政府官員負責，但是並不知道這位官員很容易被金錢收買。另
外一件是皇帝很快被說服，他對諾瓦提亞派的正統信仰和嚴謹教規加以
禁止，是過於倉卒的舉動。教會所以對諾瓦提亞派產生異議，是他們認
為有些戒律條款並非救贖世人的基本要件。為此皇帝特別下了一道詔
書，赦免諾瓦提亞派教徒在法律方面的罪行[2]，允許在君士坦丁堡興建一
所教堂，尊重他們的聖徒所行的奇蹟，邀請該派的主教阿西休斯
(Acesius)參加尼斯的宗教會議。同時他用開玩笑的口氣，溫和的嘲訕這
位參加會議的主教，說他的教條太過瑣碎。從君主口裡所說出的話，自

1　對蒂爾蒙特、博索布勤(Beausobre, Issac de, 1659-1738A.D.，神學家和歷史學家)
　　和拉德納的見解做了一番檢查以後，我認為摩尼在270年以前，甚至就是在波斯
　　也沒有傳播他的教派。確實很奇怪，一個含有哲學思想的外國異端，竟會很快進
　　入阿非利加的行省，然而我很難反駁說是戴克里先的詔書要禁止摩尼教，這是巴
　　隆紐斯所發現的事實。

2　這份詔書如同普通法一樣，沒有列入《狄奧多西法典》，可能在438年時，這個
　　教派被定罪後已經根絕。

然會被讚美和感恩的心情所接受[3]。

君士坦丁在馬克森久斯死後，立刻用勝利的軍隊光復阿非利加，誤以為一位受過教化的改宗者能適合該地，結果產生不停的怨言和相互的指控，給他的統治帶來很大的困擾（312A.D.）。等他得知這樣大的地區，從塞林到直布羅陀海峽的各行省，都因宗教的紛爭而動盪不安，真是感到非常的驚異。人心渙散的根源在於迦太基教會的重複選舉，而這個教會無論就位階或富裕的程度，在西部的教會中都名列第二位。昔西利安（Caecilian）和馬喬里努斯（Majorinus）是阿非利加相互敵對的兩位總主教，等到後者過世，就留下一個空缺給道納都斯（Donatus），他因為才識過人而且品德高尚，受到他這一派教徒的堅定支持。昔西利安的聖職任命在前，應該在位階上具有優勢，但是他過於急躁，沒有等努米底亞的主教們到達，就職成為不合法，至少也是不合程序。於是這些主教指責昔西利安，同時推崇馬喬里努斯，結果這七十名主教，因為有人的品格上發生醜聞，再加上努米底亞宗教會議發生涉及女性的陰謀、瀆褻神聖的交易和喧鬧暴亂的議程，使得他們的職權再度受到削弱。這些產生爭執的黨派，他們的主教仍然是爭權奪利，互不相讓，過去由於對手把《聖經》私下送給戴克里先的官員，犯下不可饒恕的罪行，地位岌岌可危，也為眾人所不齒。雙方相互攻訐同時進行私下的活動，像是證實阿非利加的基督徒，在上次的迫害期因宗教信仰吃盡苦頭，看來態度還是沒有改過自新，分裂的教會沒有能力進行公正的裁判。皇帝為了平息雙方的爭論，陸續成立五個法庭很慎重的審理本案，整個審判的過程從最早提起上訴到最後的宣判，拖延了三年之久。意大利禁衛軍副統領和阿非利加以代行執政官頭銜的總督，負責進行全面的調查，兩位主教的貴賓把處理報告帶到迦太基，裡面是羅馬和亞耳御前會議所下達的敕令，以及君士坦丁在神聖宗教會議中至高無上的裁決。整個案件對昔西利安有利，全體一致承認他是阿非利加真

3　索諾曼和蘇格拉底這兩位歷史學家受到懷疑，認為他們附和諾瓦提亞派的教義，我覺得沒有道理。皇帝對這位主教說道：「阿西休斯，準備梯子，好吊死自己進天國。」大部分基督教的教派，要輪流向阿西休斯借梯子。

正合法的總主教，具有民事和教會的全部權力。教會的位階和財產判給他
所指定的主教，這點毫無困難，君士坦丁將道納都斯派的主要領導階層全
部處以放逐。這件案子要求公正處理的呼聲甚囂塵上，受到注意又進行鑑
定，或許他們的冤情不是沒有根據，完全是寵臣奧休斯（Osius）運用狡猾
陰險的手段，取得皇帝的信任所致。欺騙和賄賂的影響力，可以使無辜者
受到懲處，有罪者加重刑責。不過，這種不公正的情況要是發生糾纏不清
的爭執，在專制政體看來只是微不足道的缺失，何況類似的案例多如牛
毛，後代子孫覺察不到，很快就會遺忘。

　　但是這次事件要不是導致教會的分裂（315A.D.），發生重大的影響，
也不會在歷史上占有一席之地。阿非利加的行省忍受三百年的痛苦，靠著
基督教本身的力量才完全平息下去。道納都斯派受到爭取信仰自由和發揮
宗教狂熱的激勵，以不屈不撓的精神拒絕服從篡奪者，因為他的當選引起
爭論，教職的權力不被承認。凡是有人接受昔西利安叛教者和邪惡的黨
派，使自己獲得聖職任命，道納都斯派就將這些人全部逐出教會，這樣他
們也失去與人類社會正常和宗教的交往。他們極為欣喜而又充滿信心，因
為歐洲和亞洲的主教受到罪行和分裂的影響，使徒的繼承權因而中斷，正
統教會的特權限於所選定的阿非利加信徒，只有道納都斯派的信仰和紀
律，能夠保持正直純潔未受任何污染。他們用毫不通融的態度支持僵硬的
原則，要是派來一個改信者，甚至是來自東方遙遠行省的聖職人員，他們
都懷疑這些人的合法性，視之為異端或分裂分子，對於這些人所主持的洗
禮和任職，他們還要再重複這些神聖的儀式[4]。這些教徒在獲准接受道納
都斯派的聖餐禮之前，無論是主教、處女或是純潔的幼兒，都要蒙受公開
認罪的羞辱。要是道納都斯派得到一座教堂的所有權，過去曾被正統教會

4　亞耳、尼斯和特倫特（Trent）的會議，全都肯定羅馬教會的運作明智而且穩健，道
　　納都斯派能夠維繫西普里安的情感，而且在原創教會中具有相當份量，應該是占
　　有很大的優勢。文森久斯‧利里尼普斯（Vincentius Lirinensis）曾經提出解釋，說
　　明道納都斯派的信徒為什麼會與魔鬼同受永恆烈火的煎熬，而聖西普里安卻與耶
　　穌基督一起統治天國。

的敵手使用過，就像獲得一所崇拜偶像的廟宇那樣，用猜忌的心理很小心
的處理，潔化這個瀆褻神聖的建築物。他們洗淨進出的道路，重新粉刷牆
面，焚毀木製的聖壇，熔掉金銀器具，把作爲聖餐的麵包丟給狗當食物，
用盡一切侮辱的手段，使宗教的派系之間激起永恆的仇恨。雖然存在著無
法化解的嫌惡之情，這兩個派別混雜在阿非利加的城市裡，彼此有相同的
語言和習慣，同樣保持著宗教的狂熱和知識，也有同樣的信仰和崇拜儀
式，成爲水火不容的分裂局面。道納都斯派受到帝國政府和教會的排斥，
毫無權勢可言，仍舊在有些行省保有人數的優勢，尤其是努米底亞，有四
百位主教承認總主教的管轄權，但是教派堅強不屈的精神有時會被人抓住
要害。原本分裂的教會由於內部的離心離德，造成的後果更是慘不忍睹。
道納都斯派的主教有四分之一追隨馬克森久斯自立門戶的旗幟，他們最早
的領袖規劃出窄狹而孤獨的道路，繼續要與人類的大社會分道揚鑣，不相
往來。就是與他們差異不大的祈禱派（Rogatians），竟敢大言不慚的宣稱，
等到耶穌降臨世上進行最後的審判，發現真正的信仰保存在凱撒里亞·茅
利塔尼亞（Caesarean Mouritania）幾個無名的村莊裡。

二、三位一體論的哲學淵源和發展經過

　　道納都斯派的分裂局限在阿非利加一地，釀成大禍的三位一體爭論不
斷危害基督教世界的每個地區（360A.D.）；前者是濫用自由形成偶發性質
的吵鬧，後者用哲學當幌子帶來神秘難解的爭辯。從君士坦丁時代到克洛
維斯（Clovis）或狄奧多里克（Theodoric）時代，羅馬人和蠻族的世俗利益，
深深涉入阿萊亞斯教義（Arianism）的神學爭論之中，因而允許歷史學家用
尊敬的態度掀開聖所的神秘，從柏拉圖的學院到帝國的衰亡，推論出理性
和信仰、謬誤和激情的發展過程。
　　柏拉圖的才智受到本人沉思冥想的激發，或是埃及僧侶傳統知識的啓

示[5]，竟敢探索高深莫測的神性。他把自己的心靈提升到超越的思維境界，首次出現自存的概念，進而考量宇宙的必要成因。雅典的智者沒有能力領悟：為何經由個體本質極為簡單的結合，能容許不計其數相異而又連續的觀念，構成智能「理性」世界的模式；為何一個「人」純粹的精神力能夠執行完美模式，用易塑的手鑄造出粗陋而自主的混沌狀態。要從這種困難中能夠脫身而出已是徒然無望，甚至人類心靈中微弱的力量也要受到壓制，誘使柏拉圖要考慮經過三次變形的神性：就是宇宙的首次成因、宇宙的理性或邏各斯（道）（Logos）、宇宙的靈魂或精神。柏拉圖充滿詩意的想像力有時會貫注在形而上的概念，有時又會受到這種概念的激發。這三種原始的要素在柏拉圖的系統中，被述說成三個神明，在一個神秘莫測而又難以形容的世代，三者相互結合在一起，而邏各斯對一位永恆之父的聖子來說，特別認為是最易獲得的本性，至少聖父就是造物主和世界的主宰。很明顯的，這些隱密難知的玄理在學院的花園裡審慎的喁喁私語，就是柏拉圖最私淑的門徒，經過三十年勤奮的學習，還是無法完全了解。

馬其頓人[*6]用武力將希臘的語文和知識傳播到亞細亞和埃及，亞歷山卓知名的學院教授柏拉圖的神學體系，不僅保存原有的內容還能發揚光大。猶太人受到托勒密（Ptolemies）王朝[*7]的庇蔭，在他們的新都城建立人數眾多的殖民區，這個民族的大部分人員遵從合法的傳統祭典，從事賺錢的經商行業，只有少數希伯來人有更為自由開放的心靈，將一生奉獻給宗

5　埃及人仍保存以色列教長的傳統信條，約瑟法斯（Josephus, Flavius, 37-100A.D.，猶太教士、學者和史學家）曾說服很多天主教神父，柏拉圖從猶太人那裡獲得部分知識。這種一廂情願的見解，與猶太民族卑賤的地位和不合群的生活方式完全格格不入，直到柏拉圖死後一百多年，猶太人的經典仍引不起希臘人的興趣。

*6　[譯註]馬其頓人指馬其頓國王菲利浦和他的兒子亞歷山大，菲利浦在公元前359年登基，畢生最大願望就是被推舉為希臘聯軍統帥，從事對波斯的戰爭，在經過不懈的奮鬥，運用軍事和政治力量成為希臘的共主，突然在公元前336年被刺身亡，由其子完成遺志。

*7　[譯註]公元前323年亞歷山大逝世後，大帝國分裂為四個部分，由他的部將負責統治：埃及成立托勒密王朝，直到公元前30年屋大維占領埃及，克麗奧佩特拉女王自殺，王國才告滅亡；亞洲由塞琉卡斯王朝（Seleucides）統治；馬其頓王國由安提哥那（Antigonids）稱帝；印度成立旃陀羅笈多（Chandragupta）帝國。

教和哲學的沉思。他們對於雅典哲人的神學體系不僅全力鑽研，而且心悅
誠服，但是不會公開承認過去在這方面的貧乏，那將會使民族的自尊受到
羞辱。他們勇敢的指出，就像從祖先繼承神聖的金銀和珠寶，都是後來從
埃及主人那裡偷竊的物品。在基督出生前一百多年，亞歷山卓猶太人創作
一篇哲學論文，被當成受到所羅門智慧所啓示的遺物[8]，認爲貨眞價實而
且極爲珍貴，因而毫無異議爲大家所接受，當然這種作法不符柏拉圖學院
的風格，也有傷哲人的感情。還有一些類似的狀況，摩西信仰和希臘哲學
的結合突顯出菲羅（Philo）的作品，大部分寫成在奧古斯都統治的時代[9]。
宇宙的靈性冒犯希伯來人的虔敬，但他們把邏各斯的特質賦予摩西的耶和
華以及以色列人的族長，神的兒子用可見的形象，以人的容貌降臨世間，
執行眾所周知的職責，看起來與宇宙成因的本質和屬性自相矛盾[10]。

　　柏拉圖的滔滔雄辯，所羅門的崇高名聲，亞歷山卓學院的學術權威，
加上猶太人和希臘人的幾不相容，使高深莫測的學說無法建立不朽的眞
理，雖可取悅理性的心智於一時，但卻無法永遠的滿足。受到上帝啓示的
先知或是使徒，只有祂在人類的信仰施展合法的統治，要不是〈四福音〉
作者[*11]用天賜的巨筆，完成卓越的神聖著作[12]，肯定邏各斯的名聲和神

8　〈所羅門王的智慧〉被當成以色列王作品，爲很多神父所接受，雖新教徒認爲缺
　　乏希伯來根源，但和拉丁文聖經的其他作品一樣，經過特倫特宗教會議的核准。

9　菲羅揭櫫柏拉圖學說著名到無人不知的程度，經過勒·克拉克和巴納吉（Basnage,
　　Henri, de Beauval，法國律師和學者）的證實，不應產生任何疑問。他的神學作品
　　在基督去世時就已完成，更可能早在基督出生之前。在那個黑暗的時代，菲羅的
　　知識爲世人帶來驚奇，談不上有什麼謬誤之處。

10　基督教神學採用這種觀念並沒有受到約束，直到阿萊亞斯派過於浮濫，才產生不
　　利的影響。特塔里安寫出一篇值得注意而又充滿危險的文章，他靠著一點小聰
　　明，在對比神性與耶和華的行爲以後，才獲得這樣的結論。

*11　[譯註]〈四福音書〉是〈馬太〉、〈馬可〉、〈路加〉和〈約翰福音〉，連同
　　〈使徒行傳〉，可算是〈新約〉的史書，記載耶穌降生、受洗、傳道、領死、復
　　活、升天、初期教會建立和擴展等事蹟，涵蓋公元前6年到公元60年這期間。

12　柏拉圖學派推崇〈約翰福音〉的開頭部分，把最基本的教義包含在很正確的抄本
　　之內，但是在第三和第四世紀時，亞歷山卓的柏拉圖學派秘密研究基督教神學，
　　對於三位一體說做了很大的修正。

性，學院學派(Academy)、萊西昂學派(Lycaeum)和畫廊學派(Porch)*13
基於各自的哲學觀點，柏拉圖的神學必然會困惑得不知所措。基督教的
改革完成在聶爾瓦(Nerva)統治的時代(97A.D.)，向世人揭露絕大的祕
密，那就是邏各斯(道)太初與神同在，邏各斯就是神，祂創造萬物，萬
物都藉著祂被造，化身為人就是拿撒勒(Nazareth)的耶穌，為童女所生，
釘死在十字架上。除了基督憑著神的榮譽建樹永世不朽的根基，最古老
而受尊敬的教會作者歸之於福音神學家，特別提高警覺要駁倒兩個持反
對立場的異端邪說，它們曾破壞原創教會的和平[14]。其一就是伊比翁派
(Ebionites)，他們的信仰過於粗俗而且不夠完美，這些人又稱為拿撒勒
派(Nazarenes)，崇敬耶穌是最偉大的先知，具有超凡入聖的德業和權
柄。他們把希伯來神諭中所有的啟示，提到彌賽亞所應許屬靈和永恆的
國度[15]，全部歸之於祂本人以及未來的統治。他們之中有人承認祂為童女
所生，但是對邏各斯或神的兒子存在於太初和保有完美的神性，仍舊非
常固執的加以否認，這在〈約翰福音〉裡有明確的釋義。過了五十年以
後，殉教者賈斯丁(Justin)提到伊比翁派的謬誤，認為這個派別只保留基
督徒的名義，成為微不足道的少數，不值得用嚴厲的口氣加以譴責。其
二是以別號「幻影論者」(Docetes)而知名的諾斯替教派，完全逸出正道
走向極端，主張基督的神性同時也顯示祂的人性。他們受教於柏拉圖的
學院，經常聽到邏各斯極為玄妙的觀念。他們想要表示，上帝最光明燦
爛的「元氣」或稱為「流溢的光」，可以用來塑造成一個「人」的外表
形體和可見容貌[16]，但是他們又徒然無益的聲稱，世俗物體的缺陷和天國

---

*13　[譯註]學院學派、畫廊學派和萊西昂學派代表希臘哲學的三大主流：柏拉圖曾在
　　雅典的學院講學，故學院學派就是柏拉圖學派；而斯多噶學派的創始人希臘哲學
　　家季諾，在雅典的講學處是畫廊，故用畫廊學派代表斯多噶學派；希臘哲學家亞
　　里斯多德在雅典創辦萊西昂學府，萊西昂學派代表亞里斯多德學派。

14　〈約翰福音〉一般認為發表在基督逝世後七十年左右。

15　耶穌卑微的出身和受到羞辱的蒙難，一直是猶太人無法釋懷的阻礙，但是這種異
　　議使得願意相信的基督徒，提升眼界到達屬靈和永恆的天國。

16　阿萊亞斯派信徒指責正統教派，從華倫提尼安派和馬西昂派剽竊三位一體論。

本質的純淨，兩者之間根本無法共存。就在基督的寶血依然瀰漫在髑髏地
（Calvary）的山頂，幻影論者虛構邪惡和縱情的假說，認為耶穌並非生於
處女的子宮，而是以完美的人形降臨於約旦河的河岸，把旨意強加於敵人
或門徒的身上，使彼拉多（Pilate）的手下對空虛無物的幻像，浪費無能為
力的憤怒和殺戮，看來像是喪生在十字架上，但三天後從死中復活。

三、三位一體論的主要觀點和對基督教的影響

　　使徒借用柏拉圖神學的基本原則，特別提到經過神的核准，第二、三
世紀時博學的長老受到鼓勵，可以欣賞並研究雅典智者的著作，因為這些
作品有不可思議的先見之明，其中之一就是顯示出基督教的改革。正統教
會經常運用柏拉圖可敬的名聲，異端教派更是氾濫成災，一般都是拿來支
持自己的真埋或是反駁別派的錯謬。評論者的妙思所建立的權威，以及邏
輯辯證的運用技巧，拿來證明柏拉圖的見解，在遙遠的後代所產生的影響
完全正確無誤，也可以讓受到啟示的作者，能夠補充保持沉默之不足。同
樣像是神奇莫測的三位一體[17]，有關三個神格的性類、形成、區隔和平
等，這些微妙而又深奧的問題，亞歷山卓的哲學學院和基督教學校引起爭
論不休的激辯。熱烈的好奇心促使他們探索深淵的祕密，導師和門徒的驕
傲可以被文字的表達技巧所滿足。但是那些最明智的基督教神學家，像是
偉大的阿泰納休斯，他們坦承[18]，無論如何用盡理解力去思索邏各斯的神
性，辛勞的工作不僅無濟於事，徒然產生反效果，思考得愈多理解得愈
少，寫作得愈勤愈是無法表達出自己的觀念。人們在探索的每一個步驟，
不得不認識到或者是感覺到，所望目標的大小範圍與人類心靈的運思能
力，其間不相稱的程度已難及其萬一。吾人可以努力萃取時間、空間和事

17　三位一體雖然是很抽象的辭語，在哲學的範疇非常普遍，如果安提阿主教狄奧菲
　　盧斯是第一位使用的神職人員，可能是在二世紀的中葉引進基督教神學。
18　阿泰納休斯的措辭充滿罕見的精力，由於他是寫信給修道士，不太可能採用理性
　　的語言。

物的概念,能與通過經驗知識獲得的理解力發生密切的關係,但是要想很快敢於合理推定無限的本質,或是屬靈的世代,通常會從否定的概念推斷出肯定的結論,就會陷入黑暗、困惑和不可避免的矛盾之中。由於這些困難起源於討論主題的性質,帶著無法負荷的重量壓在哲學和神學的爭論者身上,但是我們也可能觀察到兩種最基本,也是最特殊的情況,從柏拉圖學院的論點中辨別出正統教會的義旨。

其一,在一個哲學家所精選的社會,其中的成員受過良好的教育,具有格物致知的習性,在雅典的花園或是亞歷山卓的圖書館,可以安靜的沉思或是溫和的討論,有關形而上學深奧難解的問題,神遊於物外的深思,由於他人的怠惰、忙碌或是勤奮從事其他的學問,不會引起注意而受到忽略。所以對柏拉圖學派的弟子而言,個人的思考不會相信別人有所悟解,更不會激起大家辯論的熱情[19]。但是等到邏各斯被揭露出來,成為基督徒信仰、希望和宗教崇拜的神聖目標,高深莫測的神學體系,被羅馬世界每個行省數量龐大而日益增加的群眾所接受,這些人無論是年齡、性別和職業,很少習於抽象的推理和切望的沉思,沒有資格來判定神性的制度。然而特塔里安大言不慚的提到,基督徒的神智可以回答任何問題,甚至困惑最聰明的希臘智者,都可以迎刃而解。當目標在我們所不及的遠處,人類對它的理解最高和最低之間的差距,真要度量會發現小到微不足道,至於真正微弱到何種地步,要用固執和教條所產生的信心,所具有的標準來加以衡量。這種沉思不再是打發時間的休閒活動,變成當前生活中最嚴肅的責任,也是未來生活中最重要的準備工作。這種神學成為個人沉思和公眾談話最熟悉的主題,相信是義務,懷疑是罪惡,錯誤是危險,甚至帶來致命的後果。冷酷的哲學所呈現漠不關心的態度,被虔誠的狂熱精神激起騰空的烈焰,甚至就是用普通語言表示的隱喻,也暗示感覺和經驗會產生謬誤的成見。基督徒憎恨希臘神話粗俗而齷齪的世代,禁不住要用大家熟悉

19　有篇論文想對古代哲學家關於神性的見解提出解釋,我們期望能在其中發現柏拉圖的神學三位一體論,但西塞羅坦承,雖然他翻譯《提米斯》(*Timaeus*),還是不了解神秘的對話。

的子女和父親的關係來加以證明。聖子的角色像是永恆從屬於主動的創造者[20]，但是由於世代繼承的行為就最靈性和抽象的感覺而論，必定會傳輸自然之道的屬性，以致於不會在聖子和永恆全能的聖父之間，樹立起權柄和時效的界線。基督去世後八十年，俾西尼亞的基督徒在普里尼的法庭裡宣稱，他們把祂當成神明祈求保護，祂那神性的榮譽在每個時代和國家都永垂不朽，所有的教派都尊祂的名，自視為祂的門徒。他們崇敬基督，恐懼任何異教崇拜，原本可能讓他們斷言邏各斯相等和絕對的神性，但他們憂慮到會違犯基督偉大的聖父和宇宙統合那獨一的至高權柄，因而在不知不覺中阻礙他們迅速朝向天國的寶座上升。基督徒由於這種對立的意向，內心會產生懸慮難安和變動不居，可以由神學家的作品看得出來，從使徒時代的末期到阿萊亞斯爭論開始，在這段期間盛極一時。無論是正統還是異端教派，都以同樣的信心，需要信徒的贊同。就是最吹毛求疵的評論家也得承認，即使他們走運獲得羅馬正統教會的真理，也會用散漫、含糊甚至矛盾的語言，來陳述他們的概念。

其二，區別基督徒和柏拉圖學派的首要條件是個人的虔誠，其次是教會的權威。哲學的徒眾強調學術自由的權利，對教師出於感情的尊敬，最充分的理由就是出手大方和自願呈送束脩。但基督徒形成人數眾多而紀律嚴明的社會，法律和官吏的管轄權很嚴格的運用在心靈的信仰上，想像力毫無拘束的漂盪狀況，逐漸受到信條和懺悔的制約[21]，個人判斷的自由權利降服於集合公眾智慧的宗教會議。神學家的權威為教會的位階所決定，主教是使徒的繼承者，對背離正統信仰的人施以教會的譴責。但在宗教爭論的時代，任何壓迫行動對心靈的彈性增加新的力量，一個精神叛徒的宗教狂熱和固執作風，有時會為野心和貪婪的祕密動機所引起。形而上的論辯成為政治鬥爭的原因和藉口，柏拉圖學院的精妙之處用來當作黨派傾軋

20　很多早期的作者坦承，聖子由於聖父的意願才得以存在。在另一方面，阿泰納休斯和他的追隨者，不願承認到底是拒絕什麼才讓他們感到如此害怕。學院派人士倒是能從區別「原生意願」和「附帶意願」的難題中脫身出來。

21　最古老的信條在草擬時保留很大的伸縮餘地。

的徽章標誌,激烈刻薄的爭論使雙方揭櫫的信條擴大分裂的距離。普拉克西阿斯(Praxeas)和薩貝留斯(Sabellius)的黑色異端,長久來竭盡全力要混淆聖父與聖子[22]。要是他們對神格的區隔較之神格的對等,堅持得更爲嚴謹而熱烈,可能會受到正統派的諒解和寬恕。但等到爭論的狂濤消退,薩貝留斯派的發展不再成爲羅馬、阿非利加和埃及教會所恐懼的對象,宣揚神學見解的浪潮開始平穩的流向對立的極端,就是出於其他宗派之口受到譴責的名詞和釋義,最正統的神學博士現在也會拿來使用[23]。

宗教寬容的詔書恢復基督教的平靜和安寧後,有關三位一體的論爭又在動盪不安的亞歷山卓復活,那裡是柏拉圖學派,以及才智和富有人士在古代的聚集中心。宗教紛爭的火焰迅速從學術界傳播到教士和人民中間,再散布到各行省和東部。有關邏各斯的永恆性這個玄妙的問題,在基督教大會和群眾的布道會上也有人熱烈鼓吹。阿萊亞斯學說的離經叛道[24],通過他本人和對立教派的狂熱宣揚,很快變成眾所皆知,即使態度最堅決的反對者,都承認這位傑出的長老學問淵博,生活上無可指責。他還在前一次的選舉中,氣度大方拒絕登上主教的寶座[25]。競選對手亞歷山大後來擔任阿萊亞斯的審判官,這一重大案件在他的面前進行法庭辯論。如果開始時亞歷山大還有些猶豫,最後他卻作出判決,認爲這是一個有關宗教信仰絕對不容違背的原則問題。無所畏懼的長老決心要否定憤怒主教的無上權威,因而被排斥於教會的一切活動之外。但是孤軍奮鬥的阿萊亞斯得到了人數眾多這一派的支持,直接追隨者中有兩位埃及主教、七位長老、十二

---

22 普拉克西阿斯在二世紀末來到羅馬,有時會欺騙頭腦簡單的主教,爲憤怒的特塔里安用筆駁倒。

23 蘇格拉底認爲阿萊亞斯之所以成爲異端,源於他有強烈的意願要直接反對薩貝留斯的論點。

24 伊壁費紐斯(Epiphanius)對於阿萊亞斯的形象容貌和舉止言行,以及第一次改變宗教的性質和人數,敘述得極生動,我們只能爲他感到惋惜,竟然忘掉歷史學家的教訓,引起宗教的爭論。

25 菲羅斯托杰斯相信阿萊亞斯派的教義,就正統教派而言,其可信度全被抹殺。若合理加以批判,只能說他在宗教方面的熱情、偏見和無知,會讓人對他失去信心。

位執事以及七百名處女(簡直可以說是不可思議)。亞細亞大多數主教都支持或贊成他的主張,提出的因應之道是促使兩位優西庇烏斯採取行動,前者是凱撒里亞最博學的高級教士,後者是尼柯米地亞的政治家,但仍未失去聖徒的身分。在巴勒斯坦和俾西尼亞召開的宗教會議,與埃及的宗教會議對抗。皇帝和人民的注意力集中到神學的論爭,經過整整六年後(318-325A.D.)[26],最後結果仍然提交具有最高權威的尼斯宗教大會做出裁定。

四、基督教有關本體同一和本體相類的爭論

有關基督教信仰的神秘性,一旦進入民眾的公開論爭就會產生危險。提到神聖的三位一體說所具有的性質,按了解的狀況,雖然這種區分並不完善,但是顯然有三種不同的學說。而且早已有人很明確的指出,要是從宗教信仰絕對和純粹的眼光看來,三種學說之中沒有一種能免去異端邪說和思想錯誤之嫌。其一,根據阿萊亞斯及其門徒最先提出的第一種假說,邏各斯是聖父按自己意願從虛無中創造出來,必須有所依附的自發性產物。至於創造出來的聖子[27],是在一切世界出現之前誕生,最長的天文年代也只能和祂存在時間的一剎那相比。然而,祂的存在時間並非無限,在極其精微的邏各斯產生前,已有過一段時間。聖父在唯一的兒子身上注入祂那博大的精神,賦予祂燦爛的光輝。作為絕對完美的可見形象,祂在腳下無比遙遠之處,見到寶座上面光芒萬丈的天使長;然而祂只用一束反射的光,使得聖子如同羅馬皇帝受到凱撒或奧古斯都封號的兒子一樣[28],按照聖父和神王的意願統治著宇宙。其二,根據第二種假說,邏各斯具有一切與生俱來和不可言喻的完美,就宗教和哲學而論應歸屬於「最高神

26　阿萊亞斯教義燃起狂焰,暗中蔓延開,可能早在319年,就因而發生暴力行動。

27　無中生有所創造出來的教義,逐漸在基督徒中間傳播,「創作者」的地位自然隨著「作品」普遍受到推崇而升高。

28　早期教會的神父使用這種俗氣而荒謬的比喻,特別是阿西納哥拉斯(Athenagoras)呈送馬可斯皇帝和其子的〈護教申辯書〉中可以見到,布爾(Bull)提到這件事並沒有任何指責。

明」。三種相異和無限的心靈或物質,三種均等和永恆的存在構成神性本質。如果說其中任何一個不曾存在或停止存在,本身便是一種矛盾。擁護這種體系的人,相信共有三個神明獨立存在,企圖用這些神明的統治和意願,能夠永遠協調和一致的說法,解釋在世界的設計和秩序中第一動因顯而易見的統一性。行動的統一這種若有若無的類似,在人類社會乃至動物社會中都經常出現。破壞相互之間的和諧,這種動因只能來之於功能的不完美或不平等;但是由無限的智慧和美德所引導的全能全知,必然選擇同樣手段以達到同一目標。其三,三個神明因自身需要而存在,具有神一切最完美的屬性,彼此永遠同時存在於整個宇宙之中,具有永恆的時間和無限的空間,令人驚愕的心靈有無可抗拒的力量,祂們實際是同一個神明,只是在天恩和自然的體系中,可以同時以不同的形態出現,並從不同的方面進行思考。按照這種假說,真正實質的三位一體經過精純化和抽象化以後,存在於心靈之中,只會想到有三位一體這個名字。邏各斯不再是一個神格而是一種屬性,只有在比擬的意義中,應用永恆的理性才能稱呼為聖子,從開始便與上帝同在,而且是邏各斯並非聖子創造萬物。邏各斯的化身只能成為神智的靈感,充滿耶穌這個人子的靈魂,指導著祂的行動。這個神學問題繞過一圈之後,讓人感到非常驚奇,竟然發現薩貝留斯派所作出的結論,正是伊比奧尼派論爭的起點,是以極難理解的神秘學說引起人們的崇敬,卻規避有心人士的探究[29]。

如果參加尼斯會議(325A.D.)的主教能憑良心公正行事,阿萊亞斯和他的同道很難誇口,說基督教世界最主要的兩種觀點雖針鋒相對,但全是他們提出的學說,很有希望得到大多數人贊同。阿萊亞斯派很快發現自己處於險境,馬上審慎裝出謙虛和友善的態度。這種卑躬屈節的模樣,過去無論在民事糾紛和宗教爭執中很少人採用,那是力量弱小的一方不得已而為,別人看到也不會賞識和欽佩。他們建議教友遵從福音書仁愛和寬容的

---

29 要是薩貝留斯派對這些論點感到驚愕,等於被推下另一處認罪的懸崖,像是「聖父生自一位童女,祂因而受到十字架的懲治」這種說法,因而他們被人按上可憎的稱呼「戀父者」(Patri-passians),這是敵手給薩貝留斯派打上污辱的標誌。

訓示，強調兩種論點的特質是內容深奧難以理解，反對使用在聖經上無法找到的詞句和解釋，自願作出重大讓步，滿足爭論對手的要求，同時又不損害自己堅持的原則所具有的完整性。獲勝的一方帶著傲慢的懷疑態度接受他們提出的提議，同時又急於尋找相互之間無法調和的差異，只要阿萊亞斯派加以拒絕，便會背上異端邪說的罪名。在一封公開宣讀以後，感到慚愧又馬上撕毀的書信中，他們的支持者尼柯米地亞的優西庇烏斯坦承，柏拉圖學派很熟悉本體同一（Homoousion）或同體論（Consubstantial）的說法，這種論點與神學理論體系的原則相違。控制宗教會議的進行以獲得各種決議的主教，見到求之不得的大好機會，依照安布羅斯（Ambrose）生動的敘述，拿起由異端邪說身上拔出的寶劍，斬斷那個可恨怪物的頭顱。聖父聖子同體的學說在尼斯會議上得到確認，後來的希臘教會、拉丁教會、東方教會以及新教都一致同意它是基督教的根本信條。但是，如果這個「名詞」不能用來指責異端教派，使得正統基督教會團結起來，那就無法達成多數派的目標，他們基於這種原因才把它納入正統基督教教義之中。實際上多數派又分為懷有對立情緒的兩派，分別支持三神論（Tritheists）和薩貝留斯派的觀點。但是極端的對立將要推翻自然宗教或天啟宗教的根本，雙方都同意限制各派對原則的嚴格要求，避免在對手的催促下產生公正但招人怨恨的後果。共同宗教事業的利害關係讓他們願意聯合在一起，暫時隱匿不同的觀點，仇恨心理由於寬容的和解協商而軟化。採用神秘的「本體同一」這個名詞，使雙方的爭論暫時擱置起來，對這個非常特別的字眼，大家可以用本派的教義靈活加以解釋。

　　薩貝留斯派的解釋，在五十年前迫使安提阿會議禁止使用這個著名的專用名詞，但暗中抱有偏愛的神學家們對名義上的三位一體說產生好感，支持本體同一。然而，在阿萊亞斯時代享譽最高的聖徒，如無所畏懼的阿泰納休斯、博學的格列哥里·納齊成（Gregory Nazianzen），以及其他一些教會的實力派人士，強力支持尼西亞教義，獲得最後的成功，他們認為「本體」一詞實際上就是「本性」的同義詞。他們因而非常肯定的表示，根據他們對這個名詞的理解，如果三個神格完全屬於相同類型，那麼彼此

就是本體同一或同體。這種單純而清楚的平等會受到干擾，一方面由於內在聯繫和精神滲透牢牢結合了神格，另一方面由於聖父的崇高地位，認為會盡量與聖子的獨立相容[30]。只是在這個限度內，那幾乎不可見而極為恐懼的正教球體，才允許安全的顫動。不論那一邊只要超出這塊聖地，都會有暗中埋伏的異端分子和魔鬼，襲擊不幸在外的遊蕩者並把他們吃掉。但神學的憎恨程度取決於好戰的精神而非論爭的實質，異端分子貶低聖子神格時所受到的待遇，比否定聖子神格時更為嚴苛。阿萊亞斯派瀆神的瘋狂行為，使得阿泰納休斯將一生的時光，奉獻在無法講和的鬥爭中[31]。但是他對於安卡拉(Ancyra)的馬塞拉斯(Marcellus)，花二十多年為對方的薩貝留斯教義辯護。等到他被迫從會眾中退出以後，在提起這位可敬友人的微小過錯時，總帶著一絲曖昧的微笑。

五、阿萊亞斯派主張的教義和擁戴的信條

將具有神秘特性的「本體同一」這個字，刻在正統基督教派的旗幟上，在一個全國大會上產生的權威，使阿萊亞斯派也只有順從，儘管引起私下的口角和陰暗的爭鬥，在維護和堅持信仰的一致或至少是語言的一致上，發生很大的作用。同體論人士獲得成功，可以正大光明稱為正統基督教教徒，具有簡潔和穩定的信條深深引以為榮，對於敵對教派那種變幻無常的論點，以及在信仰原則上毫無定見的表現，百般加以羞辱。阿萊亞斯派主要人物誠實或狡詐的習性、對法律或人民的懼怕、對基督的尊敬、對阿泰納休斯的憎恨，以上這些理由，無論來自人間或天上，凡能影響和擾亂神學教派的協商，全部用來在分裂主義者之間注入混亂和變異的精神，不到短短幾年時間建立十八種不同的宗教模式，這種報復的行為使正統教

---

30 布爾的《尼西亞信仰的辯護》第三部分尊崇至高無上的聖父，他的敵手認為毫無意義，其中有些根本就是異端邪說。

31 阿泰納休斯和他的追隨者通常用「阿萊奧曼奈特」(Ariomanites)這個稱呼，向阿萊亞斯派信徒表示敬意。

會的尊嚴受到褻瀆。信仰狂熱的奚拉里（Hilary）[32]基於自身處境的困難，傾向於減輕而不是誇大東部教士的錯誤，宣稱在他流放的十個亞洲行省極為廣闊的地區內，幾乎找不到一位高級教士認識真正的上帝。他所感受的壓迫以及親眼所見而又身受其害的混亂局面，在很短期間裡平息靈魂深處的憤怒情緒。從下面抄錄的幾句話中，可以看出這位波瓦提耶（Poitiers）的主教極其不憤，竟然模仿一位基督教哲學家的風格。奚拉里說道：

> 有種狀況既可悲而又危險，那就是世間有多少種觀點就有多少種教義，有多少種思想傾向就有多少種宗教學說，有多少種謬誤就有多少種瀆神的理由。因為大家全都任性制訂信條，隨意對信條進行解釋。在接連舉行的宗教會議上，「本體同一」在這次的議程裡受到否定，下次討論又被接受，再開會竟然經過解釋以後遭到排斥。在那段令人痛心的日子裡，聖父聖子部分類似或全部相同的問題，變成了爭論的主題。每年甚至每個月都在制訂新的信條，用來描述無法目視而又難以理解的奧秘。我們為我們所做的事懺悔，再為那些懺悔的人辯護，最後詛咒那些我們為之辯護的人。無論是我們之中運用別人的學說，或是別人之中出現我們的論點，我們全部加以譴責。於是，不惜相互把對方撕成碎片，最後，彼此成為毀滅對方的根源。

　　沒有人願意我在此浪費時間談論神學問題，特別是連聽到名字都感厭惡的阿萊亞斯十八種信條。然而，舉出其中最獨特的一種當作範例，像是討論一種植物所具有的外形特徵，探索栽培種植的過程，倒是會令人感到興趣盎然；如果單調的描述無花之葉和無果之枝，就是勤勞的學生也會失去耐心和好奇。阿萊亞斯論戰逐漸顯現出來一個問題，無論如何值得特別

32　伊拉斯繆斯（Erasmus, Desiderius, 1466-1536A.D.，人文學者）用可敬的判斷力和坦率的態度，正確描繪出奚拉里為人處世的風格。本篤會編輯盡到本分，校訂奚拉里遺留的文稿，撰寫他的年譜，證實平生的言行，展現聖徒的規範。

注意，因為從而產生三個教派，並且使得相互之間有所區別，僅在共同反對尼西亞會議的「本體同一」，這三教派又聯合起來。

其一，要是問到聖子是否與聖父相像，那些異端分子都會堅決作出否定的回答。他們追隨阿萊亞斯的理論，或者緊跟哲學的觀念，確認造物主和祂最神聖的創造物之間存在無限差距。埃伊久斯（Aetius）支持這一明顯的結論，因而反對他的宗教狂熱人士，給他加上無神論者的稱號。他那衝勁十足、永不停息的性格，幾乎試過人世所有的職業，先後做過奴隸，還有就是農夫，串街的補鍋匠、醫生、小學校長、神學家、最後更成為一個新興教會的使徒。全靠他的門徒優諾繆斯（Eunomius）的能力，這個教會才能興建起來[33]。埃伊久斯的思想細密，腦袋裝滿聖經中的詞句，加上亞里斯多德邏輯學吹毛求疵的三段論法，博得「戰無不勝」縱橫家的稱號，沒有人在任何問題上能駁倒他或使他保持緘默。這種辯才贏得阿萊亞斯派主教的友情，但是後來由於他凡事據理力爭，失去公眾對他的支持，冒犯虔誠的追隨者，使得阿萊亞斯派轉而攻擊這位危險的盟友，甚至迫害他。

其二，造物主的萬能對聖父聖子相像的問題，提出一個說得通而又冠冕堂皇的解釋。至高無上的上帝傳輸無限完美、創造僅只與祂自己相像的生靈[34]。這些阿萊亞斯派人士受到既有地位又有能力的領導人強有力的支持，早已控制優西庇烏斯的宗教事務，占據東部的主要寶座。他們對埃伊久斯缺乏虔誠之心表示厭惡，公開宣稱，根據聖經毫無保留相信聖子與其他一切創造物都不相同，僅只與聖父相像。但是他們不承認祂和聖父屬於相同或相似的物質，因而有時大膽為自己不同的意見提出辯解，有時又拒絕使用本質這個字說明神的屬性，其實這個字用起來很恰當而又明確。

其三，肯定本體相類學說的教派，在亞細亞各行省的人數最多。因此

33　根據一位對兩個教派都很尊敬的編輯的說法，埃伊久斯具有天賦的卓越理解能力，優諾繆斯有更高明的手段和更豐富的學識。優諾繆斯的懺悔和申辯，使他逃脫異端的指控，這種例子非常少見。

34　按照伊斯久斯和布爾的見解，只有「造物」這種能力，神不能傳輸給「所造之物」。伊斯久斯是荷蘭人，以擔任經院神學家維生，精確定義全能上帝的權限。

當兩派的領導人在塞琉西亞（Seleucia）舉行會議時[35]，他們的意見可能占優勢，因為他們有一百零五位主教，對方只有四十三位。被選用代表神秘相似性的希臘字，和正統教會所支持的符號如此相近，以致歷代世俗之士，都對Homoousion（本體同一）和Homoiousion（本體相類）兩個字之間，只有一個音節之差，引起的劇烈爭論大加嘲笑。發音和符號都彼此十分相近的兩個字，正巧代表最為相反的兩種含意，這種情況倒是所在多見。要是在半阿萊亞斯派和正統基督教派的兩種學說之間，真正找到確有意義的差異，那麼這種說法本身就會顯得十分可笑，事實上稱之為半阿萊亞斯派就已非常不恰當。波瓦提耶主教促進各派的聯合是非常明智的行為，他在弗里基亞流放期間力圖證明，通過信仰虔誠和一心向主的解釋[36]，Homoiousion就可以帶有聖父聖子同體的含意。但是他承認這個字確有陰暗而令人可疑的一面。彷彿陰暗和神學的爭論密不可分，到達教會門口的半阿亞萊亞斯派，卻帶著難以釋懷的憤怒對正統教會進行攻擊。

　　埃及和亞細亞的行省曾經培育希臘人的語言和風格，現在深受阿萊亞斯派論爭的毒害。東部的教士和人民習於研討柏拉圖思想體系，傾向虛浮而誇耀的辯駁，運用冗長而多變的語言，發表意見時滔滔不絕而且喜歡咬文嚼字。激烈爭論使他們忘形，把哲學的審慎和宗教的順從置之腦外。西部居民沒有探究到底的精神，無從感覺的東西不會激起他們的熱情，他們的習性也不願與人辯論。高盧的教會安於無知的狀況，奚拉里在第一次宗教大會召開三十多年之後，還對尼斯會議的信條感到極為陌生。拉丁人通過晦澀難懂和有失精準的翻譯，獲得神明知識的吉光片羽。他們的土語貧乏而呆板，不可能對希臘的專門詞彙和柏拉圖的哲學用語，提出相應的同義語，尤其是這些用語已被福音和教會神聖化，用以表達基督教的信念。

35　薩拜努斯仿效前例召集宗教會議，使得阿萊亞斯派形成分裂，阿泰納休斯和奚拉里特別提出解釋。巴隆紐斯和蒂爾蒙特很仔細蒐集資料，說明其他有關的情況。

36　奚拉里在簡短的辯護性註釋（本篤會第一次的出版，是根據沙爾特（Chartres）的一份手稿）中，他提出這個問題的看法，措辭倒很謹慎。菲羅斯托杰斯通過不同的中介看到這個字眼，認為最好忘掉這個重要的雙元音有什麼不同（譯按：意指Homoousion 和Homoiousion兩個辭語中的ou和iou雙元音）。

而且只要一個字使用失當,便有可能在拉丁神學中引進一序列的錯誤或混亂[37]。但是,西部各教區的主教十分幸運,由於他們非常穩靠,所以保存原來恭順接受的教義,當阿萊亞斯派的瘟疫接近邊界時,及時得到羅馬教皇像慈父一樣的關懷,提供「本體同一」當作最有效的預防劑。

他們的思想感情在令人難忘的里米尼(Rimini)宗教會議(360A.D.)上完全表達出來。參加這個會議有來自意大利、阿非利加、高盧、不列顛和伊里利孔的四百名主教,人數甚至超過了尼斯會議。從第一次辯論開始,只有八十多名高級教士裝著詛咒阿萊亞斯的名字和亡靈,實際卻堅持這一派的觀點。人數的劣勢運用技巧、經驗和紀律的優勢得到了補償。這個少數派由伊里利孔的兩位主教華倫斯(Valens)和烏爾薩修斯(Ursacius)指揮,他們一直在法庭和議會的陰謀和鬥爭中生活,過去參與東部宗教戰爭時,在優西庇烏斯的旗幟下受過訓練。他們通過辯論和談判,使得正直而單純的拉丁主教感到難堪和困惑,最後更玩弄欺騙的伎倆,終於靠著詐術和糾纏而非公開的暴力威脅,從這些主教手中奪走保護宗教信仰的權力。里米尼會議一些成員非常草率,同意接受一項不容分離的信條,被塞進一個帶著異端邪說意味的單字,以代替「本體同一」的本意。按照傑羅姆(Jerom)的說法,正是在這種情況下,整個世界忽然完全成為阿萊亞斯的天下,大家為此驚奇不已。但是拉丁各行省的主教剛回到各自的教區,便立即發現自己犯了大錯,開始痛恨自己何其軟弱。這樣一個極不榮譽的妥協方案,最後還是因大家的厭惡而被憤怒拋棄。本體同一論的旗幟雖曾被動搖,但是一直未曾倒下,此後在西部的基督教會中更加牢固的樹立起來。

六、君士坦丁對宗教爭論所持的態度和看法(324-337A.D.)

君士坦丁及其子統治期間,神學爭端使基督教教會的和平受到干擾,

---

37 拉特朗(Lateran)第四次宗教會議決定的重要事項,認為數值統一體較屬性統一體,至少易於受到拉丁語文的贊同,在語意上帶有本質的概念。

上文已簡略說明爭端產生和發展的經過及變革。但皇帝總試圖將宗教信仰甚至臣民的生命和財產，置於自己的專制控制下，做出的決定對宗教產生舉足輕重的作用；神王的特權也得由人君的內閣來制訂、變更或修正。

　　蔓延到東部各行省的宗教爭端，造成的不良風氣妨礙君士坦丁的長勝局面。皇帝有一段時間抱著冷靜的從容態度，在旁觀察雙方的爭執。他給各个相讓的雙方，亞歷山大和阿萊亞斯寫一封語氣溫和的書信（324A.D.）。這種情況完全可歸之於軍人政治家的天眞意識，並非任何一位宗教顧問的出謀獻策。他把整個爭端的起因，認爲是主教很愚蠢的提出一個法律問題，非常難以理解而又微妙到無關緊要，但那位長老自不量力草率作出解釋。他爲此事感到嘆息，共有同一個上帝、宗教和禮拜儀式的基督徒，沒理由爲一點意見的不同看法而分裂。他用非常嚴肅的態度勸導亞歷山卓的教士，要效法希臘哲學家的精神，爭論絕个喪失理性，就是各持己見也不致損害彼此友情。若民眾的情緒不是那麼猛烈急躁，而且君士坦丁處於宗教鬥爭的狂熱之中，能保持半靜和清醒的心靈，那麼君主的冷漠和厭惡，可能就是將爭吵壓制下去最有效的辦法。

　　但負責教會事務的大臣極力要行政官員保持公正，反激起長老的宗教熱情。君士坦丁爲自己的雕像受到侮辱而怒火衝天，對日益擴大的暴亂行爲，無論規模大小或眞假，都感到驚愕。從他把三百名主教召到皇宮集會起，等於是已喪失和平解決的希望（325A.D.）。君主的在場使辯論更形重要，注意聆聽只會使爭論更複雜。君王很有耐心願意面對問題，更加激發爭論各方的勇氣。儘管君士坦丁的口才和智慧被普遍讚揚，但一位羅馬將領自己的宗教信仰尙屬可疑，對這方面的問題也未經過研究，更談不上心得和成果。用希臘語討論形而上學問題或宗教信仰問題，他恐怕不具有此資格。但主持過尼斯會議的奧修斯是皇帝的親信，他盡力使皇帝傾向正統教派。他只要適時地暗示，不久前擁護尼柯米地亞暴君的優西庇烏斯[38]，

38　狄奧多里特保存一份君士坦丁致尼柯米地亞民眾的信函，君王宣稱自己是臣民的公訴人之一，同時他把自己帶有敵意的行爲歸咎於內戰的關係。

此刻卻在包庇異端分子，可能會使皇帝馬上對反對派怒不可遏。尼西亞信
條已得到君士坦丁批准，他明確地宣稱，凡是反對這次宗教大會神聖決定
的人，都會受到放逐處分，立即消除反對派微弱的怨言。原來持反對意見
的主教，轉瞬間從十七人減到二人。凱撒里亞的優西庇烏斯對本體同一的
論點，用含糊的語氣勉強表示同意[39]。尼柯米地亞的優西庇烏斯抱著遲疑
的態度，只不過使遭受貶斥和流放的時間推遲約三個月。藝瀆神聖的阿萊
亞斯被放逐到伊里利孔最遙遠的行省，他本人和門徒全被按照法律扣上波
菲利派（Porphyrians）的惡名，著作明令焚毀，凡是私自收藏的人員，一經
發現定處以極刑。至此，皇帝受到宗派紛爭的精神感染，他的詔書表示出
惱怒和譏諷的語氣，目的是要在臣民的心中激起對基督教敵人的痛恨。

　　皇帝的行為看來像是一時衝動，他的決定並無任何指導原則。尼斯會
議過後不到三年，他又開始對被打壓的教派表示同情，甚至於現出包庇的
樣子，主要是那個教派在暗中受到他喜愛的妹妹所保護。撤消放逐令以
後，優西庇烏斯重新獲得君士坦丁的賞識，官復原職，仍舊登上原來被屈
辱趕下台的主教寶座。阿萊亞斯在整個宮廷中像個清白無辜的人遭受迫
害，獲得應有的尊敬，他的宗教信念得到耶路撒冷宗教會議的承認。皇帝
急著要規正處理不公的過失，竟發布了一道旨意非常清楚的命令，要把他
隆重迎回君士坦丁堡的正統基督教會。然而就在確定可使阿萊亞斯勝利歸
來的日子，他卻離開人世。使人們不免想到這一離奇而可怕的暴斃，是正
統派的聖徒使得他們的教會，能夠擺脫勢力強大敵人的控制，而且聖徒在
這方面的貢獻，已經超過信徒禱告所提出的要求[40]。教會的三位主要領導

39　可以參考蘇格拉底或是狄奧多里特的作品，提到凱撒里亞的優西庇烏斯有一封信
　　函的原件，在信中想說明他贊成「本體同一」的理由。優西庇烏斯的性格經常會
　　產生非議，要是有人看過勒‧克拉克第二封很重要的信，對於凱撒里亞主教的正
　　統教派立場和個人的誠信，會抱著不以為然的看法。

40　我們最早是從阿泰納休斯那裡得知此事，表示出很勉強的態度來敘述死者的平
　　生，對這件事他可能誇大其辭，但是亞歷山卓和君士坦丁堡的來往非常密切，倒
　　是不會有虛構危險。任何人只要提到阿萊亞斯的死（他在廁所時腸子突然爆裂開
　　來），就會有不同的意見，有的說是被人毒死，還有人認為是老天的報應。

人，亞歷山卓的阿泰納休斯、安提阿的優斯塔修斯（Eustathius）以及君士
坦丁堡的保羅，都因各種不同的指控經幾次會議的判決而被免職，後來又
被放逐到遙遠的行省，因爲第一位基督教皇帝是在臨終前不久，由阿萊亞
斯派主教持護，在尼柯米地亞接受洗禮。君士坦丁的基督教政府，無法規
避輕率或軟弱的指責，但是，這位輕易聽信於人的君主，並不熟悉宗教戰
爭方面的策略，可能聽到持異端邪說的派別講得頭頭是道，被他們謙恭的
言辭和懺悔的行爲所欺騙，事實上他對這些人的思想從來沒有眞正理解。
而且在他盡力保護阿萊亞斯，迫害阿泰納休斯時，仍然認爲尼斯會議是基
督教信仰的城堡和君士坦丁王朝的殊榮。

七、康士坦久斯偏袒阿萊亞斯派的行爲（337-361A.D.）

君士坦丁的幾位兒子從小就加入新入教者的行列，但是他們都效法父
皇的做法，推遲舉行洗禮的時間。他們同樣公然要對並未正式參與其事的
神秘活動作出自己的評判。有關三位一體爭端的勝負，完全要視康士坦久
斯的心情而定，他原來承襲東部各行省，後來擁有整個帝國。阿萊亞斯派
的長老或是主教，爲了利益隱瞞已故皇帝的遺囑，由於君王對國事的意見
都聽寵信家奴的撥弄，因而更爲他創造了良好的機會，大家可以一起結成
心腹。太監和奴隸在王宮裡散布有毒的觀念，這種危險的傳染病由侍從傳
給警衛，由皇后傳給不會生疑的皇帝。康士坦久斯經常對優西庇烏斯教派
表現偏愛的態度，在領導人的巧妙安排下無形中加強這種印象。他對僭主
馬格南久斯取得勝利，更傾向於使用武力推展阿萊亞斯派的宗教事務。當
兩軍在墨薩（Mursa）平原進行交戰時，敵對雙方的命運全取決於戰場的機
遇，君士坦丁之子停留在城裡，進入一座殉教者的教堂，度過那段焦慮不
安的時刻。教區的阿萊亞斯派主教華倫斯成爲他精神上的撫慰者，採取非
常謹慎的巧妙措施，不僅可以保證得到他的歡心，也讓他能安全逃離危
險。祕密派遣行動敏捷而又可靠的信使，不斷向他報告戰場上的變化。當
朝臣們全都圍著恐懼萬狀而又全身發抖的主子時，華倫斯卻肯定的告訴他

高盧軍團已經敗退，並且，仍相當理智的暗示說，事態發生變化的消息的確值得慶賀，是天使透露給他知道才向皇帝報告。感恩的皇帝於是把勝利歸功於墨薩主教的德行和參與，認為他的忠誠公開獲得上天奇蹟的賜福。阿萊亞斯派把康士坦久斯的勝利視為本派的勝利，認為康士坦久斯獲得更勝於其父的光榮[41]。耶路撒冷的主教西里爾（Cyril）立即編出天空出現十字架的細節，四周有一圈彩虹圍繞。而且，說在聖靈降臨節（Pentecost）那天大約有三個小時，十字架的形象出現在橄欖山（Mount of Olives）的上空，使得虔誠的朝聖者和聖城的人民都大開眼界[42]。天空的一顆流星被說得愈傳愈大，阿萊亞斯派的歷史學家們甚至斷言，在潘農尼亞平原上交戰的雙方都清楚的看到，並說有意把自己裝扮成偶像崇拜者的暴君，在正統基督教的吉祥象徵出現之前逃走。

有個局外人用公正的態度看待帝國內戰或宗教紛爭的發展情況，引起大家的注意。阿米努斯曾在康士坦久斯的軍隊中服役，研究過皇帝的為人處事，他的作品中一小段文字，也許會比若干頁神學的漫罵文章更有價值得多。這位謙恭的歷史學家說道：

> 基督教的本身純真而又簡單，但是卻與愚蠢的迷信混為一談。基督教非但不運用自己的權威使各方和解，反而整日在口頭上爭辯，被無聊的好奇心所挑起的分歧意識，變得日益擴大和四處傳播。道路上有大群的主教，從四面八方趕著參加他們所謂的宗教會議。在他們盡力使整個教派統一於特殊觀點時，驛站的設施幾乎被如此匆忙和頻繁的奔走，耗用得一乾二淨。

41　西里爾特意提到君士坦丁在位時，在地球內部發現十字架，但是康士坦久斯統治的年代，十字架顯然是出現在天際。這種不一致的說法，可以證明西里爾不知道，就是因為偉大的神蹟，才會使君士坦丁改變宗教信仰。使人感到更為奇怪之處，君士坦丁死後不過十二年，西里爾被任命為耶路撒冷主教，接替凱撒里亞的優西庇烏斯，所以他不應該不知此事。

42　很難說清楚太陽光環這種自然現象，能對西里爾的聰明才智有多大幫助。

　　要是對康士坦久斯統治時期宗教活動的情況有更深入的了解，那就能對這段奇特的文字作出合理評論，說明阿泰納休斯的擔心很有道理：那些不知疲倦的教士，在帝國各地奔走尋求真正的宗教信仰，在不信神明的世界引起輕蔑和恥笑。皇帝自從擺脫內戰的恐懼以後，每當留在亞耳、米蘭、色米姆和君士坦丁堡的冬營，就把閒暇時間用在讓自己開心的辯論上，當然有時會使整個過程變得艱苦不堪。為迫使這位神學家在理論上就範，無論是行政官員還是暴君，不惜使用刀劍的威脅手段。皇帝反對尼斯會議決定的正統教會信條，明白顯示他無能無知和專橫暴虐的程度相較，可以說是不相上下。宦官、婦女和主教左右皇帝虛榮而軟弱的心靈，使得他對本體同一論無比反感，但是怯懦的良心又對埃伊久斯褻瀆神靈的做法感到驚愕。可憐的蓋盧斯似乎對這位無神論者表示關懷，更加重他的罪行。甚至幾位大臣在安提阿遭到屠殺，也被說成是這位詭辯家的建議。

　　康士坦久斯的思想無可理喻，也不會因信仰而堅定不移，他對左右兩極產生恐懼，被迫盲目向黑暗而空洞的深淵靠近。他時而接受或又譴責阿萊亞斯和半阿萊亞斯派的觀點，時而放逐或又召回他們的領導人。在辦理公務和召開宴會的季節，他利用整天時間甚至通宵不眠，對含義不明的信條逐字斟酌，甚至推敲每個音節。他所思索的題目常會進入睡眠中，占據他的休息時間。皇帝支離破碎的夢境都被他說是上天顯靈，心安理得的接受滿足一時熱情衝動、不顧教會利益的教士，授予他那「主教之主教」的榮譽稱號。他忙著在高盧、意大利、伊里利孔和亞細亞召開多次宗教會議，計畫要建立統一教派，因為構想和作為的輕率、阿萊亞斯派的分裂、以及正統基督教會的反對，遭受到接二連三的挫折。他下定決心拿出最後手段，召開全國宗教會議，強制推行欽定信條。但尼柯米地亞為地震所摧毀，難以找到合適會址，以及政治方面無法公開之原因，使這次集會有所改變。東部的主教指定在艾索里亞（Isauria）的塞琉西亞集會，西部的主教則在亞得里亞海海濱的里米尼聚商。前來開會的人，不是各行省選出的兩三名代表，而是全教區所有教士。東部的會議經四天的激烈爭論，毫無成效，結果不歡而散。西部的會議拖延將近七個月。禁衛軍統領托魯斯

(Taurus)奉命,除非這些主教達成一致意見,否則不准散會。皇帝授權他可將十五名最倔強的主教處以流刑,應允他若有能力完成艱鉅任務,就封以執政官爵位的權力,使他易於按指令行事。經托魯斯的懇求和威脅、君王的無上權威、華倫斯和烏爾薩修斯的詭辯、饑寒交迫之苦,以及悲慘和絕望的流放,里米尼會議的主教只得全部勉強同意。東部和西部的代表團在君士坦丁堡的皇宮謁見皇帝,康士坦久斯極為得意,終於強迫所有人接受聖子只是和聖父「相像」而絕非「同體」的信念。但阿萊亞斯教派在未獲勝前,便把拒不從命的正統派教士全部撤換。康士坦久斯對偉大的阿泰納休斯,一直進行背棄正義而又無用的迫害,為其統治帶來很大的羞辱。

八、阿泰納休斯的宗教熱忱和行事作風(326-373A.D.)

無論是在實際或想像的生活中,很少有機會看到這樣一個人,全心意堅持要達成單一目標,排除許多障礙,僅憑個人心靈力量竟能產生這樣大的效果。阿泰納休斯[43]的不朽聲名,將永遠和正統基督教的三位一體學說連結在一起,他為維護神聖的學說,奉獻畢生精力和時間。他生長在亞歷山卓一個普通家庭,接受良好教育,對早期剛萌芽的阿萊亞斯派異端邪說,便表示出激烈反對。他在一位年老的高級教士手下任秘書職務,這時便發揮重要作用。許多參加尼斯會議的神父,都以驚奇和敬佩的眼光,看待名望日益高升的年輕執事。在公眾遇到危難時,光是靠資格老和地位高沒辦法解決問題,執事阿泰納休斯從尼斯回來後,不到五個月便登上埃及大主教寶座。他任此要職達四十六年之久,漫長的任期一直不停和阿萊亞

---

43 我們感到惋惜的是,格列哥里·納齊成只給阿泰納休斯寫了一篇頌辭,而不是一部傳記,但是我們從他的書信和申辯書中,找到為更為豐富而可信的材料,真是讓我們喜出望外。我不願模仿蘇格拉底的辦法,他根本不給自己找麻煩,去參考阿泰納休斯的著作,就發表與他有關史實的初版著作。然而不論是蘇格拉底,還是態度嚴肅的索諾曼,或者博學的狄奧多里特,提到阿泰納休斯一定會與教會的歷史聯繫在一起。經過帝爾蒙特和本篤會編輯孜孜不倦的努力,才蒐集到所有相關的事實,查證所有發生困難的史料。

斯派的勢力進行鬥爭。阿泰納休斯曾五次被趕下台，前後有二十年的時間
是在流放地點或逃亡生活中度過。羅馬帝國所有的行省，全都曾目睹他推
行聖父聖子同體論的功績以及他爲此遭受的痛苦。他把這項工作視爲唯一
的樂趣和職務，視爲責任以及整個生命和榮譽。亞歷山卓的主教處於迫害
的風暴之中，保持沉默努力工作，盡量護衛自己的名節，置個人安危死生
於度外。儘管阿泰納休斯的思想受到宗教狂熱的影響，但是他表現出優越
的品格和才能，能夠治理一個巨大的王國，遠比君士坦丁那墮落的兒子更
爲勝任。他的學識遠不及凱撒里亞的優西庇烏斯那樣淵博，直率的談吐也
比不上巴西爾和格列哥里文雅的演說。但是無論處於何種情況之下，埃及
大主教需要爲自己的觀點或行爲提出辯解時，他那種不事修飾的風格，不
管用口述還是筆錄，總是那麼的清晰、雄辯和極具說服力。在正統教會學
派之中，他永遠被尊爲基督教神學最嚴謹的大師，同時被認爲精通兩門與
主教身分不相稱的世俗學問，那就是法理學和占卜學。他對未來的事物有
時會幸而料中，不講迷信的通達之士會認爲這是他憑經驗作出的判斷，但
是他的朋友肯定來自上天的啓示，敵人卻說他精通萬惡的巫術。

　　然而，阿泰納休斯在一生之中，不斷接觸從僧侶到皇帝等等不同類型
的人物，要與他們的宗教偏見和狂熱情緒交手應戰，因此對他而言，最重
要的學問還是對人性的研究。他對不斷變化的現象，始終能保持態度清醒
和前後連貫的看法；對於轉瞬即逝具有決定意義的情節，一般人來不及注
意而他絕不會放過。這位亞歷山卓的主教能夠清楚分辨當前的情勢，有時
可以大膽按命令行事，要是狀況發生變化，必須能巧妙而細心加以安排。
他知道能和權勢人物抗爭多長的時間，時機不對必須設法逃開免遭迫害。
當他把教會的打擊指向異端邪說和叛亂活動時，他要使自己處於主導地
位，同時具有領導人的穩健作風，保持靈活機警和寬大爲懷的態度。阿泰
納休斯的當選，免不了被人指責不合常規和過於魯莽[44]，但是他處處得體

44　阿泰納休斯不合常規的聖職任命，很少在宗教會議裡提出來，作爲反對他的證
　　據。但是也很難想像，在埃及主教的集會中會正式證明僞造的謊言。

的行爲舉止，很快贏得教士和信徒的好感。亞歷山卓市民都迫不及待拿起
武器，保衛這樣一位能言善辯而又思想開明的本堂神父。在他遭受不幸
時，總能從教區的教士對他衷心的擁護中，得到支持和安慰，而且埃及一
百名主教始終用無比熱情，盡忠於阿泰納休斯的教會事務。他的衣著和配
備都很簡陋，只要無礙於工作和主教的顏面，前往所管轄的各行省進行訪
問，區域從尼羅河河口到衣索比亞邊境。他與最下層的人民交談非常親
切，用謙恭的態度向沙漠地區的聖徒和隱士致敬[45]。阿泰納休斯不僅在宗
教大會上顯露超人的智慧，參與者的人品學識與他不相上下；即使在許多
親王聚會的宮廷裡，他也表現出從容不迫和堅定自信的舉止，令人肅然起
敬。在他幾經波折的生活中，不論處於順境還是逆境，他從不曾失去朋友
的信任和敵人的敬佩。

九、阿泰納休斯多次遭到放逐及赦回（326-373A.D.）

君士坦丁皇帝多次表示要恢復阿萊亞斯在正統基督教會的地位，埃及
大主教在年輕時就對這個主張一貫持反對立場[46]。皇帝尊重阿泰納休斯堅
決的態度，可能也原諒他的言行。阿萊亞斯派把他視爲實力最強大的敵
人，不得不暫時掩飾心中的仇恨，暗中準備對他發起遠距離的間接攻勢。
他們到處散布流言蜚語，把這位大主教說成驕縱任性和專橫跋扈的暴君，
公然指控他與米勒久斯（Meletius）[47]那批搞分裂的追隨者，一起破壞尼斯會
議核定的協議。阿泰納休斯公開表示，他反對接受屈辱的和平，而皇帝聽

45　阿泰納休斯並非不屑於撰寫友人安東尼的傳記，只是小心提到，安東尼這位聖潔
　　的修道士預知阿萊亞斯異端釀成災難，感到悲痛。

46　君士坦丁一開始用口頭的言辭來威脅，但是有需要才使用文字，後來他的書信逐
　　漸採用脅迫的口氣。但是他要求教堂的大門應該爲所有的人敞開時，他只是避免
　　提到阿萊亞斯那讓人討厭的名字而已。阿泰納休斯就像手段高明的政客，非常清
　　楚其中的差別，盡量利用機會找藉口拖延下去。

47　米勒久斯派在埃及就像道納都斯派在阿非利加一樣，由於主教的爭執升高而成爲
　　宗教迫害。我沒有空去追述這些沒沒無聞的爭論，看來像是爲阿泰納休斯的偏見
　　和伊壁費紐斯的無知所誤導。

信讒言；阿泰納休斯曾濫用宗教和行政職權，對那些可惡的分裂分子進行迫害；他曾經在馬里歐提斯(Maraeotis)教堂裡，打碎一個聖餐杯，犯下褻瀆神聖的罪行；據說他曾經殘酷鞭打或關押了米勒久斯那一派的六個主教；據說該派的第七位主教阿爾昔紐斯(Arsenius)，被埃及大主教所謀殺，或至少被砍去手腳[48]。君士坦丁把這些有損阿泰納休斯榮譽和生命的控告，通知他的兄弟達瑪久斯(Dalmatius)，也就是鎮守在安提阿的監察官。於是在凱撒里亞和泰爾(Tyre)相繼召開兩次宗教會議，東部的主教都得到指示，要他們在前往耶路撒冷參加新建的基督復活教堂慶典儀式前，先對阿泰納休斯的案子作出判決。這位大主教可能深信自己清白無辜，但是他感覺到，提出控告的仇恨情緒同樣也會左右審判的進程，進而作出不公正的判決。於是他表現得非常機警，拒絕出席敵人為他安排的法庭，對凱撒里亞宗教會議的開會通知不予理會，而且運用計謀經過一段長時間的拖延。終於皇帝說出重話，如果再拒不出席泰爾會議[49]，就用違抗聖旨的罪名加重處分，他在這種情況下只有順從皇帝專橫的命令。當阿泰納休斯作為五十名埃及主教的領隊，從亞歷山卓港開始航行以前，他採取明智的作法，和米勒久斯派結成同盟。受到誣告說被他殺害的阿爾昔紐斯，其實是他的好友，隱匿在隨行人員之中。

　　泰爾會議由凱撒里亞的優西庇烏斯主持，就他的學識和經驗來看，可以說是熱情有餘而機智不足，擁有人數眾多的阿萊亞斯派，到處叫嚷對殺人犯和暴君的咒罵不休。阿泰納休斯裝出不敢爭辯的樣子，使他們更是得意忘形大聲囂鬧，這時阿泰納休斯平心靜氣等待決定性的時機，好把安然無恙活著的阿爾昔紐斯請到大會中來。還有一些指控因為性質關係，使他無法作出如此明確的令人滿意的回答，但是這位大主教卻也有辦法證明，說他打碎聖餐杯的那個村子，從來既沒有教堂，也沒有什麼聖壇，更沒有

48　索諾曼指出六位主教受到殘酷的迫害，但是阿泰納休斯對阿爾昔紐斯和聖餐杯的事件，已經大獲全勝，所以對這些嚴重的指控，根本就沒有理會。

49　皇帝在召集宗教會議的信函中，好像預先評斷某些教士，用來譴責阿泰納休斯就更為有利。

什麼聖餐杯。但是，已經祕密決定要給敵人定罪的阿萊亞斯派，試圖借助司法形式來掩蓋違法的行徑。大會指派一個由六位代表組成的教士委員會當場搜集證據，但是這種做法遭到埃及主教的強烈反對，因而又引起一陣打鬥爭吵和公然作偽證的行動。在來自亞歷山卓的代表離去以後，會議依靠多數派的投票，作出對埃及大主教降職和流放的判決（330A.D.）。這份用最惡毒的語氣寫成充滿怨恨和報復心理的決議，隨即呈送給皇帝和正統基督教會。而且在這個時候，那些主教馬上恢復溫和及虔誠的儀態，彷彿他們都是前往耶穌墓地的朝聖者。

阿泰納休斯的順從或默認，並沒有讓教會審判官的不公正就此罷休。他決心要冒險一試，看看皇帝是否能聽到真理的聲音，因而在泰爾最後判決尚未公布之前，無所畏懼的大主教匆匆登上即將揚帆開往京城的船隻。正式提出覲見皇帝的要求，可能會受到拒絕或者藉故推辭，因而阿泰納休斯根本不讓別人知道自己的到來，注意等待君士坦丁從附近一處別墅返回皇宮，看到皇帝騎馬在君士坦丁堡的主要街道上走過，他便立即勇敢的站出來擋住面帶怒容的君王。如此奇特的出現方式使皇帝感到驚奇和氣憤，命令衛兵把強行求見的人趕走，但他竟然不由自主的產生相當的敬意，暫時緩和惱怒的情緒。主教喚醒君王的良心請求主持公道，傲慢的皇帝被主教的勇敢和口才所折服[50]。君士坦丁懷著公正和關注的心情，聆聽著阿泰納休斯的陳述，馬上下令讓參加泰爾會議的人員，前來說明定讞的理由。要不是優西庇烏斯派人士想盡辦法，又為大主教編造一個不可原諒的罪行，說亞歷山卓的糧船向新都城運送居民賴以為生的穀物，但他運用陰謀詭計加以攔截和扣押，否則阿萊亞斯派惡意的審判可能會被揭穿[51]。皇帝

---

50 在奉獻給聖阿泰納休斯的教堂中，用這種場面當作主題繪製一幅畫，比起神蹟或殉教故事更有意義。

51 優內庇斯提到在類似狀況下，君士坦丁無情而輕信的奇特案例。辯才無礙的索佩特（Sopater）是敘利亞哲學家，他與皇帝建立很好的友誼，使禁衛軍統領阿貝拉維斯感到很氣憤。運穀物的船隻因為南風未起而受到延誤，君士坦丁堡的民眾大為不滿，索佩特被控使用魔法控制風向，判處斬首。蘇達斯（Suidas，十一世紀拜占庭辭典編纂家）補充說明，君士坦丁希望藉執刑證明自己已放棄異教徒的迷信。

認為送走一個深獲民心的領袖，因而可確保埃及的平靜，倒是感到滿意，但他拒絕任命新的大主教來接替空出來的職位。皇帝猶豫不決考量很長一段時間，最後判決是珍惜名聲的放逐（336A.D.），並非帶來羞辱的流刑。阿泰納休斯被送到高盧邊遠行省，但在特列夫（Treves）的宮廷裡受到殷勤的接待，度過二十八個月的時光。皇帝過世改變整個政局，年輕君王的統治較為鬆散，小君士坦丁發布措辭非常謙虛的詔書，阿泰納休斯回到故鄉恢復原職（338A.D.），皇帝的禮遇充分肯定可敬客卿的無辜和才華[52]。

　　年輕皇帝逝世使阿泰納休斯遭受第二次迫害（341A.D.），意志薄弱的東部君王康士坦久斯，很快成為優西庇烏斯派的秘密同謀。這一派的九十名主教藉口為大教堂舉行慶典在安提阿集會，制定二十五條語意含混的信條，稍稍帶有半阿萊亞斯派的色彩，至今仍對希臘的正統派教徒起約束作用。會議作出一項外表看起來很公正的裁示，任何一位被宗教會議免職的主教，在未經過同等級另一次宗教會議判定無罪之前，均不得重新行使教會職權。這條教規立即用在阿泰納休斯身上，安提阿會議宣布這項決定，也可以說是他的免職已獲得批准。一個名叫格列哥里的外鄉人接替他的位置，埃及行政長官費拉格流斯（Philagrius）[53]受命，運用行省的民政和軍事力量支持這位新主教。迫於亞細亞高級教職人員的陰謀陷害，阿泰納休斯離開亞歷山卓，在梵蒂岡聖潔的門檻外度過三年[54]放逐和訴願的生活。他刻意苦讀鑽研拉丁語文，很快就能與西部的教士談判有關問題。他講出合乎身分的外交辭令，使高傲的朱理烏斯（Julius）改變態度，完全聽從他的意見。羅馬主教終於接受他的上訴，看成屬於教廷管轄範圍內的特殊案件，提到有五十名意大利主教參加的會議去討論，一致肯定他的清白和無

52　阿泰納休斯被赦回後，在卡多帕西亞的維米尼阿康姆（Viminiacum）和凱撒里亞晉見康士坦久斯。蒂爾蒙特認為君士坦丁在潘農尼亞時，曾介紹他與三位皇家兄弟見面。

53　這位行政官員對阿泰納休斯感到極為厭惡，獲得格列哥里‧納齊成的讚許。

54　阿泰納休斯的編年記事不正確，造成很多查證的困難，留在羅馬的年代有不同的說法。華勒休斯和蒂爾蒙特各執一辭，但是我贊同華勒休斯的假定，格列哥里篡奪他的職位以後這段時間，只夠一次到羅馬的行程。

辜。等到第三年末了，康士坦久斯皇帝雖然荒淫無道，仍舊關心正統基督教會的信仰問題，在米蘭的皇宮召見了這位大主教。金錢的力量推動眞理和正義的事業[55]，康士坦斯的大臣向皇帝建議，召開一次基督教教士大會，用來取代正統基督教會代表會。來自西部的九十四名主教和來自東部的七十八位主教在撒迪卡(Sardica)集會，這個地方位於兩個帝國的交界處，但是在阿泰納休斯保護人的管轄範圍之內。他們之間的辯論很快就變成充滿敵意的爭吵，亞細亞的教士擔心自己的人身安全，全部退到色雷斯的菲利浦波利昔(Philippopolis)，於是在這兩個敵對的會議上，彼此把對方看作仇人進行毫不留情的攻擊，譴責對手是上帝之敵。兩個會議決定的信條，都得到各自所在行省的批准和發行。於是，在西部被奉爲可敬聖徒的阿泰納休斯，在東部則被斥爲可惡的罪犯[56]。撒迪卡會議第一次透露出希臘和拉丁教會之間的不和與分裂，由於在信仰上發生偶然的差異，以及在語言上無法克服的隔閡，最後終於分離。

　　阿泰納休斯第二次在西部流放期間，經常在卡普亞(Capua)、洛笛(Lodi)、維洛納(Verona)、帕都亞(Padua)，阿奎利亞和特列夫等地，獲得皇帝召見。一般都由當地教區主教幫助安排召見事宜，御前大臣總站在神聖覲見廳的幔帳或窗子前，這樣一來，大主教抱著始終如一的謙恭態度，莊重地提出申訴，這些受到尊敬的證人便可加以證實[57]。當然，他就是出於謹愼的考量，也會使用溫和而尊敬的語氣，才適合一個臣民和主教的身分。但在與西部君王友善的會見中，阿泰納休斯也可能對康士坦久斯的錯誤表示失望，肯定大膽指控他的宦官和阿萊亞斯派大主教的罪行，爲

55　要是貪污能夠用來促進宗教的利益，加圖(Cato)和錫德尼(Sidney)就是很好的例子。爲了一個流放獲得釋回的案件，前者說他花錢賄賂，後者答應已經收下。對於阿泰納休斯有爭議的動作，他的律師可以拿這個案例爲他辯護，也可以證明他的行爲完全合法。

56　撒迪卡會議通過的教規，允許向教皇提出申訴，故其權威性跟宗教大會已不相上下，這樣的行動不是出於無知就是人爲安排，爲尼斯宗教會議帶來很大的困擾。

57　阿泰納休斯在暗中抨擊康士坦久斯不遺餘力時，還提出保證說他非常尊敬皇帝，我們並不相信總主教的表白。

正統基督教會所遭受的不幸和危險表示痛心，鼓勵康士坦斯在宗教熱情和
榮譽方面能追隨他的父皇。這位皇帝宣稱，他決定將歐洲的武力和財力用
於推展正統基督教會的事業，並說他要寫一封信給他的哥哥康士坦久斯，
明確表示自己的態度，告訴他如果不同意立即恢復阿泰納休斯的職務，就
會親自率領軍隊和艦隊去亞歷山卓，把阿泰納休斯請上主教寶座[58]。

　　這場可怕的宗教戰爭，由於康士坦久斯及時讓步得以避免，東部皇帝
只得降貴屈尊向他曾傷害過的臣民請求和好。阿泰納休斯很自傲的等待，
直到接連收到三封信，確實保證能得到東部君王的保護、善意和尊敬。康
士坦久斯在信中請阿泰納休斯回去繼續擔任大主教職務（349A.D.），甚至
不惜自貶身分預先提出，可以要求幾位主要大臣爲他的眞誠作證，同時還
表現在更爲公開的行動。他向埃及發出嚴格的命令，召回阿泰納休斯的追
隨者，恢復他們的權力，宣告他們無罪，從一切文書卷案中，銷毀優西庇
烏斯派得勢時期所留不合法的審判記錄。無論基於正義和顏面，提出的要
求全都得到許諾和保證以後，阿泰納休斯大主教輕鬆穿過色雷斯、亞細亞
和敘利亞的幾個行省緩慢前進，一路上東部的主教對他非常恭敬，只激起
他的厭惡，無法矇騙他看穿世情的眼光[59]。他在安提阿晉見康士坦久斯，
用謙恭而堅定的態度接受君主的擁抱和辯解。皇帝要求在亞歷山卓爲阿萊
亞斯派保留一個教會，他對這個建議用提出條件來加以規避，那就是除非
在帝國其他的城市，對他那一派也能如此寬容。他的回答如同出於獨立自
主的親王之口，只是顯得比較溫和與公正而已。這位大主教進入首府的情
景完全像一次凱旋式，久別重逢和遭到迫害使得亞歷山卓的居民對他倍感
親熱。他原來就能嚴格執行的權威，現在更加牢固的樹立起來，他的名聲
從衣索匹亞到不列顛傳遍整個基督教世界。

58　雖阿泰納休斯見機保持沉默，蘇格拉底僞造一封信來反駁，但卡利阿里（Cagliari）
　　的盧西法提出無破綻的證據，證實有威脅之事，就是康士坦久斯自己也都承認。
59　我對於烏爾薩修斯和華倫斯的忍氣吞聲，抱著懷疑的態度。他們給羅馬主教朱理
　　烏斯和阿泰納休斯的信，內容大同小異，沒有什麼差別，這樣就有一封信出了問
　　題，因爲前者是要求赦免他們的罪，後者是以平等立場要求修好。

十、康士坦久斯對阿泰納休斯的迫害行動(353-355A.D.)

　　迫使君王不得不公然撒謊掩飾的臣民，永遠不可能希望得到眞誠和澈底的諒解。康士坦斯的不幸命運，馬上使阿泰納休斯失去實力強大和慷慨眞誠的保護者。弒君者和康士坦久斯這唯一倖存的兄弟之間進行內戰，使整個帝國有三年多的時間陷入災難之中，卻給正統基督教會帶來一段喘息時間。交戰的雙方現在都急於想得到這位主教的好感，因爲他個人的威望，可能會對尙未作出最後決定的重要行省，爾後的傾向會產生重大的影響。阿泰納休斯曾見過馬格南久斯派來的使臣，後來他因而被指控曾與僭主祕密通信[60]。康士坦久斯皇帝多次向最親愛的教父阿泰納休斯表示，不管他們共同敵人曾散布惡毒的謠言，他確實已經繼承死去弟兄的信仰和皇位，只要埃及大主教懷著感激和仁愛的情份，就不能不爲康士坦斯的不幸感到悲傷，對馬格南久斯的罪行深惡痛絕。但是，阿泰納休斯非常清楚，康士坦久斯心存顧慮是他唯一的安全保證，因而他可能降低爲正義事業獲勝而祈禱的熱誠。少數頑固而憤怒的主教可以濫用君王的輕信，已不再存有惡毒的企圖，非要置阿泰納休斯於死地。但這位君王自己宣布積壓胸中多年的決心，要爲受到的傷害報仇雪恥[61]。康士坦久斯取得勝利後在亞耳度過第一個多天，便完全用來對付比已失敗的高盧僭主更爲可惡的敵人。

　　如果皇帝率性而爲，下令處死國內一位表現傑出和品德高尙的公民，公開使用暴力或濫用法律的大臣對這項殘酷的命令，會毫不猶豫的加以執行。但是他想控告和懲處那位受人愛戴的主教，下達命令卻不得不十分小心，必然遇到種種困難，才會一再向後拖延，這便向全世界表明，教會的

60　阿泰納休斯用訴諸情感的怨言、立場嚴正的反駁和強辭奪理的爭吵，來爲自己的清白無辜提出辯護。他認爲當作證據由他具名的書信是出自僞造，要求他的秘書和僭主來出庭作證，前者是否寫了這封信而後者是否收到。
61　皇帝公開宣稱，比起擊敗馬格南久斯和錫凡努斯，他要阿泰納休斯降服之心更爲急切。

特權已經使尊重秩序和自由的意識，在羅馬帝國的政府中開始復活。泰爾會議宣布的判決一直未被撤消，上面有東部絕大多數主教的簽名，既然阿泰納休斯曾一度被同教的弟兄宣判，免去崇高的教職，那麼他後來的一切行動都可以看成不合法，甚至有犯罪的意圖。但是埃及大主教過去曾經受西部教會堅定和強力的支持，基於這樣的事實，使得康士坦久斯在沒有得到拉丁主教的認可之前，不得不延緩執行判決的命令，而且教會內部的談判竟費去兩年的時間。皇帝和臣民之間的訴訟案，先在亞耳宗教會議，後來在有三百多名主教參加的米蘭會議[62]，都進行過嚴肅的爭論。這些主教原本對教派的忠貞也逐漸受到破壞，主要是阿萊亞斯派的判決理由、宦官運用的各種花招、以及一位皇帝的懇切請求。他不惜犧牲自己的榮譽以尋求報復，濫用自己的權勢以影響主教的情緒。賄選這最讓人詬病的違憲行為，毫無疑問已經開始大為流行。榮譽、財物、免除賦稅的許諾都私相授受作為交換宗教選票的條件[63]，對這位亞歷山卓主教的判罪，卻非常技巧說成是能使正統基督教會恢復和平的唯一辦法。

　　然而，阿泰納休斯的朋友並沒有拋棄他們的領袖和理想。他們依仗神聖地位所能給予的保護，拿出勇往直前的氣概，在公開的辯論和私下與皇帝的商談中，始終堅持維護宗教和法律尊嚴的立場。他們宣稱，不論是接受皇帝給予的恩寵，還是觸怒皇帝所帶來的恐懼，都絕不可能促使他們參加譴責一位不在場教友的活動，何況他全然無辜而且令人敬佩。他們相當有理的宣稱，泰爾會議作出違法和過時的判決，早已被皇帝的詔書、亞歷山卓主教的復職、到處抗議的敵人保持沉默或改變信仰，這些事實所完全推翻。他們再三強調，他的清白無辜得到參加埃及會議的主教一致證實，

62　希臘的作家提到米蘭會議，不夠完善，錯誤百出。好在巴隆紐斯從維塞里（Vercellae）教會的檔案，獲得優西庇烏斯的一些書信，還有就是一份年代久遠的傳記《米蘭的戴奧尼休斯》（*Life of Dionysius of Milan*），後來經波拉達斯（Bollandus）發表，我們才知道會議的大致情況。

63　很多主教受到職位、禮物和飲宴的誘惑而不能自拔，如果對他們期望太高，就會感到痛心。波瓦提耶的奧拉里說道：「我們與反基督康士坦久斯的鬥爭中，他用手撫摸我我們的肚子，而不是用鞭子抽打我們的背脊。」

在羅馬會議和撒迪卡會議[64]上得到拉丁教會公正的裁定。他們爲阿泰納休斯的艱難處境深表痛心，他在應有的地位、榮譽以及君王表面信任之中，剛剛安享幾年寧靜的生活以後，如今卻又再次被傳喚去爲毫無根據和誇大其辭的指控辯解。他們立論雖然充分而且態度極爲誠懇，然而，在這場相持不下的辯論中，把帝國所有人的注意力都集中到主教身上。論戰的兩派都準備犧牲眞理和正義，以求達到對自己更爲有利的目標，那就是保全或者除去捍衛尼斯信念無所畏懼的勇士。阿萊亞斯派仍然認爲，用含糊的語言掩蓋自己的眞實思想和意圖是明智的做法。但是獲得人民的愛戴和全國性宗教大會的信條作爲後盾的正統教會，他們的主教在各種場合，特別是在這次米蘭會議上，堅持要敵對派先爲自己洗掉散播異端邪說的嫌疑，然後再考慮控訴偉大的阿泰納休斯。

但是，理性的聲音(如果理性確實是在阿泰納休斯這一邊)卻被多數人的喧囂給壓下去，所謂多數是在派別鬥爭中受到收買的人。亞耳和米蘭會議繼續開下去，直到西部教會和東部教會的法庭，都宣判亞歷山卓主教有罪，將他免職以後才宣布散會。那些曾持反對意見的正統教會主教，現在都要在判決書上簽字，從此在共同的宗教信仰之中，要和阿萊亞斯派居心可疑的領袖團結起來。帝國的信使將一份表示同意的文書送給不曾到會的主教，凡不肯放棄自己的觀點，立意與亞耳和米蘭會議公開受到神靈啓示的英明裁定相抗衡，這些人立即會被皇帝下令放逐，因爲他們並沒有認眞執行正統基督教會會議的決議。

在那些因爲堅持信仰而被流放的隊伍中，有許多是身爲高級教士的領導人，其中特別值得一提的有羅馬的萊比流斯(Liberius)、哥多華(Cordova)的奧休斯、特列夫的保利努斯(Paulinus)、米蘭的戴奧尼休斯(Dionysius)、維塞里(Vercellae)的優西庇烏斯、卡利阿里(Cagliari)的盧西法(Lucifer)以及波瓦提耶的奚拉里。萊比流斯曾管理過帝國的首都，擔

64　撒迪尼會議的正統教派感到非常得意，要是兩派的主教很公平的投票，表決結果是九十四對七十六。蒂爾蒙特感到很驚異，多數派在優勢不大的狀況下，竟敢對敵手毫不留情，很多首長遭到免職。

任過顯要職位；奧休斯功績卓著、經驗豐富，一直被認爲是君士坦丁的親信而受人尊敬，並且是尼西亞信條的創始人。這些高級教士安置在拉丁教會的領導地位，無論是在順從皇權還是在據理力爭方面，都可能成爲會眾學習的榜樣。然而，皇帝多次威脅羅馬和哥多華的主教，逼使他們就範的企圖，經過相當時間後並沒有奏效。那位西班牙人公開宣布他已作好準備，要在康士坦久斯的統治下忍受苦難；想當年皇帝的外公馬克西米安在位時，老主教已經受過六十年的折磨。那位羅馬人在覲見君主時，則堅持阿泰納休斯的清白無辜和他自己的自由權利。等到萊比流斯被放逐到色雷斯的貝里亞(Beraea)後，就把一大筆供作爲旅費的錢寄回來，並且出言不遜，侮辱米蘭的朝廷，說皇帝和他的宦官需要這筆錢付給士兵和主教。流放和監禁的艱苦終於磨損萊比流斯和奧休斯的意志。羅馬主教靠承認有罪的讓步，而獲得釋放返回，後來能及時悔過而消除身負的罪行。逼昏哥多華年已衰老的主教奧休斯簽字，除了說服之外，更使用暴力，他已年近百歲，這時非但精力不濟，何況神志也有些不清醒。就是因爲阿萊亞斯派的勝利過於傲慢，使得有些正統教會的基督徒把責任推到不幸的老人身上，雖然他對基督教有過很大的貢獻，但仍然引起眾人不遺餘力的抨擊，在他死後都沒有放過[65]。

十一、宗教爭論引起亞歷山卓大屠殺始末(356A.D.)

萊比流斯和奧休斯的屈服，使那些信念毫不動搖，堅持阿泰納休斯偉大德行和宗教眞理的主教，覺得自己更加光彩。他們的敵人那種奸滑而惡毒的用心，更剝奪他們共同商量和互相安慰的機會，把這些被流放的傑出教士分送到相距甚遠的行省，特別在龐大的帝國中挑選對他們最不友好的

[65] 蒂爾蒙特蒐集奧休斯的平生事蹟，對於這位哥多華的主教，在開始時極盡欽佩之能事，後來加以斥責。對他的墮落和變節大家一致感到哀慟，謹慎的阿泰納休斯不置一辭，比起奚拉里盲目而極度的狂熱，是有很大的差別。

地點[66]。但是他們卻很快體會到,利比亞的沙漠和卡帕多西亞最野蠻的地區,比起某些城市來對他們還略好一些,城市裡那些阿萊亞斯派的主教,簡直可以肆無忌憚發洩宗教仇恨。他們所能獲得的安慰,只是自己的正直和不屈、追隨者的拜訪、來信和慷慨的救濟,以及很快就能高興看到,尼西亞信念的敵人在內部出現分裂,這給他們帶來最大的滿足。皇帝康士坦久斯的理念非常怪異,反覆無常難以捉摸,在基督教教義問題上看法稍不合他的標準,就會引起雷霆暴怒,以致他對那些堅持本體同一論、主張本體同類論,以及那些不承認聖父聖子相像的人,都用同樣的狂熱態度加以迫害。三個觀點完全不相同的主教同樣被免職,有可能在同一流放地彼此相遇。那時,根據他們當時不同的情緒,對於敵對派系盲目的熱情,可能會相互安慰或是加以責罵,認為他們目前所遭受的痛苦,將來即使有再大的幸福也難以補償。

　　西部正統基督教會主教的免職和流放,是為置阿泰納休斯本人於死地,所預先安排的步驟。在過去的二十六個月裡,帝國朝廷用盡各種陰險的手段和暗中的活動,要將他趕出亞歷山卓,同時也撤回原來他向人民慷慨施捨的津貼。然而,當埃及的大主教被拉丁教會拋棄並且開革逐出教會,已經失去任何外來援助時,康士坦久斯派遣兩名使臣前來口頭宣布放逐的命令,監督貫徹執行。本來,這項判決已得到全體教派的公開認可,因而康士坦丁久斯不肯給信使書面命令的唯一動機,只能說他對這件事尚有顧慮,擔心如果人民決心以武力誓死保衛無辜的精神之父,他的第二大城市和帝國的最富庶行省有遭到攻擊的危險。他這種過於謹慎的行動,給阿泰納休斯提供裝糊塗的機會。他以極有禮貌的方式否認這命令的真實性,說明這種做法有違寬厚君主一向所秉持的公正態度,同時也與從前發

66　西部的悔過者陸續流放到阿拉伯或蒂貝伊斯沙漠、托魯斯山區最僻遠的地方、弗里基亞最蠻荒的曠野,與不信神的山民在一起。當判為異端的埃伊久斯流放到西里西亞的摩蘇艾斯提亞(Mopsuestia),心中感到極為快慰,但是在阿卡修斯(Acacius)建議之下,流放地改為安布拉達(Amblada),這個地區居住一群野蠻人,經常受到戰爭和瘟疫的蹂躪。

布的命令相抵觸。埃及的民政當局發現不論是勸說還是強迫，都無法使大
主教離開執掌教會大權的寶座。他們被迫不得不和亞歷山卓深得人心的領
袖達成一項保證協議，在沒有進一步了解皇帝眞實意圖之前，暫時停止彼
此控訴和敵對行動。這個外表看來很溫和的作法，欺騙正統基督教教會，
造成一種致命的虛假安全感。實際上，這時上埃及和利比亞的羅馬軍團已
得到密令正迅速前進，準備包圍或者襲擊這座習於發動叛亂和已陷入宗教
狂熱之中的省都[67]。

　　亞歷山卓位於大海和馬里歐提斯湖之間，地理位置便於軍隊的接近和
登陸，因此來犯的軍隊在城市還沒來得及採取任何措施，諸如關閉城門或
占領重要據點，便已進入市區中心。簽訂協議後第二十三天的深夜，埃及
公爵敘利阿努斯(Syrianus)親自率領五千名全副武裝作好襲擊準備的士
兵，出人意料的湧進大主教正帶著一部分教士和教徒作夜間禮拜的聖提奧
納斯(St. Theonas)人教堂。這座神聖建築物的大門被進攻的士兵砸開，隨
之而來的是一片騷亂和屠殺。但是，由於被殺者的屍體和兵刃的殘片，第
二天全當作無可辯駁的證據留在正統基督教會手中，看來敘利阿努斯的行
動，只能說是成功的闖入而非完全的征服。本市其他的教堂也遭到類似的
暴力蹂躪，而且在此後至少四個月裡，亞歷山卓一直暴露在敵對教派神職
人員的鼓舞之下，慘遭任意肆虐的軍隊殘害無辜。大批虔誠的信徒被殺，
如果他們沒有引起仇恨無故受難，都應該稱爲殉教者。主教和長老受到殘
酷的迫害和侮辱，聖潔的修女被剝光衣服，受到鞭打和奸污，富有市民的
家園被搶劫。這樣，戴上宗教狂熱的假面具，獸性、貪婪和私憤可以盡量
發洩，不僅不會受到任何懲罰反而受到鼓勵。

　　亞歷山卓的異教徒自成一派，人數眾多且心懷不滿，稍有人鼓動當然
願意拋棄他們既害怕又尊敬的主教。由於可能得到某些好處的希望，以及
害怕被當作叛亂分子懲治，他們都表示支持阿泰納休斯的繼任者，卡帕多

67　阿泰納休斯後來延請安東尼和經過挑選的修道士，從山區下來向亞歷山卓人宣講
　　他本人的神奇事蹟，這位大主教親自到城門口去迎接。

西亞很有名望的格列哥里。篡位者在阿萊亞斯派的宗教會議接受聖職，新
委任的埃及伯爵塞巴斯蒂安(Sebastian)，被派來執行這個重要計畫，格列
哥里在武力支持下登上大主教的寶座。暴虐的格列哥里無論是在使用權力
或奪取權力時，根本不考慮教規、正義和德行，使得首都出現的暴力和惡
行，在埃及九十多個設有主教的城市重演。君士坦久斯在勝利的鼓舞下，
坦然表示支持使臣的做法。在公開發表充滿熱情的書信中，皇帝提到那位
暴虐的主教靠著三寸不爛之舌，蠱惑盲目信徒獲得威望，現在能夠從他的
手裡把亞歷山卓解救出來，特別向大家恭賀。皇帝接著大談新當選主教格
列哥里的品德和虔誠，可以說是亞歷山卓的庇主和恩人，名望超過建城的
亞歷山大大帝。但皇帝又嚴正宣告，他將懷著不可動搖的決心高舉著火和
劍，窮追那些附和阿泰納休斯的叛亂分子。這個邪惡的阿泰納休斯已經承
認自己的罪行，但卻避開審判，逃脫他早就罪有應得極為羞恥的死刑[68]。

十二、阿泰納休斯逃亡和藏匿的傳奇事蹟(356-362A.D.)

阿泰納休斯真的逃過一場兇險萬分的災難，這位奇特人物的冒險經歷
的確吸引大家注意。聖提奧納斯大教堂被敘利阿努斯軍隊攻占的那個難忘
夜晚，大主教非常冷靜且無比威嚴的坐在寶座上，等待死神的來臨。當大
家的禮拜活動被憤恨怒吼和驚恐尖叫打斷時，他卻鼓舞嚇得發抖的會眾高
唱「大衛之歌」，慶祝以色列的上帝戰勝埃及驕橫而瀆神的暴君，用來表
達他們堅定的宗教信仰。教堂的門終於被撞開，陣雨一般的箭矢射向人
群，手舉刀劍的士兵闖入聖所，鎧甲在聖壇周圍明亮燈光照耀下，閃爍著
陰森可怖的光芒[69]。阿泰納休斯的周圍把守著虔誠的僧侶和教士，他懷著
高尚的情操拒絕他們的要求，在最後一名會眾安全離開前，他不會放棄自

68　皇帝或他那群阿萊亞斯派的秘書要是表現出極為氣憤的態度，等於洩露對阿泰納
　　休斯的畏懼和尊敬。

69　有關這次屠殺的詳細情節非常奇特，引用的資料是一字不漏抄自抗議書，這是事
　　件發生後第三天，亞歷山卓的正統派教徒公開呈送給有關當局。

己的職責。那天夜晚的黑暗和混亂，非常有利於主教的逃離。儘管他混雜在沸騰的人流中，被擠倒在地失去知覺全身不能動彈，但終於重新恢復大無畏的勇氣，躲開士兵急不可待的追捕。阿萊亞斯派的嚮導早已告知那些士兵，阿泰納休斯的人頭將是皇帝最喜歡的一份重禮。從那個時刻後，埃及大主教完全從敵人的眼前消失，在絕對隱匿的環境中度過六年時光[70]。

　　阿泰納休斯誓不兩立的敵人，用專制的手段統治整個羅馬世界。窮追猛打的君王絲毫不肯放鬆，有一封緊急的信件送給衣索匹亞王子，要讓阿泰納休斯在地球上最遙遠遠和最荒涼的地方也無法存身。伯爵、禁衛軍統領、護民官和全國軍隊先後都用來搜捕逃亡的主教。皇帝的詔書讓　切行政和軍事力量都隨時處於戒備狀態，許諾對於不論死活能交出阿泰納休斯的人將予以重賞，還公布對膽敢私下窩藏全民公敵的人員，施以最嚴酷懲罰的條例。然而，蒂貝伊斯(Thebais)沙漠現在已住著大群野蠻而又馴服的狂熱信徒，寧願聽從教長的命令而不管君王的法令。安東尼和帕柯繆斯(Pachomius)為數眾多的門徒，都把逃亡的大主教視為他們的父親，敬佩他所表現的忍耐和謙卑，能吻合他們所信奉的嚴格信條，把他說出口的每一個字都收集起來，當成閃爍智慧之光的箴言。他們深信所有的祈禱、齋戒和守夜的功德，都比不上為保護真理和正義所表現的熱情和所經歷的危險。埃及的修道院一般建在偏僻荒涼的地方，像是在高山頂上或位於尼羅河的小島。而誰都知道，塔本尼(Tabenne)*71神聖的號角或喇叭，卻能從各處召集來數千名體魄強健和意志堅強的僧侶，他們大多數是來自附近鄉村的農民。當他們陰暗的藏身之處遭到強大軍隊的襲擊，他們要是無法抵抗，全都保持沉默引頸受戮，也絕不會改變他們的民族性格。就是說，他們所堅持的民族性格，即使再殘酷的拷打，也不用想讓一個埃及人供出他決心保守的祕密。亞歷山卓的大主教就這樣消失在一群人民的手中，他們

70　詹森教派信徒經常將阿泰納休斯和阿瑙德(Arnauld)作一比較，樂於詳盡敘述他們虔誠的信仰和宗教的熱忱，對教會的功蹟和遭受放逐，這兩位都是知名的早期基督教神學家。

*71　[譯註]埃及利比亞沙漠的一處綠洲。

紀律嚴明而且要誓死保衛他的安全,每當危險臨近時,便會用得力的手把他從隱匿的處所轉移到另外的地方,直到最後他已來到可怕的大沙漠地帶,按照無知和盲從的迷信說法,那裡住滿妖魔鬼怪。

阿泰納休斯的隱居生活直到康士坦久斯死去才告結束,期間他大部分是在赤膽忠心充當他的侍衛、秘書和信使的僧侶中間度過。但是,與正統基督教會保持密切聯繫的重要性,使他每當搜捕的風聲有所緩和,便止不住要走出沙漠,潛入亞歷山卓,把自身的安全交給朋友和追隨者去安排。他經歷種種冒險的行徑,可以作為一部引人入勝的小說題材。有一次,他曾躲在乾涸的貯水池裡,直到一個女奴要將他出賣[72]。還有一次他找到更為離奇的避難所,躲進一位年僅二十歲修女的住房,她以文雅嫻靜的美麗氣質聞名全城。她在多年以後追憶說,有一天的半夜時分,大主教只穿著寬鬆的內衣突然出現在面前,使她感到十分驚愕。他邁著匆忙的步子走過來,告訴她得到上天的啟示,讓他來到友善的屋頂下尋求保護,所以求她一定設法保護讓他免於危險。虔誠的修女答應他的請求,始終信守依靠自己的機智和勇敢所作的諾言,沒有向任何人透露神聖的保證,立刻把阿泰納休斯引進最隱蔽的內室,從此像朋友那樣的關心和像僕人那樣的殷勤,隨時注意他的安全和舒適。在危險沒有解除之前,她一直按時給他送來書籍和飲食,給他洗腳,處理來往的信件,而且品格高尚不能沾污名譽的聖者,和能引起最危險衝動的美貌少女,兩人之間親近的私下來往,一定要保持光明磊落,絕不讓人存有任何疑竇[73]。

阿泰納休斯在遭到迫害和流放的六年生活中,曾多次前往看望這位美麗而忠誠的朋友。從他公開宣稱親眼看到里米尼和塞琉西亞會議的進行情況看來,不能不相信他確實在會議召開期間曾祕密來到會場。為親自與朋

72　這個故事和下一個都不太合情理,要是阿泰納休斯居住在避難所,那也是特殊狀況下偶一為之。

73　帕拉狄斯(Palladius)是最早寫出這軼事的作者,他曾與那位少女談過話,這時她已十分年老,仍很高興記得虔誠而聖潔的關係。我對巴隆紐斯、華勒休斯和帝爾蒙特假正經的態度不以為然,他們認為像這樣的故事與莊嚴的教會史很不相稱。

友進行交談,為親眼看到敵人走向分裂並擴大相互間的矛盾,對於一個細
心的政治家來說,這樣大膽而危險的行動也許確有必要,何況亞歷山卓又
與地中海每個港口都有貿易來往和航運聯繫。勇敢的大主教從神秘莫測的
隱匿所,向阿萊亞斯派的保護者毫不中斷的發動進攻,及時散發讓人們爭
著閱讀的文章,就是呼籲正統基督教會要聯合起來,他不斷鼓舞教士和信
徒的信心和上氣。在他公開寫給皇帝本人的〈申辯書〉中,有時在表面上
讚揚溫和的政策,也會在私下氣憤填膺的大聲抨擊,充分揭露康士坦久斯
是懦弱而邪惡的君王、殺害家人的劊子手、與公眾為敵的暴君、教會裡的
反基督分子。儘管獲得勝利的君王在統治極盛時期,曾在東方懲治蓋盧斯
的弁攜,在軍營平息維崔尼奧的野心,在戰場殲滅馬格南久斯的軍團,在
高盧壓制錫凡努斯的叛亂,但卻從看不見的手中,受到一種既無法醫治也
無法報復的創傷。君士坦丁之子在基督徒的王國中,卻是第一位感受為宗
教效命的信條具有強大威力,能夠抗拒任何暴君和虐政的侵犯[74]。

十三、羅馬帝國兩個都城的宗教信仰狀況(356-362A.D.)

阿泰納休斯受到迫害,就跟許多德高望重的主教一樣,是因為他們堅
持自己的信念,要憑著良心去作正直的事,除了那些盲目獻身阿萊亞斯教
派的人員以外,在所有基督徒之中引起憤怒和不滿,使他的作為成為追求
正義的目標。人們惋惜失去忠誠的本堂神父,受到放逐隨之就有外人侵占
主教的職位[75],於是他們大聲抱怨,選舉的權利受到侵犯。要是有誰服從
一位圖利的篡奪者,就會受到教徒的譴責,因為他們並不認識這位新人,

---

74 阿泰納休斯致修道士的信中,充滿像這樣的譴責之辭,公眾自然信以為真。為對
收信人表示恭維,特別把康士坦久斯比擬為法老、亞哈(Ahab)、伯謝撒
(Belshazzar)等暴君。要是大無畏的奚拉里在朱理安叛教後,再發表強烈抨擊之
辭,實在說不會有多大危險,但盧西法把他的誹謗言論送給康士坦久斯,差一點
就讓他成為殉教者。

75 阿泰納休斯就這件事所作的抱怨,隨後展現在菲利克斯的選舉作弊事件。三個宦
官代表人民,三個高級教士以宮廷作榜樣,取代市郊的行省主教所具有的職權。

對他秉持的原則抱著懷疑的態度。羅馬正統教會向世人表示,可以公開舉
證對國教有異議的行為,要不就全部從教會團體中加以隔離。運用這兩種
方式,可以證明教會的管理者並未涉入罪行和異端。最早是在安提阿採用
獲得很好的成效,馬上傳布到整個基督教世界。榮耀頌或者是聖詩集用來
讚美三位一體的榮名,文體固然要文雅典麗,更重要的是音調要抑揚頓
挫。正統教會或是異端派系的信條,實質內容用反意或聯繫詞的些微變化
來加以表示。弗拉維努斯(Flavianus)和戴奧多魯斯(Diodorus)雖然虔誠而
熱心,但都是不懂音樂的外行,他們信守尼斯宗教會議的信條,並將「交
互應答」和正規的讚美詩,運用到公開的禮拜儀式。經過這兩位的安排,
一群修道士來自附近的沙漠地區,安提阿的主座教堂配置受過良好訓練的
合唱團,用歡欣鼓舞的聲音唱出「榮譽歸於聖父、聖子和聖靈」[76]。羅馬
正統教會用典範的純潔,羞辱阿萊亞斯派的主教,是他篡奪年高德劭優斯
塔修斯(Eustathius)的寶座。宗教的狂熱激起歌聲,喚醒正統派信徒那些
猶豫不決的人員,要自行組成分離的集會,暫時交給長老治理,直到被信
徒遺棄的主教離去後,選出並任命一位新主教,擔任本堂聖職為止[77]。宮
廷的變革增加覬覦者的人數,康士坦久斯統治的時代,這座城市經常有兩
個、三個甚至四個主教發生爭執,對各自的追隨者施展精神上的統治權,
教會的暫時所有權在他們之間輪流失去或獲得。基督教的濫權對羅馬政府
而言,是產生暴政和叛亂的最新起因,受到約束的平民社會因為宗教派系
的怒火而被撕得四分五裂。位卑言微的市民冷眼旁觀,不斷有皇帝在興起
和沒落,但是根據預判和經驗,自己的身家性命和事業前途,一定要與教

76　戈德弗洛伊對這個題材查驗得非常仔細,這裡有三種異端的表達形式:「榮耀歸
　　於聖父經由聖子在聖靈之中」(The Glory to the Father by the Son,and in the Holy
　　Ghost)、「榮耀歸於聖父和聖子在聖靈之中」(The Glory to the Father and the Son
　　in the Holy Ghost)、「榮耀歸於聖父在聖子和聖靈之中」(The Glory to the Father
　　in the Son and the Holy Ghost)。

77　君士坦丁統治的時代,優斯塔修斯被放逐以後,組織嚴密的正統教派開始離心離
　　德,最後惡化形成分裂,整個時間延續達八十年之久。在很多教堂裡的阿萊亞斯
　　派和本體同一論者,相互之間否定對方的領聖餐儀式,但是會一起參與祈禱。

會的利害連接在一起，特別是眾望所歸的教會。羅馬和君士坦丁堡這兩個
都城就是很好的例子，可以用來說明在君士坦丁的諸子統治時期，帝國的
狀況和人心的傾向。

其一，羅馬主教長久以來，在眾多人民忠義之心的護衛下，能保持崇
高的地位和行事的原則，用蔑視的態度反對持異端思想的君王，無論他是
在懇求、威脅還是奉獻。當宦官私下宣稱要放逐萊比流斯時，事先就顧慮
會發生動亂，盡力做好防備措施，使本案的判罪能夠順利執行。都城的四
周派重兵包圍，在統領的指揮下逮捕主教本人，不論是用計謀誘騙或公開
運用武力，都已無關緊要。等到遵奉命令達成抓人的任務，要在民眾的驚
愕轉變成暴動之前，費了很大的力氣，把萊比流斯在午夜時，迅速運到羅
馬人民勢力所無法抵達的地方。很快大家知道主教被放逐到色雷斯，就召
開一次盛大的集會，羅馬的教士為了約束自己的行動，公開進行莊嚴的宣
誓，絕不背棄自己的主教和承認菲利克斯（Faelix）。這位篡奪者受到宦官
的庇護，在一座瀆褻神聖的宮殿裡，進行選舉和授任聖職。等到過了兩
年，他們虔誠之心堅持到底毫無動搖，康士坦久斯巡視羅馬時，受到糾纏
不斷的請求而至為困擾。羅馬人民還能保有古老自由權所剩餘的部分，就
是有權用無禮的態度對待自己的君王。很多元老院議員和體面的公民受到
妻子的壓力，被要求出面為萊比流斯說項求情。丈夫勸說她們組成一個委
員會，不僅減少危險也更容易獲得成效。皇帝彬彬有禮接待女性代表，她
們穿著華麗的服裝，戴上貴重的飾物，顯出富家豪門的氣勢和風采，皇帝
欽佩她們有不屈不撓的決心，要追隨敬愛的主教到世間最遙遠的角落，答
應要讓萊比流斯和菲利克斯這兩位主教，和平的管轄各自的會眾。但是這
種寬容的概念就那個時刻來說，無論是付諸實施還是從情感上考量，竟會
引起民眾極大的憎恨。當康士坦久斯的答覆在羅馬的賽車場公開宣讀時，
如此合理的調解構想被民眾用輕視和訕笑的態度加以拒絕。觀眾在賽車緊
要關頭發出的激情表現，現在卻直接對著不同的目標，重複不斷的喊叫：
「一個上帝！一個基督！一個主教！」羅馬人民為了萊比流斯所引發的宗
教狂熱，並不只限於爭吵而已。在康士坦久斯離開以後，很快就激起危險

和流血的叛亂，讓皇帝決定接受全民的條件，將菲利克斯放逐，同時將沒
有劃分的都城全部歸還給萊比流斯。經過一陣無效的抵抗以後，萊比流斯
的敵手在皇帝的核定下被逐出城市，連帶對立黨派的勢力全部瓦解。菲利
克斯的黨羽在大街小巷、公共場所、浴場劇院、甚至在教堂裡，都遭到慘
無人道的謀殺。羅馬在主教歸來的那段期間，像是恢復馬留（Marius）的大
屠殺和蘇拉（Sylla）發布「公敵宣告名單」那種恐怖的景象。

其二，基督徒人數雖在弗拉維亞家族統治時代急速增加，但在羅馬、
亞歷山卓和帝國其他重要城市，非基督徒的黨派仍據有很大勢力。他們對
基督教的繁盛感到嫉妒，甚至坐在劇院裡時，還在訕笑教會的神學爭論。
只有君士坦丁堡享有不一樣的優勢，孕育在基督教信仰的腹地，得以成長
茁壯。東部的都城從未受到偶像崇拜污染，全體人民都深入吸取基督教理
念、德行和激情，在那個時代使自己有別於其他人類。亞歷山大去世後，
保羅和馬其頓紐斯（Macedonius）爭奪主教寶座，從宗教的奉獻精神和能力
來說，兩人都夠資格也都勢在必得獲此職位。若說馬其頓紐斯在品格方面
沒有非議之處，那麼他的對手先當選且以正統派自居，因而占有相當優
勢。保羅堅定支持尼西亞教條，使他在教會節日表中，名字得以與聖徒和
殉教者並列，也因而受到阿萊亞斯派憎惡。在長達十五年的任職期間，他
曾五次被趕下主教座位，總靠著民眾強烈抗議才恢復原職，倒不完全是君
主的恩准，所以只有對手的死亡才能確保馬其頓紐斯的權力。不幸的保羅
拖著鎖鍊從美索不達米亞的沙漠，跋涉到托魯斯山最僻遠的地點[78]，囚禁
在黑暗而窄狹的地牢，留在裡面六天不給食物，最後被絞死，這些都是菲
利浦（Philip）下的命令，他是康士坦久斯皇帝的主要大臣之一[79]。帝國的

78　保羅受苦的一生最後舞台是在庫庫蘇斯（Cucusus），這偏遠小鎮位於卡帕多西亞、
　　西里西亞和小亞美尼亞接壤處，地理位置很不清楚，容易產生混淆。羅馬時代從
　　凱撒里亞到安納查布斯（Anazarbus）築有一條大道，經由這道路可直達那地點。

79　阿泰納休斯很肯定的表示，保羅是被謀殺，他認為下手的人不是泛泛之輩，有確
　　鑿證據就是費拉格流斯，他是阿萊亞斯派的劊子手。然而他也很清楚，這些異端
　　分子會把君士坦丁堡主教的死亡歸之疾病。蘇格拉底一味服從阿泰納休斯的說
　　法，不像索諾曼沒有偏見，審慎懷疑阿泰納休斯的意見。

新都城第一次被鮮血所玷污，同時也洩露教會的鬥爭，在人民狂悖而頑強的暴動中，雙方都有很多人被殺。保羅受到放逐宣判，強力執行的任務最早被交付給騎兵主將赫摩吉尼斯(Hermogenes)，結果他因而送掉性命。正統教會的信徒起來反抗，要保護他們的主教，赫摩吉尼斯的豪華住宅被燒得片瓦不覆，帝國最高階將領被腳鐐手銬拖過君士坦丁堡的街頭，死後屍體還受到示眾的污辱。赫摩吉尼斯的下場使菲利浦得到教訓，禁衛軍統領為應付同樣的狀況，先期完成很多準備工作，之後卑辭相求，伴隨保羅前往宙克西帕斯(Zeuxippus)浴場，這裡有便道與皇宮和海邊相通，並且已準備好一艘船在花園階梯的下面，很快可以揚帆行駛。人民根本沒有想到有這種瀆褻神聖的事情發生，主教已經被押上船開往提薩洛尼卡。他們立刻驚訝而氣憤的看到，宮殿的大門打開，篡奪者馬其頓紐斯在一輛高大的戰車上，坐在統領的旁邊，一隊衛兵拔出劍在四周保護，軍隊的行列向著本座教堂前進。阿萊亞斯派和正統教會的信徒情緒高漲，衝過去搶占這個重要的據點，在混亂的暴動中有三千一百五十個人喪失生命。馬其頓紐斯在正規部隊的支持下獲得決定性的勝利，但他的統治受到騷亂和暴動的干擾。即使與爭論主題最沒關係的原因，也足夠孕育和點燃引起社會混亂的火焰。存放君士坦丁大帝遺體的小禮拜堂很可能受到破壞，主教就將莊嚴可敬的骸骨移到聖阿卡修斯(St.Acacius)教堂。這種審慎而虔誠的措施，被堅持主張「本體同一」教義的宗派描述成最邪惡的褻瀆神聖行為，於是他們立即全面備戰，奉獻給神的地面被當作戰場。有位教會歷史學家提到有一件是真正的事實，決非修辭的比喻，教堂前面有一口水井，從柱廊和鄰近庭院流進的鮮血，都從井口滿溢出來。作者把暴亂歸於宗教緣故，等於透露出沒能夠充分了解人性，但必須承認，動機能夠誤導宗教狂熱所具有的誠摯，藉口可以掩蓋私心自用而產生的激情。被鎮壓下去的悔恨在另一個案例中，成為緊接君士坦丁堡基督徒憤怒之後的情緒。

十四、異端教派殘酷和怪誕的宗教狂熱行為

　　康士坦久斯並不需要叛逆的罪行和武力的抗拒才會怒火上升，就是首都的群眾動亂和黨派的犯罪行為，等於反對在他統治下的權威和宗教，就足以激起他殘酷而專制的性格。通常的懲處方式是死刑、放逐和籍沒財產，在施用時盡量以「寧枉勿縱」為原則。希臘人對兩名教士尊以聖名而永矢勿忘，其中一位是讀經師另外一位是副輔祭，被控謀害赫摩吉尼斯，定罪後在君士坦丁堡的城門斬首。康士坦久斯有一份詔書反對羅馬正統教會，後來被發現毫無價值，所以沒有列入《狄奧多西法典》。詔書規定，教徒凡是拒絕接受阿萊亞斯派主教的聖餐禮，特別是馬其頓紐斯親自主持的儀式，會被剝奪教會的豁免和基督徒的權利；強迫他們放棄教堂的所有權，嚴禁在城市的城牆之內舉行集會；授權馬其頓紐斯運用宗教的狂熱，在色雷斯和小亞細亞各行省執行這項不公正的法律，地方政府和軍隊都要直接服從他的指揮。為了支持本體相類的教義，半阿萊亞斯派的暴政運用各種殘酷的手段，不僅超越康士坦久斯授權的範圍，也使得他的統治蒙受羞辱。教堂對抱著自我犧牲勉強前來的教徒舉行聖禮，這些人都拒絕接受馬其頓紐斯的神召，憎恨他所尊奉的教義。授與婦女和兒童的洗禮儀式，要把他們從朋友和父母的手裡硬拉過去；用木頭做的器具讓領聖餐的信徒保持口部張開，當作聖體的麵包可以用力塞進喉嚨；嬌柔處女的胸部用紅熱的蛋殼去燒灼，或是用尖銳而沉重的木板很不人道的壓住[80]。君士坦丁堡和鄰近地區的諾瓦提安派，非常堅決的贊同本體同一，與羅馬正統基督徒幾乎難以分辨。馬其頓紐斯獲得消息，帕夫拉果尼亞(Paphlagonia)有很大一片地區，全部居住此一教派的信徒，於是決定要使這些異端分子改信，再不然就將他們全部絕滅。但是他不相信教會的傳教士能發揮效用，

80　馬其頓紐斯執行宗教迫害工作的主要助手，是尼柯米地亞和西茲庫斯的主教，他們的德行受到尊敬，尤其都有仁慈的心腸。我忍不住要提醒讀者，就是用最精明的神學眼光，也很難分清Homoousion和Homoiousion之間的差別。

指揮一隊人馬包括四千員軍團士兵在內，出發去討伐叛徒，要征服曼提尼姆（Mantinium）整個區域，納入教會統治的版圖。諾瓦提亞派的農夫被逼得走投無路，激起宗教的狂熱憤怒，不惜犧牲要與入侵的部隊決一死戰。雖然有很多帕夫拉果尼亞人被殺，羅馬的軍團被一群烏合之眾所擊敗，他們僅有的武器是斧頭和鐮刀。除了少數人員很不光榮的逃走，有四千士兵在戰場喪生。康士坦久斯的繼承人用簡短而生動的文體陳述，帝國遭受一些神學的災難，特別是在東方，這位君主的統治使他自己成為宗教和宦官的奴隸：「很多人被捕下獄，受盡迫害或是強制放逐，成群的人被指為異端遭到屠殺，特別是在西茲庫斯（Cyzicus）和薩摩薩塔這些城市。在帕夫拉果尼亞、俾西尼亞、蓋拉提亞（Galatia）和很多其他的行省，城鎮和村莊不是荒廢就是完全受到摧毀。」

　　阿萊亞斯爭論的火焰正在焚毀帝國的生機，這時阿非利加的各行省受到外敵的蹂躪。這些特別具有宗教狂熱的野蠻人稱為色康瑟隆人（Circumcellions），形成實力強大而且駭人聽聞的道納都斯派系（345A.D.）。君士坦丁用嚴酷的手段執行法律，激起不滿和反抗的精神。他的兒子康士坦斯費盡九牛二虎的力氣去統一教會，使得相互憎恨的情緒更為變本加厲，就是這樣才會造成第一次的分裂。兩位皇室委員保羅和馬卡流斯（Macarius）運用強制和貪污的方法，雖然使徒有寶貴的訓誡，但是偽善教會繼承者的行為形成完全背離的對比。居住在努米底亞和茅利塔尼亞村莊的農民，都是生性粗暴狂野的種族，並不完全信服羅馬法律的權威，也沒有真正皈依基督教的信仰，但是他們在道納都斯派導師的指引下，會激起盲目而狂暴的宗教熱誠。他們為了主教遭到放逐，教堂遭到破壞，祕密的聚會遭到禁止，一致感到憤憤不平。執法官員在軍隊的保護下所施展的暴行，有時會被同樣的暴力所擊退。那些頗得民心的傳教士在爭執中喪失性命，粗野的信徒內心燃起熊熊怒火，要為他們神聖的殉教者採取報復行動。由於他們既殘酷而又輕忽，負責宗教迫害的大臣有時會讓他們遭到毀滅的命運，然而突發的動亂所引發的罪行，讓這些罪犯加速陷入絕望及叛變。道納都斯派的農民被驅離土生土長的村莊，就在傑突利安

(Getulian)沙漠的邊緣結成剿不勝剿的匪幫，很快改變勤勞工作的習慣，過著不事生產和剽掠搶劫的生活，用奉獻宗教的名義，不會受到教派裡飽學之士的譴責。色康瑟隆的首領僭用的頭銜是「聖徒隊長」，因不易獲得刀劍和槍矛，主要武器是巨大沉重的棍棒——他們稱爲「以色列人」——以及「讚美神」的著名聲音。他們在作戰中常這樣大聲喊叫，將恐怖傳遍阿非利加毫無武備的行省。最初，他們搶劫很顯然是基於生存的需要，很快就超過這種限度，毫無節制的縱情於酗酒和貪婪的惡行之中。他們把剽掠一空的村莊放火全燒掉，用肆意妄爲的暴虐手段統治毫無防守能力的國土，農業的耕種工作和商業的貿易行爲全部中斷。色康瑟隆人還藉口說是要恢復人類最早的平等，改進文明社會的惡習，爲奴隸和債務人設置安全的庇護所，這些人就蜂擁而來參加他們神聖的陣營。他們要是沒有遇到抵抗，僅是搶劫也就了事，但最輕微的抗拒會刺激他們的暴行和謀殺。有些羅馬正統教會的教士非常不謹慎，想要表現出虔誠的信仰，這些宗教狂熱的野蠻人就用精細無比的手法和令人毛骨悚然的技術，對這些教士施加最痛苦的酷刑。色康瑟隆人的勇氣並不是完全用來對付無抵抗能力的敵人，他們與行省軍隊交戰，有時會獲勝。在巴該（Bagai）的一次血戰中，他們在開闊地區攻擊皇家騎兵部隊的前衛。道納都斯派的信徒被捉後，接受同樣的待遇，值得拿來和沙漠裡的野獸相媲美。俘虜毫無怨言喪生在刀斧下，或被火活活燒死。報復的手段很快要加倍奉還，叛變的恐懼更爲劇烈，相互的寬恕毫無希望。本世紀初，卡米薩德（Camisards）*81的迫害行動、無畏作風、犯罪程度和信仰激情，等於是色康瑟隆案例的翻版。如果朗格達克（Languedoc）的宗教狂熱分子，在軍事成就方面凌駕努米底亞這些傢伙，那麼阿非利加人要能更加決斷和堅忍，才能維持強勢的獨立局面。

社會動亂不已是宗教暴虐行爲的必然後果，但是道納都斯派信徒的狠毒，是被一種很特別的狂亂所激發，要是真正到達人神共憤的程度，那在

---

*81 ［譯註］1702年法國路易十四在位時，對新教徒進行宗教迫害，在南部的塞汶（Cevennes）山脈地區引大規模的叛亂行動，隨後頒發〈南特詔書〉給新教徒信仰自由，才使動亂平息。

任何國家和時代，都找不到相與匹敵的例子。很多像這樣的宗教狂熱分子都恐懼生命，所以期望成爲殉教者。只要自己的行爲很神聖，目的是要獻身於眞正信仰的榮譽和永恆歡愉的希望[82]，至於死亡用何種方式或出於何人之手，這根本無關緊要。他們有時會粗暴的擾亂節日祭典，藝瀆異教廟宇，故意要激起偶像崇拜者更強烈的激情，要爲受到侮辱的神明報仇。他們有時強行闖進法庭，迫使受到威脅的法官立即下令將他們處決。他們經常在道路上攔住旅客，要求把他們用棒棍打死成爲殉教者，如果旅客答應就會給他報酬，如果不願獻給他們這份榮幸，他們就威脅要將旅客立即處死。當他們從別的方法感到失望，無法達到求死的目的時，就會宣布一個日期，請他們的朋友和兄弟都來參加。這些宗教狂熱分子就在高聳的斷岩上，自己頭朝下的縱身跳下去，有幾處懸岩因宗教自殺的人數眾多而知名於當時。絕望的宗教狂熱所產生的行動，有些人視爲神的殉教者而加以衣揚，另外一部分人則產生憎惡，認爲是撒旦的犧牲者。然而公正的哲學家會發現，這種不認輸的倔強態度所造成的影響，以及趨於極端的決裂作風，完全是淵源於猶太民族的性格和特質。

十五、異端教派和宗教爭論造成的重大影響

基督教會內部分裂，所造成的結果是破壞教會的和平，玷污教會的勝利，那怕是很簡單的加以敘述，等於肯定一位異教徒歷史學家的說法，贊同一位德高望重主教的指責。阿米努斯由於本人的經歷，相信基督教教徒之間的仇恨更勝於野獸對人的仇恨；格列哥里·納齊成更是悲痛的哀嘆，彼此不和已使天國一片混亂，變成黑夜的風暴和可怕的地獄。當代情緒激烈而懷著偏見的作家，總把一切功德都歸於自己，將一切罪過都推給敵人，描繪出天使與惡魔的會戰。冷靜的理智否認邪惡或神聖的怪物竟會保

82　道納都斯派的自殺行爲用拉濟阿斯(Razias)的例子當作正當的理由，這件事記載在《馬克貝二書》第十四章。

持如此純粹和完美的特性，應該把大致相等或不分軒輊的善與惡，歸於稱
爲正統基督教和異端邪說的敵對兩派。他們原是孕育和成長在同一個宗教
環境和政治社會之中，對於現世以及未來的希望和恐懼，就比例上來說大
致相等。任何一方的錯誤都可能是無意而爲，信仰都可能是眞實無虛，行
爲都可能是值得嘉許或敗壞不堪。他們用同樣的目標激起奮鬥的熱情，有
可能交互輪替濫用宮廷或人民對他們的支持。阿泰納休斯派和阿萊亞斯派
在形而上學方面表達的意見，不會眞正影響到道德品質。他們體會福音書
純眞而簡單的訓誡，使得行爲受到偏執和不寬容思想的驅使。

　　有一位頗爲自信的現代作家，他的歷史著作加上許多政治和哲學方面
受人尊重的稱號，批評孟德斯鳩的審愼作風幾近怯懦的程度，說他在敘述
帝國衰亡的原因時，竟不曾提到君士坦丁所訂的法令，用來取締異教的崇
拜活動，使得很多臣民失去他們的祭司、廟宇以及公開的宗教信仰。這位
富於哲理的歷史學家一向重視人權，竟然不經思考就輕率接受基督教牧師
含混的證詞，那些人把心目中英雄所實施的迫害行動說成功績。其實用不
著看那些在帝國法典編成之前，就已假裝存在並且大放光芒的法令，只要
把君士坦丁不再掩蓋自己改變信仰的事實，不再害怕有人與他爭奪王位，
寫給古老宗教的信徒那封信拿出來，便再也明白不過了。他用十分懇切的
口氣敦請羅馬帝國的臣民，效法他們君王的榜樣，但他同時又宣稱，那些
不願睜眼看天空出現萬丈光芒的人，仍然可以在自己的廟宇裡供奉想像的
神明。有關異教的宗教儀式遭到取締的傳聞，君士坦丁正式予以駁斥，這
是他奉行溫和政策的基本原則。他非常明智的說到，人類的習慣、偏見和
迷信都無法用外力強加克服。這位高瞻遠矚的君王既不曾違背神聖的諾
言，也不會引起異教徒的恐慌，只是運用緩慢而謹愼的步驟，摧毀多神教
毫無紀律和日趨腐爛的組織。他偶然會採取一些過於偏激的行動，儘管在
暗中受到基督教熱情的驅使，但是外表卻充分表現法律正義和公共利益的
特色。君士坦丁試圖摧毀古老宗教的基礎，看起來像是整治所引發的破壞
作用，他仿效一些賢帝明君的作法，用嚴厲的刑罰禁止玄虛詐欺和褻瀆神
明的占卜術。這些幻術挑起人們異想天開的希望，有時會刺激一些對現實

不滿的野心分子，不惜鋌而走險危及社會的安全。對於已被公眾認為虛幻不實毫無作用的神諭，他保持沉默根本不加理睬。尼羅河畔的女祭司受到取締，君士坦丁自己行使監察官的職權，下令將腓尼基的幾所廟宇全部拆除，因在那裡為了向維納斯獻祭，竟在光天化日之下進行形形色色的淫亂活動[83]。作為帝都的君士坦丁堡，從很多方面來說，靠著犧牲希臘和亞洲那些富裕的廟宇才能修建完成，並且拿那裡搶來的物品把全市裝飾得富麗堂皇。神聖的財產被沒收，神靈和英雄的雕像被搬運一空，被當成滿足好奇心的藝術品，而不是崇拜的偶像，搶來的金銀則被重新投入流通市場。那些行政官員、主教和宦官利用這難得的機會，一舉同時滿足宗教熱忱、貪婪私欲和深仇大恨。然而，掠奪活動畢竟局限羅馬世界的小部分地區，而且這些行省早已習慣君王和前執政官的籍沒和搜刮，只有忍受他們利用暴政施展褻瀆神明的行為，不過他們並沒有企圖破壞古老宗教[84]的嫌疑。

君士坦丁諸子遵循著父皇足跡前進，情緒熱烈且百無忌憚，掠奪和壓迫的藉口日益增多[85]，基督徒的不法活動受到百般保護，所有發生爭議的問題都被解釋為異教徒的過失。在康士坦斯和康士坦久斯執政期間，毀壞廟宇的行為當作慶典加以頌揚。康士坦久斯頒布一項簡明法令，拿自己名字來命名，認為這樣可一勞永逸解決問題，使得今後不必發布任何禁令：

> 立即關閉所有地方和城市廟宇，全部派人嚴格看守，任何人無權違背此規定。帝國的臣民都不得奉獻犧牲，任何人膽敢犯下此一罪行，就會受刀劍加身的懲治，被處決後財產將沒收充公。言明在先，行省總督對上述罪犯懲辦不力者，將受同樣的刑責。

83　當局這種行為與羅馬的異教徒官員不相上下，那時也大力鎮壓巴克斯信徒和摧毀艾希斯的廟宇。

84　優西庇烏斯和利班紐斯都提到君士坦丁假虔誠之名的褻瀆神聖行為，但是兩人的看法不一樣，後者很明白的宣稱：「他使用奉獻的金錢，但是沒有改變合法的崇拜。即使廟宇都處於赤貧的狀況，他還是會一味的搜刮不已。」

85　利班紐斯說，皇帝常把一座廟宇白白犧牲掉，像一條狗、一匹馬、一個奴隸或一只金杯。這位虔誠哲學家很審慎的提到，這些褻瀆神聖的寵倖很少有好下場。

　　但是，這道嚴酷的詔書可能寫成以後未曾公布，或者是公布以後卻未曾執行。具體事實的例證和現存的黃銅和大理石紀念物可以證明，在君士坦丁諸子統治期間，異教徒的祭拜活動一直在公開進行。帝國的東部和西部，無論是城市還是鄉村，仍然有一大批廟宇受到人們的崇敬，並未遭到毀損。篤信異教的群眾有幸在地方政府的贊同或默許下，熱烈享受獻祭、拜神和遊行的活動。這道血腥的詔書發布以後又過了四年，康士坦久斯親自拜訪羅馬的神廟，表現十分得體。一位異教的演說家公開推崇，認為是值得爾後君王效法的榜樣。敘馬克斯(Symmachus)說道：

　　　　這位皇帝已同意灶神處女的特權神聖不可侵犯，將祭司的神聖地
　　　　位賦予羅馬的貴族，批准支付公眾祭祀和犧牲費用的津貼。而
　　　　且，儘管他自己信奉另一種宗教，絕對無意在整個國家範圍內取
　　　　消神聖的古老宗教活動。

　　元老院仍然通過莊嚴的敕令，把過去的君王封為神明，君士坦丁死後也和他生前百般詆毀和污蔑的眾神坐在一起。努馬首先設立總祭司的名銜、章紋和特權，為奧古斯都所僭用，七位基督教皇帝都毫不猶豫的接受。皇帝從他們拋棄的宗教所獲得的信仰絕對統治權，比起他們從信奉的宗教中所獲得的要大得多。

　　基督教的分裂延緩異教的衰亡，皇帝和主教並沒有那麼大的興趣和熱誠要全力進行反對「非基督徒」的聖戰，在他們看來國內的叛亂罪行才是迫在眉睫的危險。根據已建立的不寬容原則，這種根除偶像崇拜的做法非常正當。輪流在帝國宮廷當權的敵對派系，對於擁有強大力量儘管日漸陵夷的教派，還是不願彼此關係疏遠甚或無謂的得罪。一切有關權威和潮流、利害和理智的動機全都對基督教有利，只是他們獲得勝利所產生的影響，還沒來得及普遍感受時，兩三個世代的時光已經過去。一個源遠流長的宗教，到很晚才在羅馬帝國建立起來，後來之所以受到許多人的推崇，

並非經過慎思明辨的考慮，僅僅不過出於舊日的習慣使然。國家和軍隊的榮譽都毫不珍惜賞給君士坦丁和康士坦久斯的所有臣民，相當多的知識、財富和勇氣仍然效力多神教。議員、農民、詩人、哲學家的迷信來自不同的根源，但是他們對廟宇裡的神明同樣都很虔誠。受到禁止的教派獲得讓人感到侮辱的勝利，無形中激起他們狂熱的情緒。他們相信帝國的推定繼承人，一位年輕而勇敢的英雄，曾經從蠻族手中解救高盧，現在已在暗中信奉祖先的宗教，他們的希望又開始出現曙光。

西風殘照 愛神陵闕

破敗的廟宇已將頹倒，
金銀財寶被洗劫一空，
命運的巨輪輾過，
產生天翻地覆的變化，
神聖的地點長滿荊棘和雜草。

第二十二章

朱理安在高盧被軍隊擁立為帝　進軍獲得成功　康士坦久斯殞於軍中　朱理安的內政修明(360-363A.D.)

一、康士坦久斯逼使朱理安陷入絕境(360A.D.)

　　羅馬人在宦官和主教可恥的暴政下痛苦呻吟時，讚揚朱理安的聲音除了在康士坦久斯的宮廷中無法聽聞外，早已喜不自勝的傳遍整個帝國。日耳曼蠻族知道年輕凱撒的兵力強大而感到畏懼，他的部隊與他並肩作戰贏得勝利，感激的省民在他的統治下歡欣的慶賀。但是那些反對讓他擢升的寵倖，為他的德業所激怒，總是秉持不正常的想法，認為人民的朋友就是宮廷的敵人。打開始起朱理安的名聲就受到懷疑，宮廷的弄臣對於運用諷刺的言辭來損人很有一套，他們經常賣弄這種伎倆得到讚賞。這些小丑認為朱理安的簡樸生活，不過是裝腔作勢而已，對於有哲學家氣質的武士，有關他的穿著和人品，竟用「被髮左衽」、「沐猴而冠」等荒謬的字眼加以嘲笑，把他處理公務的能力描述成多嘴希臘人虛張聲勢的傳聞，而這個投機取巧的士兵，怎麼能在古樹參天的學院裡學會戰爭藝術。惡意糟蹋的聲音終於被勝利的歡呼所壓倒，法蘭克人和阿里曼尼人的征服者不再被當作蔑視的對象來肆意戲弄，甚至就是君王自己也把部下的功勞據為己有，以滿足卑鄙的野心。按照古老的習俗，在用月桂冠表彰榮譽的信函中，根本不提朱理安的功績，以君王的名義發布到各行省：「康士坦久斯綜攬全局，調度有方；臨陣當先，激勵鬥志；指揮若定，獲得大捷。呈獻戰場生擒蠻族國王，使戰勝之英名永垂不朽。」事實上，他離戰場的距離

還有四十天的行程[1]。像這樣過分誇耀的說法，根本不可能杜天下悠悠之口，就是皇帝也不能自欺以滿足驕縱的心態。而且康士坦久斯私下認為，羅馬人的稱譽和關愛，是隨著朱理安的地位高升而來，因此內心產生不滿，使他聽得進技巧高明的阿諛者那些惡毒的謗言。他們設置害人的計謀，外表看起來不僅光明正大而且振振有辭。他們非但沒有抹殺朱理安的功勳，反而承認並誇大他有極高的聲望、優秀的才能和卓越的績效。但是他們在暗中毫無根據的影射，要是善變的群眾肆意妄為，擁戴心目中的英雄人物；要是戰勝軍隊的主將，受到報復私仇的誘惑，何況還要想成為獨一無二的偉大君主，這時，凱撒的德業很快就會轉變為危險的罪行。康士坦久斯個人的擔心害怕，在御前會議中被解釋為著重公眾安全的顧慮，但是在私下甚至在他內心深處，用那比較不引人生厭的畏懼奪權說法，對朱理安無與倫比的德行，掩飾痛恨和嫉妒的心態。

高盧平靜無事而東部各行省面臨立即的危險，給皇家的大臣為了遂行大家一致同意的計謀，提供一個看來很有道理的藉口。他們決定解除朱理安的兵權，把用來護衛個人安全和高貴地位，而又忠心耿耿的部隊全部召回去。那些身經百戰而又身強力壯的老兵，在萊茵河岸征討兇狠蠻族，現在要調到遙遠的戰場對付波斯國王。就在朱理安趁著在巴黎的冬營期間，手裡掌握行政大權，可以盡心發揮全力推行政務時，有一位護民官和一位司法官匆匆抵達，讓他感到非常驚異。他們帶來皇帝的命令要貫徹執行，他不得表示任何反對意見。康士坦久斯的旨意是分別由塞爾特人、佩都倫特人（Petulants）、赫魯利人（Heruli）和巴塔維亞人（Batavians）組成四個軍團[*2]，雖然目前軍紀良好、威名大振，但全部要調離朱理安的麾下。

1　演說家提米斯久斯（Themistius）認為這封皇家信函，不論包含那些內容，應該是發到君士坦丁堡的元老院。奧理留斯・維克托在康士坦久斯最後一年發表編年史摘要，把日耳曼戰爭的勝利歸於皇帝的睿智和凱撒的機運。然而後面這位歷史學家對於朱理安感激萬分，因為朱理安賜給他建立銅像的榮譽，在潘農尼亞擔任次於執政官的最高職務，成為城市的郡守。

*2　[譯註]塞爾特人是高盧人；佩都倫特人是日耳曼人的一個部族；赫魯利人是以前的條頓人；巴塔維亞人是居於低地的日耳曼人，以上人員就是現地召募的軍團。

同時其他的部隊每單位要挑選三百名最勇敢的青年，這些人數眾多的特遣部隊，也可以說是高盧軍隊的精華，要立即開拔加速行軍，竭盡全力在戰役開始前，抵達波斯的邊界[3]。凱撒預知這道命令會帶來嚴重的後果，感到極為悲傷。為了使參加協防軍的志願人員踴躍投效，特別規定他們不會越過阿爾卑斯山，調到別的地區去打仗，所以一定要保證遵守雙方約定的條件，事關帝國的信用和朱理安的榮譽。像這種背約和高壓的行為，使日耳曼不受羈絆的武士喪失信心，激起他們的憤怒之情，就他們而言，誠實是最高貴的德行，自由是最有價值的財富。過去，軍團的成員享有羅馬人的頭銜和特權，應徵入營防守共和國的疆域，但是現在這些傭兵部隊，聽到共和國和羅馬古老的名字，根本無動於衷。高盧是他們出生的家園，全心全意依附著這片土地，過著自古以來所習慣的生活。他們喜愛朱理安，從內心對他表示感激和欽佩，同時輕視並痛恨皇帝。他們害怕勞累不堪的行軍、波斯人如雨的箭矢和亞細亞熾熱的沙漠，因而提出抗辯，認為保護自己的家庭和朋友，不僅是當務之急也是神聖的責任，所以，他們有權奉獻自己去拯救家園，已經沒有餘力去作份外之事。高盧人得知迫在眉睫和無法避免的危險，更加深他們的憂慮和苦惱，等到把行省的兵力抽調一空，日耳曼人在無所畏懼之下，就會違犯所訂的和平條約。雖然朱理安的指揮能力和戰鬥精神仍然存在，但是軍隊已經虛有其表，在無效的抵抗以後，國家的災難會怪罪在他身上，讓他不是成為蠻族營地的俘虜，就是康士坦久斯宮廷的罪犯。

設若朱理安遵從接到的命令，等於是給自己簽下死刑判決書，還有受他提拔的部下都會被株連；但正式拒絕是叛逆行為，不啻在向康士坦久斯宣戰。皇帝冷酷的猜忌心理及有絕對權威的命令，再加上奸詐的計謀，使朱理安沒有辯白和解釋餘地，何況凱撒沒有獨立自主的地位，很難藉故拖延時日，以從容思考謀求對策。獨處愁城更增加朱理安的困惑，宦官早

3　阿米努斯提到的時間，不可能完成三千哩的行軍，等於是說康士坦久斯的命令針
　　對朱理安而發，要剝奪他的兵權，所以是極度惡劣的行為。事實上，高盧部隊要
　　到秋末才能抵達敘利亞。所以阿米努斯的記憶不正確，或者是用語有了錯誤。

就懷著惡意把薩祿斯特從現職調走，現在連能放心商量的人都沒有。他甚至不能用大臣的背書來加強說明的份量，因為他們也害怕涉入本案將隨著高盧一起毀滅。解除兵權的時機事先經過挑選，騎兵將領盧庇西努斯（Lupicinus）[4] 被派到不列顛，去驅退蘇格蘭人和皮克特人（Picts）的入侵，弗羅倫久斯（Florentius）為了估算貢金前往維恩納（Vienna）。後者是一個狡猾而腐敗的政客，遇到緊要關頭不願分擔責任，一直規避與朱理安見面，因朱理安曾向他表示，在君王主持的會議中，任何重要的決定，一定要統領出席才有效。此時，凱撒因宮廷信使言語粗魯和糾纏不休的請求，感受到很大的壓力。他們甚至表示，如果他想等大臣回來再處理，那等於是控訴自己犯下拖延的罪行，連帶使他們遭到處決的命運。朱理安沒有抵抗的能力，但也不願執行命令，於是用很慎重的辭句表示請求辭去凱撒的職位，甚至說這是他的意願。對於紫袍他無法光榮保有，更無法安全捨棄。

經過痛苦掙扎後，朱理安迫使自己承認，卓越的臣民應以服從為美德，只有君主才夠資格判定全民福祉。他發布必要的命令，貫徹執行康士坦久斯的旨意。有些部隊開始向阿爾卑斯山行軍，從幾個守備部隊抽調出來的特遣隊，運動到指定地點集結。士兵穿過成群驚惶而恐懼的省民時感到至為困難，群眾想用無言的絕望或大聲的哀鳴來激起他們的憐憫，士兵的妻子手裡抱著幼兒，混合著悲傷、柔情和憤怒的語氣，指控丈夫將她們拋棄。這種生離死別的場面使凱撒起了惻隱之心，派出相當數量的驛車運送士兵的妻子和家人[5]，盡力撫慰他給大家帶來的艱苦。這些可視為最高明的手段，更增加凱撒個人的聲望和戍邊部隊的不滿。一大群武裝人員的悲痛很快產生暴戾之氣，他們的怨言在帳篷之間傳播，隨著時間的消逝變得毫無忌憚，心裡開始醞釀大膽的反叛行動。在護民官默許下，一份時機適當的誹謗文字在暗中散布，生動描述凱撒被罷黜的羞辱、高盧軍團受到

4　盧庇西努斯的勇氣和指揮才能都受到阿米努斯肯定，但這位歷史學家用過分做作的筆調，指控這位將領過於傲慢，喜歡表功，甚至懷疑他不僅殘酷而且貪婪。皮克特人和蘇格蘭人的入侵狀況很嚴重，甚至朱理安考慮要渡海過去親自處理。

5　朱理安批准他們使用《狄奧多西法典》裡常說的驛車，可載運一千五百磅的重量。

打壓的痛苦、及亞細亞暴君的卑劣惡行。康士坦久斯派來的奴婢對於危險情勢的發展,感到驚慌且已提高警覺,逼著凱撒要盡快讓部隊開拔,但對於朱理安誠懇而明智的勸告,沒有經過考慮就加以拒絕。朱理安的意見是部隊不要行軍通過巴黎,並且暗示最後的會晤會產生危險和誘惑。

二、朱理安爲高盧軍隊擁立爲帝之始末(360-361A.D.)

收到部隊快要接近的通報,凱撒親自前往迎接,登上建在城門前一塊平地的將壇,在仔細辨識軍官和士兵以後,根據他們的階級和功勳,特別加以示意。朱理安在部隊的環繞下,對他們發表精心推敲過的談話,用感激的語氣讚許他們的戰功,鼓勵他們要用敏捷的態度接受賜予的榮譽,會受到極有權勢而且出手慷慨的君主另眼相看,同時訓誡他們在奧古斯都的指揮下,需要立即奉行和心悅誠服的從命。士兵擔心不合禮儀的喧囂會觸犯他們的統帥,再不然讓人懷疑歡呼是受到收買而傷了大家的感情,只有保持沉默,克制內心的激動沒有發出一點聲音,在躊躇一陣以後,部隊解散回到駐地。凱撒招待麾下重要的軍官,用很溫馨的話語提到大家的友情,希望能報答一起贏得勝利的夥伴,現在因爲人家的分離而失去這份榮幸。他們離開宴會時,心中充滿哀傷和困惑,也爲未來崎嶇的命運而懊惱不已,迫得他們告別敬愛的主將和自己的家園。現在只有鼓起勇氣,眾志成城,不得已採用權宜的辦法,才能使高盧的軍隊不致分崩離析。大家這股冤氣慢慢形成一場眞正的叛亂,他們有正當的理由抱怨,使得不滿的情緒急劇高漲,再加上飲酒消愁,激昂的熱情完全失去控制。在離開的前夕,部隊縱情在毫無節制的飲宴之中。到了午夜時刻,衝動的群眾手拿著刀,執著弓,帶著火把,蜂擁到郊區圍住皇宮[6],根本不理會在未來會帶

6　很可能是設置浴場的宮殿,有堅固而高聳的大廳,現在還存在在巴黎的哈樸(Harpe)區。這座建築物包含很大的空間,成爲大學的一部分。墨洛溫(Merovingian)王朝的花園與聖吉曼德佩(St. Germain des Prez)修道院連在一起,受到時間的侵蝕和諾曼人的損毀,這座古老的宮殿在十二世紀時,成爲一堆由廢墟形成的迷宮,最幽暗的地方是偷情的好去處。

來危險,大聲叫出讓人送命而且無法收回的字眼:「朱理安‧奧古斯
都!」煩惱的君王在懸而未決時,思考受到混亂歡呼聲的干擾,只有緊閉
宮門不加理會,現在要靠自己把持得住,讓他本人和尊嚴的地位,不要與
夜間產生騷動的意外事件扯上關係。

到了次日清晨,士兵因無人理會而情緒衝動,強行進入皇宮,到處
找尋他們要擁立的對象,拔出刀劍護衛朱理安通過巴黎的街道,將他安置
在將壇上,不斷用皇帝的名號向他歡呼致敬。他身爲皇室後代子孫,諄諄
受教於審慎和忠誠,抗拒叛逆的計謀,不以暴力作托辭,要準備好無懼於
壓制的德行,於是轉過來要說服群眾,更要堅定不變的意念。朱理安有時
乞求他們的憐憫,有時則表現出自己的氣憤,懇請他們不要污染不朽勝利
所帶給他的聲名。同時他提出保證,只要他們即刻恢復原來的忠誠,從皇
帝那裡獲得不僅是表示感激的赦免,甚至連惹起義憤的命令都可以撤消。
但士兵自知已經犯下大罪,他們的選擇是朱理安的衷心感謝而不是皇帝的
大發慈悲,大夥的熱情逐漸變得沒有耐心,等到失去耐心就會產生無法克
制的狂怒。毅力驚人的朱理安在大家的祈求、指責和威脅下,一直堅持到
這天的第三時刻[7],還是沒有屈服,一直到最後他確信,要想活命,就必
須答應登基。他在部隊一致同意的歡呼聲中,升坐在臨時拿來的一面盾牌
上,一件製作得很精美的項圈,很湊巧用來作爲皇冠[8],答應發一筆相當
數目的犒賞[9],最後才結束登基大典。新即位的皇帝不知是眞的悲傷到了
極點,還是表面上裝腔作勢,很快回到寢室最幽暗的角落,不再現身。

朱理安的悲傷是出於他的清白無辜,但是有些人根據傳聞,不相信
君王的動機和表白,在這些人的眼裡,他的清白無辜顯得極爲可疑。他具
有活躍而積極的心靈,能容納各種對立的概念,像是希望和畏懼、感恩和

7　羅馬人的時間無論白天或夜晚都以十二個時辰計算,但是每個時辰因季節不同而
　　長短不一,如夏季白天每個時辰爲現代時間的一個半小時,而冬天只有四十五分
　　鐘。白天的第三時是指日出後第三個時辰,約在上午九時或十時左右。

8　甚至在這樣囂鬧的時刻,朱理安都注意到重視迷信的典禮形式,堅持拒絕使用女
　　性頸鍊或馬頸圈,認爲很不吉利,急躁的士兵臨時使用這些當成皇冠的代替品。

9　同樣價值的金或銀,也就是五塊金幣或一磅白銀,合今日幣值約五鎊十先令。

復仇、責任和野心、愛護聲譽和害怕指責。但是要從這些情緒中，計算產生的影響和作用所占的份量，進而確定行爲的原則，都是不可能的事。事實上，這些行爲可能逃避旁人的觀察，而所依循的原則是用來指導或迫使朱理安採取步驟。部隊所以產生不滿完全是敵人惡意的陰謀詭計，他們發生暴亂是基於利害和情緒的自然影響。要是朱理安想用外表看來很類似的偶發狀況，掩飾他早有深遠計畫的行事，那麼他必須施展最高明的策略，不僅無此必要也不能保證一定成功。他當著朱庇特、阿波羅、馬爾斯、密涅瓦，以及所有其他神明的面前，發表很嚴正的聲明，一直到推戴他當皇帝的前夜，還完全不知道士兵的圖謀。要是對一位英雄的榮譽和一位哲學家的誠實，都秉持懷疑的態度，那麼這個人的氣度未免太過於狹窄。然而朱里安抱著迷信的想法，認爲康士坦久斯是神明的敵人，而自己是神明的寵兒，可能鼓勵他去盼望和懇求，登極即位的幸運時刻盡快到來，天命注定能爲人類恢復古老的宗教。當朱理安接到叛變的消息，帶著聽天由命的態度，只想暫時先休息一會。事後他告訴朋友，說他看到帝國的保護神在房裡等候，帶著不耐煩的神色催他趕快進去，責備他缺乏勇氣和野心。他極爲驚異而且感到困惑，於是向偉大的朱庇特祈禱，立刻收到明確的神諭，他必須遵從天國的旨意和軍隊的要求。這種說法完全違背理性的原則，不僅引起大家的懷疑也在規避我們的探查。無論他是否在暗示宗教狂熱的精神，進入他那高貴的心靈，但是要是如此的加以輕信，或者是玩弄狡猾的手段，就已經慢慢腐蝕德行和正直的最重要原則。

　　安撫擁戴者的過度熱情，保護敵對方面的人員，防範暗中的陰謀活動，但是表面要等閒視之以免產生意外，危害到君王的生命和尊嚴，這是新登基的皇帝第一天最關心的工作。雖然朱理安決心要維護既有的地位，仍然想要拯救國家不陷入內戰的慘劇，拒絕與康士坦久斯的優勢力量爭高下，始終不願讓忘恩負義的指責有損自己的人格。在軍隊旗幟和皇家仗儀的裝飾下，朱理安出現在戰神廣場的士兵面前，全體人員生氣勃勃充滿熱情，因爲他們的門生、他們的領袖以及他們的朋友能夠登上帝座。朱理安簡單敘述過去的勝利，嘆息所遭的痛苦，稱許正確的決定，激勵未來的希

望，同時要阻攔輕率的衝動。他特別提到，非要獲得部隊嚴肅的認同，否
則他不解散這次的集會，那就是東部的皇帝只要願意簽署相互平等的條
約，他們必須放棄征戰的念頭，以平靜保有高盧各行省爲滿足。朱理安以
這樣的理念做基礎，用自己的名義以及軍隊的副署，寫了一封言不由衷但
相當克制的信函，由御前大臣潘塔狄斯（Pentadius）和寢宮總管優昔流斯
（Eutherius）前往傳送，並且指派這兩人充當使臣，負責接受回信，觀察康
士坦久斯的態度和表情。這封信的署名是用凱撒的謙恭稱呼，朱理安雖然
表現得彬彬有禮，但是卻斷然要求認可奧古斯都的頭銜。這次晉升不合常
規，但仍然是正當的行爲，基於部隊的義憤和脅迫只有勉強從命。他承認
他的兄長康士坦久斯有至高無上的權力，保證每年呈送諸如西班牙馬匹之
類的禮物，挑選相當數量的蠻族青年用來補充東部的軍隊，接受康士坦久
斯依據權責和忠誠所挑選的禁衛軍統領，但是他自己保有軍隊、稅務和治
理阿爾卑斯山以北各行省，所有文職和軍職官員的任命權。他規勸皇帝多
向公正的老成之士請教，不要相信私心自用阿諛者的陰謀伎倆，他們就想
趁著混亂可以大撈一筆。他勸皇帝接受這個公正而光榮的條約，對國家和
君士坦丁家族同樣有利。朱理安在這次談判中，除了到手的利益並沒野心
要得更多，他職責所及的範圍長久以來包括高盧、西班牙和不列顛各行
省，仍舊會服從更有獨立自主權勢的西部皇帝。士兵和人民聽到解決的信
息極爲喜悅，雙手毋須沾染犯罪的血跡。弗羅倫久斯成爲亡命之徒，盧庇
西努斯是被關的囚犯，凡是不滿新政府的人員全部解除武裝，但是也保護
他們的安全，留下的空缺按照功績推薦，由君王分派任命，根本不理會宮
廷的勾心鬥角和士兵的鼓噪叫囂。

三、朱理安穩定內部迅速向東方進軍獲得勝利（360-361A.D.）

進行和平談判要有實力做後盾，必須拿出全副力量準備戰爭。朱理
安在這個混亂的時代，開始徵兵，擴充編制，把軍隊掌握在手裡可隨時出
動。馬格南久斯的黨徒之前被殘酷迫害，使高盧充滿無數逍遙法外的幫派

和強盜，對於他們所信任的君王，很高興接受他的招安，願意服從軍紀的
節制；但是康士坦久斯本人和他的政府，還保持誓不兩立的仇恨態度。這
年到了適合大軍作戰的季節，朱理安親自率領軍團，在克里夫斯(Cleves)
附近的萊茵河上架橋，準備懲罰阿陶里人(Attuarii)不守信用的犯罪行
為，這個法蘭克人的部落在分治帝國的邊界上肆意掠奪，沒有受到法律的
制裁。這是件前所未有的冒險，行軍要克服重重困難，突破以前君王認為
難以進入的國土，終於征服敵人獲得光榮勝利。等他賜給蠻族和平後，從
克里夫斯到巴西爾沿著萊茵河巡視防務，考察的重點是從阿里曼尼人手裡
光復的區域，越過遭受蹂躪最慘重的貝桑松(Besancon)[10]，然後在次年冬
天將大本營設在維恩納。這條高盧的天塹在增添碉堡工事後，已經改進和
加強防禦的能力。朱理安希望蠻族經過這次慘痛的教訓，就算他無法親身
在此坐鎮，懾於他遠播的威名而也不敢輕舉妄動。瓦多邁爾(Vadomair)[11]
是阿里曼尼人當中，唯一令人產生敬畏之心的君王，這個狡猾蠻族的作為
和行動，將影響到其他部族遵守條約的義務，瓦多邁爾的部隊不受季節的
限制可以隨時出兵，危險的戰爭威脅到地區的安定。朱理安的策略是只有
移樽就教，運用計謀奇襲阿里曼尼人的君王。瓦多邁爾因為職責需要認識
一位朋友，毫無戒心接受羅馬總督的邀請，在宴會當中被逮捕，當作俘虜
送到西班牙的內陸去囚禁。等到蠻族從極度驚愕的狀態中恢復過來，皇帝
率領大軍來到萊茵河，接著渡河抵達對岸，從第四次的遠征行動中，重新
讓敵人產生悚懼的印象，獲得蠻族的尊敬。

　　朱理安派出的使臣奉到訓令，要竭盡全力完成重要的任務。但是，
在他們通過意大利和伊里利孔時，行省的總督故意加以阻撓，要求辦理各
種費時的手續，使得行程受到耽擱。從君士坦丁堡到卡帕多西亞的凱撒里

10　朱理安對維松提奧(Vesontio)或稱為貝桑松做很簡單的描述，在一個岩石的半島
　　上，被河流所圍繞，是景色很壯觀的城市，有很多教堂，現在已經衰落成為小
　　鎮，建立在原來的廢墟上。
11　瓦多邁爾進入羅馬軍隊服務，從蠻族國王晉升到軍事階級是腓尼基公爵。他仍保
　　持愛耍手段的天性，華倫斯統治期間在亞美尼亞戰爭中英勇作戰，表現優異。

亞,這段路更是緩慢得讓人心焦,最後終於獲得同意覲見康士坦久斯。這時宮廷發現皇帝從官員送來急件中,獲知最不利的消息,讓他用來對付朱理安和高盧軍隊的希望落空。他帶著不耐煩的表情聽讀來信,戰慄的信差在氣憤和輕蔑的眼光下辭退下去,君王的容貌、姿態和狂暴的語氣,現出內心的混亂。康士坦久斯和朱理安由於一位是海倫娜的兄弟,而另一位是她的丈夫,雙方可以重新和好,現在因公主的死亡而解除家族的關係,海倫娜曾經多次懷孕,但是都流產,最後還因而喪失性命[12]。優西庇婭終其一生對朱理安保持善意的好感,甚至還會產生嫉妒的心理,同時她那溫和的影響力,使君王能夠節制憤怒的情緒。因此,康士坦久斯在她死後,開始自暴自棄的縱情聲色,完全落入宦官的奸謀之中。但是外敵侵略的危機使他暫時停止懲罰私人的仇敵,繼續向波斯邊界進軍,認為不妨先明示條件。對於朱理安和他那一夥犯罪的死黨,不法篡奪統治權,他有網開一面的仁心,因而提出嚴苛要求:僭越的凱撒要公開表示拒絕奧古斯都的稱呼和位階,這是來自叛徒的擁戴;他必須屈就過去的職位,是權責有限、行事不能獨斷的大臣;他必須將國家和軍隊的大權,交到宮廷指派的官員手中;他必須相信身家性命獲得赦免,這項保證由加利克主教艾比克提都斯(Epictetus)公開宣布,這位阿萊亞斯教派的神職人員,是康士坦久斯的寵臣。談判在相距三千哩的巴黎和安提阿之間進行,浪費幾個月的時間在條約的磋商上,但是沒有任何成效。

朱理安很快體認到自制而尊敬的行為,對於不共戴天的仇敵,只是助長對手囂張的氣焰,於是很勇敢的下定決心,不顧一切把生命和前途投入內戰,要分出最後的勝負。他公開用軍禮接見法務官李奧納斯

---

12 海倫娜的遺體運到羅馬,葬在郊外的諾美塔納(Nomentana)村,靠近她的姐姐康士坦提娜的墓地。後來朱理安受到很荒謬的指控,說他毒死自己的妻子,把他母親遺留的首飾當報酬送給她的醫生。利班紐斯為心目中的英雄寫了一篇辯白書,反而提出無法自圓其說的理由,只是一味認為他絕不會犯下這種罪行。利班紐斯指控東部的禁軍統領艾爾庇狄斯(Elpidius),頹廢柔弱而且有不榮譽的行為,握有充分的證據證明他是控訴朱理安的原告。然而傑羅姆稱讚艾爾庇狄斯的信仰虔誠,阿米努斯也說他心地善良。

（Leonas），對著專注的群眾宣讀康士坦久斯倨傲的信函。朱理安用謙和的語氣鄭重聲明，爲了對原來擁護他登基的支持者有所交代，只要在獲得他們的同意後，馬上放棄奧古斯都的頭銜。像這樣裝點門面的提議很快消聲匿跡，高呼著「奧古斯都朱理安，在軍隊和人民的授權之下，繼續統治你所拯救的共和國」的聲音，像雷鳴一樣響徹整個廣場，康士坦久斯的使臣嚇得臉色蒼白。接著讀信函的後面部分，皇帝指責朱理安忘恩負義：他曾授與朱理安紫袍的高位，抱著關懷之心很仁慈的讓朱理安接受教育，當朱理安成爲無依無靠的孤兒，幼年生活都是他在照顧。這時朱理安的情緒激動無法克制，要讓大家來爲他主持公道，因此打斷讀信，不禁喊道：「說我是孤兒！殺害我全家的兇手，怎麼會拿『我是一個孤兒』來責怪我？是他迫我要來報復這血海深仇，說眞的，這麼多年來，我一直想忘掉這件事。」集會解散後，朱理安費很大的勁來保護李奧納斯，沒讓群眾拿他發洩心頭的怒氣，然後讓他帶著覆信去回報自己的主子。朱理安表現出滔滔雄辯的豪放氣勢，帶著藐視、痛恨和憤怒情緒，將忍耐了二十年之久的壓制和痛苦，全部都發洩出來。送出這個信息後，戰爭如箭在弦上勢不可免。朱理安在幾周前慶祝基督教的伊壁法尼（Epiphany）節期[*13]時，公開宣布要不朽的神明保佑他的安全，等於正式拒絕康士坦久的友情和宗教。

　　朱理安的處境立即獲得改善，形勢更爲有利。他從攔截的信件中得知，敵手身爲國君，卻要犧牲國家的利益，再度誘使蠻族入侵西部的行省。有兩個倉庫區，一個已經整備完畢位於康士坦斯湖邊，另一個科蒂安阿爾卑斯（Cottian Alps）山山腳，由它們的位置可以指出兩支大軍的進軍方向。每個倉庫區儲存六十萬夸特的小麥或是麵粉[14]，等於是很明顯的證據，可以看出敵軍的實力和人數，能夠對朱理安實施夾擊。但是皇家的軍

---

*13　[譯註] 也稱爲主顯節，是紀念耶穌向世人顯現的節日，天主教和新教都是在1月6日，東正教在1月18日或19日。

14　相當於三百萬米丁尼（medimni）的糧食存量，米丁尼是雅典人用來量穀物的單位，等於羅馬的六個摩笛（modii）（一個摩笛相當一配克（peck））。朱理安像軍人也像政治家，說明他的處境很危險，所以需要發起攻勢作戰。

團仍然在亞細亞遙遠的駐地,多瑙河的守備兵力薄弱,要是朱理安突然進犯,占領伊里利孔最重要的行省,除了大群士兵會投效到他的旗幟之下,而且產量豐富的金礦和銀礦可以為內戰提供充足的經費。他將士兵集合起來,向他們提出大膽的冒險行動,鼓勵他們對將領和自己要有信心,訓誡他們要維護軍隊的名聲,要使當面敵人膽戰心驚,讓本國人民安居樂業,並且要服從自己的上官。他那充滿活力的談話使得官兵歡聲雷動,就是同樣的部隊,當康士坦久斯召集他們離開高盧時,竟會拿起武器來反抗,現在倒是很快速的回答,要追隨朱理安遠赴海角天涯,生死與共。舉行效忠宣誓典禮時,士兵們把盾牌敲得砰砰作響,拔出佩劍指著自己的咽喉,發出恐怖的詛咒,要為解救高盧和征服日耳曼人的領袖獻身,赴湯蹈火,百死不辭。像這種莊嚴的保證出於感情而非責任,只有擔任禁衛軍統領的尼布里狄斯(Nebridius)表示反對,這位忠誠的大臣單獨而且毫無奧援,在全副武裝的暴怒群眾中,堅持主張康士坦久斯的權利,使他幾乎不能發生作用,成為僅能空留虛名的犧牲品。他的一條手臂被劍砍斷,只有投身到他所冒犯的君王膝下懇求保護。朱理安用自己的斗篷蓋住統領,使他免於受到手下人員的傷害,讓他安全返回家中,即使是敵人有這種美德,還是得不到朱理安的敬意[15]。他把尼布里狄斯遺留的職位授與薩祿斯特,高盧的行省從難以忍受的高稅下得到解救,享受朱理安友人溫和而平等的施政作為。當他還是學生時,內心受到愛民如子理念的薰陶,決心要貫徹實施。

　　朱理安成功的希望並非仗恃部隊的數量而是迅捷的行動,在進行大膽的計畫前,先盡量完全各項準備工作,很審慎的設想可能的狀況,要是在採取的步驟中,審慎已無濟於事時,就用英勇衝破難關,或者付之於命運的安排。他在巴西爾的附近地區集結部隊,然後指派任務分別展開行動。一部兵力大約有一萬人馬,遵從騎兵將領尼維塔(Nevitta)的指揮,直接指向雷蒂提亞和諾利孔的中部地區。同等兵力大小的部隊,在傑維烏斯

15　他堅定的表示,拒絕接受統領的致歉,將他送到托斯卡納。利班紐斯表現出極為憤恨的態度,辱罵尼布里狄斯的行為,稱讚士兵敵愾同仇的精神,幾乎要責備朱理安太過婦人之仁。

(Jovius)和傑維努斯(Jovinus)的率領下，準備順著公路採斜進的方式，通過阿爾卑斯山和意大利北部的邊界。將領接受訓令的要點是：要保持積極進取精神和準確的前進方向；要編成接近而密集的縱隊使行軍的速度加快，可按照地形的狀況，很快變換成爲會戰的陣式；要派出強大的前哨和機警的衛兵，保障夜間的安全不會受到奇襲；要能出人意料先行抵達，使敵人不及編組抵抗；要能突然拔營離開以逃脫敵人的偵察；要盡量展現實力，讓敵人聞名喪膽；最後是要與國君在色米姆(Sirmium)的城下會師。

　　朱理安自己執行最困難而特別的任務，他挑選三千名作戰勇敢而又行動積極的志願軍，像他們的首領一樣，要有只進無退、冒險犯難的精神。他率領這群忠誠的夥伴，毫無所懼投身到幽暗的瑪西亞森林，也就是一般人熟知的黑森林，山高樹密，遮天幔日，掩蔽著多瑙河的源頭[16]，世人有很多天都不知道朱理安的下落；他的行軍、他的勤奮和他的勇氣，在無所曉的狀況下克服多少困難險阻；他強行通過山巒和沼澤，占領橋樑或是泅渡過河，追循最直接的路線[17]，根本不考慮是越過羅馬人還是蠻族的地域。最後在瑞特斯朋(Ratisbon)和維也納之間出現，計畫在這個地方搭載部隊，然後在多瑙河上航行。由於協調良好的欺敵行動，他奪取一小隊輕型雙桅帆船[18]，這些船隻當時下錨在岸邊，獲得足夠的糧食供應，能夠滿足不講究食物品質而胃口奇大的高盧軍隊，很勇敢的沿著多瑙河順流而下。水手都很賣力工作，日夜不停的划著槳，加上非常穩定的順風，整個

16　這個森林是赫西尼亞(Hercynian)大森林的一部分，在朱理烏斯‧凱撒時代，從勞拉塞(Rauraci)(巴西爾)的國土延伸到無邊無際的北部地區。

17　甚至連聖者都讚許這次行軍的迅速和隱密，後面的詩句是爲另外一位背教者而作，有位現代的神學家用來描述朱理安的進軍。

　　這樣匆忙的魔鬼，飛越沼澤和峭壁；
　　無論是直行或曲折穿過稠密或稀薄的空氣。
　　用它的頭部、雙手、翅膀或兩條腿；
　　在那裡游著潛著涉著爬著飛著，趕它的路。

18　根據《職官志》的記載，這樣大的間隔要配置兩個或三個船隊，像是勞里辛昔斯(Lauriacensis)(在勞里康姆(Lauriacum)，或是羅克(Lorch))，阿拉奔昔斯(Arlapensis)、瑪吉尼昔斯(Maginensis)；同時提到在萊本納里(Liburnarii)有五個軍團，或許是支隊，也可能是水師的一種。

船隊在十一天航行七百哩,在他的敵人接到任何信息,說他離開萊茵河之前,部隊已經準備在波諾尼亞(Bononia)下船,離開色米姆只有十九哩。在漫長而迅速的航行途中,朱理安將他的冒險大業定出目標。雖然他接受一些城市所派出的代表團,很早就表示歸順,建下不戰而降的功勳,但他通過沿河設置帶有敵意的據點時,也盡量克制不必運用武力攻占,以免曠日持久,節外生枝。多瑙河兩岸的群眾觀看到軍容的壯大,預測會發生重大的事件。一位英雄人物率領無數西方軍隊,用驚人的速度進軍,就把無敵的名聲傳遍鄰近地區。

盧西利安(Lucilian)的職位是騎兵將領,指揮伊里利孔的部隊,收到可疑的報告,並沒有表示出拒絕或相信的態度,雖然感到非常困惑,但是已經提高警覺。他為了集結部隊,採取的各項措施不僅動作緩慢,而且猶豫不決,這時他受到達迦萊法斯(Dagalaiphus)的奇襲。朱理安手下這位行動積極的軍官在波諾尼亞登岸後,帶著一些輕步兵向前推進。被俘的將領未卜生死,騎著馬被領去晉見朱理安。這時朱理安很仁慈把他從地上攙起來,他看上去一副驚魂失魄,不知所措的樣子,於是朱理安好言卻除他的恐懼和驚慌。等盧西利安驚惶甫定後,就不知天高地厚的向征服者表示不服,他說是一時不察,率領兵力不足,才會自投羅網。朱理安帶著藐視的微笑回答道:「像這樣怯懦的強辯,留著對你的主子康士坦久斯去說吧!當我讓你吻我的紫袍時,已經把你看成一位戰敗求饒的降將,並不是一位賣弄口舌的說客。」深感於成功已經證明他的預判正確,也只有大膽才能獲得成功,於是他率領三千士兵繼續前進,攻擊伊里利孔各行省中最堅強且人口最稠密的城市。當他進入色米姆漫長的郊區,接受軍隊和民眾喜悅的歡呼。他們頭戴花朵,手裡拿著點燃的細蠟燭,引導他們承認的國君到皇家的居所,全城在喜氣洋洋的氣氛中過了兩天,賽車場也舉行比賽來表示慶祝。但在第三天的清晨,朱理安向著希繆斯山的隘道進軍,占領形勢險要的蘇昔伊(Succi)雄關。這裡位於色米姆和君士坦丁堡的中途,分隔色雷斯和達西亞的行省,向著東邊的地勢極為陡峭,對著另一邊是平緩的

坡地[19]，把防衛這個要點的責任託付給英勇的尼維塔。他是指揮意大利支隊的將領，能夠達成主子的意圖，貫徹行軍計畫，如期完成會師[20]。

朱理安獲得人民的效忠，無論是出於恐懼或是眞心擁戴，已經遠超過兵力所及的範圍之外。意大利和伊里利孔的統領是托魯斯(Taurus)和弗羅倫久斯，同時他們兩人擁有最高的職位，出任徒有虛名的執政官，竟然不戰而退，很狼狽的縮回亞細亞的宮廷。朱埋安有時無法約束他那逞口舌之快的脾氣，爲了譴責兩位執政官的行爲，在編年實錄上，將他們的姓名前面加上「逃亡者」的字眼。被最高行政官員放棄的行省，全部承認皇帝的權威。他能調和軍人和哲學家的氣質，無論是在多瑙河的營地還是希臘的城市，都得到同樣的尊敬。從他位於色米姆和奈蘇斯(Naissus)的宮殿，也可說是大本營，他把一份詳述自己行爲的辯白書，分送給帝國各主要城市，公開列出康士坦久斯機密的信函，懇求大家站在公民立場來審判這兩個競爭者，其中一位要把蠻族驅除殆盡，而另一位卻要開門迎敵[21]。朱埋安被指責爲忘恩負義，內心受到很深的傷害，激起他的雄心壯志，要在兵戎相見的局面下，維持優勢的地位，不僅要在戰爭的藝術方面勝過敵人，就是訴諸情理的文字寫作上，也要高人一等。他所以要寫一封信函給雅典元老院和人民，就是自己的熱情受到附庸風雅的指使，激勵他把自己的行爲和動機，提交給當時已經墮落的雅典人；他同樣以謙卑的敬意，就像在亞里斯多德時代那樣，要在最高法院的裁判席上辯護。他向羅馬元老院提出請求，而元老院仍舊可以賜予代表帝國權勢的頭銜，共和國雖然不存在，這種做法還是適合原有的形式。羅馬郡守特屠拉斯(Tertullus)召開

19　阿米努斯的描述只是間接證據，可以用來證明安古斯廷・蘇卡隆姆(Angustioe Succorum)或蘇昔伊關隘的確實位置，丹維爾因爲這兩個名字的很小差別，認爲應該位於撒迪卡和奈蘇斯之間。至於我必須指出，在這位值得敬佩的地理學家的地圖和著作中，這是唯一讓我找出的錯誤。

20　阿米努斯按照當時他所了解的狀況加以敘述，跟我們採用的情節還是有點出入。

21　朱理安非常武斷的提到他攔截康士坦久斯給蠻族的信函，利班紐斯肯定有這回事，說他在行軍到部隊或城市的途中讀到這封信。然而阿米努斯倒是不覺得有什麼不得了，他特別指出就算攔截到瓦多邁爾給康士坦久斯的信，也不過是兩人之間的私函而已。

會議，宣讀朱理安的信函，承認現在他已成爲意大利的主人。朱理安的請求得到同意，沒有任何人表示異議。他用很間接的方式譴責君士坦丁的改革，但是大力抨擊康士坦久斯的罪惡行徑，聽的人倒是頗有同感。如同朱理安本人在場一樣，元老院齊聲高呼：「吾等乞求陛下憐憫，天命所歸，惟有德者居之。」這是很技巧的表達方式，按照戰爭的結局有不同的解釋，可以說是坦率的譴責篡奪者有負君恩，也可以看作奉承的言辭。這次行動所帶給國家的利益，可以補償康士坦久斯所有的過失。

四、康士坦久斯逝世消弭帝國的內戰（361-362A.D.）

朱理安大舉出兵和火速前進的信息，很快傳到敵手那裡。康士坦久斯自從薩坡爾班師回國以後，在波斯戰爭之餘獲得一段休養生息的時間，爲了掩飾內心的焦慮，表面裝出毫不在乎的樣子。康士坦久斯公開宣布要回師歐洲，迎擊朱理安的部隊，除了提到這次軍事遠征行動像打獵以外，其他就閉口不談。等到營地搬到敘利亞的海拉波里斯（Hierapolis），他向軍隊說明他的計畫，輕描淡寫提到凱撒所犯的罪行和草率的行動，毅然向大家保證，要是高盧的叛賊膽敢在戰場對陣，光憑大家眼中發出的怒火，就讓他們撐不下去，要是聽到大家在攻擊時的吶喊聲，他們馬上就會一敗塗地。皇帝的講話獲得軍隊的歡呼，海拉波里斯的議長狄奧多都斯（Theodotus）流出奉承的眼淚，請求皇帝把叛賊的頭顱賜給他們，好掛起來裝飾城市。皇帝挑選一個特遣隊乘坐驛車出發，要是可能就得固守蘇昔伊關口。原來用來對付薩坡爾的兵員、馬匹、武器以及倉庫，全部轉撥供做內戰之用。康士坦久斯過去在國內獲得多次勝利，使他的黨徒對於成功抱持極爲樂觀的看法。書記官高登久斯（Gaudentius）用自己的名義據有阿非利加各行省，羅馬的糧食供應被截斷，這樣出乎意料的事件，給朱理安帶來極大的災難，產生非常嚴重的影響。駐防在色米姆的兩個軍團和一個弓箭手支隊，向朱理安投降。但是他根據很多消息來源，懷疑這些部隊的忠誠有問題，特別是過去受到皇帝的青睞，於是想出一個權宜的辦法，就

是藉口高盧邊區處於暴露的狀況，調動他們過去擔任守備，可以離開未來行動最重要的地點。這些部隊很勉強的前進到達意大利的邊界，但是他們畏懼漫長的行軍，以及要面對兇狠的日耳曼蠻族，於是在一位護民官的煽動下，決定留在阿奎利亞（Aquileia）不再前進，並且在這個難以攻陷的城市，從城牆上升起康士坦久斯的旗幟。機警的朱理安立即發覺這場災難為害不淺，要立即採取措施加以補救。在他的命令之下，傑維努斯率領部分軍隊回師意大利，以堅毅不拔的精神和奮勵爭先的勇氣，開始圍攻阿奎利亞。軍團的士兵拒絕接受軍紀的制裁，發揮技巧和毅力來遂行防禦作戰，號召意大利其他地方也拿他們的勇氣和忠誠作榜樣，可以威脅朱理安的退路。要是他真的敗在東方軍隊的優勢兵力之下，可說是死無葬身之地。

　　但是朱理安的人道思想，在不是殺人就是被殺的殘酷抉擇中得以保全，康士坦久斯的死亡正是恰得其時，使羅馬帝國能夠脫離內戰的苦難。冬天即將來臨，無法將君士留在安提阿，就是他的寵臣也不敢忤逆他急著要報復的欲望。他有點輕微的發熱，或許是近來心神不寧所引起，卻因旅程的勞累而加重病情。康士坦久斯過了塔蘇斯（Tarsus）山以後，在不到十二哩遠的小鎮摩蘇克里尼（Mopsucrene）停頓下來，經過短期的調養，終以大限已到，得年僅有四十五歲，在位二十四年（361年11月30日）。他的本性混合著驕奢和軟弱、迷信和殘酷，從以往國家和教會重大事件的敘述中，完全表露無遺。多年的濫權使他在當代人的眼中是極具爭議的對象，僅留下個人的功勳值得後代子孫的關注，君士坦丁最後一個兒子離開塵世，唯一的評論是遺傳其父的缺失而非能力。康士坦久斯在彌留之際，遺言要朱理安接位繼承大寶，這並非不合情理，他留下年輕而溫柔的妻子，要考慮她未來的命運，何況她還懷著身孕。臨終時對妻兒的關懷之情，還是勝過永難平息的仇恨。優西庇烏斯和那批有罪的同夥，還抱著一廂情願的打算，想要選出另一位皇帝，可以延續宦官的當政。但是軍隊不願從事痛恨的內戰，抱著不屑參與的態度粉碎宮廷的陰謀，指派兩位高階軍官前往晉見朱理安，矢言帝國的軍隊要效忠他的麾下。這位君王原已完成三種不同的計畫對色雷斯發起攻擊行動，現在都可置之高閣，毋須犧牲市民的

生命，不必冒著激戰的危險，他一手攫走全盤勝利所獲致的利益。

朱理安急著重訪出生地和帝國的新都，他從奈蘇斯出發，穿過希繆斯山區和色雷斯的城市前進。當他到達赫拉克利時，相距六十哩以外君士坦丁堡的居民全都前來歡迎。他在士兵、人民以及議員恭敬的歡呼聲中，以勝利者的姿態進入都城（361年12月11日）。無數的群眾滿懷崇敬之心擁擠在他的身旁，而當他們看到這位英雄人物，在缺乏經驗的幼小年紀，就曾擊敗了日耳曼蠻族，現在一帆風順從大西洋岸邊，直穿整個歐洲到達博斯普魯斯海峽，身材竟如此矮小，衣著又極爲簡樸，也許感到頗爲失望。幾天後，去世皇帝的遺體在港口上岸，他們的君王不論眞假表現出悲傷的感情，臣民均報以熱烈的歡呼。他不戴王冠，身著喪服，步行跟隨送葬隊伍一直來到安放遺體的聖使徒大教堂。即使他這種表示尊敬的舉動可以解釋爲出於自私，純粹因爲死者享有皇室的出身和榮耀，但是他的眼淚毫無疑問向世人表明，他已經忘記死者對他的傷害，只記得康士坦久斯交託給他的責任。阿奎利亞的軍團確知皇帝去世後，便立即打開城門，以幾位有罪的首領作爲犧牲，很容易獲得朱理安的赦免，這可以說是出於謹愼，也可以當成慷慨的舉動。他這時年僅三十二歲，在毫無爭議下據有整個羅馬帝國[22]。

五、朱理安持身之道及對宮廷的改革 (362-363A.D.)

朱理安所習得的哲理教導他應考慮個人未來行止得失，但高貴的出身和生活所面對的特殊遭遇，從不容許他有選擇的自由。他可能眞心喜愛學院的林園和雅典的社會，但迫於康士坦久斯早先的意願，後來出於不公正的作法，全部無法實現，最後只有不顧性命聲譽遭到危險，拯救帝國的偉大名聲，要向世人和後裔保證對千百萬人的幸福負責[23]。朱理安記得導

22　朱理安的出生年不很確定，生日是11月6日，年份是331或332年，我認爲是較早那年。
23　朱理安在給提米努斯一封長篇大論的書信中，有力的表達出極富哲理的概念，有的地方稍嫌裝腔作勢。布勒特里認爲這份傳神的翻譯出自提米努斯的手筆，他的演說辭現在還留存。

師柏拉圖曾說：「管理國家和群眾的工作，永遠必須交託給特定的人物；要想規正各民族的行爲，需要借助上天的智慧和眾神的力量。」每當他想到這些話，便感到自身責任之艱鉅，使人不寒而慄。據此原則，他得出正確的結論，任何人要想統治國家，便應力求使自己和神靈一樣完美。應除去己身慾望，開闊眼界並調節情緒，不要讓亞里斯多德的比喻得逞，也就是要降服那頭將登上專制君王寶座的野獸。康士坦久斯已經死亡，朱理安在獨立的基礎上建立理性、美德、或者也可能是虛榮的寶座。他藐視崇高地位，放棄享樂生活，永遠勤奮的履行晉升高位加之於他的職責。要是他的臣民被迫按照這位具有哲學家頭腦的君王用來自我約束的嚴格作息，安排自己的時間和行動，沒多少人會同意讓他從干冠的重負下解脫出來。

　　朱理安的飲食非常簡單，有位經常和他一同用餐的親密友人曾說，簡單而清淡的膳食（通常總以蔬菜爲主）使他始終保持身心健康和舒暢，隨時充滿活力去進行繁亂而重要的工作，同時像一位作家、一位教皇、一個文官、一位將軍和一位君王。他在同一天裡得接見好幾位大使，給他的將領、文職官員、私人朋友以及統治下的一些城市，親筆寫下或口述大量的信函。他聽人誦讀剛剛收到的備忘錄，考慮請願書提出的問題，而且在說明自己的處理方案時，速度之快使得秘書連速記都有些來不及。他的思路敏捷，意圖堅定，可以在同一時間內手寫、耳聽、口授；還可以同時進行幾個不同問題的思索，彼此不會干擾，而且從無差錯。等大臣都回去休息之後，君王還飛快處理一件又一件的工作，然後，匆匆用完餐便躲到書房中去讀書，一直到事先安排好決定在晚間處理的公務，打斷他的學習和研究。皇帝的晚餐還要更爲清淡，他從不會因消化不良而影響到睡眠。另外，他的婚姻生活時間不長，完全基於政治考慮而無愛情可言，此後潔身自好的朱理安再沒有和任何女伴同床共被。他的秘書在先一天已睡足，精神飽滿進屋來將他叫醒，他的僕人也要分班進來侍候。他們不知疲倦的主子除了工作，生活上毫無樂趣可言。在朱理安以前的皇帝、他的叔父、兄弟以及堂兄弟，都用似是而非的理由打著與民同樂的幌子，沉溺於賽車場很幼稚的比賽，雖然可以用來裝點熱鬧的場面，也只能當作無所事事的觀

眾,把一天絕大部分時間都消磨在那裡,直到二十四場[24] 比賽全部結束爲
止。在盛大的節日期間,朱理安明確表示自己不合時尚,對那種無聊的娛
樂不感興趣,總要勉強在賽車場露面,毫不在意看完五六場比賽後,像一
位不耐煩的哲學家那樣匆匆離開競技場。他認爲任何一段時間如果沒有用
來爲公眾造福,或拿來增加自己的知識,便是最大的浪費[25]。由於他惜陰
如金,短暫的統治時間似乎被拉長。如果不是那些日期全都確鑿無疑,簡
直無法令人相信,從康士坦久斯去世(361年11月)到他的繼承人出發前往
波斯戰場(363年3月),其間僅只有十六個月的時間。朱理安的施政作爲和
功績只能靠歷史學家盡力保存,但是現存他留下卷帙浩瀚的著作,成爲展
示皇帝的貢獻和才智的紀念碑。《厭鬚者》(*Misopogon*)、〈凱撒〉、幾
篇演說辭、以及他反對基督教的一部巨著,都是在兩個冬季的長夜裡完
成,其中一個冬季在君士坦丁堡,另一個是在安提阿度過。

　　皇家宮廷的改革是朱理安政府的當務之急,在他住進君士坦丁堡的
皇宮以後,要找理髮師來服務,立刻有位衣飾精美的官員來謁見。君王帶
著大驚小怪的樣子叫了起來:「我要理髮師,而不是管錢的主計長。」他
詢問這個人有關僱用他的報酬,知道除了一大筆薪水還有優渥的津貼和獎
金,每天分派二十個僕人來伺候他,還有很多馬匹供他使用。上千的理髮
師、侍酒和廚子,供應少數官員的奢侈生活,還有宦官的數量只有夏日的
蟲豸可以相比。國君把功績和德行所獲得的優勢委付給臣民,要想顯得與
眾不同,只能講究壯觀的排場,在衣飾、飲食、居所和隨從上競相爭勝。
君士坦丁和他的嫡子營建富麗堂皇的宮殿,運用很多不同花色的大理石,
裝飾大量的黃金材質;烹調最精緻的美食,不是爲了滿足口腹之慾,而是
展現炫耀的心理,來自遙遠國度的禽鳥,越渡大洋捕獲的魚類,不是當令

24　賽車後來增加爲每天二十五場,每次出賽四輛車一共一百車次,四輛車各用不同
　　的顏色,通常繞著米塔(Meta)跑五或七圈。要是按照羅馬的麥克西繆斯賽車場,
　　或是君士坦丁堡的橢圓形競技場的標準,比賽的距離大約是四哩。
25　朱理烏斯・凱撒在比賽激烈時閱讀緊急送來的公事,觸怒羅馬的觀眾。奧古斯都
　　爲了討好人民,對賽車場的事務非常重視,加上自己也有興趣,會全神貫注於比
　　賽的進行,而且經常宣稱賽車是他最喜愛的運動。

季節的水果，冬天的玫瑰和夏日的冰塊。皇宮御用人員的花費超過軍團，然而昂貴的宮廷只要很少部分，就足夠身登寶座者使喚，甚至可以保持顯赫地位的華麗排場。故意炮製不計其數的卑賤職務，以及用賣官鬻爵的方式設立眾多的內廷高位，讓一無是處的小人購買特權，然後就可以不勞而獲，靠著國家的經費來維持爾後的開銷。龐大皇室家族的浪費，增加的賞金和津貼，很快成爲合法的債務。有些人爲了害怕仇敵的陷害，或是想要討取別人的歡心，最後到處送賄買個平安，使得這些傲慢的賤僕得以突然致富。他們濫用自己目前的運道，根本不考慮過去或未來的狀況；他們搶奪和貪污所得，只有縱情於不正當的娛樂，最後還是揮霍一空；他們穿絲質長袍，上面用金線繡出花樣，餐桌擺滿各種美酒和豐盛的菜餚；他們建造自用的房屋，像古代的執政官那樣四周圍繞著農莊。就是地位最尊貴的市民，在大道上遇到宦官，也要下馬恭敬的問候。皇宮的奢華揮霍使得朱理安深感不齒，有時難免義憤填膺。他通常睡在地上，只會勉強屈服於不可或缺的生理需要。同時他最感自負之處，不在於處處要爭強鬥勝，而是藐視皇家的排場。

　　爲了要全面根除這場已超過實際範圍的災難，他急著要去解救人民的痛苦，緩和他們喃喃不滿的怨言。要是人民知道勤勉的成果竟如此浪費，對於重稅難免還會產生不快的心理。但在執行這樣重要而有益的工作時，朱理安受到指責，說他的處置過於倉卒而且毫無必要的嚴厲。單單由於一件詔書，他使君士坦丁堡的皇宮荒廢得不堪用，很可恥的遣散奴隸和跟班的隨扈行列[26]。對於服務皇室全心奉獻的家臣，不論他們的年資或是貧窮的狀況，根本沒有任何例外，也不採取補救的慈善措施。那倒確實是朱理安的作風，他很少想到亞里斯多德最基本的原則，眞正的德行位於兩個相對的惡行之間，保持相等的距離，簡單的說就是中庸之道。華麗和精緻的亞洲式服飾，鬈髮和化粧，項圈和手鐲，讓君士坦丁穿戴起來顯得如

26　然而朱理安受到控訴說他把整個市鎮送給宦官，利班紐斯爲他闢謠，說這件事是康士坦久斯所爲。不過，從這件訟案，可以洩露很多不爲人知的情節。

此荒謬，一直受到他那哲學家風格繼承人的嚴辭拒絕。爲了不願穿矯飾的
服裝，朱理安打算要拋棄正當的禮儀，表示重視安貧樂道的精神，連梳洗
和清潔的習慣全都不顧。有一場諷刺劇在公眾面前演出，戲中的皇帝不僅
高興而且很驕傲的談到自己指甲的長度，以及被墨水染黑的雙手，同時很
鄭重的聲明，雖然他身體絕大部分長滿毛髮，但是使用剃刀只限於頭部，
帶著自滿的神態，讚許濃厚稠密的絡腮鬍鬚，看起來像希臘的哲學家，內
心眞是不勝歡喜。要是朱理安請教這簡單的問題，羅馬的執政官會看不起
大流士和戴奧吉尼斯（Diogenes）*27，說他們留著鬍鬚不過裝腔作勢而已。

六、成立法庭審理罪犯及袪除前朝的暴政（363A.D.）

朱理安要是僅僅糾正前朝的濫權惡行，而沒有懲治犯罪的人員，改
革的工作仍舊不夠圓滿。在寫給親密友人的一封私函中，他提到：

> 我們現在能從海德拉（Hydra）吞噬一切的巨口裡獲得解救，眞令
> 人驚愕不已。我並沒有意思把這個稱呼安在康士坦久斯的頭上，
> 他已過世，願他平靜的安息！但他那些奸詐而殘酷的嬖倖，想盡
> 一切手段來欺騙和慫恿君王，讓他溫和的天性被阿諛之言消除殆
> 盡。不過，我的意圖不是用高壓的手段制裁這些小人。他們會遭
> 到起訴，但爲了維護他們的權利，一樣會獲得公正無私的審判。

他從政府和軍隊的高階人員中，提名六位法官負責偵辦這個案件，
爲了免於惡意的指責，說他是在公報私仇，就將這個特別法庭設置在卡爾
西頓（Chalcedon），位於博斯普魯斯海峽亞洲這邊的海岸，賦予審判官絕
對的權力，可以宣判和執行最後的判決，不能延展日期也不接受上訴。主

---

*27　[譯註] 戴奧吉尼斯（412-323B.C.）是希臘犬儒學派哲學家，非常憤世嫉俗，安貧樂
　　　道，像是住在一個木桶裡，在中午打著火把去找誠實的人。

席由年高德劭的東部統領，另一位同名的薩祿斯特擔任[28]。他的德行和地位，能夠化解知名的希臘詭辯家與基督教的主教之間的爭執，雙方修好如初。口才出眾的馬墨提努斯（Mamertinus）在旁協助，他是年度執政官當選人，最大長處是樂於為善，相信別人。但是這兩位官員在民事方面的智慧，敵不過尼維塔、阿吉羅（Agilo）、傑維努斯和阿比提奧（Arbetio）這四位將領的兇猛暴力，其中阿比提奧被認為獲得祕密的授權，公眾要是看到他在酒館裡倒是很平常，如果出現在法庭，那就令人感到很驚訝。賈維安和海克留兩支部隊的領導人員，全部一身戎裝，怒氣衝天圍繞著法庭。法官在法律的公正和黨派的叫囂之間，受到影響而搖擺不定。

　　寢宮總管優西庇烏斯長久以來濫用康士坦久斯對他的寵愛，施展蠻橫、腐敗和殘酷的奴性統治。為了懲治他種種不法行為，處以恥辱的死刑。保羅和阿波底繆斯（Apodemius）受到處死（前者被判活活燒死），他們要為數百位羅馬人的寡婦和孤兒負責，但這種贖罪的方式並不完全適當，因為這些人是遭到合法暴君的出賣或謀殺。但正義女神（要是我們用阿米努斯這種悲慘的表達方式）自己也要為烏蘇拉斯（Ursulus）的命運痛哭流淚。帝國財務大臣流出的鮮血，將要指控朱理安的忘恩負義，因在皇帝早年最不幸的時刻，誠實的大臣勇敢而慷慨的伸出援手。暴戾的士兵被烏蘇拉斯毫不在乎的態度所激怒，認為案情嚴重，判處死刑。皇帝感到內疚並且公眾多加指責，個人受到很深的傷害，為撫慰烏蘇拉斯的家人，把充公的家產發還。在這年的年底，他們用禁衛軍統領和執政官的紋章旗幟裝飾法庭[29]。托魯斯和弗羅倫久斯向鐵面無私的法庭俯首認罪，乞求大發慈悲饒恕他們的性命，前者被放逐到意大利的維塞里，但是後者被判處死刑。明智的君王應該獎賞托魯斯的罪行，因為當他沒有能力阻止叛軍前進時，

28　兩位薩祿斯特一位是高盧的禁衛軍統領，另一位是東部的禁衛軍統領，要很小心才能區別清楚。我通常用第二名或家姓來稱呼，第二位薩祿斯特獲得基督徒的尊敬，格列哥里·納齊成雖然譴責他的宗教，卻欽佩他的為人。

29　共和政體古老的位階仍然受到尊敬，當民眾聽到托魯斯身居執政的職位，被當成罪犯召上法庭，都感到非常的驚訝和憤慨。他的同僚弗羅倫久斯延到次年，等新的執政官就職以後，才被召上法庭。

就拿他的恩主和合法君王的宮廷作為避難所。但弗羅倫久斯的罪行證明法官的嚴厲確實很公正，他逃避的行為更顯出朱理安的寬宏大量。皇帝大義凜然制止告發人，不要為了圖謀私利而進行辛勤的調查，即使自己非常氣憤，也不願打探這邪惡的逃亡者所藏身之處。卡爾西頓法庭解散後過了幾個月，阿非利加的統領代理人書記官高登久斯和埃及公爵阿提繆斯，在安提阿被公開處決。阿提繆斯是這個最重要行省的僭主，進行暴虐而腐化的統治，高登久斯長期以來用誹謗的手法，汙衊朱理安本人和他的品格操守。然而審判和定罪的程序在執行時顯得極為拙劣，對公眾而言，他們像是康士坦久斯的支持者，因堅守忠誠的原則而遭到殺害，使得邪惡的罪犯反而獲得莫大的光榮。至於服侍過康士坦久斯的其他人員，受到法條不究既往的保護，可安享他們所接受的賄賂，無論是用來抗拒所受的壓力，還是壓迫孤獨無依者，都不會遭到懲罰。這些措施在執行時，必然會貶低皇權的無上尊嚴，但就治國最正確穩健的原則而論，實在值得我們的嘉許。朱理安因群眾不斷的請願感到非常頭痛，尤其是埃及人大聲要求歸還他們呈獻的禮物，因為過去的政府行事太過草率或者違法。他預見這令人困擾的案情會引起不斷的訴訟，於是提出保證，一般而言出於皇帝之口應該很神聖，要是這些埃及人能前往卡爾西頓，他願親自接見，聽取他們的請願並作出裁決。但等這些人登岸後，他頒布一道嚴厲的命令，禁止船員運送埃及人到君士坦丁堡。這些失望的當事人只有留在亞洲海岸，等到耐性和金錢全部消耗得一乾二淨，只能在不停的抱怨聲中回到自己的家鄉。

康士坦久斯召募一支密探、特務和告發者的大軍，為使一人酣然入睡，不惜干擾數百萬人的安寧，現在被心胸開闊的繼承人全部解散。朱理安產生疑懼時會緩慢處理，施展懲處時用慈悲心腸，基於判斷、自負和勇氣的效益，藐視叛逆的行為，自認有莫大的功績，相信他的臣民之中，沒有人敢在戰場上與他交手，或者企圖謀害他的性命，甚或坐上已空的寶座。哲學家能夠原諒不滿情緒在倉卒間發起的攻擊，英雄人物瞧不起空有野心的計謀，知道叛逆分子會為情勢所迫，完全談不上機運或能力，全都無法勝任篡奪的工作。安卡拉有個市民為自己準備紫色的服飾，這是輕率

的違制行爲，但在康士坦久斯統治之下，能夠定爲死罪。這個市民有個敵人，想盡辦法向朱理安提出控告。國君派人經過詳盡的調查後，就派告發者帶著一雙紫色的拖鞋，送給這位市民當禮物，使他的特殊嗜好能夠增加光彩。一件更危險的謀叛涉及十位貼身侍衛，他們決定在安提阿附近的教練場下手刺殺朱理安，由於飲酒過量而洩露罪行，被鍊條鎖著帶到自尊心受打擊的君王面前。朱理安把他們邪惡而愚蠢的行爲數落一頓後，並沒有像他們想像那樣處以受盡酷刑的死罪，只是把兩名首惡分子宣判放逐結案。只有一件案例朱理安違反已成習慣的仁慈作風，那就是處決一名少不更事的青年。他幻想用無縛雞之力的雙手，搶奪執掌帝國的大權。但是年輕人是騎兵將領馬塞拉斯的兒子，這位將領在高盧戰爭的第一次戰役中，背棄凱撒的陣營，成爲共和國的叛徒。朱理安並沒有因個人的氣憤任性施加報復，只是把兒子和父親所犯的罪行混淆，沒有完全弄得很清楚。馬塞拉斯的不幸使他與君王得到和解的機會，對於公正的法律所施於他的痛苦，皇帝願意盡力去治癒這個傷口。

七、朱理安的施政作爲及其治國的風格(363A.D.)

朱理安並非不知自由權利的可貴，他從學習中吸收古代聖賢豪傑的精神，然而他的生命和機運，完全取決於一個暴君反覆無常的個性。等他登上寶座，個人的自負感覺有時受到羞辱，因爲宮廷的奴隸不敢指責他的缺失，也就沒有資格稱讚他的德性。他確實痛恨東方的專制政體，在戴克里先、君士坦丁及漫長的八十年後，這種體制終於在帝國建立。朱理安經常沉思考慮，要把貴重的皇冠視爲無物，即使捨棄帝座也在所不惜，只是迷信的動機制止他採取行動。但是他絕對拒絕使用「我主」或「主上」的稱呼[30]，雖然羅馬人對這個用語已經是耳熟能詳，不再想到原來具有奴性和屈辱的根源。君王對覆沒的共和國懷抱尊敬之心，連帶對執政官的位階

30　他並沒有立法正式廢除「君王」或「主上」這些傲慢的稱呼，在他頒發的獎章上仍可見到，只是私下裝出不以爲然的樣子，但是對宮廷的奴僕又是不同的聲調。

和職稱都極為珍視。審慎奧古斯都所裝出的行為,朱理安經過選擇很樂意加以採用。在元旦破曉以後(363年1月1日),新任執政官馬墨提努斯和尼維塔趕往皇宮向皇帝致敬。聽到他們快要到達的消息,朱理安從帝座上一躍而起,很熱誠的走到前面去迎接,表現出非常謙恭的態度,使得面紅耳赤的官員不知所措。他們離開皇宮向元老院進發,皇帝步行走在他的抬輿前面,注視的群眾讚許帶有古代遺風的行列,但是私下不免責怪,這種行為看在眼裡會貶低帝王的尊嚴[31],但是朱理安的舉止和態度贏得一致的支持。在賽車場觀看比賽節目時,他不知是出之故意還是疏忽,當著執政官的面前舉行釋放奴隸的儀式。這時他忽然記起已經侵犯另一位官員的審判權,立即下罪己詔處以十磅黃金的罰鍰,等於是向羅馬世界宣示,法律之前,人人平等,王子犯法,與庶民同罪。朱理安基於施政的概念和對出生地的關懷,把古代羅馬的元老院所能享受的榮譽、利益和權勢,照樣授與君士坦丁堡的元老院。有一個合法假設被提出來,後來也逐漸建立,那就是國家議會有一半遷移到東部,朱理安的專制政體繼承人接受元老院議員的頭銜,承認自己是備受尊敬團體的成員,獲准代表羅馬令名的尊榮。國君把他的注意力從君士坦丁堡延伸到行省的地方元老院。他一再頒布詔書,取消不公正而且帶來危害的豁免權,就是這類特權的存在,使得很多怠惰的公民毋須服務國家。他運用強制的手段,讓公民以平等的方式共同負起公共的責任。要是按照利班紐斯非常生動的說法,是他讓帝國垂危的城市恢復活力、光輝和靈性。

古老的希臘在朱理安的內心激發最溫柔的憐憫之情。當他思念起那些顯赫天神、那些蓋世英雄、以及超越於神明和英雄之上的凡夫俗子,不禁感到嚮往不已,就是這些人把才智的碑銘和德行的典範,遺留給千年萬世的後代子孫。他把伊庇魯斯(Epirus)和伯羅奔尼撒的城市從水深火熱之中拯救出來,恢復原有的美麗和壯觀。雅典視他為恩主,亞哥斯(Argos)受他的奧援。高傲的科林斯(Corinth)享有羅馬殖民區的尊榮,再度從廢墟

31　執政官馬墨提努斯認為那一天是幸運的日子,為主子的屈尊降貴感到驚異而又興奮,像個口若懸河的奴隸在旁邊恭維不已。

中崛起，從鄰近的自主城邦要求貢金，目的是支付大地峽（Isthmus）的競賽費用，以在競技場中獵殺黑熊和花豹而名聞遐邇。伊利昔河（Elis）、德爾斐（Delphi）和亞哥斯的城市，從古代遙遠的祖先繼承神聖的職位，能夠使奧林匹克、德爾斐和尼米亞（Nemean）的競賽永垂不朽*32，對於提供貢金的要求可以獲得豁免。科林斯人很尊敬伊利昔河和德爾斐，讓他們免去繳納貢金的義務，但是貧窮的亞哥斯受到無禮的迫害，沒有獲得同意。他們派出代表團提出微弱的抗議，在行省長官的敕令之下只有閉口不言，因為長官住在首府，只考慮當地的利益。裁決以後過了七年，朱理安同意將這個案子提交高等法庭。他在審判的中間進行干預，用犀利的口才為一個城市辯護，所以後來才得到平反，他認為這個城市是阿格曼儂的皇居33，馬其頓的國王和征服者的發源地34。

　　隨著帝國版圖的擴大，繁重的軍事和民治工作倍增，鍛練著朱理安的才能。但他常以演說家和法官的身分出現，這在現代歐洲的君主看來是不可思議之事。早期有幾位凱撒熱心精研以理服人的藝術，他們的繼承人在軍事上無知，卻偏偏充滿亞洲那種講究排場的自傲，把這些重要的統治術忘得乾乾淨淨。身為君王對於自己懼怕的士兵，不惜自貶身分向他們高談闊論，但對看不起的元老院卻始終保持疏遠的沉默。康士坦久斯盡力避開元老院的會議，但就朱理安看來，這正是他大談共和制的原則，充分顯露一位雄辯家才能的最佳場所。他像在學校演練雄辯術般，輪番試驗多種方式的讚頌、批評和告誡話語。他的朋友利班紐斯說，朱理安對荷馬有深入研究，他不僅學會且能模仿米尼勞斯（Menelaus）言簡意賅的風格，聶斯

---

*32　[譯註]奧林匹克運動會是古希臘為紀念宙斯，每四年舉行一次的賽會，比賽項目有運動、詩歌和音樂；德爾斐賽會是希臘人為紀念阿波羅殺死巨蟒派松（Python），每四年舉行一次競技大會；尼米亞賽會希臘人隔年舉行一次，以體育和音樂為主。

33　阿格曼儂統治邁昔尼離亞哥斯有三十個斯塔迪亞的距離，大約是六哩。這些城市興衰不已，希臘的詩人都混淆不清。

34　這些從提米努斯和海克力斯開始的家譜，讓人感到懷疑，但用奧林匹克大會的時間推算，那個時候的馬其頓國王在希臘還沒有名望。等到亞該亞同盟反對菲利浦的擅權，亞哥斯撤回代表團被認為是正當的做法，也就是自認有鄉親的關係。

特(Nestor)滔滔不絕的氣派,以及尤利西斯(Ulysses)悲憤有力的雄辯*35。法官的職能與君王的身分並不相稱,朱理安把它當作一種職責和個人的樂趣來行使。儘管他能信賴禁衛軍統領的誠實和能力,還是常常親自坐在他們身邊提出自己的判斷。他具有敏銳洞察力,可揭穿和擊敗極力掩蓋事實真相、曲解法律含義的公訴人所使用的骯髒伎倆。他有時忘記自己處於極為特殊的地位,提出一些考慮不周或不合時宜的問題。當他不同意法官、公訴人和其委託人的看法,而堅持己見時,放大的聲音和激動的身體流露出內心的強烈情緒。然而,因他清楚自己的脾氣,促使他鼓勵甚至請求友人和大臣對他的話提出反駁。而每當他們對他一時情緒衝動的表現,大膽提出異議時,在場人員都能看出他們的君主表現出羞愧與感激之情。朱理安的法令以公正原則做基礎,君王的法庭最容易出現兩種危險傾向,就是講求表面的同情和平等,他都極力加以避免。他判定案件的是非,從不考慮當事人的處境,雖然極願意幫助窮人,但有錢有勢的對手完全合理時,窮人也被判罪。他特別注意分清法官和立法者的界線36,儘管他曾考慮需要對羅馬的法律進行改革,但在判案時,完全依據法律條文明確和嚴格的含義,此一原則是行政官員所必須執行,廣大臣民所必須遵守的。

如果皇帝被剝去紫袍,光著身子拋到廣大的人群中去,必然立即沉入社會的底層,絕無出頭的希望。但是朱理安的德行和能力,就某些方面看來,和他幸運的出身沒有太大的關係。不論他選擇何種謀生之道,靠著他無畏的膽略、靈巧的機智以及強烈的進取精神,他都應當得到他所從事職業的最高榮譽,因而即使朱理安在一個國家中生而為普通平民,有可能使自己上升到大臣或將領的地位。如果可厭而難以捉摸的權力轉移使他的希望落空,或者他明智的拒絕那條通往偉大的道路,那麼,他把現有的才能

---

*35　[譯註]米尼勞斯是斯巴達國王,希臘美女海倫是他的妻子,被特洛伊王子巴黎斯拐走,他苦苦哀求其兄阿格曼儂出面邀集大軍,奪回其妻;聶斯特是特洛伊戰爭時希臘的賢明長者,向雙方提出呼籲;尤利西斯是希臘英雄,特洛伊戰爭結束後,在海上漂泊十年始返家,真是感慨萬分。

36　朱理安在位只有十六個月,制定的法律納入《狄奧多西法典》有六十四種。

用於勤奮學習，所獲得的幸福生活和不朽名聲絕非任何一位帝王所敢想
像。要是非常仔細甚或用挑剔的眼光描述朱理安，總感到似乎還缺點某種
特質，才能達到最完美的整體形象。他的才智不如凱撒那樣崇高而偉大，
沒有具備奧古斯都無比周詳的審愼，圖拉眞的美德顯得更爲穩定和自然，
馬可斯的哲學顯得更爲簡樸和單純。然而，朱理安在逆境中表現極爲堅
定，在順境中又是那麼謙和。從亞歷山大・塞維魯斯去世以後，整整過了
一百二十年，羅馬人才又看到一位以履行職責爲樂趣，不辭辛勞減輕臣民
的痛苦，振奮臣民的精神，始終要把權威和才能、幸福和美德聯繫起來的
皇帝。無論是政壇上的黨派或宗教方面的教派，雖然對背教的朱理安不無
感嘆，但都認爲他在和平時期及戰爭時期，已經表現出超人的才智，對他
的國家允滿愛心，身爲君王能與世界的帝國相得益彰。

第二十三章

朱理安的宗教信仰 一視同仁的寬容作風 企圖恢復異教的
多神崇拜 重建耶路撒冷神廟 運用各種手段對基督徒進行
迫害 宗教外衣下的偏袒行為 (351-363A.D.)

一、朱理安的宗教信仰和叛教行為 (331-351A.D.)

　　朱理安扮演「背教者」的角色損害到他的名聲，德性受到狂熱情緒的
蠱惑，結果使得他的過錯被誇大和渲染。後人對他的了解不多，總認為他
是一位具有哲學思想的君王，多方設法用一視同仁的態度保護帝國所有的
教派，同時要緩和從戴克里先的詔書到阿泰納休斯的放逐，這段時期在人
民心胸湧起的神學熱潮。深入研究朱理安的性格和行為，知道他並未免於
當時普遍存在的通病，就不致對這位君王產生偏愛的印象。將他最要好的
朋友和勢不兩立的敵人，對他描繪出不同的形象加以比較，可以保持公正
的立場，避免有先入為主的看法。一位明智而坦誠的歷史學家，是他在生
死存亡之際的公正目擊者，忠實描述朱理安的種種行為。當代人士提出的
證言看法倒是一致，從皇帝本人許多公開和私下的聲明中得到證實。他的
多種著作完全表明他對宗教所抱持的觀念，要是從政策上考慮，他只會盡
量加以掩飾，絕不會大聲張揚。虔誠而忠實的崇拜雅典和羅馬的神祇，形
成朱理安的主導情結。受到迷信和偏見的影響，開明思想的實力被腐蝕和
削弱，原來只存在這位皇帝腦海裡的幻影，對帝國政府產生真正有害的後
果。基督徒憎惡他人崇拜神話和傳奇中出現的神明，不惜將他們的聖壇推
倒，這些狂熱的信徒集中力量，對臣民中相當大一部分人保持著勢不兩立

的狀態。朱理安有時出於渴望求得勝利或遭到排斥產生羞辱，眞禁不住想
要破壞法律的正義和謹愼的作爲。他所唾棄而極力反對的教派竟然獲勝，
不免要用恥辱來汙衊朱理安的名字。他的背教行爲終於失敗，使他遭到虔
誠教徒那種排山倒海的抨擊，發動譴責的信號是格列哥里・納齊成[1]吹出
響亮的號角[2]。在積極進取的皇帝短暫的統治期間，接二連三發生很多重
大事蹟，值得詳細而公正的描繪一番。現在謹將他的動機、意圖以及各種
行爲，凡與宗教史有關的部分都將在本章一一說明。

　　狀況奇特而影響重大的背教行爲，產生的原因可以從朱理安成爲孤
兒，落入殺害他全家的凶手手裡，那段早期的生活中去尋找。幼小的心靈
對生動的印象十分敏感，於是基督和康士坦久斯的名字，奴隸和宗教的概
念，很快在他的內心深處聯繫在一起。他的童年生活是由尼柯米地亞大主
教優西庇烏斯照顧[3]，這位主教與他的母親一方有親戚關係，直至朱理安
滿十二歲以前，他從基督教導師那裡學到的不是如何成爲一位英雄，而是
要成爲一位聖徒。當時的皇帝關心塵世的皇冠遠勝過天上的寶座，滿意自
己僅保有新入教者的地位，讓君士坦丁兩個姪兒[4]去接受洗禮[5]。兩兄弟還
得在教會中擔任低階教職，朱理安曾在尼柯米地亞教堂當過讀經師。皇帝
刻意培養他們對宗教進行研究，希望產生信仰虔誠的後果。他們祈禱、齋
戒、向窮人散發救濟、對教士贈送禮物、到殉教者的墳墓致祭，蓋盧斯和

1　在格列哥里的作品中，可以看到到篇幅很長的抨擊文章，但是很不智的分列爲兩
　　個演說辭，是格列哥里和他的朋友巴西爾，在朱理安死後六個月公開發表，這時
　　他的遺體已運到塔蘇斯，而且傑維安仍舊在位。我從1735年在里昂出版的法文譯
　　本和評論中，獲得很大的幫助。
2　演說家用文雅的詞句、熾熱的信仰和盧榮的心態，對著天堂和人間、凡人和天
　　使、活者和死人，特別是偉大的康士坦久斯，發表談話。他提出驚人保證，說他
　　形同爲康士坦久斯建立紀念碑，不但與海克斯之柱一樣耐久，且也較輕便。
3　朱理安從未對阿萊亞斯派這位高級教士表示感激之意，但是他推崇他的老師宦官
　　瑪東紐斯(Mardonius)，同時也提到他施教的方式，能夠激起學生熱烈敬仰荷馬的
　　才華和宗教。
4　朱理安向亞歷山卓人保證，他在二十歲以前一直是基督徒。
5　他可能盡力沖淡祭牛洗禮中牛血的神聖記號。

朱理安在凱撒里亞共同建立聖瑪馬斯（St. Mamas）雄偉的紀念碑[6]。他們用恭敬的態度和以聖潔聞名的大主教交談，誠懇的請求僧侶和隱士為他們祝福，這些人自願過艱苦的修行生活，並把這種精神引入卡帕多西亞[7]。等到這兩位親王接近成年，他們在宗教問題上看到彼此性格的差異。遲鈍而固執的蓋盧斯天生具有宗教熱忱，完全接受基督教的各種論點，但基督教從未影響他的行為或約束他的欲望。弟弟的個性非常溫和，對福音書的信條並沒有反感，神學體系可以滿足他那活躍的好奇心，解釋神明奧祕難知的本質，對看不見的未來世界展示出無限遠景。但是，朱理安的獨立精神使他不願屈就被動和無條件的服從，那是教堂裡傲慢無知的神職人員，藉著宗教的名義所加之於人的要求。他們把主觀的看法當成正式的法律，拿永恆懲罰的恐怖作為後盾。但是，當他們試圖改變年輕親王堅定的思想、言論和行動時，等於在無形中激發早已伺機而動的天才，從此他再也不承認神學導師的權威。他在小亞細亞有關阿萊亞斯思想鬥爭的攻訐中接受教育[8]，東部主教的激烈言論和信條的不斷更換，以及唆使採取行動的非宗教動機，無形中堅定朱理安的偏見，認為他們對如此吵鬧不休的宗教，既不能深入理解也無法真正相信。他沒有辦法用關切的心情聆聽基督教的證言，增強對教會的信心，而是始終抱著懷疑的態度和無法克服的厭惡情緒，固執而機敏的抵制那套教義。每當年輕的親王奉命對正在進行的爭論發表演說時，朱理安總是明確表示自己站在異教教派那邊，藉口為力量弱小的一派進行辯護，可以使他的學問和智慧得到充分的訓練和發揮。

　　蓋盧斯一朝得勢穿上紫袍以後，朱理安也可以獲得自由，從事文學和

6　指派給蓋盧斯的任務進行很順利，能夠圓滿完工；被認為由朱理安褻瀆神聖的手所建造的建築物，遭到大地的拒絕，刻意將它摧毀。這次局部地震為當時在世的人證實，後來在教會歷史裡成為很有名的奇蹟。

7　哲學家嘲笑這些孤寂的宗教狂熱者要用鐵鍊將自己鎖住，但是忘了人類原本就是合群的動物。異教徒認為這些人棄絕神祇，所以受到邪惡魔鬼的奴役和折磨。

8　朱理安說道：「你們迫害這些不百分之百依照你們認可的方式去哀悼死者的異端分子。」他顯示自己是位寬容的神學家，但是他始終認為基督教的三位一體，不論是從保羅、耶穌甚至至摩西，都找不到絲毫理論依據。

異教思想的研究。有一大批詭辯家受到皇家學生的愛好和慷慨所吸引，在希臘的學術與希臘的宗教之間建立嚴密的聯繫，荷馬的詩篇不被看成人類天才的極致而受到讚揚，卻被一本正經歸之於阿波羅和繆斯的靈感。不朽的詩人描述奧林匹克神祇的形象，即使對毫無迷信心理的人而言，腦海裡也會留下深刻的印象。大家都熟悉祂們的名字、性格、外形和特徵，使得這些虛幻的人物都能真實而具體的存在，讓神話產生令人嚮往的迷惘，明知與理智和經驗完全格格不入，卻在想像中能夠暫時而且局部的接受。在朱理安那個時代，各種情況都會有助於延續和加強虛無的幻覺：希臘和亞細亞的神廟、藝術家藉著繪畫或雕刻表現詩人的作品領會到神祇的恩典、節日及獻祭活動的盛大場面、占卜術的流行、民間關於神諭和神蹟的傳統說法、以及兩千年古老的傳統習俗。多神教表現出軟弱的一面，因為主張很溫和而能獲得相當程度的諒解，異教的宗教熱忱和任性的懷疑學派頗能相容[9]。希臘人的神學思想並不要求完整而統一的體系，把信徒的心靈全包括在內，而是由上千個鬆散而堅韌的部分組成，神祇的僕人可以自行確定宗教信仰所欲到達的程度。朱理安為適合自己的處境，選擇範圍非常廣泛的信條。有一個奇怪的矛盾現象，他排斥福音教加在身上的有益束縛，卻自願把理性獻給朱庇特和阿波羅的神壇。朱理安有一篇獻給天神之母西布莉(Cybele)[*10]的禱詞，提到祂曾向個性柔弱的祭司要求供奉犧牲，弗里基亞的男童毫不考慮後果答應照辦。虔誠的皇帝用嚴肅的態度，親自提筆描述女神從帕加馬的海濱來到台伯河口的全部航程，並且講到一件極重要的神蹟，使得羅馬元老院和人民全都相信，他們的使臣遠涉重洋運來用泥土做成的神像，真正具有生命、情感和力量[11]。他為證明這一神蹟的真實

9　休姆很巧妙地比較一神教和多神教的不同運作方式，有關懷疑或信念如何在人類的心靈引起共鳴。

*10　[譯註]西布莉是古代小亞細亞人崇拜的自然女神。

11　埃笛恩(Idaean)之母大約在第二次布匿克戰爭之後來到意大利，克勞狄婭(Claudia)是位處女或貴夫人，經過她的倡導使羅馬婦女以羞怯為恥，因而使得自己的名聲大振，這種神蹟有很多人可以證明確有其事。德拉肯波克(Drakenborch)蒐集這方面的資料，但我們看到李維(Livy, Titus Livius, 59B.C.-17A.D. 羅馬歷史學家，著《羅馬史》一四二卷，記述羅馬建城到公元前9年的全部歷史)對這件事倒是輕描淡寫，不著邊際的敘述一番。

性，請求大家去觀看該城的公共紀念碑，然後用帶有幾分刻薄的筆調，攻擊有些人裝腔作勢和不識大體，竟然譏笑自己祖先的神聖傳統。

　　存在於人民之中的迷信思想爲虔誠的哲學家眞誠接受，並且大力宣揚和鼓舞，但朱理安卻爲自己保留自由解釋的特權，而且已經靜靜告別教堂的聖壇，全身轉向廟宇神殿。希臘神話極其不可思議，等於是用清晰可聞的聲音向眾人宣告，虔誠的探索者不能自滿於表面的涵義，更不可以感到驚異害怕，必須勤奮探求深奧難測的智慧，謹愼的古人有意用愚昧和寓言的面具加以掩蓋。柏拉圖學派的哲學家諸如普洛提努斯（Plotinus）、波菲利（Porphyry）和聖潔的安布里克斯（Iamblichus），將嘲喻作用發揮到極限，被人尊爲大師，可緩和與修正受到扭曲的異教形象。朱理安在安布里克斯入門弟子伊笛休斯（Aedesius）的指導下進行研究， 一心只想獲得這方面的學問。他一本正經的聲明，這種價值遠高於帝國在世上的財富[12]。這倒眞是財富，但只有透過主觀意見才能產生價值。任何藝術家如果自以爲從雜亂的岩層中找到珍貴的礦脈，也有同樣的權利賦予名稱和形象以表達自己的愛好。阿提斯（Atys）[*13]和西布莉的神話已由波菲利作過解釋，他的努力更激發朱理安的勤奮和虔誠，創作和出版這個古老而神秘的寓言故事。這種毫無根據任意解釋的作法，可能滿足柏拉圖學派的高傲情緒，卻暴露出他們在文藝上的虛榮。要是沒有冗長的細節描寫，對於充斥著怪異的隱喻、揣摩的字根、誇張的瑣事，以及那些自認爲在揭露宇宙體系的哲人難以捉摸的奧秘，現代讀者很難獲得正確的概念。異教神學的傳統說法多如牛毛，研究者在進行解釋時，隨意挑選對他而言最方便的情節。翻譯是一種可以任意作解釋的密碼，能從任何一個寓言故事中，得出心目中可能的觀念，用來配合他們的宗教和哲學體系。裸體維納斯的淫蕩形象可加

12　朱理安以最狂熱的獻身精神發誓，同時害怕會過度洩露這種神聖的奧秘，因爲世俗可能會以邪惡的嘲訕笑容加以鄙視。

*13　[譯註]阿提斯在古代的傳奇人物中有不同的說法，奧維德的長詩裡提到他是美貌英俊的牧羊人，受到西布莉的寵愛，被指定當祭司，條件是要守貞，後來河神的女兒愛上他，他怕受不起誘惑，於是自宮。

以歪曲,用來揭示道德觀念和實質眞理;阿提斯受到閹割,可解釋爲太陽在回歸線之間運行,人類的靈魂要與罪孽和過錯永遠分離[14]。

二、朱理安的哲學思想和神學體系(351A.D.)

朱理安的神學體系包括「自然宗教」崇高和重要的原則,但是整個架構未能建立在神啓的基礎上,信仰缺乏堅實的保證,柏拉圖的門徒落入低級迷信的習慣行爲。而且在朱理安的行動、著作和思想中,把神性的普通概念和哲學概念全部混淆在一起。虔誠的皇帝承認並崇拜宇宙的永恆動因,認爲它是無限自然之中最完美的根源,爲凡人肉眼所不能見和理解所不能及。用柏拉圖的觀點來說,至高無上的上帝創造或產生不同層次的神祇、魔鬼、英雄和凡人,全部依賴祂那不滅的靈魂,從第一動因獲得生命的造物都被賜予天賦的永生。如此珍貴的恩惠不能隨便給與卑下的生物,因而造物主把製造凡人,以及安排動植物和礦物界的美好和諧,交付給有此種技術和能力的下級神明去做,把這個低等世界的各種工作委託給神聖的使臣去管。但是他們的治理工作不夠完善,難免出現矛盾和失誤。於是,將地球及居民加以區分,馬爾斯、密涅瓦、麥邱里或維納斯的性格,從他們各自不同的信徒所遵循的法則和態度中,可以很清楚找到根源。只要人類不朽的靈魂還被桎梏在不能長存的軀殼裡,請求上天賜恩或赦罪就符合所要的利益和職責,因人類虔誠崇拜可以滿足神明的驕傲情緒,神明的感官則假定會從下界所獻犧牲的煙霧中得到滋養[15]。下級神祇有時可能

---

14 可以參閱朱理安的第五篇演說辭,但是所有的諷諭來自柏拉圖學院,不值得卡特拉斯(Catullus)用這種題材寫一首短詩。阿提斯因爲無可補救的損失所產生的轉變,使得他從最粗野的宗教狂熱,冷靜下來發出悲慘的怨言,這種情景必定使男人感到憐憫,閹人感到絕望。

15 朱理安採用的這種粗鄙想法歸之於他私淑馬可斯·安東尼。斯多噶和柏拉圖的門徒,在形體的類比和精神的純潔間猶豫不決,然而最嚴肅的哲學家也相信阿里斯多法尼斯(Aristophanes)和盧西安天馬行空的想像力,也就是說,在無信仰的時代,不朽的神明會餓死。

會在神像上附身，居住在爲祂修建的神殿裡，偶爾會到地上巡視，但祂的
寶座安置在天上，代表眞正的榮譽。太陽、月亮和星星的運行有不變規
律，被朱理安很大意用來作爲萬物永恆存在的證據，這種永恆性足以充分
證明這不是下級神祇，而是萬能造物主的高深技術。在柏拉圖學派的理論
體系中，可見世界是不可見世界的一種形式，各種天體的形成都瀰漫著神
明靈性，可作爲接受宗教崇拜最適當的對象。太陽發出暖和光芒遍及整個
宇宙，使生命得以繁殖綿延，生生不息，應該被視爲邏各斯（Logos）明亮
的代表，當作全能天父鮮明、理性和仁愛的形象，受到人類的頂禮膜拜。

　　無論在哪個缺乏眞正創作靈感的時代，總會代之以狂熱的強烈幻覺和
欺騙的模仿伎倆。如果是在朱理安那個時代，這類手法只有異教的祭司拿
來使用，維持他們即將滅亡的行業，應該說是特有的興趣和習慣使然。但
是，哲學家竟然幫著濫用人類的迷信思想[16]，希臘的神秘教義得到現代柏
拉圖學派慣用魔法或妖術的支持，確實令人吃驚而且茫然不知所措。這些
人士吹牛說自己能控制自然的變化，探索未來的奧秘，命令亡靈鬼魂服務
侍候，欣然會晤高層神祇相談甚歡，能使靈魂與臭皮囊分離，重新與無限
的神靈結合在一起直到永恆。

　　朱理安的好奇心虔誠而無所懼，使那些哲學家懷抱很大的希望，認爲
他是很容易掌握的對象，且從剛改變信仰的年輕人所處地位來看，他們成
功以後可能產生極關重要的效果。伊笛休斯在帕加姆斯（Pergamus）建立的
學院，因受到迫害而四處漂泊，朱理安倒是從他的口中，第一次了解有關
柏拉圖學說的基本知識。受人尊敬的哲人精力日衰，無法滿足積極勤奮而
又才思敏捷的學生所提出的要求，於是由兩位最有學問的門生克里桑昔斯
（Chrysanthes）和優西庇烏斯，按照他的意願取代年事已高的老師。兩位哲
學家爲扮演不同的角色，事先有充分準備並完成分工合作。他們運用沽名

16　優內庇斯的詭辯家像沙漠的聖徒那樣行使很多神蹟，唯一讓人感到欣慰之處，是
　　他們沒有表現出悲觀的面容。安布利克斯從兩座相鄰泉水召來的是愛神厄洛斯
　　（Eros）和安提洛斯（Anteros），並不是長著角和長尾的魔鬼。兩個俊美的幼童從水
　　中躍出來，把他當成父親那樣深情擁抱，聽從他的命令告退。

釣譽和假裝爭辯的手法，挑動那迫不及待渴求者的希望，最後又把他交給同夥，膽大包天且最有能耐的法術大師麥克西繆斯(Maximus)。剛滿二十歲的朱理安經安排，在以弗所(Ephesus)祕密入門。從他在雅典住所的來往人士中，可清楚看到哲學和迷信違反自然的結合。他獲得正式加入伊琉西斯祕密教派*[17]的特權。這教派在希臘宗教普遍衰頹的情況下，還能保留一些原始聖潔的遺跡。朱理安的宗教熱情是如此高漲，竟爲了通過神秘的儀式和奉獻，完成清洗罪孽的偉大工作，就拉攏伊琉西斯教派的大祭司，專程邀請他前往高盧王宮。入會儀式是於寂靜夜晚的山洞深處進行，新入教者要對這種神秘儀式絕對保守祕密，因此我就不必描述，通過入會者[18]的感官或想像會誕生陰森可怖的聲音和火花四射的妖魔，以及後來沐浴在一道天光裡，因而感到舒適並且豁然領悟。在以弗所和伊琉西斯的深山，朱理安的頭腦滲透眞誠、深刻、堅定的信仰熱情，難免有時會表現出虔誠的欺騙和僞善，這是最認眞的狂熱信徒性格中無法避免的過失。

朱理安從那時起決定獻出自己的生命爲神祇效力，而當戰事、政務和學習占去他的全部時間，仍然在深夜保留部分時光專爲自己私下祭拜祈禱之用。這位身爲軍人又是哲學家的嚴厲態度所以會趨於緩和，與宗教信仰的節制私欲有很大的關係，因爲他要奉行嚴格而瑣碎的規定。爲了祭拜牧神潘(Pan)或麥邱里、赫卡蒂(Hecate)或艾希斯(Isis)*[19]，朱理安在規定的日子裏，拒絕食用引起守護神反感的食物。自願的齋戒使得他的感覺和意識保持在最適合的狀態，有幸經常接待神祇非常親切的訪問。儘管朱理安本人出於謙虛從不談及此事，但據忠心的友人演說家利班紐斯說，他一直

---

*17　[譯註]古希臘每年在伊琉西斯舉行秘密的宗教儀式，祭祀穀物女神德米特(Demeter)和冥后佩西鳳妮(Persephone)。

18　當朱理安在恐慌的一刹那間做出十字架的手勢，惡魔突然消失。格列哥里認爲惡魔害怕手勢的威脅，而祭司宣稱他們是基於氣憤不平。讀者可以依據自己的信仰程度，決定哪種答案最爲適合。

*19　[譯註]潘是人身羊足，頭上有角的牧神；麥邱里是朱庇特和自然女神邁亞(Maia)之子，商業和貿易之神，也是神的使者；赫卡蒂是月亮、大地和冥界女神，也是魔法和巫術之神；艾希斯是古代埃及司生育和繁殖的女神。

都與神祇和女神保持交往。祂們爲了和所喜歡的英雄交談，經常從天上來到人間，常常觸摸他的手或頭髮，使他從睡夢中醒來；遇有什麼危險即將來臨，總是預先提出警告，運用正確無誤的智慧，爲他的一生指示行動的方向；還提到他與這些天上來客的關係極其親密，能夠很容易分辨出朱庇特與密涅瓦的聲音，阿波羅和海克力斯的神態[20]。長期禁慾和狂熱情緒引起睡夢或清醒時見到幻象，使得皇帝的高貴身分降低到普通埃及僧人的地位。但是安東尼和帕柯繆斯（Pachomius）終其一生，全在虛無飄渺之中度過，致使一事無成。朱理安能夠從迷信的夢幻中清醒過來，拿起武器去作戰，在沙場上征服羅馬帝國的敵人以後，安詳回到御帳之中，敏睿而合理的指導帝國執行法律，在文藝和哲學方面發揮他的才智。

三、宗教狂熱所形成的寬容政策(361-363A.D.)

朱理安基於友情和宗教的神聖聯繫，將背教行爲的重大祕密告訴一些忠誠的新入會者[21]。有一個動人的謠言不斷在篤信古老宗教的人們中間流傳。帝國所有行省的異教徒，把他未來的偉大成就當成希望、祈求和預言的目標。他們抱著美好的期望，靠著熱忱而善良的皇家改變信仰者，可以消除所有的禍害，重獲每一種福份。對他們虔誠的望和熱情，朱理安公然巧妙的表示，他決心要到達的地位，能夠對他的國家和宗教都發生作用。君士坦丁的繼承人對古老的宗教始終抱著敵視的態度，他那喜怒無常的脾氣時而保護時而又威脅著朱理安的生命。專制政府公然愚蠢到懼怕法術和占卜，嚴格禁止此類活動。要是異教徒的祭拜活動，還能勉強得到同意，但是以朱理安所處的地位，這種宗教的寬容對他並不適用。不久以後，背教者成爲王位的推定繼承人，現在顯然只有他的死亡才能除去基督徒的恐

20　朱理安謙虛節制，不願公開說明，只能不在意的做出暗示，但是利班紐斯很高興詳述宗教英雄的齋戒和幻想。

21　蓋盧斯可能發覺他的兄弟已經背教的秘密，因而大家以爲他真的寫了一封信，告誡朱理安要皈依祖先信仰的宗教。這個論點看起來完全成熟，其實還沒有。

懼[22]。但是年輕的親王並不願意成爲殉教者,而是要獲得英雄的榮譽,爲
了保護自己的安全,開始隱瞞自己的宗教信仰,對於這個內心感到十分厭
惡的教派,多神教的溫和態度容許他參加基督教的禮拜活動。利班紐斯把
他這位朋友的虛僞態度,說成值得讚揚而不是應該批評的行爲,這位演說
家說道:

> 就像玷污過的神像重新安置在宏偉的聖殿裡,朱理安接受教育所
> 帶來的愚昧和謬誤,全部從頭腦裡清洗乾淨,重新發射出美麗的
> 眞理之光。他的思想已經產生變化,要是公開承認會給自己帶來
> 危險,他的行爲只能一如既往。伊索寓言的驢子用獅皮掩飾自
> 己,恰好相反,我們這頭雄獅要用一張驢皮將自己僞裝起來。他
> 聽從理性的指導,奉行審慎和需要的生存法則。

從在以弗所祕密加入異教直到內戰開始,朱理安的僞裝隱匿有十多
年。在開始東征後,才公開宣稱他是耶穌和康士坦久斯誓不兩立的敵人。
強迫自己忍耐的情況更堅定其信仰,他在莊嚴的節日盡自己的義務參與基
督徒的集會。朱理安懷著戀人的急切心情,回到供奉朱庇特和麥邱里的家
庭聖殿,自由自在的焚香膜拜。誠實的人要時時僞裝必然十分痛苦,公開
承認自己信奉基督教,使得他的思想自由受到壓制,迫使在行爲上違反人
性中的高貴品德,也就是喪失忠誠與勇氣,更增加他對這種宗教的厭惡。
　　朱理安雖然受過基督教的神聖洗禮,而成爲其中的一員,但是就他的
思想傾向而言,寧可接受荷馬和西庇阿父子的神祇,也不願信奉他的伯父
在羅馬帝國建立起來的新宗教。但是作爲哲學家,他有責任說明自己所以
反對基督教的道理,因爲現在有眾多的信徒、持續的預言、光輝的神蹟和
大量的證據在支持這個教派。他在準備波斯戰爭期間寫了一部長篇著作,
其中敘述的具體內容,許多都是他經過長期沉思默想所探索的論點。有些

22　格列哥里的宗教信仰毫無人性可言,他竟責備康士坦久斯當年爲何不斬草除根。

殘篇斷簡被亞歷山卓的西里爾（Cyril）抄錄並保存下來[23]，這個人是他的敵對分子。朱理安的文章是機智和學識、詭辯和宗教狂熱的奇妙結合，高雅的風格和作者的地位使這些作品大受歡迎。被視爲基督教仇寇的邪惡人員名單中，波菲利的名字與品德高尚而又名聲遠揚的朱理安相比，難免顯得大爲遜色。虔誠的心靈受到誘惑或覺得可恥，或震撼不已。異教徒有時膽敢參加寡不敵眾的爭辯，可以從皇帝傳教士的通俗著作中，得到取之不盡卻謬誤的反駁論點用來大聲激辯。這位羅馬皇帝對神學的研究極其喜愛，吸取了好辯的神學家的狹隘偏見和狂熱。他爲自己訂下永不後悔的誓約，要竭盡全力支持和宣傳他的宗教觀點。當他爲自己使用的辯論武器所發揮的力量和技巧，在私下激賞不已時，對於敵手抗拒他所提出的理由和辯論的才華，竟會如此固執己見，難免要懷疑對手是否誠心參加辯論，或者是他們根本沒有理解的能力。

　　基督徒對朱理安的叛教行動心懷恐懼和憤怒，他們眞正感到害怕的不是他的論點而是他的權力。異教徒看到他的狂熱信仰，急切盼望立即點燃一場迫害的烈火，殲滅神祇的敵人，用帶著惡毒仇恨的智慧發明獨特的死刑和殘酷的刑具，要超出前任皇帝的意想之外，不像他們空有專橫的憤怒而缺乏經驗。但是，這位看重自己名聲、重視社會安寧和人民權利的君主，謹愼小心運用仁善爲懷的作法，對所有的教派而言，有的希望感到破滅，也有的恐懼未能成眞。朱理安接受歷史經驗的啓發，經過反覆的思考，認識到儘管身體的疾病有時可以用下重藥的辦法治癒，心靈的偏差意識無論是烈火或刀劍都無法祛除。毫無意願的受害者可以被強拉到聖壇下，內心對褻瀆神靈的活動十分憎惡完全不能接受。壓迫只能更加深宗教信仰的執著甚至可以爲之瘋狂，況且，等到迫害時期過去以後，曾經屈服的人會馬上表示懺悔，照舊恢復自己原來的信仰。那些始終堅持己見的

23　在朱理安過世大約七十年以後，他繼續賽德（Side）的菲利浦企圖著手的工作。菲力浦是個很囉嗦而且格調不高的作家，就是西里爾的著作也不過爾爾，沒有辦法滿足最善意的評審。布勒特里希望，一些精通哲學的神學家（奇異的半人半馬怪物）可以反駁朱理安的作品。

人，得到榮名成爲聖徒或殉教者。朱理安非常清楚，如果他採用戴克里先
及其共治者所採用的殘酷政策，不僅沒有辦法獲得成功，結果只能使自己
在後人心目中留下暴君的罵名。早先就是因爲異教徒行政官員的嚴厲手
段，使得基督教得以成長茁壯，如果還要照舊施爲，會使基督教增添新的
榮譽。在這些動機的驅使之下，加上擔心打亂尚未穩固的統治和社會的安
寧，朱理安展現政治家或哲學家的胸襟，頒布出乎世人意料之外的詔書，
向羅馬世界全體臣民許諾，要實行自由和平等的寬容政策，對基督徒提出
唯一的嚴厲要求，是剝奪折磨其他教派的權力，包括那些被他們惡毒稱作
偶像崇拜者和異端分子。異教徒獲得優惠的許諾和明確的命令，將他們的
廟宇對公眾開放，人人有參拜的權利[24]。異教徒在君士坦丁及其子統治下
一直忍受壓迫的法令和無窮的痛苦，轉瞬之間被解救出來。

　　同時那些被阿萊亞斯派君王放逐的主教和教士，從囚禁地釋放回到各
自的教堂，其中包括道納都斯派、瓦諾提安派、馬其頓派、優諾米安派以
及那些信守尼斯會議教義的富有教派。朱理安非常了解他們在神學問題上
的爭論，並且感到可笑，就把敵對各派的領袖請到皇宮，欣賞他們之間激
烈交鋒的精彩場面。他們在爭論中互不相讓的聲勢，有時使得皇帝不禁大
聲喊道：「聽我說！法蘭克人全都聽我的，還有阿里曼尼人。」但是他很
快就發現，現在遇到的敵人不僅更加固執，而且更難征服。儘管他施展三
寸不爛之舌，勸誡他們要和諧的生活在一起，至少也要和平相處，但他在
讓他們離開時感到十分滿意，因爲他一點也不用擔心基督教徒的聯合。立
場公正的阿米努斯把表面裝出來的寬厚態度，解釋爲有意煽起基督教的內
部分裂。這種從根本上推翻基督教的惡毒用心，和公開表示要恢復帝國古
老宗教的無比熱情，就朱理安的策略而言，兩者息息關連，互爲表裡。

24　希臘的密涅瓦神廟在朱理安的指示下開啓，這是在康士坦久斯過世前的事。朱理
　　安在給雅典人的公開信中宣布自己是異教徒，這件意義極不尋常的證據，可更正
　　阿米努斯過於倉卒的說法，他認爲君士坦丁堡才是朱理安皈依異教神明之處。

四、恢復異教信仰的具體措施和行動（361-363A.D.）

　　朱理安登基後照前朝諸帝慣例，立即擔任大祭司的官位。他認為這是一位偉大帝王極光榮的稱號，而且決心要竭盡忠誠全力以赴，完成這個神聖而重要的職務。繁忙的政務使皇帝不可能全都參加臣民公開的祭祀活動，他設立一個供奉守護神太陽神的家庭殿堂，花園裡布滿各種神靈的雕像和祭壇，皇宮的房間裝飾得像輝煌的廟宇。每天清晨他要用一頭牲物向光明之父獻祭，等到太陽於地平線落下時，還要再宰殺一隻動物，用流出的鮮血敬神。夜晚的月亮、星星和守護神也都得到及時的拜祭，朱理安對於宗教活動從不知疲倦，每逢重要的神祇祭典節慶，總要親自到那位神祇或女神的廟宇去參拜，盡量拿自己做榜樣，激起官員和人民的宗教熱情。朱理安並沒有突出身為君王的顯赫地位，穿著光輝燦爛的紫袍，讓手執金盾的衛士在四周圍繞，而是表現崇敬而熱情的意願，盡量親身擔任最卑微的工作去侍奉神祇，處在一群祭師、助手和舞女的中間，這些為神廟服役的人員，工作雖然神聖但是行為很隨便。皇帝的工作就是搬柴、吹火、掌刀、宰殺，然後將血淋淋的手伸入死去動物的腹腔，掏出心或肝，然後用一位動物肝腸占卜家的高超技術，憑一些想像的徵兆預言未來的禍福。對這種異乎常情的迷信活動，比較明智的異教徒也會提出指責。在嚴格屬行節約君王的統治下，用於宗教祭祀活動的經費，竟占去帝國稅收的極大部分。各種美麗和珍奇的鳥類源源不斷從遙遠的地方運來，供宰殺用來祭神。朱理安常會在一天之內殺掉一百頭公牛作為犧牲，當時很流行一則笑話，說如果他在波斯戰爭中勝利歸來，所有的長角牛必將絕種。皇帝親自或命人給羅馬世界著名的宗教聖地，送去無比珍貴的禮物。有些古代的廟宇因年久失修或新遭到基督徒的洗劫，皇帝支付大量的修繕經費，獻祭的費用跟這些比起來就顯得微不足道。虔誠的君王親自作出榜樣，在公開鼓勵和慷慨支持的影響下，許多城市和家庭都開始實施已放棄多年的祭祀活動。利班紐斯帶著虔誠的狂喜心情，不禁大聲叫道：

帝國每個地方的宗教信仰，呈現出一幅喜氣洋洋的景象，到處是
燈火通明的聖壇，流著鮮血的犧牲，繚繞香煙的殿堂，以及排
場莊嚴的祭司和先知隊伍，毋須再感到危險和恐懼。禱告和奏
樂的聲音一直在最高的山頂回響，用公牛作爲祭神的犧牲，同
時也爲受到保佑的信徒提供一頓晚餐。

　　然而，沒有神學基礎、道德準則和教會戒律的宗教，單憑朱理安的
才智權力，都不足以完成復原和重建的工作，迅速走向衰落和瓦解的道
路，任何強勢而堅持的改革全都無濟於事。基督教皇的審判權，尤其在
與皇室的尊榮結合後，範圍擴大到整個羅馬帝國。朱理安任命好幾個行
省的代理人，都是他認爲最能和自己合作，完成宏偉計畫的祭司和哲學
家。在他有關宗教事務的信函中，可看到他對未來的意願和打算，所敘
述的事項都非常有趣。他指示所有城市的祭司團成員，應由熱愛神祇和
民眾的人士組成，根本不必考慮他們的出身和財產。他繼續說道：

　　　　若他們犯下可恥的罪行，應受到大祭司斥責或撤職處分；但只
　　要他們還在現職，就有權受到行政官員和人民的尊敬。穿上粗
　　布衣服便可很謙卑的表示已受到斥責，因爲崇高地位要穿著顯
　　現尊榮的神聖服裝。當他們輪流在聖壇執事期間，在指定的日
　　期不得擅自離開神廟，更不得停止爲國家和個人祈求繁榮昌盛
　　的禱告和獻祭儀式。履行神聖職責需保持心靈和身體的純潔，
　　即使在離開神廟過普通生活亦應隨時檢點，使自己的言行品德
　　始終高於一般同胞的標準。身爲神廟的祭司不得進入劇院和酒
　　店，談吐應當高雅，飲食講求清淡，結交的朋友都受尊重。在
　　進入法院或皇宮時，只替那些祈求正義和含冤莫白的人講話。
　　祭司所研究的學問都應與神聖職務相關。一切色情故事、喜劇
　　劇本和諷刺作品都應從書房裡清除，只保留真實可信的歷史書

籍和與宗教有關的哲學著作，伊庇鳩魯和懷疑學派褻瀆神明的
觀點應遭到厭惡和唾棄[25]。他要努力鑽研畢達哥拉斯、柏拉圖和
斯多噶學派的學說，肯定神祇的存在，世界完全受著神祇的旨
意支配。祂們的仁慈是人世短暫幸福的根源，在未來世界爲所
有人的靈魂準備應得的獎賞或懲罰。

　　這位皇家大祭司用最動聽的言詞宣揚仁慈和友善的做人責任，鼓勵屬
下的祭司要全力普遍推展這些德行，答應用國庫的錢財來救濟他們的貧
困，鄭重宣布他決心要在每座城市建立醫院，將不分居住地區和宗教信仰
收容所有窮人。朱理安用妒恨的眼光看待基督教會，他們非常明智的建立
合於慈善行爲的規章制度。他認爲基督徒壟斷慈善機關和救濟活動，從而
得到公眾的讚揚和實際利益[26]，他公開宣揚要加以制止和廢除。皇帝想運
用模仿精神採用教會的幾種制度，這些制度所產生的作用和重要性，因爲
敵人獲得成功而受到證實。但是，即使想像中的改革計畫眞正得以實現，
這種勉強且不完善的效法，不會對異教徒產生多大好處，只會提高基督教
的聲望[27]。異教徒安靜遵守祖先的習慣，對於從外面引進的作法只是感到
吃驚並不表示高興。朱理安在爲時不久的統治時期，經常抱怨自己的教派
太過缺乏宗教的熱忱[28]。

　　朱理安具有宗教狂熱，使得他把朱庇特的信徒都當作成自己的友人
和兄弟。雖然他未能充分認識基督徒堅持宗教信仰永不改變的美德，但
有些異教徒如果把神祇的恩惠看得更勝於皇帝的恩惠，他會對這種高貴

25　朱理安對於邪惡的教派和他們的作品全部遭到毀滅，感到極爲欣慰。
26　然而他暗示基督徒以慈善爲名，拐騙孩童離開他們的宗教和父母，得手後用船運
　　走，在遙遠的國度讓這些受害者過著貧苦的生活，甚至出賣爲奴。只要證據屬
　　實，他的責任不僅是控告而是懲處。
27　格列哥里・納齊成的個性好開玩笑，智慧超人而且議論風生，所以他嘲笑異教徒
　　的模仿不僅愚蠢而且毫無用處，然而他自己也異想天開，要探索希臘的神話，看
　　看能獲得那些美德和神學上的經驗教訓。
28　朱理安指控他的一位大祭司，竟與基督教的主教和長老在暗中結黨營私。

而忠誠的態度大加讚賞和獎勵[29]。要是他們對希臘的文學如同對希臘的宗教一樣愛好,更有權利獲得朱理安的友誼。因爲他把九位繆斯[*30]也都列在自己的守護神名單之中,在他所信奉的宗教裡,虔誠和知識幾乎成了同義語,大批的詩人、修辭學家、哲學家都匆匆趕到皇宮,好據有主教所空出的位置,當初這些主教用各種手法騙到康士坦久斯的信任。但是他的繼承人卻把同入會的約束,看作比血緣更爲神聖的關係。他總是從精通法術和占卜之類玄奧學問的智者中挑選親信,因而每一個施展騙術、宣稱能揭示未來祕密的江湖郎中,保證可以獲得眼前的榮華富貴。在哲學家之中,麥克西繆斯在皇帝門徒的朋友裡居於最崇高的地位,即使在內戰最緊張的時期,爲了表示極其信任起見,朱理安會向他通報自己的行動、想法以及在宗教方面的計畫。

朱理安剛進入君士坦丁堡的皇宮,立即向麥克西繆斯發出一份尊重而急切的邀請函。麥克西繆斯這時與克里桑昔斯同住在利底亞(Lydia)的沙德斯(Sardes),一起研究技藝和學問。謹慎而迷信的克里桑昔斯拒絕參加,因爲從占卜的結果看來,這次旅行充滿凶險極爲可怕,但是夥伴的狂熱情緒卻表現得毫不畏懼,繼續堅持詢問未來的凶吉,終於看到神祇同意滿足自己和皇帝的願望。麥克西繆斯穿過幾座亞細亞城市的旅行,充分顯示哲學名不虛傳的勝利,各地的行政官員競相以無比的熱情接待皇帝的朋友。朱理安得知麥克西繆斯來到的消息時,正在元老院講話,立即中止演說前去迎接,兩人相互親密擁抱之後,他抓住麥克西繆斯的手領他到會場

29　他讚許卡麗遜妮(Callixene)的純潔,她是西瑞斯(Ceres)女神(希臘神話中負責穀物和耕作的女神)的女祭司,保持貞節的時間是佩妮洛珀(Penelope)(奧德賽的妻子,在家中等夫二十年,誓不再嫁)的兩倍,所以派她到佩西努斯(Pessinus)擔任弗里基亞女神的祭司長。他欽佩海拉波里斯的索佩特能夠堅持志節,一直在抗拒康士坦久斯和蓋盧斯要他改教的壓力。

*30　[譯註]繆司是司文藝和科學的九位女神,都是宙斯和記憶女神的女兒,分別是:卡利奧披(Calliope)司辯論和英雄史詩;克萊娥(Clio)司歷史;埃拉托(Erato)司情詩;優特披(Euterpe)司音樂和抒情詩;墨波米尼(Melpomene)司悲劇;波利赫尼亞(Polyhymnia)司頌歌;特普西可瑞(Terpsichore)司舞蹈和合唱;塔利亞(Thalia)司喜劇和田園詩;烏拉尼亞(Urania)司天文。

中間，當眾宣稱他曾從這位哲學家的教導中獲得助益。麥克西繆斯很快贏得朱理安的信任，後來並且能左右皇帝的思想，但是在宮廷的誘惑之下逐漸墮落。他的穿著十分奢華，舉止高傲，以致在繼位君王統治時期，終於接受極其羞辱的調查，迫使柏拉圖的弟子回答受到那些優厚的待遇，能夠在短短幾年中聚集起大筆驚人的財富。還有其他的哲學家和詭辯家，無論是朱理安自己選擇，還是由麥克西繆斯推薦進入皇宮，大都未能保持自己的清白和名聲[31]。慷慨贈與的錢財、田地和房產都無法滿足貪得無饜的胃口，民眾對他們過去的貧窮和自命清高的生活記憶猶新，自然激起應有的義憤。朱理安有敏銳的洞察力，不可能長期受騙，但是對那些在才智方面值得他尊敬的人，他卻不願意對他們的品德表示憎惡，力圖使自己避開輕率無知和言而無信的雙重責備，害怕產生侵犯文藝和宗教的行為，在教外人員的眼中留下無法抹除的污點。

　　朱理安把他的恩惠和利益，公平分配給堅定信奉祖先宗教的異教徒，還有那些謹慎皈依君主宗教的基督徒。看到有許多人新近改變宗教[32]，滿足他內心深處的主導情結、迷信思想和虛榮心理，而且有人還曾聽到他用傳教士的熱情宣稱，如果他能使每一個人都變得比邁達斯（Midas）*[33]更富有，每一座城市都變得比巴比倫還偉大，仍然不認為自己是人類的造福者，除非他同時還能使臣民中所有反對不朽神祇的人都能回心轉意。一位通曉人性又擁有羅馬帝國財富的皇帝，可以讓自己的論點、承諾和獎賞滿足任何等級基督徒的需要，而且及時轉變宗教信仰，可以當作一種德行來彌補候選人所欠缺的資格，甚至還可以用來為罪行贖過。軍隊是專制權力的強大保障，朱理安特別努力要盡量破壞軍隊的宗教信仰，因為沒有軍隊

31　克里桑昔斯不願離開利底亞，被指派擔任行省的大祭司。他一直謹言慎行不濫用職權，在發生變革以後很安全，能夠平靜的過日子，不像麥克西繆斯和普里斯庫斯，在當時受到基督徒大臣的迫害。

32　路易十四在位時，不論那個階層的臣民，都渴望獲得「改信者」的頭銜，好證明他們信仰的虔誠和宗教改換的成功。這個用語和概念後來在法蘭西逐漸作廢，但是從來沒有引進到英格蘭。

*33　[譯註]邁達斯是弗里基亞國王，性貪財，有點石成金的本領。

的眞正同意，他的任何措施不僅危險而且也難以實現，士兵的習性使得如
此重大事件很容易獲得成功。高盧的軍團都忠於勝利領導者的宗教信仰和
氣數運道，甚至在康士坦久斯去世以後，朱理安經常興高采烈的告訴朋
友，軍隊帶著熱烈的虔誠和旺盛的食慾，常參加在營地舉行的百牛祭典。
東部軍隊在十字架和康士坦久斯的旗幟下接受訓練，勸服他們需要花費更
大氣力，付出更大代價才行。在莊嚴的節慶祭典期間，皇帝接受軍隊的歡
呼致敬，在這時獎賞有功官兵。皇帝的寶座被羅馬和帝國各種旗幟和隊標
圍繞，基督教的神聖名字從拉貝隆旗上去掉。象徵戰爭、皇權和異教信仰
的標誌巧妙混合在一起，使得虔誠的基督教臣民，在向君主本人或畫像致
敬行禮時，常會犯下偶像崇拜的罪行。所有的士兵排隊依次覲見皇帝，朱
理安按照他們不同的官階和功績，親自遞交他們一份慷慨的賞賜。每個人
都必須往聖壇上正在燃燒的火焰中丟入幾粒香料，有些堅守基督教信仰的
士兵會抵制這種做法，也有人會在事後懺悔，但更多的士兵在金錢的誘惑
和皇帝親自在場的威嚴之下，也就參與這種形同犯罪的活動。至於後來他
們還堅持崇拜神祇，完全是出於對義務和利益多方面考慮的結果。朱理安
經常使用這種計謀，付出的費用足夠買下半個錫西厄族的男子前來服役，
終於逐漸使軍隊獲得神祇的保護，贏得羅馬軍團堅決有力的支持。我們幾
乎可以肯定的表示，異教之所以能夠復辟和再度興旺，那就是有一大批自
稱爲基督徒的人員，出於眼前利益的考量，默默接受在位統治者的宗教，
後來因爲良心有極大的彈性，重新回歸朱理安繼位者所倡導的信仰。

五、朱理安在耶路撒冷重建猶太神殿（363A.D.）

　　虔誠的君王在大力恢復祖先的宗教，並且到處宣揚時，竟然又擬訂重
修耶路撒冷神廟的偉大計畫。猶太人分散居住在帝國各行省，朱理安在寫
給他們的一封公開信中，哀嘆他們所遭受的不幸，頌揚他們對信仰的堅
貞，痛恨過去那些專制的壓迫者，宣稱自己是善意的保護者，表示他虔誠
的希望從波斯戰爭歸來以後，能有時間到全能上帝的聖城耶路撒冷向祂感

恩許願。那些可憐的亡國奴過著低賤的生活，充滿盲目的迷信思想，就一位精通哲理的皇帝來說，理應引起他的厭惡，但是猶太人對基督教這個名稱的深仇大恨，就能贏得朱理安的友誼和好感。冷落的猶太會堂對叛逆教會的富饒既厭惡又嫉妒，但是猶太人的能力無法達成惡毒用心的目標，有些道貌岸然的猶太教領導人，卻贊成陰謀殺害背教者[34]，作亂的喧囂會將異教的行政長官從迷夢中驚醒。在君士坦丁統治時期，猶太人變成基督徒的臣民，沒有多久便體會到暴政的痛苦。塞維盧斯頒布或批准的民事豁免權，也都逐漸被幾位基督教君主所廢除。巴勒斯坦的猶太人挑起一次騷動，爲康士坦久斯的主教和宦官找到理由，可以施展攫取暴利的壓迫政策。猶太長老居住在提比理阿斯（Tiberias），仍能行使的審判權隨時有被撤消的可能。在巴勒斯坦鄰近的城市，人群仍然依戀應許之地，不肯離開。哈德良的詔書重新發布並加以執行，他們只能從遠處觀望的聖城城牆，已經爲十字架的勝利和基督徒的崇拜所褻瀆。

　　在這塊滿是岩石而又貧瘠不毛的地區，耶路撒冷的橢圓形城牆長約三哩[35]，將錫安（Sion）和阿克拉（Acra）兩座山全包了進去。上城和大衛城堡都修建在錫安山靠南的高坡上；下城的建築在北面覆蓋了寬闊的阿克拉山山頂，經過人工整平的部分取名叫做摩萊爾（Moriah），矗立猶太民族莊嚴的神殿，自從被提圖斯（Titus）和哈德良的軍隊澈底毀滅後，曾用犁在這塊聖地上劃出一道長線，永久作爲禁區的標記。後來錫安山日趨荒廢，城市下方的空地則被伊利安（Aelian）殖民地公共或私人的高大建築所占據，一直延伸到鄰近耶穌受難的髑髏地小山。這些聖地受到偶像崇拜紀念物的侵入，一座供奉維納斯的神廟不知是有意安排還是出於偶然，在耶穌死後復活的地點興建起來。像這樣重要的事件發生三百年以後，君士坦丁才下令

34　猶太法律提出公開的指責，要用處死來對付放棄基本教義的人。君士坦丁立法來保護從猶太教改信基督教的信徒。

35　我參考丹維爾那篇罕見而詳盡的論文，提到耶路撒冷古代城市的周長是二十七個斯塔迪亞，合二五五〇突阿斯（長度單位爲一・九五公尺）。現在這個市鎮沒有超過一九八〇突阿斯，倒是跟這個地點的原始規劃很相合，因爲城市的周圍受自然的地標所限制，不可能弄錯也不會移動。

拆除維納斯藝瀆的廟宇，清理土地移去石塊，使得人們可以看到神聖的墓穴。第一位基督教皇帝在這塊神聖奧秘的土地上，修建了一座雄偉的教堂，表示虔誠的慷慨行動發生很大的影響，流風所及，所有舊約的先知、新約的使徒和上帝的兒子足跡所到之處，全都奉爲神聖的地點[36]。

成群朝聖客從大西洋岸邊和遙遠的東方國家來到耶路撒冷，強烈地想瞻仰爲他們贖罪最初的紀念地點[37]。虔誠的教徒以海倫娜皇后爲榜樣，她的朝聖行動像是新近改宗者的欣喜攙入年老人的輕信。紀念聖地表示出古代的智慧和榮譽，凡是拜訪過的智者和英雄，都說自己曾受到神靈感召。在聖墓前跪拜過的基督徒，把自己更崇敬的信仰和更熱忱的虔誠，完全歸於聖靈的接觸。耶路撒冷的教士基於宗教熱情，也可能起於貪婪心理，非常珍視且要擴大帶來收益的朝聖行動。他們根據無可反駁的傳統說法，確定所有重大事件實際發生的地點，展示曾用以折磨耶穌的實物，像是穿透祂的手、腳和身體的鐵釘和長矛，戴在頭上用荊棘編成的冠冕，被鞭打時綁在上面的柱子。更重要的是他們還展示耶穌受難的十字架，是在前面幾位君王統治時從地上挖出來，已把十字架的形象用於羅馬軍團旗幟上，作爲基督教的象徵[38]。這些非常必要的神蹟可表明實物能經久不壞，又恰好及時發現，在無法反駁的情況下，逐漸讓世人周知。「眞十字架」的管理權屬於耶路撒冷主教，只在復活節的禮拜天才向公眾展示。只有他有權滿足朝聖者的虔誠心理，贈送給他們一小片用金銀和珠寶鑲嵌起來的木塊，讓他們無比得意帶回各自的家鄉。但這項有利可圖的生意很快便無物可

36　皇帝把蓋在橄欖山和馬布里（Mambre）橡樹園的教堂，也照樣在伯利恆各建一座。

37　從波爾多（Bourdeaux）到耶路撒冷的行程指南，寫成在333年供朝聖客使用。傑羅姆提到也有不列顛人和印度人來朝聖，魏西林（Wesseling）所寫博學而合理的序文裡，曾經討論宗教傳播快速的原因。

38　君士坦丁在位時，產生十字架的神奇傳說，巴隆紐斯和蒂爾蒙特都是這方面的歷史學者家和忠實的擁護者。最古老的證人是保利努斯、蘇庇修斯·塞維魯斯（Sulpicius Severus, 363-420A.D.，早期基督教苦修者）、盧方努斯（Rufinus, Tyrannius, 345-410A.D.，教士、作家和神學家）、安布羅斯以及耶路撒冷的西里爾。保持沉默的優西庇烏斯以及波爾多的朝聖客，他們只要想起這件事就感到滿足，至於要討論是否相信，那只會帶來困擾。

賣，於是他們想到非常奧妙的辦法，說是神聖的木材具有奇妙能力，可自
行生長，儘管被不斷分割，始終無損完整形狀[39]。一般人認為聖地及不斷
出現的神蹟，會對信徒的道德品質和宗教信仰產生有益的影響。但最受人
尊敬的教會作家也承認，耶路撒冷的街頭隨時可看到，由於買賣爭執或娛
樂活動引起的騷亂。這座聖城裡的居民對各式各樣的罪惡，像是通姦、偷
竊、偶像崇拜、下毒、謀殺，全都見怪不怪[40]。耶路撒冷的財富和聲望，
使阿萊亞斯教派和正統教派候選人垂涎不已。死後被尊為聖徒的西里爾，
其德業表現在他出任主教行使職權時，並非在獲得主教職位之前[41]。

　　朱理安雄心壯志的抱負，可能希望恢復耶路撒冷神殿古代的光輝[42]。
基督徒被說服摩西的誡律將遭到永恆毀滅的判決，身為皇帝的詭辯家，可
能會將他的成功轉變成似是而非的主張，駁斥先知的可信性和神祇的真實
性[43]。他不欣賞猶太教堂的禮拜方式，但對於不肯放棄抛納埃及許多儀式
和祭典的摩西教規甚表贊同[44]。猶太人的神受到朱理安的歡迎，他相信多

39　保利努斯相信十字架的神奇功能，好像是把西里爾的修辭比喻改為確有其事，同
　　樣超自然的特權出現在處女的牛奶和聖者的頭顱，以及其他的聖徒遺物上，在很
　　多不同的教堂重複發生。

40　整篇書信都在指責宗教的朝聖之途一無是處，對於天主教的聖職人員而言一定感
　　到痛苦，倒是有利新教徒所主張的論點。

41　西里爾拒絕正統教會的聖職任命，像一個執事那樣主持教會的事務，然後在阿萊
　　亞斯派人員的手裡重新接受聖職，但是他掌握時機改變派系，非常審慎的遵從尼
　　西亞教義。蒂爾蒙特對於他的過去行為抱著惻隱之心和尊敬之意，把他的德行寫
　　在本文讓眾人得知，過失放在註釋裡，留在卷終最不起眼的地方。

42　耶路撒冷神廟就是在非猶太人的廟宇中也極為著名。每個城市都有很多的廟宇
　　（像是在西康[Sichem]有五座、加薩有八座、羅馬有四百二十四座），但是猶太民
　　族的宗教和財富全部集中在一個地點。

43　格洛斯特主教武布頓（Warburton, William, 1698-1779A.D.，格洛斯特主教、學者
　　和議論家）博學多聞而且精研教義，就是他揭穿朱理安的秘密意圖。他曾發揮神
　　學家的權威，很武斷的律定上帝的動機和行為。他把這篇論文的題目定名為〈朱
　　理安〉，很強烈的表現出武布頓學院的特殊風格。

44　我拿邁蒙奈德斯（Maimonides, 1135-1204A.D.，猶太法學家、哲學家，生於西班
　　牙，定居埃及）、斯賓塞（Spencer）、勒·克拉克、武布頓當擋箭牌，他們嘲笑有
　　些迷信神學家的畏懼、愚行和謊言。

神教，盼增加神明的數目[45]。朱理安對於奉獻犧牲祭神的規模受到所羅門
信仰虔誠的啓發，所羅門曾在一次祭祀大典中殺死兩萬兩千頭牛和十二萬
隻羊[46]。過多的考量會影響他的計畫，但是基於當前有利的狀況，性情急
躁的君王不願等待波斯戰爭以後再處理，何況未來吉凶未卜，夜長夢多。
他決心不再延遲，立即動手在俯視耶路撒冷的摩萊爾山最高處，建立一座
氣勢宏偉的神殿，使鄰近耶穌受難山的耶穌復活教堂爲之失色；組成一批
重視本身利益的教士隊伍，將能識破敵對基督徒的計謀，不讓他們有抗拒
的能力；邀請大批猶太人前來殖民，因爲他們的堅強的宗教狂熱，會使他
們隨時準備支持或者期待異教政府，對付基督徒採取敵視政策。皇帝的友
人之中（如果皇帝和朋友這兩個名詞能夠相容的話），照皇帝自己的看法，
處在第一位是品德高尙、博學多才的阿利庇斯（Alypius），待人慈善而且
有強烈的正義感，是擇善固執的正人君子。當他在不列顛負責行政工作施
展才能時，他的詩作卻模仿莎孚（Sappho）頌詩[*47]和諧與柔美的韻味。朱理
安把軍國大計到個人私事，毫無保留告訴他所信任的大臣，因而阿利庇斯
接受一項特殊的委託，要去重建耶路撒冷神殿，恢復昔日的繁榮華麗。只
要阿利庇斯勤奮工作，必然獲得巴勒斯坦總督的大力支持。帝國各行省的
猶太人受到偉大解救者的號召，聚集到祖先曾長期居留的聖地，擺出凱旋
來歸的勝利姿態，使現住在耶路撒冷的基督徒倍感驚愕，爲之震怒不已。
多少世代以來，重修神殿一直是以色列子民最迫切的願望。激動人心的時
刻來到，男人都拋棄貪婪之心，女人也不再珍惜服飾，擺闊的富豪拿出銀
製的鏟和鍋來當工具，運出的泥土上都蓋著紫色絲綢。所有的人都慷慨解
囊，爭著要爲聖潔的工程出力，偉大君王的計畫得到整個民族熱烈支持。

---

45 朱理安尊稱摩西爲「先知」，提到時均表示極度的恭敬。朱理安加倍指責基督
   徒，因爲他們相信也否認猶太教。就他的觀點，神是眞實不虛，但並非唯一。

46 眾多的百牛大祭使血流成河、香煙迷漫，產生很多不便，「輕足」（Lightfoot）是
   身爲基督徒的猶太教法師，運用神蹟將這些全部移走。勒·克拉克竟膽敢懷疑數
   量的精確性。

*47 [譯註]莎孚，620-565B.C.，希臘女詩人，作品有〈抒情詩〉和〈哀頌〉，僅殘篇
    傳世，有同性戀傾向，出生地在小亞細亞的里斯本斯島，爲女同性戀專用語。

　　不過，單就這件事情而論，世俗權力與宗教熱忱聯合起來，所產生的努力並未獲得成功，猶太神殿的地基現在建立一座穆罕默德的清眞寺[48]，看上去仍是一片發人深思的荒涼廢墟。這項浩大的工程是在朱理安去世前六個月開工[49]，後來所以停工是因爲皇帝的離去和死亡，以及在繼位者統治下推行新的策略。然而基督徒很自然抱有虔誠的想法，認爲在這場難忘的競爭中，應該有表明天意所歸的神蹟出現，可以重振宗教的聲譽。像是發生一次大地震、颳起一場龍捲風以及地下噴出的烈火，因而把新建神殿的地基掀翻，毀棄已經完成的建築，等等說法不脛而走，從當時人士的記憶中可以找到相當可信的證據。關於這個眾所周知的事件，米蘭主教安布羅斯在寫給狄奧多西皇帝的書信中，曾經加以描述，當然這封信要是給猶太人看到一定深感不滿。能言善辯的克里索斯托也提到此事，安提阿會眾中有些年歲較大的人，對此事仍舊記憶猶新。格列哥里·納齊成就在同一年裡也發表描述神蹟出現的文章。上述作者中最後一位還大膽宣稱，這件不可思議的神蹟，連沒有宗教信仰的人都絲毫不覺得意外。納齊成的說法不管聽來多麼奇怪，卻得到阿米努斯·馬塞利努斯的證實。這個精通哲理的士兵喜愛朱理安的美德，但是並未完全接納他的成見。他那公正而又誠實的作品記載當時的歷史事件，其中記錄不可思議的神蹟，使得重建耶路撒冷神殿的工程中途停止：

　　正當阿利庇斯在行省總督協助下，不辭辛勞加快工程進度時，可怕的火球突然從地基附近噴射出來，時斷時續不停爆發，使得被燒灼或炸傷的工人無法接近。無法抗拒的自然力量沒有止息的樣子，好像下定決心要把這裡的人全趕走，工程只有被迫放棄。

48　這座清眞寺是第二任哈里發奧瑪（Omar）所建造，他死於644年。宏偉的清眞寺覆蓋猶太神廟整個神聖的地面，建築物的面積有七百六十個突阿斯見方。

49　阿米努斯在繼續提到朱理安的想法之前，先記錄363年時執政官的姓名。武布頓在暗中有所預謀，想作其他的打算，但是他必須了解，要執行這樣一件大工程，需要很多年的時間。

這種權威性的敘述雖然可以使信服的人感到滿意,卻使不肯輕信的人感到吃驚,但是有見識的人,要找到不帶偏見而且知識豐富的目睹者,所能提出的原始證詞。在那樣一個事關重要的時刻,任何一件奇特而偶發的自然現象,都很容易被當作眞正的神蹟,而且實際上已經產生預想的效果。由於耶路撒冷教士虔誠加以修飾,基督教世界用積極的態度全盤接受,這種奇妙的說法得到修飾和誇大。在事隔二十年之後,一位對神學論爭毫不感興趣的歷史學家,再拿起這個似乎可信而又光彩絢麗的神蹟,當作裝飾品來提升著作的價值[50]。

六、迫害基督徒的方法、手段和目標(363A.D.)

重建猶太神殿與破壞基督教在暗中發生連帶的關係。朱理安仍然公開維護信仰自由的權利,但是容忍態度究竟出於正義還是仁慈,卻完全難以區別。他對選擇人生最重要的目標時誤入歧途的可憐基督徒,裝出一副同情的樣子,但是他的同情透出蔑視,他的蔑視充滿仇恨。朱理安經常用賣弄聰明的譏諷口氣表達他的感情,這種話出自君王之口,便會造成極重要甚至致命的傷害。他非常清楚,基督徒永遠以救世主的名字爲榮,他卻有意縱容讓人使用另一個帶侮辱性的稱呼「加利利人」[51]。他把加利利派描述爲人所厭惡和神所唾棄的狂熱教派,聲稱由於他們的愚蠢行爲,整個帝國曾一度瀕臨毀滅的邊緣。他還在一份公開的詔書中暗示,對得到瘋病的患者,適度的暴力有時可達成治療的效果。在朱理安的觀念和構想之中顯然產生不公正的分界線,那就是根據不同宗教情

50　拉德納可能是唯一的基督教學者,竟敢懷疑這件重大神蹟的眞實性。傑羅姆保持沉默也會引起更多的質疑。類似的故事要想受到歡迎,就得發生在相當距離以外的地點,在耶路撒冷只會引起閒言閒語。

51　朱理安自己保持不變的習慣,使得這種稱呼受到後人的肯定。武布頓公正地提到,柏拉圖學派相信字句的神秘力量,朱理安不喜歡「基督」這個名字,可能出於迷信與輕視。

緒，一部分臣民應該得到他的恩寵和友情，基於對順從的人民不能拒絕
正義的要求，另外那些人只配得到一般的照顧。根據一條充滿惡意和壓
迫精神的原則，皇帝把原由君士坦丁和其子授與基督教教會管理，由國
家稅收撥出大筆慈善事業津貼的權力，轉交給他自己教派的大祭司。花
費大量心血和代價建立起極爲自負的教會體系，享有榮譽和種種豁免
權，全部摔得粉碎。接受遺贈的願望有嚴格的法律規定加以阻撓，基督
教各派的教士已落到人民中最下等和最卑賤的地位。當然，有些規章制
度對於遏制教士的野心和貪婪確有必要，有位屬於正統教會的君王很快
起來效尤。政策規定給予特殊優惠，以及使用在迷信行爲的費用，都僅
限於那些自承信奉國教的祭司。立法者的意志難免摻雜偏見和意氣用
事。朱理安極爲惡毒的政策，目的是要剝奪基督徒世俗的榮譽和特權，
讓他們在世人眼中不再因此受到尊敬。

　　有人對禁止基督徒教授文法和修辭學的法令，給予公正和嚴厲的指
責。皇帝申說自己的動機，爲這項不公正的高壓政策提出辯護，在他統
治期間只有滿身奴氣的人才會保持沉默，也只有獻媚拍馬的人才會鼓掌
叫好。朱理安隨便將一個語義曖昧的字，不加區分使用於希臘人的語言
和宗教。他十分輕蔑的提到，凡是公開頌揚絕對信仰的人，都不配得到
或享受科學帶來的好處。他還自以爲是的爭論，如果這些人拒絕崇拜荷
馬和笛摩昔尼斯所提到的神明，那他就只配在加利利派的教堂裡解說
〈路加福音〉和〈馬太福音〉[52]。羅馬世界所有城市裡，教育年輕人的工
作完全交託給文法和修辭學家，他們由行政官員選出，一切費用由國家
負擔，額外享有金錢和榮譽方面的特權。朱理安這份詔書把醫生和其他
一些自由業者包括在內，皇帝對候選人有最後批准權，實際是依據法律
掌握有學識基督徒未來的就業狀況，可以用收買或懲罰的方式來摧破他
們堅定的信仰。等到最頑固的教師辭職以後，異教的詭辯家在沒有競爭

52　詔書仍存在於朱理安的信函中，可以與格列哥里的嚴辭抨擊相比較。蒂爾蒙特蒐
　　集古代和現代不同的看法，好像沒有什麼不同，基督徒被直接禁止去教書，但是
　　等於被間接禁止去學習，因爲他們不可能去異教徒的學校。

對手的狀況下，獲得在教學方面的大權。朱理安號召新成長起來的一
代，可以自由到公立學校去學習，這樣一來，他相信幼小的心靈必會對
文學和偶像崇拜留下深刻的印象。如果大部分基督教青年出於自身或其家
長的疑慮，不肯接受這種危險的教育方式，那他們也同時必須放棄接受自
由教育的機會。這樣一來，朱理安相信在短短的幾年之後，基督教會將會
退化回到過去的簡陋狀態。目前神學家具備當代最高水準的學識和辯才，
將被新一代盲目而無知的狂熱分子所代替，再也沒有能力爲自己信奉的原
則進行辯護，更沒有能力揭露多神教的愚蠢行爲[53]。

　　朱理安的意願和計畫，毫無疑問是要剝奪基督徒在財產、知識和權力
方面的優越地位，運用各種不公正的手段，將他們從所有肩負重責和有利
可圖的職位上排斥出去，這就是他所推行的政策期望達成的結果，絕非僅
靠某一項法令直接獲得成效。優越的才能實際上應得到非常的待遇，但是
絕大多數的基督徒官員，都逐漸被解除在政府、軍隊和行省所擔任的職
務。皇帝公開表明他的偏見，更完全絕滅他們將來再次任職的希望，因爲
他曾經不懷好意的提醒大家，不論是爲了正義還是爲了戰爭，讓一個基督
徒從軍服役都算違法。他還堅持己見，要用各種偶像崇拜的標記守護軍營
和法庭。政府的權力交託公開宣稱虔誠崇拜古老宗教的異教徒，皇帝選賢
與能常常爲占卜所支配，他挑出合於神明意願的親信，往往得不到人民的
認同。處於敵對教派統治下的基督教徒已吃盡苦頭，時刻擔心有更大的災
難來臨。朱理安的天性不贊成殘暴，世人看到他對名聲的重視。公正和寬
容的尺度剛剛建立不久，這位有哲學家頭腦的君王絕不願輕易破壞。然
而，他所指派的行省官員地位較低，爲了討好就會毫無顧忌，在執行專制
權力時，往往考慮君主的意願而不是他頒發的命令。他們不隨便把殉教者
的榮譽加在所敵視教派的成員身上，卻在暗中實施騷擾性的暴政。皇帝對

53　他們求助於權宜之計，只有寫書供應自己的學校。阿波利納里斯（Apollinaris, 310-
　　390A.D.，拉奧狄西亞異端教派主教）在幾個月內，寫出基督徒模仿荷馬、品達
　　（Pindar）、優里庇德斯（Euripides）和米南德（Menander）的作品。索諾曼感到滿
　　意，說這些作品不僅可以媲美甚至可以超過原作。

用他的名義進行的不公正做法，本人卻盡量佯裝不知，最後他對這些官員
施以象徵性的責備和實質性的獎勵，表達出真正的情緒和意圖。

　　用來壓迫基督教的一個最有效工具，是規定基督徒必須為他們在前代
皇帝統治期間，對毀壞的神廟支付巨額賠償。獲勝的基督教會在那時完全
憑著敵對的感情，往往很少考慮要獲得官方的批准。主教認定自己不會受
到懲罰，經常帶領會眾前往搗毀黑色魔鬼的堡壘。劃定的聖地原都有明確
的界限，後來被君王和教士奪走，用來增加自己的財產，這種地方倒是很
容易恢復原狀。但是在這些聖地以及異教廟宇的廢墟上，基督徒已經修建
自己的宗教建築，必須先拆除基督教堂才能建築神廟。皇帝的公正和虔誠
只受到一方的歡呼，另外一部分人不禁痛哭嘆息，斥責褻瀆神明的暴行。
等到地面清除完畢，重新整修雄偉的結構，把轉用在基督教建築的貴重裝
飾品恢復原樣，顯然形成一筆數額巨大的賠款和債務。原來進行破壞的人
員，現在既無能力也無意願來處理愈來愈大的要求。在這種情況下，公正
而明智的立法者要用平等對待和態度溫和的調停態度，求得敵對雙方之間
的平衡。但是，整個帝國特別是東部地區，這時已被朱理安根本不考慮後
果的詔書，瞬息之間變得天下大亂。異教行政官員為狂熱信仰和復仇心理
所激怒，濫用羅馬法律賦予他們的嚴厲特權，使得基督徒在財力不足的情
況下，成為永遠無法償還的債務人。在康士坦久斯統治期間，阿里蘇薩
（Arethusa）[54]的馬可主教竭盡全力要讓教區的人民改變信仰，顯然覺得採
用強制比說服的辦法更為有效[55]。現在地方官員要他按原價賠償出於任性
而為的狂熱所搗毀的神廟，看到他的確十分貧窮，即使只能得到少量賠
償，也要轉過來制服他那虔誠的信仰和剛毅的精神。他們把這位年邁的高
級教士抓來，殘酷鞭打他的脊背，撕扯他的鬍鬚，還把他塗上滿身蜂蜜，

54　雷斯坦（Restar）或稱阿里蘇薩，距伊美莎和伊庇法尼亞（Epiphania）都是十六哩，為塞
　　琉卡斯·尼卡托（Seleucus Nicator）所建立，時間根據城市所頒的獎章是羅馬建城後六
　　八五年。等塞琉西亞王國衰亡，伊美莎和阿里蘇薩被阿拉伯人桑普昔色拉繆斯
　　（Sampsiceramus）篡奪，他的後代成為羅馬諸侯，一直到維斯巴西安在位都沒有絕滅。
55　說來讓人感到驚異，格列哥里和狄奧多里特要盡量把這件事壓下來。從他們的立
　　場來看，這場風波會增加馬可這位悔罪者在教會的功勞。

赤身裸體用大網兜住,吊在上不著天下不著地的高處,任憑各種蚊蟲叮咬
和敘利亞的烈日曝曬。儘管身在半空,馬可仍然堅持以自己的罪過為榮,
對那些無計可施的迫害者百般嘲笑。他最後終被救走,盡量享受神聖勝利
的光榮。阿萊亞斯派教徒為這位虔誠的神父隆重慶功,正統基督教會也非
常熱中將他視為同道,那些異教徒不免感到羞愧或悔恨,再也不願採用這
種無用的殘暴行為。朱理安饒恕主教的性命,但是,如果馬可確實救過年
輕時的朱理安,後人只會譴責皇帝忘恩負義,不會讚揚他的仁慈寬厚。

七、安提阿的異教神廟和月桂樹林(363A.D.)

在距離安提阿五哩有處異教世界最美好的地方,敘利亞的馬其頓國王
早已決定作為聖地奉獻給阿波羅,為光明之神修建一座雄偉廟宇。巨大的
神像幾乎填滿寬敞的內殿,到處裝飾著金銀珠寶,這些踵事增華的工作完
全出於技藝精湛的希臘名家之手。供奉的天神手執金杯,軀體略向前彎,
正向大地酹酒,懇求尊貴的大地之母,讓美麗而冷豔的月桂女神
(Daphne)投入自己的懷抱。這個地點充滿神話傳奇顯得更為高貴,敘利
亞詩人憑著想像,把這段愛情故事從佩尼烏斯(Peneus)河畔移到奧龍提斯
(Orentes)河的兩岸來。安提阿的皇家殖民地跟著效法古希臘的宗教儀
式,一條預言之溪的準確和聲望可以和德爾斐神諭媲美,從月桂樹林的卡
斯塔利安(Castalian)泉流瀉出來[56]。他們向伊利昔河(Elis)買下特權,在附
近田野建造一座運動場,可取代希臘市鎮在這裡舉行奧林匹克運動會[57],
每年撥款三萬英鎊以供公共娛樂之用[58]。於是在神廟的周圍,以及規模宏

---

56 哈德良從浸在卡斯塔利安溪水的一片樹葉上,讀到自己未來命運的預言。根據江
戴爾(Vandale)醫師的意見,這是一場騙局,用化學製劑很容易玩出這種把戲。皇
帝把水源堵住不讓危險的消息流出去,虔誠的朱理安基於好奇心重新開放。
57 安提阿建城第九十二年也就是公元44年,獲得辦理奧林匹克運動會的權利,但是
以後都未能按期舉行,直到康莫達斯登基才保持正常。
58 索昔比烏斯(Sosibius)逝世於奧古斯都在位時,他遺贈十五泰倫的黃金。在君士坦
丁時代,曾經比較敘利亞各城市劇院的好壞。

大和人口眾多的月桂村，自然形成朝聖者和觀光客的永久活動區，雖然沒有省城的稱號，但市面的繁華卻可分庭抗禮。神廟和村莊深藏在一大片茂密的月桂樹林和柏樹林的包圍之中，向外延伸已達方圓十哩，在最悶熱的夏天為人們提供一片涼爽的濃密樹蔭。一千條純淨的溪水從一座座小山上流下，維持著土地的青蔥和空氣的清新，到處鳥語花香，使人心曠神怡，這片安謐的樹林實際已成為有益健康和歡欣的樂園，享受生活和愛情的聖地。充滿青春活力的青年像阿波羅一樣，追逐心愛的情侶；含羞的少女以月桂女神的遭遇為戒，再不會愚蠢到不解風情。那位士兵和哲學家明智避開這個情慾天堂的誘惑，在這裡，尋歡作樂活動打著宗教的幌子，就是高貴德性的堅強意志也會遭到瓦解。然而月桂樹林多少世代以來，卻一直受到當地和外鄉人士的崇敬。這塊聖地所享受的特權，隨著爾後幾代皇帝的慷慨更為擴大，每代都會給輝煌的神殿增加光彩奪目的飾物。

在一年一度的慶典節期，朱理安匆匆趕去祭拜月桂樹林的阿波羅神像，這時他的宗教熱忱表現出極度的焦躁不安。他有著豐富的想像力，早就在盼望排場盛大的犧牲，群眾酹酒和焚香的壯觀場面，大隊童男童女身著白袍以象徵他們的純潔，為數眾多的人民參與喧鬧的集會。但是安提阿人的宗教熱情，自從基督教得勢以來表現在完全不同的方面。皇帝抱怨沒見到一個富足的城市的部族，向他們的守護神奉獻百牛大祭。他到這裡也只見到破敗的神廟裡，有一個面色蒼白的孤獨祭司敬獻一只鵝而已[59]。祭壇已經荒廢，神諭已歸寂靜，這片聖地已因基督徒進入裡面舉行葬禮而遭到褻瀆。巴比拉斯（Babylas）[60]（在狄西阿斯（Decius）的迫害下死於獄中的一位安提阿主教）在墳墓中沉睡將近一個世紀之後，遺體在凱撒蓋盧斯的命令下遷往月桂樹林，骸骨上方修建一座雄偉的教堂。這片聖地有一部分土地被強占，作為維持教士的生計和墓地之用。安提阿有些基督徒渴望安息在這位主教的腳下，於是阿波羅神廟中的祭司，連同他們既害怕又憤恨的

59　朱理安的性格能保持赤子之心，非常的簡單純樸，有時表現出真正的幽默感。

60　巴比拉斯被優西庇烏斯提名繼任安提阿主教，他的凱旋超過兩位皇帝（第一位是出於想像，第二位才是真實的皇帝）受到克里索斯托的擴大慶祝。

會眾一起撤走。直到另一場革命重新使異教徒得勢時,聖巴比拉斯教堂又
被拆除,由虔誠敘利亞國王早年修建的神廟已開始毀敗,旁邊開始又增修
一些新建築。

朱理安首先認為最關切的事,要把遭受壓迫的神靈從在場的基督徒中
解救出來,不論這些可惡的教徒已經死去還是活著,留下來就會壓制自己
欺騙或狂熱的呼聲[61]。受到玷污的地點都按古老的儀式加以淨化,原葬於
此的遺骸要正式遷走,教堂的教士獲准將聖巴比拉斯的遺骨,遷回安提阿
城內原來的位置。這種溫和措施可以緩和帶著敵意當局的忌恨心理,在目
前情況下被狂熱的基督徒所忽略。裝載巴比拉斯遺骨的高大馬車後面,一
路上有無數的人群在跟隨陪伴和迎送,用雷鳴般的吼聲高唱著讚美歌,全
部都是大衛王的〈詩篇〉,非常明顯表示出藐視異教神明和偶像崇拜。聖
徒的凱旋歸來是在侮辱皇帝的宗教,他只能用一股傲氣掩飾自己的憤恨。
遊行的隊伍實在是很不智的行動,就在結束後當天晚上,月桂樹林的神廟
為大火吞噬,阿波羅的聖像化為灰燼,整座建築物僅剩下斷壁殘垣,點綴
著荒涼可怕的廢墟。安提阿的基督徒有強烈的宗教信念,認為聖巴比拉斯
施展神力,使得上天的雷電擊中殿堂的屋頂。朱理安必須考量是罪犯問題
還是出現神蹟,雖然一時還找不到證據,他毫不猶豫把月桂樹林的大火,
歸之於加利利教徒的報復行為[62]。於是他關閉安提阿的基督教會,並且沒
收教會的財產。要是這種惡行可以充分證明,那麼朱理安立即下令懲處,
倒也無可厚非。但是為了查出製造騷亂和縱火以及隱匿教會財產的主犯,
好幾位基督徒受到酷刑逼供,有位名叫狄奧多里特(Theodoret)的主教被
東部法庭判處斬首。這種過於草率的行動受到皇帝的斥責,他表現關切之
情出於真或假無人得知,實在說是擔心大臣的迎合,會給他的統治帶來宗

61　教會裡特別喜歡聖徒遺物的學者,對於朱理安和利班紐斯的坦白大喜欲狂:阿波
　　羅因為附近的一位死者而受到干擾。然而阿米努斯按照雅典人在迪洛斯(Delos)島
　　舉行的儀式,已經將整個地面清洗和滌罪。

62　朱理安寧願暗示而不要肯定他們所犯的罪行。阿米努斯將受責難的污名視為不可
　　信的謠言,所以在敘述這件事時會格外的坦誠。

教迫害的污名。

　　朱理安的大臣過於熱心的行動，在君主表示不滿以後立即知道收歛；但是當一國之君宣稱自己是一個教派的領袖，這時在群眾中爆發出來的憤怒卻不那樣容易控制，也不可能全部施以懲罰。朱理安有一篇公開的作品，裡面讚許敘利亞一個聖潔城市的堅貞和忠誠，那裡的居民在開始聽到召喚時，便搗毀加利利人的墳墓。但是他也隱約表示不以爲然，認爲對褻瀆神明行爲所採取的報復行動，應該還要更溫和一點才合於理性的要求。這種語焉不詳、吞吞吐吐的表白，看來可以證實一些基督教教士的敘述。在加薩、阿斯卡隆、凱撒里亞和海利波里斯等地，異教徒在得勢期間作惡多端，任意橫行，受到殘酷迫害的可憐對象只能一死了之，血肉模糊的屍體在大街上拖過示眾。還有人（當時群眾的憤怒情緒正無比激昂）用廚子烤肉用的鐵叉來戳刺，激怒的婦女用紡紗桿來亂扎。基督教教士和修女的內臟在被嗜血的狂熱分了品嘗之後，很厭惡的攪和大麥投給城裡骯髒的牲畜去吃[63]。這種表現宗教瘋狂的景象，反映出人性中最可恥和最醜惡的一面，然而亞歷山卓的大屠殺事件，則由於史料的眞實可靠和受害者的階級地位，以及事情發生在富裕的埃及首府，引起更大的注意。

八、聖喬治的事蹟和傳奇(356-363A.D.)

　　喬治[64]生在一個布匹漂洗工家庭，位於西里西亞的伊庇法尼亞，因爲父母的籍貫或所受教育的關係，獲得卡帕多西亞人的稱呼。他出身貧苦而又卑賤，憑著依附權貴的本事使自己能夠發達起來，盡力巴結恩主，最後贊助人爲這個沒有前途的傢伙，弄到一份收入豐厚的合同。他獲得委任，

63　索諾曼也許可以被視爲最初的證人，雖然他並不公正。這個人是加薩當地人士，曾經與美烏瑪(Maiuma)主教季諾談過話。主教就是悔罪者，後來活到一百歲。菲羅斯托杰斯增加許多戲劇性情節，是有一些基督徒犧牲在諸神的祭壇前面。

64　阿米努斯、格列哥里・納齊成和伊壁法紐斯，對於卡帕多西亞的喬治，都敘述過他的平生和死亡。對於兩位聖徒的強烈抨擊之辭，除了有非基督教徒冷靜而公正的證言加以肯定，否則都不能全部採信。

爲軍隊供應鹹肉。這個差事本來就被人瞧不起，他更是搞得臭名遠揚，用
盡各種最卑鄙的欺騙和賄賂手段，終於爲自己累積大筆財富。但是他的貪
污行賄行爲變成眾所周知，只有高飛遠走逃避法律的懲罰。喬治犧牲名譽
而能保全財產，經過這段可恥的歷練以後，開始皈依阿萊亞斯教派，至於
信仰的熱誠是眞是假就不得而知。他出於對知識的喜愛或炫耀的心理，收
藏大批有學術價值的歷史、修辭、哲學及神學方面的書籍[65]。卡帕多西亞
人喬治選擇的教派當時占有優勢的地位，終於登上阿泰納休斯的寶座。新
接替職務的大主教到任，等於一個出身蠻族的征服者，在他統治期間無時
無刻不施展暴虐和貪婪的手段。亞歷山卓和埃及的正統基督教徒被丟給一
個暴君，從他的天性到所受的教育，完全適合奉行殘酷的宗教迫害政策。
不過，他對廣大教區的各種不同居民能夠一視同仁，在凌辱欺榨方面倒是
沒有差別待遇。埃及大主教擺出華麗的排場和傲慢的姿態，但是仍然掩飾
不住卑劣下賤的出身和邪惡殘暴的本性，仗著權勢和手段，獲得了壟斷硝
石、食鹽、紙張和喪葬的專利，亞歷山卓的商人全都陷於困境。一個偉大
民族的精神之父，竟墮落成爲一個從事卑賤和惡毒行徑的告密者。亞歷山
卓的居民永遠不會忘記也不能原諒，他用早已過時的藉口對城內的住房徵
稅，理由是尊貴的奠基人亞歷山大大帝把土地的永久擁有權移交給他的繼
承人，就是托勒密的國王和帝國的凱撒。城內的異教徒曾經受到應許，可
以獲得自由權利和宗教寬容的希望，現在刺激他的貪婪之心。亞歷山卓富
有資財的神廟，受到這個傲慢高級教士的搜括掠奪和凌辱侮辱，並且公然
大聲威脅說：「這些墳墓我們還能容忍多久？」在康士坦久斯的統治下，
他被人民的憤怒或正義所驅逐，後來運用國家的行政和軍事權力，恢復原
有的職權，滿足他的報復心理，可以說這段期間的鬥爭是格外的慘烈。

---

65 在喬治被殺以後，朱理安一再下達命令保存圖書館供自己使用，同時刑求涉嫌私
　藏任何書籍的奴隸。他讚許收藏者的功勞，當年他在卡帕多西亞求知苦讀時，曾
　經借閱並抄寫幾卷手抄本。他衷心希望毀棄與加利利人有關的作品，但是他需要
　正確的資料甚至包括神學書刊在內，以免更有價值的條約和協定因爲這些書刊的
　喪失而產生困擾。

使者來到亞歷山卓宣告朱理安即位，同時也判決大主教的垮台。喬治和兩名從命於他的大臣，戴奧多盧斯（Diodorus）伯爵和鑄幣廠的負責人德拉康久斯（Dracontius），同時被毫不講情面戴上枷鎖關進公共監獄（361年11月30日）。二十四天後，迷信的群眾對徒具形式的審判無法忍耐，在憤怒之下衝開監牢的大門。受到殘酷無情的百般凌辱，這幾個神明和人類之敵當場被殺死。興高采烈的群眾將大主教和兩個同僚殘缺不全的屍體放在駱駝背上，遊街示眾。阿泰納休斯派對於此事完全漠然視之，這件事明顯證明福音教具有無限耐性。可憐罪人的屍骸全被丟進大海，騷亂群眾的領袖公開宣稱，他們下定決心要打擊基督徒的宗教熱忱，雖然這幾個人和前輩一樣爲敵人處死，但是一定不能讓喬治成爲光榮的殉教者[66]。異教徒的擔心不是沒有道理，他們的預防措施完全無效。大主教的壯烈犧牲抹除人們對他生前惡劣的回憶，阿泰納休斯的對手獲得殉教者的稱呼，對阿萊亞斯派來說是既親切又神聖。等到所有的宗派完全皈依以後，使他進入正統基督教會的廟堂受到崇拜[67]。這位可惡已極的異鄉客，掩蓋住有關時間、地點問題的一切細節，立即戴上殉教者、聖徒及基督教英雄的面具[68]。臭名遠揚的卡帕多西亞人喬治搖身一變[69]，成爲著名的英格蘭聖喬治，尊爲兵器、騎兵和武士的守護神[70]。

大約在朱理安得到亞歷山卓發生騷亂消息的同時，也傳來埃笛莎情勢

66　伊壁法紐斯向阿萊亞斯派證明，喬治不是殉教者。
67　有些道納都斯派和普里西安派的信徒，用同樣的手法篡奪正統教派聖徒和殉教者的榮譽。
68　卡帕多西亞的聖徒巴西爾和格列哥里，根本不知道他們有這位聖潔的同伴。教皇傑雷休斯（Gelasius，494A.D.）是首位承認聖喬治的教皇，將他置於聖徒之列。他將他的短禱斥爲異端者的作品。有一些僞造的短禱，可能不算年代最爲久遠，還繼續存在。雖然被虛構的情節所掩蓋，卡帕多西亞的聖喬治所支持的戰鬥，我們還是分辨得出。他竟會在亞歷山卓皇后的面前，對抗術士阿泰納休斯。
69　世事的變遷常出人意料之外，有時會化不可能爲可能。
70　有關崇拜聖喬治這段奇特的歷史，是從六世紀開始（他在巴勒斯坦、亞美尼亞、羅馬和高盧的特列夫都受到尊敬），可以摘錄海林（Heylin）博士和波拉達斯派（Bollandists）信徒有關資料。他在歐洲的名望隨著十字軍的進行而日益光大，特別是在英格蘭更是顯赫無比。

不安的情報。倨傲而富有的阿萊亞斯教派欺負弱小的華倫提尼安派，犯下掀起騷亂和暴動的罪行，任何治理有方的國家都不能等閒視之而不加以懲處。皇帝大爲光火，對於緩慢進行的司法程序感到不耐，立即下令埃笛莎行政當局，沒收教會所有財產，現金分給士兵，土地劃歸地方。法令的壓力再加毫不留情的諷刺，使得教會的處境更爲難堪。朱理安說：

> 我曾經很清楚表明自己的立場，一直是加利利派忠實的朋友。他們令人欽佩的教義許諾窮人擁有天國，我現在幫助他們解除世俗財產的負擔，就可以更加專心一志推展德行，朝著拯救世人的道路前進。不過要注意，

君王接著以更爲嚴肅的口吻說道：

> 注意你們正在刺探我的耐心和仁慈。如果這種騷亂繼續發生，我會運用行政官員來懲治迫害人民的罪行。那時讓人恐懼的不僅是籍沒和流放，而是身家性命一切化爲烏有。

亞歷山卓的暴亂無疑具有更殘暴和更危險的性質，但是，一位基督教的主教已被異教徒殺害，朱理安發布公告又充分顯示行政機構的偏袒。他對亞歷山卓市民的譴責夾雜著推崇和關心的情緒，同時他擔心在這樣的情況下，市民會背離希臘血統那種溫順和寬厚的性格。他非常嚴厲的譴責他們所犯下的罪行，完全違反法律的正義和人性，當然，難免帶著幸災樂禍的味道，詳細敘述褻瀆神明的暴君卡帕多西亞人喬治的惡行，他們在他的統治下忍受長期的苦難。朱理安承認這項原則，明智而強勢的政府必須懲治人民桀驁不馴的態度，但是考慮到奠基者亞歷山大大帝和保護神塞拉皮斯，他卻對這個感到兄弟情誼的城市，還是願意赦免他們的罪行。

九、阿泰納休斯和亞歷山卓的動亂（362A.D.）

亞歷山卓的動亂平息後，阿泰納休斯的競爭對手因素行不良而垮台，阿泰納休斯便在人民的歡呼聲中登上寶座（362年2月21日）。大主教的宗教熱情因謹言慎行而受到約束，在行使權力時，難免在觀念上傾向於和人民取得諒解，並非激起他們的對立情緒。他在教會的工作不僅限於狹窄的埃及境內，活躍而博學的頭腦念念在茲是整個基督教世界的狀況，而且以阿泰納休斯的年齡、品德和聲望，都使他在基督教危急存亡的時刻，能夠擔負起身為教會笛克推多的重任。從西部多數派主教出於無知或無奈在里米尼宣言上簽字起，到現在的時間還不過三年，他們對正統教會的弟兄不分時機的嚴厲做法，不僅感到懊惱，相信必然會心懷恐懼。如果這些主教的傲氣勝過信仰，或許會投入阿萊亞斯派的懷抱，避免受到當眾悔過認罪的屈辱，使自己降到世俗下等人的地位。基督教內部因聖格的結合與分離所引起的紛爭，在正統基督教會學者之間愈演愈烈。這個形而上學的爭論正在逐步擴大，會使希臘教會和拉丁教會公開形成永久的分裂。為此特別召開一次宗教會議，非常明智使用阿泰納休斯的名義，而且他親自參加，因而具有宗教大會的權威性。同時規定所有一時誤入歧途的主教，只要在尼斯信條上簽名，毋須正式承認過去的錯誤，也不會對他們原來所持的學術意見加以深究，便可以恢復教內的活動。埃及大主教的建議早已使高盧、西班牙、意大利和希臘的教士，對接受這種正面的措施在心理上先有所準備。同時，儘管還有一些強硬派堅決反對[71]，對於共同敵人的恐懼，卻增進了基督教內部的和平與妥協。

埃及大主教憑著高明的手段和持續的努力，在皇帝帶有敵意的詔書對局勢進行干預以前，已設法使和平的局面更為穩定。厭惡基督徒的朱理安

71　我沒有空閒追隨卡利阿里（Cagliari）的盧西法（Lucifer），像他行事那樣的盲目無知而且剛愎自用，看看蒂爾蒙特的描述即可以觀察到，敘述的語氣在慢慢改變，悔罪者搖身一變成為分裂主義者。

把發自內心的憎恨全加在阿泰納休斯的頭上。朱理安完全爲了主教的緣故，任意實施差別待遇，至少在精神上與過去發布的宣言相牴觸。不錯，他曾下令從流放地召回加利利人，但是還堅持一點要求，就是不能依靠普遍的寬恕而全面恢復原來在教會的領導職位。一個曾由多位皇帝判刑的罪犯，竟敢無視法律的尊嚴，不等得到君主的命令，擅自登上亞歷山卓大主教的寶座。朱理安對這種狂妄的行爲感到震驚，再次將阿泰納休斯逐出該城（362年10月23日），作爲對莫須有罪行的懲罰，自認合乎正義的舉動必然會得到虔誠的臣民的擁護，心中感到極爲欣慰。然而，民眾接連提出強烈的要求很快讓他明白，亞歷山卓大部分民眾都是基督徒，堅決要和受盡苦難的大主教緊密聯繫在一起。但是朱理安雖然明瞭眞相，並沒有收回成命，反而變本加厲把流放阿泰納休斯的命令，擴大爲適用於整個埃及的基督徒和教士。廣大民眾的宗教熱情使得朱理安更要堅持到底，他已經提高警覺，讓一位敢作敢爲並深得人心的領袖，出來領導一個已經十分混亂的城市，可能會產生很大的危險。從他那些憤怒的言詞中，不免看出他對阿泰納休斯的勇氣和能力感到極爲忌憚。埃及行政長官伊克笛修斯（Ecdicius）基於謹慎也可能出於疏忽，對皇帝的命令拖延不予處理，直至遭受嚴厲的斥責後才打起精神來辦理。朱理安說道：

> 儘管你對其他一些問題沒有寫報告給我，至少你有責任告訴我，對於處理神明的敵人阿泰納休斯，你有什麼看法。我早已把我的意圖告訴過你。現在我用塞拉皮斯的之名發誓，如果阿泰納休斯在12月還沒有離開亞歷山卓，不，要是還沒有離開埃及，我將對你的政府官員罰款一百磅黃金。我的脾氣你很清楚，我不輕易責備人，但是更不會輕易饒恕人。

爲強調問題的嚴重，這信的後面還加上皇帝親筆寫的附言：

> 這種對神明侮慢的態度使我非常悲傷和氣憤，沒有什麼事能比聽

到阿泰納休斯被趕出埃及，更能使我感到欣慰。這個討厭的壞蛋，在我的統治下有幾位地位很高的希臘貴夫人接受洗禮，這都是他進行宗教迫害造成的結果。

　　他沒有下達明確的命令將阿泰納休斯處死，但埃及行政長官很清楚，執行這位盛怒君主的命令時，超過標準總比不及對自己來說要安全得多。大主教謹慎的隱退到沙漠修道院裡去，靠著一貫的機智行動，巧妙避開敵人設下的陷阱，繼續活下去獲得最後的勝利。皇帝在生前曾用令人膽寒的語言宣稱，他認為所有加利利派的毒箭都集中在阿泰納休斯一身[72]。

　　我在此要忠實敘述朱理安試圖玩弄權術，不必蒙受宗教迫害的指責或惡名，卻能收到實際效果。一位賢君的心靈和意識，竟受到置敵手於死地而後已的瘋狂情緒毒害，那麼我們也必須承認，基督徒遭受真正的苦難，完全是人類的激情和宗教的狂熱造成。傳播福音最早的門徒具有馴良和恭順的美德，對於他們的繼承人而言，只是值得頌揚的目標，並非願意仿效的模範。基督徒掌管帝國行政部門和教會機構，長達四十餘年，沾染功成名就的傲慢惡習，深信只有聖徒才有資格統治世界。君士坦丁基於偏愛給予教士特權，懷有敵意的朱理安則加以剝奪。他們發出怨言遭受殘酷迫害，對崇拜偶像者和異端傳播者免於迫害的寬容，卻被正統基督教會視為極其可悲和無法容忍的褻瀆行為。行政官員雖不縱容暴力活動，但帶有宗教狂熱的人民還是照樣施為。西布莉的祭壇在佩西努斯（Pessinus）幾乎是在皇帝面前被推翻，異教徒在卡帕多西亞的凱撒里亞僅剩下幾處作為祭典的場所，命運女神的殿堂被憤怒的群眾在騷亂中搗毀。在這種情況下，一位關心神明榮譽的皇帝還是不願干預正常的司法程序。當他發現理應當作縱火犯懲罰的宗教狂熱分子，卻享有殉教者的尊榮時，實在難以忍受。朱理安統治下的基督教臣民，非常清楚君王存心和他們為敵。他們免不了要

72　朱理安有三封書信，可以用來說明在有關阿泰納休斯的問題上，他所秉持的意圖和處理的方式，這些都應列入編年史的項目。

擔心，政府不論出現任何情況，都可以當成對他們不滿和懷疑的理由。在
正常司法體系裡，基督徒占有很大的人口比例，自然有人被判刑。但同教
的弟兄對問題的是非曲直不加深究，要求更爲寬容處理，那就是認定他們
無罪，承認他們額外的要求，把法官的嚴判說成惡毒偏見和宗教迫害[73]。
這些目前的困苦雖然看來難以忍受，偏被說成一場大災難來臨前的小小序
曲。基督徒把朱理安看成凶殘而狡猾的暴君，說他把即將進行的報復行
動，等待從波斯戰場勝利歸來再開始動手。他們猜想一旦他打敗羅馬的外
敵獲得凱旋，就會拋棄戴著厭煩的僞裝面具。隱士和主教使得大競技場血
流成河，那些仍然公開堅持自己信仰的基督徒，將被剝奪一切人身自由和
社會權利[74]。一切可以用來損害背教者名聲的流言惡語，被充滿恐懼和憎
恨的反對者到處傳播，聽者全都信以爲眞。說到爲他們輕率的喧鬧所激怒
的君王，事實上基於職責應給予尊敬，爲了利益應加以奉承。他們仍舊公
開叫囂，要用祈禱和眼淚當武器反對暴君，爲伸張正義將他的頭顱交給震
怒的上天去處置。但他們同時懷著怨恨的決心不斷暗示，他們的順從已不
再是懦弱的表現。在人類品格不夠完善的情況下，依據生存原則而產生的
耐心，會在長期的迫害中消耗殆盡。我們無法斷定，朱理安的宗教狂熱會
在何種狀況下超越理性和仁慈，但只要認眞考量基督教會強大的精神力
量，就必然深深相信，不等這位皇帝能夠完全消滅基督教，帝國已經陷入
可怕的內戰[75]。

---

73 朱理安決定用訴訟來對付在美烏瑪的新興基督徒城市，這是加薩的一個港口。雖
然他的判決被歸咎於偏袒的行爲，但還是沒有被他的繼任者取消。

74 格列哥里揚言這些話是從朱理安的密友口裡說出，但這些人奧羅修斯從未見過。

75 格列哥里的辭職的確可以產生教誨的作用。然而，當朱理安的一位軍官試圖占領
納齊祖斯（Nazianzus）的教堂，要是他不屈服於主教和人民的宗教狂熱之下，就必
然會喪失性命。

卡庇多神廟的地下大廳

羅馬人爭取自由權利的首要工作，
是要恢復卡庇多治國的實力而不是外形的美觀，
加強政治中心的武裝力量和議事功能。
他們登上山丘時，
只要想起祖先，
情緒就會冷靜下來。

第二十四章

朱理安進駐安提阿 遠征波斯的成就 渡過底格里斯河
朱理安撤軍後崩殂 傑維安被推舉為帝 為拯救羅馬軍
隊與波斯簽訂喪權條約（314-390A.D.）

一、朱理安進駐安提阿準備波斯戰爭(362A.D.)

　　朱理安的〈凱撒〉是一篇帶有哲學意味的寓言，是古代才智之士令人
感到愉悅和得到教誨的作品之一[1]。羅馬的農神節[*2]是講自由和平等的日
子，羅慕拉斯為奧林匹克的神明和羅馬的帝王準備宴席，眾神把羅慕拉斯
當成夠資格的夥伴，帝王則統治好戰的民族和地上被征服的國家。不朽的
神祇按著天上的次序安排寶座，凱撒的席位接著月神，俯視人間的天界。
那些給神明和人類社會帶來羞恥的暴君，被鐵面無私的尼美西斯
（Nemesis）[*3]頭朝下扔進韃靼里亞（Tartarean）的深淵，其餘的凱撒繼續向著
座位前進。年老的塞列努斯（Silenus）神[*4]是笑容滿面的道學家，為了掩飾
哲學家的智慧，故意戴上酒神巴克斯（Bacchus）的面具[5]，當凱撒經過面

1　斯龐海姆（Spanheim）研究過希臘的「薩特斯」（Satyrs）（半人半獸的森林之神）戲
　　劇，通常在悲劇之後演出。他在一本著作的序文裡，很廣泛的討論到它的語意、
　　起源、類似和相異之處。拉丁文學裡的「薩泰爾」（Satires）（源於農神Satura）是包
　　羅萬象的作品，可以是韻文或散文。但是朱理安的〈凱撒〉是風格很獨特的著
　　作，學者很難將它歸到哪種文學類型。
*2　[譯註]農神是意大利本土的神祇，司耕種和收成，節慶祭日是12月17日。
*3　[譯註]尼美西斯是希臘神話中的復仇女神，也是羅馬復仇三女神之一。
*4　[譯註]塞列努斯是森林諸神的領袖，也是酒神戴奧尼蘇斯的養父和師傅。
5　塞列努斯神矛盾的性格，在魏吉爾（Virgil）的第六首〈牧歌〉裡有傳神的描述。

前，就不懷好意大聲宣布他們的惡行、過錯和瑕疵。等宴會結束，麥邱理
（Mercury）宣示朱庇特的旨意，要將天國的冠冕賜給功高蓋世的人作爲獎
賞。朱理烏斯・凱撒、奧古斯都、圖拉眞和馬可斯・安東尼成爲最有聲望
的候選人，優柔頹廢的君士坦丁[6] 並沒有被排除在競賽外，亞歷山大大帝
也受邀前來與羅馬英雄人物角逐光榮獎品。每位候選人可展現他們的豐功
偉業，但從神明評判的角度來看，比起倨傲的競爭對手展開滔滔雄辯，馬
可斯謙遜的沉默顯得分外感人心扉。等這場勢均力敵的競賽，進行到裁判
官檢視每個人的內心，詳細審查行爲的動機，皇室斯多噶派學者的優勢顯
得引人注意，產生決定性的作用[7]。亞歷山大、凱撒、奧古斯都、圖拉眞
和君士坦丁都感到羞愧，承認他們在世努力的主要目標是爲了名聲、權力
或樂趣。但神明用尊敬和關愛的眼光，注視一個德行高潔的完人，他即位
後施展哲學的訓示，渴望有缺失的人類能效法神明的屬性。這篇立意良佳
的作品（朱理安的〈凱撒〉）因爲作者的地位而提升價值，一位君王要是盡
情描述歷代皇帝的功過得失，等於對自己的言行作出蓋棺論定的評價。

　　朱理安經過冷靜的思考，要效法安東尼益世和慈愛的德行，但是他那
積極進取的精神爲亞歷山大的榮名所激發，以同樣的熱情追求智慧所帶來
的尊敬，和群眾所給予的讚美。皇帝精力旺盛，身心正處於一生之中的顛
峰時期，獲得日耳曼戰爭的經驗教訓，鼓舞起雄心壯志，決定要在他的統
治之下，創造光輝燦爛和永垂不朽的成就。從印度大陸和錫蘭島[8]派來的

6　每位不帶成見的讀者，對於朱理安反對他的伯父君士坦丁和基督教，都看得很清
　　楚，而且免不了加以指責。在這種情況下，詮釋家基於宗教的因素，很多地方與
　　原意相違，也捨棄原作者的觀點。

7　朱理安在私下表示願意做希臘人而不是羅馬人，當他一本正經比較一位英雄和一
　　位哲學家時，他覺得人類對蘇格拉底的感激之心超過亞歷山大。

8　這個島嶼的稱呼有塔普洛巴納（Taprobana）、塞倫底布（Serendib）和錫蘭，都陸續
　　使用過，顯然很難分得清楚到底是陸地還是海洋，羅馬人只知道位於科摩令
　　（Comorin）角的東方。⑴、克勞狄斯在位時，有個自由奴承包紅海的關稅，在偶
　　然的狀況下，乘船隨著季風來到陌生而不爲人知的海岸，與當地人在一起相處六
　　個月。錫蘭國王第一次聽到羅馬的強大國勢和公正的態度，受到說服派遣使節去
　　覲見皇帝。⑵、地理學家（甚至托勒密也如此）過於誇張這個新世界的面積，比
　　起實際的版圖要大十五倍之多，向南一直延伸到赤道，向東與中國接壤。

東方使節，非常謙恭向羅馬的皇帝致敬[9]。西方的國家對朱理安的豐功偉業，無論是平時或戰時都極為尊敬而忌憚。朱理安對高盧戰爭勝利所得到的戰利品，根本沒有放在眼裡。他增添防備工事，加強色雷斯和伊里利孔邊區的作戰能力。多瑙河以搶劫為生的蠻族害怕他的名氣，就會遵守條約的規定，未來不再惡意違犯，這方面使他感到甚為滿意。居魯士和阿塔澤克西茲（Artaxerxes）的繼承者現在是唯一的敵手，值得他運用武力大動干戈，他決定最後必須征服波斯，懲治這個長久以來就反抗和羞辱羅馬尊嚴的傲慢國家[10]。波斯國王很快知道康士坦久斯的帝座已經易主，接位君王的個性與前任大相逕庭。他為了表示謙虛親自提出富於心機的建議，也可能是出於一番好意，希望雙方可以進行和平談判，但是傲慢的薩坡爾被朱理安的堅持所嚇住。朱理安非常嚴厲的表示，他絕不同意在美索不達米亞幾個城市的硝煙和廢墟中召開和平會議，同時帶著藐視的微笑，說不必派遣使臣，他決定盡快親自訪問波斯的宮廷。性急的皇帝敦促加緊軍事準備工作，將領的職務已經調派，編組一支所向無敵的大軍擔負起重要的任務。朱理安從君士坦丁堡出發，經過小亞細亞各行省抵達安提阿（362A.D.），時間大約是前任皇帝過世後八個月。他雄心萬丈想要立即向波斯的腹地進軍，但是整頓帝國的狀況是他無可旁貸的責任，他的宗教信仰要恢復對古代神明的崇拜，這些都是刻不容緩的事。再加上明智友人的勸告，高盧的軍團要進入冬營，經過一段時日的休養生息，才能重振耗損的實力，東方的部隊也要藉此機會加強訓練，培養高昂的士氣，這樣一來，只能暫時將作戰行動延後實施。朱理安聽從屬下的意見，在來年春天以前將大本營設在安提阿，這裡的人民帶著惡意嘲笑君王倉卒的行動，要是稍為延遲就會受到指責。

9　這些使節原本是派來晉見康士坦久斯。阿米努斯實在有欠考慮，流於低俗的奉承，因為他一定忘記朱理安在位期間很短，而使節來的路途非常漫長。

10　這位凱撒將亞歷山大當成競爭的對手，把在亞洲的獲勝看得太容易，一定會功成名就，無往不利。但是他應該知道克拉蘇（Crassus）和安東尼的前車之鑑，他們就是失敗在波斯人弓馬之下。羅馬人經歷三百年的戰爭，在美索不達米亞或亞述地區，沒有征服過一個行省。

二、安提阿概述以及朱理安的作為(362A.D.)

朱理安若吹噓說他在東方的首府與民眾關係良好,雙方都感到滿意,那是他對自己的性格估計錯誤,也不了解安提阿的風俗習氣[11]。溫暖氣候使當地民眾盡情享受安寧和富裕的生活,放蕩不羈的希臘人和天生軟弱的敘利亞人混雜在一起,追求時髦是僅有的生活原則,尋歡作樂是人生唯一目標。安提阿市民的身分全依據華麗服飾和傢具來區別,講求奢華揮霍的本領才能獲得榮譽,訴諸陽剛氣概的德行反倒引來訕笑。歧視女性的謙卑與長者的年齡,成為這個東方首府普遍的墮落現象。喜愛壯觀的場面,可發揮敘利亞人的鑑賞能力和生命熱情,從鄰近的城市能獲得技巧卓越的藝人[12],歲入有相當大的經費用於公眾娛樂,劇院和賽車場的表演富麗堂皇,令人目眩神迷,可說是安提阿的福氣和光榮。生活樸素的君王瞧不起這種光榮,也感覺不出這種福氣,厭惡臣民過著花天酒地的生活。朱理安保持嚴肅簡樸的習性,有時還刻意表現,優柔頹廢的東方人既不會欣賞更不會仿效。飲宴的節日是依據古老習俗,將榮譽獻給神明,朱理安只有在這種場合,才會鬆弛哲學家的嚴謹態度。安提阿的敘利亞人僅在宗教節慶的日子,才不會受到勾引去尋歡作樂。大多數民眾以身為基督徒為榮,是祖先最早皈依的宗教[13],他們以不遵從道德的訓示感到自滿,但對於理論性的教條,卻小心翼翼不敢有違。異端教派和宗派分裂一直困擾著安提阿教會,阿萊亞斯派和阿泰納休斯派,及米勒久斯和保利努斯(Paulinus)[14]的

11　朱理安的諷刺詩和聖克里索斯托的講道集,對安提阿的描繪大致沒有差別。

12　拉奧狄西亞(Laodicea)供應賽車手,泰爾和貝萊都斯培養喜劇演員或丑角,凱撒里亞以啞劇演員知名於世。其他像是希利歐波里斯的歌唱家、加薩的角鬥士、阿斯卡隆(Ascalon)的摔角手以及卡斯塔巴拉(Castabala)的繩技,在整個帝國都很有名氣。

13　安提阿的民眾非常機智,把對象用希臘字母來表示,於是他們宣稱忠於Chi(代表基督教)和Kappa(代表康士坦久斯)。

14　安提阿的教會分裂因保利努斯的聖職任命不當而引發,當時朱理安就駐在該城,這種狀況一直延續達八十五年(330-415A.D.)之久。

追隨者，相互之間激起信仰虔誠所產生的仇恨。

　　背教者是先帝的敵人和嗣君，勢力強大的教派一直受到康士坦久斯的關愛，所以對背教者懷有強烈偏見，再加上朱理安遷移聖巴比拉斯的遺體，激起群眾對他產生無法平息的恨意。他的臣民帶著迷信的憤怒情緒抱怨，饑饉追隨皇帝的腳步從君士坦丁堡來到安提阿。救災行動採用的方法不當，更引起饑民的不滿。天候的失調影響到敘利亞的收成，安提阿市場的麵包價格[15]自然會隨著穀物的缺乏而上漲，但是有人懷著貪婪的心理，運用投機的手法，合理而公道的漲幅被壟斷，價格急劇上升到難以收拾的程度。在這場不公平的競爭中，土地的收成被某一方聲稱是他獨有的財產，被另一方當成可以出售賺錢的商品，被第三方購買以維持每人的生命，中間代理商所累積的利潤，全落在毫無反抗能力的顧客身上。他們愈是焦慮不安，愈會誇大和增加艱苦的情況，開始擔心穀物的缺乏，饑荒的面貌也逐漸出現。當安提阿過慣舒服日子的市民，抱怨家禽和魚類的價格居高不下時，朱理安公開表示，節儉的城市以對葡萄酒、油和麵包的正常供應感到滿足為限。但是他也知道，讓民眾獲得溫飽是君主的責任。皇帝基於這種觀念，竟敢採用非常危險而且讓人疑懼的辦法，根據合法的權限，固定穀物的價格。他立法規定在穀物缺乏時，出售的價格盡量不得超過產量豐富的年份。他自己採取行動來加強法律的效力，在他的命令下，從海拉波里斯（Hielapolis）、卡爾西斯（Chalcis）甚至埃及的穀倉，將四十二萬二千摩笛[*16]的糧食送進市場。可以預知後果並且立刻感受得到有關的反應，那就是有錢的商人買下皇家的小麥，握有穀物的地主不供應城市的需要，只讓少量糧食在市場出現，用不合法的高價私下出售。

　　朱理安仍舊繼續推動自己的政策，認為民眾的抱怨是不知感激的謗

15　朱理安依據收成的好壞，訂出三種不同的價目，那就是一塊金幣可以買到五、十或十五摩笛（modii）的小麥。從這個事實以及相關的旁證得知，在君士坦丁的繼承人當政時，小麥的一般價格大約是英制一夸特（約八個蒲式耳）為三十二先令，等於本世紀前六十四年的平均價格。

*16　[譯註]摩笛是羅馬的乾量單位，相當於一個配克，或者是兩加侖或九公升。

言，同時讓安提阿知道，雖然他沒有像他哥哥蓋盧斯那樣殘酷，但同樣遺
傳著倔強的性格。地區元老院的抗議更激起他那堅定不移的意志，他聽進
讒言，也可能事實就是如此，說是元老院的議員握有土地並且關心交易投
機，是他們造成國家的災難。因此他認為這批人膽大包天，竟敢把私人的
利益置於公眾責任之上。於是整個元老院包括兩百名身分高貴和家財富有
的市民，全部被警衛從議事的宮殿押送到監獄，雖然後來他在入夜以前放
他們回家，但就是因為讓他們太容易獲得自由，反而無法獲得感激。聰明
而嫉妒的敘利亞籍希臘人也利用這個機會，發出同樣的怨言，到處傳播他
們的苦況。農神節是金吾不禁的假期，城市的街道上到處聽得到毫無憚忌
的歌聲，嘲笑著皇帝的法律、宗教、個人的言行，甚至他的鬍鬚。安提安
所以有這種勇氣，是得到官吏的默許，以及獲得民眾的稱讚[17]。朱理安身
為蘇格拉底的信徒，在遭到民眾羞辱時只會深受震撼，雖然位居皇帝之
尊，掌握絕對的權力，但是過於敏感，不會採用報復來滿足自己受到傷害
的情感。如果朱理安是一個暴君，就會採取報復的手段，根本不讓安提阿
市民的生命和財產得到法律的保護。毫無抵抗能力的敘利亞人，到時只有
屈服在忠誠高盧軍團貪財好色和殘酷暴虐的淫威之下。皇帝也可以用一項
溫和的判決剝奪東部首府的地位和特權，廷臣甚至臣民都會讚許這公正的
行為，能夠保持國家元首的尊嚴[18]。但是朱理安並沒有濫用國家的權力，
為個人受到委曲進行報復，而是用一種無害於人的方式，為自己討回公
道，有能力如此的君王很少。他受到諷刺詩和誹謗圖書的侮辱，就寫了一
篇名叫〈厭鬍者〉的文章加以回報，用自嘲的口氣承認犯了錯誤，對安提
阿優柔陰險和虛偽矯情的言行舉止大加撻伐。皇室的答覆正式公布在宮殿
的大門前，這篇作品〈厭鬍者〉(Misopogon)仍舊是朱理安展現氣憤、智
慧、仁慈和鹵莽的獨一無二紀念物。雖然他裝出笑容表示無所謂，其實內

17　利班紐斯很像高明的律師，他會嚴厲責備民眾行為愚蠢，幹下少數賤民和醉鬼才
　　會犯的罪行。

18　利班紐斯提醒安提阿的民眾，凱撒里亞新近遭受的懲罰。就是朱理安也曾經暗
　　示，塔倫滕(Tarentum)因為侮辱羅馬的使臣，付出多大的代價來贖罪。

心還是耿耿於懷[19]，就指派一位格調與安提阿臣民差不多的總督，用這種蔑視的態度總算出了一口氣。皇帝甚至拒絕留在忘恩負義的城市，於是宣布他的決定，下個冬天要在西里西亞(Cilicia)的塔蘇斯(Tarsus)度過。

就朱理安的看法，安提阿只要有這樣一位市民，憑著他的才智和德行，就可以彌補整個城市所有的過錯和邪惡。詭辯家利班紐斯(Libanius)(314-390A.D.)生於東部的首府，在尼斯、尼柯米地亞、君士坦丁堡、雅典教授修辭學和演講術，到了晚年才留在安提阿。希臘青年在他的學塾孜孜不倦的求知，經常有八十多個門徒在身邊，讚許他是舉世無匹的大師。他的敵手卻滿懷嫉妒和猜忌的心理，從一個城市到另個城市對他進行迫害，大家異口同聲認定他危言聳聽，而且虛有其表。朱理安的老師曾經要朱理安提出保證，絕不前往他們對手的講座聽課。這種做法是很輕率，但可以看出利班紐斯受到重視的程度。皇室的年輕人受到阻勸更引起好奇心，私下找到這位被視爲洪水猛獸的詭辯家所寫的作品，深入研讀並且模仿他的風格，逐漸能夠超過他門下最勤奮的弟子。等到朱理安登基以後，他宣稱急著想與敘利亞的詭辯家見面，並且要酬謝他爲人師表的風範。在這個世風日下的時代裡，只有利班紐斯保持希臘最純粹的藝術觀、人生觀和宗教觀。皇帝這種先入爲主的看法，因爲受到敬愛的大師表現出孤傲的氣質，更加受到肯定和推崇。利班紐斯不像一般人那樣趨炎附勢，趕往君士坦丁堡的宮殿，而是心平氣和的期盼皇帝能夠前往安提阿，可以免除宮廷那種冷淡而虛假的印象，也就是每次觀見都是正式的禮儀。這種做法教導君王很重要的一課，君王可以要求臣民的服從，但是對朋友就要自己值得效忠。每個時代的詭辯家用藐視的眼光或是裝出這種模樣，看待因出身和機運所形成的偶然差異[20]，對於心靈的優勢素質保持尊敬，主要原因是他們具有這種天賦能力。朱理安不睬貪瀆宮廷喝采的聲音，那是登

19　阿米努斯特別提到，朱理安精心寫出諷刺的文章，到後來情緒就爆發開來，成爲嚴屬而直接的猛烈抨擊。

20　經由優內庇斯的報導，知道利班紐斯拒絕接受禁衛軍統領的榮譽位階，他認爲這不見得比詭辯家的頭銜光彩。學者可從他的一封書信中，看到同樣的表示。

基稱帝的裝飾品。但是有位獨立特行哲學家拒絕他的恩惠,喜愛他個人,
欽佩他的聲譽,保護他的令名,所以朱理安對利班紐斯的讚譽、訓誡、自
由和羨慕,深深感到心悅誠服。利班紐斯有長篇大論的作品仍舊存留在
世,大多數是這位演說家的老生長談,在那裡咬文嚼字,言之無物,是個
隱居學者的創作,他不理會當代人的信念,內心完全沉溺在特洛伊戰爭和
雅典的共和政治。然而安提阿的詭辯家有時也會從幻想的高處屈身,寫出
包羅萬象而又文辭典雅的書信[21]。他讚揚當代人物的豐功偉業,勇敢指責
公眾和私人生活的濫權,為著朱理安和狄奧多西的氣憤用事找出理由,用
出眾的口才為安提阿辯護。在年紀衰老時,終生奮鬥的事業毀於一旦,這
種不幸極為普遍[22]。特別的是,利班紐斯將才智奉獻給宗教和學術,但是
在這些宗教及學術都消失後,他還繼續活在世上,卻是他最大的憾事。朱
理安的這個友人冷眼旁觀基督教勝利,氣憤填膺,他的偏見使世界的前途
變成一片黑暗,對天國的光榮和幸福不再抱有任何指望。

三、朱理安的進軍部署與內河航運(363A.D.)

朱理安滿腔熱血急著要在春天開始時揮軍趕赴沙場,安提阿元老院的
議員陪同到達行省的邊界(363年3月5日)。他用輕視的口吻責備他們一頓
後飭回,決心以後不再前來這座城市。經過兩天辛苦的行軍[23],第三天停
在貝里亞(Beraea)也就是阿勒坡(Aleppo)休息,他很懊惱的發現元老院幾
乎清一色是基督徒。對於背教者帶有異教徒性質的講話,他們很冷淡的接

---

21 利班紐斯大約有兩千封書信留存下來,都已經公開發表。他對這種寫作的方式非
　　常擅長,學者稱許他的文體簡潔,表達非常精緻而高雅。然而班特利(Bentley)博
　　士的說法與眾不同,認為「讀他的文章給人的感覺是空洞而無生氣,就像一群腐
　　儒整日無事在那裡書空咄咄。」

22 利班紐斯出生的年代經過推算是314年,有次曾提到自己已經七十六歲
　　(390A.D.),而且還似乎提到一些之後才發生的事。

23 從安提阿到利塔比(Litarbe)的道路,經過卡爾西斯地區時,因要穿越山丘和沼
　　澤,路況很壞。當作基礎的石塊直接放在沙地上,根本沒有用泥灰固結在一起。
　　看來很奇怪,安提阿和幼發拉底河之間這麼重要的交通線,羅馬人竟如此大意。

受，但表現出彬彬有禮的恭敬態度。貝里亞有一位很有名望的市民，他的
兒子不知是出於良知或基於利害關係，竟贊同皇帝的宗教觀念，被怒不可
遏的雙親剝奪繼承權利。朱理安邀請這對父子參加御宴，坐在這兩個人之
間，用宗教寬容的訓示和例證反覆開導，沒有任何效果，但還是裝出平靜
的態度支持年長的基督徒。宗教狂熱讓這父親做出輕率舉動，忘記應有的
禮節和作爲臣民的責任。朱理安最後對倍感痛苦的青年說道：「你已經失
去了父親，對我而言，我有義務代替他的位置。」皇帝在巴特尼（Batnae）
受到群眾歡迎，這個小鎮風景優美，位於長滿絲柏的樹叢之中，離開海拉
波里斯大約二十哩。巴特尼的居民已經準備好呈獻犧牲的莊嚴儀式，崇拜
他們的保護神阿波羅和朱庇特，但是朱理安虔誠的態度並不贊許爲群眾表
面的歡呼聲，他非常清楚地看出，從神壇上升起的煙霧不是眞誠的祈禱，
而是虛僞的諂媚。海拉波里斯有座古老而堂皇的廟宇，很多世代以來使得
本地享有神聖的地位，但這種狀況已經不再存在。民眾奉獻的財物過去很
慷慨的維持三百位僧侶，也許因此加速其衰敗。然而朱理安遇見一位哲學
家和一位老朋友，衷心感到滿足和喜悅。這個朋友的宗教信仰能夠保持堅
定，抵抗康士坦久斯和蓋盧斯要求改教的壓力，這些君王在經過海拉波里
斯時，都會住在他家。朱理安全身散發著生氣勃勃的熱情，忙碌的進行軍
事準備工作，在寫給朋友的信函中充滿信心。他現在從事重要而困難的戰
爭，對於事態的發展極爲焦慮，就是微不足道的預兆都非常注意的觀察和
記錄，依據占卜的規則，可以藉此了解到未來各種事件的狀況。他在一封
文筆優雅的書信中，告訴利班紐斯他已經到達海拉波里斯，從這裡我們知
道他運用才能克服艱辛險阻，以及和安提阿的詭辯家建立眞誠的友誼。

　　海拉波里斯的位置很靠近幼發拉底河河岸，通常被指定爲羅馬軍隊的
集合點，早先已經構建由船舶搭成的橋樑，可以立刻渡過這條大河[24]。要

24　這裡有三條通路，相互之間的距離不到幾哩，(1)、經過宙格瑪（Zeugma），這個
　　地方在古代非常有名；(2)、現代的通路是經過畢爾（Bir）；(3)、明貝茲
　　（Menbigz）或希利歐波里斯的橋樑，離開城市的距離大約是四個帕拉森（波斯的距
　　離單位，每個帕拉森大約是五公里）。

是朱理安的脾氣也像他的前任,就會在薩摩薩塔(Samosata)的賽車場和埃笛莎(Edessa)的教堂裡,把一年中最適合行動的季節白白浪費掉。但是這位英武過人的皇帝不苟同康士坦久斯的行為,倒是選擇亞歷山大當榜樣,毫不遲疑向著離海拉波里斯八十哩,美索不達米亞最古老的城市卡爾希(Carrhae)前進[25]。著名的月神廟引起朱理安虔誠之心,但是在停留的幾天中,主要是完成波斯戰爭的各項準備工作。在這以前遠征行動的祕密全部在他的腦海裡,但是卡爾希是兩條主道路的會合點,他的計畫是要攻擊薩坡爾在底格里斯河這邊的領土,還是幼發拉底河那邊的疆域,現在已經隱瞞不住。皇帝派出一支部隊有三萬人馬,由他的親戚樸洛柯庇斯(Procopius)和埃及公爵塞巴斯蒂安(Sebastian)率領,奉命直接向著尼昔比斯(Nisibis)進軍。在他的主力通過底格里斯河以前,確保這方面的邊境不受敵軍牽制性的侵犯,至於後續的作戰交由主將自行視狀況處置。但是朱理安期望他們用強大的武力,平定米地亞(Media)和阿底比尼(Adiabene)這些富饒的地區以後,能夠同時到達帖西奉(Ctesiphon)的城牆下。他自己會用相等的速度沿著幼發拉底河前進,一起包圍波斯王國的都城。像這樣協調周密的計畫要想獲得成功,主要依靠亞美尼亞國王強力的支持和協助。然而他不願自己的國土在安全上發生問題,派出一支軍隊有四千騎兵和兩萬步兵,配合羅馬的軍團對波斯人作戰。亞美尼亞國王阿薩息斯·提拉努斯(Arsaces Tiranus)軟弱無能,與他那充滿男子漢氣概的祖先偉大的提里德特斯(Tiridates)相比,已墮落到比他父親克司洛伊斯(Chosroes)更為可恥的狀況。由於這位怯懦的君王反對一切會帶來危難和榮譽的冒險行為,現在更可用種種宗教和感恩作為藉口,來掩飾他的膽小和怠惰。提拉努斯對於康士坦久斯懷有誠摯的忠義之心,表示深切的懷念。統領阿貝拉維斯(Ablavius)的女兒奧林匹婭斯(Olympias)在宮廷接受教養,原來指定

---

25 哈蘭(Haran)或稱卡爾希,是古代薩比安人(Sabaeans)居住地,亞伯拉罕也在此住過。可以參閱舒爾廷斯(Schultens, Albert, 1686–1756A.D.,荷蘭東方學者和語言學家)的《地理索引》,我從這本著作中獲得很多東方的地理知識,特別是敘利亞和鄰近地區有關古代和現代的狀況。

爲康士坦斯的妻室，後來羅馬皇帝將她許配給提拉努斯，這樣的聯姻可提
高蠻族國王的地位。提拉努斯信奉基督教，統治全是基督徒的國家，不論
從良知和利益來考量，都抑制自己不要對勝利有所貢獻，否則會給教會帶
來毀滅的後果。朱理安的言行不夠謹慎，使原本產生心結的提拉努斯更加
怒氣填膺。他對待亞美尼亞的國王如同奴隸，把他視爲諸神的敵人。皇帝
給提拉努斯的指令非常傲慢無禮，字裡行間帶著威脅意味，獨立的國家像
是處於屈辱的狀態，也讓國王喚醒久藏內心的憤懣。提拉努斯仍自許爲阿
薩昔德斯（Arsacides）的皇室後裔，這位東部君主是羅馬帝國的敵人。

　　朱理安的兵力部署，最大著眼是要用巧妙的手法欺騙敵方密探，轉移
薩坡爾的注意力。軍團表面上看來是直接向尼昔比斯和底格里斯河進軍，
突然間轉向右方，越過卡爾希平坦無垠且寸草不生的荒野，在第三天抵達
幼發拉底河畔。這裡有防衛嚴密的城鎮尼西豐隆（Nicephorium），也可稱
之爲卡林奈孔（Callinicum），是馬其頓國王所建立。從此開始皇帝的進軍
路線，順著曲折的幼發拉底河走了几十哩，終於在離開安提阿一個月後，
看到色西昔姆（Circesium），到達羅馬疆域最遙遠的邊界。在對抗波斯的
歷任凱撒中，朱理安率領的大軍數量最多。共有六萬五千名裝備優良紀律
嚴明的士兵，步兵和騎兵裡身經百戰的老兵隊伍，不論是羅馬人或蠻族，
都是從各行省挑選出來。強壯的高盧人不僅擁有忠誠和英勇的名聲，還護
衛著敬愛君王的帝座和個人安全。錫西厄人組成的協防軍是戰鬥力極強的
團體，來自水土天候完全相異的地區，幾乎是不同的世界，去侵犯他們連
名字及狀況都一無所知的遙遠國土。撒拉森人有幾個部落，都是遊牧的阿
拉伯人，純粹是基於喜愛搶劫和戰爭，投效到皇帝的旗幟下，願聽從朱理
安指揮，拒不接受根據慣例所支付給他們的賞金。幼發拉底河的河道寬
闊，壅塞著七百條船的艦隊，伴隨著羅馬軍隊一起行動，負責提供所需的
補給品。這個艦隊的作戰實力包括五十艘全副武裝的快船，及同樣數量的
平底船，在需要時可快速連接成一座暫時的橋樑。其餘船隻有的是用木材
建造，也有一些在外面蒙上獸皮，裝載的武器、機械、用具和糧食，幾乎
取之不盡，用之不竭。朱理安關懷部屬福利，將大量庫儲的食醋和乾糧裝

船供士兵食用,但他禁止部隊飲酒,同時嚴格規定,不讓過多的駱駝連成長串跟隨在軍隊後面前進。查波拉斯(Chaboras)河在色西昔姆注入幼發拉底河,分隔兩個龐大而相互敵對的帝國,號角響起開始行軍的信號,羅馬人越過這條當作國界的溪流(363年4月7日)。照古老軍紀規定,要對全軍發表演說,朱理安不放過展現辯才的機會。他用祖先的堅忍勇氣和光榮勝利作例證,鼓勵軍團要發揮冒險犯難的精神,非常生動的描述波斯人的傲慢無禮,激起同仇敵愾的高昂士氣,訓誡大家要效法他的決心,絕滅這個奸詐邪惡的國家,為共和國犧牲性命亦在所不惜。朱理安對每個士兵犒賞一百三十個銀幣,使演講更有說服力,同時提到在查波拉斯河上的橋樑要拆除,讓部隊知道安全的希望要靠作戰的勝利。然而行事審慎的皇帝為維護遙遠邊疆的寧靜,不受帶敵意的阿拉伯肆意入侵,就在色西昔姆留下四千人的特遣隊,加上原來的守備部隊共一萬人,來防衛這個重要的據點。

四、朱理安在美索不達米亞的作戰行動(363A.D.)

羅馬人從此刻起進入敵人國土,要面對行動積極且手段高明的敵軍。行軍序列編成三個縱隊,實力堅強的步兵形成主力位於中央,交給主將維克托(Victor)指揮;右邊是尼維塔(Nevitta)率領由幾個軍團組成的縱隊,沿幼發拉底河岸邊前進,經常與艦隊保持通視的狀況;大軍的左側翼有騎兵縱隊掩護,指定霍爾米斯達斯(Hormisdas)和阿林蘇斯(Arinthaeus)擔任騎兵將領。霍爾米斯達斯的平生事蹟值得我們注意[26],他是出身薩珊皇家族裔的波斯王子,屬於反對薩坡爾的少數派,從監獄逃到君士坦丁大帝友善的宮廷裡安身。霍爾米斯達斯一開始獲得新主子的同情,後來則得到他的尊敬,在羅馬軍隊中靠著英勇行為和忠誠態度,獲得榮譽晉升到很高的職位。他雖是基督徒,對於背叛自己的國家倒是心安理得,受壓迫的臣民

---

26 很多攪混在一起的傳奇故事,提到霍爾米斯達斯的探險事蹟,但是當時波斯國王是遺腹子而且又是長子,所以霍爾米斯達斯不可能是國王的兄弟,而且我也沒有看到阿米努斯用這個頭銜來稱呼他。

是最危險的敵人，確是所言不虛。上文提到三個主要行軍縱隊的部署，盧
西連努斯(Lucilianus)率領一千五百名輕騎兵組成的分遣隊，行動迅速又
敏捷，負責掩護大軍前衛和側翼，搜索遠距離的各種情況，發現敵軍接近
可盡早傳報信息。達迦萊法斯(Dagalaiphus)和奧斯浩伊(Osrhoene)公爵塞
康笛努斯(Secundinus)指揮後衛部隊。輜重位於縱隊之間的空隙，受到嚴
密保護。行軍單位為便於運用或誇張聲勢，採用疏散隊形，整個行軍隊伍
延伸有十哩長，朱理安的位置通常在中央縱隊先頭。但他情願負起一位將
領的責任，並非一位國君而已，在一小隊輕騎兵護衛下，迅速趕往前衛、
後衛或側翼，用御駕親臨的方式，對羅馬軍隊鼓勵士氣和保障安全。他們
從越過查波拉斯河到亞述的農耕地區，中間經過的國土是阿拉伯沙漠的一
部分，是乾燥貧瘠的荒野，人類運用最有力的技術也無法改進。朱理安行
軍經過的地區，就是年輕的居魯士足跡所至之處。那次遠征行動有位伴隨
者，就是才識卓越的英雄人物色諾芬(Xenophon)，曾經敘述道：

> 這片國土像海洋一樣平坦，上面覆蓋著苦艾樹，只要是生長在這
> 裡的灌木或是蘆葦，全部都有芳香的氣味，但是沒有看到樹木。
> 鴇鳥、鴕鳥、羚羊和野驢是沙漠僅有的居民，出獵是辛勞的行軍
> 之中唯一的娛樂活動。

鬆散的沙土被大風颳起來成為塵暴，朱理安有很多士兵連帶帳篷，被
突如其來的颶風吹倒在地上。

美索不達米亞的沙質平原被放棄給羚羊和野驢，但很多人煙繁密的村
莊和市鎮，安適地座落在幼發拉底河岸邊，有些位於河流偶然形成的島嶼
上。安納(Annah)或稱為安納索(Anatho)這個城市，有一位阿拉伯酋長的
居所在此，由兩條長街組成，位於幼發拉底河的小島上，為天然的防禦工
事圍繞，兩側都是肥沃農地。安納索好戰成性的居民擺出陣式，阻止羅馬
皇帝的行軍縱隊。經過霍爾米斯達斯王子溫和的開導，加上艦隊和軍隊嚇
人的陣容，他們才轉變傲慢態度，並乞求朱理安饒恕，也感受到他那寬大

的心胸，就把民眾全遷移到敘利亞的卡爾西斯附近，一個條件更有利的墾
殖區。朱理安也接受總督普西斯(Pusaeus)的輸誠，賜給他高官和友誼。
但梯盧塔(Thilutha) 的堡壘難以攻克，皇帝只有對自己立下很難堪的保
證，等他征服波斯國內各省後，梯盧塔這時更可拿來增添征服者勝利的光
彩。沒有防禦能力的市鎮無法抵抗也不願屈服，事先聞風趕緊逃走。他們
的房屋裡都是戰利品和糧食，全被朱理安的士兵占用。有些無人保護的婦
女被屠殺，沒人追究和處分犯罪的士兵。在羅馬部隊行軍期間，波斯的將
領蘇里納斯(Surenas)，還有迦山(Gassan)部落[27]著名的酋長馬力克‧洛多
薩息斯(Malek Rodosaces)，不斷在大軍四周盤旋窺伺。迷途人員被攔截，
分遣單位受攻擊，機警的霍爾米斯達斯也差點遭到毒手，但這些蠻族最後
還是被驅離。整個國土愈來愈不適合騎兵作戰，當羅馬人到達瑪西普拉克
塔(Macepracta)，發覺到城牆遺跡是古老的亞述國王構建，用來確保領土
的安全，防範米提人(Medes)入侵。朱理安的遠征行動最初階段花了十五
天的時間，從色西昔姆的堡壘到瑪西普拉克塔的城牆，距離約為三百哩。

五、入侵亞述以及毛蓋瑪恰的圍攻(363A.D.)

亞述是個富裕行省，越過底格里斯河一直延伸到米地亞的山區[28]，從
瑪西普拉克塔古老的城牆，到巴斯拉(Basra)地區有四百哩。幼發拉底河
和底格里斯河在此會合，再注入波斯灣[29]。這一大片國土有個特別的名

27　迦山部落居在敘利亞的邊緣地區，在大馬士革的統治王朝有三十一位國王，或稱
　　埃米爾，從龐培的時代直到奧瑪哈里發(Khalif Omar)。洛多薩息斯的名字並不見
　　於國王世系表內。

28　阿米努斯提到最早的亞述包括尼努斯(Ninus)(就是尼尼微)和阿貝拉(Arbela)，後
　　來最常用的稱呼是阿底貝尼，同時他把提羅敦(Teredon)、浮羅吉西亞(Vologesia)
　　和阿波羅尼亞(Apollonia)，都當成亞述行省最遙遠的城市。

29　這兩條大河會合在阿帕米亞(Apamea)或稱柯爾納(Corna)(離開波斯灣大約一百
　　哩)，河面更為寬廣，名叫帕斯底格里斯(Pasitigris)河或稱薩特‧烏爾‧阿拉伯
　　(Shat-ul-Arab)河。幼發拉底河從前有單獨的河道入海，在離現代巴斯拉東南方約
　　二十哩的地方，被奧柯伊(Orchoe)的居民加以阻斷後改道。

稱，叫做美索不達米亞，兩條大河在此區流過時，相距不超過五十哩，特別在巴格達或稱為巴比倫，接近不到二十五哩。由於土壤鬆軟挖掘不費力氣，有很多人工的渠道連接兩條河流，並且縱橫交錯在亞述的平原上，這些人工的渠道有各種用途而且非常重要。兩條河因季節各有不同的氾濫期，可以把多餘的水量排放到另一條河流。渠道可以再細分為更小的水溝，用來灌溉乾燥的田地，補充原本缺乏的降雨量。這些河道有利於社會的交往和商業貿易，河床的堤壩很容易決口，成為亞述人與敵同歸於盡的武器，對入侵的敵軍造成突如其來的大洪水。亞述由於水土和氣候的關係，有些很重要的作物像是葡萄、橄欖和無花果都無法生長，但是那些用來維持人類生存的食物，特別是小麥和大麥，產量極為豐富到取用不竭的程度。農夫把種子灑在田地裡，通常的報酬是兩、三百倍的收成。地面上到處散布著無數的椰棗樹叢，勤勉的土著用詩篇和散文歌頌這種植物，說它的樹幹、樹枝、葉片、樹液和果實，經過技巧的處理，可以有三百六十種用途。有些產物特別是皮革和亞麻布，雇用很多民眾來加工，是最有價值的外銷商品。不過，看來這些貿易全部操縱在外人的手裡。巴比倫成為皇家的園林，但是靠近古老首都的遺址，新的城市繼續興起。人口稠密，從眾多的城鎮和村莊可以得知。房屋用曬乾的泥磚興建，再用瀝青很堅固的黏合在一起，這是巴比倫地區很特殊的天然產品。當居魯士的繼承人統治亞洲地區時，萬王之王所有豪華排場的飲食和家用的物品，全年三分之一時間的需要量，僅僅由亞述一個省就能如數供應。有四個很大的村莊負責提供飼養印度獵犬的食物，負擔皇家馬廄八百頭種馬和一萬六千頭母馬的全部費用，每天付給省長的貢金是一個英制蒲式耳的白銀，可以計算出亞述每年的歲入是一百二十萬英鎊[30]。

30　亞述每天繳納給波斯總督等於國王體重的銀塊，這可以用銀和水的比重測量出來，然後根據金屬的價格，算出我所提到的每年歲入。國王從亞述獲得的總額不會少於一千歐波克泰倫，也稱腓尼基泰倫(約等於二十五萬二千英鎊)。比較希羅多德在《歷史》裡的兩段文章，顯示出波斯的總歲入和淨歲入有很大的差別。行省支付稅收的總額，黃金和銀塊存放在皇家金庫，國王從向人民徵收一千七百萬或一千八百萬磅的歲入中，每年可以儲存三百六十萬磅。

　　朱理安使亞述的田園陷入水深火熱的戰爭之中(363年5月)，哲學家用掠奪和殘酷的行為報復在無辜民眾的身上，如同過去那些傲慢的主子施加於羅馬行省的痛苦。驚懼的亞述人只有請求河流給予幫助，用自己的手完成破壞家園的工作。道路根本不能通行，洪流灌進敵軍營地，朱理安的部隊有很多天要與令人氣餒的艱辛苦苦奮鬥。由於軍團官兵的堅忍，終於克服種種困難。他們像面對危險那樣慣於勞累的工作，更重要是受到領導者不屈不撓精神的鼓舞。士兵修復受到損害的隄防，洪水又流回原來的渠道。整個椰棗樹林都被砍倒，置放在道路受到沖刷的地點，用漂浮的木筏當橋樑，下面拿充氣的皮囊作為支撐，軍隊可以渡過寬而深的渠道。亞述有兩個城市敢於抵抗羅馬皇帝的大軍，為草率的行動付出慘痛的代價。佩里薩波(Perisabor)或稱安巴(Anbar)是行省第二大城，離開皇家行宮所在地帖西奉有五十哩。這座城市面積廣大人口眾多，戒備非常森嚴，構築有雙重城牆，還有一條幼發拉底河的支流在外環繞，負責的防守部隊兵強力大作戰英勇。霍爾米斯達斯勸降遊說，被很輕蔑的加以驅退，同時被譴責的言辭傷害，說他背棄皇家血統，指揮外籍軍隊對抗自己的君主和祖國。亞述人竭盡防守的技巧和勇氣，用來表現忠誠的行為，直到攻城撞車奮力衝擊，粉碎城牆的角隅打開一個很大的裂縫，他們只有很快退守內圍的城堡工事。朱理安的士兵蜂擁衝進鎮內，等到戰爭的慾念得以滿足，佩里薩波已成為一片焦土。在冒煙房舍的地面架起各種機具攻擊內堡，雙方不斷用投射武器展開戰鬥，現在各種弩砲可架設在圍攻的地區內，使羅馬人掌握有利地形，而獲得更大優勢。等到攻城塔構建好後，可以和高聳的防壁處於同等平面來接戰。這種可以移動的塔車確實令人視之生畏，現在內堡的守軍已經喪失抵抗的希望，只有屈服求饒。從朱理安開始在佩里薩波城下出現，只有兩天工夫就讓對方獻城投降。這座人口繁盛的大城，殘餘的民眾不論男女只有兩千五百人，後來得到允許可以離開。存量非常豐富的穀物、兵器和華麗的傢具，除了部分分配給軍隊以及保留作為公共設施外，其餘不能運用的軍需物資用火燒毀，或是投入幼發拉底河裡，佩里薩波的毀滅等於給阿米達(Amida)悲慘的下場報了大仇。

　　毛蓋瑪恰(Maogamalcha)這個城市可以說是一座城堡，整個防禦設施
有十六座大型高塔，一道很深的護城壕，以及雙層的磚石城牆，全部由瀝
青黏合得極為堅固，離開波斯的都城有十一哩，構建起來成為外圍的重要
據點。皇帝害怕把這樣重要的堡壘留在後面，所以要立即圍攻毛蓋瑪恰。
羅馬軍隊因而區分為三部分，維克托率領騎兵及配屬的重裝步兵，奉命掃
蕩整個地區的敵人，一直到底格里斯河的河岸以及帖西奉的郊區。朱理安
親自指揮攻擊行動，看起來像是依靠各種攻城的機具，全部對著城牆架設
起來，然而他設計出更有效的方式，可以使部隊攻入城市的中心。在尼維
塔和達迦萊法斯的督導下，在相當的距離開挖對進的壕溝，逐漸延伸到護
城壕的邊緣，然後很快用泥土將護城壕填滿。部隊不斷賣力工作，在城牆
的基礎下方挖出一條坑道，每隔相當距離用木材支撐，特別選出三個支
隊，排成單列在黑暗而危險的通道裡，很靜肅的探路前進。大膽的隊長在
前面領路，等到向後傳出信號，準備從幽暗的地下突入敵方城市的街道。
朱理安讓他們先不要輕舉妄動，為了確保突擊成功，發起喧囂而吵鬧的正
面攻城作戰，立刻吸引守備部隊的注意。波斯人在城牆上帶著蔑視的眼光
看著攻城的行列被他們擊退，沒有發生一點作用，於是唱著勝利的歌曲，
把榮譽歸於薩坡爾而大聲慶祝，同時羅馬向皇帝提出保證，在他攻占固若
金湯的城市毛蓋瑪恰之前，早就一命嗚呼到群星閃爍的宮殿覲見阿胡拉
(Ormusd)*31去了。城市已經落在皇帝的手裡，對於第一位從坑道裡攀登到
棄守高塔的列兵，史書已記下他的名字。通道被他的同伴加寬，他們帶著
按捺不下的熱情一湧而出。一千五百名敵人已經出現在城內，驚愕萬分的
守備部隊只有放棄城牆，唯一能夠確保安全的希望也隨之喪失。他們立刻
對城門縱火將它燒開，士兵為了報復進行殘酷的屠城，只有在滿足色慾的
需要和搶劫的貪念時，才暫時停下濫殺的行動。總督獲得饒命的保證就獻
城投降，被控對霍爾米斯達斯王子說出不敬的話有損他的榮譽，過沒有幾

*31　[譯註]瑣羅亞斯德的祆教教義為二元論，崇拜的神明是善神阿胡拉，是光明和至
　　善的創造之神，而與善神對立是惡神阿里曼，象徵著黑暗與邪惡，並且率領所有
　　的牛鬼蛇神。善神和惡神之間的鬥爭永無休止，信仰的最終目的就是要在善神的
　　旗幟下與惡神抗爭到底。

天就判決活活燒死。所有的堡壘和防禦工事全部夷爲平地,沒有留下一點
遺跡顯示毛蓋瑪恰這個城市曾經存在。

波斯都城的近郊興建三座富麗堂皇的宮殿,到處堆金積玉珠光寶氣,
表現東方君主窮奢極侈的豪華和倨傲。花園沿著底格里斯河迤邐延伸,天
然的景色極爲優美,根據波斯的風格裝飾著對稱的花壇、高聳的噴泉和濃
蔭的廊道。廣大的園林用高牆圍繞,裡面豢養著熊羆、獅子和野豬,作爲
皇家狩獵之用,維持的費用相當可觀。現在高牆傾圮,各種猛獸任由士兵
射獵。在羅馬皇帝的指使下,薩坡爾的宮殿化爲一片焦土。在文明時代,
兩個敵對的國君還是會保持審慎的態度和高尚的舉止,但是朱理安處於當
前的情況,完全捨棄合於法律規範的待人之道。然而這些任性的破壞行動
沒有必要在我們胸中激起憐憫或憤恨的情緒。希臘藝術家用手完成一座風
格單純的裸體雕像,比起蠻族運用龐大勞力興建這些粗俗的建築物,更能
顯現天才的價值。要是宮殿的殘跡比木屋的火災讓我們更爲感動,我們的
人性對生命的痛苦一定有錯誤的判斷。

六、朱理安的將道和底格里斯河渡河之戰(363A.D.)

朱理安成爲波斯人恐懼和仇恨的對象,當地的畫家把侵略他們國家敵
人畫成兇暴的獅子,口裡噴出毀滅一切的烈火。但是對他的朋友和士兵來
說,這位哲學家風格的英雄顯得非常平易近人,特別是在他生命最後這段
期間,他的功業表現得格外引人注目。那種積極進取的精神更是令人難以
忘懷,他的言行舉止已經習於自省節制和莊重沉著,這種與生俱來的特質
很自然的發揮出影響力,毫不費力也不必刻意表現。他靠著後天培養的智
慧,能夠完全控制身體和心靈,堅持自己的行爲,不會沉溺於人類最原始
的生理需要[32]。在亞述的溫帶氣候裡,等於在誘使一個生活奢華的民族要

---

32 從居魯士、亞歷山大和西庇阿這些有名的例子可以知道,他們這樣做是基於正義
的行爲。朱理安保持純潔的本質,完全是出於自發的舉動,就他的觀念認爲這是
個人最大的成就。

盡量滿足性慾，然而年輕的征服者保持貞節，能夠純潔到不受任何侵犯。
那些極為美麗的女性俘虜，不僅無法引誘朱理安，甚至連好奇心都沒有產
生。何況這些美女並不會抗拒他的權力，甚至以博得他的青睞為榮。他用
抗拒愛情誘惑這種堅定的毅力，拿來支持艱辛因苦的戰爭。當羅馬人行軍
通過一望無垠和洪水氾濫的原野，他們的君王在軍團的前面步行，用同甘
共苦的行動激勵高昂的士氣。每一項要使用勞力的工作，朱理安都帶頭拚
命苦幹，皇帝的紫袍就如同等級最低的士兵所穿的粗製羊毛戰袍一樣，全
都沾滿了汗水和塵土，變得污穢不堪。在兩次圍城作戰中，讓他有機會展
現個人的英勇。在軍事藝術有相當進展的狀況下，一位行事謹慎的將領，
都不會用這種「身先士卒」的方式來領導部隊。皇帝站在佩里薩波的城堡
前面，完全不理會極為危險的場面，鼓勵部隊要把鐵鑄的城門燒開，這時
他幾乎被一陣投射武器的箭矢所擊中，同時巨大的石塊也向著他拋擲過
來。就在他巡視毛蓋瑪恰的內城防禦工事時，兩個波斯人為了國家不顧自
己的性命，拔出他們的彎刀突然衝殺過來，皇帝非常熟練舉起盾牌擋住致
命的砍劈，然後用短劍很穩定而又準確的戳刺，把一個敵手殺死在他的腳
前。建立豐功偉業的皇帝，對值得讚譽的臣民給予尊敬，這可以說是最高
的報酬，朱理安從自己的功勳中樹立權威，能夠恢復傳統的軍紀，要求得
更為嚴厲。三名騎兵犯有可恥的行為被他判處死刑，他們在與蘇里納斯的
部隊作戰時，不僅臨陣逃走還喪失一面隊標；同時他也用攻城冠獎勵奮不
顧身的士兵，他們首先攀登城牆攻進毛蓋瑪恰市區。

　　皇帝的堅毅作風在圍攻佩里薩波時，因部隊的貪財搶奪而受到考驗。
他們大聲抱怨獻身軍旅的報酬，只有一百多個銀幣這樣微不足道的賞賜。
他顯現古羅馬人的風度，用莊嚴而坦誠的語氣表達出憤慨之情，說道：

　　　發財是你們盼望的目標，這些錢財都在波斯人的手裡，富饒國度
　　的戰利品都可以當成英勇和紀律的獎賞。請相信我的話，羅馬共
　　和國過去擁有龐大的財富，自從那些懦弱和貪財的大臣說動君
　　王，要用黃金向蠻族購買和平以來，現在已經陷入短缺和可悲的

程度。稅收已經枯竭,城市已經沒落,行省的人口大量減少。對
我而言,從皇室祖先所繼承的僅是無畏的精神,我很久以來就相
信真正的優勢位於心靈,知道自己貧窮還能保持高尚的品格,就
不會感到羞愧,在把貧窮算是古老德行的時代,可以認爲是法比
里修斯(Fabricius)的榮譽。要是你們願意聽取天神和領袖的話,
一樣可以獲得這種德行和榮譽。但是如果你們毫不考慮還要堅持
目前的做法,決心要恢復古老的暴亂那種可恥而錯誤的案例,就
去做吧。身爲人中之龍的皇帝,我準備隨時可死,瞧不起時時刻
刻靠著偶然的狂熱得到擁戴的生命。要是我發現自己不配領導在
座各位,在座的許多首長(我以驕傲及歡欣的語氣說)都可以憑著
功績和經驗指揮這場重要的戰爭,我會放棄統治的權力退位,既
不悔恨也不煩惱,去過與世無爭的平民生活[33]。

　　朱理安很誠摯的表達他的決心,受到羅馬人一致的鼓掌和衷心的擁
戴。他們會在英雄的君主麾下奮戰到底,有信心贏得最後的勝利。他經常
用斬釘截鐵的語氣(這些都是朱理安誓詞的內容)激起他們無比高昂的勇
氣:「征服波斯,不達目的絕不罷休」,「重振共和國昔日的光榮」。他
的心靈裡充滿熱愛名聲的激情,但是在踏上毛蓋瑪恰的廢墟時,他才允許
自己說:「我們現在已給安提阿的詭辯家提供一些素材。」
　　朱理安繼續鼓起勇氣,努力克服各種障礙,能夠順利向著帖西奉的城
門進軍。但是要想波斯人的首都降服,甚至就是進行圍攻,還有很長一段
距離。要想實施勇敢而又發揮技巧的作戰,如果不知道何處才是決戰的戰
場,皇帝的軍事指揮也不可能考慮得周詳。巴格達南邊二十哩,在底格里
斯河的東岸,好奇的旅客可以發現帖西奉一些宮殿的遺跡。然而在朱理安
那個時代,帖西奉是面積廣大人口稠密的城市。鄰近的塞琉西亞無論是名

33　我引用這段講話完全是真正的原本,阿米努斯聽到過也可能抄寫下來,而且不可
　　能虛構此事,我只是做了一點修改,使得結論更爲簡潔有力。

聲還是光榮都已完全湮滅，這個希臘殖民地只留下部分區域，完全使用亞
述人的語言和生活方式，只保留最早的稱呼柯區（Coche）。這個地方位於
底格里斯河的西邊，但是要把它算成帖西奉的郊區也是很自然的事，因爲
兩者之間有一座船隻搭成的永久性橋樑，整個區域連接起來以後稱之爲艾
爾‧摩達因（Al Modain），就是「城市」的意思，東方人用來稱呼薩珊王
朝的多季居所。波斯都城的四周被寬闊的河流、高聳的城牆和難越的沼澤
所圍繞，防守的能力非常堅強。朱理安仕靠近塞琉西亞的遺址設置營地，
用壕溝和防壁確保安全，阻止位於柯區實力強大的防備部隊主動出擊。在
這片物產豐富和景色優美的鄉土，羅馬人的飲水和草料可以獲得充分供
應。有幾處堡壘會干擾大軍的行動，經過一陣抵抗以後，還是屈服在英勇
的攻擊之下。艦隊可以從幼發拉底河通過一條人工河道，而這條水量充沛
可以航行的溪流，正好在城市的下方不遠處注入底格里斯河。要是艦隊貿
然進入這條名叫納哈爾‧瑪察（Nahar-Malcha）的皇家渠道[34]，因爲柯區所
處的位置關係，立刻使艦隊和朱理安的軍隊形成分離。要是不小心的操舵
對抗底格里斯河的急流，船隻的航路就會穿過帶有敵意的城市，使羅馬整
個水師全部遭到毀滅。有先見之明的皇帝預判有這種危險發生，所以要採
取補救措施。他過去曾經研究圖拉眞當年在這個地區的作戰狀況，立刻想
起這位武功蓋世的皇帝曾經重新挖掘一條可以通航的渠道，把柯區留在右
邊，在城市的上方不遠處，將納哈爾‧瑪察的水量從這裡注入底格里斯
河。朱理安從農夫那裡打探消息，找到古老工程的遺跡，原來的渠道完全
消失在有意的填塞，或是時間的湮滅之中。經過土兵不知疲勞的努力工
作，挖出一條寬而深的渠道，很快可以容納幼發拉底河的水量，然後構建
一道堅固的堤壩，阻斷納哈爾‧瑪察的正常水流。一道洪流立即衝進新挖
的河床，羅馬艦隊經由安全的航道駛進底格里斯河，帖西奉原來設置作爲
阻塞艦隊之用的障礙，現在全部不能發揮功效。

34　皇家渠道必然不斷進行整修水道、轉換流向或者重新分段等工作，這種改變的結
　　果，可以解釋古代的狀況跟現在已經大不相同。在朱理安那個時代，皇家渠道應
　　該在帖西奉的下方流入幼發拉底河。

　　需要把羅馬軍隊運過底格里斯河,雖然是件很費力的工作,比起過去
的遠征行動,倒不會那麼辛苦,但會更為危險。河流很寬廣而且流速很
快,堤岸的斜坡很陡峭,攀登極為困難,河岸的脊部有一道很長的塹壕,
後面排列重裝的胸甲騎兵、技術精良的弓箭手和巨無霸的戰象(要是按照
利班紐斯修辭法的誇張說法)。這些野獸踐踏羅馬的軍團,就像踩平一塊
黍米田般容易。面對這樣強大的敵軍,要想建造一座橋樑是不切實際的做
法。大無畏的君王立刻抓住唯一的機會,隱瞞企圖不讓敵人和自己的部隊
知道,甚至對手下的將領,都保持到最後快要執行才告知。他藉口要檢查
補給品的供應狀況,八十條船隻逐漸開始下卸。一個精選的特遣隊受命準
備好武器,接到信號就要從事祕密行動。朱理安用充滿信心和愉快的笑
容,掩飾內心的緊張和不安,舉行軍事比賽,以盛大場面來嘲笑敵人,帶
著侮辱對方的神情在柯區的城牆下從事各種慶祝活動。白天的獻祭顯得喜
氣揚揚,等到晚餐的時刻一過,皇帝召集將領到他的帳篷,交代大家在今
夜要渡過底格里斯河。他們聽了感到非常驚異,為表示尊敬只有默不作
聲,但高齡的薩祿斯特,仗著年長和經驗所具有的特權提出意見,其餘首
長在權衡輕重以後,都支持薩祿斯特審慎的抗議。朱理安神色安然提出說
明:「征服和安全要靠攻擊,當面敵軍實力不會減弱,加上源源不斷的援
軍,兵力更會增加。我們就是再等下去,河流的寬度既不會縮小,河岸的
高度也不會降低。」

　　朱理安立刻發出信號,部隊馬上採取行動,急著要打仗的軍團士兵跳
上靠近岸邊的五艘船,大家使出全力來划槳,很快就消失在暗夜之中。對
面升起一片火光,朱理安了解最前面的船隻已經登岸,一定是敵人在放火
燒船,於是他非常機智,把極端危險的狀況轉變成勝利的預兆,充滿熱情
的大聲喊叫:「我們的弟兄在對岸已經獲得成功,看,他們發出指定的信
號,讓我們盡快趕過去協助他們,也可以與敵軍在戰場一比高下。」一隻
龐大的艦隊採取統一和迅速的行動,衝破水勢洶湧的急流,抵達底格里斯
河的東岸,速度快得可以撲滅船隻的火焰,盡快援救冒險犯難的同伴,要
攀登陡峭而高聳的斜坡,因為盔甲的重量和伸手不分五指的黑夜而增加不

少困難。一陣陣的石塊、標槍和火把，不斷向著攻擊者的頭頂投射下來，他們經過艱苦的奮鬥終於爬上堤岸，以勝利態勢站在敵人的防壁上面，占領更大的作戰面積，獲得勢均力敵的態勢。朱理安率領輕步兵要發起攻擊，疾馳過隊列後，用富於經驗的眼光明瞭狀況，最勇敢的士兵依荷馬訓示，已經布滿在前列與後衛。皇家軍隊號角長鳴，發出會戰信號，羅馬人在發出吶喊聲後，配合充滿生氣的樂曲，以整齊的步伐向前邁進。等到投出無堅不摧的標槍，拔出短劍衝上前去肉搏戰鬥，這樣可以抵消蠻族在投射武器所占的優勢。整個接戰延續了十二小時，直到波斯人從逐漸後退變成喪失秩序潰逃，最高階級的領導人蘇里納斯自己做出可恥的榜樣，羅馬人在後追趕到帖西奉城門前面。要是他們的將領維克托沒有懇求大家中止莽撞的攻擊，戰勝者就會進入士氣沮喪的城市，如果不能獲得勝利，那追進去的人也就有去無回了。因為維克托被箭射中，傷勢非常危險，大家才停止行動。羅馬人這邊知道僅有七十五人喪生，而蠻族留在戰場的屍體有兩千五百具，甚至說是損失六千名最勇敢的士兵。戰利品就像東方人的營地所預期那樣奢華而豐富，大量金塊和銀幣，精美的武器和馬飾，連床和桌子都是大塊純銀製作。勝利的皇帝為了獎勵作戰的勇士，頒發很多有價值的禮物，像是公民冠、登城冠和海戰冠。對朱理安來說，獲得尊敬比整個亞洲的財富更珍貴，舉行莊嚴的儀式向戰神獻祭，但犧牲顯示出最不利的徵兆。透過較不曖昧的跡象，朱理安很快發現他的豐功偉業已到盡頭。

七、朱理安的戰爭指導和破釜沉舟的作為(363A.D.)

在會戰後的次日，皇帝的隨身侍衛，賈維烏(Jovians)和海克力(Herculians)兩個禁衛軍軍團，以及其餘的部隊，大約占全軍三分之二的兵力，安全渡過底格里斯河[35]。這時波斯人從帖西奉的城牆上看出去，鄰

35　艦隊和軍隊分別由三大部分組成，只有先頭部隊在夜間過河。後續單位在第三天運過去，包括支援部隊在內，還有歷史學家阿米努斯和未來的皇帝傑維安，以及在內廷擔任警衛的賈維烏和海克力軍團。

近的四野是一片孤寂。朱理安向著北面投以焦慮的眼光，心中充滿期望，
他自己已經勝利的抵達薩坡爾的首都，塞巴斯蒂安和樸洛柯庇斯也會奮勇
邁進，克服一切困難完成行軍和會師的任務。但是他的期待完全落空，亞
美尼亞國王主導背叛行動，使協防軍從羅馬人的營地裡潛逃溜走；再加上
兩位將領不和，無法擬定有利大局的任何計畫，更談不上貫徹執行。皇帝
放棄獲得主要援軍的希望，親自主持軍事會議，有的將領認爲圍攻帖西奉
沒有任何價值，而且會帶來很大的禍害，極力加以勸阻。在經過充分的討
論以後，他贊同所提出來的意見。就這方面來說，讓我們非常難以理解，
這個城市被朱理安以前的皇帝圍攻三次，結果都獲得成功，現在能有多大
的防衛能力可以抗拒羅馬六萬大軍。何況這些部隊由最勇敢而有經驗的將
領指揮，船隻、糧食、攻城器具和軍用物質的供應非常充足。但是我們大
可相信，憑著朱理安熱愛榮譽和蔑視危險的性格，不可能爲無足輕重或虛
幻不實的障礙，喪失攻城的勇氣。就在他放棄圍攻帖西奉這個重要時刻，
有人異想天開提出和平談判來解決問題，遭到他嚴辭拒絕。薩坡爾很久以
來已經習慣康士坦久斯遲疑不決的作風，對於繼位者的明快和勤奮感到極
爲驚異。遙遠的行省靠近印度和錫西厄的邊界，省長奉命徵集部隊，不得
有任何拖延，盡速行軍前來勤王。但是他們的準備工作緩慢，行動受到耽
誤，在薩坡爾領軍進入戰場之前，已經接到悽慘的信息。亞述受到蹂躪，
他的宮殿被毀滅，用來防守底格里斯河主要門戶的軍隊，英勇的官兵受到
殺戮。皇室的驕縱在頃刻間化爲塵土，他坐在地上用餐，頭髮也不梳洗，
顯示出內心的悲傷和憂慮。這時就是要求他拿出一半的國土，來換取另一
半國土的安全，也許不會遭到拒絕，他會很高興簽署和平條約，成爲羅馬
征服者忠誠和聽命的盟友。他派遣一位職位很高而又蒙受信任的大臣，藉
口私人事務祕密向霍爾米斯達斯示好，請求代爲緩頰，安排觀見皇帝。薩
珊王朝的王子爲來使所說服，不知是基於自負或仁慈的心理，或許是身分
和責任使然，認爲最有利的結果，是能終止波斯的災禍和確保羅馬的勝
利。他驚訝發現皇帝意志堅定，這位英雄人物竟然記得當年亞歷山大曾經
拒絕大流士的建議，對他自己及國家都極其不幸。但是朱理安感受到，要

是對安全和光榮的和平懷抱希望，就會斲喪部隊高昂的士氣，因此他誠摯
要求霍爾米斯達斯，私下讓薩坡爾的大臣離去，隱匿替敵人說項的危險行
爲，不能讓營地的人員得知[36]。

　　朱理安的尊嚴和利益都不能讓他頓兵在帖西奉堅城之下，浪費寶貴的
時光。他不斷向守城的蠻族挑戰，兩軍何妨在開闊的平原決一勝負；對方
用審愼的態度答覆，如果他要表現英勇的氣概，不妨去尋找國王的軍隊。
他只有忍下這口氣，但是倒能接受他們的勸告。於是他不願局限行軍的目
標在受制於人的狀況下，僅及於幼發拉底河和底格里斯河，決心效法亞歷
山大冒險犯難的精神，大膽向著內陸行省進軍，逼得他的對手爲了爭奪選
亞細亞的帝國，會跟他在阿貝拉（Albela）的平原決戰[*37]。朱理安的氣度寬
宏大量，一位身分高貴的波斯人玩弄手段，對皇帝極口稱讚獲得信任，最
後卻背叛朱理安。他完全是爲了自己的國家，扮演充滿危險、反間和羞辱
的角色[38]，帶著一群忠誠的追隨者投效敵營，編出一段故事說他忍受無情
的迫害，用誇張的語氣提到薩坡爾的殘酷、人民的不滿和國勢的衰弱，帶
著非常自信的神情，願意在羅馬軍隊進軍時充當人質和嚮導。霍爾米斯達
斯聰明而且富於經驗，對這些理由產生懷疑，但皇帝聽不進去，沒有發生
效果。朱理安抱著輕信的態度，把叛賊當成心腹言聽計從，發布很倉卒的
命令。就一般人來說，不僅違反他原有審愼的作風，也危及自己的安全。

　　朱理安不到一小時內，就摧毀整個水師。這些部隊不知花費多大的勞
力、金錢和生命，才能行駛五百哩的距離來到這裡，只有十二條小船保留
下來，最多不過二十二條，用來伴隨行軍的部隊，作爲運輸的工具，或者

36　教會歷史學家把拒絕談和歸之於麥克西繆斯的建議，一位哲學家的身分不夠資格
　　提出那種建議，但是哲學家倒是很像魔術師，會附合主子的願望和愛好。

*37　[譯註]阿貝拉目前稱爲阿比爾（Arbil），位於伊拉克北部。公元前331年9月，亞歷
　　山大大帝在此與大流士決戰，又稱高加米拉（Gaugamela）會戰，大流士慘敗，波
　　斯一戰而亡。

38　這位新一代佐派魯斯（Zopyrus）所運用的技巧，從兩位簡單描述者（色克斯都斯·
　　魯佛斯和維克托）的證詞，以及利班紐斯和阿米努斯不小心的暗示中，獲得相當
　　眞實的史料。阿米努斯的原文受到個人情感的影響產生矛盾，眞正的歷史過程因
　　而無法知曉。

搭建臨時橋樑通過河流，保留給士兵二十天糧食的供應量。其餘的倉庫和
停泊在底格里斯河的一千一百艘船隻，在皇帝指揮下，全部葬身烈焰中。
基督教的主教格列哥里和奧古斯丁譏諷背教者的瘋狂，等於用自己的手來
執行上帝公正的判決。一個有經驗的士兵作出冷靜的判斷，認為主教的著
作就軍事方面來說並沒有什麼分量，但這個士兵親眼看到放火燒船，也沒
不贊成部隊發出的喃喃怨言。然而朱理安這種行動並非不正當，有還算充
分的理由可以證明。幼發拉底河的航行過了巴比倫以後就無法溯流而上，
在底格里斯河不能超越歐庇斯(Opis)，後面提到這個城市離羅馬人的營地並
不遠。朱理安必須放棄不切實際的想法，不能強迫龐大的艦隊克服湍急的
激流向上游航行，何況有幾處地方還有人為或天然的瀑布，靠著風帆和櫓
槳已經是無能為力，需要拖曳船隻對抗向下沖流的河水，兩萬名士兵的體
力耗盡在冗長辛勞的工作中。要是羅馬人繼續沿著底格里斯河行軍，領導
者即使有能力和運道也無法完成偉大的建樹，只能期望早日班師回國。反
之，要是很合理的向內陸進軍，摧毀艦隊和糧食是唯一之道，否則人數多
且行動積極的敵軍，會從帖西奉的城門蜂擁而出，這些有價之物就會落在
他們手中。如果朱理安的軍隊已獲勝利，我們就會欽佩這位英雄人物的指
揮和作戰能力，竟敢剝奪他們撤退的打算，留下死亡和征服讓他們選擇[39]。

八、態勢逆轉下羅馬大軍的撤退行動(363A.D.)

笨重的砲兵和輜重隊列會延遲現代軍隊的作戰行動，對於羅馬人營地
當時所處的狀況，我們所知甚少，然而，不論在那個時代，六萬大軍的糧
草是審慎的將領應該優先考量的問題。這些生存的必需品不是自行攜帶就
是取自敵國，即使朱理安能在底格里斯河上維持一條可供運輸的橋樑，以

---

39 阿加索克里斯(Agathocles, 361-289B.C.，西西里島敘拉古的僭主)和柯特茲
(Cortez, Hernando, 1485-1547A.D.，西班牙探險家，1542年征服墨西哥)都有這種
破釜沈舟的案例，獲得成功受到讚許，其分別在阿非利加和墨西哥海岸把自己的
船隻燒掉。

及保持對亞述的征服，但是一個經過刀兵蹂躪的行省，不可能供應數量龐大而且定期運送的補給品。在一年的這個季節，整個地區被幼發拉底河的氾濫所淹沒[40]，疾疫流行的環境裡，天空都被成群的昆蟲遮成黑色[41]。這個充滿敵意的國家一點都不討人歡喜，位於底格里斯河和米地亞山地之間的廣闊地區，滿布著村莊和城鎮，大部分土地都很肥沃，農業的耕種和生產非常發達。朱理安認為，征服者手裡據有兩樣深具說服力的工具，那就是刀劍和黃金，很容易從畏懼或貪婪的當地人那裡獲得大量糧食。但是，等到羅馬人大軍開到以後，所有如意算盤全部落空。他們所到之處，居民放棄無人防守的村莊，在有防衛工事的城鎮尋找庇護。牛群都被帶走，乾草和成熟的穀物被縱火焚燒，有時為了撲滅火災妨礙到部隊的行軍。朱理安舉目所見是四處冒煙和空無一物的原野，展現出淒涼無比的景象。具有宗教狂熱的民族認為獨立自主比田園財產更為重要，才會實施堅壁清野的防衛手段，要不然就是專制政府的嚴苛策略，只考慮國家的安全，根本不讓人民有選擇的自由。處於目前的情勢，波斯人的信仰和忠誠支持薩坡爾的作為。皇帝立即感受到糧食存量的缺乏，而且還繼續在他的手裡浪費掉。事實上在他全部耗光之前，如果運用快速而直接的行軍，可以抵達富裕而毫無武備的城市伊克巴塔納（Ecbatana），或稱為蘇薩（Susa）[42]。但是他喪失最後的機會，因為不熟悉道路，再就是被他的嚮導出賣。羅馬人朝著巴格達東邊的曠野前進，在裡面毫無目的漂蕩幾天。這位波斯的變節者

40　底格里斯河發源在亞美尼亞山區南麓，幼發拉底河發源在北麓，前者在3月氾濫，後者要延到7月。這種情況在福斯特（Foster）的地理論文裡有詳盡的解釋，斯配爾曼（Spelman, Edward，色諾芬作品的譯者）的《居魯士的遠征》一書裡也加以說明。

41　阿米努斯描述洪水氾濫、酷熱天氣和蟲類騷擾種種不便之處，都是他親身的經歷。亞述的土地非常肥沃，不幸而且缺乏耕種技術的農人，只要將種子灑到地裡，就可得到十、十五甚至二十倍的收成，但是這個地區一直受到土耳其人的壓榨，庫德人（Curds）和阿拉伯人的蹂躪。

42　從塞琉西亞和提夫諾到伊克巴塔納或哈瑪丹（Hamadan）的距離，克拉克斯（Charax）的伊西多爾（Isidore）計算是一百二十九個斯契尼（schaeni），而從巴格達到伊克巴塔納行軍要走一百二十八小時。這種計算單位，不論是用斯契尼還是每小時行軍的距離，並沒有超過正常的帕拉森（parasang），也就是三個羅馬里。

運用計謀把羅馬人引進陷阱，自己逃脫憤怒的報復，他的追隨人員經過刑求以後，供出陰謀行動的祕密。長久以來征服海卡尼亞（Hyrcania）和印度的幻想，一直縈迴在朱理安的腦海，現在卻折磨著他的心靈，自覺到由於個人的疏忽和冒失，才會給全軍帶來災禍與不幸。他急著想從安全或成功的希望中求得平衡，但是不論是從神明或凡人中間，都無法找到滿意的答案。最後，唯一可行的辦法，他決心直接走向底格里斯河的河岸，企圖用快速的行軍進入科朱尼（Corduene）的邊境，這個行省富足而友善，承認羅馬的主權，這樣才能救出全軍。神情沮喪的部隊接獲信號開始撤退，離通過查波拉斯河僅七十天，那時充滿樂觀的氣氛要推翻波斯王朝。

　　羅馬人進到所望的地區，有幾隊波斯騎兵保持一段距離，觀察和監視他們的行軍狀況，有時用散開隊形，有時也用密集隊形對前衛實施小規模接戰。這些分遣隊有更強大的兵力在後支持，等到縱隊的先頭剛要指向底格里斯河，就看到平原上升起一陣塵煙。羅馬人現在只盼望安全而迅速的撤退，為了盡量讓自己安心，把看來極具威脅的徵候，當成是一群奔跑的野驢，或者是友善的阿拉伯人正要趕來。他們停下來搭起帳篷，構築營地防禦設施，整夜保持嚴密警戒，等到天明以後，發現被波斯的大軍包圍。而這支軍隊只是蠻族的前鋒，由胸甲騎兵、弓箭手和戰象組成的主力陸續來到，全部聽從著名的高階將領麥蘭尼斯（Meranes）指揮。伴隨他的是國王的兩個兒子及很多地位重要的省長，名聲及期望誇張了後續部隊的強大，在薩坡爾親自指揮之下從容不迫的向前推進。羅馬人還是繼續行軍，為將就地形變化，綿長的行列有時會彎曲或者中斷，對保持警覺的敵人提供很好的機會。波斯人不斷發起狂暴的衝擊，受到頑強的抵抗，一再被驅退。在瑪隆迦（Maronga）的作戰行動，規模之大夠資格說是一場會戰，特別是損失相當多的戰象和省長，這在國君的眼裡看來，兩者的價值沒有多大的差別。羅馬人這邊沒有顯著的優勢，幾名階級較高的軍官被殺或受傷。皇帝本人親自趕到最危險的場合，鼓舞或引導部隊發揮奮勇殺敵的精神，部下受到感召，才會奮不顧身的作戰。羅馬人的攻擊或防禦武器都比較重，構成作戰的實力也為個人提供更大的安全，但是無法進行長距離和

有效的追擊。東方的騎兵所受的訓練，可以在全速之下向任何方向投擲標槍，或是張弓射箭。波斯的騎兵部隊在快速而且毫無秩序的飛馳中，最能發揮無可抗拒的作戰能力。羅馬人無可挽回的損失現在就是時間的飛馳，身經百戰的老兵習慣高盧和日耳曼的寒冷氣候，亞述夏天的酷熱使他們感到頭昏眼花，重複不斷的行軍和戰鬥耗盡他們的精力。面對行動積極的敵人，在緩慢而危險的撤退行動中，爲了預防敵人的攻擊，只有因應狀況打打停停，變得一切都失去章法。隨著時間的消逝，補給品愈來愈少，羅馬人營地的糧食價格猛漲[43]。朱理安對吃毫不講究，連饑餓的士兵都不屑一顧的食物，他都會感到滿足。他把爲皇宰準備的補給品，以及用馱馬載運供應護民官和將領的糧食，盡量節省下來供給部隊食用。這種杯水車薪的救濟方式更加深大難臨頭的印象，羅馬人開始心存著最悲慘的想法，認爲在他們抵達帝國的邊境之前，不是死於饑餓就是在蠻族的刀劍下身亡。

九、朱理安苦戰重傷及最後崩殂之情況(363A.D.)

朱理安目前所處的情勢，是在無法克服的困難之中繼續奮鬥。夜晚最寂靜的時刻，還在研究和盤算解決之道，即使他閉上眼睛暫時避開干擾可以休息一下，心中激動不已感到萬分悲痛。想來一點都不會驚訝，帝國的守護神出現在他的面前，袘的頭部和豐饒角掛著一面喪禮使用的面紗，慢慢退出皇帝御用的帳幕。國君從臥榻上起身，漫步走到外面，疲困的精神在夜涼似水的空氣中清醒過來，看見一顆火紅的流星，斜掃過天際以後突然熄滅。朱理安認爲他看到戰神帶著威脅的面貌[44]，於是召開會議舉行托

43　馬克・安東尼在撤退時，一希臘斗的麥粒要賣五十個德拉克馬，換句話說，就是一磅麵粉要十二或十四先令，大麥麵包的價錢等於同樣重量的白銀。不可能在讀完蒲魯塔克趣味盎然的著作以後，還不知道馬克・安東尼和朱理安被同樣的敵軍所追擊，陷入同樣的困境之中。

44　朱理安很熱誠的誓言，他與戰神起了爭執，像這種幻想的狀況，發生在神祇和傲慢的崇拜者之間，倒是沒有什麼不得了。就是生性謹慎的奧古斯都在他的艦隊兩次遭到船難以後，也公開的宣布，要把海神逐出眾神的行列。

斯卡尼人的腸卜儀式[45]，所得徵兆獲得部將一致的認同，他應該避開作戰
行動。但是在這種情況之下，需要和理性比迷信占有更大的優勢。拂曉時
響起號角的聲音，部隊行軍經過丘陵起伏的原野，波斯人很祕密的埋伏在
小山的後面。朱理安有如一位卓越的將領，不僅富於作戰的技巧也能提高
警覺，親自率領先鋒部隊。傳來示警的信息說是後衛遭到突如其來的攻
擊，天非常炎熱，他冒險將胸甲脫下放在一旁，但是他隨從的手裡攫取一
面盾牌，帶領相當多的增援部隊，急著趕去救助後衛。同樣發生危險的狀
況，要召回大無畏的君王防衛正面的敵人，就在他疾馳過行軍縱隊時，中
央部位的左方遭到攻擊。波斯人的騎兵部隊和戰象發起狂暴的衝鋒，幾乎
就會取得壓倒性的勝利。好在及時機動上來的輕步兵，非常靈活的運用投
射武器，對準馬背上的騎士和戰象的腿部，矢無虛發獲得良好的戰果，擊
敗數量龐大的敵人。蠻族向後逃走，朱理安在危急關頭始終站在前面，這
時大聲喊叫並且做出姿勢激勵大家發起追擊。他的侍衛現在都很緊張，但
是在混戰的狀況下，散布或被壓制在友軍或敵人之中。他們記得毫無畏懼
之心的君王沒有穿甲冑，勸他要注意即將來臨的危險。就在他們大聲喊叫
時，從飛馳的騎兵分隊中投射出一陣擲矢和箭雨，有一根標槍擦破他手臂
上的表皮，貫穿肋骨插在深處的肝臟上。朱理安想從身側拔出致命的武
器，但是手指被鋒利的矛頭所割破，失去知覺從馬背上摔落到地面。他的
侍衛飛跑過來援救，把受傷的皇帝輕輕從地上抬起來，離開混亂的戰場運
到鄰近的帳篷裡。發生不幸事件的報告在隊列之間傳播，悲傷的羅馬人激
起莫之能禦的勇氣，要為他們的國君復仇雪恥。兩軍激戰不退，繼續進行
血流成河的搏鬥，直到天色全黑才收兵停戰。波斯人在左翼方面戰績輝煌
取得優勢，羅馬主將安納托留斯(Anatolius)被殺，統領薩祿斯特僅以身
免。但是這天的戰事對蠻族不利，他們被迫放棄戰場，包括兩位將領麥蘭

45　對於這門無用而賺錢的行業，腸卜者仍舊保有施術的特定權利。這種技藝最早在
　　伊特魯里亞(Etruria)發展出來，後來他們聲稱從托斯卡尼一位哲人塔奎久斯
　　(Tarquitius)的古老著作中，獲得有關各種跡象和預兆的知識。

尼斯和諾霍德特斯 (Nohordates)[46]、五十名貴族或省長、以及大批最勇敢的士兵，全部喪生在敵人的手中。要是朱理安沒有逝世，羅馬人的成就可能轉變爲決定性的勝利。

朱理安因失血過多而陷入昏厥狀態，等他甦醒過來以後，所說的話表現出軍人的武德。他叫人把他的兵器和馬匹帶過來，急著要衝向戰場，但是痛得太厲害把精力都消耗盡了。軍醫檢查他的傷勢，發現徵狀嚴重會很快死亡。在最緊要的生死存亡之際，英雄和智者的堅定性格表露無遺。在這次致命的遠征行動中陪伴他的哲學家，把他的帳篷比擬爲蘇格拉底的監獄。那些基於責任、友情和好奇，圍繞在他臥榻四周的部屬，用尊敬的態度表示出傷感的神色，靜聽垂死皇帝的遺言[47]：

朋友們！弟兄們！離別的時刻就快到了！我帶著歡愉的心情走完人生道路。哲學使我得知靈魂超越肉體，能夠脫離高貴的皮囊，並非痛苦而是快樂。宗教讓我領會到早死是信仰虔誠的報酬[48]，迄今爲止我靠著德行和堅忍支持，是神明賜我恩惠，現在接受致命一擊，爾後使我不再有玷辱名譽的危險。由於我生前沒有觸犯罪行，死時也毫無遺憾。我很高興自己的私生活能清白無邪，也很有信心肯定最高神明對我的賜福，在我手中保持純潔和乾淨。憎惡專制政體的腐化敗壞和草菅人命，我認爲政府的目的是使人民得到幸福；我的行爲都能遵從審慎、公正和穩健的規範，把一切事物都委之於天命。我的建議是要以和平爲目標，長久以來和

46　薩坡爾把他的做法告訴羅馬人，凡是總督以上高階人員戰死，主人身旁要是有活著的衛士和軍官，他會把他們的頭顱砍下來，當成禮物送去安慰死者的家人。

47　朱理安的性格和處境使人產生懷疑，最後的遺言不是即時的談話，而是事先已寫好這篇精心準備的講演，阿米努斯聽到後抄寫下來。布勒特里的譯筆忠實且行文高雅，能夠表現出柏拉圖學派激發元氣的理想，原作中只不過旁敲側擊而已。

48　希羅多德用一個含意深遠的故事（《歷史》第一卷），表示贊同「早死有福」此觀念。然朱庇特對他的兒子薩爾庇頓 (Sarpedon) 之死（《伊利亞德》第十六卷），竟悲痛得哭出血淚來，這對於死亡能帶來歡樂和榮譽的觀念，就不見得很適合。

平與全民的利益息息相關,但是當國家在緊急關頭召喚我拿起武
器,我就會獻身危險的戰爭,同時有明確的預兆(我從占卜中已
經得知此種結局),命定要在劍下亡身。現在我用崇敬的言行向
不朽的神明獻上我感恩的心,沒有讓我在暴君的殘酷、陰謀的暗
算或慢性的病痛中喪失生命,祂讓我在榮譽的事業和燦爛的生涯
中告別這個世界。說來可笑我還想拖延死亡的打擊,還有很多想
要說的話,但是我的精力不濟,感到死亡即將臨頭。我很小心的
抑制不要說出任何話,以免影響到你們投票選出皇帝,我的抉擇
可能考慮不夠周延,或許不夠明智。要是無法獲得軍隊的同意,
我的推薦會危及他的性命。我僅以一個好市民的身分表示我的希
望,祝福羅馬人能有一位賢明的君主。

經過這番講話以後,朱理安用堅定而溫和的語氣交代後事,使用軍事
遺囑[49]分配他剩餘的私人產業,同時詢問安納托留斯爲什麼沒有在場。從
薩祿斯特的答話中知道安納托留斯陣亡,他哀悼朋友的去世,與他剛才的
說法有點矛盾,這也是友情的表現。就在這個時候,他責備旁邊的人太過
悲傷,勸他們不要用毫無男子漢氣概的眼淚,來污辱即將去世的君王。再
過不了一會他就會上到天國,四周都是閃爍的群星[50]。旁邊的人保持靜
肅,朱理安開始與哲學家普里斯庫斯(Priscus)和麥克西繆斯(Maximus)討
論形而上學的問題,特別著重在靈魂的性質這個部分,結果使得他的心靈
如同肉體一樣急著去迎接死亡。他的傷口很快開始大量出血,由於靜脈腫
脹,呼吸發生困難。他感到口渴要飲冷水,等到喝下去以後,毫無痛苦安
詳的過世(363年6月26日),大約是午夜時。這就是當代明君賢帝最後崩殂
的情況,享年不過三十二歲,從康士坦久斯逝世後,統治羅馬帝國的時間

---

49 士兵在執行作戰勤務時可以口頭交代後事,也能夠使用口述遺囑,免於羅馬法律
要求舉行儀式的規定。

50 依畢達哥拉斯和柏拉圖的古老準則,人類的靈魂與宇宙中精神層次的以太結合起
來,但是並不同意任何人或意識能夠永生。

是一年零八個月。從他最後的表現來看，雖然有的地方過於誇張，但是熱
愛德業和名聲卻是他一生的最佳寫照[51]。

十、傑維安被推選為帝及後續的撤退(363A.D.)

基督教獲勝以及帝國慘遭重創，照說應由朱理安負責，因為他竟沒有
想到為實現自己未完成的計畫，及早公正選出一位共治者和儲君。但是康
士坦久斯·克洛盧斯皇族的成員，現在僅剩下他自己一人。若他認真考慮
在羅馬人中挑選一個最高尚的人士，讓他穿上紫袍與自己一起治理國家，
但是又捨不得讓人分享自己的權力，害怕選中的人忘恩負義，這都是很自
然的事。何況他的身體很健康，年紀很輕，前途還大有可為，這種種考慮
都會動搖安排繼承人的決心。朱理安突然死亡，使帝國無主，沒有接位人
選，自戴克里先登基以來的八十年中，國家來從未經歷這樣的混亂和危
險。這個政府早已不在乎純粹的貴族血統，出身的貴賤已無關緊要，官位
的高低不過是暫時狀況，隨時會有變化。有希望身登大寶的人，便只能憑
個人的才能是否受到別人肯定或人民的愛戴。是當時一支饑餓的軍隊，處
於蠻族四面包圍下，要縮短悲傷和考慮的時間。在這痛苦環境中，皇帝的
遺體遵照最後願望，按照儀式塗抹香膏。黎明時分，幾位將領召開軍事會
議，決定邀請軍團的指揮官、騎兵和步兵官員協助完成各項工作。在當天
夜晚會議前的三、四個小時裡，暗中進行的各種密謀一刻也沒有停止，在
會議中提出的皇帝人選，因為派系的關係使得程序大亂。維克托和阿林蘇
斯糾合康士坦久斯宮廷的舊人，朱理安的友人擁護高盧領袖達迦萊法斯和
尼維塔。這兩個派系的性質和利害關係、執政策略、甚至宗教原則，全都
形成對立，雙方的不和可能導致最嚴重的災難。唯一能調和分歧的意見、
獲得一致支持的候選人只有品德高尚的薩祿斯特，如果不是他一再堅決、

51　阿米努斯是個觀察能力很強的在場人士，對於朱理安的死亡敘述非常詳盡；利班
　　紐斯對於當時的場面感到恐懼，提供了一些細節；格列哥里的誹謗言詞和後來一
　　些聖徒的傳奇故事，現在都受到輕視已經沒沒無聞。

謙虛而誠懇的聲稱自己年高體弱,實難當重任,受擁戴的禁衛軍統領肯定
馬上會被選為朱理安的繼承人。這些將領對他的推辭頗為吃驚,也感到不
解。不免想聽聽一位下級軍官甚為可行的建議[52],他勸他們應該像皇帝因
故不在那樣照常工作,盡一切能力使軍隊擺脫目前困境,托天之福能夠抵
達美索不達米亞境內,再本著團結的精神共同商討,選舉出合法的君王。

就在他們進行辯論時,有幾個聲音向著傑維安(Jovian)高呼皇帝和奧
古斯都,當時他不過是內廷侍衛的首領[53]。在一片混亂之中,帳篷四周站
崗的衛兵也隨聲附和,在短短幾分鐘內傳到遠處的軍營。這位新選上的皇
帝為自己的好運深感意外,匆匆穿戴皇室的服飾,接受將領對他宣誓效忠
(363年6月27日),誰知他剛才還求這幾位將領的照顧和保護。傑維安能夠
脫穎而出的重要條件,是他的父親瓦隆尼安 (Varronian) 伯爵功勳卓著,
長時期為國效力,後來光榮退休,一直過著清閒的生活。他的兒子志願從
軍從最低階的士兵幹起,喜歡醇酒女人,但是大家都知道,他能盡一個基
督徒[54]和軍人的本分。傑維安的表現很平常,不會引起他人的羨慕和嫉
妒,但是樸實的外貌、愉快的性格、隨和機靈的談吐,卻使他贏得戰友的
好感。對於不會受到對手的計謀操縱,純粹由群眾推出的人物,兩派的將
領全都默認。傑維安懷著恐懼的心情,不會因遽然身登大寶而得意忘形。
當天的狀況隨時都可能結束新皇帝的性命和統治,敵情的緊迫使大家只有
聽從會議的決定。傑維安在前任帝王去世不過幾小時之後,發布的第一道
命令是實施行軍,使羅馬軍隊脫離目前的困境[55]。

---

52 個性溫和而且思維周密的歷史學家,敘述推選皇帝的情景栩栩如生,毫無疑問當
時他一定在場。

53 宮廷內侍的首領享有元老院議員的位階,雖然只是一名護民官,但軍方階級是公
爵。內侍享有這種特權,可能比傑維安那個時代還要晚一些。

54 教會歷史家像是蘇格拉底、狄奧多里特和索諾曼,把傑維安的功勳看成是前朝統
治以後的皈依者,而且非常虔誠的提到,他拒絕接受帝位,直到全軍一致大聲歡
呼他們都是基督徒,這樣他才回心轉意。阿米努斯很平靜的繼續敘述整個事件,
只用一句話就推翻整個的傳聞。

55 阿米努斯很公正的描繪出傑維安一生的形象,小維克托再加上幾筆更為傳神。他
的在位期間雖然很短,布勒特里竭盡心力寫了一本傳記,以文雅的風格、批判的
專論和宗教的偏見而知名於世。

　　獲得敵人尊重最切實際的表現莫過於他們的恐懼，可以從慶賀脫離危險時的歡欣神情，準確衡量出恐懼的程度。一個逃兵向薩坡爾軍營報告朱理安逝世，天大的喜事使沮喪的君王忽然感到勝利在望。他立即派遣皇家騎兵，也就是一萬名「鐵騎軍」[56]，用來支援並加強追擊作戰，全部兵力一起壓向羅馬軍隊的後衛。羅馬行軍縱隊的後衛陷入一片混亂之中，用戴克里先和善戰同僚的名字命名的幾個著名羅馬軍團，陣列被敵人的戰象沖散和蹂躪，三位護民官阻止士兵逃跑時送掉性命。最後的戰鬥終因羅馬士兵拚命堅持有了轉機，波斯軍隊的人員和戰象傷亡慘重，被迫後退。羅馬軍隊在酷暑中經過整整一天的行軍和戰鬥，終於在傍晚時分到達底格里斯河岸，位於帖西奉上游約一百哩的薩瑪拉(Samara)[57]。第二天，蠻族不再牽制行軍的部隊，卻襲擊設置在安靜深谷的傑維安御營。波斯的弓箭手從山上辱罵和騷擾疲倦已極的羅馬軍團士兵，有一支奮不顧身的騎兵衝進禁衛軍守護的寨門，經過一陣混亂的砍殺，全部喪生在皇帝的營帳旁邊。當天晚上，設在卡爾契(Carche)的營地，完全靠底格里斯河的高聳堤岸作為防護工事。儘管追擊的撒拉森人不斷前來騷擾，羅馬軍隊在朱理安逝世後四天，仍然在杜拉(Dura)附近紮下營帳[58]。這時底格里斯河還位於他們的左邊，但已面臨糧盡援絕的困境。有些性情急躁的士兵，自以為帝國的邊界就在前面不遠處，向他們的新君王提出准許冒險渡河的要求。傑維安和一些有見識的軍官，力圖勸阻此種冒失行動，讓他們了解即使確有能力和勇氣，渡過這條深不可測的急流，也只會赤手空拳毫無抵抗能力，落在占據對面河岸的蠻族手中。但是在他們的一再請求之下，他只得勉強同意派

56　原文的意義就是「皇家騎兵」，樸洛柯庇斯提到「鐵騎軍」是居魯士和他的繼位人使用的部隊，當時極為有名，等到薩珊王朝又恢復這個名字，所以才引用這個並不適當的字眼。

57　這些沒沒無聞的村莊位於兩河之間的鄉土，失去以後再也無法奪回。朱理安吃敗仗的那場會戰，我們連名字都不知道。但是丹維爾指出蘇美爾(Sumere)、卡爾契和杜拉的精確位置，全部都在底格里斯河的岸邊。到了九世紀，蘇美爾或稱薩瑪拉，名字有點改變，已經成為阿拔斯(Abbas)王朝哈里發的皇家居所。

58　在安泰阿克斯(Antiochus)對抗米地亞和波斯的叛亂戰爭中，杜拉是一個防衛能力很強的重要據點。

出五百名高盧人和日耳曼人,冒險一試作為全軍的榜樣,要是失敗等於對
全軍提出警告。這些人員從小生長萊茵河或多瑙河畔,全都精通水性。他
們在寂靜的夜晚游過底格里斯河,襲取一個沒有戒備的敵軍哨所,等到天
亮便在對岸發出成功的信號,證明他們不僅勇氣十足而且機運良好。渡河
成功使傑維安立即聽從幾位建築師的建議,他們說可以用充氣的羊皮和牛
皮連接起來,上面鋪上泥土和木柴便可以在河上建起一座浮橋[59]。極關重
要的兩天時間花費在無效的工程上,每日忍受饑餓之苦的羅馬人,抱著絕
望的心情看著底格里斯河以及對岸的蠻族,隨著皇家軍隊苦難的加深,敵
軍的兵力和固守不退的決心正在加強之中[60]。

十一、傑維安的軟弱以及與波斯的和平談判(363A.D.)

羅馬人處在毫無希望的境地,完全崩潰的意志忽然在和平的呼聲中又
開始復甦。薩坡爾心中一度出現的狂妄想法很快消失,現在感到十分不
安。有鑑於多次勝負難分的對陣中,他喪失最為忠實和英勇的貴族,作戰
最勇敢的部隊和大部分戰象,經驗豐富的君王畏懼挑起負嵎頑抗和命運無
常,更害怕羅馬帝國大張旗鼓前來解救朱理安的繼承者,甚至為他報仇雪
恥。蘇里納斯帶著另一位波斯總督來到傑維安的御營,聲稱他的君主寬大
為懷,只要他提出的條件能使人滿意,答應讓凱撒帶著被俘部隊的遺物,
安全返回國門。生還的希望立即瓦解羅馬人的鬥志,皇帝在軍事會議的建
議和士兵的呼聲中,不得不同意接受和平協議。他立即派出禁衛軍統領薩
祿斯特和將領阿林蘇斯,前往了解國王的意願。狡詐的波斯人卻找出各種
藉口,故意討論困難的問題,要求進一步解釋,想到變通的辦法,然後再

---

59 古希臘萬人大撤退中,有人曾向首領提出渡河方案,但首領明智地加以否決。現
代旅客可看到架在充氣皮囊上的筏子,在底格里斯河航行運送人員和貨物。

60 阿米努斯、利班紐斯和諾昔繆斯都提到傑維安登基以後第一個軍事行動。雖然我
們可能不相信利班紐斯能夠公正無私,但優特洛庇斯的目擊證詞讓人難免要揣
測,阿米努斯是否太過於重視羅馬軍隊的名譽。

反悔同意的條款，提出更苛刻的要求。就這樣使盡談判手段，足足拖延了
四天，以致耗盡羅馬軍團僅存的一點給養。若傑維安能採取大膽慎重的步
驟，應該毫不鬆懈繼續行軍，議訂和約的進程必會暫時阻止蠻族的進攻，
那麼用四天時間，便已安全到達相距僅一百哩的科朱尼[61]。優柔寡斷的皇
帝沒有識破敵人的計謀，耐心等待命運的安排，最後只能完全接受無力拒
絕而且帶來屈辱的和平條件。底格里斯河以東五個行省被薩坡爾的祖父割
讓給羅馬，現在又歸還給波斯君王。他就憑一紙和約馬上把固若金湯的尼
昔比斯拿到手中，這座城市曾經擋住三次大軍壓境的圍攻。辛格拉以及美
索不達米亞最堅強據點之一的摩爾人城堡，都一併從羅馬帝國的疆域中割
讓給敵人。這些要塞的居民在撤離時，可帶走自己的財產作為優惠條件，
但這位戰勝者表示強硬的堅持態度，羅馬人必須永久放棄亞美尼亞國王和
王國的主權要求。這兩個敵對國家簽訂長達三十年的和平條約，也可說是
停火協定。為了信守條約的簽訂，舉行隆重的宣誓和宗教儀式，同時雙方
還交換地位極高的人員充當人質，以保證協議條款的執行。

　　安提阿的詭辯家利班紐斯感到極為憤怒，看到英雄的權杖落入軟弱的
基督徒繼承人手裡，不禁公開表示，薩坡爾的溫和態度實在令人欽佩，竟
然僅要求羅馬帝國割讓這麼小一塊地方就會滿足。他還提到波斯國王要是
非常狂妄將領土一直擴展到幼發拉底河畔，保險也不會遭到拒絕。即使要
拿奧龍特斯河、昔德努斯（Cydnus）河、桑格流斯（Sangarius）河*[62]，甚至色
雷斯的博斯普魯斯海峽作為波斯的邊界，傑維安宮廷也有人向懦弱的君王
提出保證，剩下的國土仍可以滿足權勢和奢侈的要求。對於這種惡意的譏
諷雖然很難接受，但是必須承認，帶來如此屈辱的條約所以會順利簽訂，
的確與傑維安的個人野心有很大的關係。這位沒沒無聞的內廷侍衛頭目，

　61　怎麼竟敢駁斥阿米努斯的意見，他不僅是個士兵也是在場人士，然而很難理解：
　　　科朱尼的山嶺怎麼會延伸到亞述的平原，特別是底格里斯河和大札布（Great Zab）
　　　河的會合口地勢很低，而且六萬人的大軍四天的行軍怎麼能走一百哩。
*62　[譯註]奧龍特斯河流經安提阿；昔德努斯河流經西里西亞的塔蘇斯；桑格流斯河
　　　流過小亞細亞和俾西尼亞。

憑著運氣而非才能一舉登上皇帝的寶座，迫不及待要從波斯人手中脫身出來，想要阻止樸洛柯庇斯的陰謀計畫，這位將領目前統率美索不達米亞軍隊。而且在底格里斯河畔混亂的軍營中匆匆進行選舉，很多軍團和行省對此一無所知，傑維安想從勝敗難卜的狀況中建立自己的統治。同樣就是在這條河的附近，距離杜拉這個要點不遠的地方[63]，一萬名希臘人在沒有將領、嚮導和給養的狀況下，距離他們的家園有一千兩百多哩的地方，被原來的僱主拋棄，任憑另一邊得勝的君王去處置。希臘人的行動和成敗主要取決於他們的性格而非處境，不願用順從的態度，任憑一己之私和個人觀點，來決定他們的命運。希臘人舉行的聯合會議表現出群眾大會慷慨激昂的情緒，每個公民的思想中都充滿榮譽的熱愛、自由的豪邁以及死亡的藐視。他們很清楚自己在武器和訓練方面都優於蠻族，不屈服也不投降，靠著耐心、勇敢和軍事技術可以克服一切困難。值得懷念的萬人大撤退[*64]，暴露並嘲笑波斯王國的衰弱[65]。

十二、羞辱的和平條約和尼昔比斯的放棄（363A.D.）

羅馬皇帝大可以提要求，作為屈辱讓步的代價，像是為饑餓的部隊提供足夠的糧食[66]，容許他們通過波斯人架設的橋樑渡過底格里斯河。傑維安即使敢於堅持這種合法合理的條款，傲慢的東方暴君雖然寬宏大量饒恕

63　希臘的將領在札巴都斯（Zabatus）河岸被謀殺，這條河在亞述又叫大札布河，有四百呎寬，在摩蘇爾（Mosul）下方約十四個小時路程的地方注入底格里斯河。希臘人的錯誤是不該把大札布河和小札布河叫為狼（Lycus）河和羊（Capros）河，他們創造出動物的名字好來陪伴東方的老虎（譯按：指底格里斯河）。

*64　[譯註]萬人大撤退是在公元前401年，希臘傭兵一萬人幫助波斯王子居魯士爭天下，結果居魯士死亡，傭兵的將領中了敵人詭計全被處決。士兵選出領袖，團結一心，歷盡艱辛，從波斯腹地突圍而出，退到黑海，回到希臘。

65　《居魯士的教育》（Cyropaedia）這本書語意含糊而且軟弱無力，《遠征記》（Anabasis）情節詳盡且生氣勃勃，這就是虛構故事和真實事件最大的不同。

66　按照魯方努斯（Rufinus, Tyrannius, 345-410A.D.，教士、翻譯家和神學家）的說法，根據條約的規定要立即供應糧食。狄奧多里特證實波斯人守信履行義務，這有可能是事實，但是毫無疑問是假的。

入侵者，但是也會嚴辭拒絕這種要求。撒拉森人不時阻截掉隊的羅馬士兵，但是薩坡爾的官兵卻信守停火協議，容許傑維安尋找最合適的地點渡河。從放火燒掉艦隊中保留的幾條小船發揮最重要的作用，首先載運皇帝和他的親信，然後，經過多次往返，把大部分官兵都渡過去。但是，每個人都爲本身的安全擔心，害怕最後被拋棄在敵區的岸邊。有些士兵等不及行動遲緩的船隻，冒險靠一些輕巧的竹筏或充氣的皮囊渡河；有的在後面還拖著馬匹一起游過去；有些人成功抵達對岸；但是還有很多人在冒險的途中被大浪吞沒；還有很多被湍急的水流帶走，最後成爲貪婪和凶殘的野蠻阿拉伯人送上門的獵物。部隊這次渡過底格里斯河遭受的損失，不低於一天戰鬥的傷亡。羅馬軍隊到達西岸以後，算是擺脫蠻族充滿敵意的追擊，但是在穿越美索不達米亞長達兩百哩平原的艱苦行軍中，忍受饑渴的折磨。他們必須橫過綿延七十哩的沙漠，一路看不見綠色的草地或可飲用的泉水，那些冷酷無情的荒漠根本看不到敵人還是朋友的足跡。軍營中如能發現少量的麵粉，每二十磅便有人搶著花十塊金子買去。部隊的馱獸早都被殺來充饑，沙漠隨處可見羅馬士兵丟棄的武器和行囊。他們破爛不堪的衣物和面黃肌瘦的容顏，充分說明過去的災難和遭受的痛苦。少量的食糧遠遠運到烏爾(Ur)城堡來迎接大軍，由這件事表明塞巴斯蒂安和樸洛柯庇斯的忠心，因此這點給養愈顯得令人感激。皇帝在提爾沙法塔(Thilsaphata)非常親切的接見美索不達米亞的幾位將領，這支劫後餘生的部隊終於能在尼昔比斯好好休息一下。傑維安的信使早已用謙虛的言辭向國人宣布他被選爲皇帝，與波斯簽訂和約以及他安全歸來。同時這位新君採取最有效的措施，就是把軍隊指揮權交給各地的官員，以確保歐洲部隊和行省對他的忠誠。這樣他們出於利害關係或思想傾向的動機，必將堅定支持他們的恩主身登大寶。

朱理安的友人在早先曾滿懷信心的宣稱，這次遠征必定大獲成功。他們抱著一廂情願的想法，神祇的殿堂堆滿東方的戰利品，整個波斯降到很卑下的地位，成爲一個納貢的行省，接受羅馬法令和行政官員的管轄。蠻族將改著征服者的服飾，採用他們的習俗和語言，伊克巴塔納或蘇薩的年

輕人都從希臘老師習修辭學[67]。朱理安的軍事進展中斷與帝國的聯繫，在
他渡過底格里斯河以後，擁戴他的臣民便對君王的命運和前途一無所知。
他們對勝利的憧憬不幸受到皇帝逝世傳說的干擾，直到無法否認重大噩耗
時，仍舊對眞實性堅持懷疑的態度[68]。傑維安的信使開始傳布有關議和的
明智做法，認爲事出無奈確有必要，等於很清楚證實傳聞無誤，透露所接
受的可恥條約內容，說明新接位的皇帝喪權辱國。當人民得知，接替朱理
安爲帝的卑鄙繼承人竟歸還蓋勒流斯戰勝獲得的五個行省，毫無羞愧把東
部行省最堅強的堡壘，也是重要城市的尼昔比斯，拱手讓與蠻族，心中無
不充滿震驚、悲痛、憤怒和恐懼[69]。像這樣深刻而危險的問題，與公眾的
安全息息相關，無論了解到何種程度，一定會在民眾的談話中引起爭論。
更有些人抱著一絲希望，相信皇帝會對怯懦的行爲贖罪，不惜用愛國做藉
口，玩弄欺騙敵人的背信手法。羅馬元老院一貫堅持擇善固執的精神，拒
不承認羅馬軍隊被敵人俘虜後，被迫接受的不平等條款。如果爲了維護帝
國的尊嚴，必要時將一位有罪的將領交給蠻族去處置，絕大多數傑維安的
臣民，都會接受古代的先例，一定會欣然默許[70]。

但皇帝無論法定權力受到那些限制，就國家主權而言，他是法律和軍
隊的絕對主人。當初迫使他簽訂和約的動機，現在照樣逼迫他履行協議。
他急著犧牲幾個行省換取帝國的安全，看起來讓人肅然起敬的宗教和官位
稱號，只不過拿來掩蓋傑維安的恐懼和野心而已。儘管尼昔比斯居民按照
禮儀，請求傑維安進駐位於城內的皇宮，皇帝基於謹慎的作風和個人的顏
面，很委婉的拒絕。在他到達的第二天早晨，波斯的特使拜尼西斯

67　這些自然是一位修辭學家的願望和幻想。
68　卡爾希是一座信奉多神教的城市，民眾竟把前來報凶耗的信差，埋在一堆石塊下
　　面。利班紐斯接到令人悲痛的噩耗，就想拔劍了此殘生，但是考慮到柏拉圖指責
　　自殺是怯懦的行爲，而且他必須活著好給朱理安寫墓誌銘。
69　阿米努斯和優特洛庇斯值得讚許，他們是公眾輿論最正直可信的證人。安提阿的
　　民眾咒罵可恥的和平條約，在毫無防禦能力的邊境上把他們暴露給波斯人。
70　布勒特里雖然是位不講情面的決疑論者，但公開宣稱傑維安並未受到約束，不必
　　執行他的承諾。如果不是獲得人民的同意，他不會分割帝國，更不會捨棄忠誠的
　　民眾。我從未發現「政治玄學」能如此令人愉悦而且受益良多。

（Bineses）進入皇宮，從閣樓上升起偉大國王的旗幟，用他的名義宣布殘酷的懲罰條例，凡不服從者將處以流放或苦役。在這個決定時刻到來前，尼昔比斯的多數居民還匍匐在君王腳下，祈求保護。他們懇求他不要拋棄他們，至少不要把忠誠的殖民地交給盛怒下的蠻族暴君。他曾在尼昔比斯的城下連續三次進攻受挫，已氣得快要發瘋。他們仍然有武器和勇氣，可以逐出入侵的敵寇，只求皇帝允許他們用自己的力量進行防衛。一旦獲得獨立自主，他們仍會懇請恩准作為他的臣民。他們慷慨陳詞和據理力爭都無濟於事，傑維安說話語無倫次，一再強調發過誓無法更改。當他帶著幾分勉強接受當作禮物的金冠時，市民已完全了解毫無希望，有一個代表錫瓦努斯（Sylvanus）忍不住叫道：「啊，皇帝陛下，願你統治下的所有城市都會這樣為你加冕！」

　　傑維安在短短的幾周時間內，便儼然擺出君王的架勢[71]。他對自由非常反感，更是厭惡真理。根據他的推斷，人民的不滿情緒可能使他們投向波斯政府，因而他發布了　道詔書，限所有的人在三天內離開這座城市，否則將處死刑。阿米努斯曾用形象生動的筆調，描述當時普遍感到萬分絕望的情景，彷彿這一切都是他抱著無比憐憫的心情親眼所見。年輕的戰士滿懷憤怒和悲傷，離開他們全力保衛的城池。哀悼死者的人們來到兒子和丈夫的墳前，最後流灑幾滴告別的眼淚，眼看就要落入野蠻的新主人手中，使得陰靈慘遭褻瀆。年老的市民親吻自家的楣柱，抓住屋門不肯放手，他們曾在這裏度過無憂無慮的快樂童年。大路上擠滿前途茫茫的群眾，在這場大難臨頭的災禍中，階級、性別和長幼之分全都不復存在。每個人都盡最大能力帶走自己的家產，但是不可能馬上弄到足夠的馬匹或車輛，還是得把絕大多數值錢的家產都扔下。無動於衷的傑維安保持冷酷的態度，更加重這些不幸流亡者的苦難。後來他們在阿米達新建的住處安頓下來，這座新興的城市來了數量可觀的大批殖民者，很快就恢復往日的光

71　他在尼昔比斯表現出皇室的行為，有位勇敢的軍官與他同名，被認為會覬覦帝座，在晚餐時被拖走丟進一口井裡，然後用石頭砸死，既沒有經過審判程序，也沒有犯罪的證據。

輝，成爲美索不達米亞的首府。皇帝對辛格拉和摩爾人的城堡，下達同樣
的撤離命令，同時將底格里斯河以東五個行省歸還波斯。薩坡爾對這次勝
利所帶來的榮譽和成果，感到極爲愉悅。這次可恥的和平談判被視爲羅馬
帝國走向衰亡的重要轉捩點。傑維安以前的統治者，曾對僻遠而又無益的
行省放棄管轄的主權。但自從建立羅馬城以來，羅馬的守護神，也就是守
衛著共和國疆界的護界神，從未在戰勝敵軍的刀劍下向後撤退。

十三、朱理安的葬禮及後世對他的評價（363A.D.）

　　傑維安在人民大聲疾呼的反對下履行協議後，匆匆離開使他蒙受羞辱
的國土，帶著整個宮廷前往安提阿享受奢華的生活。他完全沒有遵從宗教
的情緒，只是基於禮儀和感激，向已死的君王遺體表示最後致敬[72]。因爲
失去親人而眞正痛苦的樸洛柯庇斯，在要讓他護送靈柩的冠冕堂皇藉口之
下，被免除對軍隊的指揮權。朱理安的遺體從尼昔比斯運到塔蘇斯，行進
緩慢，用了十五天時間。護靈隊伍走過東部各城市時，同時受到敵對兩派
的痛心哀悼和破口大罵。異教徒早已把深受愛戴的英雄，歸入靠他的力量
得以享受人間香火的神祇之列；基督徒的詛咒將背教者的軀體送入墳墓，
靈魂要打下地獄[73]。有一派人痛心他們的祭壇將面臨毀滅，而另一派人則
歡呼教會又將獲得解救。基督徒用傲慢曖昧的聲調歡呼，神聖復仇之劍早
懸在朱理安的頭上，現在終於落了下來。他們到處宣揚，暴君在底格里斯
河對岸咽氣時，埃及、敘利亞以及卡帕多西亞的聖徒已得到神的啓示[74]。
他們並不承認他死於波斯人的標槍，卻說像這樣的偉大壯舉，乃是出自一

72　布勒特里大膽揭發巴隆紐斯殘酷的偏見行爲，他要把朱理安的屍體丟給狗吃。

73　基督徒演說家很含糊的喃喃自語，説些謙虛和寬恕的訓誡之言，但是他們私心感
　　到滿意，因爲朱理安所受的懲罰，遠超過神話中伊克西翁（Ixion）和坦塔拉斯
　　（Tantalus）的苦刑。

74　蒂爾蒙特蒐集到此類的幻想作品，提到有些聖徒或天使夜間不在，是因爲負有秘
　　密的遠征任務。

位信仰虔誠的勇士之手，此一凡人或不朽的神靈並不爲人所知[75]。這種論
調極爲草率而且不智，立即被不懷好意或出於輕信的教徒所接受[76]。他們
有的盲目的跟著喊叫，有的公然斷言其事，教會的領導人指使並著手進行
宗教狂熱的謀殺活動。朱理安死去十六、七年以後，利班紐斯還在呈送
狄奧多西皇帝的一篇公開文告中，嚴肅而激烈的提出這項指控。他的懷
疑並沒有事實或理論的根據，安提阿的詭辯家對死去已久的朋友始終忠
心耿耿，我們只能表示欽佩而已[77]。

　　按照古老的習俗，羅馬人舉行葬禮以及凱旋式，讚美的頌辭要用一
些諷刺和嘲笑加以沖淡[*78]。在表現生者或死者榮耀的盛大慶典上，也會
將他們的缺點暴露於世人眼前[79]。這一習俗在朱理安的葬禮上充分體現出
來。由於他在生前向來輕視和厭惡戲劇活動，所以喜劇演員對他非常反
感，就在基督徒觀眾的掌聲中，生動而誇張的扮演過世皇帝種種錯誤和
愚蠢的行爲。他那多變的性格和獨特的處世態度，爲滑稽戲和諷刺劇提
供大量素材[80]。他在施展超人才幹時，經常忘記自己高貴的地位和尊嚴，
亞歷山大變成戴奧吉尼斯（Diogenes），又從哲學家降爲傳教士。他純眞
的品德被極度的虛榮心所玷污，迷信的思想擾亂偉大帝國的平靜並危害
到社會的安全。他行事不按常理，說話不像衝口而出，好像是用心做

75　索諾曼讚賞希臘人「誅戮暴君」（Tyrannicide）的理論，但是整篇文章被省長庫辛
　　（Cousin）很謹慎的加以取締，有一位耶穌會教士曾經把它翻譯成拉丁文。
76　朱理安死後謠言很快傳播開來，有些逃兵把這個消息帶到波斯軍營。羅馬人指責
　　皇帝遭到薩坡爾和他的臣民所殺害，始終沒有一位波斯人出來接受獎勵，這才是
　　決定性的證據。但是在飛奔中的騎兵投出致命的標槍，他自己也不知道會發生那
　　樣的後果，也可能在那次的行動中被殺。阿米努斯也沒有發現到底是誰下的手，
　　其實也沒有必要。
77　這位演說家到處散布值得懷疑之處，要求進行調查，同時暗示仍然可以找到證
　　據。後來他把匈奴獲得勝利，歸於沒有爲朱理安復仇所得的報應。
*78　[譯註]公元前46年8月15日，朱理烏斯·凱撒在羅馬接連舉行四次凱旋式，紀念對高
　　盧、埃及、本都及努米底亞的作戰勝利。遊行時，士兵在隊伍中高聲呼叫：「市民
　　們！快把老婆藏起來！拐騙女人的禿子又回來了。」凱撒聽到只有苦笑而已。
79　維斯巴西安（Vespasian）的葬禮上，喜劇演員扮演節儉的皇帝，焦急的詢問喪事要花多
　　錢，說是八萬鎊，小氣的皇帝說：「給我十分之一，然後把我的屍體丟進台伯河。」
80　格列哥里認爲這場葬禮可恥而荒唐，根本無法與康士坦久斯相比，他的遺體是在
　　天使的頌歌聲中越過托魯斯山。

作。朱理安的遺體被埋葬在西里西亞的塔蘇斯,莊嚴的墓地位於寒冷而
荒涼的昔德努斯河畔[81]。很多忠誠愛戴故世偉大人物的友人,對此事表示
不滿。哲學家表明合情合理的願望,說柏拉圖的門徒應該安息在學院的
園林之中;軍人卻又用更響亮的聲音喊道,朱理安的骨灰應該和凱撒的
骨灰攙混起來,在古羅馬紀功碑的環繞下放置戰神廣場。帝王史中像朱
理安這種偉大人物眞是世所罕見,難逢敵手。

81　這位歷史學家的敘述過於華麗和修飾,因而經常受到批評,但這條河幾乎把亞歷
　　山大給淹死,他有必要加以描述。

搖搖欲墜的馬塞拉斯大劇院

和平女神廟也就是馬塞拉斯劇院，
歷經多少朝代的興亡，
昔日的榮華都已星散，
和龐培劇院一樣成為公私不分的破落戶。

第二十五章

傑維安的統治與崩殂　華倫提尼安繼位為帝，其弟華倫斯輔佐，導致帝國的分裂　政教合一統治方式　日耳曼、不列顛、阿非利加、東方地區與多瑙河地區的狀況　華倫提尼安崩殂　兩子格里先與華倫提尼安二世繼承西羅馬帝國 (343-384A.D.)

一、傑維安的統治和逝世的狀況 (363-364A.D.)

　　朱理安的逝世使得帝國的政局陷入難以為繼的險惡處境。羅馬軍隊全靠一紙充滿羞辱的條約逃脫毀滅的命運[1]，信仰虔誠的傑維安利用最早那段和平時期，拿來恢復教會和國家的內部安寧。前任皇帝的作為不夠謹慎，非但沒有化解各派的歧見，反倒有意煽起宗教戰爭。表面上他像是在兩個敵對教派間，致力於建立均勢的平衡。這樣雙方感受到希望和失敗的運道無常，都有機會奪取古老的所有權和實際的恩寵，鬥爭就會永不止息。基督教徒忘記福音書的教義，異教徒反倒吸取教會的精神。就在每個人的家庭裡，人性和親情被盲目的宗教狂熱和報復心理所抹殺。法律的尊嚴受到惡意破壞或濫權自為，東部的城市到處血流成河，羅馬人的世仇大敵卻據有國家的心腹重地。傑維安所受教育使他公開承認信仰基督教，在他從尼昔比斯回師安提阿，羅馬軍團的前頭高舉十字架的旗幟，那就是君

1　傑維安的獎章上裝飾著勝利的字眼、月桂冠和趴俯在地上的俘虜。諂媚阿諛是最愚蠢的自殺行為，用自己的手毀滅自己。

士坦丁的拉貝隆旗，等於向人民表明新任皇帝的宗教信仰。等到他一登上皇帝寶座，立即向各行省的總督發出一封傳閱信函，宣告基督教的神性真理和合法地位。朱理安居心險惡的詔書受到廢止，恢復教會的豁免特權並且擴大範圍。傑維安還不無遺憾的表示，由於災禍頻仍，他不得不削減對慈善事業的撥款[2]。

　　基督教徒異口同聲讚許朱理安的虔誠繼位者，但他們對他還不了解，到底會選那些教條或那次宗教會議，作為正統基督教教會的標準。教會得到和平立即恢復激烈的爭論，過去倒是基於宗教迫害的原因而暫時擱下。相互競爭的各派教會領袖，根據過去的經驗，知道未來的氣運取決於最早的印象，能深植在一片空白的士兵腦海之中，匆匆趕往埃笛莎或安提阿的宮廷。東部的大道上擠滿本體同一論、阿萊亞斯派、半阿萊亞斯派和優諾繆斯派的主教，在這場神聖的賽跑中盡力奔走，想要越過對手。皇宮的房間都回響著嘈雜的叫囂，皇帝的耳朵充滿形而上學的爭論，混合著衝動的抨擊，形成一片亂哄哄的奇特景象。態度溫和的傑維安要求相互和諧與體諒，準備在未來召開宗教大會解決他們的爭端，反而被認為是置身事外的徵兆。但是他尊敬偉大的阿泰納休斯，認為主教的德行配享天堂[3]，終於讓世人非常清楚的了解，皇帝完全相信尼西亞教義。這位信仰戰場上驍勇堅毅的老兵已達七十高齡，聽到暴君死亡的消息立即從退隱地點走出來，在民眾熱烈歡呼聲中又一次登上大主教的寶座，非常明智願意接受傑維安的邀請。阿泰納休斯德高望重的形象、處變不驚的勇氣和令人折服的辯才，在連續四代君王的宮廷裡，都能保持早已獲得的名望[4]。等他得到基督教皇帝的信任，並且確定皇帝對基督教的信仰以後，立即返回自己的教

2　傑維安恢復教會機能，用此方式作出有力的表示，且極易讓人理解它的重要性。

3　皇帝用「天堂」這個字來恭維總主教，隱約表示出過於誇張的語氣，反而帶有嘲諷的意味。格列哥里‧納齊成讚揚傑維安和阿泰納休斯的友誼。總主教長途跋涉去覲見，是受到埃及教士的勸說。

4　布勒特里很高興的提到阿泰納休斯在安提阿宮廷的狀況，他把皇帝、埃及總主教和阿萊亞斯派代表開會的記錄，翻譯為拉丁文。布勒特里並不滿意傑維安粗俗的幽默話，但是他偏向阿泰納休斯，所以認為傑維安的態度很公正。

區，用極爲精練的議事程序和老當益壯的精神體力，對於亞歷山卓、埃及以及正統基督教會，又繼續管理十年之久[5]。他在離開安提阿之前曾向傑維安提出保證，只要皈依正統教義，上天必定賜與長治久安的太平盛世。阿泰納休斯希望後人讚許他的預言成眞，要不然也會原諒他的祈禱無效，無論如何他已表達衷心的感激。

微小的力量要是因勢利導就能發揮無可抗拒的作用。傑維安的機運來自宗教的理念，能夠掌握時代的精神和最有勢力教派的支持，他們的信仰最虔誠而且人數眾多[6]，基督教在他的統治之下輕易獲得最後的勝利。過去仗著朱理安的機謀，異教徒能夠無往不利，曾幾何時，受到皇家贊助的眷顧立即消失，守護神也委棄在塵土之中。很多城市的廟宇不是關閉就是廢棄，哲學家經歷的富貴有如過眼雲煙，爲著審愼起見還刮光鬍鬚，隱匿自己的眞才實學。基督徒欣喜欲狂，對於前朝所遭受的折磨，他們現在的打算是寬恕還是報復，全都操在自己了裡。異教世界的驚懼被明智和仁慈的寬容詔書所驅散，傑維安非常明確的宣示，雖然巫術魔法那些褻瀆神明的儀式會受到嚴厲的懲罰，但他的臣民可以自由而安全的奉行古老崇拜的祭典。演說家提米斯久斯（Themistius）仍舊熟知過去這些法律，受到君士坦丁堡元老院的託付，要對新登極的皇帝表達忠誠擁戴的心意。於是他詳述至高神性的仁慈、人類易犯的過失、良知良能的正義，以及獨立自主的心靈，用議論風生的辯才，諄諄教誨理性的寬容原則，畢竟在「迷信」遭到災禍的時刻，不會恥於訴諸寬容原則。他公正地指出，在最近這場翻天覆地的變動中，兩個宗教都感到顏面盡失。那些毫無價值的改宗者，以及追隨統治者紫袍的信徒，毋須提出任何理由，更沒有感到自慚，先從教堂走向廟宇，再從朱庇特的祭壇回到基督徒的聖殿[7]。

5　阿泰納休斯死亡的眞正年代已經混淆不清，但是日期倒是與歷史的事實相吻合，教會曾經核定他的平生事蹟。

6　阿泰納休斯把正統教派的人數說得太多，幾乎與整個世界的人口不相上下。這種說法是累集三十到四十年時間的信徒，所得到的總人數。

7　布勒特里提到，索諾曼不記得有宗教寬容這事，提米斯久斯也忘掉天主教的興起。他們都避開不喜歡的題材，也希望隱瞞詔書中不恰當的部分，以免有損傑維安的令名。

　　羅馬軍隊在七個月內行軍一千五百哩，歷盡戰爭、饑饉和天候的險阻
艱辛，終於又回師安提阿。雖然他們服務犧牲而且勞累不堪，時節又即將
接近冬季，但怯懦而又焦急的傑維安，只讓人員和馬匹有六個星期的休息
時間。皇帝無法忍受安提阿人民的輕浮舉止和惡意嘲笑，按捺不住要據有
君士坦丁堡的皇宮，防止有野心的競爭者趁機占領虛位以待的歐洲。但是
他很快接到讓人安心的信息，從色雷斯的博斯普魯斯海峽到大西洋沿岸，
全都承認他的權位。他從美索不達米亞營地傳遞出去的首批信件中，將高
盧和伊里利孔的軍事指揮權授與瑪拉里克（Malarich）和盧西利安
（Lucillian）伯爵。前者是位勇敢而忠誠的軍官，土生土長的法蘭克人；後
者是他的岳父，過去指導尼昔比斯的防務，因驍勇善戰而稱譽全軍。瑪拉
里克自謙無法勝任婉拒職位；巴塔維亞支隊突然發生嘩變，盧西利安在理
姆斯慘遭殺害。但是騎兵主將賈維烏保持穩健的態度，絲毫不以個人的榮
辱爲念，立即安撫騷動的部隊，平息士兵心中的疑懼，舉行效忠宣誓並且
齊聲歡呼表示贊同軍隊的推選。等到傑維安越過塔魯斯山抵達卡帕多西亞
的台納，西部軍隊的代表團向新即位的君王致敬。

　　傑維安離開台納，繼續用急行軍趕往蓋拉提亞（Galatia）的首府安卡
拉，以執政官的名位和服飾授與他的幼子（364年元月1日）[8]。達達斯塔納
（Dadastana）[9]是個毫無名氣的小鎮，正好位於安卡拉和尼斯之間的半途
上，因傑維安在此喪生而爲世人所知（364年2月17日）。他享用極爲豐盛的
晚餐而且痛飲美酒，退回寢室休息。第二天早晨發現傑維安皇帝暴斃在床
上，突然死亡的原因有不同的說法。有些人認爲是消化不良所引起，可能
是飲酒過量，也可能是夜晚食用蘑菇出了問題。也有人認爲是睡眠中吸入
煤氣引起窒息，行宮的牆壁用潮濕的泥灰粉刷後，會產生有毒的氣體。但

8　奧古斯都和他的繼承人爲他們的兒子和姪兒，很尊敬的請求元老院放寬年齡的限
　　制，可以擢升爲執政官。但是第一位布魯特斯官椅卻從來不曾被嬰兒所羞辱過。
9　安東尼的行旅指南上，把達達斯塔納到尼斯的里程定爲一百二十五羅馬里，到安
　　卡拉定爲一百一十七羅馬里。波爾多的朝聖客少算幾個驛站，整個的行程從二百
　　四十二里縮短爲一百八十一里。

對一位君王的死亡缺乏正規的調查，他的統治和名位很快爲人遺忘，唯一會發生的情況，就有人造謠生事在底下竊竊私語，說是宮闈之間發生下毒的罪行[10]。傑維安的遺體運往君士坦丁堡，與以前的國君一樣舉行葬禮。悲痛的行列在路上遇到他的寡妻查麗托(Charito)，是盧西利安伯爵的女兒，仍在爲新近去世的父親哭泣時，急著想擦乾眼淚好投入身爲皇夫的懷抱。她在失望和悲傷之餘更要爲母愛的焦慮而受盡折磨。就在傑維安去世前六周，幼小的兒子被安置在高官的爵位，榮飾著「尊貴者」的頭銜和執政官的虛名。皇家青年沿用祖父的名字瓦羅尼安(Varronian)，並未察覺自己的命運，只有被當政者猜忌時，才提醒他是皇帝的兒子。十六年後他仍存活在世，但已經喪失一目。他那受苦的母親一直在擔心，隨時會有人把無辜的犧牲者從她的手中奪走，用他的鮮血來平息在位君王的疑慮[11]。

二、華倫提尼安和華倫斯即位爲帝(364A.D.)

傑維安過世後，羅馬世界的王座有十天沒有主宰(364年2月17日-26日)[12]。大臣將領繼續集會商議，要執行各自所負的職權，維持公眾秩序，平靜調動部隊前往俾西尼亞的城市尼斯，選來作爲推舉皇帝的地點[13]。掌握帝國軍政大權的人物舉行莊嚴的會議，帝王的冠冕再度一致呈給統領薩祿斯特，他第二次拒絕接受所賜予的榮耀。當有人託稱父親的德行可以使

10 阿米努斯實在太好講話，竟把傑維安的意外死亡跟第二位阿非利加努斯相比。後者是引起傾軋黨派的畏懼和氣憤，才因此而身亡。
11 克里索斯托這位基督教的演說家舉出極爲著名的不幸例子，想用來安慰這位寡婦，說他這一生受到九位皇帝的統治(包括凱撒蓋盧斯在內)，只有兩位壽終正寢(君士坦丁和康士坦久斯)，像這種話聽了只有使人更加難過。
12 只有十天時間用來行軍和選舉看來不夠，但也可能是這種狀況：(1)，將領帶著隨員和傳令，可緊急使用公家驛站；(2)，部隊都停留在附近城市，可分爲幾個不同的行軍梯隊兼程趕路。可能縱隊的先頭抵達尼斯，而後衛還停在安卡拉。
13 菲斯托杰斯像是獲得一些奇特而可信的消息，把選擇華倫提尼安歸功於統領薩祿斯特、主將阿林蘇斯、內廷伯爵達迦萊法斯和貴族達提努斯(Datianus)，而他們在安卡拉可以發揮最大的影響。

其子獲得恩惠，統領就用公正無私的愛國心堅持到底，正告所有的選舉人，一位是衰弱的老人而另一位是沒有經驗的青年，無力擔負統治國家的重責大任。接著提出幾位候選人，他們的性格作風或工作表現受到質疑，在權衡各種狀況後，陸續遭到否決。但等到華倫提尼安（Valentinian）的名字被宣布，這位軍官的功績受到全體與會人士的讚許，投票結果獲得一致通過，連薩祿斯特也誠摯認可。華倫提尼安[14]是格里先（Gratian）伯爵的兒子，伯爵是潘農尼亞地方西貝利昔河（Cibalis）的土著，出身寒微，力氣驚人又武藝高強，晉升爲阿非利加和不列顛的軍事指揮官，帶著豐富財產從軍中退休，難免讓人對他的操守說閒話。不過憑著格里先在軍中的階級和經歷，對兒子的事業發展有很大幫助，讓兒子有機會顯示自己的眞才實學，在晉升方面優於同儕。華倫提尼安身材修長，舉止優雅，態度端莊，剛毅的面容表現出堅強的意志和信心，讓人印象深刻，使朋友油然心生敬重之感，仇敵難免懷有畏懼之心。身爲格里先之子繼承其父的最大優點，就是有強壯而健康的體格，使得無畏的勇氣能發揮最大效果，養成純眞和自制的習性，約束私情欲念，發揮天賦才能。華倫提尼安不僅自重自愛，也獲得國人的尊敬。他從小喜愛軍人生活，不願咬文嚼字附庸風雅，對於希臘文和修辭學可說是一竅不通，但具有演說家的特質，絕不會怯場緊張，能夠適應當時的情況，用滔滔不絕的雄辯，表現出胸有成竹的風範。他所研習的法規，全部跟軍事紀律和仗陣用兵有關，很快以工作勤奮和要求嚴格著稱，不僅善盡軍營的職責，還能排除萬難達成任務。朱理安在位時，他公開藐視正在當紅得勢的宗教，因而陷身遭到罷黜的險境[15]。但是從他後來的作爲看來，華倫提尼安的生活不知檢點，有時會大膽妄爲，所受到的影響是軍隊的粗魯習氣，而不是基督教的狂熱信仰。不過，由於君

14　阿米努斯和小維克托對華倫提尼安提供非常詳細的描述，自然是在開始統治之前的模樣。

15　華倫提尼安在安提阿時，不得不隨著皇帝前去廟宇。有次他毆打一位祭司，因爲祭司竟敢要他用淨水潔身。這種當著公眾挑戰權勢的行爲，倒很像他的個性，但是也不致於嚴重到被當成把柄，讓哲學家麥克西繆斯拿來告發，可能還有其他的冒犯行爲。

王賞識他的才幹，原諒他的過失，仍舊加以重用[16]。他在波斯戰爭中歷經各種狀況，又像過去在萊茵河的作戰一樣，建立驍勇慓悍的名聲。他在執行重要任務時，能不負所望快捷完成使命，贏得傑維安的器重，指揮第二梯隊盾牌兵擔任內衛勤務，從安提阿開始行軍，抵達安卡拉營區。他在非常突兀的狀況下受到召喚，所以就這次選舉而言，不可能犯有罪行和先期密謀。因此，他在四十三歲那年，開始全權統治羅馬帝國。

大臣和將領在尼斯開會建議的人選還不能算數，除非獲得軍隊眾口擁戴的肯定。德高望重的薩祿斯特深知人數眾多的集會，經常產生意外狀況而使預定的人選有所變動，故提議與會人員在就職典禮那一天，不能出現在公眾前，要是違犯就處以死刑。這樣做可避免因個人的聲名，受到有心人士的擁立而節外生枝，難以善後。然而還是古老的迷信優於一切，由於閏年的關係，使得典禮那天要置閏[17]，變成自動增加的日期帶來兇兆，大會只有延後直到古時來臨才開始（364年2月26日）。華倫提尼安站在高聳的將壇上，大家一致認為目前最明智的作法，是贊同會議的選擇。部隊按照軍階環繞在將壇四周，在官兵歡呼雷動聲中，對於新登基的皇帝很莊嚴的授與冠冕和紫袍。就在他伸出手要向全副武裝的群眾講話時，一陣嘈雜的低語突然從隊伍中間爆發開來，逐漸增強成為宏亮而迫切的喧囂，那就是他必須即刻為帝國的共治提名一位共治者。華倫提尼安不動聲色的鎮定態度使場面安靜下來，也獲得大家的尊敬。然後他向集會人員發表演說：

> 弟兄們，幾分鐘前你們有權把我留在沒沒無聞的地位，是你們據
> 我過去的表現，經過判斷，認為我可以治理帝國，所以推舉我登
> 上帝座。那麼考慮國家的安全和利益，現在已是我的責任。與寬

16　索諾曼和菲羅斯托杰斯都順便提到，華倫提尼安早先有一次被放逐到美利提尼（Melitene），或者是蒂貝伊斯沙漠。

17　阿米努斯經常會毫無道理的說些節外生枝的話，好像只有他懂天文學而讀者都是傻瓜，事實上森索萊努斯（Censorinus）和馬克洛庇斯（Macrobius）對這個問題有深入的研究。所謂置閏是用來表示兇年是指閏日當天而已，3月的初盈在第六日，通常用來當成閏日就多算一天。

廣的天地相形下，人類是多麼渺小，我深知自己的能力有限而生
命無常，因而對各位的要求我絕不會有婉拒之心，也急切懇求有
價值的共治者給予協助。但要知道，雙方不和會產生致命危險，
抉擇一位忠誠的朋友需要周詳而審慎的考量，這也是我最關切的
事。各位的作為是要善盡本分和有始有終，現在就回到營房去，
安靜休養身心。按照慣例，新皇登基，各位會得到應有的賞賜[18]。

驚訝的部隊混合著驕傲、滿意和畏懼，承認這才是一位主子的語氣。憤怒
的叫囂聲音平息下來，鴉雀無聲的氣氛表示出尊敬的態度。華倫提尼安在
軍團的鷹幟以及騎兵和步兵各種旌旗的圍繞之下，擺出軍容威武的排場，
引導進入尼斯的皇宮。

　　不過，華倫提尼安感覺這件事極為重要，為了防止士兵藉故產生草率
的擁立行動，召集首長集會討論。性格直爽的達迦萊法斯簡短的表示，最
能代表大家的心聲，這位軍官說道：「賢明的君主，要是你只照顧家庭的
利益，那麼你有一位兄弟；如果你熱愛國家，可以考慮四周最夠資格的羅
馬人。」皇帝壓下他的不滿，但是沒有改變心意，開始緩慢的行程，從尼
斯經尼柯米地亞到君士坦丁堡。就在首都的一處郊區[19]，他把奧古斯都的
頭銜授與自己的弟弟華倫斯(Valens)，是他登基以後的第三十天(364年3
月28日)。現在就是最有膽識的愛國分子也很清楚，他們的反對於國家毫
無好處，倒是會給自己帶來生命的危險。皇帝的絕對意志在宣布以後，只
能用無言的屈服表示接受。華倫斯當時是三十六歲，從未在軍事和民政的
職位上一展長才。從他的個性來看，世人無法抱持樂觀的看法。不過，他
具有的唯一特點，是在華倫提尼安的提挈之下，可以保持內部的安寧。他
會忠心耿耿滿懷感激的依附恩主，在他一生之中不論有任何行動，都會謙
卑而愉悅的聽命，唯兄長的地位、才智和權勢馬首是瞻。

18　華倫提尼安第一次講話，阿米努斯全記錄下來，但菲羅斯托杰斯摘錄重點和警句。
19　著名的七里鋪(Hebdomon)或稱為戰神教練場，離開君士坦丁堡的距離是七個斯塔
　　迪亞，也有人說是七哩。

三、西羅馬和東羅馬帝國最後的分治(364A.D.)

　　華倫提尼安在劃分行省前，先著手改革帝國政府組織。無論那個階級的臣民，若在朱理安統治期間受到傷害或壓迫，只要提出公開控告就會受理嚴辦。人們保持沉默可證明薩祿斯特統領無瑕的廉潔[20]，他也提出懇求，希望從政府職位上退休。華倫提尼安表示出友誼和尊敬，誠摯地拒絕。但在故世皇帝的寵臣中，很多人過去濫用所獲的信任，或假借宗教名義圖利自己，現在無論是君王施恩或司法的公正，都不可能全身而退[21]。宮廷大臣和行省總督有很大部分從現職調開，但有些績效卓越的官員，還是得到另眼相看，沒有受到牽連。反對的叫囂雖非常激烈且滿懷義憤，微妙的調查程序不斷進行，看來很多地方倒是明智且溫和[22]。兩位君主突然病倒，給新的統治帶來干擾也產生疑慮，幸好他們很快恢復健康。就在初春離開君士坦丁堡，米地亞納(Mediana)的宮殿也是一堅固城堡，距離奈蘇斯只有三哩遠，他們做出羅馬帝國分治的嚴正決定(364年6月)。華倫提尼安把東部統領掌管的富裕地區授與他弟弟，從下多瑙河直到波斯邊界；在伊里利孔、意大利和高盧統領掌管的地區，經常發生戰事，由他親自統治，範圍從希臘的東疆到卡里多尼亞的防壁，再從不列顛的邊牆到阿特拉斯山脈的山麓。所有行省的治理按照上述的疆域劃分清楚，但是兩個國務會議和宮廷需要加倍的將領和官員，依他們的功勳和地位有所區別，另外是騎兵和步兵都增設七個主將。當這些重要的事務全部在友善的氣氛下處理完畢，華倫提尼安和華倫斯最後一次擁抱才分手。西部皇帝把暫時的行宮設置在米蘭，東部皇帝回到君士坦丁堡，他的疆域有五十個行省，而他根本不會說民眾使用的語言。

20　雖然諾納拉斯、蘇達斯和帕斯加爾編年史都提出很確鑿的證據，但是蒂爾蒙特還
　　是不願相信這個故事。

21　優內庇烏斯很高興麥克西繆斯受到折磨，同時還要誇大其辭的報導。然而他認為這
　　個詭辯家也是個術士，是朱理安惡貫滿盈的寵臣也是華倫提尼安的仇人，竟然只
　　付很少的罰款就被打發回家去了。

22　一般的說法不過是受到罷黜，蒂爾蒙特在調查以後加以反駁。

四、樸洛柯庇斯在東部叛亂的行動(365-366A.D.)

　　東部的平靜局面很快被叛亂打破，華倫斯的寶座受到一位大膽敵手的攻擊而變得岌岌可危。這位禍首是朱理安皇帝的親戚[23]，唯一的過錯是名聲太高引起猜忌。樸洛柯庇斯的晉升極為快速，出身沒落家世的他先是擔任軍事護民官，然後是司法官，最後成為美索不達米亞軍隊的聯合指揮官。那位君主還沒有子息，公眾的看法是他可能成為繼承人。還有就是他的朋友之間盛傳，說是朱理安在卡爾希月神廟的祭壇前，私下把皇家的紫袍授與樸洛柯庇斯[24]，當然這些話也可能是仇敵在造謠。他用遵守本分和服從負責的態度，盡力化解傑維安的猜疑，然後退休帶著妻子和家人歸隱田園。他在卡帕多西亞行省有龐大產業，像這樣與世無爭的生活竟然受到干擾。出現一名官員帶著一隊士兵，奉新即位君王華倫提尼安和華倫斯的名義，派遣前來處理樸洛柯庇斯所涉及的案件。不幸的命運可能使他遭到終生監禁或者是恥辱的死刑，鎮定的態度會獲得較長的緩刑和光輝的結局。他根本不與官員爭辯皇家的命令，只要求給予片刻時間的恩惠，好擁抱哭泣的家人，同時用非常豐富的招待，鬆弛衛兵的警覺。於是他用盡手段逃脫追捕，來到黑海海岸，越過海洋抵達博斯普魯斯這個國家[*25]，在很偏僻的地區停留了幾個月，嚐盡流離失所和孤獨匱乏的痛苦。他那悲哀的心情沉思在不幸的災難中，為當前的處境激起更大的憂慮。要是發生任何意外使人得知他的姓名，不守信義的蠻族會毫無顧忌的違犯待客之道。

　　樸洛柯庇斯在感到急躁而絕望時，就乘坐航往君士坦丁堡的商船，只能寄望成為統治者才能生存，因為作為一個臣民，已經無法享受安居樂業

23　原文所表示的意義並不是姻親或血親，樸洛柯庇斯的母親是朱理安的母親巴西麗娜(Basilina)和舅舅朱理安伯爵的姊妹。

24　阿米努斯在提及這件傳聞時有點支吾其辭，不過，特別注意到樸洛柯庇斯是異教徒，然而宗教信仰對他應有的權利並沒有影響。

*25　[譯註]博斯普魯斯王國位於克里米亞半島，是羅馬帝國的屬國，扼亞述海出口，形勢險要，與博斯普魯斯海峽分別在黑海南北兩端，相隔甚遠，很容易弄混淆。

的生活。一開始他潛伏在俾西尼亞鄉村，過著埋名隱姓的日子[26]，逐漸敢進
入首都，把自己的生命和氣運全託付給兩位忠誠的朋友，其中一位是元老院
議員，另一位是宦官。他從獲得的信息中了解公共事務的狀況，感覺到一線
成功的希望。民眾間普遍瀰漫著不滿氣氛，他們懷念薩祿斯特的公正和能
力，他被解除東部統領職務，讓很多人憤憤不平；他們藐視華倫斯的爲人處
事，粗魯又缺乏勇氣，軟弱又不和善；他們畏懼皇帝的岳父所具有的影響
力。彼特洛紐斯（Petronius）被封爲大公，是個殘酷而貪婪的大臣，嚴厲追繳
所有拖欠的貢金，從奧理安皇帝以來大家一直沒有償付。就篡奪者的圖謀叛
逆來說，目前局勢極爲有利。波斯人的敵對行動需要華倫斯在敘利亞坐鎮，
從多瑙河到幼發拉底河之間部隊都在調動，首都有時駐紮很多士兵，要從這
裡渡過色雷斯的博斯普魯斯海峽。有兩個支隊的高盧部隊接受陰謀分子建
議，他答應成功後給予他們豐盛賞賜。同時部隊對朱理安尊敬之情仍未忘
懷，對他無故受到壓迫的親戚，同意支持他的繼承權利。第二天清晨支隊在
靠近安娜斯塔西亞（Anastasia）浴場的地方列陣，樸洛柯庇斯穿著紫袍看來像
演員而不是皇帝，如同死中復活一樣出現在君士坦丁堡。士兵已完成接待準
備，對著心驚膽戰的君王發出歡樂的呼聲和忠誠的誓言（365年9月28日）。從
鄰近地區集合一群強壯的農夫，使得人數增加，聲勢更爲浩大。樸洛柯庇斯
在黨徒用武力護衛下，陸續掌握法院、元老院和皇宮。在他開始暴動奪取政
權的時刻，對於人民在一邊袖手旁觀而且態度沮喪，感到極爲驚慌和恐懼，
那是因爲民眾並不清楚叛亂的原因，也憂慮事變會帶來苦難。但是他的軍事
力量遠超過任何實質上的抵抗，不滿分子全部聚集到叛軍的旗幟下。窮人激
起趁火打劫的希望，富有人家畏懼搶劫才受到裹脅。群眾的心理是容易說服
而且堅信不疑，革命成功應允會帶來好處，結果他們上當受騙，官員都被抓
了起來，監獄和軍械庫被打開，海港的進口和通道也被占領。不到幾個鐘
頭，樸洛柯庇斯的地位雖然還未穩固，已經成爲皇城獨一無二的主人。

26　異端分子優諾繆斯（Eunomius）一所鄉間邸宅成爲他的藏身處，主人不在場也不知
　　此事，完全沒有涉及叛案，然而他很驚險逃脫死刑的判決，但是活罪難免，被放
　　逐到遙遠的茅利塔尼亞邊陲地區。

　　篡位者運用勇氣和手段，使料想不到的成功獲得進一步發展和改善。
他非常技巧的傳播於己有利的謠言和評論，同時為了迷惑民眾，故意接見
遙遠國家派來的使臣，當然有些是虛構人物。色雷斯各城市以及下多瑙河
地區的碉堡，駐紮龐大的軍隊，逐漸涉入反叛罪行。哥德君王願意供應君
士坦丁堡統治者數千名協防軍，更增強他的陣營。樸洛柯庇斯的將領越過
博斯普魯斯海峽，不費吹灰之力控領俾西尼亞和亞細亞沒有防衛能力而富
裕的行省。位在島嶼上的城市西茲庫斯倒是盡力防守，但還是屈服在他的
勢力之下。賈維烏和海克力這兩個名聲顯赫的軍團，奉命前來清剿，也投
入篡位者的懷抱。他開始徵召新兵來增強老兵部隊的實力，很快就率領一
支軍隊，無論就數量還是戰力而論，可以與相互競爭的偉大對手處於勢均
力敵的局面。霍爾米斯達斯的兒子[27]是位活力充沛而又精明能幹的青年，不
惜以尊貴的身分拔劍反對東部合法的皇帝。這位波斯王子立刻被授與羅馬
代行執政官這個古老而特別的職位。弗斯汀娜(Faustina)是康士坦久斯皇帝
的遺孀，與篡位者聯姻，把自己和女兒交到他手中，更增加起事的地位和
聲望。康士坦霞(Constantia)公主大約有五歲，坐在舁床上隨著部隊行軍，
被後父抱著在武裝人員的集會中亮相。等她經過陳列的隊伍，激起士兵的
惻隱之心油然而生英勇的氣慨[28]，回想起當年君士坦丁家族的光榮，他們在
效忠的歡呼聲中，誓言要捍衛皇室幼女的權利，不惜犧牲個人的生命。

　　就在此時，華倫提尼安接獲東部發生叛亂的可疑信息，已提高警覺，
但又感到非常困惑。日耳曼戰爭的危機迫得他只能關心自己疆域的安全，
每一處通信管道不是中斷就是訛傳。他所聽到的謠言滿天飛，更是感到焦
慮，說是華倫斯戰敗死亡，留下樸洛柯庇斯單獨成為東部的主人。其實華
倫斯還好好活著，在凱撒里亞接到叛變的信息，基本上他對生命和前途已
感到絕望，要提出與篡奪者談判的建議，私下打算在必要時為了保命可以

27　波斯王子的地位和安全都沒受影響，後來還出任俾西尼亞的總督。我不知道薩珊
　　家族在帝國是否興旺發達，子孫綿延不絕，倒是發現有位教皇名叫霍爾米斯達斯
　　(514A.D.)，但是他的本籍是意大利的弗魯昔諾(Frusino)。

28　這位年幼的叛徒後來成為格里先皇帝的妻子，但是很年輕時就去世也沒有子女。

遜位。怯懦的國君因大臣的堅持免於恥辱和毀滅，現在上下一心決定從事內戰。薩祿斯特在承平時被免除職位毫無怨言，等到國家安全受到威脅，就自告奮勇要負起辛勞而危險的任務。德高望重的大臣恢復原職出任東部統領，這是華倫斯所採取的第一步措施，表示他的悔恨，使人民感到滿意。樸洛柯庇斯的統治所能獲得的支持，是來自軍隊的勢力和行省的順從。很多地方的文職或軍職官員，不論是出於責任或利益考量，盡力使自己不要涉入叛亂的罪行，或是找機會背棄篡奪者的陣營。盧庇西努斯（Lupicinus）率領敘利亞的軍團，用急行軍前來援救華倫斯。阿林蘇斯的武藝、英俊和驍勇在當代英雄人物中可謂首屈一指，用小部隊攻擊數量占優勢的叛黨。當他看到士兵的面孔很熟，過去曾在他的麾下服務，就大聲叫喚他們趕快投誠，並將造反的頭目抓住帶過來，這完全是他的才華出眾能讓人信服，通常對方都會遵從這種極不尋常的命令[29]。阿比提奧（Arbetio）是君士坦丁大帝麾下身經百戰的老將，曾經出任執政官而名重一時，受到勸說從隱退生活出馬，再度領軍趕赴戰場。在激戰之中他平靜的取下頭盔，露出滿頭白髮和衰老面孔，在子弟和戰友的親切叫喚聲中，樸洛柯庇斯的士兵發出致敬的歡呼。他向他們規勸，不要支持可鄙僭主毫無希望的舉事，但要追隨他們的老指揮官，一定會領導他們獲得榮譽和勝利。在塞阿泰拉（Thyatira）[30]和奈柯利亞（Nacolia）的兩場接戰中，部隊受到背叛軍官的影響和指使，拋棄命運乖戾的樸洛柯庇斯。篡奪者在弗里基亞的森林和山區流竄一段時間後，被喪失前途的黨徒出賣，擒送到御營立即斬首（366年5月28日）。樸洛柯庇斯遭到失敗僭主同樣的下場，這是戰勝君王在合法審判的形式下所實施的殘酷行為，激起人們的憐憫和義憤[31]。

29　阿林蘇斯力大無窮而且容貌英俊，被聖巴西爾譽為當代的海克力斯，說是神創造他要當做人類無與倫比的模範。畫家和雕塑家也無法表現出此美好的形體，當他們提到他的功勳，就連歷史學家也難以置信。

30　雖然是同一處戰場，但阿米努斯說是在呂西亞（Lycia），而諾昔繆斯把它放在塞阿泰拉，兩地相距150哩。但是塞阿泰拉有一條河名叫呂庫（Lyco），抄寫員很容易弄錯，把毫無名氣的河流變成眾所周知的行省。

31　阿米努斯和諾昔繆斯都提到樸洛柯庇斯的冒險、篡奪和失敗，敘述很有條理，且兩人並沒有矛盾之處。提米斯久斯增加一些卑劣的頌辭，優內庇斯倒是惡意諷刺一番。

五、嚴厲取締魔法和暴虐的惡行(364-375A.D.)

上述行動都是專制和反叛的必然後果。但是在兩兄弟統治下，羅馬和安提阿對運用魔法的罪行，展開如火如荼的調查和雷厲風行的懲罰(373A.D.)，可以解釋成天國的煩惱和人世的墮落最爲適當的徵兆[32]。在當前這個時代，最讓我們直言無諱感到驕傲的事，莫過於歐洲最文明的區域，已經廢止這種殘酷和可憎的偏見[33]。過去這些偏見曾在整個世界肆虐，還涉及所有宗教觀念的各個體系[34]。羅馬世界的民族和教派，全都相信而且痛恨「陰間的法術」[35]，認爲它可以控制自然的運行和人類的心靈。他們畏懼符咒的經文、奇妙的草藥和邪惡的儀式所具有的神祕力量，能夠取人性命也能起死回生，激發心靈的熱烈情緒，破壞人類創造的成果，迫使惡魔吐露未來的祕密。他們懷著矛盾的心情，相信那些滿面皺紋的女巫和到處巡行的術士，雖然在貧賤和不齒中度過卑微的一生，卻因害人利己的極度可厭動機，在空中、地面和陰世的超自然疆域發生很大的作用[36]。社會的輿論和羅馬的法律同樣在指責魔法奇術，但是他們期盼滿足人心最迫切的激情，所以形成的現象是愈禁愈烈。有一種基於想像的原因

---

32 利班紐斯爲民衆的暴亂感到悲痛(等犯事的人被處死後)，倒沒責怪皇帝的公正。

33 當代的法國和英國律師承認巫術的理論，但是否認施術的行爲。個人的理性通常勝過公衆的智慧，所以孟德斯鳩校長公開駁斥魔法的存在。

34 鹿特丹懷疑論者的習慣，是用放任的知識和鮮明的才智，把這些體系全部很怪異的弄成一盤大雜膾。

35 異教徒認爲魔法有好有壞要辨別它的正邪，但是不可能用含糊的區分做辯護之辭，來對抗貝爾(Bayle)非常嚴苛的邏輯。因此在猶太教和基督教的體系裡，所有的魔鬼都是地獄的精靈，只要與他們發生任何交往，都是偶像崇拜和背教變節，應該處死受到永恆的詛咒。

36 賀拉斯筆下的康妮迪亞(Canidia)是一位民間傳説的女巫；盧坎(Lucan, Marius Annaeus Lucanus, 39-65A.D.，羅馬敘事詩詩人)對伊瑞克梭(Erictho)的描寫冗長得令人生厭，但是有的地方非常精彩：她叱責復仇三女神的延遲誤事，威脅要在無邊的黑暗之中宣布她們的真名，揭露冥神赫卡蒂像魔鬼一樣的面容，求助留存在地獄深處的神祕力量。

產生極為嚴重的後果，帶來很大的災難，那就是有人在暗中預測皇帝的死亡或陰謀的成功。要是考慮產生的效用，就會鼓動野心分子的希望，解除忠誠誓言的束縛，使得魔法涉及大逆不道和褻瀆神聖，成為十惡不赦的罪行[37]。這種毫無事實根據的恐懼會擾亂社會的安寧和個人的幸福，就像不會傷人的火焰一樣，可以逐漸溶化蠟製的人像。被惡意鎖定的目標受到驚嚇，胡思亂想，火焰就可以獲得無與倫比和為害甚烈的力量。草藥泡製的飲料，認為可以汲取超自然的影響力，當做毒藥使用極為方便，愚蠢的人類有時成為最兇殘的罪惡所利用的工具，或者拿來做為掩飾的面罩。

　　華倫斯和華倫提尼安的大臣暗中指使，立刻使得告發者大肆活動。在上者表明不會拒絕羅織的控訴，何況這種罪行幾乎是無所不在。雖然定罪的條文就量刑的標準而言並不嚴重，在虔誠但過度嚴苛的君士坦丁最近的判決中，仍然以死刑作為唯一的懲罰。這種死罪是把叛逆、魔法、下毒和通姦全部毫無條理的混雜一起，對於有罪和無辜、赦免或加重的認定完全沒有限制，要看法官在審判過程中基於個人的情緒，無論是憤怒還是謬誤，做出最後的裁決。大臣很容易發現，宮廷可以根據各個法庭提供判處死刑的人數，用來評估他們辦案的勤奮和能力。他們並不是不願做出無罪開釋的判決，但是他們熱中於炮製偽證和來自酷刑的證據，用莫須有的指控套在最受尊敬的人員身上。調查的過程為刑事起訴找出新的項目，即使無恥大膽的告發者提出的謊言查明清楚，也只是無罪加以飭回。但是可憐的受害人在發覺真正或推定的同謀以後，很少獲得允許可以接受可恥的代價，那就是說自己送命還不夠，必須株連更多的人員。從意大利和亞細亞遙遠的邊疆，不論是青年還是老人，都被鎖在鐵鍊上拖進羅馬和安提阿的法庭，元老院議員、貴婦人和哲學家慘死在羞辱而暴虐的酷刑之下。有些被指派看管監牢的士兵，帶著憐憫而氣憤的怨言提到，如果這麼一大群囚犯要想逃走或激起抗拒，他們的人數不足難以應付。最富有的家庭因罰款

37　扶乩在安提阿屬於罪行，會引起宗教迫害。一個很神奇的三足鼎裡排列二十四個字母，把一個轉動的小環放在中間，會指出四個字母，就是未來皇帝的名字。

和籍沒而破產,最清白無辜的市民也為自己的安全而顫慄。我們可以為這些罪孽的為害之烈提出一些概念,古代有位作家非常肯定的斷言,在很多令人憎惡的行省裡,囚徒、流人和逃犯在居民中占最大部分[38]。

塔西佗敘述無辜和卓越的羅馬人被處死,犧牲在最早那些凱撒的殘酷暴政之下。歷史學家的手法和受害人員的功績,在我們的心頭激起印象鮮明的情緒,感到恐懼、欽佩和憐憫。阿米努斯用庸俗毫無特色的筆調,描繪雙手沾滿鮮血的人物,極為詳盡而冗長,使人讀之生厭。我們的意圖不再著重在自由和奴役、偉大和悲慘的對比,只想提及這兩兄弟統治時,用令人感到羞辱的手段,在羅馬和安提阿的處決所帶來的恐怖狀況(364-375A.D.)。至於這兩個皇帝的性格,華倫斯是怯懦膽小[39]而華倫提尼安是暴躁易怒。華倫斯在位的統治原則就是處心積慮關切個人的安全,當他還是臣民時,帶著驚懼的敬畏之心,親吻在上位者的手;一旦身登大寶,就期望人民像他過去那樣,對皇帝充滿懼意,為了忍辱保生永遠降服。華倫斯的寵臣用豪奪的手段和籍沒的特權來弄錢發財,但是他本人非常節儉,沒有貪婪的意念[40]。這些人鼓起如簧之舌向他進言:其一,任何叛逆案,涉嫌就是證據;其二,權力的最大禍害是會產生不良意圖;其三,圖謀未遂的罪行並不輕於已遂的行動;其四,任何臣民威脅到君王的安全,干擾君王的起居,生命就失去存在的價值。

華倫提尼安的判斷有時會受到矇騙,讓他的自信受挫,但是告發者用危言聳聽的手法,只會讓他產生警惕之心而更為堅毅不移,就用藐視的笑容使告發者保持沉默。他們讚譽他能堅持公平正義的原則,然而皇帝講求司法公正時,很容易受到誤導,認為仁慈是軟弱的表現,忿怒倒是至高的

---

38 阿米努斯和諾昔繆斯都提到羅馬和安提阿殘酷的宗教迫害,但是有的地方可能誇大其辭;哲學家麥克西繆斯涉及施展魔法的起訴,得到公平的判決;年輕的克里索斯托偶而發現一本禁書,使他受害匪淺。

39 小維克托提到華倫斯,就說他膽小如鼠,然而他率領軍隊倒是還算果斷,和一般人差不多。這位歷史學家一直認為他雖然容易發怒,但沒有害人之心。

40 我認為華倫斯並沒有貪婪的惡習,他的手下人應受到指責。一般而言都是大臣比國王更喜歛財,由於君主有絕對的所有權,所以對這方面的要求不會很急切。

德操。華倫提尼安有積極進取的偉大抱負，一生都在不斷的奮鬥，克服勢均力敵的競爭對手，對於曾經損害到他的人不會法外施恩，對侮辱他的人更是睚眥必報。要是有人指責他行事過於謹慎，他勇往直前的精神更值得讚揚。事實上就是傲慢而有莫大權勢的將領，一旦激起奮不顧身的士兵產生憤怒之心，就會帶來流血五步的後果，因此他們會感到戒慎恐懼。在他成為世界霸主以後，很不幸把重要的原則忘掉，那就是：阻礙都可排除，勇氣克服困難，凡事要合情合理，對人要寬宏大量。現在只要臣下讓他感到不滿，或是無意中使他感到不快，就任憑自己發洩狂暴的情緒。不論是管理皇室還是帝國，那怕是輕微的觸犯和頂撞，甚至有些是純屬想當然耳，像是一句逆耳的回話、一件意外的疏失、一次無心的遲誤，所受到的懲罰是立即判處死刑。西部皇帝經常衝口而出的話是：「砍掉他的頭」、「把他活活燒死」、「用亂棍把他打死」[41]。就是最有權勢的大臣都非常清楚，對於他那血腥的命令不能稍加爭辯或延遲，否則會讓自己受到抗命的罪行和懲罰。這種野蠻的審判是他得意之作，華倫提尼安養成冷酷作風，毫無惻隱之心和悔恨之意，突然產生的激情更證實暴虐的習性[42]。他觀看刑求和處死犯人所產生的劇烈痛苦時，不僅泰然自若且感到滿足。對那些有同樣脾氣臭味相投的手下，只要忠心耿耿就會受到重用和友誼。馬克西明(Maximin)功在殺戮羅馬的貴族家庭，於是賜予皇家稱號作報酬，出任高盧的統領。華倫提尼安養有兩隻兇狠巨大的熊，以封號「純純」(Innocence)和「小金」(Mica Aurea)而知名，像馬克西明一樣受到寵愛，把它們當成信任的侍衛，住的籠子靠近寢宮。他經常帶著愉快的心情，把罪犯丟進去引起狂怒的咆哮，看著野獸撕開血淋淋的肢體吞吃下去。羅馬

41　華倫提尼安有時會拿「處死」來開玩笑，變成他的口頭禪。有一個管狗的傢伙不小心放走一隻斯巴達獵犬，還有一個甲冑匠製造一套華麗的胸甲但重量不合標準，都成為他暴怒下的犧牲品。

42　米蘭的無辜受害者是一位代理人和三位執法官，華倫提尼安在判處他們死罪時，表示已發出合法傳票。阿米努斯有怪異的想法，認為凡是被不公正處決的人都會受到民眾敬重，就像基督徒的殉教者一樣。他那公正無私的沉默無法讓人相信，位高權重的寢宮總管羅達努斯(Rhodanus)，受到壓制竟被活活燒死。

皇帝會小心檢查它們的飲食和訓練狀況,「純純」經過很長一段時間的效
勞後,獲得退役的榮譽,這隻忠誠的野獸在原來的森林裡恢復自由。

六、教育制度的建立和寬容政策的頒行(364-375A.D.)

　　羅馬帝國反映出平靜時刻的狀況,那是華倫斯的內心不感受到恐懼的
威脅,或者是華倫提尼安已經壓制住狂暴的脾氣。暴君只要恢復正常的情
緒,至少在作為上像是國家君父。西部皇帝運用大公無私的決斷,能夠清
楚的考量到自己和公眾的利益,然後鍥而不捨的全力以赴;至於東部皇帝
完全拿他兄長當榜樣,亦步亦趨跟著仿效,有時明智而仁慈的薩祿斯特統
領會給予指導。兩位君主在位期間都能保持節約和簡樸的習性,宮廷的生
活享受並未使人民感到羞慚或嘆息。他們逐漸改革君士坦丁時代許多腐敗
和放縱的行為,合理的採用並改進朱理安和繼承人的構想,展示出守法的
風格和精神,使後代子孫對他們的為政之道有更高的評價。我們期望君王
關心臣民的福利,看起來這種方式不像身為「純純」的主人應有的作風,
華倫提尼安怎麼會責備遺棄新生嬰兒的不法行為,同時在羅馬的十四個區
設置十四個技術高明的醫生,供應薪水和特定的權利。這名大字不識的士
兵基於良知設立用途廣泛的機關,用來教育青年和支持已衰微的科學。他
的目標是在每一個行省的都會區,都要教授希臘文和拉丁文的修辭學和文
法課程。學校的規模和地位要與城市的重要性相稱,羅馬和君士坦丁堡的
學院更要卓越和突出。華倫提尼安的詔書文辭優美,從留下的殘本看來,
君士坦丁堡的學院還不夠完美,後來設置規章逐漸改進。不同的學習科門
一共有三十一位教授,其中有一位哲學家、二位律師、五位詭辯家、十位
希臘語文法教授、三位演說學、以及十位拉丁語文法教授。此外還有七位
抄寫員,通常稱為古文家,用筆墨辛勤的工作,製成古典作家的各種正確
抄本,供應公立圖書館的需要。設定管理學生的各項規則都很嚴格,對於
現代的大學提供最早的綱要和教育的方式,入校要有原籍地方官員所頒發
的證書,公家登記的資料上註記姓名、職業和出生地點。用功的青年嚴格

禁止在飲宴和劇院浪費時間，教育的期間限制在二十歲以內，爲了責罰怠惰和不聽管教的學生，授權城市的郡守可以鞭打或開除。郡守也要直接對御前大臣提出年度報告，評鑑學者的能力可以推薦爲國家服務。

華倫提尼安所設定的制度，對於國家的和平與社會的富裕有很大的貢獻。那就是創立辯護士來維護城市的權益，經過自由的選舉獲得，功能等於是人民的護民官和律師，在民事官員的法庭前面保障權利和陳述冤曲，甚至可以上訴到皇帝的御座。兩位君主對財務的管理非常盡心，長久以來不積私產而且極爲儉省，但是在收取和支用國家歲入方面，只有內行人才能看出東部和西部的政府稍有不同。華倫斯聽從大臣的建言，只有受到公眾的壓力，皇家才可以个惜經費大量供應所需。同時他不會好大喜功，要確保國家萬年之基，只是發生實際的災難才盡力而爲。因此他不要增加稅額，要知道在過去四十年，稅收已經逐漸調高兩倍之多，就在他登基的第一年，將東部的貢金減低四分之一[43]。華倫提尼安對於減輕人民的負擔，倒是不太注意也不甚操心。他改進政府會計和財政的浮濫現象，但是毫無顧忌的徵收私人財產的大部分收益，認爲財富與其拿來讓個人過奢侈的生活，不如用來使國家得到防衛和進步更爲有利。東部的臣民享受到當前的福利，讚頌君王賜給他們恩惠；華倫提尼安讓後世的子孫感受到實質的勳績，從外表看來倒不會目眩神迷[44]。

華倫提尼安性格中最足以令人稱道的一面，是在宗教競爭的時代始終保持堅定而有節制的公正無私。他在經過研究以後產生很強烈的理念，因爲對神學的無知再加上心靈並未腐化，所以拒絕就微妙的問題進行神學的爭論，只是表現出尊敬的態度置身事外。統治塵世使他提高警惕也能滿足野心，他記得自己是教會的信徒，但是更不會忘記自己是教士的君主。當

43　提米斯久斯的整篇演説充滿阿諛之辭，完全是賣弄學問的陳腔濫調，抵不上阿米努斯三行贊許的言論。口齒伶俐的湯瑪斯百無聊賴，竟然讚許提米斯久斯的德行和才華，說他是那個時代中不可多得的人物。

44　華倫提尼安匡正很多擅權浪費的惡習，倒是值得接受後人的嘉許，但是也有人批評他的節儉，有些地方就可稱爲貪婪。

背教者在位時,他表露出熱心敬仰基督教的態度,因之他允許臣民有他自
己所擁有的權利。一位君王所同意的普遍寬容原則,大家非常感激的接受
並且深具信心,每個人都能滿足於宗教的熱情,毋須恐懼和掩飾。所有的
異教徒、猶太人和承認基督神性的教派,都可以獲得法律的保護,免於專
制的壓迫或公眾的侮辱。華倫提尼安並不禁止任何形式的崇拜,除了那些
祕密和有罪的行徑,假借宗教之名在暗中進行邪惡和脫序的勾當,於是非
常嚴厲的取締魔法,施以殘酷的懲罰。但是皇帝用正式的鑑別來保護古老
的占卜術,只要經過元老院的核准,由托斯卡尼的腸卜官來施作。他指責
在夜晚進行縱情聲色的獻祭行為,連有理性的異教徒也都深表贊同。但是
他立即批准普里提克塔都斯(Praetextatus)的請願,這位亞該亞的總督特別
提出說明,要是剝奪希臘人在伊琉西斯祕密儀式裡極為珍貴的祝辭,他們
會畏懼災禍從天而降,使生活受到影響。人類的內心潛伏著宗教狂熱的致
命原則,只有哲學誇口(也不過是哲學的吹噓而已)可以用溫和的手段加以
根除。但是這次有十二年的休戰,是在華倫提尼安政府的強迫之下不得不
爾。這種明智而果斷的做法,使得宗教的派系暫時中止相互傷害的爭執,
減輕雙方的偏見和敵對的行為。

七、華倫斯偏袒阿萊亞斯派的宗教迫害(367-378A.D.)

寬容的贊助者華倫提尼安很不幸離開發生激烈爭論的地點實在太遠。
西部的基督徒很快能從里米尼信條的羅網中脫身,滿心歡愉回復到正統信
仰的安寧狀態,還有少數的阿萊亞斯派信徒留存在色米姆和米蘭,被認為
只是輕視的對象而非洩憤目標;但在東部各行省,從黑海之濱直到蒂貝伊
斯沙漠,敵對教派之間的實力和人數幾乎達成平衡,因勢均力敵之故,反
而無法和平協商,只能永無休止的籠罩在宗教戰爭的恐怖中。教士和主教
用惡毒的咒罵進行爭辯,有時會大打出手。阿泰納休斯仍統治亞歷山卓,
君士坦丁堡和安提阿的寶座落在阿萊亞斯派高級教士手裡,每次主教出缺
就會引起群眾暴亂。本體同一論的聲勢大增,因有五十九位馬其頓派主教

的認同以示修好。這些人也稱爲半阿萊亞斯派，但他們在私下對聖靈神格抱著勉強認同的態度，使得正統教會凱旋的風光大爲失色。華倫斯在登基的頭一年，公開宣布要仿效皇兄不偏不倚的行事作風，對阿萊亞斯派信徒而言是很重要的勝利。這兩兄弟在私人生活裡還保持新加入者的身分，但華倫斯的虔誠信仰促使他請求施洗。就在他出發親身涉險從事哥德人戰爭前，自然將這件事交給皇都的主教優多克蘇斯（Eudoxus）來辦理[45]。

要是一位無知的君王，被本堂神父灌輸異端邪說的神學教義，那麼他的過失和罪行是錯誤抉擇不可避免的結果。不論皇帝基於何種原因做出這項決定，都會觸犯基督徒臣民中人數最多的教派。就像本體同一論和阿萊亞斯派這兩邊領袖人物的看法，要是他們不能統治，就等於遭到最殘酷的傷害和壓迫。華倫斯採取決定性的步驟以後，最感爲難之處在如何保持公正無私的德行和名聲。他不像君士坦丁喜歡浪得虛名，對深奧的神學也沒興趣。但他的思想單純且尊敬優多克蘇斯傳授的教義，於是放棄自己原有的觀點，聽從教會的指導。在受到權威人士的影響以後，促使他將阿泰納休斯視爲異端派系，重新導正回歸純正信仰的主流。華倫斯在開始時可憐他們的盲目無知，慢慢爲他們的冥頑固執所激怒，逐漸憎惡這些教徒，因爲他們把他當成痛恨的對象[46]。華倫斯怯懦的心靈一直搖擺不定，那些跟他熟悉的人會在談話中左右他的行爲。在專制的宮廷經常把放逐和監禁平民，當成施惠攏絡有勢力教派的手段。因而這種懲處落在本體同一論教派的領袖人物頭上，加上君士坦丁堡的災難事件，有八十位神職人員遭遇意外燒死在船上，歸罪於皇帝和手下阿萊亞斯派大臣的殘酷和預謀。在每一次的衝突中，天主教徒（要是我們可以預先使用這個稱呼的話）都要爲自己的過失和對手的計謀，付出琅璫入獄的代價。在每一次的選舉中，阿萊亞斯派的候選人總能占上風。要是他們受到大多數人民的反對，通常會得到

45　優多克蘇斯的個性溫和而軟弱，當他給華倫斯施洗時已經是老耄之齡，後來成爲博學而虔誠的殉教者，早在五十五年前就在盧西安（Lucian, 120-180A.D.，希臘修辭學家和諷刺作家）門下研究神學。

46　格列哥里·納齊成責罵阿萊亞斯派的迫害作風，是錯謬和異端的必然徵兆。

地方官員憑著職權所給予的支持，甚至動用軍方勢力來威脅恫嚇。阿泰納休斯的仇敵趁他衰老施加打擊和騷擾，於是他暫時退隱到父親的墓園，被人當成第五次放逐而大肆慶祝。但一大群民眾激起宗教的狂熱，急忙拿起武器威脅統領。總主教的統治長達四十七年，心滿意足在和平與榮耀中結束他的一生(373年5月2日)。阿泰納休斯的逝世等於在埃及發出宗教迫害的信號。華倫斯的異教徒大臣費盡力氣，將一無是處的盧契烏斯(Lucius)推上總主教寶座，用基督教教友的生命和苦難，換取優勢教派的支持。對異教徒和猶太人的寬容精神讓正統派教徒悲嘆不已，等於加重他們的災難，也加重東部邪惡暴君的罪行[47]。

正統教派的最後勝利使華倫斯背上宗教迫害的污名，這位君王到底是為善為惡，還是弄不清楚，因他不懂教義且個性軟弱，沒人願意花工夫對他寫〈護教申辯書〉。但倒是發現有些疑點，華倫斯負責教會事務的大臣，在很多地方獨斷專行，讓主子揹黑鍋。由於對立的教派基於義憤且不了解狀況，而把事情真相誇大或誤傳[48]。其一、華倫提尼安保持沉默可聯想到可能的論點，即華倫斯在所屬行省實施的偏袒行為，相對於已建立的宗教寬容政策而言，只是一時偏離正軌，根本微不足道。明智的歷史學家讚譽兄長沒有發脾氣，不認為需把東部的殘酷迫害，拿來對比西部的寧靜無事[49]。其二、不論怎麼相信含糊而隱約的報告，華倫斯的品格或行為在個人記錄中看得很清楚。提到的資料與善於雄辯的巴西爾有關，這位凱撒里亞的總主教接替阿泰納休斯，是支持三位一體論的主要負責人[50]。巴西

47 從蘇格拉底、索諾曼、狄奧多里特的著作和蒂爾蒙特大量編纂的書刊中，描繪出華倫斯在位時教會管理的大致輪廓。
48 傑廷(Jortin)博士不僅覺察到一些可疑之處，同時也暗示問題何在。
49 這種評述非常明顯而有力，奧羅修斯等到華倫提尼安死後，才開始發起宗教迫害。另一方面，蘇格拉底認為是提米斯久斯在374年，發表富於哲理的演說，用較為和緩的語氣加以說明而已。這種矛盾的現象，使華倫斯的宗教迫害看起來就不會那樣證據確鑿，有值得商榷的地方。
50 蒂爾蒙特從兩位格列哥里的頌辭中摘錄最可信的情節，這兩位格列哥里一位是巴西爾的兄弟而另一位是朋友，於是我在簡化以後再加採用，至於巴西爾的信函倒是沒有提到活靈活現的宗教迫害。

爾的朋友或仰慕者對此有詳盡的敘述，我們要是剝去修辭和奇蹟這層厚重
外衣，就會感到極爲驚奇，想不到這個阿萊亞斯派的暴君竟會有寬大的胸
懷。華倫斯欽佩巴西爾的堅定，同時感到憂慮，若運用武力鎮壓，會在卡
帕多西亞行省引起全面叛亂。總主教用絕不屈服的高傲態度斷言，基於他
的良心和地位，完全誠實無虛。皇帝在主教座堂很虔誠的奉行莊嚴的服
務，並沒有發布放逐的判決，相反的是捐出一大筆值錢的土地來蓋醫院，
巴西爾後來設置在凱撒里亞地區[51]。其三、我沒有發現華倫斯發布任何法
條用來對付阿泰納休斯派信徒（就像狄奧多西後來制定法律對付阿萊亞斯
派一樣），就是詔書激起非常強烈的囂鬧，也不應受到如此嚴苛的指責。
皇帝提到有些臣民妄自菲薄，以宗教作藉口掩飾怠惰習性，要到埃及加入
僧侶的行列。他命令東方伯爵將他們從隔絕之地抓回去，強制這些遁世者
接受公平的選擇，要就是宣布放棄世俗的所有權，再不然就要克盡男子和
市民的公眾責任[52]。華倫斯的大臣要將這種精神用刑事法規來表示，主張
有權徵召年輕強健的僧侶到皇家軍隊服役。一支騎兵和步兵分遣隊包含三
千人馬，從亞歷山卓出發進入鄰近的尼特里亞（Nitria）沙漠，那裡居住五
千僧侶。因而傳出士兵接受阿萊亞斯派教士的指使，很多傳教士不服從君
王的命令慘遭屠殺[53]。

八、政教合一制度及對教會的嚴格要求(366-384A.D.)

　　現代的立法者運用智慧制定嚴格的規定，限制教士歛財和貪婪的行
爲，主要是淵源於華倫提尼安的先例(370A.D.)。他頒給羅馬主教達瑪蘇

51　高貴的慈善事業興建規模龐大的基礎（幾乎像一座新的城市），偉大之處比得上埃
　　及的金字塔或者是巴比倫的城牆，更重要的是它用來收容麻瘋病人。
52　戈德弗洛伊執行評論家和辯護者的任務，蒂爾蒙特用法外開恩的說辭，爲正統教
　　派的朋友脫罪，說他誤用華倫斯的詔書，壓制自由選擇的權利。
53　埃及的僧侶施展很多神蹟，用來證明他們的信仰眞實不虛，傑廷說得很對，但是
　　如何去證明神蹟的眞實不虛？

斯（Damasus）的詔書[54]要在城市的教堂公開宣讀，儆戒傳教士和僧侶不得常去寡婦和處女的家屋，提出警告，要是違犯就送民庭法官給予譴責。神職人員不得從慷慨的「屬靈女兒」的手裡接受任何禮物、遺物和繼承產業，凡是遺囑違背詔書，一律不具法定效力，非法的贈與沒收送繳國庫。後續的規定有類似的條款，將修女和主教包括在內，所有教會階層的人員均不得收受任何遺贈物品，嚴格限定自然與合法的繼承權利。華倫提尼安像是監護人一樣掌管家庭的幸福和慈愛，用嚴厲的方法來遏阻正在成長的惡行。在帝國的首都，貴族和富豪人家的婦女分到極為豐盛的自主家財，其中有很多是虔誠的基督徒，不僅保持冷靜的心靈相信教義，而且懷抱著極為熱切的愛慕之情，甚至成為流行的風尚。她們捨棄服飾和奢華所帶來的愉悅，為了讚譽貞節犧牲婚姻生活的閨房之樂。有些傳教士裝出道貌岸然的樣子，打著主意去指導她們羞怯的天性，使空虛的芳心有所寄託。於是她們很快給予無限的信任，通常會為騙子和神棍趁機濫用。這些人來自東部的邊陲之地，在華麗的劇院享受僧侶生涯才能得到的特權。他們無視於世俗禮法，逐漸獲得滿足異性的長處，就有年輕美貌的婦女投懷送抱，享受富埒王侯的生活，像元老家庭那樣受到奴隸、自由奴和部從的服侍。

羅馬貴婦萬貫家財因任意的施捨和昂貴的朝聖耗用殆盡，手腕高明的僧侶在「屬靈女兒」的遺囑上名列首位，或者成為唯一的「受益人」。他們打著偽善的面孔，恬不知恥的宣稱，自己是慈善事業的工具，也是救濟貧民的大管事。這是有利可圖而又極不光彩的行業[55]，有些教士甚至使用手法欺騙合法的繼承人，就是在迷信流行的時代也會激起人們的氣憤。兩位最有名望的拉丁神父誠摯的承認，華倫提尼安的詔書雖令人感到羞辱但

---

54 戈德弗洛伊效法巴隆紐斯，對於這個重要法規，保持公正的態度，蒐集很多神父對此題材發表的說法。過了很久，到十二世紀時，弗雷德里克二世（Frederic II）大帝、英格蘭的愛德華一世及其他的基督教君主，也恢復這種作風來約束教士。

55 要是比較傑羅姆激烈的抨擊，我的表達方式可說非常節制而且不動肝火。反過來說，傑羅姆受控犯下他指責教士弟兄同樣的罪行，不僅是褻瀆神聖而且還會變幻為狼人，還公開控訴他是寡婦寶拉的愛人。毫無疑問他同時獲得母親和女兒兩人的愛慕，但是他宣稱從未濫用這種影響力，來達成自私和情慾的目的。

確有必要。基督教教士應失去這種特權所帶來的好處，讓演員、賽車手和崇拜偶像的神棍仍舊享用。但立法者的智慧和權勢，對付既得利益者無所不用其極的伎倆，倒是很少能占到上風。傑羅姆和安布羅斯對無效而有益的法律，很有耐心抱著默許的態度。要是神職人員受到制止不能追求個人的報酬，就會盡心盡力增加教會的財富，獲得更大的聲譽。他們存在於內心的貪念因目標的改變而受到尊重，昇華成為虔誠的行為或愛國的舉動。

華倫提尼安公布法律規定，迫得羅馬主教達瑪蘇斯要指責教士的貪婪。達瑪蘇斯為人善良，能掌握很好的機會，曾網羅博學多才的傑羅姆為他服務，傑羅姆不僅熱心而且成效優異。心存感激的聖徒對於這位很難界定的人物[56]，稱讚他的功績和純潔。但是羅馬教會在華倫提尼安和達瑪蘇斯的統治之下，歷史學家阿米努斯很奇怪的提到教士所犯的惡行，可以說是前所未有，天理不容。他用公正的態度寫出下述文字：

> 行政長官朱維久斯(Juventius)帶來和平與富裕，但是發狂的人民引起血腥的暴動，立刻擾亂安寧的統治。熱中權勢的達瑪蘇斯和烏昔努斯(Ursinus)爭奪主教的職位，已經超越人類野心的正常尺度。他們用狂怒的黨派進行鬥爭，追隨雙方的信徒在口角中發生重大的傷亡。統領沒有能力阻止或安撫騷動，受到強大暴力的逼迫只有退到郊區。達瑪蘇斯占上風，他的黨派最後獲得勝利，基督徒用來宗教集會的西西尼努斯(Sicininus)主座教堂[57]，裡面發現一百三十七具屍體[58]。在恢復慣有的平靜以前，民眾的內心

---

56 傑羅姆用極為推崇的幾句評語，就洗刷掉他所有的污點，連帶爾蒙特虔誠的眼睛也被矇蔽。

57 西西尼努斯或稱萊比流斯主座教堂，也可能是位於伊斯奎林(Esquiline)丘(羅馬七山之一)的聖瑪麗亞‧瑪琴(St. Maria Maggiore)教堂。

58 最早的訴狀或請願書是敵對教派的兩位長老提出來，不知什麼原因他們後來就逃走不見了。他們很肯定的提到教堂的大門燒壞，屋頂是片瓦不覆。達瑪蘇斯率領自己的教士、挖墓人、賽車手和僱來的角鬥士，一湧而上，他的黨派沒有人被殺，但是留下一百六十具屍首。這份請願書被色蒙德(Sirmond)放在他的作品第一冊裡發表。

還是憤怒不已。當我考量到首都是如此的繁華富饒，目前的狀況使我一點都不感到奇怪，豐盛的獎品一定會燃起野心分子的欲念，產生兇狠而頑強的鬥爭。獲勝的候選人在貴婦人的奉獻之下，確定可以大發利市[59]。他的衣著立刻有專人照料並且極為高雅，他坐在自己的馬車上通過羅馬的街道[60]。就是皇家餐桌的奢侈浪費，無論是菜餚的精美、品項的豐富和花費的浩大都無法與羅馬教皇的享受相比。要是更合理的說，

這位誠實的異教徒繼續提到：

這些教皇應考慮真正的幸福，那就不必拿偉大的城市所具有的奢華作為自己享受的藉口。他們要效法有些行省的主教那些可以當作楷模的生活，飲食節制而清醒，衣著簡單樸實，很謙卑的低垂著雙眼，把純潔溫馴的德行奉獻給神，以及真正崇敬他們的人。

達瑪蘇斯和烏昔努斯的分裂活動因後者被放逐而平息。統領普里提克塔都斯[61]智慧過人，終於恢復城市的寧靜。他是富於哲學理念的異教徒，為人博學多才、器識高邁而且風度翩翩，用嘲笑的方式來掩飾譴責的行動。他告訴達瑪蘇斯，如果自己能獲得羅馬主教的職位，立即改信基督教。這是四世紀教皇一副鮮明的圖畫，表現出集財富和奢華於一身的樣子，顯得更

59　達瑪蘇斯的敵人把他稱為貴婦人的「搔耳器」，意思是在女人耳邊甜言蜜語、搬弄是非、嘮叨不休。

60　格列哥里形容高級教士的驕縱和奢侈，他們統治著皇都，坐著鍍金的車子，駕著雄偉的駿馬，跟著眾多的隨從，老百姓像是看到兇狠的野獸一樣趕快讓路。

61　有一塊碑銘成兩欄，記著普里提克塔都斯宗教和政府的職銜，一欄上面刻著太陽神和灶神的大祭司、占卜官、神諭官、祭司。另外一欄是(1)、財務官，可能是名義上的官銜；(2)、法務官；(3)、托斯卡尼和翁布里亞（Umbria）的監察官；(4)、露西塔尼亞（Lusitania）的行政長官；(5)、亞該亞代行執政官頭銜的總督；(6)、羅馬郡守；(7)、意大利禁衛軍統領；(8)、伊里利孔禁衛軍統領；(9)、當選的執政官。但是他在385年年初去世。

爲奇特，因爲代表著中間階層，位於身爲使徒的貧賤漁夫和皇室地位的塵世君王間，他的領地從那不勒斯的邊界到波河的河岸。

九、蠻族的入侵和帝國對外的征戰(364-375A.D.)

將領和軍隊做出明智的選擇，把羅馬帝國的權杖交到華倫提尼安的手裡，主要的原因是基於他在軍中的聲望，有卓越的指揮才能和作戰經驗，堅持古代的嚴格紀律和訓練要求。部隊所以熱切期盼他提出副手人選，有鑑於國家的局勢已處於危險的狀況，要有能幹的將領才能替他分憂分勞。華倫提尼安自己也知道，就是能力最強的人，在遙遠的邊疆地區，面對入侵的敵國君王，同樣無法勝任防衛的工作。自從朱理安逝世以後，蠻族過去畏懼他的威名，現在無所忌憚，使得位於帝國東部、南部和北部的部落，產生掠奪和進犯的樂觀心理，燃起滿天的戰火。蠻族的入侵通常雜亂無章，有時根本無法抵擋，但是在華倫提尼安十二年的統治期間，他秉持堅毅的心志和高度的警覺，能夠保衛帝國的疆域，同時運用強勢作爲，指導個性柔弱的兄弟，激起奮發圖強的進取心。或許用編年史的記事方式，即使兩位皇帝關心的對象有所不同，更能表達出他們急迫的心情。不過這樣一來，讀者會因冗長而不連貫的敘述，就會分心不能抓任重點，因而分爲五個主要的戰場來加以評論：一、日耳曼；二、不列顛；三、阿非利加；四、東部地區；五、多瑙河地區，使得在華倫提尼安和華倫斯統治下的帝國，可以呈現出以軍事爲主所具有的特色。

十、日耳曼地區的陸上和海岸的蠻族入寇(365-371A.D.)

新任皇帝登基時，按照慣例和條約規定應該賜給蠻族大批禮物。烏爾薩修斯(Ursacius)是華倫斯的御前大臣[62]，爲人吝嗇又態度傲慢，送給蠻

62　華勒休斯(Valesius)對御前大臣補充很好的長註。

族的東西不僅數量減少,而且品質很差,使得阿里曼尼人的使臣大為不
滿。他們在強烈的抗議後,表示要把受冒犯的狀況告訴族人。阿里曼尼人
的酋長懷疑受到藐視,激起滿腔的怒火,黷武好戰的青年蜂擁至作戰的旗
幟下。在華倫提尼安越過阿爾卑斯山前,高盧人的村莊已受到戰火的蹂
躪。等到他的部將達迦法拉斯領兵前去迎戰,阿里曼尼人帶著俘虜和戰利
品安全退回日耳曼人的森林。次年年初(366年1月),阿里曼尼人將整個民
族的武裝力量,編成幾個實力堅強而且人數眾多的縱隊,趁著北國酷寒的
冬天河流凍結,渡過萊茵河所形成的天塹。兩位伯爵率領的羅馬軍隊被擊
敗,自己也都受重傷而死,赫魯利人和巴塔維亞人的鷹幟落入戰勝敵人的
手裡。他們用侮辱的叫聲和威脅的姿態,展示自己所獲得的戰利品。鷹幟
後來又奪回來,但是巴塔維亞人玷污聲譽逃走的醜態,看在要求嚴厲的領
導者眼裡,真是無法挽救的奇恥大辱。華倫提尼安的治軍觀點,是士兵畏
懼自己的長官更甚於畏懼敵人。部隊在氣氛很嚴肅的狀況下集結,面無人
色的巴塔維亞人被皇家的軍隊包圍在中間。華倫提尼安步上將壇,他說要
是判處這些膽小鬼死刑等於玷污他的手。但他無法忍受那些身為軍官的人
給他帶來難以洗刷的恥辱,那就是他們的無能和怯懦,才是被敵人打敗的
主要原因,所以要把擔任軍官的巴塔維亞人從軍階上除名,剝奪他們的武
裝,然後當眾指責,賣給出價最高的人為奴隸。在令人膽戰心驚的宣判
中,犯罪的部隊全部匍匐在地上,祈求君主的寬恕同時提出保證,要是給
他們另一次機會來考驗,可以證明他們不會羞辱羅馬的名聲,和身為軍人
的責任。華倫提尼安裝出勉為其難的樣子,為他們的乞求所感動,就把武
器發還,同時赦免他們的罪行。巴塔維亞人舉著武器發誓,要用阿里曼尼
人的血來洗刷他們的恥辱[63]。

　達迦萊法斯婉拒主要的指揮責任,很謹慎的表示工作非常艱鉅,要不
是獲得跟他競相殺敵的同僚賈維努斯(Jovinus),在戰役快要結束時處置

63　巴塔維亞的不榮譽事件被當時的士兵所隱瞞,因為要尊重軍方的名聲,而且不會
　　讓後來的希臘修辭學家拿來做文章。

得宜，趁著蠻族的兵力分散，把當前的困境轉變成有利的態勢，這位經
驗豐富的將領難免要吃敗仗。於是命令賈維烏率領紀律嚴明的大軍，包
括騎兵、步兵和輕裝部隊，展開嚴密的搜索，迅速向著美次(Metz)地區
的斯卡波那(Scarponna)前進[64]，在阿里曼尼人來得及抵抗之前，對　大
群敵人發動奇襲作戰，部隊毫無傷亡輕易贏得勝利，使士兵感到極為興
奮。敵人另有一批人馬也可以說是他們的主力，在鄰近地區燒殺擄掠，
無所不為，直到人畜為之一空，正在莫瑟爾河蔭涼的岸邊休息。賈維烏
是對地形有獨到眼光的將領，帶領部隊銜枚疾走，穿過一條深幽而林木
叢生的溪谷，直到發現怠惰的日耳曼人並沒有派出警戒，忽視休息時的
安全。有些人在河裡洗濯健壯的軀體，梳理淡黃色的長髮，還有很多人
肆意的大口痛飲美酒，突然聽到羅馬人的號角聲音，發現敵人已經進入
營地，大家在驚懼之中亂成一團，喪失秩序以後隨之是慌張的逃命。就
是最勇敢的武士在混亂的群眾當中，都無法進行有效的抵抗，被羅馬軍
團和協防軍的士兵，用刀劍和標槍像砍瓜切菜一樣當場殺死。倖存的人
員逃避到最大的第三座營地，位於卡塔勞尼亞(Catalaunian)平原，靠近
香檳(Champagne)省的夏隆，星散開來的分遣部隊都被召回到主將的旗
幟下。蠻族的酋長看到自己的同胞遭到這種下場，全部都提高警覺並且
深感警戒，準備迎擊華倫提尼安的部將，要與得勝的敵軍進行決一生死
的會戰。相持不下的戰鬥使雙方血流成河，不僅勢均力敵而且互有勝
負，整整廝殺了一個長長的夏日，羅馬人終於取得優勢，損失一千兩百
人，阿里曼尼人有六千人被殺，四千人受傷。英勇的賈維烏追殺逃走的
敵軍殘部，一直趕到萊茵河的岸邊，然後班師回到巴黎(366年7月)，接
受君王隆重的歡迎，在次年擢升到執政官的名位[65]。凱旋的羅馬人因為對
待被俘國王的作法，使得英名受到玷污，在氣憤的羅馬將領不知情的狀
況下，部隊把國王吊死在絞架上。所以產生這種不榮譽的殘酷行為，是

64　阿米努斯並沒有提到莫瑟爾河，但是馬斯庫(Mascou, Johann Jacob, 1689-1761A.D.，
　　英國法學家和歷史學家)知道得很清楚。
65　阿米努斯和諾昔繆斯都敘述這次會戰，他們認為華倫提尼安御駕親臨。

因為瓦多邁爾（Vadomair）的兒子威昔卡布（Withicab），在精心策劃之下被謀殺。這位日耳曼人的王子身體雖然衰弱多病，但具有勇敢和無畏的精神，這件事激起部隊的憤怒。在羅馬人的唆使和包容之下，發生多起的國內暗殺事件，這種行為違犯法律的仁慈和公正，也暴露出一個儒弱而衰亡的帝國，深藏在內心的憂慮和恐懼。若能有足夠的軍事力量來維持信心，在大庭廣眾下就不必用短劍來解決問題。

就在阿里曼尼人新近遭到變故顯得卑躬屈節時，上日耳曼地區的主要城市莫根特孔姆（Moguntiacum），也可稱為門次（Mentz），遭到奇襲，使高傲的華倫提尼安大失顏面。倫多（Rando）是勇敢而有心機的酋長，經過長時間的規劃，在最不會讓人起疑的基督教節慶，突然渡過萊茵河，闖進沒有防備的城市，擄走一大群俘虜。華倫提尼安決心要對整個部族實施嚴厲的報復，命令塞巴斯蒂安伯爵率領意大利和伊里利孔的部隊，從雷蒂提亞方面入侵蠻族國度。皇帝自己在其子格里先的陪伴下，率領無敵大軍渡過萊茵河（368A.D.），兩翼由賈維烏和塞維魯斯（Severus）負責掩護，這兩位是西方的騎兵和步兵主將。阿里曼尼人沒有能力保護自己的村莊不遭蹂躪，就把營地安置在高峻而難以進入的山區，就是現代威爾登堡（Wirtemberg）大公國的位置，很勇敢的期望羅馬人向此地進軍。華倫提尼安有強烈的好奇心，堅持要偵察隱密而且沒有敵軍戒備的小徑，結果差點喪失生命。有一隊蠻族突然從埋伏的地點衝出來，皇帝非常機智操縱坐騎從險峻的斜坡上滑下來，只有把持甲者留在後面不管，也遺落了頭盔上鑲嵌著光彩耀目的名貴寶石。羅馬軍隊在一聲號令之下，從三方面對包圍的索利昔尼姆（Solicinium）山發起攻擊，每向前攀登一步就能增加成功的激情，減低敵人的抵抗。等到同心協力的軍隊占領山頂，毫不留情將敵軍趕下北面的斜坡，塞巴斯蒂安伯爵的部隊部署在那裡，正好攔截蠻族的退路。華倫提尼安獲大捷後，返回特列夫進入冬營，展開排場華麗的凱旋盛會，與民同樂[66]。但明智的君王並沒有因為征服日耳曼人而得意忘形，他

---

66 阿米努斯提到華倫提尼安的遠征，奧松紐斯特別大肆慶祝，同時他很愚蠢，以為羅馬人根本不知道多瑙河的源頭在那裡。

把注意力擺在高盧邊境的防禦上，要加強這邊的工作來對付敵人，因北方的部族帶來源源不絕的志願軍，這些勇敢的人員可補充對方的實力。在萊茵河的河岸上，從源頭一直到大海，緊密構建堅固的堡壘和適用的木塔。由於一位聰明的皇子精通各種機具，特別引進最新的工程和武器，徵召無數羅馬和蠻族青年，加以嚴格的訓練，以熟悉各種作戰的要求和技巧。工程施工時，有時受到議會代表的反對和引起蠻族的襲擊，但華倫提尼安在爾後當政的九年中，真能確保高盧的安寧和平靜。

行事審慎的皇帝非常勤奮的實踐戴克里先明智的規範，處心積慮要在日耳曼各部族之間煽動不和，造成離心離德和相互殘殺的局面。人約在四世紀中葉時，在易北河兩岸地區，還要算上盧薩斯(Lusace)和圖林基亞(Thuringia)，這一大片不明確的國度全被勃艮地人(Burgundians)所據有。這個黷武好戰而且人多勢大的民族是汪達爾人的一支，名不見經傳，逐漸茁長壯大成為強勢的王國，最後安定下來變做繁榮富裕的行省。勃艮地人古老風俗習慣中最明顯的情況，是民事和教會的制度迥然相異。亨笛諾斯(Hendenos)用來稱呼國王和將領，昔尼斯都斯(Sinistus)的頭銜給高級教士。教士的身分很神聖，地位可以永遠保持。但是世俗統治的任期非常的不穩定，要是戰爭的事務涉及國王的勇氣和指揮受到控訴，很快就被趕下台來。臣民的行為要是具有私心，有時連土地的不夠肥沃和天時的不正歉收，都要由他負責，其實照說這些應該歸於宗教的部門比較適合[67]。有些鹽礦的主權歸屬未定[68]，在阿里曼尼人和勃艮地人之間引起不斷的爭議。後者在祕密的唆使和慷慨的收買之下，很容易受到皇帝的勾引，同時他們的血統帶有神話的性質，說是淵源於羅馬的士兵，就是很早以前德魯薩斯(Drusus)[*69]留在碉堡的防守部隊，使得相互之間產生信任的關係，更能促

---

67 我總是懷疑歷史家和旅行家，將特殊的事實歸納到一般的原則。阿米努斯認為埃及有這種習慣，中國人將它歸於大秦或羅馬帝國。

68 他們可能在爭執薩拉(Sala)河的主權，這條河生產鹽巴，從古以來就是爭奪的目標。

*69 [譯註]德魯薩斯(Drusus, Nero Claudius, 38-9B.C.)是奧古斯都皇帝之子，提比流斯皇帝之弟以及蓋阿斯皇帝之父，曾領軍在日耳曼作戰獲得勝利，駐防萊茵河以防蠻族入侵，獲得日耳曼尼庫斯的稱號，後因傷去世。

進彼此的利益。勃艮地人有支八萬人的大軍很快出現在萊茵河岸
(371A.D.)，急迫要求華倫提尼安答應的供應和賞金，倒是對於羅馬人的
藉口和推拖沒有產生怨恨之心，終於在達不成期望的結果後，被迫撤離。
高盧邊境的武備和工事，在蠻族衝動時可以產生阻止作用。勃艮地人和阿
里曼尼人相互屠殺俘虜，所產生的世代深仇使雙方都吃盡苦頭。一位賢明
的君主之所以多心善變，可解釋爲受到環境的影響，在華倫提尼安的原始
規劃中，或許對蠻族要施加威脅而不是絕滅。由於日耳曼民族之間都覦想
將對方斬草除根，保持實力的平衡有利於相互殘殺。馬克里阿努斯
(Macrianus)是個有羅馬名字的阿里曼尼君王，能運用士兵和政客的技
巧，贏得羅馬人的仇視和尊敬。皇帝親自率領一支應變靈活的輕裝部隊渡
過萊茵河，行軍五十哩深入敵境，部隊缺乏耐心以致功敗垂成，否則必然
可捉住要追捕的目標。後來麥克里阿努斯與皇帝親自協商，獲得羅馬人給
予的殊榮，所接受的恩惠使他到死都與帝國保持良好的友誼關係[70]。

　　華倫提尼安的碉堡工事保護陸地安全，但高盧和不列顛的海岸卻完全
暴露在薩克遜人的蹂躪之下。像這樣一個聲威顯赫的名字，使我們感到非
常親切，卻沒有引起塔西佗的注意。在托勒密的地圖上，也不過隱約提到
辛布里克(Cimbric)半島窄隘的頸部，以及易北河口三個很小的島嶼[71]。像
這樣一個狹小的區域，現在是司里斯威格(Sleswig)大公國，或許是荷爾
斯坦(Holstein)大公國的領地，不可能容納薩克遜人永不衰竭的狂潮。他
們統治著整個海洋，使不列顛島國滿布他們的語言、法律和殖民地，能夠
長時間捍衛歐洲北部的自由權利，對抗查理曼大帝的武力統治[72]。由於日
耳曼的部落有相同的風俗習慣和鬆散的規章制度，使得這個問題很容易找
到答案，而且這些部落基於戰爭和友情的偶發因素，無論是多麼微不足道

70　阿米努斯‧馬塞利努斯很詳盡的敘述勃艮地人和阿里曼尼人之間的戰爭和談判，
　　奧羅修斯以及傑羅姆和卡西多流斯的編年史，確定一些日期並且增加一些情節。
71　托勒密認爲殘餘的辛布里克人定居在半島的極北端，在薩克遜人和辛布里人之間再
　　擺上六個名不見經傳的部族，早在六世紀就聯合在一起稱爲丹麥人。
72　丹維爾特別提到在查理曼時代，薩克遜的邊疆極爲遼闊。

的理由，都會使他們混合在一起。土生土長的薩克遜人所處的位置，使他
們喜愛漁人和海盜這兩種極為危險的職業，等到首度的冒險活動獲得成
就，那些天性英勇的同胞自然就會起而效法。他們的故鄉全是森林和山
地，陰暗和孤寂的環境使人無法強忍久留，獨木舟的船隊像潮水一樣順著
易北河漂流而下，裡面擁擠著強壯而無畏的夥伴，渴望去觀看海洋彼岸充
滿希望的遠景，嚐試未知世界的財富和奢華。不過，很可能是居住在波羅
的海四周的民族，提供薩克遜人數量龐大的生力軍。他們擁有武器、船
隻、航海的技術和海戰的習性，但是困難所在是出發以後要通過北方的海
克力斯之杜（由於　年中間有幾個月被冰塊所堵塞），限制他們的技巧和勇
氣只能留在寬闊內海的範圍之內[73]。等到一支兵力從易北河口發航獲得
成功的消息傳播開來，立刻刺激他們越過司里斯威格狹窄的地峽，船隻很容
易航向大海。這些海盜和冒險家有很多不同的隊伍，作戰的目標都打著同
一旗號，在不知不覺中聯合成為長期的利益組織。開始是為了掠奪後來形
成統治，一個軍事聯盟由於通婚和血緣產生的作用，逐漸塑造成一個國家
團體，鄰近的部落要求加入聯盟，就接受薩克遜人的名號和法律。

　　要是這些無可置疑的證據還不足以說明事實，那只有詳細描述當時使
用的船隻來取信於讀者，薩克遜海盜就是靠著它在日耳曼海、英吉利海峽
和比斯開（Biscay）灣的波濤上耀武揚威。這種大型平底船的龍骨用質輕的
木材構造，但是船舷和甲板的上部結構是用柳條編成，再蒙上堅固的皮
革。在海上緩慢而長距離的航行中，經常暴露在船難的危險之中，事實上
這種不幸事件屢見不鮮。薩克遜人的海上編年史中，毫無疑問會充滿損失
的記錄，大都發生在高盧和不列顛的海岸。但是海盜無畏的精神敢在大洋
和海岸冒險犯難，習於進取的作風也肯定他們的航海技術。出身卑微的水
手熟悉划槳用櫓、升降船帆和操控船隻，而且薩克遜人喜愛有暴風雨的天
氣，可以用來隱匿行動和企圖，吹散敵軍的艦隊。等到他們把西部濱海行

73　德魯薩斯的艦隊打算通過海峽（因為很相像所以稱為海克力斯之柱），還沒有接近
　　就已經失敗，從此海上的探險事業沒有再恢復。羅馬人想要獲得波羅的海的霸
　　權，是為了尋找琥珀，從陸上的旅程中得到這方面的知識。

省的底細弄清楚以後，就擴大可以燒殺擄掠的範圍，使最偏僻的地點也無
法保證本身的安全。薩克遜人的船隻吃水很淺，在較大的河川很容易溯航
深入八十哩甚至一百哩。船隻的重量很輕，可以放在大車上從一條河運往
另外的河流。海盜從塞納河口或萊茵河口進入，再順著隆河的急流進入地
中海。華倫提尼安在位期間，高盧的濱海行省受到薩克遜人的肆虐極其嚴
重，特別設置一員位階為伯爵的軍官，負責海岸的防衛，責任地區包括阿
莫里卡(Armorica)在內。這位官員發現不管是自己的能力或手上的實力，
都無法勝任這項艱鉅的使命，就懇求步兵主將塞維魯斯給予協助。有一次
薩克遜人被圍而且兵力居於劣勢，被迫歸還所擄獲的戰利品，答應選出一
隊高大而強壯的青年，送到皇家的軍隊服役，然後照協議的規定，同意他
們安全撤回自己的國家。所有的條件經過羅馬將領的批准，但是他經過再
三的考量，實施一次背信的殺俘行為[74]，非常草率的執行，可以說是極為
殘忍無情。這時還有一名薩克遜人活著，準備作戰要為死去的同胞報仇。
蠻族把步兵祕密部署在深谷裡，因為過於急功心切反而洩露埋伏的位置，
羅馬人自己背棄條約，反而差一點成為受害者。要不是一大隊鐵甲騎兵在
後跟進，作戰的聲音使他們提高警覺，急著趕上前去解救袍澤，否則就無
法制服不懼死亡的薩克遜人。最後留下一些俘虜的性命，要讓他們的血流
在競技場中。演說家敘馬克斯(Symmachus)用抱怨的口氣提到，二十九名
絕望的野蠻人用手勒死自己，使想看好戲的觀眾感到失望。然而文雅而明
理的羅馬市民，聽到消息說薩克遜人把擄到當戰利品的活人，以十分之一
拿來祭神，用抽籤的方式成為蠻族的犧牲，無不感到大驚失色[75]。

十一、在不列顛對蘇格蘭人的綏靖行動(343-370A.D.)

我們那些未開化的祖先以為在傳說中，埃及人、特洛伊人、斯堪地那

74　阿米努斯認為這次對海盜和土匪不守信用很有道理，奧羅修斯明白表示他們的罪狀。
75　敘馬克斯仍舊敢提到蘇格拉底神聖的名字和哲學，克勒蒙(Clermont)主教賽東紐
　　斯責備薩克遜人用活人當犧牲獻祭，這樣說多少還是有點矛盾。

維亞人或西班牙人，都曾在不列顛建立殖民地，因而感到驕傲並深信無疑，慢慢因為科學和哲學的發展，這種說法在無形中完全消失[76]。當前這個時代只能接受簡單而合理的見解，也就是大不列顛和愛爾蘭島群的居民，最早是來自鄰近大陸的高盧。從肯特（Kent）的海岸直到極北的開斯內斯（Caithness）和厄斯特（Ulster），塞爾特人的起源還是歷歷可見，非常明顯的保存在類似的語言、宗教和生活習慣中。不列顛部族的特性可以歸於偶發狀況和地區環境的影響[77]，羅馬的行省雖然能夠享有文明與和平，但是地位已經貶到奴化狀態，身為野蠻人能享有的自由權利，縮小到只限於卡里多尼亞很狹小的地區。北部的居民早在君士坦丁統治時代，已分為兩個主要的部族就是蘇格蘭人和皮克特人（Picts）[78]，它們都經歷過相似的命運。皮克特人不管是權力還是留存的事蹟，比起成功的對手真是相形見絀；蘇格蘭人很多世代都能保持獨立王國的地位，經由平等而自願組成的聯合國協，更能倍增英國的榮耀。自然界的力量自古以來將蘇格蘭人和皮克特人區分得非常清楚，前者是山地人，而後者居住在平原。卡里多尼亞的東海岸可以看成平坦肥沃的國度，甚至在粗作農耕時，還能夠生產相當數量的穀物。肉食的高地人用輕視或羨慕的口吻，稱呼皮克特人為克魯尼

---

76 上個世紀初期，博學的康登（Camden, William, 1551-1623A.D.，英國歷史學家）雖然懷疑，至少還有一份尊敬之心，不得不拋棄布魯特斯的羅曼史以及特洛伊人的戰爭，跟著的是法老的女兒斯科塔（Scota），還有人數眾多的後裔，一起被埋葬在無聲的遺忘之中。然而有人告訴我，說是米利都人（Milesian）殖民地的勇士，仍舊在愛爾蘭的土著中間出現。要是一個民族不滿意當前的狀況，就會抓住過去或是未來的光榮幻影緊緊不放。

77 塔西佗或者是他的岳父阿格瑞寇拉（Agricola）特別注意到，有些不列顛部族的膚色跟日耳曼人或西班牙人很相像。凱撒提到他們有共同的宗教，在他那個時代，從貝爾京高盧（Belgic Gaul）的遷移就是最近的事，至少在歷史上發生過這種狀況。康登是不列顛的斯特波拉，很謙虛的確定我們古代的真相。

78 探索卡里多尼亞的古代狀況，要走過黑暗而可疑的道路，我選擇兩位博學而敏慧的高地人當嚮導，他們的出身和教育特別有資格擔任這項任務。我曾經參閱約翰‧麥克弗遜（John Macpherson）博士所著《有關卡里多尼亞人的起源和古代狀況的重要論文》以及《大不列顛和愛爾蘭史導論》，麥克弗遜博士是天堂島（Isle of Skye）的牧師，他的作品真是使現在這個時代生色不少，可以充分供應智識和批判，而且竟然在最遙遠的赫布里迪斯群島上寫作。

克(Cruinich)或「食麥者」。土地的耕種能夠很精確區分所有權,以及建立定居生活的習慣,但是皮克特人喜愛的武力和搶劫,仍舊支配著生命的激情。他們的戰士在作戰的日子裡把衣服全脫光,在裸露的身體上,用鮮豔的顏色和怪異的圖案,畫成非常奇特的模樣,在羅馬人的眼裡看來真是感到不可思議*79。卡里多尼亞西部非常不規則的突起荒涼而又貧瘠的山地,農夫終日勞苦很難謀得溫飽,用來放牧牛羊較爲有利。高地人的職業都是牧羊人和獵人,很少長久停留在固定住所,因而獲得蘇格蘭人的稱呼,就塞爾特人的語言中是「漂泊者」或「流浪漢」之意。不毛之地的居民被逼得向大海去尋找新鮮食物,深邃大湖和海灣貫穿整個國土,魚產量非常豐富,他們逐漸也敢於到大海的浪濤中撒網打魚。赫布里迪斯(Hebrides)群島沿著蘇格蘭的西海岸散布開來,這個附近的區域吸引他們的注意,也是他們改進所需技巧的場所,在暴風吹襲的海洋慢慢掌握控制船隻的技術,也能習慣這種危險的生活,在夜晚可依據熟悉的星星引導海上的航路。

卡里多尼亞有兩座陡峭的海岬,幾乎要接觸到另一個大島的海岸,因爲生長著繁茂的植物,所以獲得「綠地」(Green)的稱呼,也保存著伊林(Erin)、伊爾尼(Ierne)或是愛爾蘭(Ireland)的名字,聽起來沒有多大的變化。可能在遙遠的古代,厄斯特肥沃的平原成爲蘇格蘭人荒年時的殖民地。北地的異鄉客竟敢迎戰軍團的武力,就在孤懸海外的島嶼上,對尚未開化不知戰陣爲何物的土著,展開征服的行動。在羅馬帝國衰亡的時代,卡里多尼亞、愛爾蘭和人島(Isle of Man)全都住著蘇格蘭人,這是不爭的事實。這些同宗的部落,經常爲了軍事的冒險活動聯合起來,基於共同命運因而產生的意外事件,對他們的影響甚大,長久以來就珍惜很普通的姓氏和出身,所帶來源遠流長而又鮮明耀目的傳統。像是聖島(Isle of Saints)的傳教士,把基督教的光芒傳播到北不列顛,建立非常自負的觀

---

*79　[譯註]凱撒在《高盧戰記》第五卷提到不列顛的蠻族,喜歡裸體用菘蘭畫出各種
　　　圖形,看起來全身染成天藍色,在戰鬥中顯得格外恐怖。

念，使得愛爾蘭的同胞成為蘇格蘭族裔的生父，也是精神的導師。德高望重的比德(Bede)[*80]還保存著無拘束力而又籍籍無名的傳統，在第八世紀的黑暗時代放射出一線光明，在這樣就外人看來不足為道的基礎上，吟遊詩人和修道士逐漸樹立神話的巨大上層結構。兩種階級的人士同樣肆意濫用杜撰傳奇的特權，蘇格蘭民族基於誤導的自傲心理，採用愛爾蘭人的家譜學。在波伊昔烏斯(Boethius)的天馬行空和布坎南(Buchanan)的自我標榜之下[*81]，編年史上裝點著一長串虛無縹渺的國王[82]。

　　君士坦丁過世六年以後，蘇格蘭人和皮克特人的入侵造成地區的破壞(343-366A.D.)，迫得他那統治西部帝國的幼子要御駕親征。康士坦斯巡視不列顛這塊領域，但是要說到他有什麼建樹，從頌辭的字裡行間，只知道他為戰勝惡劣的天候而大事慶祝。換句話說，從布倫(Boulogne)的海軍基地出發到桑威赤(Sandwich)的港口，托天之福能夠風平浪靜安全抵達。苦難的省民遭受不幸的災禍，來自國外的戰爭和國內的暴君，接著在康士坦久斯統治之下，宦官的作威作福和貪污腐化，更是變本加厲使得民不聊生，只有朱理安的仁政讓他們暫時能鬆一口氣。由於恩主的離去和逝世，所有的希望隨之而去。徵收人民的血汗錢辛苦運到作為士兵的薪餉，也因

---

*80　[譯註]比德(Saint Bede, 672-735A.D.)是盎格魯-薩克遜時代的神學家、哲學家、歷史學家，主要作品是《英格蘭教會史》。

*81　[譯註]波伊昔烏斯(480-524A.D.)是羅馬哲學家和政治家，用拉丁文譯註亞里斯多德作品，後以通敵被處死；布坎南(1506-1582A.D.)是蘇格蘭人文主義者和教育家。

82　蘇格蘭人有愛爾蘭血統這種說法正在式微時，因為有惠特克(Whitaker)教士大力的支持又開始死灰復燃，然而他應該知道：(1)、阿米努斯・馬克西努斯(340A.D.)所提到的蘇格蘭人，已經定居在卡里多尼亞，羅馬的作者沒有任何人暗示他們從其他國家遷移過來；(2)、跟遷移有關的各種報告，無論是來自愛爾蘭的吟遊詩人、蘇格蘭的歷史學家還是英國的古物專家(像是布坎南、康登、厄舍爾(Usher)、斯提林弗里特(Stillingfleet)等等)，全部都是傳說；(3)、托勒密(公元150年)提到三個愛爾蘭部族，淵源於卡里多尼亞血統；(4)、一位年輕的卡里多尼亞王子，是芬格爾(Fingal)家族的一個分支，獲得並據有愛爾蘭王國。在經過這些讓步以後，惠特克先生和他的對手之間的差異可說是微不足道。他所創造的真正歷史是奧西安(Ossian)的表弟費格斯(Fergus)，在320年從愛爾蘭遷到卡里多尼亞，這種說法是根據蓋耳(Erse)語的長詩所補充的臆測之辭，還有就是十四世紀的一位僧侶，塞倫塞斯特(Cirencester)的理查非常薄弱的證據。

指揮官的貪婪而受到中飽，從軍中除役甚或免除兵役都可以公開出價。士
兵的苦難在於被極不合理的剝奪合法的給養，原本就已無法維持生活，這
樣只有激起他們經常逃離軍隊。軍紀的要求已經鬆弛，大道上有盜匪不斷
出沒，良民受到欺凌打壓，放縱莠民四處爲惡，整個島嶼瀰漫著不滿和犯
上的風氣。每一位野心勃勃的臣民和前途絕望的逃犯，心裡存著迫切的願
望，要推翻軟弱無能而又施政乖張的不列顚政府。北方充滿敵意的部族憎
惡世界霸主的權勢和傲慢，積怨已深，無法消除。陸地和海上的蠻族像是
蘇格蘭人、皮克特人和薩克遜人，帶著難以抗拒的憤怒，從安東尼邊牆迅
速擴展到肯特海岸。很多工藝或天然的製品，以及令人生活舒適的產物，
蠻族自己沒有能力製造，也不能用交易獲得，現在都累積在不列顚富裕而
多產的行省[83]。有一位哲學家感嘆人類之間恆久的爭執，但是他承認比起
滿足征服的虛榮，饜足掠奪的欲念才是產生一切衝突的主要原因。從君士
坦丁時代一直到金雀花王朝（Plantagenets）[*84]，這種巧取豪奪的風氣不斷煽
動貧苦而又強壯的卡里多尼亞人，他們已經墮落到不知和平的美德和戰爭
的法則爲何物。也就是同樣那個民族，過去發散出慷慨好義的氣質，激起
詩人的靈感寫出〈奧西安頌歌〉。住在南部的鄉親感受到蘇格蘭人和皮克
特人殘酷無情的蹂躪，也將各種事件加以誇大渲染[85]。卡里多尼亞人還有
一個更驍勇的部族叫做阿塔科提人（Attacotti）[86]，華倫提尼安視爲心腹之
患。他的士兵指控這些蠻族喜歡吃人肉，而且有證人曾經目擊，有人提到
他們在森林裡出獵，襲擊牧羊人更勝於他們的羊群。在極爲恐怖的食人飲
宴中，無論是男女一律不放過，他們會精挑細選認爲最可口的部分。格拉

83　卡里多尼亞人非常讚賞而且垂涎異鄉人的黃金、馬匹和照明的火燭。

*84　[譯註]金雀花王朝又稱安茹王朝，統治英國的時期從1154年亨利二世登基，到
　　1485年理查三世死亡爲止。

85　利特頓（Lyttelton）勳爵詳盡敘述蘇格蘭人野蠻的入侵行動，大衛・道林波（David
　　Dalrymple）爵士只是稍稍提到一下，在那個時代（1137A.D.），法律、宗教和社會
　　已經軟化他們的風俗習慣。

86　康登在傑羅姆的原文裡恢復他們真正的姓名，傑羅姆在高盧看過成群結隊的阿塔
　　科提人，後來他們定居到意大利和伊里利孔。

斯哥是商業和學術的城鎮，要是附近眞有食人生番存在，那麼在蘇格蘭歷
史的發展過程中，可以看到野蠻和文明極端相反的實例。影響之大可說無
遠弗屆，能夠擴大我們的觀念，使人存著美好的希望，有朝一日在南半球
的紐西蘭，也會出現休謨（Hume）這號人物*87。

　　每位逃過英倫海峽的信差，把最可悲和示警的信息帶到華倫提尼安的
耳中。等到皇帝得知行省的兩位指揮官受到蠻族突襲慘遭殺害，立即派內
廷伯爵塞維魯斯前往，但又立刻將他召回特列夫宮廷。派遣賈維烏更顯示
出邪惡的敵軍聲勢極爲浩大，經過一段長時間進行詳盡的磋商，把防衛不
列顚的責任託付給狄奧多西（Theodosius），靠著他那英勇無敵的能力去恢
復失土（367-370A.D.）。這位將領的豐功偉業，以及身爲後代皇帝的本生
父，特別受到當代作家的青睞，極力加以讚美。但是他眞正的勳勞應該受
到行省和軍隊的頌揚，派遣他的提名獲得批准，預兆著即將來臨的勝利。
狄奧多西掌握航海的最好時機，率領數量龐大由赫魯利人和巴塔維亞人組
成的老兵部隊，加上傑維安和維克托的禁衛軍團，在不列顚安全登陸。他
從桑威赤行軍前往倫敦的途中，擊敗幾股蠻族，解救成群的俘虜，將部分
戰利品分給士兵作爲獎勵以後，其餘的東西全部物歸原主，贏得大公無私
的名聲。倫敦的市民幾乎已經絕望，現在大開城門迎接。這時狄奧多西從
特列夫宮廷獲得援助，宮廷特別派來一位軍方的部將和政府的總督，於是
他運用智慧和勇氣執行光復不列顚的艱鉅任務，呼籲逃亡在外的士兵回歸
部隊，頒布大赦的詔書免除他們心中的疑慮，一直帶著愉快的笑容緩和軍
紀的肅殺氣氛。他只能在陸地和海上對騷擾的蠻族進行零星的戰事，無法
獲得一場重大勝利的榮譽，但是這位羅馬的將領行事謹慎而且精通兵法，
領導統御的能力在兩次戰役中展現無遺（368A.D.及369A.D.），經過不斷的
努力，把行省每個地方都從蠻族殘酷而貪婪的手中解救出來。狄奧多西用
父輩的關切態度，重建城市的繁茂昌盛，盡力恢復堡壘工事的安全機能，

*87　[譯註]休謨（Hume, David, 1711-1776A.D.）英國哲學家、經濟學家、歷史學家、不
　　可知論的理論家，主要作品有《人性論》、《人類理智的研究》。

使用強大的武力將顫慄不已的卡里多尼亞人，局限在島嶼北部的一隅之
地。他建立新的行省命名爲華倫提亞(Valentia)，開始設置拓墾區，用來
彰顯華倫提尼安統治的光榮使之永垂不朽。在詩人的著作和頌辭裡，提到
突利(Thule)這塊未知區域，在極北的大地上也沾染著皮克特人的鮮血。
狄奧多西的船櫓衝破海勃波里安(Hyperborean)海的波濤，遙遠的奧克尼
(Orkneys)是他擊敗薩克遜海盜，贏得海戰勝利的戰場。他帶著公正而光
彩的名氣離開行省，君王對他在軍中服務的績效深爲欽佩，而且毫無猜忌
之心，立即將他擢升爲騎兵主將。不列顚的勝利者在上多瑙河這個重要的
位置，阻止阿里曼尼人的大軍並將敵人擊潰，這件事是發生在被選派鎮壓
阿非利加叛變之前。

十二、阿非利加的莠政所產生的後果(366-376A.D.)

君王不願當法官判處邪惡大臣的罪行，使得臣民認爲他就是共犯。長
久以來阿非利加的軍事指揮交由羅馬努斯(Romanus)伯爵負責，他能力不
足以適任職位，但是所做所爲的唯一目標，就是要謀取卑鄙不法的私利，
所以他的行動看起來像是處處與行省爲敵，倒是成爲沙漠裡蠻族最要好的
朋友。伊爾(Oea)、理普提斯(Liptis)和沙布拉塔(Sabrata)是三個繁榮興旺
的城市，久遠以來以的黎波里(Tripoli)的名稱構成一個聯邦[88]，還是第一
次關上城門，防止杰突利亞(Getulia)的蠻子帶有敵意的進犯(366A.D.)。
一些有相當地位的市民遭到襲擊和屠殺，村莊和郊區被敵人剽掠，肥沃土
地上栽種的葡萄樹和果樹，都被惡意的蠻子砍倒在地。受害的省民請求羅
馬努斯出兵保護，發現軍事總督的暴虐和貪婪比起蠻族未遑多讓。他們沒
有能力供四千匹駱駝及荒唐過度的禮物，要在他出發協助的黎波里前交
付，這些要求受到拒絕等於斷了出兵的念頭，於是他就受到控訴，被指爲

---

88 阿米努斯經常提到他們每年的集會和法律等狀況。理普提斯和沙布拉塔很久以來
已經殘破不堪，只有伊爾這個城市還很興旺，它是阿普列阿斯(Apuleius,Lucius，
二世紀羅馬文學家，著有《金驢記》)的故鄉，現在的名字是的黎波里。

民眾災難的始作俑者。在三個城市的年度會議中，他們選出兩名代表，按照習慣向華倫提尼安呈獻勝利金冠和貢金，這是他們的責任也表達感激之情，同時提出很謙卑的指控，他們受到蠻族的凌虐使得家破人亡，總督未盡保護之責，有虧職守。要是華倫提尼安堅持公正和嚴厲的處置，僅就羅馬努斯的罪行就會人頭落地。但伯爵非常精通貪贓枉法的技巧，派出一名機警的心腹迅速趕往宮廷，花錢買通御前大臣里米杰斯（Remigius），請他念及多年友情給予援手。御前會議雖然可以明智處理多種問題，但還是可以施展奸計使君王受到矇騙，民眾基於義憤的枉屈經過擱置就冷淡下來。等到再度發生公眾的重大禍害事件，引起再次的赴京控訴，終於從特列夫宮廷派出司法官帕拉狄斯（Palladius），前往調查阿非利加的全盤狀況，以及羅馬努斯的施政作為。帕拉狄斯不能保持鐵面無私的立場，受誘中飽部分公款，原來這是付給軍隊的薪餉。從此他自知犯下大罪，被迫只有包庇伯爵，證明他的清白和政績，宣布的黎波里人的控訴案是挾嫌誣告。帕拉狄斯帶著一個特別委員會從特列夫再回到阿非利加，對於反對君王代理人的邪惡陰謀，要找出首腦人物加以懲罰。他的調查工作進行得有聲有色，大獲成功，迫使理普提斯的市民否認發出求救的公事，他們當時已忍受八天的圍攻，同時指責代表團的瀆職行為。於是在華倫提尼安草率而剛愎的暴虐作風下，最後宣布不堪卒聞的判決，要立即執行不得延誤。的黎波里省長認定有包庇和同情的行為，在優提卡（Utica）公開斬首，四位地位顯赫的市民以欺君之罪的從犯判處死刑，且在皇帝的直接命令下，另兩名涉案人被判割去舌頭。羅馬努斯為宣判無罪而得意忘形，同時也為受到民眾的反對而惱怒不已，仍舊官復原職，負責指揮軍隊。阿非利加人因為他的貪婪行為而義憤填膺，參加摩爾人弗爾繆斯（Firmus）的叛亂陣營[89]。

　　弗爾繆斯的父親納巴爾（Nabal）是富甲一方和位高權重的摩爾人王子，非常了解羅馬的勢力已臻顛峰，但在他逝世時，留下成群的妻妾和無數子孫。因繼承權的驚人財富引起激烈的爭執，另外一個兒子贊瑪

89　蒂爾蒙特探索羅馬努斯伯爵的史實，曾經討論在編年上所發生的困難。

(Zamma)在家庭口角中被他的兄弟弗爾繆斯殺死。這種無法化解的狂暴情
緒，可以歸之於貪圖家財的動機，也可能是兄弟鬩牆的仇恨。羅馬努斯對
謀殺行為判處合法的報復性懲處，他具有很大的司法審判權力，但是在這
種狀況下的處置倒很公正。弗爾繆斯很清楚，如果不想伸出脖子讓劊子手
下刀，就得訴求皇室法庭的判決，那要靠著他的武力和人民[90]。他在自己
的家鄉被當成解救苦難的英雄，同時很快發現，羅馬努斯僅在歸順的行省
可以作威作福，這個阿非利加的酷吏普遍成為藐視的目標。無法無天的蠻
族在搶劫後，縱火將凱撒里亞燒成一片焦土，等於讓倔強固執的城市知
道，頑抗到底的下場是多麼危險。弗爾繆斯至少在茅利塔利亞和努米底亞
已經建立起他的勢力範圍，現在他要考慮的事項，到底應該戴上摩爾國王
的冠冕，還是穿上羅馬皇帝的紫袍(372A.D.)。行事輕率而又滿懷憂苦的
阿非利加人立即得知，揭竿而起的行為太過衝動，根本沒有顧及自己具有
的實力和領導人物的才能。就在弗爾繆斯能夠獲得任何可靠的情報前，西
部帝國的皇帝已經選好將領，有支運輸船隊在隆河口集結。這時弗爾繆斯
突然獲得消息，大將狄奧多西率領一小批老兵部隊，在阿非利加海岸靠近
艾吉爾吉利昔河(Igilgilis)或稱吉杰里(Gigeri)的地方登陸(373A.D.)。怯
懦的篡賊被對手優勢的德性和才能壓得無法動彈，雖然弗爾繆斯的手裡有
兵員也有錢財，但是毫無獲勝的希望。就像在同樣的國度和類似的情況，
狡猾的朱格薩(Jugurtha)*[91]所實施的伎倆，他依樣畫葫蘆拿來運用，想用
冒充的投降行為欺騙警覺心很高的羅馬將領，不斷花錢僱用阿非利加獨立
的部落，支持他與政府的爭執和保護他在失利時的逃亡，然後可以藉機收
買對方部隊的忠誠，延長阿非利加戰事的時間。

　　狄奧多西仿效前輩米帖拉斯(Metellus)的戰例，終於獲得最後的勝

90　阿米努斯的編年史料不太可靠，奧羅修斯好像把弗爾繆斯的叛變放在華倫提尼安
　　和華倫斯死後，蒂爾蒙特努力要選一條正確的道路。在最滑溜的小徑上，看來阿
　　爾卑斯山耐勞負重、腳步穩健的騾子最為可靠。

*91　[譯註]公元前112年羅馬帝國與努米底亞國王朱格薩發生戰爭，先前以執政官米帖拉
　　斯為統帥，107年馬留出任執政官，派往阿非利加接替作戰任務，遂於105年平亂。

利。當弗爾繆斯裝出哀求者的樣子，歸咎於自己輕舉妄動，謙卑地乞求皇
帝大發慈悲，華倫提尼安的部將用友情的擁抱接受他的說辭，並且打發他
離開。但是狄奧多西一直向他說明，眞誠的悔改要有實質的誓言。身為羅
馬將領可不會被和平的保證所說服，讓正在進行的戰爭，不過中止片刻功
夫又死灰復燃。經過狄奧多西鍥而不捨的努力，終於查明陰謀，雖然經過
私下的安排，但他行事的公正，倒是讓人民無話可說。有一些弗爾繆斯的
從犯，按照古老的習慣，丟給喧囂的群眾處以軍隊的死刑，還有更多人被
砍掉雙手，展示出非常嚴苛的恐嚇效果。叛徒的仇恨會伴隨著畏懼而升
高，羅馬士兵雖然害怕當前的狀況，但是對主將感到由衷的欽佩。杰突利
亞廣闊無邊的平原，阿特拉斯山區不計其數的山谷，弗爾繆斯都可能藏身
其中。如果篡賊想讓敵手失去耐心，就應該要手下躲在偏僻不見人跡的地
方，期待在未來發生革命帶來希望，但是他被狄奧多西的毅力所擊敗。羅
馬的將領下定決心，不達目的絕不停止追捕，只有僭主的死亡才能終止戰
爭。任何阿非利加的國家要是膽敢支持叛賊，就會同樣遭到毀滅的下場。
他親自率領一支不超過三千五百人的小部隊，保持沉著穩重的態度，絲毫
不掉以輕心但是也不畏懼，進入敵人國土的內部，有時受到摩爾人兩萬大
軍的攻擊。狄奧多西實施大膽的衝鋒，使烏合之眾的蠻族一蹶不振，等到
羅馬軍隊井然有序的後撤，也使對手感到大為驚異。總之是羅馬軍隊精通
戰法使得蠻族極為困惑，最後終於承認文明國家的領導人物，看來究竟棋
高一著。當狄奧多西進入伊沙弗倫西斯人(Isaflenses)的地界，傲慢的蠻子
國王伊格瑪森(Igmazer)用挑戰的語氣，要他報上自己的姓名和他勞師動
眾來此的目的。睥睨自雄的伯爵答道：「我是世界之主華倫提尼安的將
領，受命前來追捕走投無路的叛賊，給予嚴屬的懲罰。你應該立即將他交
到我手中，要是不遵從君王的命令，我就把你和你的臣民全部趕盡殺絕，
寸草不留。」伊格瑪森聽到感到自己的處置沒錯，敵軍有實力和決心來執
行致命的威脅，犧牲一個有罪的逃犯獲得所需的和平，是很合算的事，就
派出警衛看管弗爾繆斯，怕他找機會逃走。摩爾人的僭主飲酒澆愁，橫下
心來在夜間自縊而死，不讓羅馬人在凱旋式中稱心如意。伊格瑪森所能交

給戰勝者的禮物是他的屍體，只有很小心的裝載在駱駝背上。狄奧多西率
領得勝的部隊回到西提菲（Sitifi），居民熱烈歡迎表示喜悅和忠誠[92]。

　　阿非利加幾乎喪失在羅馬努斯的惡行之下，靠著狄奧多西的功業才能
解民倒懸之苦，然而這兩位將領分別受到宮廷不同的待遇，倒是讓人要深
入探索其原因。騎兵主將暫時解除羅馬努斯的職權，在維護安全和兼顧個
人榮譽的狀況下派人看管，直到戰爭結束再來處理。羅馬努斯的罪行在提
出可信的證據後已經坐實，公眾抱著很大的期望，能夠明正典刑還大家一
個公道。但是他獲得梅洛包德斯（Mellobaudes）的奧援，激起求生的意志
挑戰適法的判決，在獲得一群對他友善的證人以後，整個案情又再三的拖
延下去。最後，因為以偽證和作假消除不利的證據，使他逃脫法網的制
裁。大約就在這個時候，光復不列顛和阿非利加的將領，就身為臣民而言
已經到達功高震主的地步，以莫須有的罪名在迦太基斬首（376A.D.）。這
時華倫提尼安已逝世，狄奧多西的處死和羅馬努斯的無罪，都要歸咎於大
臣玩弄權謀，仗著君王的信任，欺騙他兒子是沒有治理經驗的青年。

　　要是狄奧多西在不列顛的戰績，有幸獲得像阿米努斯那樣的作者，對
於地理的記載非常精確，我們可以抱著很大的好奇心，踏著他行軍的足跡
亦步亦趨追隨前進。但是阿非利加有很多未知的部族，要是一一列舉不僅
冗長而且引不起興趣，所以只能做一般性的敘述。他們都是摩爾人黝黑的
種族，聚集在茅利塔尼亞和努米底亞行省靠背後的居留地，阿拉伯人稱呼
為「椰棗和刺槐的國度」。等到羅馬人的權勢在阿非利加日趨衰微，文明
生活和農耕區域的範圍也跟著逐漸收縮。越過摩爾人極其遼遠的邊界，是
廣大無垠而又荒涼不毛的沙漠，向南延伸的距離超過一千哩，一直抵達尼
日（Niger）河的河岸。古人對阿非利加這個巨大半島所知極其有限，所以
才會相信炎熱的地區根本沒有人類居住[93]，有時又會沉溺於幻想中，說是

92　在原文上這是很長的一章，但是到處都是破綻和謬誤，由於缺乏編年資料和地理
　　上的陸標，所以敘述的狀況讓人感到困惑。

93　古代的地理學到現在有很大的進步，所以無人居住的地區逐漸在縮小，從緯度四
　　十五度到二十四度，再減到十六度。

只有「無頭人」留在這片一無所有的空間，或是一些怪物，像是長著羊角和羊蹄的森林之神薩特(Satyrs)[94]、神話裡半人半馬的森陶(Centaurs)[95]、以及矮小的侏儒非常勇敢和鸛鶴打鬥不停[96]。迦太基聽到奇異的傳聞而驚懼不已，赤道兩邊的國度有很多民族，與人類在容貌上最大的差異是皮膚的顏色。羅馬帝國的臣民抱著很大的期望，從北邊出發的大群蠻族，馬上就與南邊的蠻族遭遇，都是同樣兇狠，而且交手以後互不相讓，就會同歸於盡。要是熟知阿非利加敵人的情況，這種令人沮喪的恐懼就會煙消雲散。尼格魯人(Negroes)的怠惰，似乎既非美德也不是怯懦所導致。他們就像其他人類一樣，沉溺於激情和欲念之中而無法自拔，相鄰的部族始終處於敵對行動之中[97]，毫無知識以致不能創造出有效的防衛或破壞武器，也沒有能力形成大規模的統治計畫或征戰方案。這種天賦心智的明顯低落被溫帶民族所發現或濫用，每年有六萬黑人在幾內亞海岸被押送上船，再也無法返回故土。但是這些人都是帶著鎖鍊離岸，未曾間斷的遷移已歷經兩個世紀的時間，供應的人力資源足夠占領整個地球，這要歸咎於歐洲的罪惡和非洲的軟弱。

十三、波斯戰爭的結局及有關的事蹟(365-384A.D.)

喪權辱國的條約拯救傑維安的軍隊，羅馬人這邊一直忠實的履行規定

94　如果薩特是指猩猩這種巨大的類人猿，當康士坦久斯在位時，有個這樣的品種確實活生生的在亞歷山卓展示過；聖安東尼在蒂貝伊斯沙漠時，曾經與這種虔誠的野人談過話，現在要想這樣做確實有一些困難。

95　聖安東尼像遇見這樣的怪物，克勞狄斯皇帝斬釘截鐵說有這種怪物存在，引起公眾的嘲笑。但是他派在埃及的行政長官很有本領，送回一個處理好的標本，是半人半獸(Hippocentaur)經過防腐的屍體，以後在皇宮裡幾乎保存了一個世紀。

96　侏儒的傳說像荷馬的史詩一樣歷史悠久。印度和衣索匹亞的侏儒只有二十七吋高，每到春天他們的騎兵(騎在山羊的背上)就要列陣，衝鋒前去打破鸛鳥的蛋。他們的房屋是用泥土、羽毛和蛋殼造成。

97　《航海史》是很有價值的一本書，第三和第四卷敘述黑人當前的狀況。靠近海岸的民族因為與歐洲人通商，文明有很大的進步，內陸地區只有摩爾人的殖民地才有一點改良。

事項,嚴正放棄對亞美尼亞和伊比利亞的主權要求和聯盟關係。這些從屬
的王國缺乏保護,暴露在波斯君主的大軍虎視眈眈之下[98],面臨喪權失國
的命運。薩坡爾率領鐵甲騎兵、弓弩部隊和傭兵步卒組成的無敵大軍,進
入亞美尼亞的國土,然而薩坡爾常用的伎倆,就是戰爭和談判的交互運
用,認為欺騙和僞誓是帝王術最有威力的工具。他裝模作樣的稱許亞美尼
亞國王明智而審愼的作為,用陰險的友誼提出再三的保證,毫不疑懼的提
拉努斯(Tiranus)竟然被他說服,把自己交到不守信義而又殘酷無情的敵人
手中。在一次盛大的飲宴歡會之中,因為提努拉斯具有阿薩昔德斯
(Arsacides)的高貴血統,特別用銀鍊將他鎖住以表示尊敬,後來幽禁在伊
克巴塔納的遺忘之塔,過了很短一段時間就結束悲慘的一生,不是用自己
的佩劍就是被暗殺身亡。亞美尼亞王國的地位貶低到成為波斯的一個省
份,由卓越的貴族和受寵的宦侍分享軍政大權。接著薩坡爾毫不耽擱,進
軍去平服黷武好戰的伊比利亞人,薩洛馬息斯(Sauromaces)獲得皇帝的允
許統治這個國家,現在被優勢的兵力驅逐出境。萬王之王為了羞辱羅馬的
尊嚴,故意把國王的冠冕放在卑鄙家臣阿斯帕庫拉斯(Aspacuras)的頭
上。整個亞美尼亞只有阿托杰拉撒(Artogerassa)[99]一個城市,竟敢抗拒入
境的大軍,儲藏在堅固堡壘的金庫,引發薩坡爾覬覦之念。奧林匹婭斯
(Olympias)是亞美尼亞國王的妻子,現在成為孀婦,處於險境,激起公眾
的同情。他的臣民和士兵不惜負嵎決一死戰,被圍的殘部英勇發起協調良
好的突擊,波斯人在阿托杰拉撒城下受到奇襲被迫後撤。但是薩坡爾的兵
力不斷增加,調來精銳的部隊,防守部隊暴虎馮河的勇氣消耗殆盡,固若
金湯的城牆屈服在持續的攻勢之下。傲慢的征服者用烈火和刀劍摧毀反叛
的城市之後,只單獨押走不幸的皇后,而她在運道最好時,曾指婚為君士

---

98 阿米努斯的原始證據才具有決定性,克理尼的摩西和樸洛柯庇斯提出來的資料,
只能供作參考。但是這些歷史學家把明顯的事實弄得混淆不清,同樣的事件會重
複提出來,而且會引進無關的傳聞,所以在運用時特別要謹慎小心。

99 阿托杰拉撒可能就是阿塔吉拉(Artagera)或阿迪斯(Ardis),奧古斯都的孫子蓋阿斯
(Caius)曾在此地受傷。這個城堡在阿米達的上方,靠近底格里斯河的一個源頭。

坦丁之子的新婦[100]。然而，要是薩坡爾爲輕易征服兩個獨立王國而沾沾自喜，那麼他立刻就獲得不同的感受。只要人民的內心還是堅持到底，始終產生敵對的情緒，這個國家並沒有眞正的歸順。他不得不信任的總督卻第一次掌握機會，可以跟自己的同胞恢復原來的友情，而且顯示出對波斯的姓名表露出永世的恨意。自從亞美尼亞人和伊比利亞人改變宗教以後，認爲基督徒受到最高神明的寵愛，拜火教徒成爲痛恨的敵人。教士對迷信的人民發揮影響力，一直在努力支持羅馬。君士坦丁和阿塔澤克西茲的後裔，對於位在兩國中間的行省，從發生爭奪主權的問題開始，就帝國的立場而論，宗教的聯繫總是一個決定性的優勢。有一個人數眾多而且行動積極的黨派，承認提拉努斯的兒子帕拉（Para）是亞美尼亞合法的統治者，有權利繼承已經延續有五百年之久的王位。伊比利亞人一致同意國家分屬兩個相互敵對的君主，阿斯帕庫拉斯（Aspacuras）得到薩坡爾的垂青才能戴上皇冠，只有宣稱，由於他的子女被暴君扣爲人質，爲了考慮子女的安全，無法公開否認與波斯的聯盟關係。

華倫斯皇帝尊重履行條約的義務，而且又憂慮東部會涉入危險的戰爭，採用緩慢而小心的措施，冒險在伊比利亞和亞美尼亞這兩王國，支持羅馬人的黨派。有十二個軍團在居魯士河畔協助薩洛馬息斯建立權威，英勇的阿林蘇斯保衛幼發拉底河這條戰線。在圖拉眞伯爵和阿里曼尼人國王瓦多邁爾的指揮之下，一支實力強大的軍隊沿著亞美尼亞邊界設置營地。但是他們得到嚴格的指示，禁止在第一次的敵對行動中投入部隊，因爲這樣就違背條約的規定。羅馬將領絕對服從這些要求，在波斯人的箭矢如雨的狀況下撤退，這種忍辱負重的精神眞是值得嘉勉，一直到完成應盡的義務以後，才能獲得正當而合法的勝利。然而這些故意擺出的戰爭姿態，逐漸消失在冗長而無結果的談判之中，感到安心的代表團爲了支持自己的立場，相互指責對方背信和惡意違犯條約。看來原始條約有的條文過於曖昧不清，最後變成各說各話，由兩國的將領提出片面的證據，根本得不到決

100　蒂爾蒙特從編年史獲得證據，奧林匹婭斯就是帕拉的母親。

定性的結果，而這些將領無事可幹，都用來協助談判[101]。哥德人和匈奴人的入侵造成立即影響，動搖羅馬帝國的基礎，將亞細亞的行省暴露在薩坡爾的武力之下，毫無反抗的餘地。但是國王已經到達衰老之年而且病痛纏身，只有奉行新的治國方針，趨向安寧和穩健爲上策。他統治滿了七十年才過世(380A.D.)，波斯的宮廷和政府立即產生重大的變革，注意力全部集中在國內問題，還有就是盡力應付卡曼尼亞人(Carmanian)的戰爭[102]。在享受這麼多年的和平以後，古老歷史的相互攻伐早已遺忘。兩個帝國心照不宣，容忍亞美尼亞和伊比利亞王國成爲中立的緩衝區。狄奧多西在位第一年，波斯使節抵達君士坦丁堡，爲前朝的不當舉措深表歉意，帶來寶石、絲綢和印度象當禮品，爲締結雙方的友誼作爲向皇帝致敬的貢物。

華倫斯在位時，東方的事務就一般狀況而言只有帕拉的歷險事蹟引人注目，值得一提。這位貴族青年聽從母親奧林匹婭斯的勸告，在波斯大軍圍攻阿托杰拉撒時趁機逃走，懇求東部皇帝給予庇護。但是亞美尼亞的國務會議極爲軟弱，對於帕拉的支持、徵召、復位和背叛，隨著時勢的變化而轉移。亞美尼亞人認爲在有繼承權的統治者即位以後，才感到國家的前途有希望。華倫斯的大臣對於這種要求所持的立場是，只要諸侯不僭用國王的冠冕和頭銜，就可以維持威望。但是大臣立即爲草率的決定深感懊悔，波斯國君的指責和威脅讓他們不知所措，終於找到理由可以不遵守答應的事項：一方面是帕拉的脾氣非常暴虐而且喜怒無常，爲了細微的猜疑之心就會犧牲最忠誠的臣屬，再則還與殺害他父親的兇手，也是國家的仇敵，保持私下很祕密而且極不榮譽的通信。

帝國的大臣找到藉口要他與皇帝磋商有關的事務，說服帕拉從亞美尼亞的山區下來。他原來有自己這派人馬的保護，現在等於把個人的安全和

---

101 阿米努斯提到過波斯戰爭裡這個事件，但是沒有日期，克里尼的摩西只是添增一些實情，但是很難將真相與傳說分得清楚。

102 阿塔澤克西茲是偉大的薩坡爾的繼承人和堂兄弟，也是他的兒子薩坡爾三世的監護人，可以參閱《世界史》。作者編纂這本作品的比重並不平衡，非常勤奮的蒐集薩珊王朝的史料，內容充實極具參考價值，但是把羅馬和東方分開成爲兩部不同的歷史，這種安排毫無意義。

獨立，交付給不守信義的宮廷去爲所欲爲。亞美尼亞國王不論是他親眼所見，還是來自他的國人所獲得的印象，就是在他經過的地方都受到行省總督非常得體的尊敬。但是等到抵達西里西亞的塔蘇斯，帝國找出很多藉口使他的行程停頓下來，他的行動受到監視，說是爲了尊敬起見所以要提高警覺，這樣他逐漸發現自己已經成爲羅馬人手裡的囚犯。帕拉壓制自己的氣憤，掩飾自己的恐懼，在暗中做好逃走的準備，帶著三百位忠心的隨員立即上馬。布置在行館門口的軍官，盡速把他逃跑的消息通知西里西亞的行政長官，接著縱馬在郊區趕上帕拉，極力勸阻他不要任意妄爲，免得給自己帶來危險，但是沒有產生效果。一個軍團奉令追捕身爲皇室的逃亡分子，在後追趕的步兵對一隊輕騎兵無法發揮嚇阻作用。等到他們發射出第一群箭雨，對方已經爭先恐後從塔蘇斯的城門逃走。經過兩天兩夜不停的行軍，帕拉和亞美尼亞人全部到達幼發拉底河岸，只能靠著泅水渡過河流，人員有損失，時間也受到耽擱。整個地區都已經提高戒備，有兩條道路其間相隔三哩，被一千名乘騎弓箭手所占領，由一位伯爵和一員護民官任場指揮。要不是突然出現一名友善的旅客洩露當前的危險，告訴逃脫的方法，帕拉就會被優勢的兵力所生擒活捉。一條陰暗而幾乎無法通行的小徑，使亞美尼亞人的部隊安全通過濃密的樹叢，帕拉就把伯爵和護民官留在後面，他們還在耐心的等待這批騎兵會沿著大道前進。他們回到宮廷爲自己沒有達成任務提出辯解，很嚴正的力陳亞美尼亞的國王是法力高強的魔術師，用遁形法讓他自己和所有的人馬在軍團的眼前通過。

等到帕拉回到祖國，仍舊聲稱自己是羅馬人的朋友和盟邦，但是羅馬人自認感情受到傷害，無法原諒他。華倫斯在御前會議中祕密簽署他的死刑判決，執行這項血腥的任務交付給狡猾而又謹愼的圖拉眞伯爵，而且他有一項長處，就是很容易獲得君王對他的信任，然後找到機會用短刀刺進國王的心臟。帕拉受邀參加羅馬人的宴會，按照東方的標準裝飾得富麗堂皇，醇酒美人無不具備，大廳回響著令人愉悅的音樂，所有的人都在痛飲美酒。等到伯爵要告退下去一會，就拔出他的短劍，然後發出謀殺的手勢。一名強壯的蠻族亡命之徒立刻衝向亞美尼亞國王，雖然帕拉的手邊正

好有一件武器，就揮舞起來英勇保衛自己的生命，但皇家將領的餐桌上，竟然流浸著一位客人也是一位盟友的鮮血。這就是羅馬政府的大政方針，如此軟弱而邪惡，爲了達成政治利益的可疑目標，不惜面對整個世界的指責，違犯國家的法律和榮譽，褻瀆神聖的待客之道。

十四、哥德人的崛起和多瑙河地區的征戰（366-375A.D.）

在三十年的和平時期裡，羅馬人固守邊疆，哥德人擴張領域。東哥德國王偉大的赫曼里克（Hermanric）[103]以及阿瑪利（Amali）的貴族，鼓舞同胞的熱情，所獲得的勝利幾乎可以媲美亞歷山大的功績。但是最難以置信而特別讓人感到驚異之處，這位哥德人的英雄所具有的雄心壯志，不完全靠著年輕人的勇氣，而是展示出個人生命的極限，來完成舉世無匹的豐功偉業，這段期間是他從八十歲到一百一十歲時。獨立的部族被說服或受到脅迫，承認東哥德人的國王是哥德民族的共主。西哥德人或稱塞文吉人（Thervingi）的酋長放棄皇室的頭銜，採用「士師」這個比較謙虛的稱呼。其中最有名的人物像是阿薩納里克（Athanaric）、菲列德根（Fritigern）和阿拉維烏斯（Alavivus），都因爲鄰近羅馬的行省，才能建立個人的勳業。赫曼里克靠著國內的征戰增強軍事實力，擴展狼子野心的企圖。他侵入位於北疆的鄰近國家，大概有十二個民族，他們的名稱和領地已不可考，但都陸續屈服在優勢的哥德人大軍之下[104]。赫魯利人居住在靠近米奧提斯湖的沼澤地區，以實力和機敏著稱於世。他們組成的輕步兵在蠻族的戰爭中倍受重視，交戰各方都急著請求協助，但是赫魯利人積極進取的精神，降服於哥德人審慎而穩健的毅力之下。在一場血腥的衝突中，國王被殺，好戰

---

103 赫曼里克統治和征戰的簡單記錄，其中很多有價值的斷簡殘篇，是喬南德斯引用阿貝拉維斯或卡西多流斯的《哥德史》。

104 布瓦（Buat）研究被赫曼里克軍隊所降服的民族，雖然非常盡力但是收效不大，他拒絕承認瓦昔諾布朗奇（Vasinobroncae）的存在，因爲他們的名字太過於冗長，然而法蘭西派往瑞特斯朋（Ratisbon）或德勒斯登（Dresden）的特使，就要穿過美迪歐瑪垂塞（Mediomatrici）這個地區。

部族的餘眾成為赫曼里克營地非常管用的幫手。哥德人接著進軍對付維內戴人(Venedi)，這個部族不諳戰陣之道，僅憑人多勢眾取勝，據有面積廣大的平原，就是現代的波蘭。戰勝的哥德人在操練和紀律上占有決定性優勢，何況兵力強大，在數量上並不輸對方，當然會穩操勝券。等維內戴人歸順後，征服者在毫無抵抗之下揮軍指向伊斯泰人(Aestii)的邊界[105]，這個古老民族的名字仍舊保存在愛沙尼亞行省。波羅的海沿岸這些遙遠地區的居民，依賴辛勤的耕種為生，靠著琥珀的貿易致富，崇拜大地之母而祭祀不絕。但是伊斯泰人缺乏鐵器，戰士只能使用木棍，這個富裕國家的歸服靠著赫曼里克的智慧而不完全是武力。他的疆域從多瑙河一直延伸到波羅的海，包括哥德人原有的領地和新近獲得的國土，用征服者的權威統治著日耳曼人和錫西厄人的大部分地區，有時候就像一位暴虐的僭主。但是在地球上他所統治的部分，沒有能力修飾和記述英雄的事蹟，使之流芳千古。赫曼里克的名字幾乎埋沒在歷史的灰燼當中，他的功勳外界所知有限，就連羅馬人也不清楚他那氣焰衝天的權勢是如何發展形成，已經威脅到北疆的自由和帝國的和平。

　　哥德人對君士坦丁皇室的繼承權，遵守雙方的約定，保持忠誠的態度。由很多證據得知，哥德人所以如此聽命，是基於羅馬皇帝炙人的權勢和慷慨的賜與。他們重視公眾的和平，要是有一股帶著敵意的幫派竟敢越過羅馬人的國境，做出違犯規定的行為，就會坦誠承認過失，歸咎於蠻族青年犯上作亂的習氣。兩位新近即位的皇帝沒有顯赫的出身，為他們所輕視，只是受到推選才擢升帝座，也激起他們產生更為大膽的希望，公開鼓吹他們的企圖，是要打著國家的旗幟出動聯盟部隊。因而這種想法很容易受到引誘，與樸洛柯庇斯的叛黨一拍即合，提供的援助極其危險，可以煽起羅馬人的內戰。公開簽訂的條約規定協防軍的人數不超過一萬人，但是西哥德人的酋長抱著雄心萬丈的企圖，越過多瑙河的軍隊總數已超過三萬

105　《格羅秀斯全集》出現過伊斯泰這個名字，但是安布羅斯手抄本也要恢復伊斯泰的理由，是因為塔西佗的筆下敘述過他們的狀況和處境。

人[106]，帶著高傲氣勢和自滿信心開始進軍，憑著所向無敵的勇氣決定羅馬帝國的命運(366A.D.)。他們的行爲展現出主子的暴虐無理和敵人的縱軍殃民，使色雷斯的行省在蠻族壓迫下呻吟不絕。這種不知節制的任意妄爲和過度濫飲，雖可滿足貪念卻也延遲行程。在哥德人接到樸洛柯庇斯戰敗逝世的消息以前，已感受到整個地區對他們充滿敵意，而且對手的政治和軍事力量都在復甦之中。華倫斯或華倫斯的將領展現高明的將道，構成前後呼應的警戒哨所和堡壘工事，拒止哥德人前進也牽制他們的退卻行動，讓他們的糧草補給全中斷。蠻族的兇狠氣焰因饑餓而消失無蹤，變得馴服聽話，只有忍氣丟下兵器投降，爲得到食物活命，任憑征服者處置。無數俘虜分配給東部城市，省民很快就看慣蠻族猙獰的面貌，長久以來連聽到他們的名字都感到恐懼，現在敢估量自己的實力與可怕的對手一比高下。錫西厄人的國王(只有赫曼里克夠資格用這樣崇高的稱呼)爲族人的災難感到悲痛和憤恨，他派出的使臣在華倫斯的宮廷，對於長久存在於羅馬人和哥德人之間，古老而尊重的聯盟關係受到破壞，大聲提出嚴正的抗議。使臣宣稱他們爲了履行聯盟的責任，才援助朱理安皇帝的親屬和繼承人，所以要求立即歸還具有貴族身分的俘虜，而且提出非常奇特的論點，就是哥德人的將領，即使隨著部隊一起行軍，在敵對行動中列陣作戰，仍舊具有使臣神聖不容侵犯的地位和特權。騎兵主將維克托立即斷然向蠻族明示，拒絕接受這種狂妄的要求，同時用他的實力和地位，表達東部皇帝對這件事有截然不同的看法[107]。談判破裂之後，華倫提尼安用坦誠的誠言激勵生性怯懦的皇弟，對於帝國受辱的尊嚴要有自處之道。

哥德人戰爭的光彩奪目和聲勢浩大，當代有歷史學家大事頌揚[108]。其實除了成爲帝國衰亡的先聲之外，沒有突出的事件值得後代子孫特別

---

106 布瓦經過仔細的查證，才確定協防軍的眞實數量。阿米努斯説是三千人，而諾昔繆斯提到有一萬人，這些都是哥德大軍的先頭部隊。

107 優內庇斯未佚失的殘本裡敍述這次行軍和後來的談判，等省民熟悉蠻族後，發現他們的體能狀況未免言過其實，身材雖比較高大，但兩腿無力，肩部瘦削。

108 希臘的詭辯家認爲都是同樣的戰爭而且只有一次，整個哥德人的歷史到狄奧多西的勝利和獲得和平爲止。

重視。哥德人的國君年邁，並沒有領導日耳曼人和錫西厄人的部族到達
多瑙河畔，更不可能遠抵君士坦丁堡的城門，只是把危險而光榮的防衛
作戰託付給英勇的阿薩納里克，爲了對抗眼前的敵人，竟想用衰弱無能
的手控制龐大國家的全部力量。羅馬人在多瑙河上架起一座浮橋，華倫
斯御駕親征（367、368、369A.D.）鼓舞部隊的士氣，個人的英勇倒是可以
彌補對兵法的無知，同時很明智的決定要尊重維克托和阿林蘇斯的意
見，這兩位分別是騎兵和步兵主將。於是他們運用技巧和經驗指導戰役
的遂行，但發現無法將西哥德人從山區堅強的據點中驅走。在冬天快要
接近時，經過兵燹的平原空無一物，迫得羅馬人只有退過多瑙河。翌年
夏天霪雨不斷使得河水高漲，雙方只有暫且休兵，華倫斯皇帝整個期間
困在瑪西亞納波里斯（Marcianapolis）的營地。戰事到了第三年，變得對羅
馬人有利，哥德人的狀況益爲艱苦。貿易中斷使蠻族無法獲得滿足享受
的物品，這些已成爲生活所必需，要是缺乏就會感到狼狽不堪。廣大的
區域赤地千里，很可能發生饑饉，對蠻族形成威脅。阿薩納里克被迫背
水一戰，在平原上損失慘重。戰勝的將領運用更毒辣的手段在後面窮追
猛打，只要將哥德人的頭顱帶到皇家的營地，均能獲得高額的懸賞。

　　蠻族的降服，平息華倫斯和軍事會議成員的怒氣，君士坦丁堡元老
院奉承頌揚的諫言，首次以公論之名進行，皇帝聽到後感到心滿意足。
負責指揮戰事的將領維克托和阿林蘇斯，被授權制定議和的條件：迄今
爲止蠻族所享有的貿易開放權利，將嚴格限制在多瑙河的兩個城市；由於
他們的首領膽大妄爲，扣留應有的賞賜和補助金作爲嚴厲懲罰，這些規定
只針對阿薩納里克一人；除此外，對於西哥德人的其他士師而言，比起作
戰的浪得虛名，可以獲得更大的好處。華倫斯的大臣舉行會談時，提出這
些條件，阿薩納里克面對當前的情勢，只顧個人的利益，不管在他統治下
其他階層的死活，只想保留自己和族人的地位。他堅持自己的聲明，說戰
事不應完全由他負責，且他並沒涉及違犯條約的僞誓罪，甚至沒有踏上帝
國的疆域，同時他重視神聖的誓言，從新近發生的羅馬人叛亂案，可以肯
定他的立場。多瑙河分隔兩個獨立國家的領土，被選來作爲會議的地點。

東部的皇帝和西哥德人的士師,在相等數量的武裝隨員陪伴下,乘坐平底船前進到河流中間。在批准條約和提供人質以後,華倫斯擺出凱旋的場面回君士坦丁堡。哥德人維持寧靜的狀況達六年之久,等到成群結隊的錫西厄人從北方的寒冷地區長驅南下,逼得哥德人又開始衝進羅馬帝國[109]。

西部皇帝將下多瑙河的指揮責任委付給皇弟,自己專心照顧雷蒂提亞和伊里利孔各行省的防務,等於沿著歐洲最長的河流延伸數百哩。華倫提尼安的政策有積極進取的精神,要繼續構建新的工事堡壘來鞏固邊疆的安全。但在執行這種政策時,唯一的缺點是會激起蠻族的不滿和憤慨。夸地人 (Quadi) 提出申訴,預定興建的堡壘選在他們的領地內,這些怨言促使採取合理和溫和的行動。伊里利孔的主將伊基久斯 (Equitius) 答應暫時中止工程的進度,靜候君王頒布明確的指示。這樣的處置受到高盧統領的熱切贊同,正好傷害到一位競爭的對手,就是像暴君一樣毫無人性的馬克西明,倒是使他的兒子能夠平步青雲。華倫提尼安無法控制急躁的個性,聽信寵臣所提出的保證,說是把統治華倫里亞 (Valeria) 的大權和工程的執行,全部交付給伊基久斯責負盡職的兒子馬塞利努斯 (Marcellinus),皇帝就可高枕無憂,不再為蠻族厚顏無恥的抗議而煩心。然而這位年輕而卑劣的大臣,傲慢自大的行為侮辱羅馬的臣民和日耳曼的土著。他認為要建立蓋世功勳,用來證明快速擢升是應有的報酬。他假裝收到夸地人國王蓋比紐斯 (Gabinius) 遜恭有禮的來函,表示出重視和關切之意,但這別有用心的殷勤姿態掩蓋住血腥而毒辣的陰謀,輕信別人的國君被說服,接受馬塞利努斯迫切的邀請。我在敘述類似的罪行時,要想表達的方式能不完全雷同,實在已經感到辭窮。雖然在帝國遙遠的地區,竟會同一年內有兩位皇家的將領,他們那不諳待客之道的桌上沾染著君王的鮮血,而且奉命當著他們的面,毫無人性謀殺貴賓和盟友,關於這些我又如何能交代清楚?蓋

---

109 阿米努斯、諾昔繆斯和提米斯久斯都提到過哥德人戰爭。君士坦丁堡元老院派演說家提米斯久斯去祝賀勝利的皇帝,把多瑙河的華倫斯吹捧成斯卡曼德河上的阿奇里斯。喬南德斯根本沒有提及這次特別是與西哥德人之間的戰爭,因為有損哥德人的威名。

比紐斯和帕拉的命運完全相同，但君王的慘死所激起的憤怒之情，就亞美尼亞人卑躬屈節的奴性和日耳曼人豪邁不羈的精神，引起完全不同的反應。夸地人無與倫比的實力已經消退，在馬可斯‧安東尼當政時，曾將恐懼帶到羅馬的城門前。但他們仍舊擁有武力和勇氣，絕望中的奮鬥更是勢不可當，還能獲得盟友薩瑪提亞人的騎兵支援。兇手馬塞利努斯缺乏遠見，選擇的時機正好善戰的老兵抽調一空，去鎮壓弗爾繆斯的叛亂，整個行省的防禦能力薄弱，暴露在蠻族狂怒的報復之下。他們在作物收成的季節入侵潘農尼亞(374A.D.)，搶劫的物品只要無法運走就毫不留情的毀棄，對於空虛無人的堡壘工事不是不予理會，就是加以破壞。

　　康士坦霞公主是康士坦久斯皇帝的女兒，也是君士坦丁大帝的孫女，在險象環生的狀況下逃過一劫。這位皇室貴夫人曾愚昧支持樸洛柯庇斯的叛變，現在許配給西部皇帝的嗣子作為妻室。她的隨行隊伍經過安寧的行省極其舖張但卻沒有防護力，行省總督美撒拉(Messalla)主動負責拯救她於危險之中，使國家免於羞辱。就在他接到通知說是公主駐紮用膳的村莊受到蠻族的包圍，火速將她安置在自己的戰車上，全速馳騁直抵色米姆的城門，行駛的距離有二十六哩。要是夸地人和薩瑪提亞人繼續前進，官員和民眾產生恐慌的心理，就是色米姆也無法保證安全。遲緩的行動使得禁衛軍統領蒲羅布斯(Probus)有足夠時間鎮靜下來，恢復市民的勇氣。他費盡心思辛勤工作，修復廢棄的工事，增強防禦的力量，及時獲得一隊弓箭手有效的增援，保護伊里利孔行省的首府。蠻族為色米姆堅固的城牆所阻無法得逞，轉用兵力對付邊區的主將，把謀殺國王的事件不甚公正的歸咎於他的主使。伊基久斯率領進入戰場的部隊只有兩個軍團，但包括瑪西亞和潘農尼亞身經百戰的老兵單位。他們不識大體，為著階級和職位的高低發生爭執互不相讓，這是慘遭絕滅的主因。就在他們的兵力分離各自行動時，被慓悍兇狠的薩瑪提亞騎兵襲擊，全部橫屍戰場。寇邊入侵的成功激起鄰近邊界各部族的效尤，要不是邊區的軍事指揮官，年輕的公爵狄奧多西發揮英勇過人的才能，擊敗帝國的敵人，瑪西亞行省必然無法倖免於難。所以他的作為不僅可媲美其父的功勳，也不愧後世賜以大帝的稱號。

十五、華倫提尼安的崩殂和格里先的接位(375A.D.)

　　華倫提尼安雖居留在特列夫，卻念念不忘伊里利孔的災難，但季節太遲，只能將計畫延到次年春天執行(375A.D.)。他率領相當數量的高盧部隊從莫瑟爾河畔啓程，在半途遇到薩瑪提亞派出乞求寬恕的使臣，只是含糊的回答等他趕到事發現場，詳細調查後再公開宣示。當他抵達色米姆後接見伊里利孔行省的代表，他們齊聲感激皇帝的高瞻遠矚，在禁衛軍統領蒲羅布斯[110]的治理下過著幸福生活。華倫提尼安看他們表現出忠誠護主和受恩深重的態度，心中十分得意，於是不加思索的詢問伊庇魯斯(Epirus)的代表，一位真誠率性的犬儒學派哲學家[111]，派遣他前來是否出於行省的意思。「是一群苦難的人民用眼淚和呻吟派我前來(伊菲克里斯(Iphicles)就這樣回答)。」皇帝爲之語塞。於是他指責大臣採用產生不良後果的作爲，但赦免這些人的過失。這種做法頂多會使臣民受到損害，卻可贏得服務的忠誠。且只有對謀殺蓋比紐斯的案件嚴屬懲處，才能重建日耳曼人的信心，維護羅馬人的榮譽。但傲慢的君主胸襟不開闊，不願承認自己的錯誤。他忽視激起事變的原因，只記得所受的損害，要進入夸地人的國度大開殺戒尋求報復[112]。野蠻的戰爭造成全面的破壞和濫殺，不論就皇帝或世人看來，這種冤冤相報的殘酷行爲不僅合理且正當。羅馬軍紀嚴明，敵人已陷入驚愕混亂狀況。華倫提尼安毫無損失，安然撤過多瑙河大勝而返。

　　他決定發起第二次的作戰，澈底毀滅夸地人的實力，就將冬營設置在

---

110 阿米努斯認可彼特洛紐斯‧蒲羅布斯的功勞，但帶著一股怒氣指責他的高壓統治。當傑羅姆繼續翻譯《優西庇烏斯編年史》時，他表示這些都是事實，而且這個地區的輿論也是這種說法。聖徒後來與蒲羅布斯的孀婦建立很親密的友情，他在原作裡就用伊基久斯伯爵的名字來取代，雖然並不得體，倒是還算公正。

111 朱理安提及他的朋友伊菲克里斯的爲人正直，對國家也有貢獻，後來他的服裝和行爲都模仿犬儒學派的哲學家，那種憤世嫉俗的作法顯得很荒謬。

112 傑羅姆一直在誇大華倫提尼安的錯誤，就是最後對他的報復行動說幾句慰勉的話，也都加以拒絕。

多瑙河邊的布列吉提奧（Bregetio），靠近匈牙利的城市普勒斯堡（Presburgh）。作戰的行動因氣候的酷寒而延遲，夸地人非常謙卑的期望征服者能夠息怒，想盡辦法說服伊基久斯，將使臣引導到御前會議。他們躬著身體，面帶沮喪的表情趨向寶座，並沒有敢抱怨國王遭到謀殺，只是嚴正發出誓言，肯定上次的入侵是一些不守規定的強盜所犯下的罪行，國內的全民會議已經給這些人定罪，一致表示深惡痛絕的態度。皇帝的回答沒有一點仁慈同情之心，讓他們完全喪失希望。他口無遮攔肆意辱罵他們卑鄙無恥、忘恩負義和倨傲粗暴，皇帝的眼神、聲音、面容和姿態，表露出狂怒的程度已到無法控制的地步，這時全身激動引起強烈的痙攣，體內一根血管突然爆裂，口不能言的倒在隨從的懷中。他們極力照料，立即掩飾整個情況不讓群眾知曉。不過幾分鐘的時間，西部皇帝在極大的痛苦中亡故（375年11月17日），直到最後還能保持清醒，對於圍繞在御用臥榻四周的將領和大臣，不斷掙扎要宣布他的意圖，但是已經無能為力。華倫提尼安享年五十四歲，還差一百天他的統治就滿十二年。

一位教會歷史學家煞有其事證實華倫提尼安有一夫多妻的行為：

> 塞維拉（Severa）皇后（我轉述這件八卦消息）把意大利總督的女兒，可愛的賈斯汀娜（Justina）視為閨中暱友，皇后在出浴時看到她裸體，感到極為豔麗驚人。這樣輕率的談話難免使皇帝動心，就把賈斯汀娜弄上床成為第二號妻子。帝國的臣民從詔書中知曉此事，他可以說真是豔福不淺。

但確定歷史事件要有合理證據，華倫提尼安是有兩次婚姻，先後與塞維拉和賈斯汀娜結褵，運用古老的方式，先離婚再取得結婚許可，雖然會受到教會指責，但合於法律規定。塞維拉雖是格里先的母親，對格里先而言，他已具備各種條件，毫無疑問有資格繼承西部皇帝。他是國君的長子，華倫提尼安的光榮統治，能自由且合理選擇繼承人，一定會獲得軍隊首肯。且格里先在九歲時，皇家的少年人就從溺愛的父親手裡，接受紫袍

和冠冕及奧古斯都頭銜。高盧軍隊在滿意和歡呼聲中，莊嚴的批准推舉人選[113]。在羅馬政府所有合法的文件中，格里先列名在華倫提尼安和華倫斯簽署的後面。由於他與君士坦丁的孫女結婚，華倫提尼安的兒子獲得弗拉維亞家族的全部繼承權利。基於時勢、宗教和人民的尊敬，皇室接連三代的傳承已視爲神聖的事物。

格里先在父親過世時僅有十七歲，軍隊和人民對他的器度都表示好感。但格里先無憂無慮的居留在特列夫宮廷，華倫提尼安突然在布列吉提奧崩殂，他離那裡有數百哩路的距離。爭權奪利的風氣受到主子在位的壓制，現在立即在皇室宮廷蔓延開來。梅洛包德斯和伊基久斯兩人，指揮伊里利孔和意大利配屬的地方部隊，玩弄權術陰謀擁立幼兒，可在背後操控施展野心。他們運用藉口遣走有聲望的領導人物，調開高盧部隊，因這些人會全力維護繼承人的合法權利，同時他們大膽實施具有決定作用的計畫，根絕國內外敵人的希望。賈斯汀娜皇后留在距布列吉提奧僅一百哩的宮殿，很尊敬地被奉請到營地，同時帶著故世皇帝的兒子。在華倫提尼安皇帝死後六天，同名的年幼王子僅有四歲，由母親抱著在軍團前亮相，接受軍隊歡呼，莊嚴授與最高權位的頭銜和服飾。格里先皇帝明智而穩健的作爲及時消弭內戰危機，他愉快地認同軍隊的擁立，並公開宣稱，他一直認爲賈斯汀娜的兒子是手足而不是仇敵，同時建議皇后帶著兒子華倫提尼安住在米蘭，位於美好而安寧的意大利行省，他自己多盡心負責阿爾卑斯山以外疆域。格里先掩藏心中憤怒，直到能安全地懲罰陰謀指使人，也有人受到解職處分。雖然他始終保持友愛和關切的態度對待同是國君的幼弟，但在治理西部帝國的工作上，他逐漸混淆自己的身分，成爲一位君主的監護人。羅馬世界是華倫斯和他的兩位姪兒聯名統治，東部軟弱的皇帝已承受長兄的位階，對西部帝國的御前會議從來無法產生權威和影響[114]。

---

113 阿米努斯提到軍隊擁立的形式和莊嚴的典禮，華倫提尼安好像沒有與羅馬元老院磋商，甚至都沒有通知。

114 蒂爾蒙特證明格里先統治意大利、阿非利加和伊里利孔，我已經盡力表示他的權勢超過他弟弟統治的領域，只是使用比較含糊的稱呼而已。

第二十六章

遊牧民族的生活方式　匈奴人從中國到歐洲的發展過程　哥德人被迫渡過多瑙河　哥德人之戰　華倫斯戰敗殞身　格里先舉狄奧多西為東羅馬皇帝　狄奧多西的出身背景和功勳成就　哥德人定居得到和平(365-395A.D.)

一、羅馬世界天災示警及蠻族狀況(365A.D.)

　　華倫提尼安和華倫斯統治第二年(365A.D.)，7月21日早晨，羅馬世界大部分地區，受到強烈地震的摧毀與破壞。震動傳入大海，突然之間發生退潮，地中海的海岸變成乾地，可以用手捉到大量魚類，大船全部擱淺在泥地上。好奇的觀眾[1]看見海裡現出的深谷和山脈，無不大開眼界，自從開天闢地以來，從未暴露在陽光的下面。但是接著浪濤捲天蓋地而來，聲勢驚人而且無法抗拒，西西里、達瑪提亞(Dalmatia)、希臘和埃及的海岸受害最烈：船隻被大浪捲起擱在屋頂上，要不就送到離岸邊兩浬遠的內陸；民眾連同住所被高漲的浪潮一掃而空；很多城市像亞歷山卓一樣，每年要哀悼這個不幸的日子，因為有五萬人在海嘯中喪失生命。這場巨變的報告在行省之間傳遞時，更擴大了災情的狀況，使得羅馬的臣民惶恐不安，人人都有大難臨頭的感覺。他們回想過去那些地震，曾經摧毀巴勒斯坦和俾西尼亞的城市，認為這次的打擊不過示警而已，僅是發生巨大災變

1　這是阿米努斯很壞的寫作習慣，不容易把事實和比喻分得清楚，然而他很肯定說是看到腐爛船隻的殘骸，留在伯羅奔尼撒半島的梅桑尼(Methone)。

的序曲。他們的虛榮心驚人,分不清楚到底是帝國衰亡,還是世界陸沉的預兆[2]。那個時代所流行的觀點,是把一切特殊事件歸之於神明旨意。自然界的變遷,可說在冥冥之中,與人類的心靈產生道德和形而上的觀點息息相關。具有莫大智慧的神學家依據各自的宗教主張,就可辨識出,異端邪說通常會引發地震,洪水是人類罪惡和過失無法逃避的後果。歷史學家對這些立論崇高的臆測之辭,毋須討論其眞僞或恰當與否,就他的經驗得知,人類的激情較之自然的震怒更爲可怕[3]。地震、海嘯、颶風和火山爆發所產生的災害,與戰爭相比根本無法及其萬一。現在歐洲君王把閒暇用來研究戰爭藝術,激起臣民的勇氣,但戰爭卻因爲君王的審愼或人道而有所節制。現代國家的法律和習性,使戰敗士兵的安全和權利受到保護。過著和平生活的市民,很少抱怨他們的生命和財產,會受到戰爭的蹂躪。羅馬帝國的衰亡引發連綿的災禍,這個時期起於華倫斯的統治,臣民的幸福和安寧全部被斷送,多少世代的成就毀於錫西厄和日耳曼蠻族之手。匈奴人在西部行省突然犯邊,然而早在四十年前,哥德民族靠著武力,從多瑙河到大西洋打開一條前進的通道,讓後來更多帶著敵意的部落,用更野蠻的方式達成入侵的目標。群體漂移的動機湮滅在遙遠的北國,深入觀察錫西厄人[4]或稱之爲韃靼人(Tartars)[5]的遊牧生活,倒是可以說明這種破壞性遷移的潛在因素。

地球上的文明國家表現出不同的特色,關鍵在於運用還是濫用理性,

2　利班紐斯、諾昔繆斯、索諾曼、昔瑞努斯和傑羅姆都對地震和海嘯有不同敍述。伊庇道魯斯(Epidaurus)爲市民沒信心而難過,若把埃及修道士聖奚拉里(St. Hilarion)請到海灘,比出十字架的姿勢,像山一樣高的波濤很快就會退回去。

3　戴西阿克斯(Dicaearchus)是逍遙學派的哲學家,寫了一篇正式的論文,證明這項非常顯明的眞理,對人類而言並不光彩。

4　希羅多德提到最早的錫西厄人,局限在多瑙河和帕拉斯·米奧提斯(Palus Maeotis)海之間,範圍大約是長闊各爲四千個斯塔迪亞(約合四百羅馬里)。戴奧多魯斯·昔庫盧斯(Diodorus Siculus)提到名稱和民族的逐漸演進過程。

5　韃靼人是最原始的部落,也是蒙古人的仇敵,最後成爲蒙古人的臣民。在成吉思汗和繼承人所領導的軍隊裡,韃靼人通常擔任前鋒,贏得戰無不勝的讚譽,他們的名字從首次被外國人聽到起,就用來稱呼整個民族。我在提到歐洲或亞洲北部的遊牧民族時,不論稱爲錫西厄人或是韃靼人,其間並沒有多大的差別。

塑造出形形色色的人爲習性和信念，構成歐洲人或中國人。本能較之理性
更爲直截了當說明一切，四足獸的食慾也比哲學家的沉思，更容易讓人領
悟。人類之中的野蠻人部落，由於生存條件接近野獸，彼此之間保有強烈
的類似。他們的行爲模式穩定不變，完全是天賦才能具有缺陷的必然後
果。他們的需要、慾望和樂趣與野獸處於同樣的情況，而且還要繼續存在
下去，食物和天候的影響極具威力，用以形成和維持蠻族的民族特性。當
然，在進步的社會產生相當多的倫理因素，這種本能的要求就會受到阻止
或抑制。歷史上每個時代，錫西厄或韃靼地方的廣闊平原，獵人和牧人部
落停留在上面依水草而移居。怠惰的習氣無法忍受耕種的勞苦，好動的天
性拒絕定居生活的限制。綜觀歷史，錫西厄人或是韃靼人因所向無敵的勇
氣和迅速無比的征服，獲得聞名於世的聲譽，亞細亞的帝位一再被北方的
牧人所覆沒。他們用武力將恐怖和毀滅，散布到歐洲富裕進步和能征善戰
的國家。這種狀況下，再加上其他原因，冷靜的歷史學家不能一廂情願的
用和平天眞這些美好品德，來裝飾遊牧民族的浪漫色彩，必須勉爲其難承
認他們的習性和行爲，更適合於堅忍和殘酷的軍營生活。爲證明我的觀察
無誤，要從兩個最主要的論點，對遊牧人和武士構成的民族加以說明：其
一是他們的飲食和居住狀況，其二是他們的遊獵和部族的統治。古代的記
錄用現代的經驗加以證實[6]，在波里昔尼斯(Borysthenes)河、窩瓦(Volga)
河和塞林加(Selinga)河的河岸，當地的生活方式和風俗習慣，跟過去相比
並沒有多大的變化[7]。

6　希羅多德的《歷史》第四卷對錫西厄人描繪出奇特而不完整的畫像，但等到現代，
　　閻萬林大汗(Khan of Khowaresm)阿布加齊大人(Abulghazi Bahadur)的敘述還是同樣
　　不變的景色，表現出栩栩如生的鄉土之情，他的《韃靼譜系史》(Genealogical
　　History of the Tartars)也長篇累牘被法國和英國的編者所引用。卡爾平(Carpin)、阿斯
　　林(Ascelin)和魯布魯其(Rubruquis)的作品介紹十四世紀的蒙古。除這些導師外，還
　　要加上張誠(Gerbillon)和其他的耶穌會教士，他們很精確的測繪出中國的韃靼地方。
　　還有就是爲人誠摯而學識淵博的大旅行家，安特摩尼(Antermony)的貝爾(Bell)。
7　烏茲別克人的早期生活習慣到現在已有很大的改變，主要原因是他們信奉伊斯蘭
　　教，其次是他們據有布加里亞(Bucharia)的城市和田地的收成。

二、北方遊牧民族的飲食和居住狀況

　　一個文明的民族通常以穀物或稻米作為主食，雖然有益於健康，僅能來自農民辛勤的工作。有一些天生好命的野蠻人，居住在熱帶地區，靠著大自然的賞賜過著食衣無缺的生活；但是在北方的天候條件下，以畜牧為生的民族，只能依賴牛隻和羊群勉強度日。醫術高明的醫生決定人類的性情(要是他們能如此決定的話)，因為肉食或素食的緣故，所受的影響會到達何種程度。無論食肉和殘酷是否有連帶關係，但是從任何觀點來衡量，不殺生對人性的建立還是有益處。雖然有這種說法，實際上看到和動手在家庭屠宰牲畜，同情心所受的影響可說是微乎其微。但是我們觀察到那些悚懼的動物，因為歐洲人的文雅而受到掩飾，但是在韃靼牧人的帳篷裡，令人厭惡的宰殺動作可以一覽無遺。他們習於屠殺牛羊作為每日的食物，血淋淋的肢體毋須經過多少的處理，就被毫無感覺的屠夫拿到餐桌上食用。在軍隊這個行業裡，特別是要指揮一支大軍，專門使用動物當食物明顯會產生實際的好處。穀物的運送不便而且易於敗壞，必然需要大型倉庫用來供應軍隊賴以生存的物品，使用大量的人員和馱獸，費盡辛勞進行緩慢的運輸。但是牛隻和羊群可以伴隨韃靼人行軍，保證提供充足的肉食和奶類，所經的地方絕大部分是未耕種的荒野，草類生長迅速而且繁茂，只有少數極為貧瘠的不毛之地，北方強壯的牲口只有在那裡不會發現可用的牧場。韃靼人對飲食不講究而且能忍受饑渴，可以增加牛羊供應的數量，延長使用的時間。他們靠著這些動物的肉為生，不管是宰殺或病死都一律下肚，毫無差別。在任何時代和國家，無論是歐洲或亞洲，文明社會一般都忌諱食用馬肉，但韃靼人貪吃的胃口特別嗜愛，這獨特的口味有助於軍事作戰的成功。錫西厄人的騎兵部隊主動積極，在距離遙遠的快速入侵行動中，通常都會帶著相當數量的備用馬匹，隨時用來增加速度，或是免於饑餓之苦。眾多的馬匹是發揮勇氣的泉源，使食物的供應不致匱乏。當韃靼人營地四周的秣草耗用殆盡，就宰殺大部分的牛隻，把鮮肉用煙燻過，

或曬成肉乾，可以長久保存。在突發狀況下的緊急行軍，他們為自己準備
相當份量的乾酪球，或是堅硬的凝乳，食用時可溶在水中。堅忍的戰士靠
著輕便飲食，維持很多天的精力，不致因缺糧而喪生。但是這種戒除食慾
的克制能力，斯多噶派哲人奉行不渝，基督教的隱士極為心儀，蠻族接著
就用暴飲暴食來補償。韃靼人把來自溫暖地區的美酒，視為最喜愛的禮物
和最貴重的商品。他們孜孜不倦願意從事的生產工作，是運用技術從馬奶
中提煉發酵的烈酒，飲後很容易醉倒。無論是舊世界或新世界的野蠻人，
對於交替出現的饑饉和豐盛所帶來的興衰，身受其苦而深具經驗。就像獵
食的動物，他們的胃已習慣於極端的饑餓和暴食，並未感到有任何不適。

　　一個社會簡化到以農立國和崇尚武力的時代，成群的士兵和農夫散布
在廣闊的土地上，這是一片耕種過的地區。當好武的年輕希臘人或是意大
利人，集會在同樣的旗幟之下，不論是保衛自己的領土，還是侵略鄰近部
落的區域，必然已有很多世代悠然消逝。生產製造和商業貿易的發展過
程，逐漸聚集一大群人在城市的城牆之內，但是這些市民不再是士兵。技
藝可以美化和改良文明社會的狀況，同時也會腐蝕軍事生活的習慣。錫西
厄人的遊牧方式看來可以結合簡樸和精練的不同利益，同一部落的個人可
以經常集會，但是他們只聚集在一個營地裡。這些生性勇敢的牧人，相互
之間有時共同勉勵，有時彼此競爭，就會激發天賦的本能。韃靼人的寓所
不過是很小的盧幕，大致成卵形，居住的環境寒冷而污穢，年輕的男女混
雜在一起。富人的大廈也不過是木屋而已，大小以能方便的裝置在大車上
為準，可能要用一隊牲口來拖曳，數目多達二十到三十頭公牛。大群家畜
白天放牧在鄰近的草地，到夜晚趕回來受到營地的保護。人與動物永遠聚
合在一起，需要防止產生有害的混亂，在所分配的紮營地點，就得建立秩
序和警衛，這是初步的軍事動作。等到地區的牧草消耗殆盡，部落的牧人
就像軍隊一樣，要開拔到新的牧場。這在遊牧生活中是例行工作，等於在
演練作戰行動中最重要而困難的項目，可以獲得這方面最實用的知識。位
置的選擇依據不同的季節有常例可循，韃靼人在夏天向北方進發，把帳篷
安置在河岸，至少也要靠近奔騰的溪流。冬天回到南方，營地選在山巒的

後面要能進出方便，避開從西伯利亞冰凍地區颳來的寒風。這種生活方式普遍為逐水草而居的部落所採用，等於把遷移和征戰的精神傳播開來。人民和地域的關係是脆弱不堪的結構，經常為微小的意外事件而損毀。對真正的韃靼人來說，營地才是自己的家園，土地並不是。在營地的區域內，環繞著他的家人、同伴和財產。經過長距離的行進以後，他所熟悉的東西，或是那些他所喜愛或有價值的物品，仍舊在他的四周。渴望搶劫掠奪的欲念、抗拒束縛羞辱的性格、愛好自由無羈的生活，無論在那個時代，都能用來驅策錫西厄人的部落，大膽進入前所未知的國家，希望發現更豐盛的物產、實力不足畏懼的敵人。北方遊牧民族的變革通常會決定南方農業民族的命運，從中國的國境到日耳曼的邊界，敵對民族之間的衝突方興未已，勝敗進退不停的流轉，永無止息[8]。民族的大遷移受自然現象的因勢利導，易於反掌折枝，有時則費盡千辛萬苦始克成行。韃靼地區雖然位於溫帶，嚴酷的寒冷來自矗立的高原，特別是在東部上升到海平面以上半哩的高度，到處都是鹽漬地，浸入土壤的濃度已達飽和[9]。那些注入黑海、裏海和北冰洋(Icy Sea)的河流，不僅寬闊而且水勢急湍，到了冬季全部凍結。田野覆蓋厚雪，無論是逃亡流離或乘勝追擊的部落，帶著家人、大車和牛隻，在平整而堅實的地面上，安全橫越廣大的平原。

三、北方遊牧民族的遊獵和部落的統治

　　與辛勞的農地耕種和生產製造相比，遊牧生活看來是懶散得多。韃靼族群裡地位最尊貴的牧人，只把牛隻管理這些家務事委付給俘虜，至於自

8　迪基尼(de Guignes, Joseph, 1721-1800A.D.，人類學家和歷史學家)是精通中文的翻譯家，工作勤奮，發現韃靼人的遷移運動，為人類歷史展開研究的新領域。

9　中國韃靼地區有一塊平原，離長城只有八十里格(舊時的長度單位，等於三英里或五公里)，傳教士發現位於海平面上三千個幾何步度(每個幾何步度為五英尺)。孟德斯鳩(Montesquieu, Baron de la Brede et de, 1689-1755A.D.，法國啟蒙思想家、法學家、哲學家)運用旅客的敘述，當然不免有濫用之嫌，推論出亞洲的變革主要是受環境影響，像是冷與熱、強與弱，非常極端，缺乏溫帶氣候。

己的生活很少需要奴隸服侍或細心照顧，打發閒暇的時光不在於享受樂趣
和滿足嗜好，而是花在更爲暴力和血腥的狩獵。韃靼地區的平原放牧強壯
而耐久的純種馬，很容易加以訓練用於戰爭和出獵。每個時代的錫西厄人
都被稱譽爲勇敢而精練的騎士，他們在馬背上穩如泰山，是長年累月不斷
乘騎的結果。就外鄉人看來，他們的日常生活與馬匹息息相關，無論吃喝
睡眠都叫不離馬鞍。他們在馬上使用長矛，講求技術是克敵致勝的主要武
器。要有健壯的手臂才能拉開韃靼人的長弓，沉重的箭矢可達成百步穿楊
的效果，穿透力很強難以抵擋。他們用弓箭來射殺荒原中無害的動物，只
要天敵一旦離開，像是野兔、野羊、麝獐、水鹿、麋鹿和羚羊之類的動
物，很快繁殖增加數量。騎士和馬匹的活力和耐性，能夠不斷從事辛勞的
追獵活動，豐富的獵物可以供應生活所需，也可成爲韃靼人營地的奢侈
品。錫西厄獵人的成就不在殘殺膽怯而無害的野獸，他們要勇敢的面對憤
怒的野豬，激起動作遲緩的黑熊，轉過身來攻擊追逐的獵人，也要逗引藏
身在叢林裡的老虎，讓它兇狠的衝出來。只有危險才帶來榮譽，狩獵的方
式可以在美麗的原野，盡情展現勇武的精神，正好用來考量戰爭的需要，
成爲最好的訓練場所。韃靼的王侯感到驕傲和愉悅的活動，莫過於狩獵競
賽，對人數眾多騎兵部隊構成最富教育意義的演習。把圍獵的隊伍拉開
來，形成範圍擴大到很多哩的圈子，將廣大地區的獵物圍在裡面。然後部
隊從外圈向著中心點前進，在緊密的包圍下，捕獲的獵物被獵人用標槍任
意射殺。出獵的行軍路程經常會連續很多天，騎兵部隊非得要爬過山嶺、
游過河流，迅速穿過山谷，才能在逐步展開的過程中，沒有違反預先規定
的命令和序列；將眼光投向遙遠的目標，加快腳步盡快趕到，養成劍及履
及的良好習慣；保持適當的間隔，按照左右兩邊部隊的運動狀況，調整自
己的步速不致超前或落後；注意接收以及傳送首領所發出的信號。他們的
首領在這個演習場，能夠磨練戰爭藝術最重要的課程，對於地形、距離和
時機作出立即和正確的判斷。只要將所學交替運用，同樣的耐性、精力、

技巧和紀律，在實戰中可以拿來對付世仇大敵，狩獵的消遣活動爲征服一
個帝國拉開序幕[10]。

　　古老日耳曼人的政治社會，外表看來像是獨立無羈的武士自願組成的
聯盟。錫西厄人的部落，現在的稱呼是「旗」(Hords)，也因此而知名於
世，採用的形式像是人口眾多而日益興旺的家族。在後續的世代中，家族
因同一血統家系，能夠繁衍綿延，生生不息。就是最卑賤和最無知的韃靼
人，也把家譜當作無價之寶，很驕傲的長久保存。不論兩個人的階級差別
有多大，主要是個人的財富差距所造成的社會貢獻不同而形成，雙方之間
都會相互尊重，因爲都是部落創始者的後裔。根據仍流傳的習慣，會收養
最勇敢和最忠誠的俘虜，或許能支持可能的疑慮，那就是這樣廣泛的血緣
關係，從相當程度來說，只是法律上的關係並非實情。但這種有用的偏見
會產生眞實的效果，因時間和輿論而獲得認可。傲慢的蠻族對血緣的首領
表達樂意和自願的服從，他們的酋長或稱爲穆沙(Mursa)，代表著他們的
父輩，在平時執行法官的職責，戰時享有領袖的權威。在遊牧世界最早期
的環境裡，每位穆沙(要是我們能夠使用這個現代的稱呼)執行自己的職
責，相當於大家族中獨立自主的酋長。特定領域由於優勢的力量或者相互
的同意，逐漸得到固定的界線，但是各種永久因素的不斷運作，有助於聯
合到處飄泊的「旗」成爲民族團體，接受最高首領的指揮。弱者意欲獲得
支持，強者有統治的野心，權力是聯合的結果，用來壓制或是併吞鄰近部
落分散的力量由於被征服者可以自由分享勝利的成果，最驍勇的酋長急著
安排自己和他的追隨者，加入聯盟團體無法抗拒的旗幟之下。最有成就的
韃靼君主取得軍事指揮權，憑著功勳和實力得到最高地位的頭銜，在同儕
的歡呼聲中登上寶座。可汗的頭銜就亞洲北部的語言來說，表示全部包括
在內的帝王尊榮。世襲繼承的權利長久以來限於有王國創始者血緣的後
裔，這時所有的可汗，從克里米亞到中國的長城，全部都是偉大的成吉思

10　佩特・克洛(Petit Croix)描繪出蒙古人出獵的偉大場面；耶穌會教士張誠和南懷仁
　　(Verbiest)，曾隨駕參加康熙皇帝的木蘭秋獮；等到乾隆即位，結合滿蒙的武功和
　　中國的文治，這位詩人也是獵者，用詩句表達出歡悅之情。

汗的嫡系子孫[11]。

　　但是，韃靼國君無可推卸的責任，就是領導好戰的臣民進入戰場。幼兒對王座的權利通常無人理會，有些皇親國戚以年齡或勇武著稱，被授以前任國君的刀劍和權杖。部落被課以兩種不同的定期稅收，分別用來支付國君和特定的酋長，以維持他們尊貴的地位。兩種所奉獻的總額是十一稅，不論是財產或是戰利品。韃靼的君王享用人民十分之一的財富，由於自己牲口的價值成長速度較快，能夠維持宮廷到達樸素無華的場面，對有身價或寵愛的追隨者給予報酬。這些人有時會拒絕嚴苛命令所具有的權威性，但從施惠所產生的溫和影響力，更能獲得下級立即服從的效果。臣民的習性和首領一樣喜愛殺戮和掠奪，因此暴君的偏袒行為可能會激發文明民族的恐懼感，但從他們的心目中卻可以找到藉口。但是專制君王的權力在錫西厄的荒原中，從來沒有得到認可。可汗的直接管轄權只限定在自己部落的範圍內，行使皇家的特權因古老的部族會議制度而受到制約。韃靼人的庫利爾台(Coroultai)，也就是節慶大會，春秋佳日定期在平原之中舉行。統治家族的王侯、各部落的穆沙，帶著孔勇有力人數眾多的隨從，很適當的乘坐在馬背上集會。雄心勃勃的君王在商詢大家的意願以後，可以校閱武裝民眾的實力。在錫西厄或韃靼民族的制度中可以發現雛形的封建政體，但是這些敵對民族之間的宿仇有時會造就有實力的專制帝國。戰勝者脫穎而出，讓其他王侯處於從屬的地位，收取他們的貢金而富於戰爭資財，重視武備而增強防衛力量，將征服行動擴展到歐洲或亞洲。北方功成名就的牧人屈從於藝術、法律和城市的同化力量，傳入的奢華生活在摧毀民眾的自由權利後，已腐蝕帝座的基礎[12]。

　　目不識丁的蠻族在經常性的遠距離遷移行動中，無法記錄久遠年代前

11　參閱《韃靼譜系史》第二卷，在〈成吉思汗傳〉之後附有大汗的列表。在帖木兒(Timur)統治的時代，他的臣民之一是成吉思汗的後裔，仍舊擁有可汗的稱號，表示王室的血統。亞洲的征服者對擁有埃米爾(Emir)或蘇丹(Sultan)的頭銜就已心滿意足。

12　孟德斯鳩費很大的力氣，想要說明阿拉伯人的自由和韃靼人的奴役兩者之間的差異，事實上這種差異根本不存在。

發生的歷史事件，現代的韃靼人根本不知道祖先的征戰行為[13]。我們所了解的錫西厄人歷史，是來自他們與文明的南方民族相互間的交往，像是希臘人、波斯人和中國人。希臘人在黑海上航行，沿著海岸建立殖民地，雖然不夠深入，還是能夠逐漸發現錫西厄人的大致情況。從多瑙河以及色雷斯的邊界，遠達冰凍的米奧提斯(Maeotis)海，那裡有恆久的冬天，以及高加索山，被詩意描寫成地上的終極界線。詩人以人云亦云的態度讚美遊牧生活的豪情詩意[14]，對於好戰蠻族的數量和實力，認為他們輕易抗拒希斯塔斯皮斯(Hystaspes)之子大流士(Darius)的大軍[15]，倒是很理性的心存唇亡齒寒之憂。波斯國王向西部征討，延伸到多瑙河的兩岸，以及歐洲部分的錫西厄邊界，帝國的東部行省暴露在亞洲的錫西厄人眼下。平原上野性未馴的居民越過阿姆(Oxus)河和錫爾(Jaxartes)河兩條大河，前進路線直接指向裏海。伊朗和圖朗(Touran)之間悠久不息的交鋒，令人難以忘懷，成為歷史和傳奇的最佳題材。羅斯坦(Rustan)和阿斯芬迪爾(Asfendiar)是神話人物，也是波斯的民族英雄，防衛自己的國家對抗北方的阿法拉斯亞人(Afrasiabs)，同時也效法蠻族絕不服輸的精神，就在這一片地方，力拒居魯士(Cyrus)和亞歷山大所向無敵的大軍[16]。

在希臘人和波斯人的心目中，錫西厄的真正地理位置，東邊以伊繆斯(Imaus)山或卡夫(Caf)山為界。亞洲那些絕域和人跡罕至的部分，遙遠的景色被無知所掩蓋，或因杜撰的想像之辭而使人迷惑不已。但是這些難以

13　阿布加齊大汗在他的《韃靼譜系史》中，提到烏茲別克的韃靼人悲慘的傳說和傳統，可以追溯到成吉思汗統治以前的時代。

14　在《伊利亞德》第十三卷，朱庇特將眼光從特洛伊血腥的戰場，轉向色雷斯和錫西厄的平原。改變場景後，我們看不到更安寧平靜或更純潔清白的情景。

15　參閱希羅多德的《歷史》第五卷。當大流士的進軍，到達位於多瑙河和轟斯特河之間的荒原，錫西厄人的國王送給他一隻鼠、一隻蛙、一隻鳥和五枝箭，這真是富有哲理的寓言。

16　希臘人在《亞歷山大遠征史》中提到裏海及流入裏海的河流，還有位於鄰近的部落。要是與實際的位置比較，就知道希臘人基於虛榮心作祟和無知，才產生這些錯誤。

抵達的區域，早就安居一個勢力強大、文明發達的民族[17]。要是按照傳統的說法，可以追溯四十個世紀[18]，就是靠歷代精確歷史學家恆久不斷的作證[19]，也仍有近兩千年之久。中國的歷史列舉遊牧部落的狀況和變革，但仍然使用含混的名字稱呼他們，像錫西厄人或韃靼人。這些部落是偉大帝國的臣屬、敵人，有時也成為征服者。帝國政策持續不變，就是要抗拒北方蠻族，免於暴虐慘烈和玉石俱焚的侵略。從多瑙河河口到日本海，錫西厄的疆域橫跨經度達一百一十度，對比之下，已超過五千哩。這片廣袤曠野的緯度很難測定，從北緯四十度接觸到中國的長城算起，向北面不斷推展達一千哩，直到前進為西伯利亞的酷寒所阻。在這個極度寒冷的凍原，見不到生氣勃勃的韃靼人營地，只有輕煙從地面或雪堆中飄出，顯示通古斯人（Tongouses）或稱薩滿人（Samoiedes）的地底住所。由於土地無法充分供應所需的馬匹和牛隻，他們使用馴鹿和大型犬類，取代馱獸的原有功能。這些地球上最兇狠的征服者，逐漸退化成猥瑣而軟弱的族群，聽到兵刀的聲音就顫抖不已。

17　此民族最早位置在中國西北的山西省和陝西省。兩個開始的朝代夏朝和商朝時，主要的城市還是可移動的營地，稀疏地散布著村落，大部分土地不是耕地而是牧場，按照規定出獵以消滅為害人民的野獸。北直隸（北京所在地）當時還是一片荒原，南方各省都是苗傜諸族的天下。到漢朝（206B.C.）才有帝國的形式和規模。

18　中國君主專制時代的開始時間，從公元前2952年到2132年，有各種不同的說法，當前在位的皇帝（譯按：就是清朝的乾隆皇帝）欽定為公元前2637年（譯按：黃帝即位之年，經查現有資料，有公元前2673、2698及2674年等三種說法。原文所謂2637年，不知是否筆誤），成為合法的中國紀元起算的年份。原來所以有很大的差異，是兩個最初朝代的長度未確定所致，再加上更早的真實或傳說，可以推到黃帝或伏羲。司馬遷把所作的《史記》開始時期定為公元前841年；根據孔子的記載，從公元前722年（譯按：春秋編年開始，公元前481年西狩獲麟，春秋結束）到480年共發生三十六次日蝕（其中有三十一次得到證實）。要是根據這個資料計算，中國的歷史時期未超過希臘的奧林匹克時期（譯按：從公元前776年開始，每四年計算一次）。

19　經歷幾個混亂和專制的朝代以後，漢朝是恢復儒家學術的時期，保存殘留的古代經史和文藝，把各種學說加以發揚光大。由於書寫工具的改進，使得書籍的保管更為方便。在公元前97年，司馬遷完成中國歷史第一部鉅著《史記》。修史的工作傳承下去，前後共有一百八十位歷史學家參與。他們的作品精華還在流傳，法國的皇家圖書館收藏部分書稿。

四、匈奴的興起以及對中國的征戰和敗亡(201B.C-93A.D.)

匈奴人在華倫斯統治朝代威脅著羅馬帝國,更早的時期在中華帝國所
向無敵。他們古老的根據地也可以說是發源地,是一片面積廣袤的區域,
雖然乾旱而貧瘠,卻正好位於長城的北面,現在是蒙古四十九個旗的領
地,每個旗是一個草原的部落。這個遊牧民族一共有二十萬戶人家,但是
孔武有力的匈奴人擴張狹窄的疆域,粗野的酋長獲得單于的稱號,逐漸成
爲這個橫掃歐亞大帝國的征服者和君主,所向無敵的軍隊向東的征戰只受
到海洋的阻擋。那些在黑龍江(Amoor)和極遠的朝鮮半島之間稀疏散布的
部落,被迫追隨著匈奴人的旗幟。他們在西邊靠近額爾濟斯(Irtish)河的
源頭以及伊繆斯山的谷地,發現水草豐美的瀚海和爲數甚眾的敵人。單于
有名部將在一次遠征中降服二十六個國家,伊果人(Igours)[20]在韃靼族群
中以使用文字而名聞遐邇,成爲統治下的屬國。說來巧合,一個流浪的部
落逃離匈奴人的統治後,進入波斯人的疆域,迫得入侵敘利亞的安息人將
戰勝的軍隊撤回。在北邊以大洋成爲匈奴人勢力範圍的界線,沒有敵人可
以阻止他們的前進,當然也找不到證據可以用來反駁他們的誇耀之辭,可
以說只有他們眞正征服西伯利亞冰天雪地的廣大世界,當然有的地方還要
憑著想像。北海成爲帝國最遙遠的邊界,這個名字指的可能是貝加爾湖,
愛國的蘇武曾在湖岸牧羊[21]。這是個面積很大的盆地,長度超過三百哩,
所以才不願使用湖來做名字[22]。實際上有幾條大河像是安加拉(Angara)
河、通古斯河和葉尼塞河,從大湖流出可以直通北方的海洋。很多遙遠國
家降服,使得單于的氣焰高漲,但是匈奴人的英武作戰,只爲了享用南方

20　伊果人或稱維果人(Vigours),分爲三個階層,就是獵人、牧人和農人,最後這個
　　階層受到前面兩個的輕視。
21　蘇武的忠貞氣節和冒險經歷,直到現在還受到中國人的頌揚。
22　按照民間說法,若有人敢把神聖的海稱爲湖,它就會怒氣衝天引發劇烈風暴。像
　　這樣的用詞,會在水手的荒謬迷信和旅客的荒謬固執之間,帶來很多的爭執。

帝國的財富和奢華。在公元前三世紀，中國終於構建長達一千五百哩的長城，防衛邊疆抵抗匈奴的入侵，但這樣偉大的工程在世界的地圖上據有顯著的位置，對保護和平的人民沒有發揮應有的功能。單于的騎兵通常有二、三十萬人，弓馬之熟諳舉世無雙，歷經嚴酷天候之考驗，機動的速度極為驚人，大舉入侵的寇邊，連高山峻嶺、長江大河都無法阻擋。

　　匈奴立即在國土的正面發起快速的攻擊，使行動鈍重和戰術精巧的中國軍隊受到奇襲，張惶失措無還手之力。漢高祖劉邦出身行伍，靠戰功登上帝座，率領逐鹿天下所訓練的百戰王師，出兵與匈奴相抗衡（200B.C.），結果被夷狄大軍圍困七日，毫無解救的希望，簽訂喪權辱國的條約才被釋放歸國。後續諸帝竭盡全力，善用各種攏絡手段謀取和平，又大興上木起造宮殿，以致國勢陵夷而羞辱不堪。朝廷很快承認軍隊和防禦工事已不足恃，而且很輕易相信，當烽火在不同的地點燃起，即使軍隊枕戈待旦，日夜不懈，也會因疲於奔命而不堪一擊。為了在局勢不穩的狀況下維持暫時的和平，條約規定支付定額的金錢和絲綢。就像後來的羅馬人一樣，中國皇帝因權宜之計而甚為苦惱，就用禮物和賞賜的名義，來掩飾讓人感到羞辱的貢金。但是這裡面還有比貢金更為難堪的項目，而為天理人情所不容。蠻荒之地的生活艱苦，嬰兒在出生時要是體格不夠強壯，在幼年時期很容易夭折，使得兩性之間的數量根本不成比例。韃靼人是面貌醜陋體態笨拙的種族，把自己的婦女看成勞動和家事的工具，他們貪色的慾念要享用更文雅的美人。中國每年挑選一群嬌麗的少女，奉獻給舉止粗魯的匈奴人，靠著皇室親生或收養的女兒，與傲慢的單于聯婚，可以穩固雙方的結盟關係。這樣一來，皇室神聖不可侵犯的血緣，在無形中便受到污染。有位中國公主成為可憐的犧牲品，就把這種處境用長詩表達出來，為她的父母將她遠適異國，嫁與夷狄為妻而長吁短嘆，為飲唯酪漿、食唯腥羶、居唯廬幕而恨聲不絕，希望能變成一隻歸雁飛回自己的故鄉，充分表達出哀怨之情，千秋萬世，永無止息。

　　中國在歷史上有兩次被北方的遊牧民族征服，匈奴人的實力並不輸於蒙古人或女眞人，他們抱著很大的野心，對成功充滿樂觀的希望，但是實

力強大的漢朝,第五代的漢武帝運用武力和政策,挫折敵人的銳氣,阻止
蠻族南下牧馬。他在長達五十四年的統治期間(141-87B.C.),平服南方各
省的苗族,讓他們接受法律和文教的治理,並擴展帝國古老的界線,從長
江到達廣東的口岸,不再將自己局限於怯懦的防衛作戰。他的部將深入匈
奴的國境數百哩,在杳無邊際的沙漠,不可能構建倉庫,很難運送足夠的
糧食。漢武帝的大軍一再陷入難以忍受的困境之中,十四萬士卒出征掃蕩
敵人,只有三萬人安全歸來。巨大的損失獲得決定性的成功和光輝的勝
利,中國的將領統率部隊沉著應戰,運用戰車克敵,加上韃靼人輔助部隊
的效命,戰力獲得很大的優勢。單于的部隊因睡眠和貪飲在營地被奇襲,
英勇的匈奴國王突圍而去,留下一萬五千臣民在戰場任憑宰割。這場重大
的勝利以及前後很多次血戰,對於摧毀匈奴人勢力所作的貢獻,還是比不
上有效的分化政策,使各屬國不再服從匈奴的命令。漢武帝和後續各帝運
用武力威脅和各種承諾的利誘,使在東方和西方有相當多的部落不再承認
單于的權勢。這些部落把自己看成帝國的盟邦或屬國,全部成為匈奴不共
戴天的仇敵(70B.C.)。還有大量生性蠻橫的人民,被容納在長城之內,成
為中國一個人口眾多的大都市[23],這也就相對削弱原本的勢力。臣民的背
離和內戰的困惑,最後使得單于放棄獨立君王的尊榮,不再是一個充滿尚
武精神的國家。他在首都長安,當著部隊和官員的朝會,接受皇帝的封號
和各種賞賜,雖然有別於獻俘的凱旋,還是中國人最為自負的勝利
(51B.C.)。有一所壯麗的宮殿作為接待之用,他的爵位在皇室所有皇子之
上,夷狄之君的耐性都用來應付宴會的禮儀,其中包括八道肉食和九段莊
嚴的音樂。但是他為了善盡職責,跪在地上向中國皇帝表示臣服,用自己
和子孫的名字立下效忠的誓言,很感激的接受印信,作為合法成為屬國的
章紋和表記。

　　在這次羞辱的歸順以後,單于有時還會背棄聯盟的關係,抓住戰爭和

23　這種說法出現在呈給漢文帝的奏文中。我沒有採納馬可波羅(Marco Polo)和艾薩
　　克‧佛休斯(Issac Vossius)的誇大之辭,而是合理假定北京有兩百萬人口,而南方
　　的城市是中國的生產中心,人數更多。

掠奪的有利時機，但是匈奴的君主政體逐漸衰微，後來發生內爭而分裂，變成兩個敵對的王國（48B.C.）。其中一國的君王受到恐懼和野心的驅策，率領八個旗，大約由四萬或五萬家庭組成，投奔到南方。他獲得單于的稱號，劃給能適於生存的區域，位於中國北方各省的邊緣，一直成為附屬為帝國提供服務，等到勢力減弱以後，還要求帝國為他復仇。自從分裂造成致命的傷害以後，北方的匈奴處於積弱不振的局面有五十年之久，這時他們無論在那一方面，都受到外部和國內敵人的壓迫。有塊巨大的石碑上刻著驕傲的文字，豎立在一座高山之上，向後世子孫昭示，中國軍隊進兵七百哩，攻入敵人的心臟地區[24]。鮮卑人是東方韃靼種族的一個部落，要報復過去所忍受的傷害和恥辱。經過一千三百年的統治以後，在公元一世紀末葉，單于的權力完全遭到摧毀（93A.D.）[25]。

五、匈奴人向西遷移及其產生的影響（100-300A.D.）

戰敗的匈奴人受到所處位置和狀況的影響，各自的命運產生很大的變異[26]。大約有十萬最貧窮而毫無志氣的民眾，對原有的家園感到滿足，就放棄自己的姓氏和身分，與鮮卑這個獲勝的民族混雜在一起。五十八個旗大約有二十萬人，即使要過奴役生活，也要獲得更有利的位置，就退到南邊懇求中國皇帝的保護，獲准定居下來，可以守衛陝西省最遙遠的邊界和鄂爾多斯（Ortous）地區。但是匈奴人最有實力而好戰的部落，在氣運不利的狀況下，還能保持祖先大無畏的精神。西方世界為他們的英勇而門戶大開，他們在世襲酋長的領導下，決定要發現並降服遙遠的國家，到達鮮卑人的武力和中國人的法律所不及之處（100A.D.）。所選定的遷移的路線，

24　燕然勒石銘文是出於班固之手，他曾任蘭台令史，這類紀念碑在西域各地都有發現。（譯按：班固負責修史的工作，繼承父親的遺志完成《漢書》的著述。像上面所提的紀念碑在西域各地都有發現。）

25　據中國史，匈奴出現在公元前1210年，但國王的名字要到公元前230年才提到。

26　有關匈奴的興亡的各種重大事件，在《通鑑綱目》裡有詳盡的敘述，人數較少的各旗也會因作戰傷亡和離開領地而消失。

很快讓他們越過高峻的伊繆斯山脈及中國的地理邊界之外。然後我們很明顯的看出，這次勢不可當的逐離行動，分爲兩個主要的方向，一個直接指向阿姆河，一個對著窩瓦河前進。在裏海的東側，肥沃多產、面積廣大的粟特（Sogdiana）平原上，他們建立第一個有統治權的墾殖區，可以保持匈奴人的名稱，也獲得優泰萊特（Euthalites）或尼泰萊特（Nepthalites）人的稱呼。他們的生活習慣已經較爲馴順，因爲長久居住在溫和的氣候之中和富裕的行省裡[27]，就連面貌也逐漸改變。須知這個行省還對希臘的藝術保持模糊的印象[28]，他們因皮膚的顏色獲得白匈奴的外號，很快放棄錫西厄人的遊牧生活。果爾果（Gorgo）是國王的居住地，又稱卡里斯姆（Carizme）。國王可以對服從的人民行使合法的權威，享受短暫的繁榮和興旺。由於粟特人勤勞工作，能夠維持奢華的生活。唯一留存的古老野蠻習性，是把所有曾分享富有君主恩典的侍從，爲了陪葬全部活埋在同一座墓穴，人數可能多達二十個。匈奴人鄰近波斯的行省，爲了爭權奪利經常捲入血腥的鬥爭。但是他們在平時遵守條約的規定，戰時用人道的行爲對待敵人，普遍獲得大眾的尊敬。他們對佩洛昔斯（Peroses）或稱菲魯斯（Firuz）的作戰，獲得難以忘懷的勝利，不但展現蠻族的武勇，也表露出溫和節制的態度。

匈奴第二支族人逐漸向西北方發展，歷經寒冷天候的艱辛，克服勞苦困難的行程，基於需要迫使他們拿出中國的絲綢，來交換西伯利亞的毛皮。他們的文明生活僅限於初期階段，現在被歲月抹去所有的痕跡，匈奴人天生兇狠的性格，在與野蠻部落的交往過程中，受到刺激更爲變本加厲。這些野蠻的部落就某些行爲看來，與荒漠的野獸沒有多大區分。他們具有獨立不羈的氣質，立即拒絕單于的世襲繼承制度，每個旗由特別選出的穆沙或稱爲旗主來治理，喧囂的會議掌管全民族的公共事務。遲至十三

27　當成吉思汗率蒙古人入侵粟特時，此地受卡里斯姆蘇丹穆罕默德的統治。東方的歷史學家頌揚這個人口眾多的城市和富裕的國土，但都被成吉思汗所蹂躪。

28　貫士丁（Justin）留下希臘國王巴克特里納（Bactriana）一部簡短的傳記。這個國家所以能興旺繁榮，在於建立一條新而特別的貿易路線，把商品從印度運到歐洲，經過阿姆河、裏海，居魯士山、費西斯河和黑海。其他的路線不論是陸地或海上，都操縱在塞琉西亞人和托勒密人的手裡。

世紀獲得偉大的匈牙利（Hungary）[29]這個稱呼，才在歷史上證實這個國家的
存在，這時還短暫居住在窩瓦河東岸。他們在冬季帶著牲口前往這條大河
的入海口附近，夏天逐水草抵達薩拉托夫（Saratoff）高緯度區域，或是迦
馬（Kama）河的合流處。這些地方至少還是黑色卡爾木克人（Calmucks）最
近的邊界，在俄羅斯保護下已有一世紀之久，還有些人又回到中國邊界附
近原來的發源地。這些四處漂泊的韃靼人無論是離開或回歸，聯合在一起
的營地，包括五萬個盧幕或家庭，展現出古老匈奴人的遠距離遷移行動
[30]。

　　從匈奴到達窩瓦河，在中國人眼中消失，到出現在羅馬人的前面，幾
百年時光轉瞬而過，這段期間的歷史陷入黑暗，無人知曉。不過，倒是可
以提出一些理由，知道是同一股力量逼得他們離開本鄉本土，繼續不斷向
著歐洲的邊界前進。鮮卑是不共戴天的仇人，聲勢強大以致從東到西橫跨
三千哩[31]，匈奴無法力敵這個鄰居，逐漸感受到強大的壓力和恐嚇；錫西
厄人的部族也不敵鮮卑人大敗而逃，對匈奴而言，難免可以增加自己的實
力，相對也會縮小既有的疆域。讀者要是不了解這個民族，光是聽到名字
就會感到刺耳，因此在進入主題之前，有若干可疑之處不能避而不提。首
先就是北方的匈奴因為南朝的滅亡，而獲得相當的人力增援，這是三世紀
發生的事件，南方地區全部納入中國的版圖；其次是英勇的戰士遠離家
園，是要獲得自由的樂土，尋找冒險犯難的鄉親；再者是他們因興旺繁榮
而分為較小的部落，一旦時運不佳遭遇困難，自然就會團結起來[32]。

29　十三世紀時，魯布魯其（Rubruquis）教士研究匈牙利這個不尋常的名字，從追蹤它
　　的語言和起源著手。

30　在1771年有三十萬土爾扈特族人，也就是俄羅斯的卡爾木克人，歸順清朝。中國
　　的乾隆皇帝勒石刻碑，已由在北京的傳教士譯成外文。皇帝以天子和國君的名
　　義，辭藻華麗而優美。

31　《通鑑綱目》敘述鮮卑人的征戰範圍有一萬四千華里，按照現在的標準，二百華
　　里（要是更精確的話應是一百九十三華里）等於緯度一度，而一英里要超過三華
　　里，而且知道古代的華里不到現代的一半，所以算起來只合三千哩。

32　匈奴的後續歷史還延長三或四個朝代，有很明確的證據證明，雖然他們在中國的
　　內地久居，但仍保持原有的尚武精神。

匈奴人帶著牛馬牲口、妻兒子女、隨從盟友，一起遷移到西方的窩瓦河地區。接著放膽前進侵入阿拉尼人(Alani)的國土，而阿拉尼人是一支遊牧民族，一度占領並蹂躪廣闊無垠的錫西厄曠野之地。位於窩瓦河與塔內斯(Tanais)河之間的平原，上面散布著阿拉尼人的帳篷。但是他們的聲名和習慣隨著征戰的勝利，擴展到廣大的區域，阿加澤西(Agathyrsi)和吉洛尼(Geloni)這些喜歡在身上彩繪的部落，被擊敗成為部屬。他們向北發展，深入西伯利亞的凍土地帶，處於當地的野蠻人當中，在暴怒或饑餓時，習慣以人肉為食。他們向南進犯，一直推進到波斯和印度的邊界。混合薩瑪提亞人和日耳曼人的血統，可以改進阿拉尼人的容貌，黝黑的皮膚變得較為白皙，尤其是頭髮成為淡黃色，這在韃靼人的種族中很少發現。他們與匈奴人相比，體形面容不會那樣醜陋不堪，行為習性也不會那樣殘忍粗暴，但是在英勇無畏和放任不羈的精神上，一點都不輸他們的對手，而且他們熱愛自由，所以拒絕使用家養的奴隸。由於他們愛好武藝，認為人類最愉快和最光榮的事務，莫過於戰爭和掠奪。一柄出鞘的彎刀固定在地面，是宗教崇拜的唯一對象，敵人的頭皮是最有價值的馬飾。他們用憐憫和蔑視的眼光來看待膽怯的戰士，只有這種人才會期望活到老死之齡，才會忍受纏綿床榻的病痛。匈奴人和阿拉尼人的兵力在塔內斯河兩岸遭遇，雙方就勇氣來說勢均力敵，但是總得分一個高下。匈奴人在血腥的鬥爭中占了上風，阿拉尼的國王被殺，被擊潰民族的餘眾一哄而散，通常不是逃走就是降從。有一群自行流放的族人，在高加索山脈的深處，位於黑海和裏海之間，發現一個安全的避難所，直到現在還保存著當年的姓氏和獨立自主的精神。另外一個族群本著大無畏的勇氣，向著波羅的海的海岸前進，與北方的日耳曼部落結合在一起，入侵在高盧和西班牙的羅馬行省，分享所獲得的戰利品。但是絕大部分阿拉尼人還是加入帶來榮譽和利益的聯盟，而且匈奴人尊敬運道不佳但勇氣十足的敵人，成立聯盟可以增加兵員的數量和作戰的信心，共同侵入哥德帝國的疆域。

六、哥德人被匈奴人擊敗懇求羅馬保護(375-376A.D.)

　　偉大的赫曼里克(Hermanric)據有的領土從波羅的海延伸到黑海，壽至頤期而又威名顯赫，可以享受勝利的成果。當他獲得警報，說是一群前所未知的敵人[33]，以雷霆萬鈞之勢快速接近，他的野蠻臣民因此封以蠻族的稱號，不能說沒有道理(375A.D.)。驚慌失措的哥德人看見自己的田園和村莊被焚毀，家人慘遭不分青紅皂白的殺戮，對於匈奴人的兵員數量、作戰實力、快速行動和殘酷無情，不僅感到畏懼，而且要加以誇大其辭。除了帶來恐懼以外，匈奴人尖銳刺耳的喊叫、粗魯古怪的動作以及醜陋畸形的容貌，更引起人們的驚愕和厭惡。這些錫西厄的野蠻人要是拿來與野獸作比較(圖畫看來有些相似)，只不過用兩條腿走路而已，何況姿態還極為不雅；要是拿奇形怪狀的身材來作比較，就跟古代放在橋頭的地界神(Termini)一樣，是一塊矮墩墩的石碑。他們有寬闊的肩膀、扁平的鼻梁、小小的黑眼睛陷在深凹的眼眶裡，幾乎都不留髭鬚，所以無法享受年輕時短髭的風流瀟灑，和年邁時長髯飄然所帶來的尊敬，只能從這些方面與別的人種有所區分。這個民族的起源帶有神話的性質，與他們的外形和習慣很相配。錫西厄的女巫全身惡臭從事死亡的勾當，被人類社會所驅除，就在沙漠裡與地獄的精靈交媾，這種受到詛咒的結合，產生的後裔就是匈奴人[34]。對於充滿恐懼和荒謬無比的傳說，懷恨在心的哥德人倒是深信無疑，但是，在滿足自己恨意的同時，無形中就增加了恐懼感。惡魔和女巫的後代，必然繼承不可思議的神奇能力和兇惡不祥的性格作風。

　　赫曼里克為了對付像這樣的敵人，準備組成哥德人的聯軍，但是立刻發現那些臣屬於他的部落，過去一直受到高壓統治，深感憤憤不平，現在

33　所謂匈奴人可靠的歷史，全是傳聞的無稽之談。有關他們的起源和發展，都找不到任何根據，提到他們追隨一隻公牛或者一隻雄鹿，通過泥濘的米奧提斯海。

34　像這樣令人厭惡的起源，喬南德斯以哥德人的仇恨心理加以描述，好像模仿希臘人，但是不像他們的神話那樣富於詩情畫意。

不僅不願擊退來敵，反倒支持匈奴人的入侵行動。羅克索雷奈(Roxolani)
族[35]有位酋長，已經背叛赫曼里克的陣營。他的妻子雖然無辜，還是受到
殘酷暴君的嚴辭指責，被處以五馬分屍的極刑。慘死的婦人有一群兄弟，
要找機會爲她報仇，年邁的哥德國王被他們用短劍圍攻，嚴重的傷勢使他
纏綿在床榻之上，虛弱的身體妨害到戰事的指揮和遂行。由於成員之間各
懷鬼胎不斷發生爭執，全民會議陷入一片混亂之中。赫曼里克感到絕望而
亡，治理國家的大權落在威悉默(Withimer)的手裡。在一些錫西厄人傭兵
部隊的協助下，他雖然實力不足，還是維持著對抗匈奴人和阿拉尼人的局
面，直到在一場決定性的會戰中，戰敗被殺爲止。東哥德人只有認命降
服，從此以後，就連阿拉尼人的王室階層，都被傲慢的阿提拉(Attila)看
成手下的臣民。沖齡國王威特里克(Witheric)被兩位積極進取的武士救出
來，阿雷昔亞斯(Alatheus)和薩弗拉克斯(Saphrax)用行動來表現英勇和忠
誠。東哥德人那些不願受奴役的餘眾，在這兩位武士的指揮下，小心翼翼
的向著丹納斯都斯(Danastus)河前進，這條巨川又叫聶斯特(Dniester)河，
現在正好分隔土耳其和俄羅斯兩大帝國的疆域。

　　在西哥德人這方面，生性謹慎的阿薩納里克(Athanaric)，非常重視自
身的安全，就把西哥德人的營地設置在聶斯特河的兩岸，有堅定的決心要
反抗戰勝的蠻族，但是自認目前以不激怒對方爲宜。匈奴人受到大批行李
和俘虜的拖累，無法保持以往正常的行軍速度，但他們運用軍事技巧來欺
騙阿薩納里克的部隊，讓對方幾乎難逃全軍被殲的命運。西哥德人的士師
*[36]防守聶斯特河兩岸，匈奴人大量騎兵部隊趁著月明之夜，在可以徒涉的
位置渡河展開包圍攻擊。在這種狀況下，一切作爲全部無濟於事，西哥德
人只有朝向多山的地區撤退。胸有成竹的將領擬定深謀遠慮的計畫，遂行
爾後的防衛作戰，準備運用普魯斯(Pruth)河和多瑙河之間的山地，構成

35　羅克索雷奈人可能是俄羅斯人的祖先，在諾夫哥羅‧維利奇(Novogrod Veliki)時
　　期的居留地(862A.D.)，跟拉芬納的地理學家指出羅克索雷奈人的位置
　　(886A.D.)，相距並不算遠。

*36　[譯註] Judge，運用聖經的名稱，兩者的性質很類似。

堅強的防線，要從匈奴人破壞殆盡的入侵行動中，確保這片廣大而富饒地區的安全，也就是現在所稱的瓦拉幾亞（Wallachia）[37]。但是西哥德的士師所懷抱的希望和安排的措施全部落空，那些全身顫抖的同胞非常焦急，被恐懼所驅策，認為只有多瑙河才是唯一的障礙，可以把他們從所向無敵，在後追趕的錫西厄蠻族手中救出來。整個民族在菲列德根（Fritigern）和阿拉維烏斯（Alavivus）[38]的領導下，很倉卒的向著這條大河的河岸前進，懇求東部的羅馬皇帝給予保護。阿薩納里克戰敗後，擔心會犯下通敵的罪行，帶著一群忠實的部下，向著考加蘭（Caucaland）這個多山地區退卻。在外斯拉夫尼亞（Transylvania）難以穿越的森林掩護下，安全可以確保無虞[39]。

華倫斯結束高盧戰爭，獲得相當的榮譽和成就以後，帶著大批人馬穿過亞細亞的疆域，最後將行宮設置在敘利亞的首府。他在安提阿花了五年時間[40]，從相當安全的距離以外，注意觀察波斯國王帶有敵意的企圖；阻止撒拉森人（Saracens）和艾索里亞人（Isaurians）[41]的搶劫行動；用理性的態度和有力的論證，力行阿萊亞斯教派的神學信仰；並且採用處決有罪和濫殺無辜的手段，以袪除心中的疑懼。華倫斯派往多瑙河駐守的文職官員和武將，送來重要的情報資料（376A.D.），使他極為關注當面的狀況。據報北方激起強烈的動亂，局勢極為不安，匈奴人是個來歷不明的民族，極其邪惡兇狠，入侵的行動業已摧毀哥德人的武力。前來懇求收容的群眾原本是好戰的土著，慘遭打擊以致尊嚴掃地以後，被逼來到多瑙河岸，人數絡繹不絕，占有長達若干哩的正面。他們高舉雙手，聲淚皆下，痛悔以往的

37　阿米努斯的原文並不完整，但也可能有謬誤，但是地面的自然狀況，可以說明哥德人建造防禦用土堤的位置，事實上，也只能局限在這幾個地方。

38　布瓦（Buat）有個很奇怪的想法，他把阿拉維烏斯和哥德主教烏爾菲拉斯（Ulphilas）看成是同一個人，而烏爾菲拉斯是一個卡帕多西亞俘虜的孫子，成為哥德人在宗教信仰方面的君主。

39　阿米努斯和喬南德斯都曾經提及，是匈奴人顛覆哥德帝國。

40　阿米努斯的年代含糊不清而且內容不夠完整，蒂爾蒙特花很大力氣把華倫斯的編年史整理得很清楚。

41　艾索里亞人每到冬天就在小亞細亞一帶攔路搶劫，最遠會到君士坦丁堡的鄰近地區。

不幸和當前的危險，認爲獲得安全的唯一憑藉，完全寄望羅馬政府的寬大
處置，並且鄭重提出聲明，只要皇帝仁慈爲懷，允許他們墾殖色雷斯的荒
地，他們有懍於責任道義和受恩之深重，必定自我約束，嚴守國家法律，
防衛帝國疆域。哥德人的使者急待從華倫斯的口中，獲得決定同胞命運之
答覆，肯定上述保證奉行不違。

　　華倫提尼安在上年逝世（375年11月17日），東部皇帝無法獲得睿智而
極具權威的指導。哥德人的狀況急需當機立斷，無奈手下的寵臣膽小怕
事，以爲拖延不決和含糊其辭，才是最穩靠的辦事方法，華倫斯終於爲群
臣所誤。只要人類存有好惡之情和利害之心，有關戰爭與和平、正義與政
策等問題，自古以來在會議中爭辯不休者，恆爲近世深思熟慮之主題所
在。當大量蠻族受到絕望和饑饉的驅使，懇求在一個文明國家的領域內定
居，到底是同意還是拒絕，就其適當和危險所做的考量，卻不曾請教歐洲
最有經驗的政治家，聽聽他們有何高見。有關國家安全之重大議題，華倫
斯交給大臣討論。他們當然會深感困擾而意見分歧，但是很快獲得默契，
提出一項極爲中聽的意見，投合君王傲慢自大而又怠惰貪婪的性格。那些
被授與禁衛軍統領和將領頭銜的奴隸，對於此次哥德人大遷移帶來的嚴重
後果，不是等閒視之便是漠不關心。要知與以往在帝國邊陲地區，建立局
部而臨時的移殖區，是完全不同的情況。但他們讚許上天賜予的恩惠，掌
握爲數眾多又難以征服的外籍軍隊，來自地球上遙遠的國度，可用來拱衛
華倫斯的寶座，同時據以減少行省年度徵兵員額，收取省民大量黃金作爲
補償費用，充實皇家財源。哥德人的懇求得到批准，宮廷接受他們效力，
命令很快頒給色雷斯行政區的各行省總督和軍方將領，對大量人員所需的
交通和給養，完成必要的準備，俾能安置在適當地區供未來定居之用。不
過，皇帝的恩典附帶兩項嚴苛的條件，就羅馬人而言，審慎處理是正當的
要求，不滿的哥德人處於困境只有接受。那就是他們在越過多瑙河之前，
先要解除武裝；還要把子女留下，分送到亞細亞各行省，接受教育過文明
生活，當作人質，保證父母的忠誠。

七、哥德人渡過多瑙河遭受嚴苛的待遇(376A.D.)

　　距離遙遠的協商一定會耽誤時間，有一群哥德人缺乏耐心，認為已經懇求保護，雖然沒有得到羅馬政府的同意，就想先行渡過多瑙河。他們的行動被配置在沿岸、嚴加戒備的部隊發覺，蠻族的先鋒被擊退，蒙受相當的傷亡。然而在華倫斯統治之下，國務會議經常表現出怯懦的一面。像這次處理蠻族事件，勇敢的軍官為國家服務負責盡職，結果受到免職的處分，能夠保住性命已是萬幸。皇帝的敕令終於下達，要運送整個哥德民族渡過多瑙河，但是要執行這個命令，就得完成艱辛而困難的工作。流經此地的多瑙河，河面的寬度在一哩以上，而且連日大雨使得水位暴漲，不少人在渡河途中被急流沖走，遭到溺斃。一支龐人的船隊由各型船艦和獨木舟組成，已經完成整備，日夜在兩岸之間穿梭運輸，不知疲勞的辛勤工作。華倫斯的下屬要竭盡所能，不讓一個蠻族留在對岸，誰知這群人竟會顛覆羅馬的基礎。原來的構想是要正確計算渡河的人數，但是負責的官員感到大驚失色，這項永無止境的工作根本不切實際，只有半途而廢。大流士和澤爾西斯(Xerxes)的大軍，長久以來認為是不經的傳說，只是古人的誇大之辭，但是世人只要看到目前的景況，就可證明，那個時代一位偉大的歷史學家完全據實記載。相關的證據顯示，渡河的哥德武士有二十萬人，要是加上相當比例的婦女、兒童和奴隸，包括男女老幼在內總數將近一百萬人，極其龐大的群眾形成無與倫比的遷移行動。哥德人的兒童要與平民大眾分離，尤其是出身高貴階層的小孩更是如此，一點都不耽擱就被送到遙遠的地點，在那裡居住，接受教育。無數的車隊載運人質或俘虜通過城鎮時，行省屬民看見他們穿著華麗的服飾，具有強壯而勇武的體魄，感到驚愕不已，難免產生羨慕之心。對羅馬人極為重要的協定，為哥德人帶來羞辱，他們就想盡辦法加以規避。蠻族認為武器是榮譽的標誌，也是安全的保障，打算付出代價，讓好色和貪財的軍官能夠接受。於是生性傲慢的武士為了保有武器，勉強同意拿妻子和女兒供羅馬人淫樂。美麗少女

或俊俏孿童的誘惑，使檢查人員大開方便之門。有人還不以此爲滿足，要
染指新盟友的華麗地毯和亞麻衣服[42]，甚至濫用職權，不惜巧取豪奪，讓
自己的農場塞滿牲口，住宅充斥奴隸。哥德人手執武器也獲准登船，等到
實力集結在對岸，巨大的營地滿布下瑪西亞(Lower Maesia)的平原和山
丘，就像大軍壓境一樣，帶來殺氣騰騰的敵意。阿雷昔亞斯和薩弗拉克斯
是東哥德人的首領，也是幼君的監護人，隨後出現在多瑙河北岸，立即派
遣使者趕赴安提阿宮廷，請求給予西哥德人所獲得的待遇，他們會同樣答
應歸順並且會感恩圖報。華倫斯斷然拒絕，使東哥德人中止南下的行動，
同時也顯現宮廷的懊惱、疑慮和恐懼。

　　所謂的蠻族是毫無紀律而且居無定所的未開化群體，需要最堅定的性
格來調解，最技巧的方式來管理。將近一百萬額外的臣民，要供應每日生
活所需，工作必須極爲勤奮又要毫不懈怠，何況經常會遭到失誤和意外的
干擾。哥德人要是感覺到自己成爲畏懼或藐視的對象，不是無理取鬧就是
氣憤填膺，促使他們採取極端的手段，因而國家的命運取決於華倫斯的將
領是否謹慎和正直。在這個重要關頭，盧庇西努斯(Lupicinus)和麥克西繆
斯(Maximus)負責色雷斯軍政府諸般事宜。豈知兩人利慾薰心，稍有中飽
私囊的機會，便置一切公益於腦後。他們的罪行唯一可減輕之處，在於毫
無能力可以察知，種種倒行逆施竟會招致嚴重的後果。他們非但未能遵奉
君主的命令，以慷慨好施的作爲滿足哥德人的要求，反倒對饑餓的蠻族所
急需的用品，課以毫無人性的重稅。腐臭粗劣的食物售價奇昂，市場不供
應衛生而足夠的糧食，倒是充斥著狗肉和病死的不潔動物。哥德人要獲得
一磅麵包，需要放棄一個實用而所費不貲的奴隸，用十磅貴重而已無用處
的金屬[43]搶購小量肉類。一旦耗盡家財，就要靠著鬻兒賣女維持最低生

42　優內庇斯和諾昔繆斯不厭其煩，將哥德人認爲值錢和奢華的物品列出清單。然而
　　這些都是行省製造的產品，蠻族獲得的方式，在戰時可以當成戰利品掠奪，但是
　　也可能在平時是贈送的禮物，或是自己花錢購買。

43　所謂「無用的金屬」就是指白銀。喬南德斯是哥德人，難免大爲光火，把一切不
　　法作爲全都掀出來；奴性很重的希臘人，幫著爲羅馬人掩飾令人髮指的行徑，反
　　而責怪蠻族不守信用；阿米努斯是愛國心很重的歷史學家，對這個難堪的題材輕
　　描淡寫提到一下；傑羅姆很公正的指出羅馬人的罪行，但是敘述的內容很簡略。

活。雖然他們酷愛自由，每個哥德人都想保有這種胸襟，但是在無可如何之時，只得屈從令人喪氣的格言：子女與其死於無望之境，不如苟活於奴役之身。有名無實的恩主，向他們討債的種種暴虐行為，令人最為憤慨，何況那點恩情早被隨之而來的傷害所抵銷。不滿的情緒在蠻族的營地逐漸滋長，他們把忍耐和負責的行為當作長處來訴說，到處懇求也沒有結果，最後只有大聲抱怨，從新盟友那裡得到冷酷無情的待遇。舉目所見是一片富裕的景象，在這個肥沃而豐收的行省，他們卻因人為的饑饉，身受不堪負荷的苦難。自從帝國的貪官讓受傷害的民族可以保有和使用武器，他們不僅掌握自救的手段，也有報復的工具。喧囂的群眾不會掩飾他們的情緒，抗議就是反叛的徵候。盧庇西努斯和麥克西繆斯不僅怯懦而且自知犯下大罪，這時起了警惕之心。這些狡猾的大臣運用巧妙的手法，把集思廣益的會議中所定出的政策，以暫時的權宜辦法來取代，想將哥德人從帝國邊陲的危險位置，分散開來以後，送到內陸各行省的軍隊駐紮地點。由於他們自知自己不值得蠻族尊重或信任，很快從各地召集軍隊，對於群眾緩慢而拖延的行動，用武力加以催促，然而這些蠻族對於身為羅馬的屬民，並未否認其名份和責任。但是華倫斯的將領，現在把全部注意力投向心懷不滿的西哥德人，對於構成多瑙河防衛要點的船隻和工事，非常大意以致疏於戒備。阿雷昔亞斯和薩弗拉克斯很焦急的等待機會，好擺脫匈奴人躡蹤追擊，發現羅馬人產生重大的疏失就善加利用，所有的希望寄託在盡快獲得木筏和船隻。東哥德人的首領很順利將幼主和軍隊運到對岸，在帝國的領域內形成獨立而帶有敵意的陣營。

八、哥德人叛亂及與羅馬帝國的爭戰(376-377A.D.)

阿拉維烏斯和菲列德根擁有士師的稱號，無論平時還是戰時都是西哥德人的首領，權威來自他們的門第，得到國人的認可和擁戴。在承平時期，兩人的權勢和地位相當，等到國人受到饑餓和高壓痛苦，才識高人一等的菲列德根負起軍事指揮之責，依據公眾利益行使授與之職權。他在抵

抗暴虐政府的傷害和侮辱，成為世人公認的正當行為之前，一直約束著西
哥德人暴虎馮河的衝動，也不會為博得公正和穩健的虛名，犧牲任何實際
的利益。他深知團結哥德人的力量在一個旗幟之下，所能產生的優勢和好
處，於是暗中與東哥德人建立友情，就在信誓旦旦要絕對服從羅馬將領
時，開始慢慢向瑪西亞諾波里斯（Marcianopolis）前進。這個城市是下瑪西
亞的首府，離多瑙河約有七十哩。就在這個決定生死存亡的地點，雙方之
間仇恨的火花，點燃無法撲滅的熊熊烈焰。盧庇西努斯邀請哥德酋長參加
豪華的飲宴，身強力壯的扈從全副武裝留在宮殿的入口，但是各處城門戒
備森嚴，堅持不讓蠻族在貨品充足的市場購物。然而他們認為具有臣民和
盟友的身分，就應該有這份權利。這些扈從卑辭請求同意，卻受到無禮和
嘲笑的口吻加以拒絕，等到忍耐到達極限，市民、士兵和哥德人發生激烈
的口角和對罵，接著互相毆打，很快舉起刀劍，在意外爭執中流出的鮮
血，變成長期毀滅性戰爭的發起信號。在喧鬧而縱飲的歡宴中，有位傳令
私下向盧庇西努斯報告，很多士兵被殺，武器被奪。這時他飲酒過量，睡
意很深，竟然下達輕率的命令，要殺光菲列德根和阿拉維烏斯的衛士，以
為死者報仇。騷動的叫聲和垂死的呻吟驚醒菲列德根，感到處於極端危險的
境地，就像一位英雄具有冷靜和無畏的精神，他知道要是再給敵人有考慮的
時間，好下手採取行動，就會死無葬身之地。哥德人的領袖用堅定而穩重的
語氣說道：「雙方因細故發生爭吵，看來已經擴大。只有保證我們的安全，
運用我們的權威，才能緩和這場騷動，否則就會產生嚴重的後果。」講完話
以後，菲列德根和他的同伴拔出長劍，穿過擠滿群眾的宮殿、街道和城門，
沒有遭到攔阻，跨上坐騎，在吃驚的羅馬人面前，飛馳離去。

　　哥德的將領回到自己的營地，受到群眾熱烈動人的歡呼，毫不遲疑立
即宣戰，按照祖先的習俗暨起代表各部落的旗幟，蠻族號角迴響著粗獷而
哀怨的旋律。罪大惡極的盧庇西努斯在激怒可畏的敵人以後，未能及時一
網打盡，反倒是用輕蔑的態度來處理。他以發生緊急狀況為理由，盡量召
集軍隊，率領前去征討哥德人。蠻族在離瑪西亞諾波里斯約九哩的地方，
等待敵人來攻。這場作戰的勝負取決於將領的才能，而不是部隊的武器和

紀律。英勇的哥德人在菲列德根的指揮下，用奮不顧身的近接戰鬥，摧破
羅馬軍團的陣列。盧庇西努斯把武器、將旗、部屬和勇敢的士兵扔在戰
場，部隊奮戰到底徒然犧牲性命，只能用來幫助可恥的主將逃命而已。有
位哥德史學家讚頌民族的光榮事蹟時，很驕傲的說道：

> 就是這個得勝的日子，終結哥德人的苦難。羅馬的安全響起警
> 鐘，自此後，哥德人從流離失所的異鄉逐客，變成當家作主的市
> 民身分，向原來的地主顯示出絕對的統治權，最後終於據有以多
> 瑙河爲界的帝國北部行省。

但蠻族遂行統治權的目的是爲了掠奪和破壞。他們應享有的天賜恩惠
和社會交往，都被帝國大臣剝奪，因受到不公正待遇，才會對帝國臣民施
加報復。由於盧庇西努斯的罪行，使得色雷斯生性和平的農民受到蹂躪，
村莊被焚毀、無辜的家人被屠殺或擄走。哥德人戰勝的信息立刻傳遍鄰近
地區，羅馬人感到無比驚慌和沮喪，倉卒之間只能鹵莽從事，使得菲列德
根的氣焰高漲，行省的災禍加劇。就在大遷移發生前不久，一大群哥德人
在蘇里德(Suerid)和柯利阿斯(Colias)的指揮下，接受保護可以爲帝國效
力，開往哈德良堡(Hadrianople)城牆下紮營。但華倫斯的大臣急著要他們
離開，好搬遷到越過海倫斯坡海峽之處。在那麼遠的距離就不易與同胞聯
繫，也不會產生危險的誘惑力，惹起大家效法。爲示忠誠的歸順不產生貳
心，他們只有委曲求全，接受移動的命令，但婉轉的要求給予足夠的糧
食，並延後兩天出發。但哈德良堡的最高行政長官，因爲在鄉間的宅邸受
到騷擾而大爲光火，擺出毫不通融的態度，將城市裡的眾多居民和工人武
裝起來，語帶威脅的他們要立即離開。蠻族感到驚愕，但還是心平氣和，
最後被群眾辱罵的叫囂和投射的武器所激怒，失去耐心且無法忍受對方的
輕蔑行爲時，便痛擊毫無紀律的烏合之眾。逃走的市民不敢還手，很多人

的背後留下可恥的傷口。蠻族奪得華麗的冑甲[44]，過去自命英勇不屑於披
掛。哥德人的兩支部隊由於遭遇雷同而惺惺相惜，得勝的分遣隊立刻和西
哥德人聯合起來，蘇里德和柯利阿斯的部隊期望菲列德根盡速抵達，就會
列陣在他的旗幟之下，在哈德良堡的圍攻作戰中揚威立功。守備部隊激烈
抵抗，等於讓蠻族知道，要攻擊正規的工事碉堡，毫無軍事技術可言的蠻
勇根本無法發揮作用。將領明瞭自己所犯的錯誤，解圍而去，臨走前爽直
的說，他只跟石頭城牆言和，於是把一股怨氣發洩在鄰近地區。菲列德根
很高興有一群強壯的工人加入陣營，這些人在色雷斯的金礦[45] 服行勞役，
殘酷的主人鞭策他們過著牛馬不如的生活[46]。新加盟的人領著蠻族穿過無
人知曉的小徑，到達最偏僻的地方，選來安置民眾、牛隻和儲備的穀物。
在這些嚮導的協助下，蠻族了解當前的狀況，可以到處通行無阻，使當地
民眾無可遁形，結果是抵抗必亡，逃走難行，一切希望破滅之後只有歸
順，也難獲得蠻族征服者憐憫之情。在四處受到蹂躪和破壞時，有一大批
當奴隸賣掉的哥德兒童，重回到雙親的懷抱。他們過去備嘗喪失子女的痛
苦，但是雙方在見面以後，照說心靈受到親情的安慰，能夠恢復人道的關
懷，反而激起兇暴的天性，急欲報仇雪恨。他們聽到子女的訴苦，說身為
奴隸受到主人的摧殘迫害，真是覺得痛心疾首，於是如法炮製，把這些殘
酷的行徑，同樣施為在羅馬人的子女身上。

　　華倫斯和朝廷大臣將一個敵對的民族帶進帝國的中樞地區，的確是草
率而不智的決定。但是只要坦誠的承認以往的缺失，然後很實在的按照原
來的保證行事，還是能夠調解雙方的隔閡。從東部君王怯懦的個性來看，
這種息事寧人的溫和措施應該獲得他的同意，但是，唯獨他對這件事表現

44　有些皇室的物品像是盾牌之類，確實是在哈德良堡製造。群眾就是在這些工人帶
　　頭之下，與哥德人發生爭吵。

45　礦場位於貝西(Bessi)地區的萬山叢中，羅多庇(Rhodope)山脈在腓力比(Philippi)
　　和菲利浦波里斯(Philippopolis)之間迤邐而過。這兩座馬其頓城市，都因亞歷山大
　　大帝的父親而得名，他每年從色雷斯礦場獲得價值一千泰倫(等於二十萬英鎊)的
　　貴金屬，僅這項收入就可以用來支付組成方陣的軍隊，收買希臘的演說家。

46　這些處境惡劣的工人常逃走，華倫斯制定嚴苛法律，好把他們從藏身處抓出來。

出英勇的作風，暴虎馮河的舉動斷送自己的性命，也害慘他的臣民。從安提阿回師君士坦丁堡，等於是明示他的意圖，在於敉平危險的叛亂活動（377A.D.）。他知道這件大事很難料理，由於格里先皇帝親自統率西部的軍隊，他請求姪兒給予援助。久經陣戰的部隊防衛著亞美尼亞，也被火速召回，放棄重要的邊區任憑薩坡爾自由處置。在皇帝還未到達前線這段時間，把當前指揮哥德戰爭的責任，交付給部將圖拉眞（Trajan）和普洛弗圖拉斯（Profuturus）。這兩位將領對自己的能力抱著一廂情願的看法，等他們抵達色雷斯，內廷伯爵理卓默（Richomer）率軍加入。西部的協防軍由高盧的軍團組成，在行軍時打著他的旗幟，但逃亡的風氣很盛，無論是實際戰力或兵員數量都是虛有其表。召開作戰會議時，根本不考慮狀況，完全是愛面子的虛榮心作祟，決定尋找敵軍主力一決勝負。

　　蠻族紮營在開闊而肥沃的草原上，多瑙河分成六條支流出海，這地方靠近最南邊的河口[47]，營地用大車環繞成爲堅固的城寨[48]，蠻族很安全的留在封閉的保護圈內，享受英勇行爲所獲得的成果，以及從行省掠奪的戰利品。就在大家痛飲作樂時，機警的菲列德根從觀察羅馬人的行動，洞悉他們所望達成的企圖。他知道敵軍的數量會繼續增加，也了解對方意圖攻擊他的後方。就在這時因爲缺乏牧草，逼得他要移動營地，於是把散布到鄰近地區從事掠奪的分遣隊，召回到他的旗幟下列陣。這些在外的單位遠遠看到烽火信號[49]，服從首領的命令，用最快速度趕回去。營地充滿蠻族好戰的群眾，都在大聲喧鬧叫囂，一副等不及的樣子要求出戰，酋長也在一旁鼓動，火爆的情緒更形高漲。很快接近日暮，兩軍已經完成接戰準備，只有延到第二天清晨再動手。戰備的號角響起，哥德人相互立下重誓，激勵視死如歸的勇氣。向前迎敵的隊伍，用粗俗的歌聲頌揚祖先的光

47　可以從安東尼的行程指出這個地點的位置，在奧維德放逐地托米（Tomi）的北方約六十哩處，由命名爲沙利西斯（意爲柳樹）可知道土壤的性質。

48　蠻族把大車圍成一圈成爲車城，用來當成工事供防禦之用，他們的後代把這個名字一直保持到十五世紀。

49　這句話的拉丁文原文是一種隱喻，用在這裡等於是破壞阿米努斯的文體，實際指的是用火炬或者是舉火作爲信號。

榮事蹟，同時混合著兇狠而刺耳的吶喊，來對抗羅馬人經過訓練、全軍一致的齊聲吆喝。菲列德根施展作戰的技巧，在指揮方面高人一等占到上風，但是流血成河的短兵相接，無論是開始或結束，雙方都很清楚，完全取決於每位戰士堅持到底的決心，發揮體力、勇氣和機敏的戰鬥效果。亞美尼亞的軍團要用武器來保護他們的聲名，但是受到優勢敵軍的壓迫完全無還手之力。羅馬軍的左翼陷入混戰之中，地面上遍布著零亂的屍體。不過，雙方倒是有失有得打成平手，等到接近黃昏時，兩軍收兵各回營地，誰也沒能贏得決定性的戰果。真正的損失對羅馬軍而言會感到很嚴重，因為他們的兵員數量較少。但是哥德人沒有料想到竟會遭到堅強的抵抗，不但感到困惑而且極為沮喪，就在圍成的城寨內停留七天，堅守不出。只要情況容許而且時間和地點適合，死者要是階層較高的軍官，就很虔誠的舉行葬禮儀式，但是對於無法分辨的平民大眾，只有不加掩埋留在平原上。腐爛的肉體被貪吃的猛禽所吞食，在那個時代，只有鳥類可以經常享用到如此盛大的宴會。幾年以後，裸露的白骨散布在廣闊的原野，看在阿米努斯（Ammianus）眼裡，是沙利西斯（Salices）會戰最可怕的紀念物[50]。

九、哥德人的聯合行動及羅馬帝國的各項作為(378A.D.)

　　一場血戰使哥德人的前進受阻，帝國的將領因為軍隊在不斷的激戰中消耗殆盡，因此要運用更合理可行的計畫，採取堅壁清野的方式，讓數量龐大的蠻族得不到給養，在饑餓的壓力下陷於毀滅的絕境。他們準備將東哥德人局限在多瑙河、錫西厄荒原和希繆斯（Haemus）山地之間，很狹小的一隅之地，必然會引起饑饉，讓蠻族的戰力和意志在無形中冰消瓦解。執行這個計畫獲得相當的成就，蠻族幾乎耗盡自己的存糧和地區的收成。

50　歷史學家可能親自到過這塊平原，那時他的身分要不是士兵就是旅客。阿米努斯的個性很謙遜，親身參加康士坦久斯和朱理安的波斯戰爭以後，把有關自己的冒險事蹟全部都隱藏起來，所以我們不知道他在何時離開軍職。等他退休回到羅馬，才開始寫作那個時代的歷史。

騎兵主將薩頓奈努斯（Saturninus）很勤奮的工作，加強羅馬人的工事堡壘，縮小包圍圈的防線。告警的情報干擾到他的任務，一群新到的蠻族越過毫無防備的多瑙河，不是要支援菲列德根，就是要仿效他的舉動。薩頓奈努斯對敵人的兵力大小弄不清楚，顧慮會被截斷後路，有遭到殲滅的危險，只能忍痛放棄圍攻哥德人的營地，以致功敗垂成。怒氣填膺的東哥德人從包圍圈裡衝出來，為了滿足饑餓難忍的胃口和深仇大恨的心理，一再蹂躪這塊富裕的國土，從多瑙河河岸延伸三百哩直到海倫斯坡海峽。行事明智的菲列德根成立蠻族聯盟，以感情和利益為訴求的目標，獲得很大的成功。派出的使者用愛好掠奪和仇恨羅馬，來說服他人參與，當然有時視狀況對自己的困難避而不提。菲列德根把大部分的同胞團結起來，納入組織嚴密的同盟，能發揮很大的作用。他們都服從阿雷昔亞斯和薩弗拉克斯的指揮，把兩人視為沖齡國王的監護人。為了共同的利益，敵對部落之間的長期仇恨，都擱在一邊暫時不予理會，整個民族那些各行其事的分子，全都聚集在一個旗幟之下。東哥德所有的酋長，全部都為西哥德主將的才幹所折服。菲列德根從實力強大的泰法利人（Taifalae）那裡獲得協助，這個部落由於很可恥的家庭習性，使得軍事的名聲受到玷辱。每個年輕人早在呱呱墜地之時，就與部落的武士建立密不可分的友誼，也可以說是淫蕩下流的戀情，一直要等年輕人單獨在森林裡殺死一隻巨熊，或者是一頭野豬，證明他有男子漢的氣概，這種不正常的關係才能解除。哥德人最強大的生力軍來自敵人的營地，就是這些對手將他們驅出原來的家園。匈奴人和阿拉尼人之間的隸屬關係原本就很鬆散，加上他們的收穫非常豐碩，所以延後了征服行動，也使得會議受到干擾。菲列德根開出很高的價碼，使好幾個旗的人馬受到誘惑。錫西厄的騎兵隊速度驚人，對於屹立不搖、堅持到底的哥德步兵，可以增強機動和打擊的效果。薩瑪提亞人對繼承華倫提尼安的皇帝懷恨在心，利用當前混亂的局勢，不僅趁火打劫還要加以擴大。阿里曼尼人也混水摸魚，入侵高盧的行省。這些狀況引起西部皇帝的

關注，也轉移他用兵的方向[51]。

蠻族進入軍隊和皇宮，引起最危險的事件之一，是逐漸發覺他們與有敵對意圖的同胞相互通信，無論是出於不慎或是有意爲之，把羅馬帝國的弱點洩漏出去。有個士兵是土生土長的阿里曼尼人，擔任格里先的貼身侍衛。他屬於連旭安西斯(Lentienses)部落，居住在康斯坦斯湖的對岸。爲了處理家務事他請假返鄉，在和家人與朋友短暫相處時，對他們好奇的詢問都詳細的回答。這個多嘴的士兵虛榮心作崇，把他所熟知的國家機密和主子的意圖，盡情宣洩無遺。他提到格里先準備率領西部帝國以及高盧的兵力，前往協助他的叔父華倫斯。永不服輸的阿里曼尼人獲得這個情報以後，可以預先安排正確的時間和方式，使入侵行動獲得成功。他們派出輕步兵先遣部隊擔任危險的任務，在2月渡過冰凍的萊茵河，爲這次影響深遠的戰爭拉開序幕。他們懷抱著極爲大膽的理念，要達成掠奪或征服的目標，把深思熟慮的審慎作爲置之度外，也不遵守國家之間的誠信原則。一群群強壯的亡命之徒，從每處森林和村莊中蜂擁而出。在阿里曼尼人大軍前進的途中，畏懼的民眾將他們的兵力估計爲四萬人。善於奉承的宮廷爲了誇耀起見，把數量擴大爲七萬蠻族。奉令向潘農尼亞進兵的軍團，立刻被召回，或是停留不再開拔，用來防守高盧遭到入侵的行省。軍事指揮權分別賦予納尼努斯(Nanienus)和梅洛包德斯(Mellobaudes)。年輕的皇帝雖然尊重前者的經驗和智慧，但是更賞識後者臨陣當先的大無畏精神。對於內廷伯爵和法蘭克人國王之間水火不容的個性，也只有後者能調停得相安無事。他的對手是阿里曼尼國王普里阿流斯(Priarius)，爲人剛愎任性，行事寧折不彎。部隊也受到領導者這種精神的感召，就在阿爾薩斯(Alsace)平原，靠近阿堅塔里亞(Argentaria)鎮或稱爲科爾馬(Colmar)的地方[52]，雙方的部隊遭遇，引起激戰。這一天的光榮戰績要歸功於投射武

---

51 傑羅姆特別列舉出這些民族，等於標明二十年的苦難時期，這封給希利奧多魯斯(Heliodorus)的書信是寫於397年。

52 丹維爾精確標定阿堅塔里亞會戰的位置，在斯特拉斯堡的南面約二十三高盧里格，或是三十四羅馬里，離遺址不遠處是鄰近的市鎮科爾馬。

器，以及羅馬士兵準確的射擊技術。阿里曼尼人堅守陣地不退，在毫無還擊餘地之下慘遭屠殺，只有五千蠻族逃到山林裡保住性命。國王光榮戰死沙場，免於族人的責備。他們通常會將無法獲勝的戰爭，歸咎於領袖的不講道義或政策不當的緣故。

　　這次重大勝利確保高盧的和平，羅馬的武備獲得極高的榮譽，看來格里先皇帝進行東部的遠征，再也不會受到耽誤。但等他快接近阿里曼尼人的邊界，突然向左方轉進，在料想不到的狀況下渡過萊茵河，對阿里曼尼人發起奇襲，大膽進入敵人國土的心臟地區。蠻族用天然的障礙和戰鬥的勇氣，來對抗他的前進，但在不敵之下只有敗退，從一個山頭撤到另一個山頭，經過再三努力，總算認清敵軍的實力和堅毅。他們的歸順並非證明他們真誠悔改，而是證明他們陷入苦境(378年5月)。為懲罰這個不守信義的民族，皇帝從他們之中挑選一批勇敢強壯的青年，作為徵集的兵員，用來保證雙方在未來能夠相安無事，這才是最實際的誓詞。帝國的臣民對於阿里曼尼人既不被武力所降服，也不受條約的拘束，已經習以為常，因此，也不認為自己能獲得長久的平靜局面，但他們發現，在這位年輕君王統治下，倒是過著安居樂業的日子。當軍團爬過崎嶇的山嶺，翻越蠻族的工事防線，英勇的格里先顯著站在隊伍的前列，衛士穿著鍍金和顏色斑駁的冑甲，為弓箭所穿透和損毀，那是他們奮不顧身的保護著君王的安全。華倫提尼安之子以十九歲的年齡，具備安邦定國的才華，對抗阿里曼尼人獲得成功，被視為贏得哥德戰爭勝利的先兆。

　　當格里先的作為受到臣民稱譽和歌頌時，華倫斯皇帝終於帶著宮廷和軍隊離開安提阿，而君士坦丁堡的民眾，把他看成國家的罪人和公眾的蟊賊。他不過停留首都休息十天(378年5月30日-6月11日)，橢圓形大競技場就發出喧囂的叫吼，催促他出兵去討伐蠻族，因為是他引狼入室。市民在離真正的危險有一段距離時，總是顯得英勇無比，甚至信心十足的表示，只要他們執有武器，就能把受到蹂躪的行省，從厭惡之極的敵人手中解救出來。無知民眾的交相指責，加速羅馬帝國的滅亡。華倫斯對於民眾藐視之心，無論是出於自己的名聲還是內心的想法，表示不以為然，但是在受

到激怒以後，他只有鋌而走險，孤注一擲。不久以後，他看見部將輕易獲勝，對於哥德人的實力，覺得不過爾爾，可說事先已存輕敵之念，豈不知菲列德根克服萬難，已將大軍集結在哈德良堡近郊。泰法利人的進軍受到勇將弗里吉瑞德（Frigerid）的攔截，這批無法無天蠻族的國王在戰場陣亡，哀求饒命的俘虜被送到遙遠的意大利，在空曠的莫德納（Modena）和帕馬（Parma）地區，定居下來務農墾荒。塞巴斯蒂安（Sebastian）[53]在納入華倫斯麾下不久，憑著功勳晉升為步兵主將，聲望日隆，成為國之干城。他獲得批准從各軍團挑選三百名士兵，組成單獨服行任務的特遣部隊，立即加強訓練和軍紀要求，要熟悉部隊各種武器的運用，這件事在華倫斯即位後幾乎已被遺忘。這次在塞巴斯蒂安英勇過人的指揮下，突襲哥德人大軍的營地，奪回大量戰利品，擺滿哈德良堡市區和附近的平原。將領呈報自己的戰功，表現出卓越的才華，精彩的敘述反倒使宮廷起警惕之心。雖然塞巴斯蒂安很小心的加以強調，說明哥德人戰爭的艱辛，君王只讚許他的武德，倒是聽不進他的諫言。華倫斯聽信宮中宦官奉承阿諛之辭，滋長驕縱和樂觀的心理，急欲完成輕易獲勝的征戰，以留名千古，永垂不朽。

他增援大量百戰沙場的老兵，提升軍隊的戰力。進軍的路線從君士坦丁堡指向哈德良堡，充分發揮軍事策略的有利條件，可以制止蠻族採取主動作為，使他們無法占領位於中間的隘道，不致攔截部隊的前進和糧草的運送。華倫斯把營地開設在哈德良堡城牆的外面，根據羅馬人的備戰要求，挖掘壕溝，構築防壁，四周形成堅固的工事。他召開最重要的軍事會議，從而決定皇帝和帝國的命運。有一派人主張緩進，先要明瞭當前的狀況再採取行動。維克托（Victor）強烈支持這個論點，他從累積的經驗獲得教訓，也修正了身為薩瑪提亞人的天生鹵莽性格。塞巴斯蒂安的說話像一位朝臣，四平八穩而又曲意奉承，用諸般手段暗示，要是懷疑當前唾手可得的勝利，等於是懷疑皇帝的勇氣和尊嚴。由於菲列德根的欺敵和西部皇

53 諾昔繆斯詳述塞巴斯蒂安雜亂無章的功勳，但有關哈德良堡會戰如此重大事件，只有寥寥數行文字。有些教會學者很痛恨塞巴斯蒂安，按照他們的說法，諾昔繆斯的恭維令人感到羞愧。諾昔謬斯的偏見和無知，使他失去月旦人物的資格。

帝的諫言，使華倫斯的絕滅已成定局。蠻族的主將深知談判在戰爭中可獲
得莫大的利益，就派遣一位基督教的神職人員擔任神聖的和平使節，直接
闖入敵人的軍事會議，給與會人員帶來極大的困擾。使者的陳述非常有力
而誠摯，一再訴說哥德民族的災難和憤慨，以菲列德根的名義提出鄭重的
聲明，若漂泊無依的同胞，能在色雷斯的荒原獲得平靜的墾殖區，所需的
穀物和牲口獲得充分供應，蠻族就會放下武器，或用來防守帝國。但他接
著又說，像是偷偷告訴知心的朋友，憤怒的蠻族反對這些合理的條件，要
不是他知道羅馬軍隊這樣強大，可以在後面支持他的主張，就連菲列德根
會不會簽訂條約，都讓人感到可疑。正在這個時候，理卓默伯爵從西方回
來，宣布阿里曼尼人的慘敗和歸順；接著知會華倫斯，他的姪兒率領高盧
的老兵和獲勝的軍團，正在火速的進軍之中；同時用格里先和國家的名義
提出要求，任何危險而有決定性的措施暫時停止實行，等到兩位皇帝會合
後，可以保證贏得哥德戰爭的勝利。但是東部的皇帝自以為是，出於傲慢
和猜忌的動機，採取的作為是致命的錯誤，藐視令人厭惡的諫言，拒絕大
失顏面的援助。他的統治要是與大無畏青年的名聲相比，真是感到相形見
絀，羞愧難當。因此，他要在凱旋的光榮硬被西羅馬的皇帝分享之前，先
行樹起戰勝的紀念碑。於是華倫斯懷抱這種念頭，匆匆出兵趕赴戰場。

十、哈德良堡會戰的始末及後續狀況(378A.D.)

8月9日就羅馬曆書來說，該是大凶的日子[54]。華倫斯皇帝把行李和軍
用金庫都留下來，在強大衛隊的護駕下，從哈德良堡出發，去攻擊紮營在
十二哩外的哥德人[55]。由於命令的錯誤以及對地形的不熟，右翼也就是騎

54　只有阿米努斯敘述會議和行動，直到哈德良堡會戰結束為止。我們可以指責他的
　　寫作風格有很大的缺點，且記事雜亂無章。但他的作品寫到此為止，我們必須告
　　別這位公正的歷史學家。對於這種無法挽回的損失深感遺憾，譴責也說不出口。
55　不同之處是阿米努斯說的距離是八哩，而埃達久斯提到十二哩。就這方面就能讓
　　很多評論家感到困惑，事實上他們只想知道一支大軍的正確位置，根本不會考慮
　　這支軍隊要占多大的空間和範圍。

兵縱隊，已到達看見敵人的位置，而左翼還在相當距離以外。於是士兵在
夏日炎陽照耀下，被迫突然加快腳步。行進的隊伍極為混亂，花了很長時
間才排出戰鬥序列，造成毫無必要的延誤。哥德人的騎兵派到鄰近地區去
放牧，菲列德根還是繼續施展他那騙人的伎倆，派遣和平使者，提出建議
事項，要求安排人質，這些都是用來爭取時間。羅馬人毫無掩蓋的暴露在
烈日之下，讓口渴、饑餓和難以忍受的疲勞，榨乾士兵的意志和體力。皇
帝被說服就派一位使者前往哥德人營地，熱心負責的理卓默受到嘉許，只
有他敢接受這項危險的任命。內廷伯爵身著代表使節的華麗標誌，旗幟招
展的前進一段距離，到達兩軍之間的空地，這時他被會戰的警報突然召
回。巴庫流斯（Bacurius）和伊比里安（Iberian）發起倉卒而草率的攻擊，指
揮一群弓箭手和盾牌兵，由於開始時毫無章法一湧而上，受到損失以後就
不光彩的退了下來。就在這個時候，阿雷昔亞斯和薩弗拉克斯飛馳的騎兵
隊，正在哥德將領熱切的期望中趕回來，從小丘上像旋風一樣掃過平原，
為蠻族軍隊奮厲向前的攻擊，增添聲勢驚人的力量。

　　哈德良堡會戰給華倫斯和帝國帶來致命的打擊，可以用幾句話加以描
述：羅馬騎兵部隊不敵退逃，留下步兵被敵包圍，砍殺殆盡。要知步兵單
位一旦在開闊的平原，被數量優勢的騎兵包圍，即使射術精良，勇敢堅
定，很難能夠全身而退。華倫斯的部隊遭到敵人雷霆萬鈞的攻擊，驚慌之
際只有各自為戰，壅塞在狹小的地區之內，無法展開列出陣式，甚至就是
運用短劍和標槍，也不能發揮武器的威力。在喧囂、砍殺和慌忙之中，皇
帝被衛隊所拋棄，已經受傷也可能是被箭射中，正在尋求蘭斯阿里人
（Lancearii）和瑪提阿里人（Mattiarii）的保護，只有他們的部隊仍能堅持不
退，奮戰到底。忠心耿耿的將領圖拉真和維克托，發現皇帝身陷險地，於
是大聲呼叫，除非能把皇帝救出來，否則就會全軍覆沒。有些部隊受到忠
義之言的感召，拼死衝上前去搶救。在一塊浸滿鮮血的地點，散布著成堆
折斷的武器和零亂的屍體，不管是在活人或死人當中，都沒有找到蒙難的
君王。有幾位歷史學家敘述皇帝之死，要是所記詳情屬實，那麼從開始他
就沒有倖存的希望。華倫斯在隨從的照料下，從戰場移送到鄰近的木屋，

想把傷口包紮好以後，再找更安全的地方避難。但是敵人很快包圍這個簡
陋的藏身地點，準備破門而入時，箭矢從屋頂上射下來，使蠻族戰士大為
光火，等到最後不願拖下去，就堆起乾柴放火燒屋，烈焰立刻吞噬整間茅
舍，羅馬皇帝和隨從全部殉難。有一位青年從窗口跳出去，才逃得性命，
證實華倫斯被火燒死的悲慘信息，同時也傳到哥德人那裡，只因為他們太
過於鹵莽，喪失奇貨可居的戰果。許多勇敢而知名的軍官在哈德良堡會戰
中喪生，實際損失和羅馬過去在坎尼（Cannae）平原的慘敗相當[56]，但是對
後世的影響則遠過之。騎兵和步兵兩位主將、宮廷兩位顯要、以及三十五
名軍事護民官全部被殺，這次災難的始作俑者塞巴斯蒂安也在戰死之列，
倒是罪有應得。羅馬軍隊大約損失三分之二的兵力，剩餘人員趁著黑夜的
掩護，驚弓之餘逃得性命。只有維克托和理卓默率領的部隊，在千軍萬馬
混亂之中，沉著應戰，遵守紀律，能夠井然有序的退卻。

　　日前所產生的悲痛和恐怖印象，仍舊留存在人們內心，當代最有名望
的修辭學家，為被擊敗的軍隊和不得人望的君王，寫出在葬禮中使用的悼
詞，後來有位異鄉人，登上這位皇帝留下的寶座。利班紐斯坦率的說道：

> 指責皇帝沒有自知之明，把國家的不幸歸罪部隊缺乏勇氣和訓練，
> 其實都毫無必要。就我個人來說，對他們昔日的功勳，致以最大的
> 敬意；我對他們在陣列中英勇接戰，堅持不退，奮戰到底，光榮犧
> 牲，致以最大的敬意；我對他們血染疆場，也使蠻族血流成河，致
> 以最大敬意。表現將士榮譽的碧血會被雨水沖刷，但是留下成堆的
> 白骨，這些都是將領、百夫長和無畏戰士的忠骸，確能名垂千古。
> 國君自己在陣線的前列對決，力戰身亡。本來他的隨從可以從皇家
> 馬廄，牽來腳程最快的駿馬，載著他立刻逃脫敵人的追擊，請求他

56　要是按照波利比阿斯悲觀的估算，只有三百七十名騎兵和三千名步兵，逃離坎尼
　　會戰的戰場，一萬名成為俘虜，被殺的人數總計有五千六百三十名騎兵和七萬名
　　步兵。李維提到的損失沒有這樣慘重，只有兩千七百名騎兵和四萬名步兵被殺。
　　羅馬軍隊的參戰人員大約是八萬七千二百名。

保存寶貴的生命,能繼續爲國效勞,怎麼說也是徒然。他始終存有
這種信念,喪失這麼多勇敢而忠誠的臣民,他也不能苟且偷生。高
貴的君主已葬身在殺戮戰場之中,因此,我們不能冒著大不韙,把
蠻族的勝利歸於羅馬軍隊的畏懼、懦弱和輕率。首長和士兵受到祖
先遺留的德行所激勵,在紀律和兵法上占有優勢。他們靠著熱愛榮
譽的支持才會奮勇殺敵,同時要戰勝酷熱和口渴的考驗,抵擋烽火
和刀劍的威脅,到最後不惜一死免於敗逃苟生的恥辱。我們只能
說,神明的惱怒是敵人勝利的唯一原因。

歷史眞相與這篇悼辭大有出入,與華倫斯的性格和戰場的情況也不盡吻
合,但安提阿的雄辯家口若懸而且氣度寬宏,才眞是最好的讚頌之辭。

十一、哥德人圍攻哈德良堡及對帝國的蹂躪(378-379A.D.)

哥德人的傲氣因前所未有的勝利而威風八面,但不能滿足貪念卻又大
失所望。他們痛心得知,最值錢的皇室戰利品都留在哈德良堡城牆之內。
他們急著要讓英勇的行爲獲得最大報酬,誰知遭到殘兵敗將抵抗,這些人
處於絕境要想保全性命,只有下定視死如歸的決心。城市的牆堞和鄰接營
地的防壁,靠著各種弩砲和投射器具,將防禦陣地連成一體。這些裝備可
拋擲很重的石塊,發射時的響聲和速度,比實際的殺傷效果更讓無知的蠻
族感到害怕。所有的士兵、市民、行省屬民和內廷人員,同處險境而能團
結起來,眾志成城,擊退哥德人狂暴的進攻,暗中的內應和叛賊也被發
現。在激戰數個鐘頭後,蠻族只有退回帳篷開會,經過一番討論,根據經
驗認爲雙方可簽訂條約。明智的首領考慮這座人口稠密的大城,工事如此
堅固,於是匆忙而不智地屠殺三百位逃兵後,氣惱而去。這種殺俘的行動
對重整羅馬軍隊的紀律有很大的幫助。戰爭和動亂的場面馬上波及到寧靜
的僻遠之處,群眾很快逃離家園。樹林和山嶺無人知曉的小徑,出現顫慄
不已的逃難人員,要在伊里利孔和馬其頓遙遠的城市尋找安身之所。忠於

皇室和經管金庫的官員，還在詳細搜尋皇帝的下落，他們沒獲得主子殉難的信息。哥德人侵略的洪流，從哈德良堡的城牆下漫淹到君士坦丁堡的郊區。蠻族看見東部首都的壯觀形勢，高大而蜿蜒不絕的城牆，成千上萬富足而倍感驚懼的市民擁擠在防壁後面，以及海陸觀之不盡的景色，無不驚異萬分。就在他們凝視美麗的君士坦丁堡，因無法進入而食指大動時，有一群撒拉森人正好在華倫斯麾下效力[57]，從一處城門衝殺出來。錫西厄騎兵看見阿拉伯人的馬匹，迅如閃電又動若脫兔，感到自嘆不如。這些騎士精於非正規作戰的各種技巧，南方蠻族那種毫無人性的殘暴，使北方蠻族大為失色，生出畏懼之心。有個哥德士兵被阿拉伯人用短劍刺殺，長髮而赤裸的蠻子，竟用嘴唇在敵人的傷口吸食鮮血，帶著極其恐怖的愉快表情。哥德人的軍隊滿載戰利品，全都是從富裕城郊和鄰近地區掠奪而來，離開博斯普魯斯，前往形成色雷斯西方邊界的山區。形勢險要的蘇昔伊(Succi)隘道，由於莫魯斯(Maurus)的懼敵畏戰和處置失措，竟然輕言棄守。蠻族不再擔心東部分散而戰敗的部隊會有任何抵抗行動，面對肥沃利耕的鄉園，開始四處燒殺擄掠，一直到達意大利的邊界和亞得里亞海[58]。

　　在行省遭受蠻族大軍的侵略和蹂躪時，羅馬人對於軍團未能採取至當的行動[59]，只是輕描淡寫的一筆帶過，但是對省民的苦難，充滿同情心，滔滔不絕的訴說。很簡單的報告(這份報告還保存到現在)只提到一個城鎮被毀，有一個家庭遭到不幸[60]，表現出人性中極其有趣而又富於教育意味

57　華倫斯花錢買到撒拉森人的友誼，這些部落經常騷擾腓尼基、巴勒斯坦和埃及的邊界，令人不勝其煩。後來其中竟有一個民族將基督教的信仰，轉變成另一種宗教，傳播開來造成新的時代。

58　這一序列事件在阿米努斯作品最後幾頁仍有跡象可循。我們對諾昔繆斯已不寄予厚望，他竟把阿拉伯人的出擊，誤記在華倫斯去世之前。優內庇斯對色雷斯、馬其頓的富裕狀況，讚許不已。

59　凱撒在《高盧戰記》中以無動於衷的語氣敘述，像文尼提人(Veneti)投降乞求寬大處理，他竟將所有元老處死；像他想盡辦法要絕滅厄布羅尼人(Eburones)整個部落；像在布爾吉(Bourges)不分男女老幼，屠殺四萬人，為被害的士兵報仇。

60　當時的教會和漁夫有洗劫馬德堡(Magdeburgh)的記載，哈特(Harte)在刊印時，竟顧慮到會損及歷史的尊嚴。

的一面。要是重複冗長而咬文嚼字的怨言，就是最有耐心的讀者也會棄而不顧。在那個不幸的時代，無論是異教或教會的作者，都曾提出責難之言，只是程度有別而已。他們的內心因群眾和宗教的仇恨激起憤怒的感情，有很多事件的規模和性質已不合於眞相，被以訛傳訛的言辭加以誇大或竄改。個性狂熱的傑羅姆譴責哥德人和那群野蠻的盟友，爲他的故鄉潘農尼亞以及面積遼闊的行省，帶來巨大的災難。從君士坦丁堡的城牆，一直延伸到朱理安阿爾卑斯(Julian Alps)山的山腳，到處進行搶劫、屠殺和縱火，眞是草菅人命，無惡不作。更讓人不敢苟同，是瀆褻神聖的教堂，用來當作馬廄，以及毀棄殉教者的遺骸。但是這位聖者有時實在是心神恍惚，已經越過歷史和自然的限制。他很肯定的說到：

> 在這個成爲一片焦土的地區，除了天空和大地，沒有留下任何東西。等到城市被破壞殆盡和人類被絕滅根除後，地面上布滿濃密森林和糾纏荊棘，整個呈現荒蕪殘破的狀況，就像先知澤法尼阿(Zephaniah)所宣示那樣，到達鳥獸絕跡、魚蟲消失的地步。

提出這種控訴，已經是華倫斯死後二十年，伊里利孔各個行省還是不斷受到蠻族入侵和借道。後來又經過十個世紀的苦難，現在還是繼續爲蹂躪和毀滅提供新的對象和素材。像這樣面積廣闊的地區，不能說是沒有耕種和居民，就連生機蓬勃的自然界所滋長的產物，也會受到致命的影響。有用而柔弱的家畜，受到人類的餵養，要是失去保護，就會患病以致於死亡。但是在森林裡的野獸，無論是獵食者還是被獵者，要是自由自在而且不受干擾，據有杳無人跡的領域，一定會繁衍綿延，生生不息。至於在空中或水裡的生物族群，與人類的命運並沒有直接的關係。眞可以這麼說，多瑙河的魚群，對於兇狠而貪吃的梭子魚快速接近，比起哥德大軍的入侵行動，感到更爲恐懼和慌張。

不管歐洲的災難嚴重到何種程度，有理由擔心戰火蔓延到亞洲的和平樂土。把哥德人作爲人質的兒子，分散到東部的城市是很明智的措施。想

要用教育的力量教化或馴服天生粗野兇狠的性格，經過十二年的時間，他們的數量繼續增加。第一次大遷移時送來的兒童，運過海倫斯坡海峽後再加以安置，到現在已長大成人，看起來身強力壯充滿活力[61]。發生哥德人戰爭的各種情況，不可能隱瞞讓他們毫不知曉，何況這些大膽的青年口無遮攔，洩露他們的意欲和打算，要效法父執輩的光榮事蹟。那時的危險局勢，證實省民的疑懼不是空穴來風，也獲得確鑿的證據，在亞細亞的哥德人組成祕密而危險的叛亂團體，會危害到公眾的安全。華倫斯死亡後東部沒有產生繼位的君主，朱理烏斯(Julius)出任軍隊主將這個重要職務。他的名聲顯赫，勤奮負責而且能力很強，認為基於職責所在，遇事要與君士坦丁堡元老院磋商，現在正處於空位期，只有這個機構可以代表國務會議。他研判應採取權宜措施以確保國家的利益，立即獲得獨斷的權力可以展開行動。他召集主要的官員開會，私下協調具體辦法，來執行狠毒無情的計畫。他立即頒布一道命令，哥德青年要在指定的日子，集合於各行省的首府。消息很快傳播開來，說是集合他們是為了贈送土地和大量金錢。美好的希望緩和他們因憤恨而產生的狂怒，或許使他們推遲謀叛的行動。到指定的那天(378A.D.)，經過仔細安排，把沒有武裝的哥德青年集中在首府的廣場上。羅馬軍隊把守著街道通路，房屋的頂上布滿弓箭手和投石手。東部所有城市在同一時間，發出一網打盡的屠殺信號。朱理烏斯運用殘酷的計謀，把亞細亞各行省從內部敵人威脅的狀況下解救出來。要不然在幾個月內，會把兵刀之災從海倫斯坡海峽帶到幼發拉底河[62]。有關國家安全的急迫要求，毫無疑問會授權採取行動，即使違犯所有的實體法亦在所不顧。至於考量究竟可以到達何種程度，甚至可以排除人道和正義的自然約束，是否有準則可依循，就我而言，這方面寧可一無所知。

61　優內庇斯認為年輕的哥德人有超自然的成長能力，真是愚不可及。他提到卡第繆斯(Cadmus)的士兵，全副武裝從惡龍的牙齒裡蹦出，那是希臘人常用的雄辯之辭。
62　諾昔繆斯把時間弄錯，才會感到好奇，長篇累牘的找理由，說明朱理烏斯為何沒有請示狄奧多西皇帝。其實很簡單，那時狄奧多西還未登上東部的帝座。

十二、格里先拔擢狄奧多西爲東部皇帝(379A.D.)

格里先皇帝行軍趕往哈德良堡的平原，這時傳來混亂不一的信息。接著維克托和理卓默帶來準確報告，領兵輕進的東部皇帝在戰場被殺，羅馬大軍有三分之二人員，喪生在哥德人刀劍之下。他的叔父由於輕敵和嫉妒才落得這個下場，原本讓他怨恨難消，但他爲人心地寬厚，很快壓下不滿反而感到悲憤和哀傷，考慮到國家面臨的危險狀況，只有撇開憐憫之情。格里先的援兵來不及幫助遇難的同僚，爲他報仇則力有未逮。這位英勇而穩健的青年，感到僅自己一人，實在無法拯救沉淪的世界。日耳曼蠻族釀起巨大的風暴，好像準備颳過高盧的行省，縈繞格里先的腦海主要還是西部帝國的爲政之道和應變之策。爲應付當前危機，像是治理東部帝國以及指導對哥德人的戰事，需要一位英雄又是政治家的人物，負起專閫之責。一位被授與指揮大權的臣民，不會對遙遠的恩主保持長久的效忠，於是大家在御前會議中，一致贊同明智而坦誠的解決辦法。與其將來屈於現實而受到侮辱，不如目前主動挑選賦予義務，這就需要格里先以酬謝功勳的方式，授與皇帝的紫袍。但是，他以十九歲之齡，自小接受皇家的教育，想要明瞭大臣和將領的本質和才能，就身爲君王而言確非易事。這時他排斥過於自信的狂妄野心，也不信任小心翼翼的睿智言論，認爲國家邁向無望之途。他絲毫不假手於人，站在公正的立場權衡屬下的功過得失。時間的拖延，對於未來東部的君王會造成權力和資源的消失，狀況發展不容許作冗長討論。格里先立即宣布，他的選擇是一位遭到放逐的人員，那人的父親在三年以前，經過皇帝的批准，遭到不公正的審判受辱而死。狄奧多西(Theodosus)大帝在歷史上留名百世，受到天主教會的恩寵[63]。他被召回宮

63　狄奧多西大帝的傳記是上個世紀的作品，使年輕的法蘭西王儲心中激起天主教信仰的火花。作者福萊雪(Flechier)是知名的修道士，後來成爲尼姆(Nismes)的主教。他的歷史著作陳腔濫調充斥說教的辭句，但是他曾受教於巴隆紐斯門下，追隨聖安布羅斯和聖奧古斯丁的理念。

廷時，格里先爲安全起見，已從色雷斯的邊境退到色米姆(Sirmium)。華倫斯死後過了五個月，格里先集合軍隊，在大家的面前宣布自己的共治者和東部的主子。狄奧多西開始時非常謙虛加以婉拒，部隊齊聲歡呼，他只有接受皇冠和紫袍，同時被授與奧古斯都的頭銜(379年1月19日)。華倫斯治理的色雷斯、亞細亞和埃及所屬各行省，全部交給新帝；由於要負責指揮哥德戰爭，就把伊里利孔統領的轄區劃分開來，達西亞和馬其頓兩個最大的行政區，成爲東部帝國的領土。

　　同個行省的同一城市[64]，有德行高潔的圖拉眞和才識過人的哈德良，登上皇帝寶座；後來也是另一個西班牙家庭的故鄉，在苦難頻仍的年代，土宰幾近衰敗的羅馬帝國達八十年之久[65]。老狄奧多西有積極進取的精神，從沒沒無聞的自治區階層中崛起，身爲將領，在不列顚和阿非利加建功立業，是華倫提尼安編年史中最光輝奪目的一頁。這位將領的兒子同樣命名爲狄奧多西，年輕時在諄諄教誨的老師門下受業，但在戰爭藝術上，接受父親的細心指導和嚴格訓練[66]。在這樣一位領導者的麾下，從最遙遠地點的軍事行動中，追求榮譽和知識，鍛鍊自己的體魄，習慣各種不同的季節和天候，在海上和陸地的作戰中表現英勇無敵的氣概，研究蘇格蘭人、薩克遜人和摩爾人的各種戰法。他憑著自己的功績和阿非利加征服者的推薦，很快獨當一面，在榮任瑪西亞公爵的職位上，擊敗薩瑪提亞人的軍隊，拯救行省免受蠻族蹂躪，贏得士兵愛戴，也引起宮廷猜忌[67]。他的

64　伊塔利卡是西庇阿·阿非利加努斯爲意大利的老兵，受傷退役以後安置在西班牙的殖民區，遺址現在保存很好，離塞維爾大約有一里格，位於瓜達幾維(Guadalguivir)河的對岸。

65　我贊同蒂爾蒙特的意見，懷疑狄奧多西是皇室的後裔，到他登基爲帝仍然諱莫如深。帕卡都斯(Pacatus)對這件事閉口不言，看來比提米斯久斯、維克托和克勞地亞這些御用文人的說辭，份量更重，因爲這些人認爲狄奧多西的家世，出於圖拉眞和哈德良的血胤。

66　帕卡都斯把狄奧多西在年輕時所受的教育，與亞歷山大、漢尼拔和小阿非利加努斯相提並論，因爲他像這幾位名將，開始時都在父親的麾下服務。

67　阿米努斯提到這次勝利，有些事項也經過提米斯久斯和諾昔繆斯證實，但狄奧多里特增加很多情節，有些跟空位期發生的事件混在一起，令人感到百思不解。

父親位高權重，受到不光榮的指控而被處決，使他的擢升坦途遭受致命的
打擊。狄奧多西等於獲得恩惠，能夠全身而退，到西班牙的老家去過仕紳
的生活。他很自在的表示出堅定和節制的態度，使自己適應新的環境和地
位，把閒暇的時間平均花在城鎮和鄉村，熱心參與各種公益活動，善盡社
會的責任，同時像士兵一樣勤奮，有助於龐大世襲家業的經營和改善[68]。
他的田地位於瓦雅多利德（Valladolid）和塞哥維亞（Segovia）之間，是生產
富饒的區域，仍舊以培育優良品種的綿羊而舉世知名[69]。清白而謙卑的狄
奧多西從在農場工作，到接任東部皇帝的寶座，不過四個月的時間。在整
個世界歷史上，找不到一個類似的例子，就那個時代的狀況來說，有那一
次擢升是如此純潔無玷而且充滿榮譽。君主能夠和平繼承父皇的權杖，為
了確保安全起見，明確主張可以坐享合法的權利，顯然有別於來自個人的
功勳，獲得紫袍和寶座。

　　無論是君主國家或民主政體的臣民，要想獲得最高權位，必須在德行
或才能方面具有優勢，領先同儕而能出人頭地，但是他們的操守很少倖免
於野心之禍。候選人接位成功後，也難逃陰謀或內戰的罪行。那怕就是政
府的狀況，允許統治的君王指定一位共治者或是繼承人，基於私心自用甚
或盲從衝動的影響，以毫無價值的人選當成任用的對象。狄奧多西處於僻
遠而不為人知的考丘（Caucha），就是最引人猜疑的惡毒批評，也不能說他
是要手段玩計謀，或者是懷抱希望的野心政客。要不是他有真正突出的品
格，讓宮廷留下深刻的印象，只要打上放逐者的名字，很快就會被人遺
忘。國泰民安的時代他不會受到重視，但是在國家多難之秋，出眾的功勳
通常會被人感受，獲得肯定。格里先怎麼這樣有信心，憑著對方的正直，
竟會相信有孝心的兒子為了國家，可以忘記殺父之仇！格里先怎麼能夠期
許他具有這樣的能力，鼓起最大的希望，僅一個人就可以拯救並重建東部

68　帕卡都斯把狄奧多西的鄉居生活比擬辛辛納都斯（Cincinnatus），但是一位在此時
　　獲選為帝，而另一位卻能安貧樂道。

69　丹維爾認定考丘位於古老的格里西亞（Gallicia）行省，諾昔繆斯和埃達久斯者認為
　　此處是狄奧多西的出生地，繼承的家產也在這裡。

帝國！狄奧多西在三十四歲之年接受紫袍加身，民眾用欽佩的眼光，注視他那充滿大丈夫氣概的面容，得體合度的莊重神情，樂於把他的形象和勳獎拿來與圖拉眞皇帝作比較。同時有智慧的觀察家可以發現，他在爲人的心地善良和體諒寬恕方面，可媲美最受推崇的羅馬君主。

十三、狄奧多西贏得哥德戰爭的重大事蹟 (379-382A.D.)

　　我感到非常遺憾，現在必須與正直而可靠的導師作別，他寫出那個時代的歷史，沒有被偏見和感情蒙蔽，而當代人的內心多少受到影響。阿米努斯‧馬塞利努斯以華倫斯的戰敗和死亡終結他的作品，把下一個統治時代更光榮的主題，託付給富於朝氣和才華的後起之秀。這位後輩並沒有接受他的建議，也沒有模仿他的風格[70]。因而，研究狄奧多西統治的時代，我們只有採用諾昔繆斯帶有成見的記載和敘述：這些都來自殘缺史料和編年記事的推測和影射之辭；來自詩作和頌辭的比喻體裁；來自教會作家毫無價值的協助。這些作家致力於宗教派別之爭，把異教美德的誠摯和穩重視若無物。自覺於這種不利的情況，會繼續涉及羅馬帝國衰亡的相關部分，我將踏著可疑而膽怯的步伐開始前進。然而我要大膽宣布，狄奧多西對蠻族並沒有贏得決定性的重大勝利，以報哈德良堡會戰之仇。就是御用演說家也三緘其口，不置一辭，對於那個時代的狀況和情勢，可以得到明證。只要實際的災禍沒有誇大到造成致命的損害，經由多少世代胼手胝足樹起的巨大國家結構，不致會因一天的失誤而土崩瓦解。哈德良堡平原之戰慘敗，羅馬帝國損失四萬人馬。人煙稠密的東部行省有數百萬的居民，可以立刻接受徵召；士兵的勇氣更是人類習性最平凡而常見的素質，作戰倖存的百夫長用心加以調教，他們就能習得足夠的戰技來對抗毫無紀律的敵軍；要是蠻族從潰敗的部隊奪得馬匹和盔甲，卡帕多西亞和西班牙養育

70　阿米努斯是羅馬最後一位臣民，以異教徒的身分用拉丁文撰寫歷史作品。到下一個世紀，東方產生一些講究修辭的歷史學家，像是諾昔繆斯、奧林帕多魯斯（Olympiodorus）、馬爾克斯和康笛達斯（Candidus）等人。

的馬群,用來供應成立新的騎兵隊;帝國有三十四個軍械庫,儲存大量攻
擊和防禦的武器和裝備;富裕的亞細亞可以籌措資金,使戰爭的費用不致
匱乏。但是哈德良堡會戰在心理上造成的影響,不論是蠻族的勝利和羅馬
帝國的失敗,都遠超過當天所能想像的範圍之外,而且後果極為嚴重。
一位哥德酋長提到,雖然說話的語氣很粗野還是有所保留,他說他殺人已
經殺得手軟,但最令他感到吃驚的,是這些像一群綿羊四散奔逃的傢伙,
竟膽敢堅持擁有舉世財富和眾多行省。羅馬帝國的臣民和士兵,就像哥德
人過去聽到「匈奴人」的名字一樣,現在聽到「哥德人」就懼怕不已。如
果狄奧多西很倉卒的收容游兵散勇,領上戰場去迎戰高奏凱歌的敵人,他
的軍隊連自己的畏戰心理都無法克服,鹵莽的行動根本沒有成功的希望。

　　狄奧多西的確配得上偉大此一頭銜,在這個令人難忘的時刻,採取堅
定而忠誠的防護措施來保衛國家。他把大本營設在馬其頓首府提薩洛尼
卡,在那裡監視蠻族的動靜。從君士坦丁堡的城門一直到亞得里亞海的海
岸,直接指揮部將的作戰行動。各城市都要構築工事堡壘,加強守備能
力。部隊服從命令恢復軍紀,自身的安全有了信心,士兵在無形中增加膽
識。對騷擾鄰近地區的蠻族,經常發起突擊,如果在兵力和地形上不能獲
得決定性優勢,就不允許部隊接戰。要是一旦交鋒,多半都是羅馬軍隊的
勝算較大。他們從經驗中慢慢體認,殲滅強敵應在意料中。原來分散配置
的守備部隊,逐漸組合成小型軍團,經過仔細規劃和良好協調,在統一指
揮下發起作戰。羅馬軍隊的戰力和士氣,日復一日更為壯大和高昂。皇帝
運用各種計謀,不斷發布作戰勝利的信息,用來挫折蠻族的威風和鬥志,
激勵臣民的希望和勇氣。以上不過提綱挈領敘述概要,狄奧多西獲得四次
戰役的勝利。要是如實詳細說明他的構想和作為,相信每一位有軍事常識
的讀者,都會為他那無與倫比的兵法素養,致以最高的敬意。費比烏斯
(Fabius)在過去用堅壁清野的守勢作戰,拯救共和國於敗亡之際;後來西
庇阿在查瑪(Zama)戰場樹起光輝的戰勝紀念碑,吸引後代子孫的敬仰和
欽佩;笛克推多在康帕尼亞(Campania)的丘陵進出,雖然沒有接戰也能獲
得應得的名聲。所以將領在這時也不必靠著運道,非要帶領部隊打了勝

仗，才能贏得應有的榮譽。狄奧多西倒是像費比烏斯那樣建立蓋世的功勳，他的身體很衰弱，經常因重病而纏綿床榻，但英勇的心志和服務國家的能力，沒有受到任何影響[71]。

　　拯救行省得到和平，這項工作靠的是審慎而非勇武。狄奧多西除了審慎從事以外，還有極好的運道，身為皇帝沒有錯失良機，都能善加運用。蠻族只要在菲列德根的卓越領導下，團結一致，合作無間，憑著實力，並非不能征服偉大的帝國。等到這位英雄人物亡故，著名的阿拉里克（Alaric）繼承職位成為主子，把稟性暴躁的群眾，從紀律和規範的重軛中解救出來。蠻族不再受權威的制約，隨心所欲任意行動，而且毫無章法可言。征服者的軍隊化為無數盜匪幫派，成為一片散沙，盲從無知和意氣用事奈何不了敵人，反倒是傷害到自己。對於沒有能力運走或無法鑑賞價值的物品，就惡意加以破壞，充分顯示出野性難馴的性格。就運過不多久以後，需要用來維持生存的作物和穀倉，因一時的憤怒，也都毫不在意加以毀棄。獨立自主的部落和族群過去自願加入鬆散的聯盟，還能發揮團結的力量，現在相互之間充滿對立的氣氛。匈奴人和阿拉尼人的部隊叱責哥德人不告而別，這時哥德人已不能發揮機運所帶來的優勢。須知東哥德人和西哥德人之間，自古以來積不相容，當前再度反目成仇。傲慢的酋長回想沒有渡過多瑙河之前，在本鄉本土的狀況，以及後來相互的指責和陷害，所帶來的侮辱和痛恨。內部派系的傾軋消除對外的同仇敵愾心理。狄奧多西的軍官受到指示，用大量禮物和慷慨承諾，收買不滿的派別，使他們從敵對的場合退卻，或者前來投效帝國。有阿拉尼人王室血統的摩達爾（Modar）[72]，身為王子受到羅馬人的攏絡，給帝國增添一員忠誠的勇將。這位尊貴的投誠者立刻獲得主將的階級，是最重要的指揮官，趁自己同胞的軍隊沉溺於酒醉和夢鄉，發起大膽的突擊，殘酷屠殺驚愕的哥德人，帶回大量戰利品，包括四千輛四輪大車。在政略家巧妙的操作下，迥然相異

71　多數作者提到狄奧多西罹患重病，在提薩洛尼卡長時間休養。諾昔繆斯是為了有損他的光榮戰績，喬南德斯是為了對哥德人有利，而教會作者是為了宣揚他的受洗。

72　諾昔繆斯把摩爾達當成錫西厄人，後來希臘人根據他的名字，把他視為哥德人。

的手段可以運用於同樣目的。過去羅馬帝國因哥德民族的分裂而獲得的和平，現在靠著哥德民族的再度統一，反倒能夠維持於不墜。對於這些非比尋常的事件，阿薩納里克在一旁靜觀待變，看到有武裝壯大的機會，終於從考加蘭森林的深處現身而出，毫不猶豫渡過多瑙河。菲列德根有相當數量的屬下，深感缺乏領導中樞所造成的混亂，很容易去追隨他們所認可的國王，無論是他的出身、能力和經驗，都可成為哥德人的士師。但是阿薩納里克已屆高齡，失去鬥志，不再率領民眾走向戰場爭取勝利；以他的睿智，情願傾聽公平的建議，那是光榮而有利的條約。狄奧多西深知新盟友的功勳和權力，在離開君士坦丁堡七哩遠的地方，親自前去迎接，用對朋友的信任和對君王的排場，在皇城款待阿薩納里克的來訪。

> 蠻族的國王極為好奇，各種事物使他目不暇給，深受感動之際，發出讚美的呼聲。他說道，要不是我親眼看見，真不相信有這樣壯觀的首都！他舉目四望，欣賞城市的絕佳位置，城牆和公共建築既堅固又華美，廣闊的港口停滿無數船隻，與遙遠的國家保持不斷的來往，部隊的武器和訓練也令人嘆為觀止。阿薩納里克繼續說道，羅馬皇帝是地上的神明，膽大妄為之徒要是違命不從，誓必取他性命來贖罪[73]。

哥德國王未能長久享受豪奢而尊榮的接待，節制並非蠻族所推崇的美德，致命的疾病來自皇家飲宴所帶來的歡樂（381年元月25日）。但是就狄奧多西的政策而言，從盟友死亡所獲得的實際利益，超過期望他能提供的忠誠服務。在東部的都城為阿薩納里克的葬禮，舉行莊嚴的儀式，建立宏偉的紀念碑，狄奧多西用慷慨的恩情和悲傷的面容，贏得蠻族軍隊的感激，全體加入羅馬帝國的軍籍[74]。西哥德大軍的歸順產生極為有利的後

73　讀者若能參閱喬南德斯的原文，想來不會反對，何況這部書很可能是經過他的抄寫才編成。除這段文字，喬南德斯在後面還提到阿薩納里克的死亡和葬禮。
74　諾昔繆斯也贊許狄奧多西的氣度恢宏，為自己增添光彩，為國家獲致利益。

果，再結合武力、遊說和賄賂的影響，範圍日益擴大而有力。每位獨立自主的酋長爭相要求簽訂條約，唯恐落人之後，形成孤立失去保護，受到征服者的報復和制裁。在華倫斯皇帝戰敗慘死以後，過了四年一個月又二十五天，哥德人最後還是全體投降[75]。

　　阿雷昔亞斯和薩弗拉克斯有積極進取的精神，要找尋新的地點，滿足掠奪的要求，獲得光榮的成就，於是率眾主動撤離，使得多瑙河的各行省，能從格魯杜吉人（Gruthungi），也就是東哥德人的重壓下脫身。燒殺一空的破壞路線指向西方，但是後人對他們的冒險事蹟所知有限。東哥德人將高盧行省幾個日耳曼部落驅走，與格里先皇帝締結條約，很快就加以撕毀，然後進入北方不知名的國土，這樣過了四年以後，帶著聚積起來的力量重新回到下多瑙河的兩岸（386年10月）。他們的部隊徵召日耳曼和錫西厄界狠的武士，帝國的士兵甚至就是歷史學家，也都不認得這個過去敵人的姓名和外貌。指揮色雷斯邊區軍事和海軍單位的將領馬上了解到，他具有的優勢對於公眾會帶來很不利的後果。蠻族畏懼他的艦隊和軍團可以立即出動，可能會拖到冬天快到才渡河。他派出高明的密探進入哥德人的營地，引誘蠻族中計自投羅網，用大膽的策略說服他們在月黑風高的夜晚，偷襲在睡夢中的羅馬人軍，要求這群烏合之眾，應該盡速登上三千條獨木舟編成的船隊。最勇敢的東哥德人擔任先鋒，主力由剩餘的臣民和士兵組成，就連婦女和小孩，都可以很安全的跟著後衛一起前進。於是他們選擇一個無月的黑夜，按著計畫展開行動，在快要抵達多瑙河南岸時，滿懷信心會找到容易登陸的地點和沒有警衛的營地，但是蠻族的進軍受到未曾意料的阻礙，就在河面上停頓下來，面對排成三列的船隊，首尾相接很堅固的連在一起，沿著河流有二哩半長，構成無法穿越的銅牆鐵壁。他們在螳臂擋車的搏鬥中掙扎，想要打出一條血路，右翼受到一隊戰船的攻擊，毫無還手的能力，被打得落花流水。這些戰船順流而下，加上槳櫓並

75　埃達久斯所撰《歲時記》，內容簡略但可信度高，受到那時代強烈情緒影響；提米斯久斯所撰第十四篇演說辭，對當時的和平與執政官薩頓奈努斯，大肆恭維。

用，真是勢不可當，利用重量和速度，把蠻族粗製濫造的獨木舟不是撞毀
擊沉，就是加以驅散。蠻族雖然奮戰到底還是無濟於事，阿雷昔亞斯是東
哥德人的國王和主將，隨同英勇的部隊，死於羅馬人的刀劍之下，再不然
就喪生在多瑙河的波濤之中。受到圍剿的船隊有一部分抵達對岸，驚慌而
混亂的群眾沒有採取行動的能力，也無法做出任何打算，只有乞求戰勝的
敵人大發慈悲。對於這次事件以及很多類似的狀況，狄奧多西時代的作
家，很難獲得一致的論點。有一位帶有成見和惡意的歷史學家，把狄奧多
西的統治批評得一無是處，說他並未參加這次作戰，完全是英勇的部將普
洛摩都斯（Promotus）在場指揮，澈底殲滅蠻族的大軍[76]。有位曲意奉承的
詩人，在霍諾流斯的宮廷中，寫詩讚美先帝和其子的光榮事蹟，把勝利歸
於狄奧多西個人具有大無畏的精神，甚至隱約提及當時的情節，說是皇帝
親手宰了東哥德人的國王[77]。在這些偏激和矛盾的說辭之中，我們只有持
平而論，才能發現歷史的真相。

十四、安置哥德人在帝國各地及其影響（383-395A.D.）

最早的條約對哥德人指定居住區域，給予各種特權，規定應盡義務，
這些都是狄奧多西和其繼承人的光輝史蹟。但資料有限，所以不能正確了
解相關條款的精神和內容。面積廣闊的肥沃土地，因戰爭的破壞和暴政的
摧殘而沒有耕作，就撥給蠻族使用，照說他們不會拒絕從事農業生活。大
群西哥德人定居在色雷斯，部分東哥德人遷到弗里基亞（Phrygia）和利底
亞（Lydia），分配所需的穀物和牛隻。為鼓勵他們辛勤工作，免除一定年
限的貢金。要是把蠻族分散在各行省，怕他們會認為這是朝廷的猜忌之心
在作祟，未免不近人情。事實上，他們在指定居住的村莊和區域，擁有土

---

76 諾昔繆斯經常顯示出判斷力不足，在敘述重大歷史事件時，充滿繁瑣可疑的情
節，令人不堪卒讀。

77 羅馬將領贏得作戰的勝利，親手殺死敵軍的國王或是大將，就可以把他的冑甲剝
下來當戰利品，但是這種例子在羅馬戰無不勝的時代，也不過只有三次。

地所有權；仍舊維持原有的習慣和語言，並被允許推廣和傳承；在專制政
體的轄區內，他們擁有內部管理的自主權；他們必須承認皇帝的主權，但
對羅馬的次級管轄權，不必服從相關法律的規定和官員的判決；各部落和
家族的世襲酋長，無論平時或戰時，仍舊統治他們的族人；不過蠻族的王
室階層要廢除，哥德將領的任免由皇帝決定。納編四萬名哥德人成爲東部
帝國的建制部隊，授與「聯盟軍」的稱呼，穿著金領服裝，發給高額薪
餉，享受優遇特權，兵器的運用和紀律的要求，增強天生的尚武精神。蠻
族成爲帝國的「雙刃之劍」，可以保衛也可以威脅公眾和國家。從此，羅
馬人心靈中唯一能激起軍事熱情的火花，終告熄滅。狄奧多西用言詞說服
盟友，爲對哥德民族表示誠摯的友誼，才提出和平條件，事實是基於審愼
和需要，情勢所逼不得不爾[78]。羞辱而危險的讓步引起多方指責，狄奧多
西生動描繪戰爭的災難，特別強調目前已出現秩序、富裕和安全的徵兆，
他用這種成就來爲自己辯護，也向不滿人士表示歉意。狄奧多西的擁護者
肯定他的作爲，他們認爲太多勇武的蠻族失去祖國，陷入鋌而走險的絕
境，要想全部殲滅，根本不可能；若善加運用，反獲得許多士兵和農夫，
使衰竭的行省得以恢復活力。很多人同意這種看法。蠻族仍懷有敵意，表
現出怒氣沖天的樣子，但過去的經驗使人希望，他們終究會習於勤勉和服
從。他們的風俗習慣和言行舉止，會因時間、教育和基督教的影響，產生
教化作用而大爲改觀。他們的後裔也逐漸同化在羅馬民族的大熔爐中[79]。

　　這些樂觀的臆測之辭聽起來雖有幾分道理，但識之士認爲，哥德人終
是心腹之患，將成爲羅馬帝國的征服者。他們用粗野的言辭和狂妄的舉
動，侮辱羅馬市民和行省人員，卻免於任何懲罰[80]。狄奧多西的常勝英
名，靠著蠻族的擁戴和英勇，但他們的協助既不穩靠又會帶來危險，在最

78　這是哥德歷史學家自譽之辭，認爲他的同胞天眞無邪，愛好和平，不遷怒，不記
　　仇，充滿寬恕之心。要是按照李維的說法，羅馬的征戰完全是爲了自衛。

79　提米斯久斯寫出一篇精心推敲而且理由充分的辯白，不過，也無法避免希臘修辭
　　學家那種觀念幼稚的通病；奧菲斯（Orpheus）只對色雷斯的野獸施展魔法，但是狄
　　奧多西迷惑吸引這個地區的居民，他們的祖先曾經把奧菲斯撕成碎片。

80　爲了懲罰君士坦丁堡的居民殺害哥德士兵，把每天配給的麵包份量減少一半。

需要他們賣力時,天生叛逆而多變的性格,使他們放棄自己的職責。內戰
時期征討麥克西繆斯時,大量哥德逃兵藏身在馬其頓沼澤地區,蹂躪鄰近
行省,迫使無畏的君王用盡心機,使出全力,才撲滅叛亂火焰[81]。公眾起
了猜疑之心,至感憂慮,認定這些暴亂並非一時的意外事件,而是精心策
劃的敵對行動。大家相信哥德人簽訂和平條約時,帶著敵意和陰謀。他們
的酋長過去在暗中發下重誓,絕不能相信羅馬人,所以表面上顯出忠誠和
友好的態度,完全是在等待良機,進行掠奪和征服,以報不共戴天的血海
深仇。但蠻族並非不知心存感激,有些哥德人的首領是真誠報效帝國,或
至少是對皇帝效忠。整個民族逐漸分裂為兩個對立派系,就第一次和第二
次條約所律定的權利義務,展開激烈辯論。一派哥德人認為自己是羅馬的
友人,支持公正與和平,聽從弗拉維塔(Fravitta)的領導。這位勇敢而正
直的青年,舉止優雅,慷慨大方,和藹可親,在族人之中是鶴立雞群。但
人數眾多的派系,追隨性格兇狠不講道義的普利烏爾夫(Priulf),他熱情
暴躁,帶著好戰的族人主張獨立。在一個莊嚴的節慶,兩派的酋長應邀參
加皇家宴會,酒酣耳熱之餘,忘卻禮儀和地位應有的規範,當著狄奧多西
的面,掀出不容旁人置喙的家務事,發生激烈爭執。皇帝在旁靜觀極其不
當的口角,強忍心中的驚愕和憤慨,接著就宣布散會。弗拉維塔對敵手的
無理取鬧,不僅受到激怒而且起了警惕之心,知道從宮中分手就會引起內
戰,於是大膽跟在普利烏爾夫後面,拔出劍來把他當場殺死。雙方的隨護
人員迅速拿起武器,要不是皇家衛隊及時介入,羅馬的忠誠勇士在對方的
人數優勢狀況下,受不到保護就會喪生[82]。蠻族的狂暴場面羞辱羅馬皇帝
的宮廷和宴會。狄奧多西堅定而嚴正的態度,才能約束性格急躁的哥德
人,看來國家的安危繫於皇帝一人的命運和能力。

---

81 諾昔繆斯講了一個有關這位冒險犯難君王冗長而荒謬的故事,他帶著五名騎士在
　外到處漫遊,結果偵察到一名探子,鞭笞他,並在一名老婦人的木屋裡殺死他。
82 要是比較優內庇斯和諾昔繆斯的作品,知道同一個故事有不同的情節,而且主角
　的名字也不盡相同。弗拉維塔也可稱之為特拉維塔(Travitta),後來成為執政官
　(401A.D.),繼續忠心耿耿在狄奧多西的長子手下服務。

奧古斯都廣場極其厚重的防火牆

奧古斯都在羅馬的建築有
戰神廟和廣場、卡庇多山的朱庇特神廟、
阿波羅宮及附屬圖書館、該猶斯和盧契烏斯柱廊和方形柱廊大廳、
麗維婭和屋大維婭柱廊及馬塞拉斯劇院。
此例一開，
帝國的高官和將領競相效尤，
他的至友阿格里帕給他留下不朽的萬神殿。

英文索引簡表

說明：本簡表所列，各條目之數字，前者為章次，後者為節次。

【D】

中文索引簡表

說明：本簡表所列，各條目之數字，前者爲章次，後者爲節次。

羅馬帝國行政區圖

（180A.D.）

羅馬帝國行政區圖（180A.D.）

1　下不列顛尼亞　Britannia Inferior
2　上不列顛尼亞　Britannia Superior
3　下日耳曼尼亞　Germania Infeior
4　貝爾京　Belgica
5　盧格都尼斯　Lugdunensis
6　阿奎塔尼亞　Aquitania
7　上日耳曼尼亞　Germania Superior
8　雷蒂提亞　Raetia
9　阿爾卑斯·波尼拉　Alps Poeninae
10　阿爾卑斯·科蒂安　Alps Cottiae
11　阿爾卑斯·瑪里提摩　Alps Maritimae
12　納邦尼斯　Narbonensis
13　塔拉康尼西斯　Tarraconesis
14　露西塔尼亞　Lusitania
15　貝提卡　Baetica
16　茅利塔尼亞·廷吉塔納　Mauretania Tingitana
17　茅利塔尼亞·凱撒尼西斯　Mauretania Caesariensis
18　努米底亞　Numidia
19　阿非利加直屬領地　Africa Pronconsularis
20　昔倫尼卡　Cyrenaica
21　埃及　Aegyptus
22　阿拉伯　Arabia
23　敘利亞·巴勒斯坦　Syria Palaestina
24　敘利亞·腓尼基　Syria Phoenice

25 敘利亞　Syria Coele

26 西里西亞　Cilicia

27 卡帕多西亞　Cappadocia

28 蓋拉提亞　Galatia

29 呂西亞　Lycia

30 亞細亞　Asia

31 俾西尼亞與本都　Bithynia et Pontus

32 亞該亞　Achaea

33 克里特　Creta

34 伊庇魯斯　Epirus

35 馬其頓　Macedonia

36 色雷斯　Thracia

37 下瑪西亞　Moesia Inferior

38 達西亞　Dacia

39 上瑪西亞　Moesia Superior

40 達瑪提亞　Dalmatia

41 下潘農尼亞　Pannonia Inferior

42 上潘農尼亞　Pannonia Superior

43 諾利孔　Noricum

44 意大利　Italia

45 薩丁尼亞　Sardinia

46 科西嘉　Corsica

47 西西里　Sicilia

大西洋

北海

日耳曼人

萊茵河

約克

1

2

3

4

5

6

8

43

9

10

米蘭

44

羅馬

12

馬賽

13

14

15

加底斯

45

46

47

16

17

18

迦太基

19

0   500 km

0   300 miles